KB241900

조세통람

가장 창조적인 재산관리도구

현명한 **자산승계**와 **가업승계**를 위한

가족신탁
이론과 실무

FAMILY TRUST

변호사 오영표 저

조세통람

PREFACE

" 가장 창조적인 재산관리도구인 가족신탁을 활용하여 "
현명한 자산승계 및 가업승계를 이루자

2014년 2월 '신탁을 활용한 자금조달의 법적 연구'라는 주제로 박사학위를 받으면서, 신탁의 묘한 매력에 빠져들었다. 이후 자금조달 측면에서 신탁업무를 시작하였지만, 가족신탁은 보다 더 창조적인 재산관리도구라는 점을 깨달았다. 지난 5년간 가족신탁 업무만을 전담했다. 자산가들을 만나 가족 이야기를 듣고, 가족을 위해 어떻게 자산승계계획을 수립하느냐에 대해 함께 고민하면서 가족신탁으로 하나하나 풀어드릴 때 희열을 느낀다. 가족신탁이라는 개념 자체가 아직 낯선 우리나라에서, 가족신탁을 주요 업무로 하는 신탁사업부를 맡기란 쉽지 않은 선택이었다. 다행히 신탁업 종사자나 신탁업 관련 전문가보다 자산가들이 가족신탁의 효용가치를 더 빨리 이해하고 가족신탁계약을 체결해 주셔서, 생각했던 것보다는 훨씬 앞당겨 우리나라에 가족신탁을 정착시킬 수 있겠다는 자신감이 생겼다.

지금 부의 세대이전이 시작되고 있는 우리나라에도 가족신탁에 대한 사회적 요구는 많은데, 가족신탁이라는 개념 자체가 우리나라에서는 생소한 개념이고, 여전히 많은 전문가들은 가족신탁에 대한 지식이 부족해 안타까움을 많이 느꼈다. 원래는 10년 정도 가족신탁 업무경험을 쌓은 후 책을 쓰기로 했지만, 출판 시기를 앞당기기로 했다. 5년간 약 1,000여 건의 자산 승계신탁 설계 경험이 축적되긴 하였으나, 여전히 경험과 연구가 많이 부족하다. 우리나라 가족신탁 활성화를 위해 부족함을 무릅쓰고 책을 쓴다. 우리나라에서 가족신탁을 상사신탁의 관점에서 쓴 책으로는 최초가 될 것이다. 참고할 만한 선행 연구자료가 없는 까닭에 필자의 경험과 연구에 의존할 수밖에 없었으니, 필자의 부족함을 헤량해주시기 바란다. 이 책에서 부족한 부분은 향후 가족신탁 관련 경험을 더 쌓아서 개정판에 반영할 예정이다. 특히, 가업승계신탁은 추가적인 연구와 실증 경험이 필요하기 때문에 향후 경험이 축적되면 별책으로 발간하겠다.

이 책의 목표는 변호사, 법무사, 세무사, 회계사, 노무사 등 자산승계를 둘러싼 다양한 전문가들이 짧은 시간 내에 가족신탁을 설계하여 의뢰인에게 적용할 수 있도록 하고, 가족신탁을 직접 이용할 필요가 있는 분들이 쉽게 이해하고 가족신탁을 활용할 수 있도록 하는 것이다.

이 책의 저술 방향은 다음과 같다.

1 이 책은 신탁법 이론을 깊이 다루지는 않는다. 신탁법 이론을 상세히 기술한 책은 국내에서도 많이 볼 수 있다. 이 책에서는 가족신탁 설계를 위해 꼭 필요한 부분에 대해서만 신탁법 이론을 다룬다.

2 현행 민법의 증여, 상속, 후견 제도를 활용한 자산승계계획 수립과 가족위험관리 도구로서의 활용과 그 한계를 분석했다. 기존 민법의 제도만으로도 자산승계계획의 수립이나 가족위험관리가 충분한 분들은 그 제도를 활용하면 된다. 다만, 기존 민법의 제도만으로는 부족한 점이 많으니 가족신탁 활용을 함께 검토해보는 것을 권한다.

3 가급적이면 가족신탁을 바로 활용할 수 있도록 가장 보편적으로 사용할 수 있는 계약서를 넣었다. 이 책에 삽입된 신탁계약서는 금융투자협회가 제공한 예시안을 참조하고 필요한 부분은 일부 수정한 것이다. 이 계약서를 바탕으로 가족 구성원의 특징, 재산규모 및 재산유형, 가족신탁을 이용하는 분의 생각과 의지에 따라 특약을 구성해서 사용하기 바란다. 민사신탁을 설계하시는 분들도 이 계약서를 가감하여 사용하면 된다.

4 그림이나 표를 많이 삽입하여 가족신탁계약 구조의 이해도를 높이려 하였다. 글보다 그림이나 표의 전달력이 높기 때문에 필자가 평소 강의자료로 활용하는 그림이나 표를 되도록 많이 넣었다.

5 이 책에서 소개된 신탁설계 부분은 아직 대법원의 확립된 판례가 없는 내용이지만, 우리나라 민사법과 신탁법을 조화롭게 해석하면서 만든 신탁설계이므로 실제 활용하는 데는 큰 무리가 없을 것이다.

6 중요한 법조문은 가급적 책 본문에 넣어서 바로 보고 이해할 수 있도록 하였다.

신탁은 "가장 창조적인 재산관리도구"이다. 사회가 신탁을 어떻게 활용하느냐에 따라 우리나라 가족신탁의 미래가 결정될 것이다. 신탁을 직접 이용하는 분들은 물론 신탁 설계의 전문성을 활용하는 비즈니스를 하는 전문가들이 가족신탁을 많이 활용해야 우리나라 신탁의 미래가 밝을 것이다. 저출산 고령사회에 진입한 우리나라에서 정부 정책적으로도 가족신탁의 활성화는 반드시 이루어져야 하는 영역이다. 정부가 나서서 가족신탁 관련 제도개선을 할 필요가 있다. 정부, 학계, 법원, 그리고 실무자가 함께 가족신탁의 미래를 책임져야 하는 시기에, 이 책이 조금이나마 보탬이 되었으면 하는 바람이다.

저자를 신탁의 세계로 인도하고, 인생 스승으로서 저자를 이끌어 주신 박사 지도교수이신 고동원 교수님과 석사 지도교수이신 임재연 교수님께 이 자리를 빌어 감사드린다. 가족신탁 업무에 집중할 수 있게 해주신 신영증권(주) 원종석 부회장님, 황성엽 사장님, 김대일 전무님께 감사드린다. 신영증권에서 필자와 함께 'One-Team'을 이루어 가족신탁을 개척하고 있는 신탁사업부 조태형 부장님, 강성유 변호사, 신관식 세무사, 최준오 과장, 이영훈 세무사, 강라연 변호사, 이현정 사원과 지점 일선에서 가족신탁을 고객께 제안드리는 지점 영업자분들께도 감사드린다. 금융투자협회에서 신탁실무를 많이 취급한 서동수 과장은 꼼꼼하게 교정하면서 필요한 유권해석을 제공해 주었다. 이 책을 출간할 기회를 준 조세통람 서동혁 대표님과 임직원 여러분께 감사드린다. 끝으로 집에 오면 책상에 앉아 원고 집필만 하고 있는 남편, 아빠를 넓은 마음으로 이해해준 아내와 두 딸에게도 그동안 못다한 감사의 말을 전한다.

2020년 6월
여의도에서 오영표 씀

CONTENTS

CONTENTS

가족신탁 이론과 실무

PART 01
서 론

현명한 상속증여

저자는 지난 5년간 약 1,000여 명의 고객을 상대로 상속증여계획, 즉 자산승계계획 수립을 컨설팅하였다. 현명하게 상속증여하는 방법은 무엇인가? 고객 스스로 풀기 어려운 숙제다. 저자 역시 쉽게 풀어드릴 수 없는 숙제이기도 하다. 상속증여를 고민하는 정도면 자산도 많이 모았고, 사회적 지위도 어느 정도 되는 현명한 분들인데, 왜 상속증여에 대해서는 명확한 답을 찾지 못하고 있는 것인가? 사람마다 이유는 다르지만, 공통적인 이유로 세 가지를 들면 다음과 같다.

첫째, 가족이라는 공동체에서 상속증여는 일종의 '제로섬게임(zero-sum game)'이라는 속성을 가지고 있다. 100%라는 재산을 배우자와 두 명의 자녀에게 어떻게 나누어 주는 것이 좋은가? 자산승계는 누구에게 더 주면 누구는 덜 주게 되는 '제로섬게임'이다. 자산승계계획 수립의 필요성을 실감하지만, 선뜻 실천하지 못하는 가장 큰 이유이다. 특히, 제로섬게임에서 자산승계 비율을 정하는 본인 자체가 가족이라는 공동체의 구성원이기 때문에 자산승계계획 수립은 더욱 어려운 일이고, 혼자서는 해결하기 어려운 과제이다.

둘째, 돈의 힘이다. Money Talks! 돈의 힘은 실로 막강하다. 돈을 쓰기는 쉬워도 벌기는 무척 어렵다. 돈의 가장 큰 힘은 사람의 마음을 움직이는 것이다. 그것도 긍정적인 방향보다는 부정적인 방향으로 말이다. 차라리 상속증여할 재산이 없었으면 하고 하소연하는 고객도 있다. 자녀에게 주느니 전부 기부해버리겠다고 하는 분들도 있다. 그러나 실상은 돈의 힘 때문에 자녀에게 어떻게 나누어 줄지를 선뜻 정하지 못한다. 돈을 미리 주는 것도 문제다. 자녀들이 그 돈을 잘 관리하고 부모를 공경하면 좋겠지만, 미리 증여한 돈 때문에 자녀가 사회구성원으로 올바르게 성장하지 못하는 사례도 많이 보인다. 돈 때문에 부모 생전 자녀 사이에 분쟁이 생기는 사례도 마찬가지이다. 장례식장에서부터 상속재산분할 때문에 서로 얼굴 붉히는 사례도 종종 등장한다.

셋째, 상속증여계획을 수립하는 방법을 모른다. PB(Private Banker), 변호사, 법무사, 세무사, 회계사 등 상속증여 영역의 전문가가 많다. 그렇지만, 변호사나 법무사는 법률 전문가로서 상속증여를 법률적인 측면에서만 검토하고 의견을 낼 수 있다. 세무사나 회계사도 절세전략 수립은 어느 정도는 해줄 수 있지만, 상속증여와 관련한 다양한 걱정거리에 대한 해결책을 제시해 주기는 어렵다. 이러한 전문가는 각자 전문 영역에서만 고민하고 있어, 총괄적인 자산승계계획을 수립할 수가 없다. 예를 들어 보자. "상속세를 줄이기 위해서는 10년 단위로 최대한 분산해서 증여하면 된다."라는 답을 주는 전문가는 많다. 그런데, 상속증여와 관련하여 자산가는 다양한 걱정거리가 있다. 증여하자니 자녀들이 제대로 일을 안 할지 걱정, 증여한 재산을 자녀들이 잘 관리할지 걱정, 재산을 증여받은 후 나를 부양하지 않을까 걱정이다. 이러한 걱정거리를 해결할 수 있는 방법을 전문가가 제시해 줄 수 있을까?

저자는 자산승계전략 컨설팅을 주로 하는 패밀리헤리티지본부를 맡고 있다. 자산승계전략 수립 및 실행을 선진국가에서 어떻게 하고 있는지를 배우기 위해 미국과 일본의 신탁회사, 증권회사, 그리고 가문자산관리회사(family office)를 직접 방문하여 자산승계전략 수립과 신탁의 활용을 배워왔다. 경험이 없으니, 경험이 많은 베테랑을 찾아서 한 수 배운 것이다. 결론부터 말하면 가족이라는 공동체에서의 제로섬 게임과 돈의 힘을 '가족신탁'으로 해결한다는 것이 자산승계 베테랑이 해주는 공통적인 조언이다. 자산승계를 전문으로 하는 신탁회사의 전문가그룹(변호사, 세무사, 운용역, 보험, 자산승계전략가, 신탁전문가)과 자산가가 함께 자산승계계획을 수립하면서 가족신탁을 활용하면, 위에서 말한 세 가지 문제를 효과적으로 해결할 수 있다.

┃ 시니어의 3가지 인생과제 ┃

버킷리스트 실천

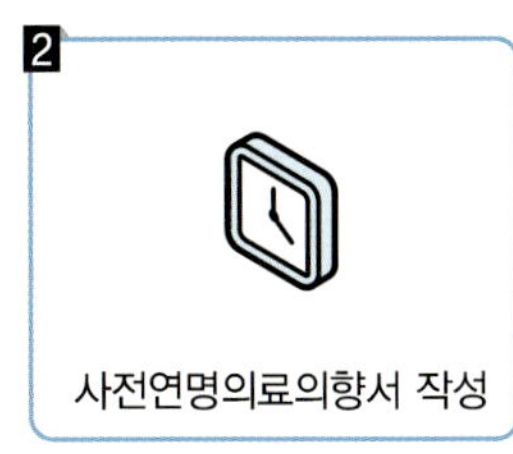

사전연명의료의향서 작성

자산승계계획 수립

시니어들이 해야 할 세 가지 공통적인 '인생과제'는 버킷리스트 실천하기, 사전연명의료의향서 작성하기, 자산승계계획 수립하기이다. 첫째, 삶에서 가장 중요한 것은 하고 싶은 일을 하는 것이다. 살면서 해보고 싶었지만, 그 동안 가족을 위해 헌신해왔기 때문에 못해 본 버킷리스트를 만들고 실천하는 것이다. 둘째, 신체와 관련해서 사전연명의료의향서를 작성하는 것이다. 2017년부터 시행된 연명의료결정법에 따라 치료효과 없이 임종과정의 기간만을 연장하는 심폐소생술, 혈액 투석, 항암제 투여, 인공호흡기 착용 및 그 밖의 의학적 시술인 '연명의료' 중단에 대한 의사표시를 문서로 작성한 것을 '사전연명의료의향서'라 한다. 사전연명의료의향서는 인간의 존엄과 가치를 보호하고 신체에 대한 자기결정권을 존중하기 위해 도입된 것이다. 마지막으로 재산에 대한 자산승계계획을 수립하는 것이다. 자신의 삶과 사후 가족들의 행복한 삶을 담보할 수 있는 장치를 만드는 일이다. 이 세 가지 숙제는 필수라고 본다.

이 세 가지 중 버킷리스트 실천하기와 사전연명의료의향서는 혼자만 고민하고 결정할 수 있기 때문에 비교적 쉽다. 그렇지만 자산승계계획의 수립과 실천은 나와 가족을 함께 고려해야 하고, 잘못된 자산승계계획으로 가족 간 분쟁이나 가족의 해체까지 발생할 수 있기에 정말 어려운 과제이다.

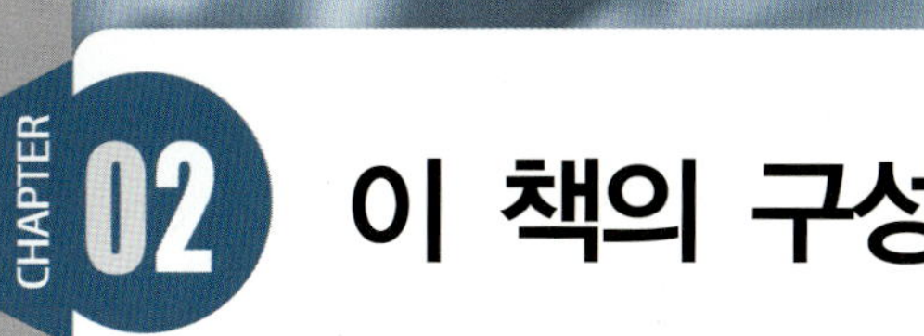

이 책의 구성

자산승계전략 수립과 가족위험 관리를 위해 '가족신탁'을 활용하는 국가는 많다. 우리나라는 2011년 신탁법을 전면 개정하면서 가족신탁에 필요한 신탁유형(유언대용신탁, 수익자연속신탁, 유언신탁)은 도입하였지만, 아직 널리 알려지지도 활용되지도 못하고 있는 실정이다. 우리나라는 이미 저출산·고령사회로 진입했으나, 저출산·고령사회로 인해 발생할 수 있는 다양한 사회적 문제를 효과적으로 해결할 수 있는 정책에 대한 실무의 연구는 매우 부족하다.

저출산·고령사회의 문제를 정부 재정을 투입하지 않고 국민이 활용할 수 있도록 제도개선을 통해 해결하는 정책을 '자립형 복지정책'이라 한다. 특히 신탁 제도의 활성화를 통해 국민에게 생길 수 있는 다양한 위험을 예방함으로써 국민의 복지를 증진시킬 수 있는 신탁을 '복지신탁'이라 부른다.[1] 광의의 복지신탁 중 가족위험관리나 자산승계전략 수립을 위해 활용되는 신탁이 바로 '가족신탁'이다.

가족신탁(Family Trust)은 가족 간에 재산을 둘러싼 다양한 문제—노후자금 마련, 자산승계, 상속분쟁예방, 증여재산보존, 가치상속실현, 가업승계—를 해결하는 목적으로 설정되는 신탁을 말한다. 주로 부모의 자산승계계획의 수립과 실천을 목적으로 하기 때문에 '자산승계신탁'이라고 부르기도 한다. 가족신탁은 자산승계신탁보다는 좀 더 넓은 개념이다. 자산승계목적이 개입되지 않고 오로지 본인의 행복하고 충만한 노후를 위해 설정하는 가족신탁도있기 때문이다. 수탁자 역할을 신탁업 인가를 받지 않은 개인이 수행하는 신탁을 주로 가족이 수탁한다는 의미에서 '민사신탁'이라고 부르기도 하는데, 가족신탁과 민사신탁은 엄격하게 구분해야 하는 용어이다. 신탁회사가 상속형 신탁, 증여형 신탁, 후견형 신탁의 수탁자역할을 많이 하고 있기 때문에 가족신탁을 수탁자가 '신탁회사가 아닌 신탁'을 의미하는 '민

---

1) 자립형 복지신탁에 관한 연구로는 오영표, "복지신탁 활성화를 위한 법적 과제", 『금융투자』 통권 168호(금융투자협회, 2015.8.)를 참조하면 된다.

사신탁'과 같은 의미로 사용하는 것은 혼란을 일으킬 수 있다. 이 책에서는 가족신탁과 민사신탁을 엄격하게 구분하여 사용한다.

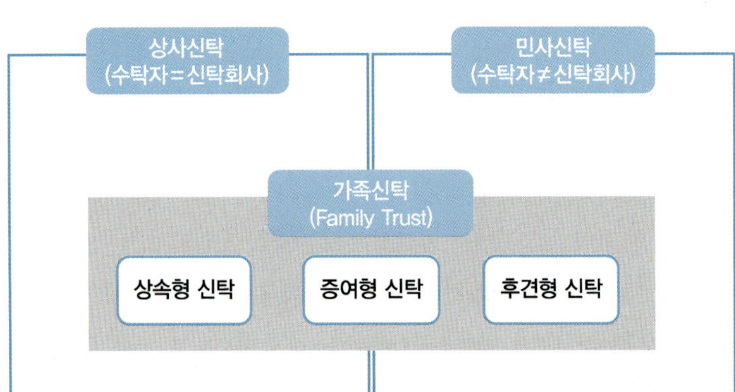

가족위험관리 측면은 물론 자산승계 측면에서도 신탁을 활용하면, 가족 간 분쟁이나 제3자에 의한 재산 편취 행위를 막고, 행복한 노후까지 설계할 수 있다. 민간 영역에서 가족신탁이 많이 활용되도록 제도를 개선하고, 가족신탁을 널리 홍보하고 이용한다면, 저출산 고령화로 인한 많은 문제를 해결함으로써, 궁극적으로는 사회적 비용(social cost)을 줄일 수 있을 것이다.

이 책은 금융기관 PB나 자산관리사, 변호사, 법무사, 회계사, 세무사, 보험설계사 등 자산승계와 관련한 업무를 수행하는 전문가들은 물론 신탁을 실제로 이용하는 자산가가 가족신탁을 쉽게 이해하고 활용할 수 있도록 쓴 책이다.

이 책의 본문은 7개 PART로 구성하였다.

PART 02는 신탁의 활용을 다루었다. 신탁의 기본 개념과 구조, 그리고 신탁의 본질과 실무상 기능을 먼저 살펴본다. 자산승계계획 수립 방법론으로서 가족신탁과 가족위험관리 수단으로서 가족신탁의 작동원리를 설명한다. 신탁의 이론적인 부분은 가족신탁을 이해할 수 있는 기본적인 내용만 담았다.[2]

PART 03은 상속신탁의 개념, 법적구조, 계약구조, 신탁수익권 설계방법론, 상속신탁계약서, 신탁등기 기재례 및 유형별 신탁원부도 실제 사례를 익명화하여 실었다. 그리고 유언대용신탁과 유언의 관계와 유언대용신탁과 유류분 제도라는 중요한 쟁점을 다루면서 생명보험청구권신탁 허용을 비롯한 입법 개선사항도 도출하였다.

PART 04는 주로 절세 목적으로 체결되는 증여신탁의 개념, 법적구조, 등기기재례를 가급적이면 충실하게 다루려 했다. 효도계약서와 효도계약서의 문제를 해결할 수 있는 증여와 결합한 증여신탁계약서를 설명하였다.

PART 05는 후견신탁을 다루었다. 법정후견신탁과 임의후견신탁의 법적구조, 체결 절차, 후견신탁계약서를 설명하였다. 현행 후견제도의 다양한 문제점을 신탁과 결합시키면 해결할 수 있다. 치매로 인해 가업을 둘러싼 분쟁이 생기고 가업승계의 안정성을 해치지 않도록 하는 임의후견신탁의 적용도 논의한다.

PART 06은 안정적인 가업승계를 위한 가업승계신탁 방법론을 모색하였다. 상속신탁 관련 제도개선으로 일본의 가업승계지원신탁과 유사한 우리나라 가업승계지원신탁 구조를 살펴보면서 제도 개선 사항을 다루었다. 아직 실무에서 정착되지 않아, 가업승계에 활용할 수 있는 신탁구조를 검토하였다. 가업승계신탁은 실무가 축적되는 대로 별책으로 다룰 예정이다.

PART 07은 가족신탁과 관련한 세금을 다루었다. 가족신탁의 설정, 운용, 해지, 상속신탁 집행 과정에서 세제가 어떻게 되는지 이해를 돕기 위해 개략적으로 살펴본다. 가족신탁의 기본적 구조를 이해하고 설계할 수 있을 정도로 간략하게 압축하였다.

PART 08은 가상의 모델사례의 자산가를 상대로 설계한 자산승계전략의 내용에 따라 증여안심신탁, 상속신탁 및 후견신탁의 계약서를 특약 중심으로 작성해보았다. 신탁은 위탁자와 수탁자가 함께 설계하는 맞춤형 계약이므로, 실제로 모델 사례의 자산가와 수탁자가 체결하는 계약서의 뼈대가 되는 계약서 조문을 읽어 보면 가족신탁에 대해 좀 더 구체적으로 이해할 수 있을 것이다.

---

2) 신탁의 이론은 법무부, 『신탁법 해설』(도서출판 동강, 2012), 新井誠 저/안성포 역, 『신탁법』 제3판(전남대학교출판부, 2011), 이계정, 『신탁의 기본법리에 관한 연구』(경인문화사, 2017), 『상속신탁연구』 I(바른상속신탁연구회, 2014)과 II(2016), 『신탁법의 쟁점』 제1권 및 제2권(소화, 2015), 임채웅, 『신탁법 연구』 1권(박영사, 2009) 및 2권(박영사, 2011) 참조

이 책에서는 가급적이면 실무에서 사용하고 있는 신탁계약서를 그대로 보여주려 했다. 신탁의 정의에서 보듯이 신탁계약은 위탁자와 수탁자가 수익자를 위해 신탁목적에 맞게 다양한 구조로 설계가능하다. 그렇기 때문에 다른 법과 달리 신탁법을 보면 구체적으로 신탁을 어떻게 활용하고, 어떠한 내용으로 어떻게 설정, 관리, 운용, 처분, 상속되는지 알 수가 없다. 그래서 상속신탁, 증여신탁, 후견신탁의 계약 내용을 파악할 수 있도록 계약서를 실었고, 필요한 부분은 해설을 달았다. 신탁법은 신탁이라는 '재산관리도구'를 만드는 데 그 목적이 있다. 따라서 신탁을 어떻게 잘 활용할지는 모두 신탁을 이용하는 이용자의 창의적인 의지에 달려있다.

그리고 상속신탁, 증여신탁, 후견신탁에 대한 Q&A를 각 PART 뒤에 넣었다. 전문가의 가족신탁 실무적용을 위해 만든 책이다 보니, 친절한 설명이 부족할 수 있어서, 그 부분을 보충하는 의미에서 "Q&A"를 넣었다. 어떤 사람들이 신탁을 활용하면 좋은가? 신탁 설정, 신탁재산의 관리 및 신탁의 종료는 어떠한 절차와 내용으로 이루어지는가? 이에 대한 물음에 쉽게 답하려고 노력하였다.

자산승계계획 수립
모델사례

가상의 모델사례를 가지고 '자산승계계획 수립하기'와 '가족신탁계약서 작성하기(상속신탁계약서, 증여신탁계약서 및 후견계약서)'를 설명함으로써, 가족신탁의 이해와 실무 적용을 돕고자 하였다. 자산승계계획 수립에 정답이야 있을 수 없지만, 이 책을 통해서 김부자의 상황과 니즈에 가장 적합한 답을 찾을 수는 있을 것이다. 모델사례에 대한 최적의 자산승계계획 수립은 PART 02를 참조하고, 그에 따른 신탁계약은 PART 08을 참조하기 바란다.

모델사례

75세 자산가 김부자는 배우자 박아내(70세), 딸 김하나(32세), 아들 김두리(29세)를 두고 있다. 김부자는 100억 원의 자산(상가건물 50억 원, 금융자산 40억 원, 아파트 10억 원)을 보유하고 있다. 딸 김하나는 S전자 이철수 과장과 결혼을 했고, 외손자 이똘똘을 낳아 잘 키우고 있다. 아들 김두리는 아직 미혼인데, 재산관리능력이 부족하고 아직 변변한 직장이 없어 걱정이다. 얼마전 세무사와 상담을 했는데, 상속세가 30억 원 이상 나올 거라는 말을 듣고 새로운 걱정거리가 생겼다. 상가건물은 아버지로부터 물려받은 토지 위에 김부자가 신축한 상가인데, 임대료 수입으로 배우자와 김하나와 김두리에게 일정 금액을 꾸준히 지급되도록 하고 싶다. 그리고 상가건물의 대지가 아버지로부터 물려받은 거라, 김부자 본인이나 배우자 박아내 사후에도 자녀 김하나와 김두리가 오랜 기간 소유했으면 한다.

김부자는 세무사와 변호사를 만나 가족구성원 중 김두리에 대한 걱정을 해결할 수 있는 방법, 상속세를 줄일 수 있는 방법, 사후 김하나와 김두리가 아버님으로부터 물려받은 대지 위에 건물을 20년간 유지할 수 있도록 하는 방법을 상담했으나, 김부자가 변호사나 세무사로부터 원하는 명확한 답을 듣지 못했다.

김부자를 위한 현명한 상속증여계획, 즉 자산승계계획 수립은 어떻게 하면 될까?

가족신탁 이론과 실무

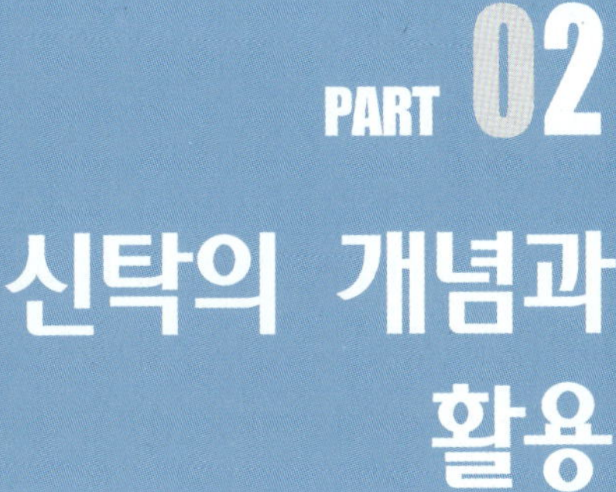

신탁의 개념과 활용

신탁의 개념

1 신탁의 개념

가. 신탁의 정의

신탁은 '타인을 위한 가장 완전한 재산관리도구'이다.[1] 신탁은 재산의 소유권을 신뢰할 수 있는 수탁자에게 맡겨두고 원하는 대로 재산을 관리하는 도구이다. 신탁은 영국이 만들어 낸 가장 '빛나는 업적'이라고 한다. 신탁이 대체 무엇이기에 이렇게 다양한 사람들로부터 칭송받은 것일까?

"Of all the exploits of equity, the largest and most important is the invention and development of the trust. It is an institute of great elasticity and generality. As elastic, as general as contract. This is perhaps the most distinctive achievement of English lawyers. It seems to us almost essential to civilisation and yet there is nothing like it in foreign law.[2]"

"영국인들이 이룩한 가장 빛나고 위대한 업적을 뽑으라면 나는 몇 세기에 걸친 신탁제도의 발전보다 더 좋은 답변을 찾을 수 없다. 형평법의 업적에 있어 가장 위대하고 중요한 것은 신탁의 발명과 개발이다. 신탁은 고무처럼 매우 탄력적이지만 계약만큼 보편적 성격을 가진 제도이다. 이것은 아마 영국 변호사들이 만든 가장 위대한 업적이라 할 수 있다."

---

1) 新井誠 저/안성포 역, 『신탁법』 제3판(전남대학교출판부, 2011), 123면. 新井誠 교수는 "'신탁은 가장 완성된 타인을 위한 재산관리제도'라고 말할 수 있을 것이다. 왜냐하면 신탁에서는 관리의뢰자인 위탁자가 관리대상인 신탁재산에 대한 일체의 권한을 명의까지 포함하여 완전히 수탁자에게 맡기고 스스로는 그 신탁이라는 무대에서 떠나는 형태를 취하기 때문이다."라고 하였다.

2) Fredric William Maitland, Equity also The Forms of action at common law(1909).

신탁은 위탁자와 수탁자 사이의 신임관계에 근거하여 위탁자가 신탁재산에 대한 관리·처분 권한을 수탁자에게 부여하고 수탁자는 수익자를 위하여 신탁계약에서 정한 바에 따라 신탁재산에 대한 관리·처분 권한을 행사하는 법률관계를 형성한다.

신탁법

제2조【신탁의 정의】 이 법에서 "신탁"이란 신탁을 설정하는 자(이하 "위탁자"라 한다)와 신탁을 인수하는 자(이하 "수탁자"라 한다) 간의 신임관계에 기하여 위탁자가 수탁자에게 특정의 재산(영업이나 저작재산권의 일부를 포함한다)을 이전하거나 담보권의 설정 또는 그 밖의 처분을 하고 수탁자로 하여금 일정한 자(이하 "수익자"라 한다)의 이익 또는 특정의 목적을 위하여 그 재산의 관리, 처분, 운용, 개발, 그 밖에 신탁 목적의 달성을 위하여 필요한 행위를 하게 하는 법률관계를 말한다.

제31조【수탁자의 권한】 수탁자는 신탁재산에 대한 권리와 의무의 귀속주체로서 신탁재산의 관리, 처분 등을 하고 신탁 목적의 달성을 위하여 필요한 모든 행위를 할 권한이 있다. 다만, 신탁행위로 이를 제한할 수 있다.

❙ 신탁의 기본 구조 ❙

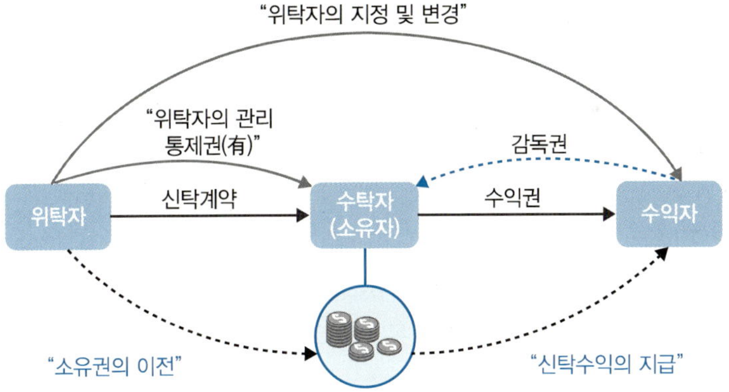
"위탁자의 지정 및 변경"
"위탁자의 관리
통제권(有)"
감독권
위탁자
신탁계약
수탁자
(소유자)
수익권
수익자
"소유권의 이전"
"신탁수익의 지급"

신탁법 제2조가 규정하고 있는 신탁의 정의에서 수탁자는 "수익자의 이익을 위하여"와 "신탁 목적의 달성을 위하여 필요한 행위"를 할 수 있다는 점을 주목하면 신탁의 의미는 다음과 같다. 수탁자는 "수익자의 이익을 위하여", "모든 행위"를 할 수 있다는 말이다. 위탁자가 신탁을 맡기는 "신탁 목적"도 원칙적으로 제한이 없고, 수탁자가 할 수 있는 "행위"도 원칙적으로 제한이 없다는 것이다. 위탁자와 수탁자가 합의하면, 수탁자는 "위탁자가 원하는 대로 모든 목적 달성을 위해 모든 행위"를 할 수 있다는 것이다. 즉, 신탁법 제2조가 규정하는 "신탁의 정의"는 신탁의 무한한 활용 가능성을 보여준다. 이를 두고 신탁은 '가장 완전한 재산관리도구' 또는 '가장 창조적인 재산관리도구'라 하는 것이다. 신탁법 제2조가 규정하는 "신탁의 정의"에서 도출한 신탁의 무한한 가능성이다.

> "The trust … is a device for making dispositions of property. And no other system of law has for this purpose so flexible a tool. It is this that makes the trust unique … The purposes for which trusts can be created are as unlimited as the imagination of lawyers. … The evolution of the trust has been a great adventure in the field of jurisprudence. It has not ended. As long as the owner of property can dispose of it in accordance with his legitimate wishes, the great adventure will go on. The law of trusts is living law." Austin. W. Scott

신탁은 재산을 관리처분하는 도구이다. 법체계에서 재산관리처분도구로 신탁만큼 유연한 도구는 없다. 유연성은 신탁의 독특함을 잘 표현한다. 신탁 설정 목적은 법률가의 상상력에 달려있다. 신탁의 발전은 법학 영역에서 위대한 도전이다. 이러한 도전은 끝이 없다. 재산의 소유자가 그의 바람에 따라 신탁재산을 관리처분하는 한 이러한 도전은 계속된다. 신탁법은 살아있는 법(living law)이다.

그렇다면 신탁은 탈법이나 불법행위로도 사용가능한가? 그렇지는 않다. 우리 신탁법은 신탁이 불법적·탈법적으로 활용되지 못하도록 목적을 제한하거나 행위를 제한하고 있다. 선량한 풍속이나 그 밖의 사회질서에 위반하는 사항을 목적으로 하는 신탁과 목적이 위법하거나 불능인 신탁은 무효이다(신탁법 제5조). 소송을 주된 목적으로 하는 신탁은 변호사법과의 관계에서 무효이다(신탁법 제6조). 탈법을 목적으로 하는 신탁도 금지된다(신탁법 제7조). 채무자가 채권자를 해함을 알면서 신탁을 설정한 경우 채권자는 수탁자나 수익자에게 신탁행위의 취소 및 원상회복을 청구할 수 있다(신탁법 제8조). 신탁법 제5조 내지 제8조의 목적 및 행위 제한 이외에는 모두 가능하다고 보면 된다.

제5조【목적의 제한】① 선량한 풍속이나 그 밖의 사회질서에 위반하는 사항을 목적으로 하는 신탁은 무효로 한다.

② 목적이 위법하거나 불능인 신탁은 무효로 한다.

③ 신탁 목적의 일부가 제1항 또는 제2항에 해당하는 경우 그 신탁은 제1항 또는 제2항에 해당하지 아니한 나머지 목적을 위하여 유효하게 성립한다. 다만, 제1항 또는 제2항에 해당하는 목적과 그렇지 아니한 목적을 분리하는 것이 불가능하거나 분리할 수 있더라도 제1항 또는 제2항에 해당하지 아니한 나머지 목적만을 위하여 신탁을 유지하는 것이 위탁자의 의사에 명백히 반하는 경우에는 그 전부를 무효로 한다.

제6조【소송을 목적으로 하는 신탁의 금지】수탁자로 하여금 소송행위를 하게 하는 것을 주된 목적으로 하는 신탁은 무효로 한다.

제7조【탈법을 목적으로 하는 신탁의 금지】법령에 따라 일정한 재산권을 향유할 수 없는 자는 수익자로서 그 권리를 가지는 것과 동일한 이익을 누릴 수 없다.

제8조【사해신탁】① 채무자가 채권자를 해함을 알면서 신탁을 설정한 경우 채권자는 수탁자가 선의일지라도 수탁자나 수익자에게「민법」제406조 제1항의 취소 및 원상회복을 청구할 수 있다. 다만, 수익자가 수익권을 취득할 당시 채권자를 해함을 알지 못한 경우에는 그러하지 아니하다.

② 제1항 단서의 경우에 여러 명의 수익자 중 일부가 수익권을 취득할 당시 채권자를 해함을 알지 못한 경우에는 악의의 수익자만을 상대로 제1항 본문의 취소 및 원상회복을 청구할 수 있다.

③ 제1항 본문의 경우에 채권자는 선의의 수탁자에게 현존하는 신탁재산의 범위 내에서 원상 회복을 청구할 수 있다.

④ 신탁이 취소되어 신탁재산이 원상회복된 경우 위탁자는 취소된 신탁과 관련하여 그 신탁의 수탁자와 거래한 선의의 제3자에 대하여 원상회복된 신탁재산의 한도 내에서 책임을 진다.

⑤ 채권자는 악의의 수익자에게 그가 취득한 수익권을 위탁자에게 양도할 것을 청구할 수 있다. 이때「민법」제406조 제2항을 준용한다.

⑥ 제1항의 경우 위탁자와 사해신탁(詐害信託)의 설정을 공모하거나 위탁자에게 사해신탁의 설정을 교사·방조한 수익자 또는 수탁자는 위탁자와 연대하여 이로 인하여 채권자가 받은 손해를 배상할 책임을 진다.

신탁에 있어서 수탁자 앞으로 소유권이전등기를 마치게 되면 대내외적으로 소유권이 수탁자에게 완전히 이전되고, 수탁자는 대내외적으로 신탁재산에 대한 관리권을 갖는 것이고, 다만, 수탁자는 신탁의 목적 범위 내에서 신탁계약에 정하여진 바에 따라 신탁재산을 관리하여야 하는 제한을 부담함에 불과하다(대법원 2002.4.12. 선고 2000다70460 판결).

대법원 2002.4.12. 선고 2000다70460 판결

[1] 주택임대차보호법 제3조 제2항은 "임차주택의 양수인(기타 임대할 권리를 승계한 자를 포함한다)은 임대인의 지위를 승계한 것으로 본다."라고 규정하는바, 위 규정에 의하여 임대인의 지위를 승계한 것으로 보게 되는 임차주택의 양수인이 되려면 주택을 임대할 권리나 이를 수반하는 권리를 종국적·확정적으로 이전받게 되는 경우라야 한다.

[2] 신탁법상의 신탁은 위탁자가 수탁자에게 특정의 재산권을 이전하거나 기타의 처분을 하여 수탁자로 하여금 신탁 목적을 위하여 그 재산권을 관리·처분하게 하는 것이므로(신탁법 제1조 제2항), 부동산의 신탁에 있어서 수탁자 앞으로 소유권이전등기를 마치게 되면 대내외적으로 소유권이 수탁자에게 완전히 이전되고, 위탁자와의 내부관계에 있어서 소유권이 위탁자에게 유보되어 있는 것은 아니라 할 것이며, 이와 같이 신탁의 효력으로서 신탁재산의 소유권이 수탁자에게 이전되는 결과 수탁자는 대내외적으로 신탁재산에 대한 관리권을 갖는 것이고, 다만, 수탁자는 신탁의 목적 범위 내에서 신탁계약에 정하여진 바에 따라 신탁재산을 관리하여야 하는 제한을 부담함에 불과하다.

[3] 임대차의 목적이 된 주택을 담보목적으로 신탁법에 따라 신탁한 경우에도 수탁자는 주택임대차보호법 제3조 제2항에 의하여 임대인의 지위를 승계한다고 한 사례.

위탁자는 재산의 소유권을 수탁자에게 이전하면서 재산의 보관, 관리, 운용, 처분, 배분에 대해 위탁자가 원하는 내용을 신탁계약으로 정해놓고, 수탁자는 이 신탁계약의 내용대로 수익자를 위하여 신탁재산의 보관, 관리, 운용, 처분, 배분하는 권리와 의무를 가진다. 위탁자는 소유권을 수탁자에게 이전하여 놓지만, 여전히 수탁자를 통해 간접적으로 신탁재산에 대한 보관, 관리, 운용, 처분, 배분할 수 있는 '실질적인 통제권(control)'을 행사할 수 있다는 점이 특징이다. 그리고 위탁자는 원칙적으로 언제든지 신탁계약을 해지해서 신탁재산의 소유권을 본인 앞으로 이전할 수도 있다. 이 점은 "Own Nothing. But Control Everything(아무것도 소유하고 있지 않지만, 모든 것을 통제한다)."이라는 John. D. Rokefellor의 명언이 잘 설명해준다.

신탁은 재산에 대한 사용권, 수익권 및 처분권이 모두 하나의 인격에 귀속되는 '소유권'의 개념[3]에서 벗어나 인위적으로 소유권을 질적으로 인수분해(因數分解)하여 소유권의 개념에서 수익권과 관리처분권을 분리한 제도이다.[4] 신탁은 '목적재산의 소유권의 완전한 이전',

---

3) 민법 제211조는 "소유자는 법률의 범위 내에서 그 소유물을 사용, 수익, 처분할 권리가 있다."라고 규정하는데, 소유권은 물건을 전면적으로 지배할 수 있는 권리, 즉 물건의 사용가치와 교환가치의 전부에 대하여 전면적으로 작용하는 권리(全面性 또는 包括性)이다[지원림, 『민법강의』(홍문사, 2011), 564면].

4) 수탁자는 법률적으로 소유권을 취득하지만 그 소유권의 내용 중 사용가치 또는 교환가치는 수익자에게 귀속되는 것이라는 의미에서 소유권이 인수분해되어 다른 법률주체에 귀속된다고 볼 수 있다.

'관리처분주체와 수익주체의 분리' 및 '관리처분권의 목적구속성'이라는 특징을 가진다.[5] 이러한 신탁의 특징, 즉 '소유권의 분리 현상' 때문에 민법상 소유권제도와 신탁법상 신탁제도는 이질적인 존재인 바, 민법과 신탁법의 이질성을 해석론을 통하여 중화하고 체계적 정합성을 추구하는 것이 신탁법 해석학의 역사에 적지 않은 비중을 차지하였다.[6] 이 책에서 다루는 가족신탁은 '신탁계약'으로 설정되기 때문에 우리나라 민법상 계약 법리를 신탁계약에 적용하면 가족신탁을 활용하는 데 체계적 정합성이 문제되지 않을 것으로 판단된다.

나. 신탁의 권리변동 과정

신탁관계의 성립과정을 '권리의 변동과정'이라는 관점에서 이론적으로 살펴보면, (i) 위탁자로부터 수탁자에게로 신탁재산에 대한 물권(관리권·처분권·수익권)이 이전되는 단계, (ii) 신탁재산이 수탁자의 고유재산으로부터 분리·독립되는 단계, (iii) 수탁자가 신탁재산에 대한 물권(관리권·처분권·수익권) 중 수익권을 분리하여 수익자에게 부여하는 단계, (iv) 수익자의 수익권에 대응하여 수탁자에게 수익자에 대한 신인의무(fiduciary duty)가 발생하는 단계로 구분할 수 있다.[7]

▌ 신탁의 권리변동 과정 ▌

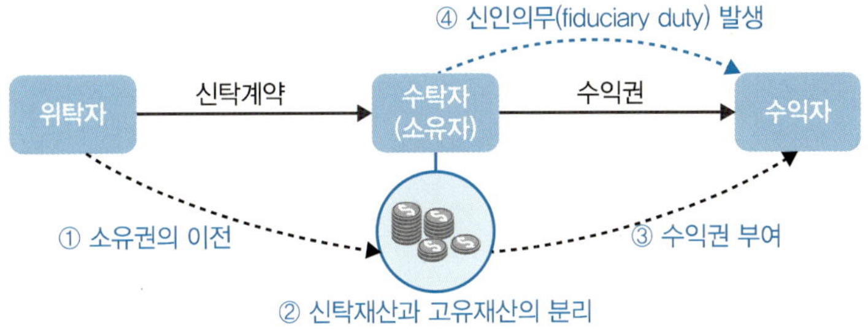

1 위탁자로부터 수탁자에게 신탁재산의 소유권이 이전되는 단계(asset transfer)

2 신탁재산이 수탁자의 고유재산으로부터 분리·독립되는 단계(asset partitioning)

3 수탁자가 신탁재산의 관리권·처분권·수익권 중 수익권을 분리하여 수익자에게 부여하는 단계(beneficiary)

4 수익자의 수익권에 대응하여 수탁자에게 수익자에 대한 신인의무가 발생하는 단계(fiduciary duty)

---

5) 新井誠 저/안성포 역, 『신탁법』 제3판(전남대학교출판부, 2011), 3면.

6) 위의 책, 44면. 신탁의 기본구조에 대하여 ① 채권설, ② 상대적 권리이전설, ③ 실질적 법주체성설 등 다양한 견해가 일본에서 주장되었다.

7) 함대용, "신탁형 자산유동화에서의 진정양도 판단", 『BFL』 제44호(서울대학교 금융법센터, 2010.11.), 69면.

다. 신탁재산의 독립성

신탁재산은 형식상 수탁자가 그 명의인으로서 완전한 권리를 보유한 것으로 되지만, 타인인 수익자를 위한 관리제도라는 신탁의 본질상 실체적으로는 수탁자의 고유재산과 신탁재산은 분별되어 관리하여야 할 의무가 부과되고 신탁재산에 대한 법률효과도 수탁자의 고유재산뿐만 아니라 위탁자의 고유재산과도 완전히 분리되어 있다는 점에서 '신탁재산의 독립성'이 인정된다.[8] 신탁법은 신탁재산의 독립성을 보장하기 위하여 신탁재산에 대한 강제집행 금지, 수탁자의 파산으로부터 도산격리, 신탁재산에 대한 상계금지, 신탁재산에 대한 혼동의 특칙, 신탁재산의 범위, 신탁재산의 첨부 등을 규정하고 있다(신탁법 제22조 내지 제28조).[9]

신탁재산의 독립성은 신탁을 타인을 위한 재산관리도구로 활용하는 데 있어서 가장 근본적이고도 중요한 특징이라 할 수 있다.

라. 위탁자와 수익자의 관계 : 자익신탁과 타익신탁

❙ 자익신탁과 타익신탁의 구분 ❙

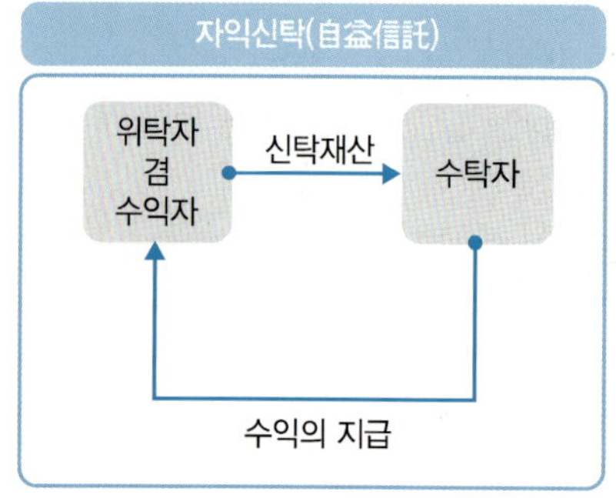

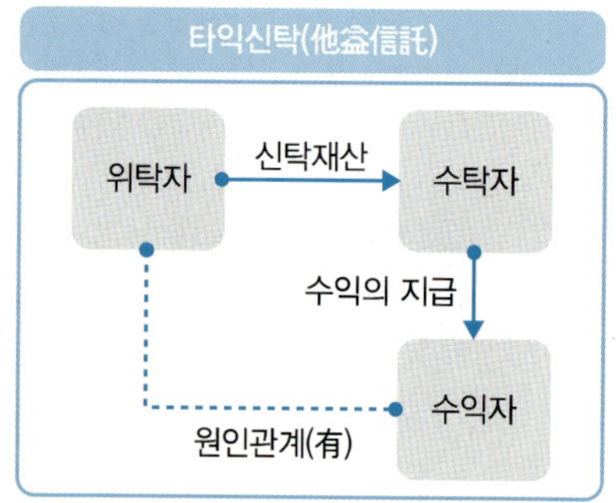

위탁자가 왜 신탁계약을 체결하는가? 위탁자와 수익자가 동일인이면, 위탁자는 자기를 위해 신탁(자익신탁)을 설정하는 것이다. 예를 들면, 금전을 신탁하면서 신탁회사의 금전운용의 전문성을 활용하는 것이다. 자익신탁의 경우 위탁자와 수익자가 동일하므로, 위탁자의

---

8) 오영준, "유한책임신탁 - 2009.10.27. 입법예고된 신탁법 전면개정안을 중심으로", 『BFL』 제39호(서울대학교 금융법센터, 2010.1.), 22면.

9) 아울러 수탁자가 사망한 경우, 한정후견의 심판 또는 성년후견의 심판을 받은 경우, 수탁자가 파산선고를 받은 경우 및 법인인 수탁자가 합병 외의 사유로 해산한 경우에도 신탁의 종료사유가 아니라 단순한 '수탁자의 임무종료 사유'로 규정함으로써 신탁관계는 수탁자가 부재하거나 또는 수탁능력이 없는 경우에도 존속함을 규정한 신탁법 제12조도 간접적으로 신탁재산의 독립성을 부여한 것으로 볼 수 있다.

신탁계약 변경과 해지는 언제든지 자유롭다. 자익신탁에서 위탁자는 신탁재산에 대한 강한 지배권이나 통제권을 보유하고 있다.

위탁자가 제3자인 수익자를 위해 신탁계약을 체결하는 이유는 무엇인가? 위탁자와 수익자가 다른 신탁(타익신탁)의 경우 위탁자와 수익자 사이의 일종의 '원인관계'가 존재한다.[10] 위탁자가 제3자인 수익자를 지정하는 행위를 무상으로 하면 '무상거래'가 있는 것이고, 유상으로 하면 '유상거래'가 있는 것이다. 타익신탁의 경우 위탁자가 수익자와 다르므로 위탁자가 수익자의 동의없이 함부로 신탁계약을 해지하거나 변경하지 못한다.

수탁자는 수익자를 위해 신탁재산을 보관, 관리, 처분, 운용, 배분을 하는 것인데, 자익신탁은 위탁자와 수익자가 동일하므로 통상 위탁자 중심으로 신탁재산을 관리하는 반면, 타익신탁은 위탁자와 수익자가 다르므로, 수익자 중심으로 신탁재산을 관리하는 것으로 보면 된다.

그리고 일반적으로 자익신탁은 재산관리도구로 활용하는 것이고, 타익신탁은 독립된 수탁자가 수익자를 위해 신탁재산을 관리하는 것을 목적으로 한다. 물론 자익신탁과 타익신탁이 결합[11]된 신탁구조도 가능하고, 자익신탁과 타익신탁 사이에 다양한 스펙트럼이 존재하므로, 일의적으로 법률관계를 파악하는 것은 무리이나, 신탁구조의 이해를 도우려면 위와 같은 개념을 가지고 있는 것이 좋다.

한편, 자익신탁과 타익신탁의 구분은 조세를 부과할 때도 중요한 역할을 한다. 특히 수익권 설계가 조건부나 기한부로 되어 있는 경우, 자익신탁에서 타익신탁으로 변경되는 시점 전후로 세금 부담 주체가 달라질 수 있다. 그리고 자익신탁과 타익신탁의 구분은 신탁을 둘러싼 각종 법령의 적용에도 중요하다. 특히 자익신탁이라도 소유권이 수탁자에 이전되는 현상만을 보고 법령을 적용하는 것은 신탁의 실질에도 맞지 않고 해당 법령의 취지에도 맞지 않는 해석이 나올 수 있다. 예를 들면, 농지법상 전, 답, 과수원을 위탁자가 자경(自耕)을 하면서 상속신탁을 설정한 경우, 해당 농지는 여전히 위탁자가 생전 100% 수익권을 보유하는 자익신탁이므로, 상속신탁 설정 시에 농지취득자격증명이 필요가 없다고 보는 것이 맞는데, 현재 등기실무는 수탁자가 농지취득자격증명을 취득하지 못하면 신탁설정등기가 불가능하다.[12] 다른 예를 들면, 산업단지 내 공장에 대해 공장을 직접 운영하면서 상속신

---

10) 위탁자와 수익자 사이의 원인관계는 신탁계약에 명시되어 있을 수도 있고, 그렇지 않을 경우도 있다. 타익신탁을 설정하고 활용함에 있어서 원인관계에 대한 세부적인 분석이 필요하다.

11) 상속신탁의 경우 생전에는 자익신탁, 사후에는 타익신탁 구조가 결합된 신탁이다. 물론 위탁자 사망시점을 기준으로 그 전에는 자익신탁, 그 이후에는 타익신탁이므로, 논리적으로 자익과 타익이 같은 시기에 존재하지 않아, 정형적인 자익신탁과 타익신탁의 결합 구조와는 다르다. 유언대용신탁의 경우 생전에는 '자익신탁' 구조가 대부분이므로, 위탁자가 신탁재산에 대한 실질적인 통제권을 보유하고 있다.

탁을 설정하는 경우, 신탁에 따라 공장이 신탁회사로 이전되는 것을 '공장 처분행위'로 보고 소유권을 이전받는 신탁회사가 산업단지관리주체와 입주계약을 체결해야 하는지 명확한 유권해석이 없는 것도 문제다.[13] 이 두 가지는 자익신탁과 타익신탁을 명확히 구분하여 법령을 적용해야 하는 대표적인 사례라 볼 수 있다.

2 신탁의 구성요소와 신탁의 성립[14]

신탁의 구성요소는 위탁자, 수탁자 및 수익자라는 인적요소와 신탁재산이라는 물적요소로 나누어 볼 수 있다. 신탁의 인적요소와 물적요소는 신탁행위에 근거하여 물적요소인 신탁재산에 대한 인적요소인 위탁자, 수탁자 및 수익자의 권리의무를 발생시키므로 위탁자, 수탁자 및 수익자의 권리의무는 신탁의 물적요소인 신탁재산을 전제로 하여 발생한다.[15] 한편, 신탁행위도 법률행위이므로, 위탁자, 수탁자 및 수익자는 권리의무의 귀속주체가 될 수 있는 권리능력이 있어야 하고, 아울러 위탁자의 신탁행위는 일종의 신탁재산에 대한 처분행위이므로, 신탁재산에 대한 처분권능을 가지고 있어야 신탁행위가 적법·유효하게 성립한다.

신탁법은 신탁행위로 위탁자와 수탁자 간의 계약, 위탁자의 유언 및 위탁자의 신탁선언이라는 3가지 신탁행위의 방법을 명시하고 있다(신탁법 제3조). 신탁행위의 요건은 인적요소인 위탁자, 수탁자 및 수익자가 확정될 것과 위탁자, 수탁자 및 수익자의 권리의무의 전제인 신탁재산이 특정될 것이다. 한편, 신탁법은 신탁행위의 인적요소 중 수익자와 물적요소인 신탁재산을 사후적으로 확정할 수 있는 신탁행위를 허용하고 있다. 즉, 신탁법 제3조 제4항은 "위탁자는 신탁행위로 수탁자나 수익자에게 신탁재산을 지정할 수 있는 권한을 부여하는 방법으로 신탁재산을 특정할 수 있다."라고 규정함으로써 '신탁재산지정형 재량신탁'이 가능

---

12) 농지에 대하여 신탁을 원인으로 하여 소유권이전등기를 신청하는 경우에는 관리신탁, 처분신탁, 담보신탁 등 신탁의 목적에 관계없이 농지취득자격증명을 첨부하여야 한다(등기선례 제7-465호).

13) 현재까지 산업단지 입주업체가 자금조달을 위해 담보신탁하는 경우에는 신탁회사가 입주계약을 체결할 필요가 없다는 해석만 존재한다[법제처 17-0536, 2017.11.22., 산업통상자원부]. 자익신탁구조로 설정되는 상속신탁이나 증여신탁의 경우에도 이러한 유권해석이 필요하다.

14) 이 부분은 저자의 박사학위 논문(신탁을 활용한 자금조달에 관한 법적연구)을 가감수정한 것임을 밝혀둔다.

15) 확정된 신탁재산이 없으면 신탁재산에 관한 수탁자의 의무가 발생하지 않으므로 신탁재산은 신탁의 성립요건은 아니지만 수탁자에 대한 의무를 부과하기 위한 실질적 전제가 되고, 신탁재산이 없으면 수익을 창출할 수도 없다는 점에서 신탁의 필수요건이다[이중기, 『신탁법』(삼우사, 2007), 94면].

함을, 신탁법 제58조는 "신탁행위로 수익자를 지정하거나 변경할 수 있는 권한을 갖는 자를 정할 수 있다."라고 규정함으로써 '수익자지정형 재량신탁'이 가능함을 명시적으로 규정하고 있다.[16] 재량신탁은 가족신탁에서 중요한 의미를 가진다. 가족신탁은 2세대에서 4세대까지 장기간 계약관계를 구성할 수 있는데, 위탁자가 신탁계약 시 장기간 가족구성원의 상황을 예측하기 어렵기 때문이다. 가족신탁의 사후수익자를 2세대 이상으로 설정할 경우 재량신탁을 활용하면 위탁자가 신탁설정 시점에 예상하지 못한 가족의 신체적, 정신적, 경제적 상황에 대비할 수 있을 것이다.

신탁행위가 성립한 후 신탁재산이라는 물적요소가 인적요소와의 결합, 즉 신탁재산이 수탁자로 이전되는 시점에 신탁의 법률관계가 완성된다. 즉, 신탁행위가 성립한 후 신탁재산이 이전되기 전까지는 수탁자의 신탁재산에 대한 관리·처분 권한과 수익자의 신탁재산에 대한 수익권이 발생하지 아니한다. 신탁행위를 함으로써 채권적 효력이 발생하고, 그에 따라 물권행위가 이루어지고 재산권이 이전됨에 따라 비로소 신탁이 형성되어 신탁관계의 형성이 완성되는 것이다.[17]

한편, 신탁법 제27조는 신탁재산의 범위와 관련하여 "신탁재산의 관리, 처분, 운용, 개발, 멸실, 훼손, 그 밖의 사유로 수탁자가 얻은 재산은 신탁재산에 속한다."라고 규정함으로써, 위탁자가 신탁행위의 성립의 결과 신탁재산으로 이전한 신탁재산뿐만 아니라 수탁자가 신탁의 법률관계에 따라 신탁재산을 관리처분하는 과정에서 취득한 재산도 당연히 신탁재산의 범위에 속함을 명시하고 있다.[18] 수탁자가 신탁재산을 관리하는 과정에서 발생한 과실, 신탁재산의 처분의 대가로 수취한 대금, 신탁재산으로 개발된 부동산 등이 신탁재산으로 되는 것은 물론 "멸실, 훼손 그 밖의 사유"로 수탁자가 신탁재산과 관련하여 취득한 재산도 신탁재산이 됨을 신탁법은 명시하고 있다.[19] [20] 결국 신탁재산은 수탁자의 관리처분권의 행사

---

16) 신탁재산지정형 재량신탁의 도입 취지는 신탁제도의 유연성을 고려하여 신탁재산지정권을 부여하는 유형의 신탁도 신탁계약에 의하여 가능하도록 함으로써 가족신탁 등이 활성화될 경우 전문가인 수탁자나 수익자가 신탁재산을 조사·결정할 수 있는 형태의 신탁이 이용될 가능성이 높으므로 신탁재산지정권 부여가 인정되도록 명문상 근거를 마련하였다[법무부, 『신탁법 해설』(2012), 36면].

17) 임채웅, "신탁행위의 연구", 『저스티스』 통권 제99호(한국법학원, 2007.8.), 114면.

18) 이 규정은 신탁재산의 물상대위성을 인정한 규정인바, 민법상 물상대위에 의한 대위물의 범위는 대상재산의 변형물에 한정되나 신탁의 경우에는 대위물뿐만 아니라 신탁의 관리처분으로 얻는 재산(적극재산인지 소극재산인지 불문)이 적용대상이 되므로 신탁재산으로부터 발생하는 천연과실·법정과실도 포함되고, 아울러 수탁자에 대한 원상회복청구권 또는 손해배상청구권, 신탁재산의 멸실·훼손으로 인한 손해배상채권·보험청구권, 신탁재산의 개발을 위하여 차용한 금전채무를 포함한다(법무부, 앞의 책, 228–229면).

19) 그렇다면 "그 밖의 사유로 수탁자가 신탁재산과 관련하여 취득한 재산"의 범위를 어느 범위까지 확장할 수 있느냐가 문제되는바, 신탁재산과 관련하여 발생한 기회를 이용하여 취득한 이익도 신탁재산이라고 한다. 예를 들면, 신탁재산인 주식과 관련하여 신탁재산인 주식이 지배지분이어서 수탁자가 그 기업의 이사로 선임된 경우에는 수

또는 물상대위의 특징에 의하여 질적·양적으로 증감·변동하는 속성을 가지고 있다.[21] 영미 법계의 신탁에서는 신탁재산의 증감·변동하는 속성을 반영하여 신탁재산을 '신탁펀드(trust fund)'라고 부르기도 한다.[22] 신탁재산의 증감·변동성과 신탁재산의 독립성이라는 두 가지 특수성은 신탁이 투자신탁과 사업신탁의 법적기구로 활용되는 이유이기도 하다.

3 신탁재산, 신탁목적 및 신탁의 유형

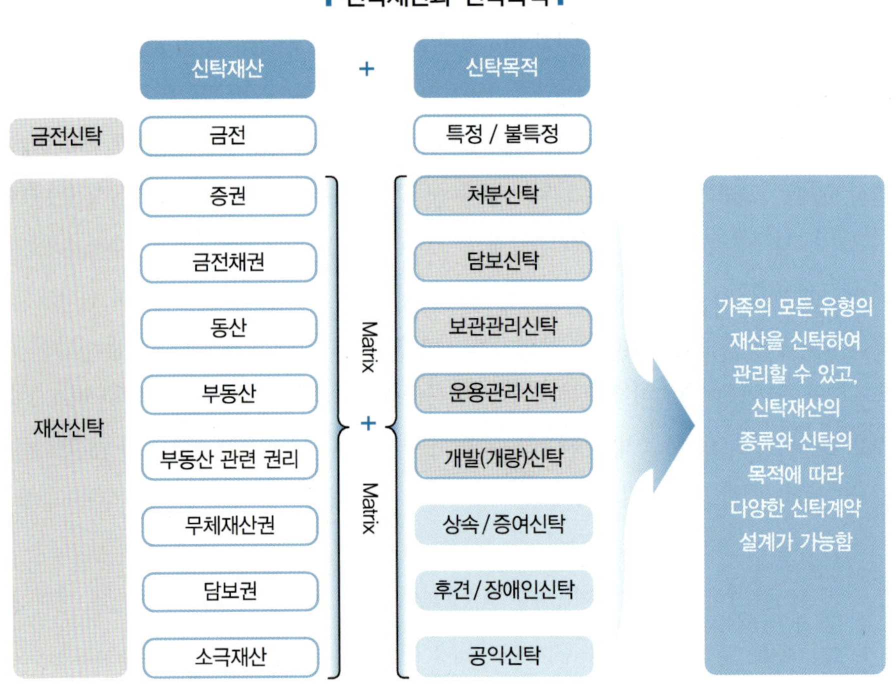

탁자가 회사로부터 받는 보수도 신탁재산에 속한다고 한다(Robert Pearce, John Stevens & Warren Barr, *The Law of Trusts and Equitable Obligations*, Oxford University Press, 2010, pp. 72–73).

20) 신탁재산으로 편입하는 별도의 절차는 필요는 없으나 제3자에 대하여 신탁재산임을 주장하기 위해서는 공시방법을 갖추어야 한다.

21) Robert Pearce, John Stevens & Warren Barr, *op. cit.*, pp. 72–73.

22) *Id.*, pp. 72–73.

신탁은 '재산관리도구'이다. 신탁이 어떠한 재산을 수탁하느냐가 첫 번째이다. 신탁재산은 금전, 증권, 금전채권, 동산, 부동산, 부동산 관련 권리, 무체재산권, 담보권, 소극재산을 모두 포함할 수 있다.[23) 24)] 신탁법상 신탁재산의 범위와는 달리, 자본시장법은 신탁회사가 수탁할 수 있는 신탁재산을 열거하고 있는데, 개정이 필요한 부분이다.

제103조 【신탁재산의 제한 등】 ① 신탁업자는 다음 각 호의 재산 외의 재산을 수탁할 수 없다. 〈개정 2011.5.19.〉

1. 금전
2. 증권
3. 금전채권
4. 동산
5. 부동산
6. 지상권, 전세권, 부동산임차권, 부동산소유권이전등기청구권, 그 밖의 부동산 관련 권리
7. 무체재산권(지식재산권을 포함한다)

② 신탁업자는 하나의 신탁계약에 의하여 위탁자로부터 제1항 각 호의 재산 중 둘 이상의 재산을 종합하여 수탁할 수 있다.

③ 제1항 각 호의 재산의 신탁 및 제2항의 종합재산신탁의 수탁과 관련한 신탁의 종류, 손실의 보전 또는 이익의 보장, 그 밖의 신탁거래조건 등에 관하여 필요한 사항은 대통령령으로 정한다.

④ 신탁업자는 부동산개발사업을 목적으로 하는 신탁계약을 체결한 경우에는 그 신탁계약에 의한 부동산개발사업별로 제1항 제1호의 재산을 대통령령으로 정하는 사업비의 100분의 15 이내에서 수탁할 수 있다.

---

23) 신탁회사가 수탁자인 상사신탁을 기준으로 보면, 농지취득자격증명원이 필요한 전, 답, 과수원은 신탁회사가 수탁받을 수 없다. 입법 개선이 필요한 내용이다. 상속신탁은 위탁자 생전 자익신탁이므로, 농지를 보유한 위탁자가 100% 생전수익권을 가지고 있다. 따라서 농지를 상속신탁했다고 해서 '경자유전의 원칙'을 위반하였다고 보기 어렵다. 따라서 위탁자가 유일한 생전수익자인 경우라면, 신탁회사에 신탁하더라도 신탁회사가 농지취득자격증명원을 취득할 필요가 없다고 보는 것이 맞다.

24) 토지거래허가구역 내 토지를 신탁할 때 토지거래허가는 필요 없다. 국토이용관리법 제21조의 3 제1항의 규정에 의하면 토지거래허가대상을 허가구역 안에 있는 토지에 대하여 대가를 받고 소유권등의 권리를 이전 또는 설정하는 경우로 정하고 있는바, 신탁법에 의한 신탁계약은 대가가 수반되는 계약이라고 볼 수 없으므로 토지거래허가구역 내 토지에 대하여 신탁을 원인으로 하여 소유권이전등기신청을 하는 경우 토지거래허가증을 첨부할 필요는 없다(등기선례 제4-609호). 다만, 신탁종료로 인하여 위탁자 이외의 신탁재산의 귀속권리자 명의로 소유권이전등기신청을 하는 경우 토지거래계약허가증은 첨부하여야 한다(등기선례 9-89호).

신탁목적은 매우 다양하다. 기존에 주로 활용되었던 신탁목적은 재산증식, 처분, 담보, 보관관리, 운용관리, 개발, 개량 등이다. 가족신탁은 재산관리라는 직접적인 목적 이외 상속, 증여, 후견, 장애인부양, 재산보호, 분쟁예방 등 가족 내 발생하는 다양한 문제를 예방하는 신탁이다.

신탁의 유형은 신탁재산과 신탁목적을 조합하여 셀 수 없을 정도로 많으며, 지금 이 시각에도 사회적 필요에 의해 새로운 유형의 신탁이 고안되고 있을 것이다.

4 신탁의 생애(life cycle)

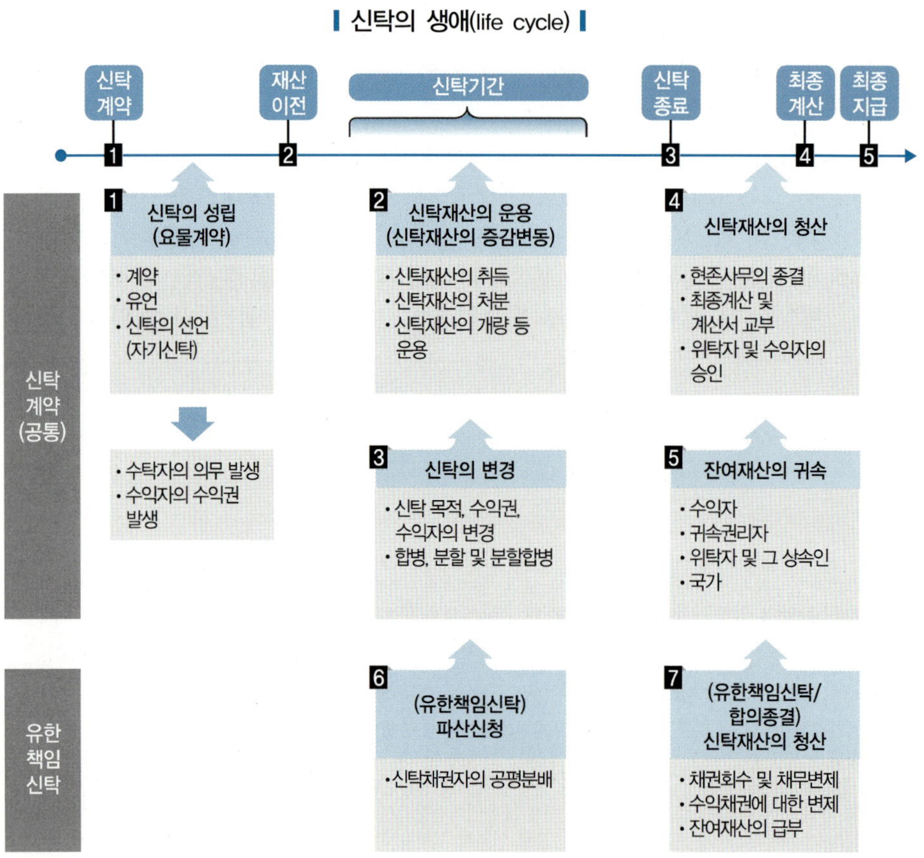

신탁의 생애는 신탁설정에서 시작해서, 신탁기간 동안 신탁운용을 거쳐, 신탁종료, 최종계산 및 최종지급으로 마무리를 하게 된다. 신탁의 성립은 계약, 유언, 신탁의 선언 3가지 방법으로 가능하나, 우리나라의 가족신탁은 주로 계약으로 이루어지고 있다. '신탁재산의 운용'은 신탁재산의 보관, 관리, 취득, 처분, 개량을 포함한 넓은 의미를 가지고 있다(신탁법 제2조). 신탁기간 중에는 신탁 목적, 수익권 및 수익자의 변경이 가능하고, 신탁의 합병, 분할 및 분할합병도 가능하다(신탁법 제88조 내지 제97조). 신탁종료사유가 발생하면 신탁재산은 현존사무를 종결하고 최종계산서를 작성·교부하고 수익자의 승인을 얻는다(신탁법 제103조). 신탁이 종료되면 신탁재산으로 남아 있는 잔여재산은 수익자, 귀속권리자, 위탁자 및 그 상속인, 국가 중 신탁계약과 법의 내용에 따라 귀속된다(신탁법 제101조 내지 104조).

제3조【신탁의 설정】 ① 신탁은 다음 각 호의 어느 하나에 해당하는 방법으로 설정할 수 있다. 다만, 수익자가 없는 특정의 목적을 위한 신탁(이하 "목적신탁"이라 한다)은 「공익신탁법」에 따른 공익신탁을 제외하고는 제3호의 방법으로 설정할 수 없다.

  1. 위탁자와 수탁자 간의 계약

  2. 위탁자의 유언

  3. 신탁의 목적, 신탁재산, 수익자(「공익신탁법」에 따른 공익신탁의 경우에는 제67조 제1항의 신탁관리인을 말한다) 등을 특정하고 자신을 수탁자로 정한 위탁자의 선언

② 제1항 제3호에 따른 신탁의 설정은 「공익신탁법」에 따른 공익신탁을 제외하고는 공정증서(公正證書)를 작성하는 방법으로 하여야 하며, 신탁을 해지할 수 있는 권한을 유보(留保)할 수 없다.

③ 위탁자가 집행의 면탈이나 그 밖의 부정한 목적으로 제1항 제3호에 따라 신탁을 설정한 경우 이해관계인은 법원에 신탁의 종료를 청구할 수 있다.

④ 위탁자는 신탁행위로 수탁자나 수익자에게 신탁재산을 지정할 수 있는 권한을 부여하는 방법으로 신탁재산을 특정할 수 있다.

⑤ 수탁자는 신탁행위로 달리 정한 바가 없으면 신탁 목적의 달성을 위하여 필요한 경우에는 수익자의 동의를 받아 타인에게 신탁재산에 대하여 신탁을 설정할 수 있다.

제101조【신탁종료 후의 신탁재산의 귀속】 ① 제98조 제1호, 제4호부터 제6호까지, 제99조 또는 제100조에 따라 신탁이 종료된 경우 신탁재산은 수익자(잔여재산수익자를 정한 경우에는 그 잔여재산수익자를 말한다)에게 귀속한다. 다만, 신탁행위로 신탁재산의 잔여재산이 귀속될 자(이하 "귀속권리자"라 한다)를 정한 경우에는 그 귀속권리자에게 귀속한다.

② 수익자와 귀속권리자로 지정된 자가 신탁의 잔여재산에 대한 권리를 포기한 경우 잔여재산은 위탁자와 그 상속인에게 귀속한다.

③ 제3조 제3항에 따라 신탁이 종료된 경우 신탁재산은 위탁자에게 귀속한다.

④ 신탁이 종료된 경우 신탁재산이 제1항부터 제3항까지의 규정에 따라 귀속될 자에게 이전될 때까지 그 신탁은 존속하는 것으로 본다. 이 경우 신탁재산이 귀속될 자를 수익자로 본다.

⑤ 제1항 및 제2항에 따라 잔여재산의 귀속이 정하여지지 아니하는 경우 잔여재산은 국가에 귀속된다.

신탁채무를 신탁재산으로 한정하는 유한책임신탁을 설정할 경우, 채권의 공평한 변제를 위해 파산신청이 가능하고, 신탁종료 시 신탁청산함에 있어서 채권회수 및 채무변제, 잔여재산의 급부 등 다양한 청산업무를 수탁자가 이행해야 한다. 사업을 영위하는 법적 도구로 회사를 대신해서 활용할 수 있도록 도입한 것이 유한책임신탁인바, 회사 제도에서나 볼 수 있었던 채권채무의 공평한 분담을 실현하는 파산제도와 청산제도를 활용하도록 한 것이다.[25]

우리가 신탁의 생애를 보는 이유는 상속신탁, 증여신탁 및 후견신탁 모두 신탁계약에서부터 최종지급까지 전체를 염두에 두고 설계할 필요가 있기 때문이다. 그리고 신탁은 이른바 '생물(生物)'이다. 상속신탁 후 경제사정의 변화, 위탁자의 생각의 변화, 사후수익자의 경제적 사정변화, 신탁재산의 가격 및 시장 변화에 따라 위탁자의 의지를 능동적으로 흡수해서 계약변경을 할 수 있다. 자산승계계획을 신탁으로 수립하는 이유도 여기에 있다.

5 사회제도 보완수단으로서 신탁의 역할

신탁은 기존 사회제도로 해결하기 어려운 사회적 요구(social needs)를 해결하기 위해 고안된 것이다. 여성의 상속권이 인정되지 않았던 오랜 과거 영국에서 남편이 아내를 위해 재산을 친구에게 이전시켜 놓고 본인 사후 친구가 아내를 위해 재산을 관리해 줌으로써 실질적으로 여성을 위한 상속이라는 사회적 요구를 해결한 데서 출발한 것이다. 십자군 전쟁으로 차출되어 가는 장군이 영국에 남아 있던 가족을 위해 믿을만한 친구에게 재산의 소유권을 이전하되, 살아서 돌아올 때까지 재산을 가족을 위해 관리하고, 살아서 돌아오면 재산의

---

25) 유한책임신탁을 활용한 '사업신탁'에 대해서는 오영표, "신탁을 활용한 자금조달에 관한 법적연구"를 참조하기 바란다.

소유권을 다시 장군에게 이전해달라는 간절한 사회적 필요를 해결하기 위해 활용된 것이 바로 신탁이다. '부재 시 남아 있는 가족을 위한 재산관리'와 '무사귀환 시 재산의 반환'이라는 십자군 참전 장군의 2가지 과제는 신탁 이외 다른 어떤 도구로도 불가능했을 것이다. 신탁은 이렇듯 사회제도의 부족한 부분을 해결하기 위해 고안된 '사회제도 보완 수단'이다. 신탁의 사회제도 보완기능을 활용하여 '가족위험관리수단'으로 발전한 것이 바로 '가족신탁'이다. 가족신탁의 활성화는 가족위험관리를 통해 가족분쟁으로부터 발생하는 '사회적 비용(social cost)'을 많이 감소시킬 것이다.

CHAPTER 02

신탁의 본질과 실무상 기능

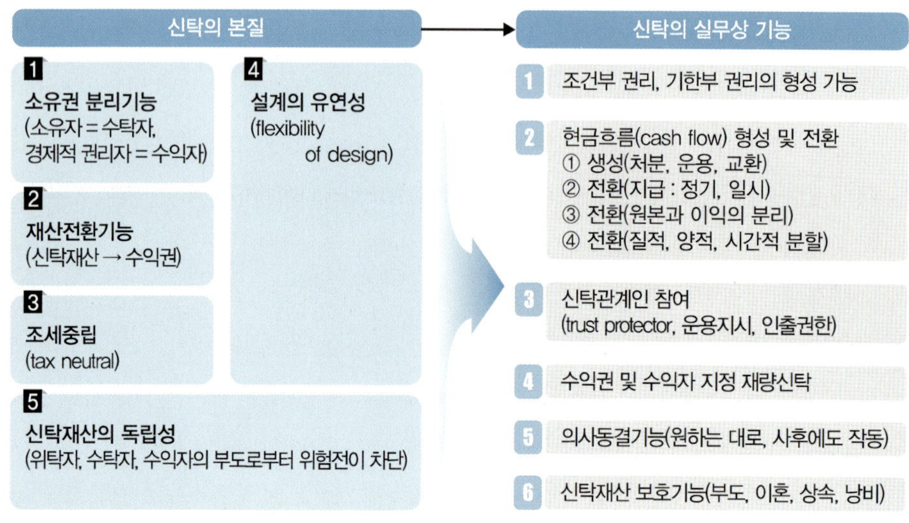

1 신탁의 본질

　신탁의 본질에 대한 다양한 견해가 있지만, 가족신탁이라는 점을 중심으로 살펴보면 앞의 그림과 같다.

　첫째, 신탁은 소유권을 분리하여 귀속시킨다. 신탁설정으로 재산의 소유권은 수탁자에게 이전되지만, 신탁재산으로부터 발생하는 경제적 이익은 수익자에게 귀속된다. 수익자는 위탁자와 같은 사람일 수도 있고, 위탁자와 다른 사람일 수 있다. 전자를 '자익신탁(自益信託)'이라 하고 후자를 '타익신탁(他益信託)'이라 한다.

둘째, 신탁은 재산을 전환한다. 신탁재산을 수익권으로 전환한다. 재산을 양적으로 전환하기도 하고, 질적으로 전환하기도 한다. 상가건물을 신탁하고 70%는 배우자에게, 30%는 아들에게 수익을 지급하는 것이 '양적 전환'의 예이다. 상가건물을 신탁하고 상가건물 수익은 전부 '배우자'에게, 상가건물 원본은 전부 '아들'에게 귀속시키는 것은 '질적 전환'의 예이다. 상가건물을 담보목적으로 신탁하고 우선수익권을 은행에게, 수익권을 위탁자 본인에게 귀속하는 것도 '질적 전환'의 예이다. 주식을 신탁하고 이익수익권인 '배당청구권'만 자녀에게 귀속시키고, 신탁재산 원본수익권은 부모가 보유하는 것도 가능하다.[26]

셋째, 신탁의 설정과 해지는 조세중립(tax neutral)이다. 신탁설정이나 신탁해지로 인한 소유권이전에 증여세나 취득세가 부과되지 않는다. 신탁설정으로 부동산의 소유권이 위탁자로부터 수탁자로 이전되더라도 조세가 부과되지 않는다. 위탁자와 수익자가 동일인인 자익신탁을 설정하는 경우 신탁설정 시 소유권이전은 '유상거래'도 아닐 뿐만 아니라 '무상거래'도 아니라는 것이다.[27] 신탁설정 및 신탁해지에 세금이 발생하지 않는 것이 자산승계계획 수립에 신탁을 이용하는 중요한 이유이다.

넷째, 신탁재산은 위탁자, 수탁자 및 수익자 모두로부터 완전히 독립되어 있는 재산이다. 위탁자, 수탁자 및 수익자의 채권자는 신탁재산에 대해 압류할 수 없다(신탁법 제22조). 수탁자가 이혼하거나 상속개시되더라도 신탁재산은 이혼재산분할과 상속재산분할의 대상이 아니다(신탁법 제23조). 수탁자가 파산하더라도 신탁재산은 파산재단에 속하지 않아 위탁자나 수익자가 보호받을 수 있다(신탁법 제24조). 신탁재산의 독립성 또는 신탁재산의 도산절연성(bankruptcy remoteness, 파산절연)이라고 하는데, 신탁을 타인을 위한 재산관리도구로 활용하는 가장 중요한 이유이기도 하다. 신탁설정했는데 수탁자나 위탁자의 도산위험이 그대로 남아 있다면, 신탁은 타인을 위한 재산관리도구로 활용될 수 없을 것이다.

다섯째, 신탁은 설계의 유연성(flexibility of design)이 있다. 특히 계약으로 설정되는 신탁은 수탁자가 신탁재산을 어떻게 관리처분하고 수익을 언제 어떻게 지급할지를 위탁자와 수탁자가 합의하여 신탁계약으로 반영하면 그대로 작동된다. 신탁설계의 유연성 덕분에 신탁은 재산증식, 재산보존, 후견지원, 재산승계, 법인대용, 투자기구, 공익실현 등 다양한 목적으로 활용된다.

---

26) '이익'만을 증여한다는 의미에서 '이익증여신탁'이라 한다. 주로 주식, 파생결합증권, 회사형 펀드에서 배당청구권이나 상환금을 자녀 기타 제3자에게 분리해서 귀속시킴으로써 소득세를 절세할 수 있는 상품이다.

27) 물론 타익신탁에서 신탁설정행위로 수익자에게 신탁재산에서 발생하는 수익이 궁극적으로 귀속될 때에는 조세 측면에서 '유상거래'나 '무상거래'가 되어 세금이 발생할 수는 있다.

제22조 【강제집행 등의 금지】 ① 신탁재산에 대하여는 강제집행, 담보권 실행 등을 위한 경매, 보전처분(이하 "강제집행등"이라 한다) 또는 국세 등 체납처분을 할 수 없다. 다만, 신탁 전의 원인으로 발생한 권리 또는 신탁사무의 처리상 발생한 권리에 기한 경우에는 그러하지 아니하다.
② 위탁자, 수익자나 수탁자는 제1항을 위반한 강제집행등에 대하여 이의를 제기할 수 있다. 이 경우 「민사집행법」 제48조를 준용한다.
③ 위탁자, 수익자나 수탁자는 제1항을 위반한 국세 등 체납처분에 대하여 이의를 제기할 수 있다. 이 경우 국세 등 체납처분에 대한 불복절차를 준용한다.

제23조 【수탁자의 사망 등과 신탁재산】 신탁재산은 수탁자의 상속재산에 속하지 아니하며, 수탁자의 이혼에 따른 재산분할의 대상이 되지 아니한다.

제24조 【수탁자의 파산 등과 신탁재산】 신탁재산은 수탁자의 파산재단, 회생절차의 관리인이 관리 및 처분 권한을 갖고 있는 채무자의 재산이나 개인회생재단을 구성하지 아니한다.

2 신탁의 실무상 기능

이러한 신탁의 본질에서 다양한 신탁의 실무상 기능이 도출된다.

첫째, 신탁은 '조건부 권리'나 '기한부 권리'를 포함하는 수익권을 생성할 수 있다. '자녀가 결혼하면 아파트 매수대금 4억 원을 지급한다'라는 조건으로 '조건부 수익권'을 설계할 수 있다. '손자녀 45세까지 매월 200만 원씩 지급한다'라는 조건으로 '기한부 수익권'을 설계할 수 있다. 조건부 수익권이나 기한부 수익권은 가족의 신체적·정신적 건강상태나 재산관리 능력에 따른 맞춤형 설계가 가능하도록 한다.

둘째, 신탁재산을 '현금흐름(cash flow)'으로 변환한다. 상가건물을 운용하면서 임대수익을 정기적으로 지급하는 방법이다. 상가건물을 처분하여 금전으로 변환한 다음 정기적으로 또는 특정 조건 성취시에 수익으로 지급할 수 있다. 일정 기간 동안은 상가건물의 임대수익을 배우자에게, 상가건물 원본을 아들에게 분리해서 귀속할 수도 있다.

셋째, 신탁은 다양한 '신탁관계인'을 개입시킬 수 있다. 현재 신탁법도 신탁관리인이나 신탁재산관리인을 명시적으로 두고 있지만, 그 이외에도 신탁계약에서 다양한 권한과 의무를 가진 제3자를 둘 수 있다. 영미 신탁에서는 위탁자, 수탁자, 수익자 아닌 제3자인 '지급청구대리인', '신탁재산보호자(trust protector)'나 '신탁재산운용지시권자(trust director)'를 신탁계약으로 편입시켜 보다 더 다양한 맞춤형 신탁 구조를 활용하고 있다.

제6조 신탁운용지시권자의 권한(power of trust director)

(a) 신탁운용지시권자는 이 조에 따라 신탁조건에 의해 명시적으로 권한을 부여받은 경우에 한하여 권한을 가진다.

(b) 신탁조건은 신탁운용지시권자에게 다음의 권한을 부여한다:

  (1) 신탁재산의 투자, 운용, 배분할 수 있는 권한 또는 수탁자 또는 다른 신탁운용지시권자의 투자, 운용 및 배분을 지시할 수 있는 권한

  (2) 다음 행위에 대한 동의권한

  (A) 수탁자 또는 다른 신탁운용지시권자의 권한 행사 전에 신탁운용지시권자의 동의를 받아야 하는 경우의 동의권한

  (B) 수탁자 또는 다른 신탁운용지시권자에 의해 제안되거나 미리 행해진 권한행사에 대한 책임으로부터 면제할 수 있는 경우 그 면제권한

  (3) 다음과 같은 보호권한(power of protection)의 행사

  (A) 신탁조건의 수정 및 변경 또는 신탁의 종료

  (B) 신탁의 관리나 준거법 관련 소재지의 변경

  (C) 위탁자, 수탁자, 신탁운용지시권자, 수익자 기타 관련자의 의사능력에 대한 결정

  (D) 수탁자, 다른 신탁운용지시권자 또는 수탁자 및 다른 신탁운용지시권자의 후임자의 선정과 해임

  (E) 신탁과 관련한 소송 기타 법원절차의 제기, 응소, 참가

(c) 신탁조건에 달리 정하지 아니하는 경우에 다음의 권한

  (1) (b)항에 명시적으로 표현된 신탁운용지시권자의 권한을 행사하는 데 적합한 다른 권한을 행사할 수 있다.

  (2) 신탁운용지시권자의 권한은 위탁자의 무능력이나 사망에 영향을 받지 아니한다.

  (3) 복수의 신탁운용지시권자가 선임된 경우 과반수의 찬성으로 권한을 행사한다.

넷째, '재량신탁(discretionary trust[28])'이 가능하다. 수탁자에게 수익자 지정권한과 수익권 지정권한을 부여하는 것이 재량신탁이다. 수탁자가 아닌 제3자에게 신탁재산이나 수익자를 지정할 수 있는 권한을 부여하는 '광의의 재량신탁'은 이미 우리 신탁법에 도입되어 있다. 신탁법 제3조 제4항은 "위탁자는 신탁행위로 수탁자나 수익자에게 신탁재산을 지정할 수 있는 권한을 부여하는 방법으로 신탁재산을 특정할 수 있다."라고 규정함으로써 '신탁재산지정형 재량신탁'이 가능함을, 신탁법 제58조는 "신탁행위로 수익자를 지정하거나 변경할 수 있는 권한을 갖는 자를 정할 수 있다."라고 규정함으로써 '수익자지정형 재량신탁'이 가능함을 명시적으로 규정하고 있다.[29] 재량신탁은 신탁설계의 유연성을 한층 더 확보하면서 위탁자나 수익자의 신체적, 정신적, 경제적 변화에 대처하거나 장래 경제사정 변화에도 위탁자가 설계한 신탁의 취지에 맞게 신탁재산의 관리, 처분, 배분이 가능하도록 한다.

다섯째, 위탁자의 '가족과 재산에 대한 의지'을 위탁자 생전은 물론 사후 장기간에 걸쳐 실현할 수 있다. 사후에도 죽은 위탁자의 의지가 신탁재산의 관리, 운용, 배분에 미칠 수 있는데, 이를 '죽은 자에 의한 지배(control of dead hand)' 또는 '의사동결기능[30]'이라 한다. 위탁자 사후 재산관리도구인 신탁을 활용할 수 있다는 점도 전 세계가 신탁을 자산승계계획으로 활용하는 이유이기도 하다.

여섯째, 신탁은 '재산보호기능(asset protection)'을 가지고 있다. 위탁자가 치매에 걸린 상태에서 재산을 제3자나 가족에게 빼앗기는 것을 수탁자가 방지할 수 있다. 증여재산이나 상속재산을 수증자나 상속인이 낭비하는 것을 수탁자가 예방할 수도 있다. 자녀의 이혼이나 조기사망으로 인해 가족이나 가문의 재산이 감소되는 것도 신탁이 예방할 수 있다. 재산보호기능을 수행하는 수탁자를 '재산관리후견인(financial guardian)'이라 부르기도 한다.

---

28) 신탁재산으로부터의 이익을 분배할 것인지 말 것인지, 분배한다면 어떻게 분배할 것인지에 관하여 수탁자가 재량을 가지고 있는 신탁을 '재량신탁'이라 한다. 재량신탁의 수탁자가 분배에 관한 재량권을 행사하기 전에는 수익자가 아직 분배되지 않은 신탁원본이나 신탁수입에 대하여 재산권을 가지지 못하므로, 수익자의 채권자는 아직 분배되지 않은 신탁원본이나 신탁이익을 집행할 수 없다[김상훈, 『미국상속법』(세창출판사, 2012), 246-247면].

29) 신탁재산지정형 재량신탁의 도입 취지는 신탁제도의 유연성을 고려하여 신탁재산지정권을 부여하는 유형의 신탁도 신탁계약에 의하여 가능하도록 함으로써 가족신탁 등이 활성화될 경우 전문가인 수탁자나 수익자가 신탁재산을 조사·결정할 수 있는 형태의 신탁이 이용될 가능성이 높으므로 신탁재산지정권 부여가 인정되도록 명문상 근거를 마련하였다는 것이다[법무부, 『신탁법 해설』(2012), 36면].

30) 의사동결기능은 신탁설정 당시 위탁자의 의사를 위탁자의 능력상실이나 사망이라는 주관적 사정의 변화에 맞서 장기간에 걸쳐 유지하는 기능이다. 신탁은 위탁자가 사망하거나 의사능력을 상실하여도 종료하는 것이 아니라 신탁개시 당시 위탁자에 의하여 설정된 목적에 따라 지속적인 재산관리를 실현할 수 있다. 이러한 의사동결기능을 뒷받침하는 신탁의 특질 즉 안전성, 확실성, 지속성은 신탁이 고령사회에 있어서 재산관리제도로서 대단히 유용한 것이라는 사실을 말해주고 있다[新井誠 저/안성포 역, 『신탁법』 제3판(전남대학교출판부, 2011), 94-95면].

신탁은 가장 창조적인 재산관리도구이다. 신탁목적과 수탁자에게 맡길 수 있는 행위는 탈법이나 불법 목적 이외에는 모두 가능하다. 지금까지 전 세계적으로 신탁처럼 새로운 재산관리도구로 활용된 제도는 없었을 것이다. 자산승계수단인 '상속신탁', 재산증식도구인 '투자신탁', 독과점도구로 활용한 '독과점신탁', 재산보호목적인 '재산보호신탁', 부동산 개발목적의 '개발신탁', 법인대용화 수단인 '사업신탁', 공익법인 대체 수단인 '공익신탁', 지적재산권 실행을 위한 '지적재산권신탁', 담보 대체 수단인 '담보신탁', 독립된 재산관리 및 집행이 가능한 '에스크로신탁(Escrow Trust)' 등 다양하고 창조적인 재산관리도구로 신탁은 오래 전부터 자리매김하였다. 이 책에서는 '자산승계계획 수립'과 '가족위험관리'라는 두 가지 용도를 중심으로 신탁의 창조성을 살펴보고자 한다.

> "From settlement of the greatest of wars down to the simplest inheritance on death, from the most audacious Wall Street scheme down to the protection of grand-children, the trust can see marching before it the motley procession of the whole of human endeavour : dreams of peace, commercial imperialism, attempts to strangle competition or to reach paradise, hatred or philanthropy, love of one's family or the desire to strip it of everything after one's death, all those in the procession being dressed either in robes or in rags, and either crowned with a halo or walking with a grin. The trust is the guardian angel of the Anglo-Saxon, accompanying him everywhere, impassively, from the cradle to the grave."

"거대한 전쟁조약에서 간단한 상속에 이르기까지, 또는 월 스트리트의 대담한 음모로부터 어린이의 보호에 이르기까지, 평화의 꿈, 상업적 제국주의, 경쟁에서의 승리, 천국을 향하려는 노력, 증오, 박애, 가족에 대한 사랑 또는 가족 사후 재산을 빼앗으려는 욕망 등 일련의 온갖 잡다한, 부자이건 가난한 자이건, 고귀한 사람이건, 비루한 사람이건 간에 인간의 열망 앞에 신탁이 지켜보고 있다.

Pierre Lepaulle(피에르 르폴), 프랑스 변호사, 저서 『A Theoretical and Practical Study of the Trust in Economic and International Law』(1932)

CHAPTER 03

자산승계계획 수립과 신탁의 활용

1 민법상 자산승계계획 수립 방법과 한계

우리 민법은 자산승계 방법으로 '증여'와 '상속'을 규정하고, 사무처리능력이 부족한 사람을 위한 후견제도로 재산관리기능을 보완하고 있다. 우리 민법도 증여나 상속 후 수증자나 수유자의 행위를 통제하기 위한 장치를 일부 마련하고 있기는 하지만, 자산승계계획을 실행하는 단계에서 부족한 점이 많으므로, 보다 확실한 자산승계도구인 신탁을 활용할 필요가 있다.

가. 민법의 상속제도

우리 민법은 공동상속제도인 법정상속제도를 취하고 있다. 상속인으로 직계비속(자녀, 손자녀, 증손자녀), 직계존속(부모, 조부모, 증조부모), 형제자매, 4촌 이내 방계혈족을 규정하고(민법 제1000조 제1항), 배우자는 직계비속과 공동상속인이 되거나 직계존속과 공동상속인이 된다(민법 제1003조). 동순위 상속인이 수인인 때에는 최근친을 선순위로 하고 동친의 상속인이 수인인 때에는 공동상속인이 된다(민법 제1000조 제2항). 동순위 상속인이 여러 명인 때에는 그 상속분은 균분으로 하고, 배우자의 상속분은 직계비속 또는 직계존속과 공동상속할 때 50%를 가산한다(민법 제1009조).

우리 민법은 유언의 자유를 인정하는데, 그 예외로 법정최저상속분을 보장해주는 '유류분제도'를 두고 있다. 상속인의 유류분은 직계비속과 배우자는 법정상속분의 1/2, 직계존속과 형제자매는 법정상속분의 1/3이다(민법 제1112조). 유류분은 피상속인의 '상속개시 시 현존재산'과 '증여재산'을 합산하는데, 가산되는 증여는 제3자의 경우 상속개시 1년 이내에 한 것만을 합산하나 상속인에게 증여한 경우 기간 제한없이 전부 합산한다(민법 제1114조).[31)]

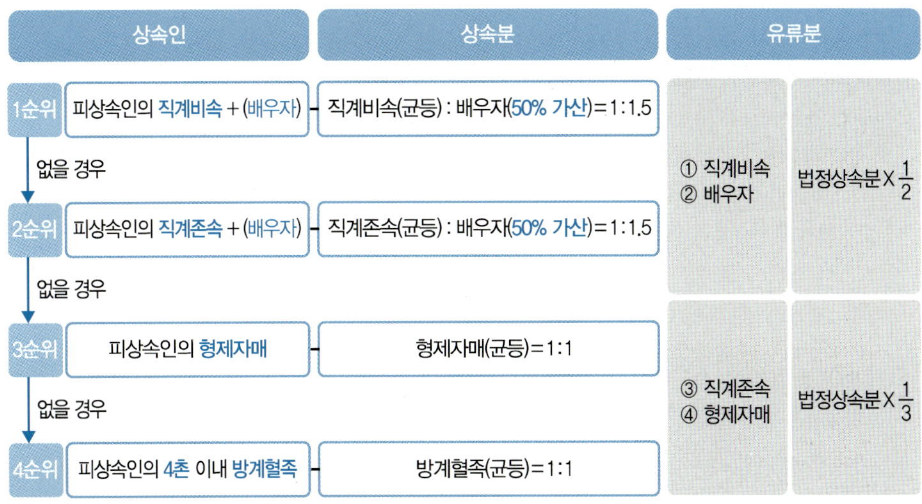

나. 민법상 상속으로 설계하는 자산승계계획

상속재산분할은 우선 유언이 있으면 '유언에 의한 지정분할'을, 유언이 없으면 '법정분할'을 하게 된다. 법정분할은 유언이 없을 때 법정상속분에 기초해서 상속재산을 분할하는 것을 말한다. 법정분할은 상속인 간 상속재산 분할합의가 이루어지는 '합의분할'과 법원의 절차를 통해 분할하는 '재판분할'이 있다. 균등배분을 하도록 규정하고 있는 민법 때문에 많은 사람들은 특별히 자산승계계획을 수립하지 않고 있다가 사망한다. 그러나 기존에 증여받은 '특별수익'과 부모 부양 및 재산형성에 기여한 '기여분'에 대한 인식의 차이로 인해, '균등상속제도'가 상속분쟁을 막지는 못한다. 유언이 없어 균등상속으로 재산분할이 이루어져야 하지만, 통상 상속재산을 더 많이 분할받기 위해 실제 재판분할로 진행되는 사례가 많다. 우리 민법이 규정하는 법정상속제도로 인해 상속인은 상속개시 전에 이미 '상속에 대한 기대권'을 가지고 있기 때문에 상속재산분할소송이 치열한 싸움이 되면서 가족의 해체로 이어지는 것은 안타까운 현실이다.

---

31) 공동상속인에 대한 증여의 경우 상속개시 전의 1년간 이루어진 것인지, 당사자 쌍방이 유류분 권리자에게 손해를 끼칠 것을 알고 증여를 하였는지에 관계없이 그 증여재산 전부가 유류분 산정을 위한 기초재산에 포함된다(대법원 1996.2.9. 선고 95다17885 판결).

제1000조 【상속의 순위】 ① 상속에 있어서는 다음 순위로 상속인이 된다.

  1. 피상속인의 직계비속

  2. 피상속인의 직계존속

  3. 피상속인의 형제자매

  4. 피상속인의 4촌 이내의 방계혈족

② 전항의 경우에 동순위의 상속인이 수인인 때에는 최근친을 선순위로 하고 동친등의 상속인이 수인인 때에는 공동상속인이 된다.

③ 태아는 상속순위에 관하여는 이미 출생한 것으로 본다.

제1001조 【대습상속】 전조 제1항 제1호와 제3호의 규정에 의하여 상속인이 될 직계비속 또는 형제자매가 상속개시 전에 사망하거나 결격자가 된 경우에 그 직계비속이 있는 때에는 그 직계비속이 사망하거나 결격된 자의 순위에 갈음하여 상속인이 된다.

제1002조 삭 제 〈1990.1.13.〉

제1003조 【배우자의 상속순위】 ① 피상속인의 배우자는 제1000조 제1항 제1호와 제2호의 규정에 의한 상속인이 있는 경우에는 그 상속인과 동순위로 공동상속인이 되고 그 상속인이 없는 때에는 단독상속인이 된다.

② 제1001조의 경우에 상속개시 전에 사망 또는 결격된 자의 배우자는 동조의 규정에 의한 상속인과 동순위로 공동상속인이 되고 그 상속인이 없는 때에는 단독상속인이 된다.

제1009조 【법정상속분】 ① 동순위의 상속인이 수인인 때에는 그 상속분은 균분으로 한다.

② 피상속인의 배우자의 상속분은 직계비속과 공동으로 상속하는 때에는 직계비속의 상속분의 5할을 가산하고, 직계존속과 공동으로 상속하는 때에는 직계존속의 상속분의 5할을 가산한다.

③ 삭 제 〈1990.1.13.〉

제1010조 【대습상속분】 ① 제1001조의 규정에 의하여 사망 또는 결격된 자에 갈음하여 상속인이 된 자의 상속분은 사망 또는 결격된 자의 상속분에 의한다.

② 전항의 경우에 사망 또는 결격된 자의 직계비속이 수인인 때에는 그 상속분은 사망 또는 결격된 자의 상속분의 한도에서 제1009조의 규정에 의하여 이를 정한다. 제1003조 제2항의 경우에도 또한 같다.

제1112조 【유류분의 권리자와 유류분】 상속인의 유류분은 다음 각 호에 의한다.

  1. 피상속인의 직계비속은 그 법정상속분의 2분의 1

  2. 피상속인의 배우자는 그 법정상속분의 2분의 1

  3. 피상속인의 직계존속은 그 법정상속분의 3분의 1

  4. 피상속인의 형제자매는 그 법정상속분의 3분의 1

제1113조【유류분의 산정】① 유류분은 피상속인의 상속개시 시에 있어서 가진 재산의 가액에 증여재산의 가액을 가산하고 채무의 전액을 공제하여 이를 산정한다.

② 조건부의 권리 또는 존속기간이 불확정한 권리는 가정법원이 선임한 감정인의 평가에 의하여 그 가격을 정한다.

제1114조【산입될 증여】증여는 상속개시 전의 1년간에 행한 것에 한하여 제1113조의 규정에 의하여 그 가액을 산정한다. 당사자 쌍방이 유류분권리자에 손해를 가할 것을 알고 증여를 한 때에는 1년 전에 한 것도 같다.

제1115조【유류분의 보전】① 유류분권리자가 피상속인의 제1114조에 규정된 증여 및 유증으로 인하여 그 유류분에 부족이 생긴 때에는 부족한 한도에서 그 재산의 반환을 청구할 수 있다.

② 제1항의 경우에 증여 및 유증을 받은 자가 수인인 때에는 각자가 얻은 유증가액의 비례로 반환하여야 한다.

제1116조【반환의 순서】증여에 대하여는 유증을 반환받은 후가 아니면 이것을 청구할 수 없다.

제1117조【소멸시효】반환의 청구권은 유류분권리자가 상속의 개시와 반환하여야 할 증여 또는 유증을 한 사실을 안 때로부터 1년 내에 하지 아니하면 시효에 의하여 소멸한다. 상속이 개시한 때로부터 10년을 경과한 때도 같다.

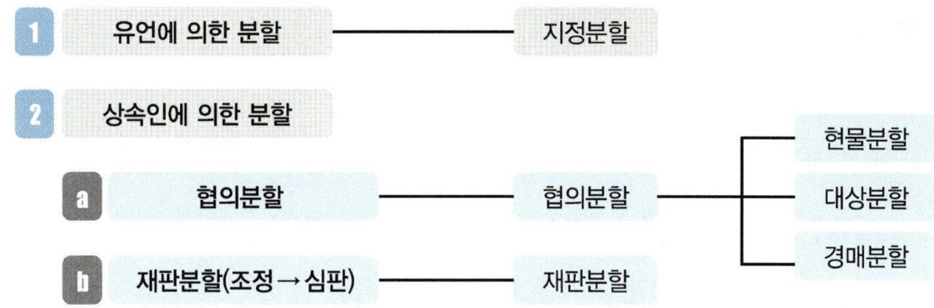

한편, 우리 민법 상속편에도 자산승계의 관점에서 보면, 피상속인의 통제권을 보유할 수 있는 장치가 있긴 하지만, 완전하지 않다. 유언으로 상속재산의 분할방법을 정할 수 있고, 상속개시일로부터 5년간 상속재산분할을 금지할 수 있다(민법 제1012조). 상가건물을 여러 명에게 유증하면서 유증받은 수유자가 5년간 재산분할을 못하도록 유언을 남길 수 있다. 유언에 정지조건을 붙일 수도 있다(민법 제1073조). 유언으로 유증받는 자에게 '부담'을 부가할 수도 있다(민법 제1088조). 상속인이 상속개시 후 상속 관련 일체 소송을 제기하지 않겠다는 부제소 합의를 조건으로 유증의 효력이 발생하도록 하는 것도 하나의 방법이 될 수 있다.

그러나 유언집행자를 제3자로 지정하지 않는 이상, 제대로 이행될 가능성은 낮아 보인다. 그리고 유증받는 자에게 잔존 배우자의 부양의무 이행을 부담으로 붙일 수도 있지만, 피상속인 사후 수유자의 부양의무 이행을 담보할 수 있는 장치가 없다는 문제가 있다.

주로 '자필유언'과 '유언공증'이 유언방식으로 활용하고 있다. 자필유언서는 유언자 사망 후 법원의 검인절차(probation)를 거치는 과정에서 상속인 간에 분쟁이 많이 생길 수 있다. 법원의 검인절차 과정에서 가족과 재산의 문제가 외부로 유출될 가능성이 있는 것도 문제다. 그래서 유언 검인절차가 필요없는 유언공증이 많이 활용되고 있다.

문제는 유언공증이 제대로 집행되느냐이다. 법리상 유언공증에 따라 유언집행자가 유언집행을 하면 된다. 그렇지만, 실무상 유언집행은 여러 난관에 봉착한다.

첫째, 예금이나 금융투자자산에 대한 집행이 제대로 안 된다. 유언의 법리상 나중의 유언이 이전의 유언보다 우선한다. 유언공증도 같은 법리가 적용된다. 예를 들면, 유언공증 후 그와 다른 내용의 자필유언서가 있게 되면, 유언공증은 철회한 것으로 본다. 그리고 유언공증에서 유언자의 사무처리능력이 문제되어 유언무효 소송이 제기되는 경우를 종종 목격한다. 이러한 현상을 유언집행에 응하는 금융기관 입장에서 보면, 유언공증의 내용에 따라 수유자에게 예금이나 금융투자자산을 인출해주는 것은 이중변제의 위험에 노출되는 것이다. 즉, 각기 다른 내용의 유언공증이 하루의 시차를 두고 집행된다고 가정하면, 금융기관에서 집행하는 유언공증이 가장 최근에 한 것이고, 그 이후에는 자필유언을 포함한 아무런 유언이 없다는 것을 확인해야 한다. 그렇지 않으면, 먼저 집행한 유언공증이 철회되어 효과가 없거나 무효인 경우 적법한 나중의 유언공증이나 자필유언에 따라 다시 집행에 응해야 하는 문제가 있다. 이러한 문제점을 해결하지 않고 금융기관이 유언공증에 따라 유언집행에 응해주지 못하고, 유언공증에도 불구하고 상속인 전원의 동의를 받아오라고 하는 관행을 문제삼을 수 없다.[32)]

제1108조 【유언의 철회】 ① 유언자는 언제든지 유언 또는 생전행위로써 유언의 전부나 일부를 철회할 수 있다.
② 유언자는 그 유언을 철회할 권리를 포기하지 못한다.

제1109조 【유언의 저촉】 전후의 유언이 저촉되거나 유언 후의 생전행위가 유언과 저촉되는 경우에는 그 저촉된 부분의 전 유언은 이를 철회한 것으로 본다.

제1110조 【파훼로 인한 유언의 철회】 유언자가 고의로 유언증서 또는 유증의 목적물을 파훼한 때에는 그 파훼한 부분에 관한 유언은 이를 철회한 것으로 본다.

둘째, 유언공증서를 최초로 발견자가 찢어 버리면 쉽게 찾을 수 없다. 주로 유언공증에 따라 유증받는 비율이 법정상속분보다 적거나 아예 유증받지 못하는 상속인이 먼저 발견하면, 그 상속인이 자진해서 유언공증을 다른 상속인에게 알리지 않을 유인이 많기 때문이다. 유언공증서 원본이 공증사무소에 있다 하더라도 검색기능이 없다. 유언공증서의 존재를 추

---

32) 현재 일부 금융기관에서 상속인들의 동의서(인감증명서 첨부) 제출을 요구하는 경우가 있는데, 이는 시정되어야 한다고 본다. 유언집행자가 상속인들의 동의서를 일일이 받으러 다녀야 한다는 것은 유언자의 뜻이나 공증을 한 취지에 맞지 않는다고 할 것이라는 주장이 있는데[박중옥, 『유언공증에 관한 고찰』(공증과 신뢰, 2017), 163면], 법리적인 측면에서는 옳은 말이지만, 실무적인 측면에서 금융기관으로 하여금 이중변제의 위험을 차단할 수 있는 제도 개선이 전제가 되어야 한다.

정하는 상속인은 유언자의 집이나 직장 근처 공증사무소를 하나씩 찾아가서 확인하는 수밖에 없다. 이 부분은 제도개선이 필요하다. 유언공증만이라도 전산정보를 집중해서 공공기관에서 조회가 가능하도록 해야 한다.[33]

셋째, 통상 사무처리능력이 일시에 없어지지 않고 서서히 없어지므로, 그 과정에서 유언자의 사무처리능력이 제대로 확인되지 않는 상태에서 유언공증이 이루어졌다고 유언무효소송이 제기되면서, 동시에 상속재산에 처분금지가처분이 들어오기라도 하면, 장기간 상속재산분할이 되지 않아, 상속세 미납으로 가산세 부담, 상속재산을 담보로 한 대출의 만기연장 불가 등 다양한 상황에서 수유자(유증받은 사람)를 곤란하게 하는 경우도 종종 목격한다.[34] 이외에는 모든 면에서 유언공증보다 효율적이다.

한편, 상속신탁은 유언공증에 비해서 상속재산 분배의 확실성과 신속성을 담보할 수 있어 상속분쟁을 예방하고, 수익자연속신탁이 가능한 점, 생전 및 사후 재산보호기능이 가능한 장점이 있기 때문에, 신탁보수가 좀 더 들어가는 점 이외에는 모든 면에서 장점이 많다.

구 분	상속신탁	유언공증
상속재산 분배의 확실성	높음 (위탁자의 의사만으로 철회·변경 불가하고, 신탁계약에서 정한 방법으로 철회·변경 가능)	낮음 (유언자의 의사만으로 철회·변경 가능, 자필유언만으로도 유언공증의 철회·변경 가능)
상속재산 분배의 신속성	높음 (수탁자에게 소유권이 이전되어 있어, 수탁자가 신속하게 배분 → 금융자산의 경우 : 사망일＋1일 이후, 부동산의 경우 : 사망일 ＋21일 이후 가능)	낮음 (유언집행자 취임 후 신탁재산조사 및 상속집행 → 전문성 부족한 가족이 유언집행자가 될 경우 많은 시간 소유)
상속분쟁 예방기능	높음 (신속하고 확실한 유산배분, 계약방식이므로 무효 사유 적음)	낮음 (엄격한 요식성으로 인해 유언무효 이슈 상존)
2차 상속	가능 (연속수익자 활용)	불가 (상속인의 상속은 해당 상속인의 일신전속적권리)

---

33) 같은 견해로 박중옥, 앞의 논문, 166면.

34) 갑이 자녀들인 을과 병 등에게 갑 소유 부동산을 유증하기로 하는 공정증서를 작성한 후, 갑이 공정증서의 내용을 수정하려면 을과 병 등 모두의 동의를 거쳐야 하고, 갑이 임의로 공정증서의 내용을 수정하는 경우 갑과 을은 공정증서에 따라 협의하는 것으로 하며, 갑의 소유 재산을 을과 병 등에게 증여하는 경우에는 공정증서에 따른 분배로 보아 처리하기로 하는 등 갑 소유 재산의 관리와 처분 및 공정증서 등에 관한 약정을 체결한 사안에서, 갑의 유언철회의 자유를 제한하고 사실상 유언철회를 무력화하는 셈이 되며, 유언의 효력이 발생하기도 전에 유언에 따라 취득한 권리의 처리에 관한 사항을 미리 정하고 있는 것이므로, 약정이 무효라고 한 사례(대법원 2015.8.19. 선고 2012다94940 판결)가 있다. 이 판결의 사건처럼 유언공증 후 사무처리능력이 없어져서 본래의 유언을 변경하려면 상속인 전원동의 조항을 넣고 있지만, 이 판결에 따라 무효가 된다.

구 분	상속신탁	유언공증
상속설계의 유언성	높음 (신탁법상 강행규정을 제외하면 원하는 대로 신탁계약 설계 가능)	낮음 (법정 유언사항만 유언 가능)
생전 및 사후의 재산보호 및 관리	가능 (수탁자가 위탁자의 의사대로 신탁재산을 보호하고 관리함 → 신탁 본질적 기능)	없음 (유언공증 후 신탁재산은 유언자가 직접 관리)
신탁재산의 이전시기	유연 (위탁자의 사망 또는 위탁자의 사무처리능력 상실 시 신탁재산 이전 가능)	경직 (위탁자의 사망에 의해서만 신탁재산이전 가능)
요식성	낮음 (계약방식으로 요식성 낮음)	높음 (엄격한 법정요건 준수 필요 → 무효 소송 다수)

결국, 현행 상속제도를 활용하여 자산승계계획을 수립하는 것도 방법이기는 하나, 상속신탁을 활용하여 믿을 수 있는 독립적인 신탁회사에게 재산의 관리, 처분, 배분 및 상속 이후 재산관리를 맡기는 것이 가족 간 상속분쟁을 예방하고 재산보존의 효율성을 높이는 방법이다. 상속신탁을 상속방법으로 넣어보면, 우리 민법과 신탁법상 상속방법은 다음과 같다.[35]

❚ 우리 민법 및 신탁법에 따른 상속방법 ❚

1	법정상속	협의분할	상속인에 의한 상속
		재판분할	법원에 의한 상속
2	유언상속	자필증서, 녹음, 비밀증서, 구수증서	검인 상속
		유언공증	비검인 상속
3	신탁상속	유언신탁	비검인 상속
		유언대용신탁	비검인 상속

---

35) 필자가 항상 강조하는 바이지만, 법학전문대학원이나 법학과 상속법 과목에 상속신탁을 넣어야 한다. 기존 분쟁해결을 위한 법률실무강의와 함께 분쟁을 예방할 수 있는 예방법학을 가르쳐야 할 때이다.

다. 민법상 증여로 설계하는 자산승계계획

증여는 단순 증여, 부담부증여, 조건부증여, 정기증여로 나누어 볼 수 있다. 우리 민법은 증여계약 후 수증자의 범죄행위나 부양의무불이행이 있으면 증여계약을 해제할 수 있는 장치를 마련하고 있다(민법 제556조). 증여자는 증여계약 후 증여자의 재산상태가 악화될 경우 증여계약을 해제할 수 있다(민법 제557조). 다만, 수증자의 범죄행위나 부양의무불이행, 증여자의 재산상태악화 시 증여자의 해제권은 증여계약에 따라 증여자가 계약을 이행해버리면 행사할 수 없는 한계가 있다(민법 제558조).

증여자는 증여계약에 '특정 조건'이나 '특정 부담'을 붙일 수 있다. 조건부증여는 특정 조건(정지조건)이 성취되면 증여계약을 이행하거나 특정 조건(해제조건)이 성취되면 증여계약의 효력이 없어지는 증여계약이다. 부담부증여는 수증자에게 일정 의무를 부담시키고 수증자가 부담을 이행하지 아니할 경우 증여계약을 해제할 수 있는데, 이 경우에는 증여계약에 따른 이행 여부를 불문한다.

민법

제554조 【증여의 의의】 증여는 당사자 일방이 무상으로 재산을 상대방에 수여하는 의사를 표시하고 상대방이 이를 승낙함으로써 그 효력이 생긴다.

제555조 【서면에 의하지 아니한 증여와 해제】 증여의 의사가 서면으로 표시되지 아니한 경우에는 각 당사자는 이를 해제할 수 있다.

제556조 【수증자의 행위와 증여의 해제】 ① 수증자가 증여자에 대하여 다음 각 호의 사유가 있는 때에는 증여자는 그 증여를 해제할 수 있다.
 1. 증여자 또는 그 배우자나 직계혈족에 대한 범죄행위가 있는 때
 2. 증여자에 대하여 부양의무있는 경우에 이를 이행하지 아니하는 때
 ② 전항의 해제권은 해제원인있음을 안 날로부터 6월을 경과하거나 증여자가 수증자에 대하여 용서의 의사를 표시한 때에는 소멸한다.

제557조 【증여자의 재산상태변경과 증여의 해제】 증여계약 후에 증여자의 재산상태가 현저히 변경되고 그 이행으로 인하여 생계에 중대한 영향을 미칠 경우에는 증여자는 증여를 해제할 수 있다.

제558조 【해제와 이행완료부분】 전3조의 규정에 의한 계약의 해제는 이미 이행한 부분에 대하여는 영향을 미치지 아니한다.

제559조 【증여자의 담보책임】 ① 증여자는 증여의 목적인 물건 또는 권리의 하자나 흠결에 대하여 책임을 지지 아니한다. 그러나 증여자가 그 하자나 흠결을 알고 수증자에게 고지하지 아니한 때에는 그러하지 아니하다.

② 상대부담있는 증여에 대하여는 증여자는 그 부담의 한도에서 매도인과 같은 담보의 책임이
　 있다.

제560조【정기증여와 사망으로 인한 실효】 정기의 급여를 목적으로 한 증여는 증여자 또는
　 수증자의 사망으로 인하여 그 효력을 잃는다.

제561조【부담부증여】 상대부담있는 증여에 대하여는 본절의 규정 외에 쌍무계약에 관한 규정
　 을 적용한다.

제562조【사인증여】 증여자의 사망으로 인하여 효력이 생길 증여에는 유증에 관한 규정을 준용
　 한다.

자산승계의 관점에서 보면 증여계약 해제권, 조건부증여, 부담부증여, 정기증여도 증여자의 입장에서 일정한 통제권을 보유할 수 있는 장치이다. 실무에서는 조건부증여나 부담부증여를 체결하면서 효도의무 불이행 시 증여계약 해제권을 행사할 수 있는 '효도계약서'를 활용하기도 한다. 효도계약서는 조건부증여나 부담부증여의 한 유형으로 증여자의 의지를 명확하게 표현하고 수증자의 행동을 일정 부분 통제할 수 있다. 그렇지만, 수증자가 부담을 이행하지 않아 증여계약을 증여자가 해제하더라도 수증자가 스스로 증여재산을 돌려주지 않으면, 증여자가 수증자를 상대로 소송을 해서 반환받아야 하는 문제가 있다.

현행 민법상 증여제도로 자산승계계획을 수립할 수 있기는 하나, 증여신탁을 체결하여 수탁자에게 재산의 관리, 처분, 배분권한을 맡기면서 증여재산에 대한 통제권을 간접적으로 행사하는 것이 가장 합리적이고 안정적인 방법인데, PART 04 증여신탁 부분에서 상세히 설명한다.

라. 우리 민법에 따른 위임계약으로 자산승계계획 수립

제3자에게 사무처리를 위탁하는 법률관계를 '위임관계'라 하는데 자산승계계획을 수립하여 제3자에게 위임하는 것은 가능하나, 위임계약은 위임인의 사망으로 종료되기 때문에, 상속으로 재산을 승계할 때에는 활용이 불가능하다(민법 제680조, 제690조). 그리고 위임의 경우 사실행위나 법률행위를 위해서 위임장의 존재를 상대방에게 일일이 설명해야 하는 불편함이 있다. 그리고 수임인의 의무불이행이나 부정행위를 통제할 수 있는 확실한 장치[36]가 없다. 따라서 위임계약으로 자산승계계획 수립에는 한계가 있다.

---

36) 수임인의 의무불이행이나 부정행위를 통제하는 장치로 소송이 있기는 하나 너무 번잡한 일이다. 신탁의 경우 신탁회사가 자본력이 있을 뿐만 아니라 신탁계약의 이행 여부가 문제될 경우 감독당국의 조사나 검사로도 해결가능하다.

제680조 【위임의 의의】 위임은 당사자 일방이 상대방에 대하여 사무의 처리를 위탁하고 상대방이 이를 승낙함으로써 그 효력이 생긴다.

제690조 【사망·파산 등과 위임의 종료】 위임은 당사자 한쪽의 사망이나 파산으로 종료된다. 수임인이 성년후견개시의 심판을 받은 경우에도 이와 같다.

마. 후견제도

2013년 도입한 후견제도인 법정후견과 임의후견 모두 사무처리능력 상실 시에 효력이 발생하여 후견인이 사무처리능력이 부족한 피후견인을 위해 신상관리와 재산관리 업무를 처리하긴 하지만, 피후견인 사망으로 법정후견과 임의후견은 모두 종료된다. 후견인의 업무에 상속절차나 상속집행 업무는 배제되어 있다. 실무상 불가피한 경우 후견인이 장례를 주제하기는 해도 상속처리 또는 유산정리 업무는 후견인의 권한 밖의 일이다. 유언을 남기지 않은 후견의 경우 피후견인 사망 후 법정상속으로 처리되고, 사무처리능력이 있을 때 유언을 남긴 경우 유언으로 지정된 유언집행자가 상속업무를 진행한다. 후견제도를 보완한 자산승계전략 수립은 PART 05 후견신탁에서 상세히 설명한다.

바. 소결론

기존 민법이나 상법상 재산관리 및 재산승계 방법은 건강시기에서 사망 후 상속 완료까지 일정 기간 동안에만 부분적으로 작동한다. 위임, 부담부증여, 법정후견, 임의후견, 생명보험은 사망 시 종료된다. 유언과 사인증여는 사망 시에 발효되지만 유언에 따른 유언집행과 사인증여계약의 이행으로 계약이 종료된다. 그렇지만 신탁을 활용하면, 건강시기, 능력상실시기, 사망, 상속완료 및 그 이후에도 상속인들을 위한 재산관리가 가능하다. 신탁은 소유권을 수탁자에게 이전시켜 놓고 재산관리를 하는 도구이므로, 위탁자의 건강상태나 사무처리능력 유무, 상속인의 건강상태나 사무처리능력 유무를 불문하고, 수탁자가 신탁재산의 관리, 운용, 처분, 배분 업무를 독립적으로 수행할 수 있어, 자산승계계획 수립과 이행에 단절되는 구간이 없이 전체 기간 동안 보장된다는 가장 큰 장점이 있다.

▌생애주기별 민법상 재산관리제도와 한계 ▌

	재산관리제도	건강시기	능력상실	사 망	상속완료	그 이후
1	위 임	계약 ⇒ ⇒	⇒ ⇒ ⇒	종료		
2	부담부증여	계약 ⇒ ⇒	⇒ ⇒ ⇒	종료		
3	유언·사인증여	작성 ……	…………	발효 ⇒ ⇒	종료	
4	법정후견		발동 ⇒ ⇒	종료		
5	임의후견	계약 ……	발동 ⇒ ⇒	종료		
6	생명보험	계약 ⇒ ⇒	⇒ ⇒ ⇒	종료		
7	가족신탁	계약 ⇒ ⇒	⇒ ⇒ ⇒	⇒ ⇒ ⇒	⇒ ⇒ ⇒	⇒ ⇒ ⇒

2 자산승계계획의 개념과 수립절차

가. 자산승계계획의 개념과 수립절차

자산승계계획(Succession Planning)이란 본인을 위해 자산을 어떻게 사용하고 가족들에게 어떻게 승계하는지를 미리 계획하는 것을 말한다.[37] 자산승계계획을 상속계획으로 표현하기도 하지만, 자산승계계획에 '본인을 위한 계획'이 포함되어야 하므로, 상속계획보다는 넓은 의미라고 보면 된다. 자산승계계획을 미리 수립하는 이유는 세금을 줄일 수 있는 절세전략을 찾을 수 있고, 가족의 재산, 건강상태를 고려해서 효율적인 상속계획을 수립하는 데 있다. 그리고 자산승계계획 없이 있다가 상속이 일어나게 되면, 상속재산분할 과정에서 생길 수 있는 분쟁 예방도 자산승계계획을 수립하는 이유이다. 아울러 가족 관계에서 생길 수 있는 다양한 위험을 미리 관리하는 것도 자산승계계획 수립의 목표이기도 하다.

자산승계계획 수립을 단계적으로 나누어보면, 다음과 같이 6단계로 나눌 수 있다.

---

37) 자산승계계획을 상속설계(Estate Planning)라 부르기도 한다. 상속설계(Estate Planning)란 피상속인이 사망할 경우 피상속인의 의사대로 상속인에게 피상속인의 재산을 상속할 때 가장 비용이 적게 들고 효율적으로 상속하면서 세금을 가장 적게 내는 방법을 강구하여 상속인에게 더 많은 재산이 상속될 수 있도록 방법을 설계하고 실천하며 이를 문서화하는 것을 의미한다[바른상속신탁연구회, 『상속신탁연구』(2014.5.), 90면].

｜ 자산승계계획 수립 절차 및 주요 검토 사항 ｜

1	가족구성 파악	1	연령, 건강, 재산관리능력 파악	구성원들의 특수성 파악 및 Life Plan 분석
2	자산현황 분석	1	대차대조표	자산과 부채 현황 파악
		2	현금흐름 분석	자산과 부채의 현금흐름 분석
3	노후자금 분석	1	연령에 따른 노후자금 분석	고객 수준과 기대여명에 따른 노후자금 분석(Life Plan)
4	고객 니즈 파악	1	자산증식 니즈	포트폴리오 진단 및 변경 제안
		2	자산승계 니즈	증여·보험·상속 니즈 파악
		3	재산보호 니즈	재산 손실위험 진단 및 임의후견 니즈 분석
5	세금계획 (Tax Planning)	1	납세가능성 분석	현금화 가능자산 파악
		2	포트폴리오 리밸런싱 분석	납세능력 부족 시 포트폴리오 변경
		3	가족 내 자산의 분산 대책 분석	증여·연금보험을 활용한 절세 전략 도출
		4	부동산 유효활용 가부 분석	상속증여가액 평가 시 유효한 부동산 활용
6	신탁솔루션 (Trust Solutions)	1	신탁니즈 확인(Trust Needs)	재산보호·유산분쟁예방·차등상속·사후관리
		2	신탁솔루션 확정	증여신탁·상속신탁·후견신탁
		3	자산승계신탁계약 확정	고객 니즈에 따른 맞춤형 계약 구성

1단계는 '가족구성 파악'이다. 가족의 나이, 신체적·정신적 건강상태는 물론 가족의 재산관리능력, 가족의 재산관리능력에 대한 인식에 대한 분석도 필요하다. 가족 구성원 중 재산관리능력이 확인되지 않거나 부족하다면, 안전장치를 마련하고 자산을 승계해야 한다.

2단계는 '자산현황 분석'이다. 자산과 부채 파악은 자산승계계획 수립의 기본이면서 매우 중요한 단계이다. 본인 명의로 된 자산 전부에 대해 재산가액(시가평가금액과 기준시가), 현금화 가능성, 향후 재산가액 변동성 등을 분석한다. 어떻게 운용하고, 어떻게 처분하며 어떻게 개발할지를 정하는 것이다. 그리고 본인 명의가 아닌 타인 명의의 재산과 부채 파악도 중요하다. 이유를 묻지 않고 타인 명의로 재산을 보유하는 것은 법적으로 매우 위험한 상태이므로, 본인 명의로 회복 방법을 찾거나 최소한 타인 명의의 재산임을 입증할 수 있는 장치를 마련해야 한다. 특히, 명의자에게 상속이 개시되는 경우 명의자의 상속인이 자진해서 돌려주면 문제되지 않겠지만, 그렇지 않은 경우가 대부분이다.

3단계는 '노후자금'에 대한 분석이다. 행복한 노후의 기본은 충분한 노후자금의 확보와 유지이다. 현재 생활 수준을 고려해서 매월 생활비를 기대여명까지 충분히 확보하여야 하고, 나아가 건강상태 악화 등 예상하지 못한 상황에 대비해서 여유자금까지 충분하게 확보하여야 한다. 마지막으로 행복한 노후가 되기 위해 문화생활을 비롯한 버킷리스트 실천을 위한 자금도 확보하여야 한다. 노후자금 확보 후 그래도 남은 재산이 많다면, 그 초과금액에 대한 증여계획과 상속계획을 수립할 수 있다.

4단계는 '고객 니즈 파악'이다. 배우자, 자녀 및 손자녀에게 재산을 어느 정도 어떻게 증여할지를 고민하고 계획하는 단계이다. 절세를 위해 단계적으로 증여하는 계획이 기본적이다. 재산관리능력이 부족한 배우자, 자녀 및 손자녀가 있다면 증여계획 수립이 쉽지 않고, 이러한 경우에는 안전장치가 필요하다.

5단계는 '세금계획(Tax Planning)'이다. 세금계획은 현재 보유 재산에 대한 상속세 계산부터 시작한다. 배우자와 자녀에게 상속세 납부 현금이 충분히 확보되었는지를 확인한다. 부동산이나 가업주식이 주요 재산인 자산가에게는 현금화나 현금을 확보할 수 있는 방법 제공도 필수이다. 자산매각이 쉽지 않으면 생명보험도 활용할 수 있다. 절세전략 탐색도 중요하다. 배우자 공제를 최대한 활용하는 방법, 10년 단위로 잘게 쪼개서 증여하는 방법, 향후 가격 상승이 예상되는 재산을 미리 증여하는 방법 등 다양한 절세전략을 확인하고, 본인과 가족에게 가장 적합한 세금계획을 수립해야 한다.

6단계는 자산승계계획 수립을 최종적으로 확정하면서, 증여신탁, 상속신탁, 후견신탁 등 가족위험관리와 절세전략을 최대한으로 확보할 수 있는 '자산승계신탁'을 설계하는 단계이다. 가족구성, 자산규모, 자산유형을 기초자료로 가족에 대한 자산가의 의지에 따라 수립한 자산승계계획이 제대로 실현될 수 있도록 '안전장치'를 마련하는 것이 바로 '가족신탁' 또는 '자산승계신탁'이다.

나. 자산승계계획 수립의 핵심 요소

자산승계계획 수립의 핵심 5요소는 다음과 같다.

첫째, '절세전략(Tax Planning)'이다. 상증법상 상속세와 증여세의 세율이 높다. 과표기준으로 30억 원 이상이면 50%의 상속세나 증여세를 납부하여야 한다. 극단적으로 단순화시켜 예를 들면, 100억 원의 자산을 자녀에게 상속하면 상속세 납부 후 순상속재산은 50억 원이고, 자녀가 다시 손자녀에게 상속하면 상속세 납부 후 손자녀의 순상속액은 25억 원이 된다. 한 세대에서 자신들이 납부한 상속세만큼 재산을 증대시켜야 부모로부터 물려받은 재산을 유지할 수 있다는 얘기인데, 쉽지 않을 것이다. 이렇기 때문에 자산승계계획 수립의 가장 중요한 요소가 바로 절세전략이다. 자산가의 연령과 재산규모, 자녀의 나이나 재산관리능력 등을 고려해 장기간 절세전략(Tax Planning)을 수립해야 한다.

둘째, '재산보존(Asset Protection)'이다. 우리나라 85세 기준 치매유병률이 45%에 달한다. 10명 중 4명이 치매를 앓다 사망한다. 재산이 많아도 중증치매가 되면 스스로 재산관리가 불가능한데, 이 시기에 제3자, 가족, 친족에게 재산을 빼앗기는 사례를 자주 본다. 그리고 자녀 중 누가 후견인이 되느냐를 두고 분쟁이 일어나는 것도 흔한 일이다. 힘들게 모은 재산을 두고 가족 간에 생길 수 있는 다양한 문제를 예방하는 것도 자산승계계획의 핵심 요소라 할 수 있다.

셋째, '분쟁예방(Conflict Prevention)'이다. 상속재산분할소송이나 유류분반환청구소송이 해가 갈수록 증가하고 있다. 앞으로는 더 늘어날 것이다. 상속인 간 균등상속이라는 법정상속제도가 있지만, 아무런 장치를 만들어 놓지 않으면, 가족 간에 분쟁이 많이 생긴다. 살아생전에 증여한 자산, 알게 모르게 지원했던 지원금, 재산형성에 대한 가족 구성원의 기여도, 부양에 대한 가족 구성원의 기여도 등 상속재산분할을 둘러싼 분쟁의 요소가 많다. 자산승계계획을 수립할 때 가장 중점적으로 진단하고 대책을 마련해야 할 부분이 바로 분쟁예방이다.

넷째, '의지실현'이다. 내가 모은 재산을 내가 좋아하는 가족에게 더 많이 주고, 내가 싫어하는 가족에게 적게 주고 싶은 것은 인지상정이다. 물론 잘사는 자녀에게 적게 주고 못사는 자녀에게 많이 주고 싶어 하시는 분도 자주 본다. 자산승계계획 수립을 통해 자녀에 대한 호불호(好不好)를 명확히 표현할 수 있다.

다섯째, '가치상속'이다. 많은 재산을 그냥 물려주는 것만 정답인가? 그렇지 않다. 재산만큼이나 중요하는 것이 가치상속이다. 물려주는 재산을 어떻게 모았고, 이렇게 모은 재산을 자녀들이 어떻게 보존하고 관리하며, 손자녀에게 어떻게 물려주라는 메시지를 남기시는 분이 많다. 부모가 원하는 대로 자녀가 살아가주면 가장 행복한 일일 것이다. 해외 사례를 보더라도 자산승계에서 제일 중요한 요소로 취급되는 것이 바로 가치상속이다. 가치상속의 실현방법으로 고안해낸 것이 바로 '성과보상신탁(Incentive Trust)'이다. 부모가 원하는 행위나 목표를 달성했을 때 약속한 성과를 지급하고, 부모가 원하지 않는 행위를 했을 때 수익권을 감액하거나 없애는 방식이다. 예컨대, 대학입학, 결혼, 출산하면 축하금을 지급한다거나, 도박이나 마약을 하면 수익권을 없앤다거나, 10년 동안 회사원으로 근무하면서 모은 돈의 10배를 성과로 지급[38]한다는 내용으로 사후수익권을 설계하면, 부모가 원하는 대로 자녀의 삶을 유도할 수 있을 것이다.

> "The parent who leaves his child enormous wealth generally deadens the talents and energies of the child, and tempts them to lead a less useful and less worthy life than they otherwise would.[39]"
>
> "많은 재산을 상속해 주는 부모는 아이들의 재능과 열정을 떨어뜨릴 뿐만 아니라 그렇지 않은 경우에 비해서 아이들을 덜 유용하고 가치없도록 할 가능성이 있다."

자산승계의 핵심 5요소는 자산승계계획을 수립하는 사람마다 가중치가 각기 다르므로, 경험치를 기초로 이해를 돕기 위해 유형화하면 다음과 같다.[40]

첫째, '절세전략형'이다. 물론 재산보존, 분쟁예방, 의지실현 및 가치상속도 고려요소이긴 하지만, 절세전략에 주안점을 두는 유형으로 HNWI(High Net Worth Individual, 거액자산가)가 주로 짜는 전략이다.

둘째, '절세전략과 가치상속 결합형'이다. U-HNWI(Ultra-High Net Worth Individual, 초거액자산가)가 짜는 전략으로, 절세전략을 기본으로 하되 자녀의 올바른 삶을 유도하고, 가업의 후계자를 육성할 때 사용하는 전략이다.

셋째, '분쟁예방형'이다. 주로 Mass-Affluent(부유한 일반 대중)가 짜는 전략으로 재산보존과 분쟁예방을 중점적으로 설계한다.

---

38) 요즘 미국에서 유행하는 income matching 사후수익권 설계방식이다.

39) Andrew Carnegie, The Advantages of Poverty, in The Gospel of Wealth and Other Timely Essays 50 (Edward C. Kirkland ed., Harvard Univ. Press 1962), p.56.

40) 물론 단순화한 모델이므로, 재산규모와 관계없이 가중치를 달리 정하는 사례도 많이 보인다.

3 소결론 : 자산승계계획 수립 시 신탁의 활용

영국, 미국, 싱가포르, 홍콩, 일본 등 다양한 국가에서 자산승계계획을 수립할 때 신탁을 활용하고 있는데, 왜 자산승계계획 수립에 신탁을 활용하는 것이 보편적인가? 현행 민법이 규정하는 자산승계방법은 많이 부족하다. 민법이 규정하는 자산승계방법은 증여, 법정상속, 유언인데, 증여, 유언, 법정상속은 자산승계계획 수립 측면에서나 이행 측면에서 충분하지 않다.

증여한 이후 자녀의 변심으로 고통받는 경우나 자녀가 재산을 낭비해버리는 경우도 자주 본다. 유언을 남겨도 유언대로 유언집행이 제대로 될 가능성은 높지 않다. 금융자산에 대한 유언공증이 제대로 이행되지 않는다. 현행 유언공증 제도를 개선하지 않는 이상, 금융기관이 유언공증대로 수유자에게 금융자산을 인출해주기 어렵다. 금융기관은 해당 유언공증이 적법하게 된 것인지 확인할 수 없다. 해당 유언공증 시 유언자가 사무처리능력이 없는 등 유언공증 무효사유가 없는지를 확인할 수 없다. 그리고 해당 유언공증 후 다른 내용의 유언이 있었는지를 확인할 수도 없다. 해당 유언공증의 수유자에게 인출해준 후 유언공증의 효력이 부인되면 금융기관이 이중변제위험에 노출되어 있다는 것이다.

법정상속으로 내버려두는 것은 어떠한가? 상속재산분할 과정에서 발생하는 가족 간 분쟁이 해가 갈수록 증가하고 있다. 우리 민법이 공동상속제도를 취하고 있어 배우자나 자녀가 상속에 대한 기대권을 가질 수밖에 없다. 본인이 가족을 이루면서 장기간 배우자나 자녀에게 증여한 재산이 있고, 가족들이 본인과 가족을 위한 기여도가 있어서, 이론과 달리 상속시점에 사망한 피상속인 명의 재산에 대한 균등상속에 만족할 가족이 많지 않다. 법원 통계를 인용하지 않더라도 상속분쟁이 해가 갈수록 증가하고 있는 것은 어쩌면 자산승계계획을 미리 수립하지 않는 우리나라 관행에서 비롯된 것일지 모른다.

그렇다면, 신탁을 활용해서 자산승계계획을 수립하는 보다 구체적인 이유를 알아보면 다음과 같다. 본인이 자산승계계획을 수립할 수는 있어도 자산승계계획의 이행은 할 수 없는 것이므로, 자산승계계획 수립 시에 자산승계계획을 이행해 줄 독립적인 제3의 전문가가 필요하다. 가족 이외 변호사, 세무사, 법무사, 회계사 등 다양한 전문가에게 자산승계계획을 맡길 수 있지만, 자산승계계획의 안전과 확실한 이행을 확보하기 위해서는 '신탁회사'를 활용하는 것이 좋다. 신탁회사는 금융기관으로 국가의 감독을 받고 있을 뿐만 아니라 신탁법에 따라 신탁회사의 부도위험으로부터 신탁재산이 보호받을 수 있기 때문이다. '가족신탁'은 가족을 수탁자로 선정하는 '민사신탁'에서 출발하였지만, 요즘은 신탁회사와 자산승계계획을 수립하면서 '가족신탁'을 체결하는 사례가 많다. 신탁회사의 자산관리 및 자산승계 전문성을 활용하여 자산승계계획 수립부터 자산승계계획 이행까지 전체에 걸쳐 효율성과 안정성을 확보하는 것이 가장 현명하다.

❶ 사례

　75세 자산가 김부자는 배우자 박아내(70세), 딸 김하나(32세), 아들 김두리(29세)를 두고 있다. 김부자는 100억 원의 자산(상가건물 50억 원, 금융자산 40억 원, 아파트 10억 원)을 보유하고 있다. 딸 김하나는 S전자 이철수 과장과 결혼을 했고, 외손자 이똘똘을 낳아 잘 키우고 있다. 아들 김두리는 아직 미혼인데, 재산관리능력이 부족하고 아직 변변한 직장이 없어 걱정이다. 얼마전 세무사와 상담을 했는데, 상속세가 30억 원 이상 나올 거라는 말을 듣고 새로운 걱정거리가 생겼다. 상가건물은 아버지로부터 물려받은 토지 위에 김부자가 신축한 상가인데, 임대료 수입으로 배우자, 김하나, 김두리에게 일정 금액이 꾸준히 지급되도록 하고 싶다. 그리고 상가건물의 대지가 아버지로부터 물려받은 거라, 김부자 본인이나 배우자 박아내 사후에도 자녀 김하나와 김두리가 오랜 기간 소유했으면 한다.

　김부자를 위한 현명한 상속증여계획, 즉 자산승계계획 수립은 어떤 것인가?

❷ 자산승계계획 수립 및 신탁의 활용(답안 예시)

　(1) 우선 김부자는 상속세 부담을 줄이기 위해서는 박아내, 김하나, 김두리에게 사전증여를 실행하는 것이 좋다. 증여계획을 통한 상속세 절세 전략을 수립하는 것이다. 그리고 남은 재산 중 금융재산을 박아내에게 많이 상속해서 배우자 상속공제를 최대한 활용하고, 이를 김하나와 김두리의 상속세 납부재원으로 활용하면, 김부자 사망 시 상속세는 많이 줄일 수 있고, 김하나와 김두리에게 상속재산을 가장 많이 물려줄 수 있다.

　(2) 그리고 재산관리능력이 부족한 김두리에게 증여되는 재산은 장기간 신탁으로 유지해야 하므로, 증여안심신탁을 체결하면 된다. 그런데 김하나에게는 단순 증여를 하고 김두리에게는 증여재산에 대한 통제권을 행사하는 증여신탁을 체결하자니 김두리가 불만일 거 같다. 그래서 상가건물 25%씩 김하나와 김두리에게 증여하면서 김하나와 김두리 모두 증여안심신탁을 체결하도록 한다. 증여안심신탁의 신탁재산보호자(Trust Protector)를 김부자, 박아내, 김하나 순서로 정해서 상가건물의 임대관리나 시설관리에 대한 의사결정을 하도록 한다.

　(3) 나머지 상가건물의 50%는 김부자가 보유하면서 노후 생활비로 사용하고, 본인 사후 1차 사후수익자를 배우자인 박아내로, 2차 사후수익자를 김하나와 김두리로 정한다. 신탁계약으로 김두리의 사후수익권이 압류될 경우를 대비해서, 김두리의 상가빌딩의 25% 상당 수익권이 압류될 경우 김두리의 수익권을 소멸시키고, 당시 김두리가 결혼을 해서 손자녀가 있을 경우 3차 사후수익자인 며느리와 손자녀의 수익권이 생기도록 구성할 수도 있다.[41]

---

41) 영국식 낭비자보호신탁을 활용해서 우리나라 법을 적용한 조항을 만든 것이다.

(4) 김두리가 회사에 취업해서 10년간 회사 생활을 유지한다면, 김부자 사후에는 박아내가, 김부자와 박아내 모두 사망한 경우 김하나의 의사결정으로 증여안심신탁과 상속신탁을 해제할 수 있도록 장치를 만들어 놓음으로써 김두리의 바람직한 인생을 살도록 유도하는 인센티브 장치도 만든다.

이렇게 자산승계계획을 수립해 놓으면, 자산가의 절세전략, 재산보존, 분쟁예방, 가치상속, 의지실현을 모두 할 수 있다.

❙ 모델사례의 자산승계계획 ❙

재산	평가금액	상속/증여	수익자	2차 수익자	신탁유형	사후 재산관리
금융	40억	상속	박아내	–	상속신탁	상속개시 후 신탁종료
아파트	10억	증여	박아내	–	증여신탁	
상가건물	50억	1/4 지분 증여	김하나	–	증여신탁	배우자 상속개시 후 20년간 신탁계약 유지 + 김하나의 처분 결정
		1/4 지분 증여	김두리	–		
		1/2 지분 상속	박아내	김하나, 김두리	상속신탁	

CHAPTER 04

가족위험관리와 신탁의 활용

1 가족위험관리

회사에 발생할 수 있는 다양한 위험을 진단하고 예방하는 '위험관리(Risk Management)'는 많이 들어본 단어이지만, '가족위험관리(Family Risk Management)'는 생소한 용어일 것이다. 가족위험은 가족이라는 공동체에서 발생할 수 있는 모든 삶의 부정적 이벤트라 볼 수 있다. 본인이 치매에 걸리거나 이혼하거나 사별하는 것이 대표적인 가족위험이다. 자녀의 이혼, 건강악화, 조기사망도 있다. 자녀의 사업실패, 낭비, 도박, 재산관리능력 부족도 가족위험이다. 사별하거나 이혼 이후 재혼하는 것도 본인은 물론 자녀에게 가족위험이 될 수도 있다.

왜 가족위험을 관리해야 하는가? 회사의 위험은 재산손실로 귀결되지만, 가족위험은 재산손실을 넘어 가족 분쟁이나 가족 해체로 이어질 수 있다. 가장 행복한 관계에서 불행한 관계로 결말나는 사례를 주변에서 많이 본다. 가족위험관리는 가장으로서 해야 하는 가장 중요한 일이다.

가족위험관리를 위해서 기본적으로 해야 할 세 가지 중요한 일이 있다.

첫째, 자녀나 손자녀에게 '가족교육(Family Education)'을 체계적으로 시켜야 한다. 자녀나 손자녀가 물려받은 재산을 잘 유지하고 보존하기 위해 필요한 재무적 지식교육, 가족 분쟁을 일으키지 않고 화목하고 바람직하게 살도록 유도하는 가치상속, 가족의 중요한 사항 의사결정 절차와 방법을 교육해야 한다.

둘째, 가족후계자를 지정해야 한다. 가족의 다양한 사안에 대한 의사결정 과정에서 누구를 중심으로 의사결정해야 하는지를 미리 정해 놓아야 한다. 합리적인 의사결정을 할 수 있는 자녀를 미리 후계자로 정하고, 후계자를 중심으로 주요 가족 의사결정 경험을 미리 쌓아 놓아야 사후 후계자가 제대로 역할할 수 있을 것이다.

셋째, 자산승계계획을 자녀 세대와 손자녀 세대까지 수립해 놓을 필요가 있다. 자녀와 손자녀의 경제적 관념 또는 재산관리능력을 미리 검토하고 부족한 자녀나 손자녀를 위해 자산승계계획과 함께 자산승계신탁을 만들어 놓는 것이 좋다.

2 영미의 자산승계계획 수립과 가족신탁의 활용

가. 자산승계계획 수립 방법

영국이나 미국의 경우 국가별로 약간의 차이가 있으나, 자산승계방법은 크게 '검인승계 (Probate Asset Transfer)'와 '비검인승계(Non-Probate Asset Transfer, Will Substitutes)'로 나누어 볼 수 있다.[42] 검인승계는 법원의 절차를 거쳐 승계하는 방법으로 유언(Will)과 유언신탁 (Testamentary Trust)이 있다. 검인절차에 소요되는 비용과 검인으로 인해 가족 내 재산관계가 외부로 노출되는 위험을 피하기 위해 고안된 것이 비검인승계이다. 비검인승계로 생전신탁 (Living Trust), 생명보험(Life Insurance), 연금(Pension), 상속예금(POD, Pay-on-Death Bank Account)과 상속증권계좌(TOD, Transfer-on-Death Securities Account)가 있다.[43] 생명보험,

---

42) 미국의 자산승계는 '김상훈, 『미국상속법』(2012, 세창출판사)'을 참조하면 된다.

43) Sitkoff/Dukeminier, "Wills, Trust and Estates", 10th ed p.439 이하를 참조하면 된다. 이외에도 Joint Tenancy를 비검인대상재산이라고 소개하기도 한다. 조인트테넌시는 분할되지 않는 재산권을 두 사람 이상 동등

연금, 상속예금은 금전에 대해서만, 상속증권계좌는 유가증권과 금전에 대해서만 상속계획 수립이 가능하다. 부동산을 포함한 모든 유형의 재산에 대한 승계계획은 유언, 유언신탁과 생전신탁으로 가능하다.

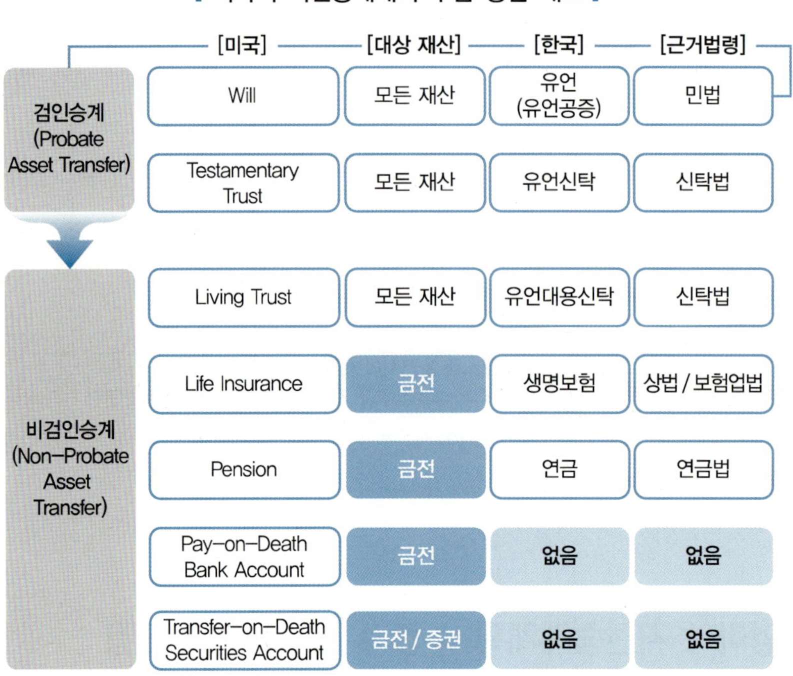

우리나라는 상속예금과 상속증권계좌가 없다. 보험이나 연금으로 부분적인 자산승계계획을 수립하기도 한다. 유언공증에 의한 상속설계는 어느 정도 활용되고 있다. 2011년 신탁법 개정으로 '유언대용신탁', '수익자연속신탁' 및 '유언신탁'을 도입함으로써, 보다 확실하고 안정적인 자산승계계획 수립을 위한 법적 도구를 마련한 것이다.

하게 소유하는 것으로서, 조인트테넌시의 가장 독특하고 중요한 특징은 바로 생존권(right of survivorship)인데, 부부가 어떤 재산을 조인트테넌시로 소유하고 있었는데, 남편이 먼저 사망한 경우 그 재산에 대한 피상속인 남편의 이익은 그의 사망과 함께 소멸하고 생존자인 아내가 모든 재산을 취득하게 된다[김상훈, 『미국상속법』 (2012, 세창출판사, 11면). 조인트테넌시는 우리나라의 합유와 일정 부분 유사성이 있지만 동일하지는 않다. 한편, 우리나라도 상속계획을 합유로 하는 사례가 종종 보인다. 아버지와 아들이 부동산에 합유등기를 해놓고 아버지가 사망하면 합유재산은 아들 단독소유가 되는 측면을 고려하면 상속계획의 수단으로 볼 수 있지만, 상속재산 분할 과정에서는 아버지의 합유지분의 재산가액에 대한 정산의무가 있게 되므로, 완전한 형태의 상속계획으로 보기는 어렵다].

영미에서 활용되는 가족신탁 유형 중 우리나라 가족신탁을 구성할 때 참조할 만한 몇 가지 가족신탁을 소개한다.

나. 미국의 가족신탁

미국의 '생전신탁(Living Trust)', '혈통신탁(Bloodline Trust)' 및 '방탄신탁(Bullet-proof Trust)'을 소개하면 다음과 같다.

(1) 미국의 대표적인 가족신탁은 생전신탁(Living Trust, Inter vivos Trust, Revocable Trust[44])이다. 자산승계계획 수립을 위해 설정되는 생전신탁은 생전신탁계약 시점에 신탁이 설정되고, 생전수익권은 전부 위탁자 본인에게 귀속하며, 위탁자가 사망하면 사후수익자가 수익권을 취득한다. 대부분 위탁자가 생전에 언제든지 철회하거나 변경할 수 있는 철회가능신탁(Revocable Trust)으로 체결된다.

마이클 잭슨의 Family Trust가 대표적인 사례다. 마이클 잭슨은 노모와 미성년 자녀를 위해 1995년에 이미 가족신탁을 체결했다. 마이클 잭슨 사후에 언론에 공개된 신탁구조는 다음과 같다.

수탁자로 생전에는 마이클 잭슨 본인이, 본인 사후 변호사, 회계사 및 음악감독이 공동수탁자로, 공동수탁자가 수탁자를 하지 아니할 경우 신탁은행인 Bank of America가 순차적으로 수탁자 역할을 수행할 수 있도록 하였다. 사후수익권은 (i) 우선 20%를 어린이 자선단체에 기부하고, 어머니와 공동수탁자가 기부금 운용위원회에 참여할 수 있도록 하였다. (ii) 기부 후 잔존 재산의 50%를 어머니를 위한 신탁(Katherine Jackson Trust)으로 설정하고 나머지 잔존 재산의 50%를 자녀를 위한 신탁(Michael Jackson Trust)으로 설정한다. (iii) 어머니를 위한 가족신탁에서 어머니 사후에는 잔존 재산을 3명의 자녀에게 균등배분한다. (iv) 자녀를 위한 가족신탁은 자녀들이 미성년인 관계로, ① 20세까지는 공동수탁자가 수익지급 결정을 하고, ② 21세 이후에는 수익금 전부를 지급하며, ③ 30세 생일에 각 자녀 배분비율의 1/3의 신탁원본을, ④ 35세 생일에 각 자녀 나머지 1/2의 신탁원본을, ⑤ 40세 생일에 각 자녀 잔존 신탁원본 전액을 지급하도록 설계하였다. 마이클 잭슨은 미성년 자녀의

---

44) 미국 Living Trust는 주로 취소가능신탁(Revocable Trust)으로 체결된다. 유언의 법리와 마찬가지로 상속계획을 신탁으로 설정하더라도, 생전 수익권은 위탁자 본인에게 있으며, 자녀의 상황에 따라 언제든지 신탁계약을 해지, 취소, 변경할 수 있는 것이다. 미국의 취소가능신탁을 일본이 '유언대용신탁'이라는 이름으로 도입한 것을 우리나라도 벤치마킹해서 도입한 것이다.

재산관리능력을 추정해서 '마일스톤방식(mile stone)'으로 지급하도록 생전신탁을 설정한 것이다. 마일스톤방식으로 자녀에게 재산을 상속하는 것은 미국에서 일반적으로 활용되고 있다. 미국에서는 재산관리능력이 없는 상태에서 한꺼번에 많은 재산이 상속되면 상속재산의 보존이 어렵다는 점 때문에 마일스톤방식을 많이 활용한다.

▎마이클 잭슨의 가족신탁(Jackson Family Trust) 개요 ▎

마이클 잭슨	2009.6.25. 사망, 어린 자녀 3명, 모 Katherine Jackson → '95 계약, '02 변경
Family Trust (Living Trust) 유언대용신탁	수탁자 : 생전(자기, 사후 : → 변호사, 회계사 및 음악감독 → Bank of America)

- **생전** : 수익 전부 본인 귀속

- **사후**
  ① 우선 20%
     → 어린이 자선단체 기부 : 운용위원회(어머니와 공동수탁자) 잔존
  ② 잔존 50%
     → Katherine Jackson Trust : 수익자(모, 모 사망 시 자녀 3명에게 1/3 분배)
  ③ 잔존 50%
     → Michael Jackson Trust : 자녀 3명에게 1/3 균등 분배

- Michael Jackson Trust의 수익금 분배조건 : 자녀에 대한 신탁 수익 및 원본
  ① 20세까지 : 공동수탁자의 결정으로 수익 지급
  ② 21세 이후 수익금 전부. 단, 공동수탁자의 결정이 있는 경우 원금인출 가능
  ③ 30세 생일에 각 배분비율의 1/3, 35세 생일에 나머지의 1/2, 40세 생일에 잔존 신탁원본 전액 지급

(2) 혈통신탁(Bloodline Trust)은 자녀의 이혼이나 조기사망으로 인해 생기는 여러 문제를 해결하기 위한 신탁이다. 예를 들어, 셰리와 마크 부부의 재산이 딸 신디에게 상속되었다가 신디가 조와 이혼을 하게 되면, 상속재산의 상당 부분이 재산분할로 조의 소유가 된다. 그리고 조가 오드리와 재혼해서 조지를 낳은 경우 셰리와 마크가 상속한 재산이 전혀 알지 못하는 오드리와 조지에게 넘어 간다. 얼마나 안타까운 일인가? 이러한 문제점을 해결하기 위해 미국 변호사들이 고안한 신탁이 바로 '혈통신탁'이다. 상속한 재산을 혈통에게 넘어가도록 하고, 사위나 며느리는 혼인 중에는 사용·수익으로 사용해도 좋으나, 이혼하게 되면 상속재산에 대해 권리를 주장하지 못하게 하는 신탁이다. 혈통신탁은 며느리와 사위가 건강하고 아름다운 결혼생활을 유지하도록 유도할 수 있다는 점에서 이혼을 미연에 방지하고 혹시 이혼하더라도 재산을 보존할 수 있는 도구로 활용될 수 있다.

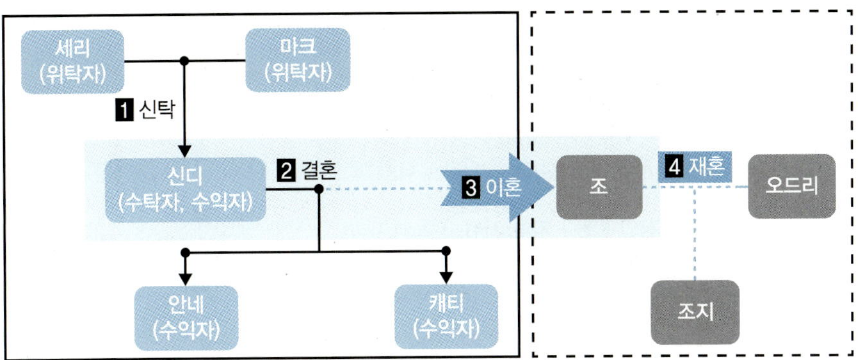

(3) 소위 철없는 '신탁금수저(trust fund baby[45])'를 막을 수 있는 방법으로 미국에서 유행하는 신탁이 바로 '방탄신탁(Bulletproof Trust)'이다.[46] 미국법상 가능한 9가지 재산보호장치를 모두 결합하여 자녀나 손자녀에게 상속하는 신탁이다.

미국법과 우리나라법은 많은 차이가 있어서 9가지 재산보호장치 전부를 적용할 수는 없겠지만, 그래도 9가지 중 7가지는 우리나라법으로도 어느 정도 재산보호장치로 활용될 수 있다. 부부별산제를 취하고 있고 이혼 시에는 공동형성한 재산만을 분할할 수 있는 우리 민법 법리상 상속증여한 재산을 신탁으로 보존한다면, 금전이 혼장되어 나중에 공동형성재산과 섞이게 되는 문제를 예방할 수 있어서 '부부재산혼장위험 방지 조항(Joint Tenancy Protection)'과 '이혼 시 재산보존조항(Divorce Protection)'도 완전하지 않지만 어느 정도 활용가능한 장치로 판단된다. '혈통재산 보존장치(bloodline protection)'도 자녀가 먼저 사망하는 대습상속의 경우를 제외하면 가능한 수단이다. 자녀나 손자녀의 나쁜 행동이나 습관이 있을 경우 수익권 비율을 감액하는 방식으로 '나쁜 행동 방지조항(Bad Habit Protection)'도 활용될 수 있다. 그리고 '손자 이후 세대 보존조항(Protection For Grandchildren and Beyond)'도 유류분 제도를 제외하면 일정 부분 작동가능한 장치이다.

---

45) The use of trusts as a means to inherit substantial wealth may be associated with some negative connotations; some beneficiaries who are able to live comfortably from trust proceeds without having to work a job may be jokingly referred to as "trust fund babies"(regardless of age) or "trustafarians"(Martinez, Michael J. 2007). Vault Career Guide to Private Wealth Management. New -York, New York : Vault, Inc. p.18.

46) The Descendants' Bulletproof trust TM(The Hughes Law Firm) 참조. (https://www.thehugheslawfirm.net/wp-content/uploads/sites/1400073/2020/03/The-Bulletproof-Trust-Summary.pdf).

	미국의 재산보호신탁의 주요 기능	한국법상 적용 가부	신영증권 활용 여부
1	Joint Tenancy Protection (부부 공유 재산으로 혼장될 위험 예방)	가능(●)	활용(부모, 재혼)
2	Divorce Protection (이혼 시 재산분할로 인한 재산감소 위험 예방)	가능(●)	제안 중
3	Bloodline Protection (유산을 혈통만 활용 – 자녀, 사위·며느리 제외)	가능(●)	활용
4	Bad Habit Protection (자녀, 손자녀의 나쁜 행동, 습관 예방)	가능(●)	활용
5	Lawsuit Protection (3자의 자녀 상대 소송 제기 시 유산 압류위험 예방)	가능(◐)	활용
6	Debt Protection (자녀의 채권자의 채권행사위험으로부터 예방)	가능(◐)	활용
7	Protection for Grandchildren and Beyond (손자녀나 그 이후의 혈통을 보호)	가능(●)	활용
8	Death Tax Protection (상속세 발생으로부터 예방)	불가능	불가능
9	Medical Expense Protection (의료비 지출 방지)	불가능	불가능

• 가능(◐) : 한국법상 일정 기능은 작동할 수 있으나, 100% 완벽하게 미국처럼 보호되지는 않음(수익권 압류 이슈)

다. 영국의 가족보호신탁

영국의 '가족보호신탁(Family Protection Trust)'을 소개하면 다음과 같다.

부모가 아들에게 40억 원을 상속한 뒤 아들이 이혼하게 되면, 40억 원의 상속재산이 이혼분할 대상이 되어, 절반 가량이 이혼한 며느리에게 넘어가 버리는 것을 예방하고자 고안해낸 것이 바로 영국의 '가족보호신탁'이다. 가족보호신탁으로 재산을 신탁한 다음 아들 결혼 시에 신탁이 아들 부부에게 집과 금전을 대여한다. 만약 아들이 이혼하게 되면 가족보호신탁에서 집과 대여금을 회수하게 되므로, 아들에게 대여한 집과 금전은 재산분할대상이 아니라서, 아들 이혼 시에도 상속재산이 안전하게 보존될 수 있다.

우리나라에서는 이러한 아이디어를 차용해서 신탁의 수탁자가 집과 금전을 대여하는 방식을 활용하는 것도 검토해볼 만하다. 만약 그것이 법적으로 불가능하다면, 상속신탁계약을 하면서 혼인을 유지할 것을 조건으로 집과 금전의 원본 및 이익수익권을 설계하면 유사한 효과를 볼 수 있다.

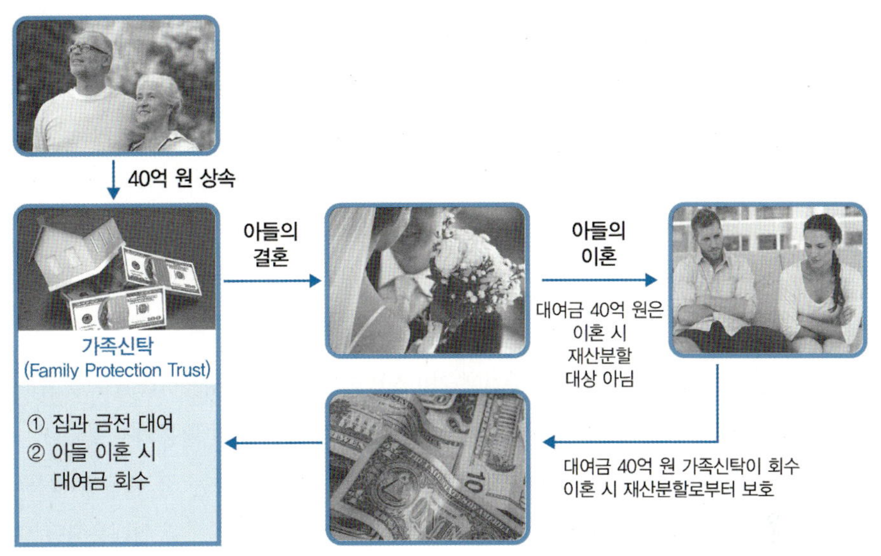

3 ▶ 고령화시대 가족신탁의 활용

가. 가족신탁의 개념

가족신탁(Family Trust)이라는 개념은 우리 사회에서 익숙하지 않은 용어이고, 우리 신탁법에도 없는 개념이다. 가족신탁은 결혼한 부부가 재산을 신탁하고 생전 재산관리와 사후 상속재산 배분을 위하여 설정하는 신탁이라 할 수 있다. 가족 간 자산관리와 자산승계계획을 수립한다는 점에서 자산승계신탁과 유사하지만, 자산승계 이외의 목적으로도 활용할 수 있다는 점에서 보면, 가족신탁은 자산승계신탁보다 넓은 개념으로 볼 수 있다.

재산을 둘러싸고 가족 내에서 생기는 복잡한 문제점을 예방하는 신탁을 '가족신탁'으로 보고, 가족신탁 중 증여, 상속, 유언, 후견 등 자산승계만을 구현하는 신탁을 '자산승계신탁'으로 이해하면 보다 정확할 것이나, 실무상 가족신탁과 자산승계신탁은 다소 혼재되어 사용되고 있고, 이 책에서도 다소 혼용해서 사용하기로 한다.

나. 2011년 신탁법 개정

1961년 신탁법이 제정된 이래 50년간 우리나라는 경제적으로나 사회적으로 괄목할 만한 발전을 이루었지만, 그동안 신탁법은 부분적인 개정만 있었을 뿐 우리나라의 경제·사회적 발전에 비하여 완전히 뒤처져 있었다. 이러한 상황하에서 법무부는 우리나라의 사회·경제 상황에 맞추고 나아가 국제적 기준에도 맞는 신탁법을 만들고자 2011년 신탁법을 전면 개정하였다. 개정 신탁법의 주요 내용 중 가족위험관리 수단으로 '유언신탁', '유언대용신탁'과 '수익자연속신탁'이라는 새로운 신탁 유형을 도입하였다. 일본 신탁법 개정을 벤치마킹하여 고령화 사회로 진입한 우리나라에 제대로 필요한 신탁을 도입한 것이다.

2011년 신탁법 개정 전까지는 신탁법에 가족신탁이라는 개념 또는 이를 구현할 수 있는 신탁을 명시하지 않았기 때문에, 가족신탁이나 자산승계신탁은 거의 활용되지 못했다. 특히 가족신탁과 민법의 증여, 상속, 유언 법리와의 관계가 불명확하다는 점 때문에 활용되기 어려웠다. 2011년 개정 신탁법은 유언신탁(신탁법 제3조 제1항 제2호), 유언대용신탁(신탁법 제59조)과 수익자연속신탁(신탁법 제60조)을 명시적으로 도입하였다. 유언신탁, 유언대용신탁 및 수익자연속신탁은 가족신탁의 뼈대가 되는 가족신탁 유형이다.

유언신탁은 '유언'으로 신탁을 설정하는 것을 말한다. 유언신탁은 위탁자 생전에 신탁이 설정되는 것이 아니라 유언의 효력이 발생하는 시점, 즉 위탁자 사후에 신탁이 설정된다. 유언신탁은 주로 계속적인 보호가 필요한 가족을 위해 체결된다. 생전 재산보호기능과 재산 관리기능이 없다는 단점이 있어서 특별한 경우가 아니면 활용되지 않는다.

유언대용신탁은 생전에 재산관리를 하고, 사후 상속재산 배분 및 관리를 주요 목적으로 한다. 우리 민법이 규정하는 상속법리와 달리, 신탁법상 신탁계약에 따른 상속집행이라는 측면에서 유언대용신탁의 도입 전에 불분명했던 상속신탁을 명시적으로 도입한 것이다.

마지막으로 우리 민법은 2단계 이상의 유증, 즉 '후계연속형 유증'을 허용하지 않았는데, 신탁방식으로 사후수익자를 연속적으로 규정하기 위해 신탁법이 명시적으로 도입한 것이 바로 '수익자연속신탁'이다. 위탁자 사후 자녀를 1차 사후수익자로, 자녀 사후 2차 사후수익자를 손자녀로 지정할 수 있다.

결국 2011년 신탁법 개정으로 가족신탁을 위한 3가지 유형의 신탁이 명시적으로 규정됨으로써, 우리나라에서도 민법상 상속제도와 더불어 자산승계계획 수립을 통해 가족신탁의 법적 기초가 만들어진 것이다.

다. 가족신탁의 유형

가족신탁은 다양한 유형으로 분류할 수 있다. 우리 민법의 개념을 기준으로 증여형 신탁, 상속형 신탁, 후견형 신탁으로 구분해 보는 것이 가장 이해가 쉬울 것이다.

신탁법 제3조 제1항 제2호의 유언신탁, 신탁법 제59조의 유언대용신탁과 신탁법 제60조의 수익자연속신탁이 상속형 신탁을 규정한 것이다. 상속형 신탁은 상속계획 수립 및 이행을 수탁자에게 맡기는 신탁이다. 상속형 신탁은 설계 구조에 따라 다양한 목적으로 활용되기도 한다. 위탁자 사후 반려동물의 돌봄에 필요한 금전을 신탁재산으로 반려동물을 돌볼 사람을 수익자로 하면 이른바 '펫신탁(Pet Trust)'으로 활용할 수 있다. 유언대용신탁 가입 후 유산기부목적으로 사후수익자를 공익단체에 기부하면 '공익목적 상속형신탁'이 되는 것이다.

증여형 신탁은 법적 근거는 없지만, 민법의 부담부증여와 신탁계약을 결합한 구조의 신탁이다. 주로 증여자가 증여 후 증여재산에 대한 통제권을 행사하는 신탁을 말한다. 물론 이익수익과 원본수익을 분리해서 귀속시킴으로써 '이익수익'을 증여하는 '이익증여신탁'과 '원본수익'을 증여하는 '원본증여신탁'도 활용할 수 있다.

후견형 신탁은 민법상 후견제도의 부족한 점을 보완하기 위해 후견제도와 신탁을 결합한 신탁으로, 법정후견신탁과 임의후견신탁이 있다.

불행의 적지 않은 부분을 피할 수가 있다. 신탁이란 정말 어떠한 의미에 있어서는 구세주라 하여도 될 것이다. 신탁을 이용한다면 인정(人情)의 추악(醜惡)에 따른 분쟁을 사전에 방지하여 세상의 공기를 맑게 하는 효과가 분명히 있다."

– 아오키 테츠지, 일본 법학박사, 『신탁이야기(信託の話, 1925)』 발췌

이 책에서는 증여형 신탁을 '증여신탁', 상속형 신탁을 '상속신탁', 후견형 신탁을 '후견신탁'으로 부르기로 한다.

이 책에서는 상술하지는 않을 예정인데, 가족위험관리수단으로 신탁을 활용할 수 있는 사례는 많다. 신탁은 당사자가 아닌 제3의 독립된 기관이 재산을 보관, 관리, 배분한다는 점에서 일종의 '에스크로기관(escrow agent)' 역할을 수행하는 것이다. 이혼 시 재산분할, 양육비청구, 유류분반환청구 소송 과정에서 즉시 현금화하기 어렵거나 장기간 정기적 지급이 필요한 경우에는 가족신탁을 활용하면 좋은 방안을 마련할 수 있다. 소송 진행 과정에서 조정으로 신탁을 활용하는 사례가 생기기 시작했다. 실제 이혼 시 과거 양육권자가 아닌 부나 모가 미성년 자녀에게 증여한 재산이 혹시 양육자에 의해 제대로 활용되지 못할 것을 걱정하는 상황에서, 이혼 조정 과정에서 자녀의 재산을 신탁하고 자녀가 성년 또는 30세까지 신탁에서 관리하며, 부나 모 모두 동의하는 경우 이외에는 인출이 불가능하도록 한 사례가 대표적이다.

❚ 가족위험관리도구로서 신탁의 활용 사례 ❚

1	이혼 시 재산분할 소송 중재안	이혼 시 재산분할 대상이 부동산인데, 바로 매각하기 어려운 경우	적정 가격을 매각 가능할 때까지 신탁회사가 관리하면서 처분계획 수립
2	유류분반환 청구 소송 중재안	유류분반환청구의 대상이 부동산인데, 바로 매각하기 어려운 경우	적정 가격을 매각 가능할 때까지 신탁회사가 관리하면서 처분계획 수립
3	양육비 청구 소송	양육비를 정기적으로 지급해야 하나, 전 배우자에게로는 주기 싫은 경우	신탁회사를 통하여 정기적으로 양육비 지급 가능하도록 관리
4	이혼 후 재산증여	재산을 증여하고 싶으나, 전배우자인 친권자가 관리하는 것을 싫어하는 경우	자녀 명의 신탁계좌에 넣고, 자녀가 성년이나 특정 연령까지 친권자가 임의인출을 하지 못하도록 관리

라. 가족신탁 현황과 미래

2011년 개정 신탁법이 2012년 시행된 이후 몇몇 신탁회사가 가족신탁 중 유언대용신탁이나 증여신탁 서비스를 제공하고 있으나, 아직은 활성화되지 못하고 있다. 가족신탁 서비스가 활성화되지 못한 이유는 세 가지 정도로 요약해볼 수 있다.

첫째, 가족신탁 자체가 알려져 있지 않았다. 국민 대부분이 자산승계계획을 수립하기 위해 신탁이라는 좋은 도구를 활용할 수 있다는 점을 모른다.

둘째, 가족신탁이라는 새로운 유형의 신탁과 관련한 세제가 정비되지 않은 부분이 있다. 수익자연속신탁에서 상속세를 어떻게 납부해야 하는지와 원본수익권과 이익수익권을 분리해서 상속신탁했을 경우 상속세 납부 비율을 어떻게 나누어야 하는지에 대해 아직 세제정비가 되지 않았다. 조만간에 당국이 정비할 것으로 판단된다.

셋째, 가족신탁 전문인력이 매우 부족하다. 가족신탁 전문인력으로 변호사, 회계사, 법무사, 세무사가 있는데, 이들 중 가족신탁을 알고 있는 전문가가 거의 없으며 가족신탁 전문인력을 보유하고 있는 신탁회사도 드물다.

우리나라 국가 성장에 맞춰 부를 축적한 베이비부머 세대의 은퇴가 시작되면서, 자산승계시장은 이제 시작단계이다. 인구 고령화나 경제성장성 측면에서 보면, 이제는 돈을 벌기보다는 돈을 안전하게 가족 내에서 지키면서 건강하고 아름답게 승계하는 문화가 형성될 것으로 보인다. 자산승계를 미리 계획하는 문화가 곧 조성될 것으로 판단된다. 그렇게 되면 자산승계신탁을 포함한 가족신탁시장은 매우 빠른 속도로 성장할 것으로 예상된다.

가족신탁 이론과 실무

상속설계를 위한 상속신탁

1 법적 근거

상속계획과 상속집행을 목적으로 신탁계약을 체결하고, 신탁재산을 수탁자에게 이전시켜 보관, 관리, 처분, 운용, 배분하다가, 위탁자가 사망하면 수탁자가 신탁재산을 사후수익자[1]에게 귀속시키는 신탁을 '유언대용신탁'이라 한다. 2011년 신탁법 개정 전에는 민법상 상속법리와 신탁법상 신탁법리의 관계가 명확하지 않아 상속신탁이 가능한 신탁인지에 대해 견해 대립이 있었고, 일부 신탁회사가 명확한 법적 근거 없이도 신탁법리에 따라 상속신탁이 가능하다고 시도한 적은 있으나, 여전히 법적 불명확성 때문에 상속신탁이 제대로 이용되지 못하였다.

2011년 신탁법 개정 당시 고령사회의 문제를 해결하고 상속분쟁을 예방하기 위한 수단으로 상속신탁을 전면 도입하였다. 2011년 개정 신탁법은 일본 신탁법을 참조하여 '유언신탁', '유언대용신탁'과 '수익자연속신탁'이라는 3개의 조문을 둠으로써 그동안 학계에서 견해 대립이 있었던 상속신탁의 법적 근거를 명확히 마련하였다.

> **신탁법**
>
> 제3조【신탁의 설정】① 신탁은 다음 각 호의 어느 하나에 해당하는 방법으로 설정할 수 있다. 다만, 수익자가 없는 특정의 목적을 위한 신탁(이하 "목적신탁"이라 한다)은 「공익신탁법」에 따른 공익신탁을 제외하고는 제3호의 방법으로 설정할 수 없다.
>
>   1. 위탁자와 수탁자 간의 계약
>   2. 위탁자의 유언
>   3. 신탁의 목적, 신탁재산, 수익자(「공익신탁법」에 따른 공익신탁의 경우에는 제67조 제1항의 신탁관리인을 말한다) 등을 특정하고 자신을 수탁자로 정한 위탁자의 선언

---

1) 사후수익자를 '연속수익자'로 규정하기도 하는데, 같은 의미로 이해하면 된다.

'광의의 상속신탁'은 '상속신탁'과 '유언신탁'으로 나뉘고, '상속신탁'은 '유언대용신탁'과 '수익자연속신탁'으로 나누어 볼 수 있다. 유언대용신탁을 수익자연속신탁 구조로 설정할 수 있는바, 수익자연속신탁도 유언대용신탁의 한 유형으로 보아도 무방할 것이다. 이 책에서는 '상속신탁'이라는 용어는 '유언대용신탁'과 '수익자연속신탁'을 모두 포함하는 개념으로 사용한다. 특별히 구별이 필요한 경우를 제외하고는, '상속신탁'과 '유언대용신탁'을 같은 의미로 사용하기로 한다.

▌ 상속신탁 개념 정리 ▌

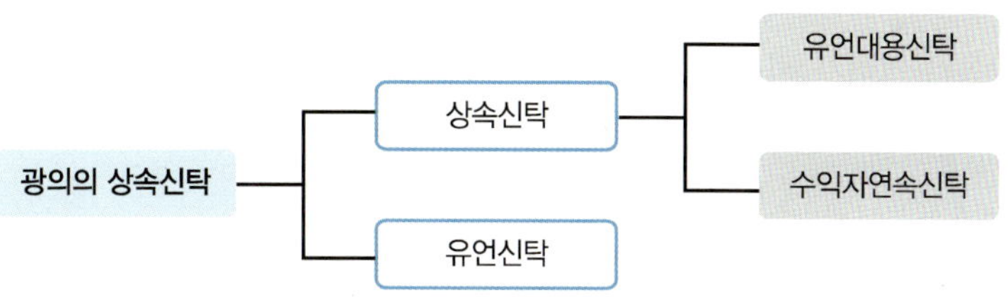

유언대용신탁은 위탁자 생전에 신탁계약이 체결되고 수탁자에게 신탁재산이 이전되어 수탁자가 신탁재산을 관리하는 생전신탁(Living Trust)이라는 점에서, 신탁법 제3조 제1항 제2호에 따라 위탁자 사망 시 유언의 효력발생으로 신탁이 설정되는 '유언신탁(Testamentary Trust)'과는 완전히 다른 구조이다. 유언신탁은 유언대용신탁의 기능 중 상속신탁집행과 그 이후 계속관리를 목적으로 한다는 점에서 유언신탁은 유언대용신탁의 부분이라고 볼 수 있다. 현재 우리나라에서 유언신탁을 활용하는 사례는 본 적이 없기 때문에 이 책에서는 유언신탁에 대한 설명을 생략하기로 한다.

가. 유언대용신탁[2]

우리 민법은 상속편을 두어 상속법리를 규율하고 있다. 민법은 '유언에 의한 상속'과 '유언에 의하지 않은 상속'으로 구분하여, 유언이 있을 경우 유언에 의한 상속이 우선 적용되고, 유언하지 않으면 법정상속분에 따른 공동상속을 적용한다. 유언은 유언집행자에 의해 상속재산을 배분한다. 현행 법정상속제도는 같은 순위의 상속인에게 균등상속을 원칙으로 하면서 배우자에게 50%를 가산하는 방식을 취하고 있다. 유언 없이 상속이 개시되면 상속재산은 법정상속분에 따라 균등배분되는 것이 원칙이지만, 상속인이 합의로 차등배분을 실현할 수도 있다.

유언대용신탁은 '유언에 의한 상속'도 아니고 '유언에 의하지 않은 상속'에도 해당하지 않는다. 굳이 비교하자면, 유언대용신탁은 법정상속에 따른 상속이 아니라 피상속인이 상속분을 결정한다는 점에서 '유언에 의한 상속'과 유사한 면이 있다. 그렇지만 유언집행자를 선임하고 유언집행자가 민법상 유언의 법리와 절차에 따라 상속재산을 배분해주는 '유언에 의한 상속'과 달리, 유언대용신탁은 수탁자가 신탁계약의 내용에 따라 신탁계약에 지정된 '사후수익자'에게 '사후수익권'의 내용에 따라 신탁재산을 귀속시키는 의무의 이행, 즉 '신탁계약의 이행'에 따른 상속집행을 하므로, 유언대용신탁에 따른 상속집행은 민법상 유언의 법리나 상속의 법리가 적용되지 않는다.

> **신탁법**
>
> **제59조 【유언대용신탁】** ① 다음 각 호의 어느 하나에 해당하는 신탁의 경우에는 위탁자가 수익자를 변경할 권리를 갖는다. 다만, 신탁행위로 달리 정한 경우에는 그에 따른다.
>   1. 수익자가 될 자로 지정된 자가 위탁자의 사망 시에 수익권을 취득하는 신탁
>   2. 수익자가 위탁자의 사망 이후에 신탁재산에 기한 급부를 받는 신탁
> ② 제1항 제2호의 수익자는 위탁자가 사망할 때까지 수익자로서의 권리를 행사하지 못한다. 다만, 신탁행위로 달리 정한 경우에는 그에 따른다.

---

2) 신탁법상 용어인 '유언대용신탁'에 대한 의미는 부정적인 인식이 있을 뿐만 아니라 마치 유언을 대신하는 기능만 있다고 오해할 소지가 있어 주로 '상속신탁'이라는 용어를 사용하기로 하는데, 계약서와 관련하여 설명할 때에는 상속신탁과 함께 유언대용신탁이라는 용어를 병행해서 사용한다.

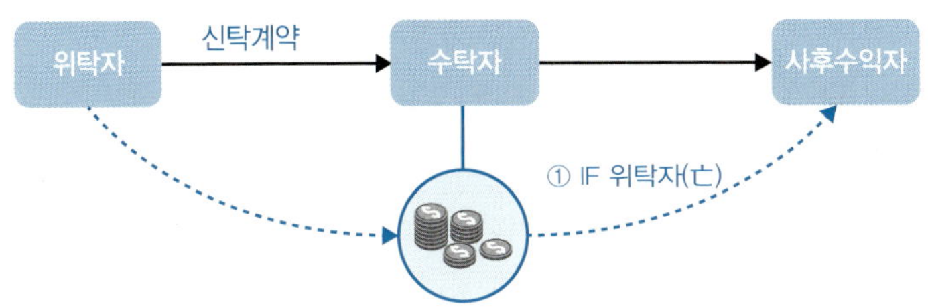

❙ 유언대용신탁의 개념도 ❙

　우리 신탁법 제59조는 수익자로 지정될 자(사후수익자)가 위탁자 사망 시에 수익권을 취득하는 신탁(사후수익권취득형 유언대용신탁)과 사후수익자가 위탁자의 사망 이후에 신탁재산에 기한 급부를 받는 신탁(생전수익권취득형 유언대용신탁) 두 가지를 규정하고 있다. 사후수익권취득형 유언대용신탁과 생전수익권취득형 유언대용신탁은 사후수익자가 되는 시점이 위탁자 생전이냐 사후이냐의 차이가 있지만, 신탁법 제59조 제2항에 따라 생전수익권취득형 유언대용신탁도 위탁자가 사망할 때까지 수익자로서 권리를 행사하지 못하기 때문에, 강학상으로는 몰라도 실무적으로는 큰 차이가 없다고 보면 된다.

　사후수익권취득형 유언대용신탁은 위탁자 생전 수익자는 위탁자 본인이므로 '생전 자익신탁–사후 타익신탁'으로 볼 수 있다. 즉, 위탁자 생전에는 위탁자만 수익자이고 위탁자 사망 시 위탁자의 생전수익권은 소멸하고 그 대신 사후수익자의 사후수익권이 생성된다. 반면 생전수익권취득형 유언대용신탁은 위탁자 생전에 사후수익자의 사후수익권을 취득한다는 점에서 '생전 자익신탁 및 조건부 타익신탁–사후 조건부 타익신탁'으로 볼 수 있다. 생전수익권취득형 유언대용신탁의 사후수익자의 '조건부 사후수익권'에서 '조건'은 '위탁자 사망'이라는 정지조건이라 볼 수 있다.

　유언대용신탁은 신탁법 제59조 제1항 본문에 따라 위탁자가 수익자를 자유롭게 변경할 수 있다는 점에서 유언을 자유롭게 변경할 수 있는 것과 유사하다. 즉, 유언대용신탁을 설정한 후 수익자, 특히 사후수익자를 위탁자가 마음대로 변경할 수 있다. 사후수익자는 유언대용신탁에 의해 장래의 수익자로 지정된 일종의 기대권을 보유하고 있을 뿐이므로, 위탁자는 유언대용신탁계약에 명시되었는지를 불문하고, 사후수익자를 자유롭게 변경할 수 있다.[3] 그런데, 신탁계약으로 위탁자가 수익자를 자유롭게 변경하지 못하도록 정할 수 있느냐?

---

[3] 유언대용신탁의 경우 신탁행위로 별도로 정함이 없이도 위탁자는 당연히 수익자변경권을 갖게 되고, 오히려 이러한 위탁자의 수익자변경권을 배제하려면 신탁행위로 특별히 정해야 한다[법무부, 『신탁법 해설』(동강, 2012), 488면].

신탁법 제59조 제1항 단서에 따라 신탁계약으로 수익자 변경을 제한할 수 있음은 명백하다. 실무상으로 위탁자가 질병, 노령, 그 밖의 사유로 사무처리능력이 현저히 부족하거나 없는 경우 유언대용신탁계약을 함부로 변경, 해지, 인출하면 위탁자의 재산보호나 유언대용신탁계약의 목적을 달성하지 못할 위험이 있으므로, 이 경우 신탁계약의 변경, 해지, 해제, 인출을 제한하는 옵션을 선택하기도 한다.

나. 수익자연속신탁

유언대용신탁에서 '1차 사후수익자' 사망 시 '2차 사후수익자'를, '2차 사후수익자 사망' 시 '3차 사후수익자'를 순차적으로 정하는 신탁을 '수익자연속신탁'이라 한다. 수익자연속신탁은 신탁재산을 '수익권으로 전환'시키면서 '시간적으로 분할'하여 신탁수익권을 2세대 이상 귀속시킬 수 있는 신탁이다. 우리나라는 영미신탁과 달리 '영구불확정금지의 원칙(rule against perpetuities)'을 도입하지 않았기 때문에 영속적인 '가문자산관리' 도구로 활용할 수 있다. [4]

> **신탁법**
>
> **제60조【수익자연속신탁】** 신탁행위로 수익자가 사망한 경우 그 수익자가 갖는 수익권이 소멸하고 타인이 새로 수익권을 취득하도록 하는 뜻을 정할 수 있다. 이 경우 수익자의 사망에 의하여 차례로 타인이 수익권을 취득하는 경우를 포함한다.

❙ 수익자연속신탁의 개념도 ❙

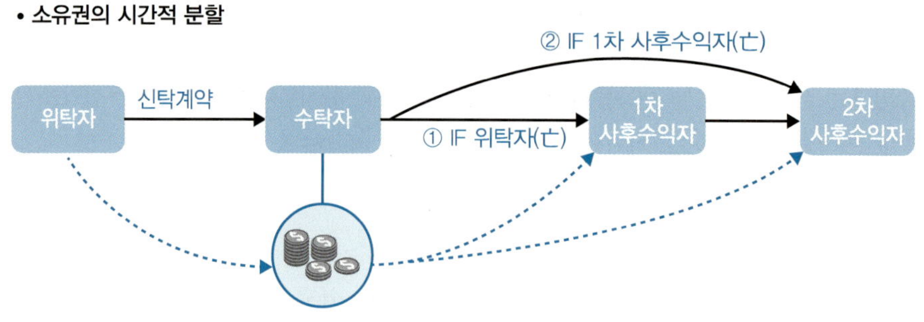

---

4) 법무부, 『신탁법 해설』(동강, 2012), 493면.

제60조에서 "신탁행위로 수익자가 사망한 경우"에 위 유언대용신탁의 '생전수익자'인 위탁자가 사망한 경우도 포함되는지 견해 대립이 있을 수 있지만, 유언대용신탁 구조 자체가 생전수익자의 사망으로 수익권이 소멸되고 사후수익권이 발생하거나 사후수익권의 급부청구권 행사가 가능하다는 것이므로, 입법기술적으로 보면 유언대용신탁의 위탁자 사망은 여기에 포함시키지 않는 것이 타당한 것으로 판단된다.

한편, 우리 민법상 유언으로 상속재산을 1차 수유자인 아들에게 귀속시켰다가, 아들 사후 손자에게 귀속시키는 이른바 '후계형 유증'이 가능한가? 유증으로 소유권이 아들에게 완전히 귀속되었고 아들이 이 재산을 모두 써 버리면 손자에게 귀속시킬 재산이 없다는 점에서 법리는 둘째로 하고 실무상으로 후계형 유증이 불가하다. 수익자연속신탁은 신탁재산을 수탁자에게 이전시켜 놓고, 신탁계약을 통해 단계별로 사후수익자의 수익권을 양적·질적으로 제한할 수 있으므로, 위탁자가 작성한 신탁계약의 내용대로 수탁자가 연속수익권을 단계별 사후수익자에게 지급할 수 있다.

수익자연속신탁의 존속기간 제한을 둘 것인지 여부가 입법과정에서 검토되었는데, 장기간 연속될 경우 법률관계의 혼란가능성, 사회 전체 경제적 효용 저하의 문제점이 발생하므로 존속기간을 제한할 필요가 있다는 견해도 있었으나, 신탁이 회사 제도와 유사한 기능을 갖는 점과 우리 민법에 소유권의 기간을 제한하는 규정이나 법리가 없어서 일반 사법의 법리와 충돌할 가능성이 있다는 점에서 수익자연속신탁의 기간 제한을 두지 아니하였다.[5]

---

5) 법무부, 『신탁법 해설』(동강, 2012), 494면.

02 상속신탁의 법적 구조

유언대용신탁은 '계약' 방식으로도 가능하고, '위탁자의 선언' 방식, 즉 '자기신탁'으로도 가능하지만, 자기신탁이 익숙하지 않은 우리 실무에서는 절대 다수의 유언대용신탁이 신탁계약 방식으로 설정된다는 점을 고려해서, 상속신탁의 법적 구조는 '신탁계약으로 설정되는 유언대용신탁'을 전제로 설명한다.

1 생전 및 사후 재산관리

유언대용신탁은 생전에 설정되는 생전신탁(Living Trust)이고, 생전에는 위탁자 본인이 수익자인 '생전(生前) 자익신탁'이다. 유언대용신탁은 위탁자 생전에 위탁자를 위해 존재한다. 위탁자가 원칙적으로 유언대용신탁계약의 신탁재산을 자유롭게 인출하거나, 신탁계약의 변경(생전수익권과 사후수익권의 변경 포함) 또는 해지할 수 있다. 위탁자는 유언대용신탁 체결 후 생전에 재산을 어떻게 관리할지 수탁자에게 지시할 수 있다. 실무상 위탁자는 자신의 명의로 재산을 관리하는 경우와 마찬가지로 신탁재산에 대한 실질적 사용, 수익, 처분권을 행사한다고 보면 된다.

한편, 위탁자가 질병, 장애, 노령 그 밖의 사유로 사무처리능력이 부족하거나 없는 경우를 대비하여, 만약 위탁자가 사무처리능력이 부족하거나 없는 때부터는 위탁자의 신탁재산에 대한 운용지시권한을 축소 또는 없애고 제3자에게 운용지시권한을 부여할 수 있다. 위탁자가 제3자와 후견계약을 체결해 두면 가장 완전한 형태의 유언대용신탁이라 할 수 있다('임의후견' 기능을 신탁과 결합시키는 것은 후술한다).

위탁자 사망 후 유언대용신탁은 사후수익자가 사후수익권을 취득하거나 사후수익권에 따른 급부청구권을 행사할 수 있어, 강학상 '사후(死後) 타익신탁'이라 볼 수 있다. 이 경우 유언대용신탁은 사후수익자를 위해 존재한다. 위탁자가 신탁계약에서 지정한 내용에 따라 수탁자는 사후수익자를 위해 재산관리 업무를 수행한다.

2 상속집행수단으로 상속신탁계약의 이행

가. 상속신탁집행의 법적 의미

위탁자가 사망하면, 사후수익자가 사후수익권을 취득하게 되는데, 수탁자가 사후수익자를 위해 신탁계약에 따라 사후수익권을 취득하게 하는 절차를 이행하는 것을 '상속신탁집행'이라 한다. 상속신탁집행으로 수탁자는 사후수익자를 위해 사후수익권의 내용에 따라 신탁재산을 관리, 처분, 배분한다.

상속신탁집행과 관련하여 사후수익권은 실무상 '즉시배분형 사후수익권'과 '계속관리형 사후수익권'으로 나뉜다.

즉시배분형 사후수익권은 상속신탁의 목적이 상속집행이다. 즉시배분형 사후수익권에서 위탁자의 사망이 수탁자에게 통지되면, 수탁자는 통지시점 기준으로 보관하고 있는 신탁재산을 신탁계약에서 정한 사후수익권의 내용에 따라 사후수익자에게 신탁재산을 귀속시킨다. 수탁자가 직접 사후수익자를 만나 신탁계약에 따라 금전 및 유가증권의 이체, 신탁부동산의 등기이전, 채권양도 및 통지 등 수탁자 명의에서 사후수익자 명의로의 소유권이전에 필요한 모든 절차를 이행한다. 수탁자가 신속·정확하게 상속신탁집행을 하기 때문에 상속분쟁을 예방하는 효과도 있다.

계속관리형 사후수익권은 위탁자 사망 이후 '일정 시점'이나 '특정 조건 성취'까지 사후수익권이 계속 존재하는 사후수익권을 말하는데, 낭비벽이 있거나 재산관리능력이 부족한 사후수익자가 있는 경우 상속신탁집행 후 재산관리를 위해 선택하는 유형이라고 보면 된다. 수익자연속신탁도 최종 순위 사후수익자 바로 선순위 사후수익권도 상속신탁집행의 관점에서 보면 최종 사후수익자까지 신탁계약에 계속해서 존재하는 계속관리형 사후수익권의 일종으로 보면 된다. 계속관리형 사후수익권의 상속신탁집행은 주로 사후수익자에게 신탁계약 내용, 특히 사후수익권의 내용을 설명하는 절차로 이루어진다. 이 경우에는 신탁재산의 소유권이 수탁자에게 여전히 남아 있을 뿐 사후수익자에게 신탁재산의 소유권이 이전되지 않는다. 임대사업을 영위하는 부동산에 대해 계속관리형 유언대용신탁계약을 체결할 경우 상속신탁집행 시 '사업자등록'을 위탁자 명의에서 '사후수익자 명의'로 변경하는 절차와 상속세 납부 및 사후수익자 명의의 취득세 납부가 이루어지지만, 신탁부동산 소유권의 이전이 없다.

물론 즉시배분형 사후수익권과 계속관리형 사후수익권을 결합시키는 것도 가능하다. 자녀 중 한 명은 재산관리능력이 충분하고 다른 한 명은 재산관리능력이 부족한 경우, 재산관리능력이 충분한 사후수익자에게는 해당 신탁재산을 즉시 배분해주고, 재산관리능력이 부족한 사후수익자를 위한 신탁재산은 사후수익자 사망 시까지 신탁계약이 유지되면서 매월 생활비를 지급하는 구조로 설계할 수 있다.

이 책에서는 즉시배분형 사후수익권만을 설계한 상속신탁을 '즉시배분형 상속신탁'으로, 계속관리형 사후수익권만으로 설계한 상속신탁을 '계속관리형 상속신탁'으로 부르고, 하나의 상속신탁에 즉시배분형 사후수익권과 계속관리형 사후수익권을 모두 포함하고 있는 상속신탁을 '결합형 상속신탁'이라 부른다.

나. 상속신탁집행의 실무상 의미

상속신탁집행은 민법의 상속법리와 무관한 '수탁자에 의한 신탁계약의 이행'이다. 즉시배분형 사후수익권의 경우, 상속인이 아니며 전문적·객관적 제3자인 수탁자가 신속하고 정확하게 이행한다는 점이 가장 큰 장점이다. 전문가에 의한 신속하고 정확한 상속집행으로 상속분할 과정에서 혼란을 최소화하고, 자칫 있을 수 있는 상속분쟁을 예방할 수 있다.

그리고 계속관리형 사후수익권의 경우, 위탁자 사후 '일정 시점' 또는 '특정 조건 성취' 시까지 유산을 보존하면서 사후수익자에게 정기적으로 수익을 지급할 수 있다는 것이 가장 큰 장점이다. 우리 민법상 사후 재산관리도구가 없기 때문에 상속재산의 사후관리가 필요한 경우라면 계속관리형 사후수익권으로 설계된 유언대용신탁을 활용하는 것이 현명하다.

다. 상속신탁집행의 세법적 의미

유언대용신탁에 따라 상속신탁집행될 경우 세금은 어떻게 되는가? 상속세 및 증여세법 제9조는 "피상속인이 신탁한 재산"은 "상속재산"으로 본다고 규정하고 있어서, 유언대용신탁의 신탁재산도 "피상속인이 신탁한 재산"이므로, 상속세의 대상이 되는 것은 분명해 보인다.

제9조 【상속재산으로 보는 신탁재산】 ① 피상속인이 신탁한 재산은 상속재산으로 본다. 다만, 타인이 신탁의 이익을 받을 권리를 소유하고 있는 경우 그 이익에 상당하는 가액(價額)은 상속재산으로 보지 아니한다.

② 피상속인이 신탁으로 인하여 타인으로부터 신탁의 이익을 받을 권리를 소유하고 있는 경우에는 그 이익에 상당하는 가액을 상속재산에 포함한다.

그러면 유언대용신탁계약을 체결할 때에는 세금이 부과되지 않는가? 유언대용신탁계약을 체결하면서 소유권을 수탁자에게 이전하고 사후수익자를 지정하지만, 위탁자 생전에는 위탁자가 유일한 수익자인 '생전 자익신탁'이고, 사후수익자의 수익권은 위탁자가 설계해 놓은 계획에 따른 '장래의 권리'일 뿐이므로, 유언대용신탁 설정행위로 인한 수탁자 앞으로의 '소유권이전'은 '유상거래'나 '무상거래'가 아니다. 따라서 유언대용신탁 설정행위에 대해 증여세나 상속세가 부과되지 않을 뿐만 아니라 취득세도 부과되지 않는다. 상속계획을 수립하는 시점인 유언대용신탁계약 체결 시 아무런 세금을 내지 않기 때문에 상속계획을 유언대용신탁으로 하는 중요한 이유가 된다.

3 상속신탁 수익권 설계

가. 위탁자 생전 재산관리

상속신탁에서 위탁자는 생전수익자로서 신탁재산에 대한 완전한 통제권을 행사할 수 있기 때문에, 생전수익권의 설계는 굳이 필요 없는바, 실무상 위탁자 생전에는 '재산관리'를 어떻게 하느냐를 중심으로 재산관리 및 인출방법을 규정하는 것으로 갈음한다. 보통은 사무처리능력이 없어지기 전의 '건강시기'와 사무처리능력이 부족하거나 없어진 '사무처리능력 부족시기'로 나누어 수탁자의 재산관리 및 인출방법을 규정한다.

건강시기에는 신탁재산의 관리, 처분, 운용, 인출, 신탁계약 해지·해제가 자유롭다. 수탁자 명의로 소유권은 이전해 놓았으나 실질적인 통제권을 위탁자가 여전히 보유하고 있는 것이다.

사무처리능력 부족시기에는 두 가지 선택지가 있다. 첫째, 건강시기와 마찬가지로 특별히 재산관리방법을 지정하지 않는 것도 하나의 방법이다. 둘째, 사무처리능력 부족시기에 제3자나 다른 가족의 사기나 강요에 의한 신탁계약의 해지·해제·변경은 안 되기 때문에, 신탁재산보호자를 지정하고 그의 동의가 있을 경우에만 신탁계약의 해지·해제·변경이 가능하도록 안전장치를 만드는 방법이다. 재산보호 측면에서 신탁재산보호자의 동의권을 규정하는 방법이 좋을 것이다.

나. 상속신탁 사후수익권 설계의 기초

❙ 상속신탁 수익권 설계 개념도(예시) ❙

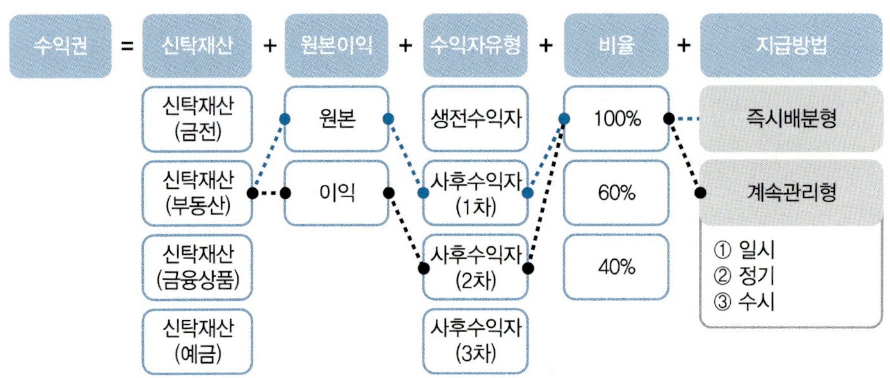

상속신탁 수익권을 어떻게 설계해야 하나? 신탁계약에서 가장 중요한 부분이다. 신탁재산, 수익권유형(원본수익권과 이익수익권), 수익자유형(생전수익자와 사후수익자), 수익비율, 그리고 지급방법(즉시배분형과 계속관리형)이라는 5가지 요소를 매트릭스 방식으로 조합하면 된다.

우선 신탁재산을 특정하고, 신탁재산에 대한 수익권이 원본수익권(principal)인지 아니면 이익수익권(income)인지를 정한다.[6] 신탁재산별로 이익수익권이 무엇인지를 명확하게 정해야 한다. 현행 신탁법에는 이익수익에 대한 명문화된 규정이 없다. 부동산의 임대수익, 주식의 배당소득, 채권의 이자소득은 명확하게 이익수익으로 볼 수 있다. 주식매매 시 발생하는

---

6) 원본과 수입의 할당을 규정하는 통일법으로 「통일원본수입법(Uniform Principal and Income Act, UPIA)」이 있다. 임대료, 이자, 현금배당, 사업이윤 또는 경작이윤은 수입으로, 신탁재산의 매매대금, 신탁재산에 대한 보험금, 분할주식, 주식배당금, 인수 또는 합병 분배금, 채권원금은 원본으로 할당했다[김상훈, 『미국상속법』(세창출판사, 2012), 308면].

양도소득, 주식유상감자에 응하여 받은 금전, 회사가 청산하면서 받는 잔여재산분배금은 원본수익권에 속한다. 주식배당, 합병에 따른 현금분배금은 어떻게 볼 것인가? 원본수익으로 보는 것이 타당해 보인다. 이렇듯 원본수익권과 이익수익권을 분리해서 귀속시킬 때, 원본수익권에 해당하는지 이익수익권에 해당하는지 불명확한 부분이 있게 되니, 이익수익권을 분리해서 설계할 때는 신탁계약서에서 이를 명시하는 것이 타당하다. 그리고 이익수익권을 많이 발생시키기 위해 수탁자로 하여금 신탁재산을 고위험 자산에 투자하는 'high risk-high return 전략'으로 운용하다가 자칫 신탁재산 원본에 손실이 발생할 수 있다. 수탁자는 수익자가 여럿인 경우 각 수익자를 위하여 공평하게 신탁사무를 처리해야 하는 '공평의무'의 대상이 된다. 미국의 경우 수탁자에게 공정의무(duty of impartiality)를 부담시키는데, 실무상 공평의무 또는 공정의무의 위반 여부가 문제되는 경우 그 위반 여부를 판단하는 것이 쉽지 않다. 실무가 많이 축적되지 않은 우리나라에서는 법원의 판단에 의존할 수밖에 없을 것이다. 따라서 원본수익권과 이익수익권을 분리해서 귀속시킬 때 공평의무에 대해서도 명확한 가이드라인을 제시해 주어야 한다.

이렇게 정해진 신탁재산과 원본·이익수익권에 대해 생전수익자를 둘 것인지 아니면 생전수익자와 함께 사후수익자를 둘 것인지를 선택하고, 각 수익자에게 신탁재산별 몇 %를 배분할지 정한다.

그런 다음, 지급방법으로 상속개시 후 즉시 모든 재산을 배분할지 아니면 계속관리하면서 일시지급, 정기지급 및 수시지급 방식으로 지급할지를 선택하면 큰 틀에서 수익권의 설계가 마무리된다.

신탁수익권 설계는 고도의 신탁전문성과 법률전문성을 필요로 하는 작업이다. 위탁자의 신탁재산 규모와 유형을 고려하여 현금흐름을 분석한 다음, 위탁자와 그 가족의 연령, 건강, 생활습관을 기초정보로 하고, 여기에 위탁자의 의지를 명확히 반영하는 신탁설계가 필요하다. 그리고 신탁설계에 앞서 절세전략 수립이 선행되고, 상속신탁수익권 설계도 절세전략을 기초로 수립해야 한다. 상속신탁수익권 설계를 잘못하면, 향후 상속인이 부담해야 하는 상속세가 증가할 수 있다.

다. 수익자연속신탁 설계

수익자연속신탁은 위탁자 사망 후 1차 사후수익자, 1차 사후수익자 사후 2차 사후수익자, 2차 사후수익자 사망 시 3차 사후수익자가 사후수익권을 취득한다. 수익자연속신탁의 경우 선순위 사후수익자의 수익권 배분이 후순위 사후수익자의 수익권에 영향을 미치게 되므로, 각 사후수익자의 수익권 설계를 명확하게 구성해야 선·후순위 사후수익자 간 이해상충을 방지할 수 있다.

예를 들면, 신축 상가건물을 신탁재산으로 1차 사후수익자를 배우자(상가건물의 순임대수익 100%), 2차 사후수익자를 아들(상가건물의 순임대수익 100%), 3차 사후수익자를 손자(상가건물의 원본수익과 이익수익의 100%)로 하여 수익자연속신탁을 설정한 경우, 1차 사후수익자가 상가건물을 매각해버린다면, 2차 사후수익자의 수익권이 소멸하게 된다. 물론 상가건물 매각대금은 신탁재산이 될 것이지만, 금전운용을 어떻게 하느냐에 따라 이익이 발생할 수도 있고 손실이 발생할 수도 있다. 따라서 상가건물에 대해 수익자연속신탁을 설정할 경우 최종 사후수익자인 손자 이외 1차 사후수익자와 2차 사후수익자는 신탁재산의 매각을 금지해야 한다.

다른 예를 들어 보면, 예금 40억 원과 펀드 60억 원을 신탁재산으로 1차 사후수익자를 아들(이익수익권 100%), 2차 사후수익자를 손자(이익수익권 100%), 3차 사후수익자를 증손자(잔존재산에 대한 원본 및 이익수익 100%)로 하고 각 사후수익자가 예금과 펀드를 운용할 수 있도록 수익자연속신탁을 설정할 경우, 1차 사후수익자인 아들이 이익의 극대화를 위해 예금과 펀드를 매각하고 투자성이 높은 코스닥 주식으로 운용하다가 원본이 50%까지 줄어든다면, 2차 사후수익자와 3차 사후수익자의 수익권이 많이 축소된다. 이러한 현상을 예방하기 위해 각 차수별 사후수익자의 운용권한을 제한할 필요가 있다. 예를 들면, 예금 40억 원은 계속 예금으로 운용하도록 하고, 펀드 60억 원도 10개 이상의 공모펀드에 분산하여 투자하며, 10개 중 7개는 국채, 지방채 등 안전자산으로 운용하는 펀드로만 운용하도록 하여 보다 안정적으로 운용함으로써 선순위 사후수익자와 후순위 사후수익자 간의 이해상충을 방지할 필요가 있다.

라. 장기 신탁계약의 특수성 반영

향후 경제 사정의 변화, 위탁자나 가족의 신체적·정신적 변화도 예상해서 유연한 수익권 설계를 하는 것이 '신탁계약 이후 상속개시 전 단계'와 '상속집행 이후 단계'에서 위탁자나 수익자의 불편함을 없애고 위탁자가 신탁을 설정한 본지를 충실히 이행할 수 있을 것이다. 상속신탁은 기본 20년으로 시작해서 몇 백년까지 길어질 수 있으므로, 신탁계약이 20년 이상 되는 경우에는 수익권 배분 구조의 설계에 일정 부분 재량을 두는 것도 좋은 방법이다. 위탁자가 선정한 '특정인'에게 그러한 재량을 부여하거나, 필요한 경우 신탁회사에 수익권 배분과 관련하여 그 재량을 부여할 필요가 있다(신탁법 제3조, 제58조). 마지막으로 위탁자가 설계해 놓은 신탁계약이 경제사정이나 사후수익자의 사정변화와 거리감이 상당하여 위탁자 가 설계해 놓은 신탁계약대로 이행되지 못할 경우 사후수익자는 법원의 허가를 받아 신탁계 약을 변경할 수 있는 조항도 활용할 필요가 있다(신탁법 제88조 제3항).

신탁법

제3조 【신탁의 설정】 ④ 위탁자는 신탁행위로 수탁자나 수익자에게 신탁재산을 지정할 수 있는 권한을 부여하는 방법으로 신탁재산을 특정할 수 있다.

제58조 【수익자지정권등】 ① 신탁행위로 수익자를 지정하거나 변경할 수 있는 권한(이하 "수익자 지정권등"이라 한다)을 갖는 자를 정할 수 있다.

② 수익자지정권등을 갖는 자는 수탁자에 대한 의사표시 또는 유언으로 그 권한을 행사할 수 있다.

③ 수익자지정권등이 유언으로 행사되어 수탁자가 그 사실을 알지 못한 경우 이로 인하여 수익자로 된 자는 그 사실로써 수탁자에게 대항하지 못한다.

④ 수익자를 변경하는 권한이 행사되어 수익자가 그 수익권을 상실한 경우 수탁자는 지체 없이 수익권을 상실한 자에게 그 사실을 통지하여야 한다. 다만, 신탁행위로 달리 정한 경우에는 그에 따른다.

⑤ 수익자지정권등은 신탁행위로 달리 정한 바가 없으면 상속되지 아니한다.

제88조 【신탁당사자의 합의 등에 의한 신탁변경】 ① 신탁은 위탁자, 수탁자 및 수익자의 합의 로 변경할 수 있다. 다만, 신탁행위로 달리 정한 경우에는 그에 따른다.

② 제1항에 따른 신탁의 변경은 제3자의 정당한 이익을 해치지 못한다.

③ 신탁행위 당시에 예견하지 못한 특별한 사정이 발생한 경우 위탁자, 수익자 또는 수탁자는 신탁의 변경을 법원에 청구할 수 있다.

④ 목적신탁에서 수익자의 이익을 위한 신탁으로, 수익자의 이익을 위한 신탁에서 목적신탁으 로 변경할 수 없다.

마. 신탁수익권 설계의 자유와 한계

신탁수익권을 설계함에 있어서 어떠한 한계가 있을까? 신탁의 목적이 선량한 풍속이나 사회질서에 위반하는 사항을 목적으로 하거나, 위법 또는 불능인 신탁, 소송을 목적으로 하는 신탁, 탈법을 목적으로 하는 신탁, 채권자를 해함을 알면서 설정하는 신탁 등 신탁법 제5조 내지 제8조에 규정하고 있는 금지사항 이외에 신탁수익권 설계의 한계는 없다.

다만, 우리 신탁법은 법률에 규정된 수익자의 권리를 신탁행위로도 제한할 수 없도록 하여 수익자를 보호하고자 하였다(신탁법 제61조).[7] 수익자의 법원에 대한 신청권, 강제집행이나 체납처분 이의제기권, 신탁재산 장부의 열람복사청구권, 의무위반한 수탁자에 대한 원상회복청구권이나 손해배상청구권, 수익권의 포기권, 법률행위의 취소권, 수탁자의 위반행위에 대한 유지청구권, 합병반대 수익자의 매수청구권은 신탁행위로도 제한할 수 없다. 신탁법 제61조는 신탁행위로도 제한할 수 없으므로, 신탁수익권 설계 시 반드시 고려해야 하는 사항이다.

신탁법

제61조 【수익권의 제한 금지】 다음 각 호에 해당하는 수익자의 권리는 신탁행위로도 제한할 수 없다.

1. 이 법에 따라 법원에 청구할 수 있는 권리
2. 제22조 제2항 또는 제3항에 따라 강제집행등 또는 국세 등 체납처분에 대하여 이의를 제기할 수 있는 권리
3. 제40조 제1항에 따라 장부 등의 열람 또는 복사를 청구할 수 있는 권리
4. 제43조 및 제45조에 따라 원상회복 또는 손해배상 등을 청구할 수 있는 권리
5. 제57조 제1항에 따라 수익권을 포기할 수 있는 권리
6. 제75조 제1항에 따라 신탁위반의 법률행위를 취소할 수 있는 권리
7. 제77조에 따라 유지를 청구할 수 있는 권리
8. 제89조, 제91조 제3항 및 제95조 제3항에 따라 수익권의 매수를 청구할 수 있는 권리
9. 그 밖에 신탁의 본질에 비추어 수익자 보호를 위하여 필요하다고 대통령령으로 정하는 권리

---

7) 신탁법의 규정을 원칙적으로 임의규정화하더라도, 신탁의 기본구조에 반하는 행위나 신탁의 계속성, 건전성과 관련된 권리는 신탁행위로도 제한할 수 없도록 하여 수익자를 보호하고자 한 것이다[법무부, 『신탁법 해설』(동강, 2013), 498면].

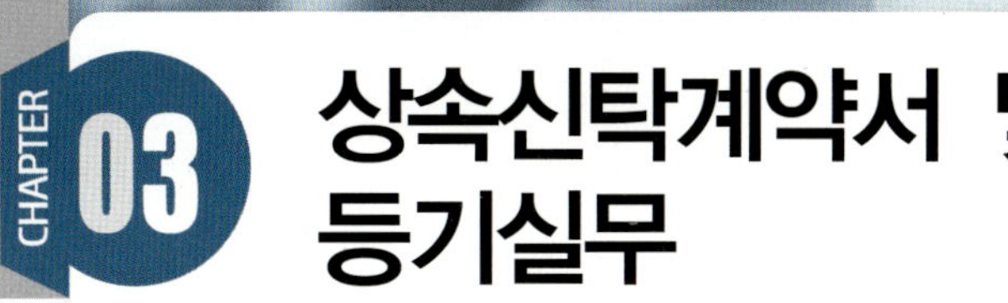

상속신탁계약서 및 등기실무

1 상속신탁의 계약구조

상속신탁계약은 기본계약으로 "유언대용신탁계약서"와 "신탁재산별 개별계약"이 있고, 신탁재산별 개별계약은 신탁재산의 종류에 따라 '금전신탁계약', '유가증권신탁계약', '부동산신탁계약', '금전채권신탁계약' 등으로 구성된다. 좀 더 앞서가는 신탁회사는 '종합재산신탁'으로 구성해서, 하나의 종합재산신탁계약으로 금전, 유가증권, 부동산, 금전채권을 수탁받을 수 있다.[8] 종합재산신탁을 활용하면 개별계약서 4개를 하나의 종합재산신탁계약만으로 신탁할 수 있는 장점이 있다. 상속신탁계약에서는 유언대용신탁계약서가 핵심인데, 그 주요 내용은 신탁재산, 신탁재산별 수익자, 사후수익자별 사후수익권, 생전 재산관리방법과 사후 신탁재산배분 및 재산관리방법이다.

---

8) 신탁법 제103조【신탁재산의 제한 등】① 신탁업자는 다음 각 호의 재산 외의 재산을 수탁할 수 없다.
   1. 금전
   2. 증권
   3. 금전채권
   4. 동산
   5. 부동산
   6. 지상권, 전세권, 부동산임차권, 부동산소유권이전등기청구권, 그 밖의 부동산 관련 권리
   7. 무체재산권(지식재산권을 포함한다)
   ② 신탁업자는 하나의 신탁계약에 의하여 위탁자로부터 제1항 각 호의 재산 중 둘 이상의 재산을 종합하여 수탁할 수 있다.

가. 유언대용신탁 본문

유언대용신탁은 '본문'과 '특약'으로 구성되는데, '특약'은 위탁자의 요구에 따라 매우 다양하므로, 이 책에서는 유언대용신탁 본문의 중요 내용만 기술하기로 한다.

▮ 유언대용신탁의 계약 구성 ▮

기본 계약	**1** 유언대용신탁계약			
	본문			
	특약			
	신탁재산목록	사후수익자별 사후수익권	생전 신탁재산의 관리	사후 신탁재산의 관리 및 배분

\+

개별 계약	**2** 금전 신탁계약	**3** 유가증권 신탁계약	**4** 부동산 신탁계약	**5** 금전채권 신탁계약

[유언대용신탁 본문]

위탁자 [***]와 수탁자 [***] 주식회사는 다음과 같이 『유언대용신탁계약』(이하 '이 계약'이라 한다)을 체결한다.

제1조【신탁의 목적】 이 계약은 위탁자의 의사를 보다 적극적으로 반영하여 신탁재산의 관리, 처분, 운용, 개발 등을 통해 신탁재산에 관한 급부를 위탁자가 정한 수익자에게 지급함으로써 안정적으로 재산을 승계하는 것을 목적으로 한다.

제2조【용어의 정의】 이 계약에서 사용하는 용어의 뜻은 다음과 같다.
   1. "위탁자"라 함은 신탁을 설정하는 자를 말한다.

---

9) 이 책에서 설명하는 유언대용신탁계약과 신탁재산별 신탁계약은 금융투자협회 예시안을 참조하여 수정하였고, 중요한 부분은 해설을 하였다. 가족신탁의 이해를 돕기 위해 예시안을 제시한 것이므로, 실제 신탁계약을 체결할 때에는 신탁 전문 변호사와 세무사의 법적·세법적인 자문과 함께 계약서 검토를 받아야 한다. 상속신탁은 복잡한 법률적·세법적 전문지식을 요하는 계약이고, 잘못 작성할 경우 가족분쟁을 야기할 수 있음을 유념해야 한다.

2. "수탁자"라 함은 신탁 목적에 따라 위탁자로부터 신탁재산을 인수하는 자를 말한다.

3. "수익자"라 함은 신탁재산의 수익권을 취득하여 행사하는 자를 말한다.

4. "원수익자"라 함은 위탁자가 사망하기 전까지 신탁재산의 수익권을 갖는 수익자를 말한다. 다만, 별도의 약정이 있는 경우를 제외하고는 이 계약에서 위탁자를 원수익자로 본다.

5. "사후수익자"라 함은 수익자의 사망에 의하여 차례로 신탁재산의 수익권을 취득하도록 지정받은 자를 말한다. 다만, 별도의 약정이 있는 경우를 제외하고는 원수익자가 사망할 때까지 이 계약의 수익권을 취득하지 못한다.

6. "유언집행자"라 함은 유언의 내용을 실현하기 위하여 그 유언의 집행업무의 권한을 가지는 자를 말한다.

7. "사망통지인"이라 함은 〈별지2〉의 '사망통지인 확약서'를 제출한 자로서 수익자의 사망사실 등을 수탁자에게 통지하는 자를 말한다.

8. "상속신탁집행"이라 함은 위탁자 사망으로 사후수익자가 사후수익권을 취득하는 절차를 수탁자가 이행하는 것을 말한다. 즉시배분형 사후수익권과 계속관리형 사후수익권의 취득 모두를 포함한다. 수익자연속신탁에서 선순위 사후수익자의 사망으로 후순위 사후수익자가 사후수익권을 취득하는 것도 포함한다.

9. "즉시배분형 사후수익권"이라 함은 위탁자 사망으로 사후수익권의 내용에 따라 사후수익자에게 신탁재산의 소유권을 이전시키는 내용의 사후수익권을 말한다.

10. "계속관리형 사후수익권"이라 함은 위탁자 사망 후에도 신탁계약에서 정한 바에 따라 일정 기간 신탁이 유지되도록 하기 위해 설정되는 사후수익권으로서, 위탁자 사망 후 신탁계약에서 정한 일정 기간 유지되는 사후수익권을 말한다.

해설

용어의 정의에서 '수익자'는 위탁자 겸 수익자인 '원수익자'와 위탁자 사후수익권을 취득하는 '사후수익자'를 포함한다. 유언집행자는 유언대용신탁만을 체결할 때는 불필요하고, 전, 답, 과수원으로 농지법상 법인이 취득할 수 없는 경우나 현재는 신탁설정의 대항요건을 갖추기 어려운 경우에 유언서를 병행해서 작성해야 하는 경우에 유언공증을 받은 후 유언서 보관 및 집행서비스를 활용할 때 지정된다. 사후수익자의 정의는 신탁법 제59조 제1항 제1호의 '사후수익권 취득형 유언대용신탁'을 전제로 규정한 것인데, 만약 신탁법 제59조 제1항 제2호의 '생전수익권취득형 유언대용신탁'으로 하고 싶다면, 5호 단서를 "다만, 별도의 약정이 있는 경우를 제외하고는 원수익자가 사망할 때까지 이 계약의 수익권에 따른 급부청구권을 행사하지 못한다."라고 규정하면 된다.

제3조 【신탁재산】 ① 위탁자가 신탁할 수 있는 재산의 종류는 다음 각 호에 따르며 신탁가액은 별지 '신탁재산목록'에 기재된 금액으로 한다.

1. 금전

2. 증권

3. 금전채권

4. 동산

5. 부동산

6. 지상권, 전세권, 부동산임차권, 부동산소유권이전등기청구권, 그 밖의 부동산 관련 권리

7. 기타 「자본시장과 금융투자업에 관한 법률」에서 정하는 재산

② 위탁자는 제4조에서 정한 신탁계약기간 내에서 수탁자와 합의하여 신탁재산을 추가로 신탁할 수 있다.

③ 제1항 및 제2항의 신탁재산별 운용에 대한 세부적인 사항은 위탁자와 수탁자가 합의하여 정하기로 한다.

해설

신탁재산은 신탁법이 정하는 모든 재산인데, 법률상 또는 실무상 수탁이 불가능한 경우가 있으므로, 미리 신탁회사를 통해서 대상 재산이 신탁 가능한 재산인지를 미리 확인해야 한다. 주로 영리법인인 신탁회사가 농지법상 농지취득자격을 득하지 못해서 수탁하지 못하는 전, 답, 과수원이나 준공 후 보존등기가 되지 않은 집합건물, 소송 계속 중인 부동산 등이다.

제4조【신탁계약기간】 이 계약의 신탁계약기간은 위탁자와 수탁자가 합의하여 별도로 정한다.

해설

신탁계약기간은 주로 위탁자 100세까지로 정하고, 그 이후에는 연단위로 갱신되도록 정한다. 위탁자가 100세 이전에 사망하거나 신탁재산이 전부 소멸되는 경우에는 그 이전에라도 신탁계약이 종료된다.

제5조【신탁계약 체결 및 효력의 우선순위 등】 ① 위탁자와 수탁자는 제3조 제1항의 신탁재산별 신탁계약을 체결한다. 이 경우 수탁자는 위탁자에게 신탁재산별 신탁계약서를 교부하고 신탁관계법규에서 정한 내용 및 운용자산의 위험고지 등 중요한 내용을 설명하여야 한다.

② 이 계약과 제1항의 신탁재산별 신탁계약의 내용이 상이한 경우 이 계약의 내용이 우선한다.

해설

유언대용신탁계약과 함께 신탁재산별 신탁계약을 체결한다. 신탁재산이 금전이면 금전신탁계약을, 부동산이면 부동산신탁계약을, 유가증권이면 유가증권신탁계약을, 금전채권이면 금전채권신탁계약을 함께 체결한다. 유언대용신탁계약과 신탁재산별 신탁계약의 내용이 상이한 경우는 유언대용신탁계약이 우선한다.

제6조【신탁관리인 지정】① 위탁자는 수익자가 미성년자, 피한정후견인 또는 피성년후견인이거나 그 밖의 사유로 수탁자에 대한 감독을 적절히 할 수 없는 경우 신탁관리인을 선임할 수 있다.

② 위탁자가 신탁관리인을 선임하고자 하는 경우 신탁관리인의 권한과 임무의 범위 및 보수지급에 관한 사항 등은 수탁자와 합의하여 정한다.

제7조【유언서 보관 및 유언집행서비스 등】위탁자는 이 계약과 별도로 유언서 보관 및 유언집행서비스 제공을 수탁자에게 의뢰할 수 있다.

제8조【사망통지인 지정 및 변경 등】① 수익자는 사망통지인을 지정 또는 변경하고자 하는 경우 별지 '사망통지인 확약서' 또는 별지 '사망통지인 (지정·정보) 변경 의뢰서'를 수탁자에게 제출하여야 한다.

② 수익자는 제1항에서 정한 사망통지인이 사망한 경우에는 그 사실을 수탁자에게 지체 없이 통보하여야 한다.

③ 제1항에서 정한 사망통지인 이외에도 제3자가 수익자의 사망사실을 입증할 수 있는 서류를 수탁자에게 제출할 수 있다. 이 경우 수탁자는 사망통지인 또는 수익자의 상속인 중 1인에게 수익자의 사망사실을 확인하여야 한다.

④ 수탁자는 제1항 내지 제3항에 따른 통지의 지연 및 허위·부실 통지로 발생한 재산상 손해에 대하여 수탁자의 귀책사유가 없는 한 책임을 지지 아니한다.

해설

사망통지인은 지정하지 않는 경우가 대부분이다. 신탁계약을 신탁회사와 체결하면 '안심상속 조회 서비스'로 조회가 가능하므로, 상속처리 과정에서 자연스럽게 사망사실을 신탁회사가 알게 된다. 만약, 민사신탁계약을 체결하면서 수탁자가 사후수익자가 아닌 경우에는 사망통지인을 지정하는 것이 바람직하다.

제9조【사후수익자 지정 및 변경 등】① 위탁자는 이 계약의 사후수익자를 다음과 같이 정한다. 다만, 동 차에 사후수익자를 복수로 지정하고자 하는 경우 그 다음 차수의 사후수익자는 지정하지 아니한다.

		정보 내용	위탁자와의 관계
[*]차 사후수익자	성명		위탁자의 [*]
	주민등록번호		위탁자의 [*]
	연락처		위탁자의 [*]
[*]차 사후수익자	성명		위탁자의 [*]
	주민등록번호		위탁자의 [*]
	연락처		위탁자의 [*]
[*]차 사후수익자	성명		위탁자의 [*]
	주민등록번호		위탁자의 [*]
	연락처		위탁자의 [*]

② 제1항 단서에 의한 복수의 사후수익자의 경우 신탁원본 및 신탁이익의 지급방법은 다음 각 호와 같다.

 1. 별도 약정이 있는 경우를 제외하고는 사후수익자에게 균등하게 지급
 2. 사후수익자가 사망한 경우 해당 사후수익자의 법정상속인에게 지급

③ 제1항에서 정한 1차 사후수익자가 원수익자보다 먼저 사망할 경우 2차 사후수익자가 1차 사후수익자의 지위를 갖기로 한다.

④ 제1항에서 정한 2차 사후수익자가 1차 사후수익자보다 먼저 사망할 경우 3차 사후수익자가 2차 사후수익자의 지위를 갖기로 한다. 다음 차수의 연속 수익자가 있을 경우 다음 차수에도 동일한 방법으로 적용된다.

⑤ 제1항에서 정한 3차 사후수익자가 1차 사후수익자 또는 2차 사후수익자보다 먼저 사망할 경우 위탁자는 제8항에 따라 새로운 사후수익자를 지정할 수 있으며 별도의 지정이 없으면 3차 사후수익자는 없는 것으로 본다. 다음 차수의 연속 수익자가 있을 경우 다음 차수에도 동일한 방법으로 적용된다.

⑥ 수익자, 원수익자 및 사후수익자가 전부 사망하여 신탁계약이 종료된 경우 최종 순서로 지정된 사후수익자의 법정상속인에게 신탁원본 및 신탁이익을 지급하기로 한다.

⑦ 제2항 내지 제6항에도 불구하고 별도의 약정이 있는 경우에는 그에 따른다.

⑧ 위탁자는 제1항의 사후수익자를 새로 지정하거나 변경하고자 하는 경우에는 별지 '사후수익자(지정·정보) 변경 의뢰서'를 수탁자에게 제출하여야 한다. 이 권리는 위탁자에게 전속되어 상속되지 아니하고 위탁자의 법정대리인이나 상속인이 수익자를 새로 지정하거나 변경할 수 없다.

해설

　유언대용신탁계약에서 사후수익자의 지정 및 사후수익권 설계는 제일 중요한 부분이다. 사후수익자를 차수별로 지정하면서 향후 상속집행 과정에서 동일인 유무가 문제되지 않도록 사후수익자의 개인정보를 정확하게 기재하여야 한다. 특히, 사후수익자가 외국 국적인데 국내 공공기관에 인적 정보가 없는 경우 상속신탁집행 과정이 곤란해질 수 있다.

　동차수 사후수익자가 복수인 경우 균등배분이 원칙이지만, 실제 사례는 대부분 특약으로 차등배분을 하게 된다. 신탁재산별로 배분할 수도 있고, 전체 신탁재산의 일정 비율을 배분할 수도 있다. 사후수익자가 사망한 후 후순위 사후수익자 지정이 없으면 해당 사후수익자의 법정상속인이 법정상속비율로 신탁재산을 배분받는다.

　수익자연속신탁을 설정할 경우 1차 사후수익자별로 2차 사후수익자를 지정해야 하고, 1차 사후수익자 및 2차 사후수익권을 명확히 설계해야 하는데, 이 부분은 상속신탁수익권 설계 부분을 참조하면 된다. 누구를 어떠한 상황에 사후수익자로 지정할 것인가를 정확하게 시나리오별로 분석해서 설계해야 한다.

　각 차수별 수익자의 지위는 상승한다. 원수익자보다 1차 사후수익자가 먼저 사망하는 경우, 2차 사후수익자가 1차 사후수익자보다 먼저 사망하는 경우에는 각각 2차 사후수

제10조【신탁이익의 계산 및 지급방법】 신탁이익의 계산 및 지급방법은 제5조의 신탁재산별 신탁계약서에서 정한 바에 따른다.

제11조【운용내역통보 등】 ① 수탁자는 제5조의 신탁재산별 개별계약서에서 정한 바에 따라 운용내역을 통보한다.

② 수탁자는 제1항에도 불구하고 수익자가 신탁재산의 운용내역 및 평가가액을 조회하고자 하는 경우 정당한 사유가 없는 한 그 내용을 수익자에게 제공하여야 한다.

해설

제12조【신탁원본과 이익의 보전】 수탁자는 신탁재산의 운용과 관련하여 신탁원본과 신탁이익의 보장 또는 손실의 보전을 하지 아니한다.

제13조【손익의 귀속】 신탁재산 운용으로 발생되는 이익 및 손실은 수익자에게 전부 귀속된다.

제14조【신탁재산의 표시 등】 ① 수탁자는 등기 또는 등록할 수 있는 신탁재산에 관하여 신탁의 등기 또는 등록을 하여야 한다.

② 제1항에도 불구하고 등기 또는 등록할 수 없는 신탁재산의 경우에는 다른 신탁재산과 분별하여 관리하는 등의 방법으로 신탁재산임을 표시하여야 한다.

신탁설정 과정에서 제일 중요한 부분은 신탁재산의 표시이다. 신탁재산의 표시가 불명확하면 제3자에게 신탁재산임을 대항하지 못해 위탁자나 수익자에게 불측의 손해를 입힐 수 있다. 등기 또는 등록할 수 있는 신탁재산은 신탁계약 후 반드시 등기 또는 등록절차를 이행해야 한다. 금전채권의 경우 채권양도의 대항요건(확정일자 있는 신탁사실의 통지 또는 승낙), 주권미발행주식의 경우에도 채권양도의 대항요건 및 주주명부 명의개서를 명확히 진행해야 한다.

제15조 【신탁보수】 ① 신탁보수는 제5조의 신탁재산별 신탁계약서에서 정한 바에 따르기로 한다.

② 제1항에도 불구하고 이 계약의 체결에 따른 신탁보수는 위탁자와 수탁자가 합의하여 별도로 정할 수 있다.

③ 신탁보수는 경제사정의 변화 또는 신탁사무 처리의 변동이 있는 경우 수익자와 수탁자가 합의하여 변경할 수 있다.

제16조 【조세 및 비용】 수탁자의 귀책사유 없이 발생하는 신탁재산에 대한 조세(근거법령상 납세의무자인 수탁자라도 신탁재산과 관련한 조세는 전부 포함) 및 공과금과 이 계약과 관련한 신탁사무 처리에 수반 되어 발생하는 비용은 신탁재산에서 차감하거나 위탁자나 수익자에게 따로 청구할 수 있다.

제17조 【즉시배분형 사후수익권의 상속신탁집행】 ① 즉시배분형 사후수익권의 상속신탁집행은 수탁자가 사후수익권의 내용에 따라 사후수익자에게 신탁재산의 소유권을 귀속시킨다.

② 즉시배분형 사후수익권의 상속신탁집행으로 신탁재산 전부가 사후수익자에게 귀속한 후 해당 사후수익권은 소멸된다.

③ 즉시배분형 사후수익권 전부에 대해 상속신탁집행이 완료되면 해당 신탁은 종료된다.

제18조 【계속관리형 사후수익권의 상속신탁집행】 ① 계속관리형 사후수익권의 상속신탁집행으로 수탁자는 사후수익자에게 사후수익권을 취득시킨다.

② 계속관리형 사후수익권의 상속신탁집행 완료 후 수탁자는 사후수익자를 위해 신탁재산을 별지 특약사항에서 정한 기간이나 특정 조건 성취시(계속관리형 사후수익권의 최종집행사유 발생 시)까지 이 신탁계약의 특약에서 정한 내용에 따라 보관, 관리, 운용, 처분한다.

③ 계속관리형 사후수익권은 별지 특약사항에서 정한 최종집행사유 발생 시 수탁자는 신탁계약의 내용에 따라 최종 사후수익자에게 신탁재산을 귀속시킨다.

④ 계속관리형 사후수익권이 전부 최종집행사유가 발생하여 상속신탁집행이 완료되면 이 신탁계약은 종료된다.

제19조 【신탁계약의 중도해지 등】 ① 위탁자는 이 계약 또는 제5조에서 정한 신탁재산별 신탁계약기간 만료 전에 신탁계약의 전부 또는 일부를 해지(이하 '중도해지'라 한다)할 수 있으며 수탁자는 이에 응하여야 한다.

② 제1항의 신탁재산별 신탁계약의 중도해지에 관한 사항은 해당 신탁계약서에서 정한 바에 따른다. 다만, 이 계약의 중도해지수수료 등 중도해지에 관한 사항은 위탁자와 수탁자가 합의하여 별도로 정할 수 있다.

③ 위탁자가 사망한 이후 다음 각 호의 어느 하나에 해당하는 사유가 발생한 경우 이 계약 또는 제5조에서 정한 신탁재산별 신탁계약의 전부 또는 일부가 종료될 수 있다. 이 경우 신탁원본 또는 신탁이익은 수익자 또는 신탁재산의 권리자에게 지급한다.

 1. 유류분반환청구에 의해 유류분반환이 확정되어 신탁재산으로 유류분을 지급하는 경우

 2. 신탁관계법규에 의하여 신탁재산에 강제집행 등을 하는 경우

 3. 기타 위탁자가 별도로 정한 경우

④ 수탁자는 제3항의 경우 해당 수익자 또는 신탁재산의 권리자에게 증빙서류를 서면으로 제출받아야 한다. 다만, 제출한 증빙서류를 판단함에 있어 수탁자의 귀책사유가 없는 한 수탁자는 책임을 부담하지 아니한다.

해설

유언대용신탁은 위탁자 생전에는 언제든지 중도에 전부해지 또는 일부해지할 수 있고, 사후수익자나 사후수익권을 변경할 수도 있다. 생전에는 위탁자 본인 명의로 재산을 보유하는 경우와 큰 차이는 없다. 위탁자가 사무처리능력이 없거나 부족한 상황에서 신탁계약의 전부해지 또는 일부해지는 문제될 수 있기 때문에, 위탁자가 사무처리능력이 없거나 부족한 상황임이 의사 소견으로 확인되면 신탁계약 해지를 불가능하게 하거나 특정 가족의 동의가 있을 경우에만 가능하도록 특약을 구성할 수 있다.

유언대용신탁은 수탁자에게 신탁재산의 관리, 처분 그리고 배분을 맡기는 것이므로, 수탁자는 위탁자 사후 신탁계약에 따라 신탁재산을 배분하거나 계속관리를 하는데, 유류분반환청구소송이 들어오면 신탁재산의 배분이나 수익권 지급을 정지하고, 해당 유류분반환청구소송이 확정되거나 확정판결과 동일한 '합의'가 완료되면 그 내용에 따라 신탁재산을 유류분반환청구권자에게 이전 또는 지급한다. 즉시배분형 상속신탁은 2주 이내에 상속신탁집행이 완료되어 사후수익자에게 신탁재산이 전부 넘어가 있기 때문에 유류분반환청구로 인한 수익지급이 정지되거나 신탁이 종료될 가능성은 거의 없다. 계속관리형 상속신탁은 위탁자 사후 장기간 존속하므로 신탁이 유지된 상태에서 유류분반환청구가 진행될 수 있다. 유류분 관련 확정판결이나 합의의 내용에 따라 신탁재산의 일부를 이전 또는 지급한 이후 잔존 신탁재산에 대한 신탁계약은 그대로 유지된다.

유언대용신탁재산에 대해서는 원칙적으로 신탁법 제22조 본문에 따라 강제집행이나 체납처분이 불가능하나, 신탁법 제22조 단서에 따라 '신탁 전의 원인으로 발생한 권리' 또는 '신탁사무의 처리상 발생한 권리'에 기한 강제집행이나 체납처분은 가능하다. 수탁자는 강제집행이나 체납처분에 신탁법 제22조 단서에 해당되는지를 명확히 확인한 후 이에 해당한다면 강제집행이나 체납처분에 따라야 한다.

제20조【신탁의 종료 및 최종계산】① 이 계약은 다음 각 호의 어느 하나에 해당하는
경우 종료한다.

1. 제4조에서 정한 신탁계약기간이 만료된 경우
2. 이 계약에서 정한 수익자, 원수익자 및 사후수익자가 모두 사망한 경우
3. 이 계약과 관련된 수익권 전부가 소멸한 경우
4. 제2호 및 제3호 이외 신탁의 목적을 달성하였거나 달성할 수 없게 된 경우
5. 기타 신탁관계법규에서 정한 신탁의 종료사유에 해당하는 경우

② 이 계약 또는 제5조의 신탁재산별 신탁계약서에서 정한 바에 따라 신탁이 종료된
경우 수탁자는 최종 계산서를 작성하여 수익자의 승인을 받아 신탁재산을 교부한다.
다만, 신탁재산 중 환가 및 회수가 곤란한 부득이한 사정이 발생한 경우 신탁재산을
운용현상 그대로 교부할 수 있다.

③ 최종계산서에 대하여 수익자가 승인을 하지 아니한 경우 수탁자는 수익자에게 최종
계산의 승인을 요구하고, 수익자는 계산승인의 요구를 받은 때로부터 1개월 이내에
승인 여부를 수탁자에게 통지하여야 한다.

④ 수탁자는 제3항의 계산승인을 요구하는 경우 "수익자는 최종계산에 대하여 이의가
있는 경우 계산승인을 요구받은 때로부터 1개월 이내에 이의를 제기할 수 있으며,
그 기간 내에 이의를 제기하지 않으면 수익자가 최종계산을 승인한 것으로 본다"라는
취지의 내용을 수익자에게 고지하여야 한다.

⑤ 수익자가 수탁자로부터 제3항의 계산승인을 요구받은 때로부터 1개월 내에 이의를
제기하지 아니하는 경우 제2항의 계산을 승인한 것으로 본다.

해설

유언대용신탁의 경우 위탁자가 사망하면 유언대용신탁계약의 이행으로 신탁재산을 사
후수익자에게 교부한다. 그 이외의 사유로 신탁종료사유가 발생하면 수탁자는 신탁법에
따라 최종계산서를 작성하여 승인받고 신탁재산을 교부한다.

제21조【수익권의 양도 및 질권 설정】수익자는 수탁자의 승낙 없이 이 계약의 수익권을
양도하거나 담보로 제공할 수 없다.

해설

위탁자나 사후수익자가 상속세 납부나 대출을 위해 담보제공을 요청하는 경우 신탁계
약에 달리 정함이 없으면 수탁자는 수익권 담보제공에 협조할 것이다. 이와 달리 상속세
연부연납은 신탁재산 그 자체에 '국(國)'을 근저당권자로 하는 근저당권설정등기를 요구하
는 것이 현재의 실무이다.

제22조【사고신고】위탁자 또는 수익자는 다음 각 호의 어느 하나에 해당하는 경우에는
서면, 전화, 전자우편 및 그 밖의 이와 유사한 전자통신의 방법 등으로 수탁자에게 즉시

신고하여야 하며, 신고의 지연 및 허위·부실 통지로 발생한 손해에 대하여 수탁자는 귀책사유가 없는 한 책임을 지지 아니한다.

　1. 증서(또는 통장)·거래인감 등을 분실, 도난, 훼손하였거나 변경하고자 하는 때
　2. 위탁자, 수익자, 사망통지인 등 기타 신탁계약 관계자에 대한 성명, 상호, 주소지, 전화번호 등의 변경, 사망, 행위능력에 변동이 있을 때

제23조【인감신고】 ① 위탁자, 수익자, 신탁관리인 등 기타 이 계약의 이해관계자는 거래 인감을 미리 신고하여야 한다.

② 이 계약과 관련된 서류에 날인한 인영을 신고한 인감과 육안으로 주의 깊게 비교·대조하여 틀림없다고 여기고 본인확인 절차를 실시하여 신탁재산의 교부 및 기타 신탁사무를 처리한 경우 인감의 위조·변조 또는 도용 등의 사유가 있더라도 이로 인하여 발생한 손해에 대해 수탁자는 귀책사유가 없는 한 책임을 지지 아니한다.

제24조【추가약정 등】 ① 이 계약과 관련하여 다음 각 호의 경우 위탁자와 수탁자는 합의하여 추가약정 또는 특약을 체결할 수 있다. 다만, 추가약정 또는 특약의 내용은 신탁관계법규 등에 위배되지 않아야 한다.

　1. 이 계약의 이해관계자 간 권리와 의무를 명확히 하고자 하는 경우
　2. 이 계약의 내용을 구체화하거나 다르게 정하고자 하는 경우

② 이 계약의 내용과 추가약정 또는 특약의 내용이 경합하는 경우 추가약정 또는 특약의 내용을 우선 적용한다.

③ 이 계약의 특약사항은 별지 특약사항으로 정할 수 있다.

해설

　유언대용신탁계약 본문은 모든 유언대용신탁계약자에게 일반적으로 적용할 수 있는 조항으로만 압축되어 있어서, 실제 유언대용신탁계약의 주요 내용은 특약으로 정한다. 위탁자의 요구사항, 재산현황, 가족상황 등을 충분히 고려하여, 위탁자 생전 재산관리, 위탁자 사후 상속신탁집행 및 사후수익자를 위한 재산관리를 특약사항으로 정하게 되는데, 이 부분은 앞의 상속신탁수익권 설계부분을 참조하면 된다.

제25조【협의】 이 계약에서 정하지 아니한 사항이나 해석상 이의가 있는 사항이 발생하는 경우에는 신탁관계법규 및 민법에서 정한 바에 따르기로 한다.

제26조【선관주의 의무】

수탁자는 신탁재산을 운용함에 있어 선량한 관리자로서의 주의의무를 다하여야 한다.

제27조【관할법원】

이 계약으로 인한 소송의 관할법원은 민사소송법에서 정한 바에 따른다.

제28조【약관의 변경】 ① 수탁자는 이 신탁계약을 변경하고자 하는 경우 수탁자의 영업점과 인터넷 홈페이지, 온라인 거래를 위한 컴퓨터 화면 기타 이와 유사한 전자통신매체에 변경내용을 변경되는 약관의 시행일 전에 비치 또는 게시한다.

② 수탁자는 제1항의 변경 내용이 위탁자에게 불리한 것일 때에는 이를 서면 등 위탁자와 사전에 합의한 방법으로, 변경되는 약관의 시행일 20일 전까지 통지하여야 한다. 다만, 위탁자에게 변경 전 내용이 그대로 적용되는 경우 또는 위탁자가 변경내용에 대한 통지를 받지 아니하겠다는 의사를 명시적으로 표시한 경우에는 그러하지 아니한다.

③ 수탁자는 제2항의 통지를 할 경우 "위탁자가 변경에 동의하지 아니한 경우에는 계약해지를 할 수 있고, 통지를 받은 날로부터 변경되는 약관의 시행일 전의 영업일까지 계약해지의 의사표시를 하지 아니한 경우에는 변경에 동의한 것으로 본다"라는 취지의 내용을 통지하여야 한다.

④ 위탁자가 제3항의 통지를 받은 날로부터 변경되는 약관의 시행일 전의 영업일까지 계약해지의 의사표시를 하지 아니한 경우에는 변경에 동의한 것으로 본다.

⑤ 수탁자는 이 약관을 영업점에 비치 또는 게시하여 위탁자가 요구할 경우 이를 교부하여야 하며, 인터넷 홈페이지, 온라인 거래를 위한 컴퓨터 화면 기타 이와 유사한 전자통신매체에 게시하여 위탁자가 약관을 조회하고 다운로드(화면출력 포함)받을 수 있도록 하여야 한다.

이 계약을 증명하기 위하여 계약서 2부를 작성하여 위탁자와 수탁자 사이에 서명·날인한 후 각각 1부씩 보관한다. 다만, 신탁재산의 공시, 신탁재산의 신탁 등을 위해 유관기관 또는 유관회사에 이 계약서의 원본을 제출해야 하는 경우에는 1부 이상을 추가로 작성할 수 있다.

해설

유언대용신탁계약은 보통 2부를 작성하여 위탁자 1부, 수탁자 1부를 보관하게 되는데, 등기 또는 등록되는 재산의 등기, 등록을 위해 추가로 작성해야 한다(등기나 등록소별로 1부씩 추가).

[****]년 [*]월 [*]일

위탁자 : [***] (인)
　　주민등록번호 :
　　주소 :

수탁자 : [**** 주식회사]
　　법인등록번호 :
　　주소 :
　　대표자 : [***] (인)

나. 신탁재산별 신탁계약

유언대용신탁계약 체결과 같이 체결하는 신탁재산별 신탁계약은 금전신탁계약, 부동산관리신탁계약, 유가증권신탁계약, 금전채권신탁인데, 신탁재산별 신탁계약은 해당 신탁재산의 관리, 운용을 목적으로 하는 계약이다. 일반적으로 유언대용신탁계약이 신탁재산의 관리, 처분, 배분에 대한 모든 사항을 상세히 규정하고, 유언대용신탁이 신탁재산별 신탁계약에 우선하므로, 신탁재산별 신탁계약은 신탁재산의 표시와 신탁보수 정도만 기재하고 있다.

❶ 특정금전신탁계약서

위탁자 [***]와 수탁자 [***] 주식회사는 다음과 같이 『특정금전신탁계약』을 체결한다.

제1조【신탁의 목적】 위탁자는 수익자의 이익을 늘리고 신탁재산을 관리하는 것을 목적으로 금전을 신탁한다.

제2조【신탁금액】 ① 이 신탁계약의 신탁금액은 금______________원으로 한다.

② 위탁자는 제3조에서 정한 신탁기간 이내에 수탁자의 승낙을 얻어 추가로 금전을 신탁할 수 있다.

제3조【신탁기간】 ① 신탁기간은 [****]년 [*]월 [*]일부터 [****]년 [*]월 [*]일까지로 한다(신탁기간이 끝나는 경우 신탁재산교부 가능일: [****]년 [*]월 [*]일).

② 위탁자는 수익자와 연달아 서명한 후 수탁자의 승낙을 얻어 신탁기간을 연장할 수 있다.

③ 신탁기간을 연장하고자 하는 경우 수탁자는 위탁자에게 신탁기간이 끝나는 날 최소 [*]일 전까지 신탁기간이 끝나는 날을 통지하여야 하고 통지할 때에는 "위탁자는 통지를 받은 날로부터 [*]일 이내에 신탁기간의 연장 여부에 대한 의사를 표시하여야 하며, 신탁기간의 연장 여부에 대한 의사를 표시하지 아니한 경우에는 같은 기간 및 같은 조건으로 신탁기간이 연장된다"라는 취지의 내용을 통지하여야 한다.

④ 위탁자가 제3항의 통지를 받은 날로부터 [*]일 이내에 신탁기간의 연장 여부에 대한 의사를 표시하지 아니한 경우에는 같은 기간으로 신탁기간이 연장된다.

⑤ 운용방법의 변경 없이 신탁기간이 연장되는 경우 이 신탁계약은 연장된 신탁기간 동안에도 같은 효력이 있다.

제4조【수익자】 ① 이 신탁계약에 있어서의 수익자는 다음과 같이 정한다.

신탁원본의 수익자 성명: [***] 주소:　　　　　　연락처 :

신탁이익의 수익자 성명: [***] 주소:　　　　　　연락처 :

② 위탁자는 수익자와 연서로써 수탁자의 승낙을 얻어 수익자를 새로 지정하거나 변경할 수 있으며, 이 권리는 위탁자만이 행사할 수 있으며 상속되지 아니한다. 수익자를 별도로 지정하지 아니한 경우에는 위탁자를 수익자로 한다.

제5조【신탁재산의 운용】 ① 위탁자는 [별표1] 신탁재산 운용방법 중에서 신탁재산인 금전의 운용방법을 선택하여 [별표2] 특정금전신탁운용지시서에 적어 운용하도록 지시하며, 수탁자는 이 지시에 따라 신탁재산인 금전을 운용한다. 다만, 위탁자가 지정한 방법대로 운용할 수 없는 신탁재산이 있는 경우에는 수탁자는 금융투자업규정 제4-85조 제3항에 따라 수탁자의 고유계정에 대한 일시적인 자금 대여 또는 자금중개회사의 중개를 거쳐 행하는 단기자금 대여의 방법으로 운용할 수 있다.

② 수탁자는 운용상 발생하는 수익에 대하여도 위탁자의 별도의 지시를 하지 않는 한 제1항과 같이 처리한다.

③ 주식에 운용할 경우 이 주식에 관한 권리행사는 관계법령이 정하는 범위 내에서 수탁자가 직접 행사한다.

④ 수탁자는 이 신탁재산을 다른 신탁재산과 구분하여 관리·운용한다.

⑤ 위탁자는 제1항에서 정한 신탁재산 운용방법의 변경을 요구할 수 있으며, 수탁자는 특별한 사유가 없는 한 위탁자의 요구에 응하여야 한다.

> **해설**
>
> 유언대용신탁이라도 기본적으로 위탁자가 금전신탁계약의 신탁재산인 금전을 어떠한 재산으로 운용하라는 지시를 하고 수탁자가 그 지시에 응하여 신탁재산을 운용한다.

제6조【대리인의 지정】 ① 위탁자는 제5조에서 정한 신탁재산 운용방법에 대하여 수탁자에게 대리인 신고서를 제출하고 모든 지시권을 대리인으로 하여금 행사하게 할 수 있다.

② 위탁자는 대리인 변경신청서를 제출하여 제1항의 대리인을 변경할 수 있다.

제7조【운용내역 통보 등】 ① 수탁자는 매분기별 1회 이상 신탁재산의 운용내역을 금융투자업규정 제4-93조 제11호에서 정한 바에 따라 위탁자에게 서면, 전자우편 등 다음에서 정한 방법으로 통보하여야 한다. 다만, 위탁자가 정기적인 통보를 원하지 않을 경우 그 사실을 이 계약서에 적은 후 통보를 생략할 수 있다.

운용 내역 통보 방법	□자택우편, □직장우편, □전자우편(E-mail), □그 밖의 전자통신(문자메세지, 스마트폰 앱 등) □통보생략(불원) 위탁자 : _______________________(인)

② 제1항에도 불구하고 위탁자가 신탁재산의 운용내역 및 평가가액을 확인하고자 하는 경우 수탁자는 그 내용을 제공하여야 한다.

③ 위탁사 본인의 재무상태, 투자목적 등에 대하여 수탁지에게 상담을 요청하는 경우 수탁자는 상담요구에 응하여야 한다.

제8조【법적절차】 신탁재산과 관련하여 소송 등 법적 조치가 필요한 경우 수탁자는 위탁자와 협의하여 법적 조치를 취한다.

제9조【원본과 이익의 보전】 이 신탁계약은 원본과 이익을 보전하지 아니하며 경우에 따라서는 원본의 손실이 발생할 수 있다.

제10조【손익의 귀속】 신탁재산 운용으로 발생되는 수익 및 손실은 전부 수익자에게 귀속된다.

제11조【신탁재산의 표시】 신탁재산에 대하여는 신탁의 등기 또는 등록을 하여야 하며, 등기 또는 등록을 할 수 없는 경우에는 신탁재산임을 표시한다.

제12조【신탁기본보수】 ① 신탁기본보수(이하 "기본보수"라 한다)는 다음의 산식에서 정하는 바에 따라 계산한다. 이 경우 신탁원본평균잔액이라 함은 일별 신탁원본을 신탁기간(일수)동안 누적하여 합한 금액을 신탁기간(일수)으로 나눈 금액을 말한다.

$$기본보수 = 신탁원본평균잔액 \times 연(기본보수율)\%$$

② 본조에서 신탁기간(일수) 계산은 신탁계약을 체결한 날 또는 직전 기본보수 차감일부터 제3항에서 정한 기본보수 수령일 또는 요구한 날의 전일까지로 한다.

③ 수탁자는 제1항에 따라 계산된 기본보수를 제14조 제1항에서 정한 신탁이익의 지급일에 신탁재산 중에서 수령하거나 위탁자 또는 수익자에게 따로 요구할 수 있다.

제13조【신탁수익보수】 ① 수탁자는 신탁수익보수(이하 "수익보수"라 함)를 수익보수의 계산일 현재 신탁재산가액이 최초 신탁원본보다 큰 경우에 한하여 신탁재산 중에서 수령하거나 위탁자 또는 수익자에게 따로 요구할 수 있다. 이때 신탁원본은 새로운 계약을 처음 시작한 날로부터 수익보수 계산일 현재까지 일부해지금액이 있는 경우 일부해지금액을 빼고 계산한다.

② 수익보수 계산일은 다음 각 호와 같다.

1. 신탁기간이 끝나는 날부터 [*]영업일 전일
2. 위탁자가 신탁계약 해지(일부해지 포함)를 신청한 날 이후 [*]영업일이 지난 날

③ 기준지표는 다음 각 호의 요건을 모두 충족하는 것으로 정함을 원칙으로 하되, 위탁자와 수탁자가 합의하는 경우 달리 정할 수 있다.

1. 증권시장 또는 파생상품시장에서 널리 사용되는 공인된 지수를 사용할 것
2. 신탁재산의 성과를 공정하고 명확하게 보여줄 수 있는 지수를 사용할 것
3. 검증가능하고 조작할 수 없을 것

④ 제6항의 수익보수 산정 시 위탁자와 수탁자가 합의한 기준지표는 다음과 같다.

　　기준지표 : (**예** KOSPI)

⑤ 이하 이 조에서 사용되는 용어의 정의는 다음 각 호와 같다.

1. 신탁수익이란 다음 각 목의 금액을 합산한 가액을 의미한다.
   가. 수익보수 계산일 현재 신탁재산가액에서 신탁원본과 기본보수를 뺀 금액
   나. 신탁계약을 체결한 날 또는 직전 수익보수 계산일 이후 수익보수 계산일 전일까지 수익자에게 지급한 신탁이익
2. 신탁수익률이란 신탁수익을 신탁원본으로 나눈 비율을 의미한다.
3. 기준지표수익률이란 신탁계약을 체결한 날 또는 직전 수익보수 계산일의 장이 종료한 때의 기준지표에 대비하여 수익보수 계산일의 장이 종료한 때의 기준지표 상승(또는 하락) 비율을 의미한다.

⑥ 수익보수 가액은 다음의 각 호에 따라 계산한다.

1. 신탁수익률이 0보다 크고 기준지표수익률보다 큰 경우

$$수익보수 = 신탁원본 \times (신탁수익률 - 기준지표수익률) \times (수익보수율)\%$$

2. 신탁수익률이 0보다 크지 않거나 기준지표수익률보다 크지 않은 경우 수익보수는 0원으로 한다.

⑦ 수탁자는 제6항에 따라 계산된 수익보수를 제14조 제1항 제3호 또는 제4호에서 정한 날에 신탁재산 중에서 받거나 위탁자 또는 수익자에게 따로 요구할 수 있다.

⑧ 제6항에도 불구하고 수탁자는 위탁자 또는 수익자와 합의하여 수익보수의 산정기준을 별도로 정할 수 있다.

제14조 【이익의 계산 및 지급】 ① 수탁자는 다음 각 호에서 정한 날에 신탁이익을 계산하여 신탁원본에 더하거나 수익자에게 지급한다.

1. 매분기말(원천징수 대상 소득이 있는 경우에 한함)
2. 신탁계약일로부터 매 [*]월이 경과한 날
3. 신탁계약 해지(일부해지를 포함한다)에 따라 신탁원본을 지급하는 날
4. 신탁기간이 끝나는 등 신탁계약 종료사유 발생으로 인하여 신탁원본을 지급하는 날
5. 그 밖의 날(________________________)

② 신탁이익 계산의 대상 기간은 신탁계약을 체결한 날 또는 직전 이익지급일부터 제1항에서 정한 이익지급일의 전일까지 한다.

제15조 【세금 및 비용】 수탁자의 책임 있는 사유 없이 발생하는 신탁재산에 대한 세금 및 공과금과 그 밖의 신탁사무의 처리에 필요한 비용은 신탁재산 중에서 사용하거나 위탁자 또는 수익자에게 따로 요구한다.

제16조 【중도해지】 ① 제3조에서 정한 신탁기간이 끝나기 전이라도 위탁자는 수탁자에게 신탁계약의 해지를 신청할 수 있으며, 수탁자는 특별한 사유가 없는 한 이에 응하여야 한다. 다만, 신탁재산을 처분하기 곤란하여 신탁원본 및 신탁이익의 상환이 정상적으로 이루어지지 않거나 신탁재산의 만기가 다 되지 아니한 경우 등 특별한 사유가 있는 때에는 신탁재산을 처분하여 현금화가 가능할 때까지 중도해지가 불가능할 수 있으며, 중도해지가 가능하더라도 가격조건이 불리하게 되어 수익률이 하락할 수 있다.

② 제1항에 따라 신탁기간이 끝나기 전에 신탁계약을 해지하는 경우에는 다음에 정한 중도해지수수료를 받는다.

$$중도해지수수료 = 중도해지금액 \times 중도해지수수료율 \times \frac{잔존일수}{365(윤년은\ 366일)}$$

③ 제2항에도 불구하고 수탁자는 다음 각 호의 어느 하나에 해당하는 경우에는 중도해지수수료를 받지 아니한다.

1. 수탁자의 책임 있는 사유에 의하여 위탁자가 해지하는 경우

2. 위탁자와 수탁자가 합의하여 해지하는 경우

3. 위탁자가 수탁자의 신탁계약 변경에 동의하지 아니하여 위탁자가 해지하는 경우

4. 관련법규에서 중도해지수수료를 받지 않는 예외의 사유로 인정한 경우

④ 제3조 제4항에 따라 신탁기간이 연장된 기간 중에 위탁자가 중도해지하는 경우에도 수탁자는 제2항에서 정한 중도해지수수료를 받을 수 있다. 다만, 제3조 제4항에 따라 신탁기간이 연장된 기간 중에 위탁자가 중도해지하는 경우 중도해지수수료에 관하여는 위탁자와 수탁자가 별도로 합의하여 정한다.

⑤ 위탁자가 신탁계약을 중도해지하는 경우 수탁자가 선취 신탁보수를 받은 때에는 중도해지 이후의 기간에 대한 선취 신탁보수를 일할 계산하여 위탁자에게 반환하고, 수탁자가 후취 신탁보수를 받을 때에는 중도해지할 때까지의 기간에 대한 후취 신탁보수를 위탁자로부터 받는다.

제17조【일부해지】 위탁자는 수탁자에게 이 신탁계약의 일부 해지를 신청할 수 있으며, 수탁자는 특별한 사유가 없는 한 이에 응해야 한다. 이 경우 수탁자는 제16조에 따라 중도해지수수료를 받는다.

제18조【신탁계약의 종료사유】 ① 이 신탁계약의 종료사유는 다음 각 호와 같다.

1. 신탁기간이 끝난 경우

2. 신탁의 목적을 달성하였거나 달성할 수 없게 된 경우

3. 신탁계약이 전부 해지되는 경우

② 신탁계약 종료 사유 발생일 이후 위탁자가 신탁재산에 대한 처리방법에 대하여 별도의 지시를 하지 않는 경우 수탁자는 제5조 제1항 단서에서 정하는 방법에 따라 신탁재산을 운용한다. 이 경우 신탁계약 종료 사유 발생일 이후의 기본보수는 제12조에서 정한 기본보수의 일정비율(**예** 1/3)로 계산한다.

③ 신탁계약이 종료된 경우 수탁자는 최종계산서를 작성하여 수익자의 승인을 얻는다.

④ 최종계산서에 대하여 수익자가 승인을 하지 아니한 경우 수탁자는 수익자에게 최종계산의 승인을 요구하고, 수익자는 계산승인의 요구를 받은 때로부터 1개월 이내에 승인 여부를 수탁자에게 통지하여야 한다.

⑤ 수탁자는 제4항의 계산승인을 요구하는 경우 "수익자는 최종계산에 대하여 이의가 있는 경우 계산승인을 요구받은 때로부터 1개월 이내에 이의를 제기할 수 있으며, 그 기간 내에 이의를 제기하지 않으면 수익자가 최종계산을 승인한 것으로 본다"라는 취지의 내용을 수익자에게 알려야 한다.

⑥ 수익자가 수탁자로부터 제4항의 계산승인을 요구받은 때로부터 1개월 내에 이의를 제기하지 아니하는 경우 제3항의 계산을 승인한 것으로 본다.

⑦ 수탁자는 신탁재산 중 처분하여 현금화하기 곤란하거나, 수익자가 신탁재산을 운용현상대로 교부할 것을 요청한 경우에는 신탁재산을 운용현상대로 교부한다. 다만, 운용현상대로 교부가 곤란한 경우 수탁자는 수익자가 별도의 의사표시를 하지 않는 한 교부가 가능해질 때까지 보관, 관리 및 추심을 한다.

⑧ 신탁계약의 종료 이후에 신탁재산의 만기가 된 경우 신탁계약이 종료할 때 신탁재산을 처분하여 현금화하기가 곤란하여 신탁원본 및 신탁이익의 지급이 정상적으로 이

루어지지 않을 수 있으며, 신탁재산을 처분하여 현금화할 수 있더라도 가격조건이 불리하게 되어 수익률이 하락할 수 있다. 또한 신탁계약의 종료 이전에 신탁재산의 만기가 된 경우에는 수익률이 하락할 수 있다.

⑨ 한국예탁결제원에 예탁된 어음의 경우 이자소득의 원천징수시기를 만기일로 정한 때에는 만기일 전 실물인출이 제한될 수 있다.

제19조【양도 및 담보제공】 이 신탁계약의 수익권을 양도하거나 담보제공하고자 하는 경우 수익자는 사전에 수탁자의 승낙을 받아야 한다.

제20조【신탁계약의 변경 등】 ① 수탁자는 이 신탁계약을 변경할 수 있으며, 이를 변경하고자 하는 경우 그 변경내용을 변경되는 약관의 시행일 (　　) 전에 위탁자가 확인할 수 있도록 회사의 영업점에 마련해 두거나 인터넷 홈페이지, 온라인 거래를 위한 컴퓨터 화면, 그 밖에 이와 유사한 전자통신매체를 통하여 게시한다. 다만, 자본시장법 등 관계 법령 또는 거래소 업무규정의 제·개정에 따른 제도변경 등으로 약관이 변경되는 경우로서 본문에 따라 안내하기가 어려운 급박하고 부득이한 사정이 있는 경우에는 변경내용을 앞의 문장과 같은 방법으로 개정 약관의 시행일 전에 게시한다.

② 제1항의 변경내용이 위탁자에게 불리한 경우 수탁자는 이를 서면 등 위탁자와 사전에 합의한 방법으로 변경예정일 [*]일 전까지 통지하여야 한다. 다만, 위탁자에게 변경 전 내용이 그대로 적용되는 경우 또는 위탁자가 변경내용에 대한 통지를 받지 아니하겠다는 의사를 명시적으로 표시한 경우에는 통지하지 않을 수 있다.

③ 수탁자는 제2항의 통지를 할 경우 "위탁자는 계약의 변경에 동의하지 아니한 경우 계약을 해지할 수 있으며, 통지를 받은 날로부터 변경예정일 전의 영업일까지 계약해지의 의사표시를 하지 아니한 경우에는 변경에 동의한 것으로 본다"라는 취지의 내용을 통지하여야 한다.

④ 위탁자가 제3항의 통지를 받은 날로부터 변경예정일 전의 영업일까지 계약해지의 의사를 표시하지 아니하는 경우에는 변경에 동의한 것으로 본다.

⑤ 수탁자는 일반적으로 사용하는 특정금전신탁계약서(이하 본항에서는 "계약서"라 함)를 영업점에 갖추어 두거나 또는 게시하여 위탁자가 요구할 경우 이를 교부하여야 하며, 인터넷 홈페이지, 온라인 거래를 위한 컴퓨터 화면 그 밖에 이와 유사한 전자통신매체에 게시하여 위탁자가 계약서를 조회하고 다운로드(화면출력 포함)받을 수 있도록 하여야 한다.

제21조【사고신고 등】 위탁자는 다음 각 호의 어느 하나에 해당하는 경우에는 지체 없이 필요한 절차를 밟아 수탁자에게 신고하여야 한다. 위탁자의 책임 있는 사유로 인한 신고의 지연으로 발생한 손해에 대하여 수탁자는 수탁자의 책임 있는 사유가 없는 한 책임을 지지 아니한다.

　1. 증서·거래인감 등을 분실·도난·훼손하였거나 변경하고자 할 때
　2. 위탁자, 수익자, 대리인, 그 밖의 신탁계약 관계자에 관한 성명·상호·주소·전화번호 등의 변경, 사망 또는 행위능력에 변동이 있을 때

제22조 【인감신고】 위탁자와 수익자가 거래인감을 신고한 경우 수탁자가 서류에 찍힌 도장의 모양을 신고한 인감과 육안으로 주의 깊게 비교·대조하여 틀림없다고 여기고 본인확인 절차를 실시하여 신탁재산의 교부 및 그 밖의 처리를 한 후에는 인감의 위조·변조 또는 도용 등의 사유가 있더라도 이로 인하여 발생한 손해에 대하여 수탁자는 수탁자의 책임 있는 사유가 없는 한 그 책임을 지지 아니한다.

제23조 【특약】 위탁자와 수탁자는 「신탁법」 등 신탁업 관계법령에 위반되지 않는 범위 내에서 특약을 체결할 수 있다.

제24조 【관계법규등 준수】 위탁자와 수탁자는 「자본시장과 금융투자업에 관한 법률」, 같은 법 시행령 및 시행규칙, 금융투자업규정 및 같은 규정 시행세칙, 한국금융투자협회 업무규정, 한국거래소 업무규정 등(이하 "관계법규등"이라 한다)을 준수한다.

제25조 【분쟁조정】 위탁자와 수탁자 사이에 분쟁이 발생하는 경우 회사의 민원처리기구에 그 해결을 요구하거나 금융감독원, 한국금융투자협회, 한국거래소 등에 분쟁조정을 신청할 수 있다.

제26조 【관할법원】 이 계약에 의한 거래와 관련하여 발생된 분쟁에 대하여 위탁자와 수탁자 사이에 소송의 필요가 생긴 경우에는 그 관할법원은 「민사소송법」이 정한 바에 따른다.

제27조 【관계법규등 준용】 ① 이 계약에서 정하지 아니한 사항은 별도의 약정이 없는 한 신탁법 등 관계법규에서 정하는 바에 따르며 관계법규등에도 정함이 없는 경우에는 일반적인 상관례에 따른다.
② 이 계약의 내용 중 전자금융거래와 관련한 부분은 '전자금융거래이용에 관한 기본약관' 등 「전자금융거래관련약관 및 전자금융거래법」 등 전자금융거래관련법령을 우선 적용한다.

본 신탁계약의 내용을 증명하기 위하여 본 신탁계약서를 2부 작성하여 위탁자, 수탁자가 서명 또는 기명날인한 후 위탁자와 수탁자가 각 1부씩 보관한다.

[****]년 [*]월 [*]일

위탁자 : [***] (인)
　　　주민등록번호 :
　　　주소 :

수탁자 : [**** 주식회사]
　　　법인등록번호 :
　　　주소 :
　　　대표자 : [***] (인)

신탁재산 운용방법

다음의 신탁재산 운용방법(1. 내지 25.에서 정한 방법) 중에서 운용방법을 지정하여 [별표2]의 신탁재산 운용지시서에 직접 기재하고 도장을 찍어 주시기 바랍니다.

1. 대출금	10. 외화증권	19. 공사채형 수익증권
2. 콜론	11. 보증어음	20. 주식형 수익증권
3. 환매조건부채권	12. 자유금리기업어음	21. 그 밖의 증권
4. 국채	13. 표지어음	22. 부동산의 매입 및 개발
5. 통화안정증권	14. 중개어음	23. 증권지수의 선물거래
6. 그 밖의 금융채	15. 발행어음	24. 증권의 옵션
7. 지방채	16. 양도성예금증서	25. 그 밖의 신탁법 및 신탁업 관계법령에서 정한 방법
8. 사채	17. 신용카드채권	
9. 주식	18. 개발신탁수익증권	

* 신탁계약의 종료에도 불구하고, 기업어음증권의 경우 부도가 발생한 때 해당 지분만큼 실물로 지급하는 것이 곤란할 수 있으며, 분할 후 실물로 지급을 받는다 하더라도 기업어음증권의 권리자로서 정상적인 권리행사가 어려울 수 있습니다.

* 한국예탁결제원에 예탁된 어음의 경우 이자소득의 원천징수시기를 만기일로 정한 때에는 만기일 전 실물인출이 제한될 수 있습니다.

* 정기예금을 운용방법으로 지정하는 경우 신탁기간 끝나는 날 이전에 만기가 다 된 정기예금을 지정하여야 하며, 신탁계약을 중도해지하는 경우 해당 신탁재산으로 운용 중인 정기예금을 만기 전에 해지할 수 있으나 이로 인한 이자 수익 감소의 불이익은 수익자에게 귀속합니다.

[별표2]

특정금전신탁 운용지시서

주식회사______________ _______지점 앞

   귀사와의 특정금전신탁계약에 의하여 신탁재산의 운용을 다음과 같이 지시합니다.

☐ 신 탁 계 약 일 :

☐ 계 좌 번 호 :

☐ 운용지시 내용 : 신탁재산 운용방법 [별표1] 중에서 세부적으로 운용지시할 때에는
   그 내용을 「세부내용」란에 직접 기재하고 도장을 찍어 주시기 바랍니다.

신탁재산 운용방법(별표1)	세부내용	위탁자 확인
		(인)
		(인)

[****]년 [*]월 [*]일

위탁자 : [***] (인)
    주민등록번호 :
    주소 :

❷ (을종)**부동산관리신탁계약서**

위탁자는 부동산을 수탁자인 [****] 주식회사에 신탁하고 수탁자는 이를 인수함에 있어서, 위탁자, 수탁자 및 수익자의 권리의무를 정하기 위하여 위탁자와 수탁자는 다음과 같이 『을종부동산관리신탁계약』(이하 "이 신탁계약"이라 한다)을 체결한다.

제1조 【신탁목적】 이 신탁계약에 따른 신탁은 위탁자가 신탁부동산의 소유권을 수탁자에게 이전하고, 수탁자가 신탁부동산의 소유권을 관리·보존하는 것을 목적으로 한다.

제2조 【용어의 정의】 이 신탁계약에서 사용하는 용어는 아래에서 정의하는 의미를 갖는다.
1. "위탁자"란 신탁부동산을 수탁자에게 위탁하는 자를 말한다.
2. "수탁자"란 이 신탁계약에 따라 신탁부동산을 신탁재산으로 인수하는 자를 말한다.
3. "수익자"란 이 신탁계약에 따라 신탁재산으로부터 금전의 지급을 받거나 그 밖의 신탁계약상의 권리를 갖고 의무를 부담하는 자로서 별지 부동산신탁 세부내역에 적힌 자를 말한다.
4. "수익권"이란 이 신탁계약에 따라 수익자가 신탁재산으로부터 금전을 지급받을 권리 그 밖의 이 신탁계약상 수익자가 갖는 일체의 권리를 말한다.
5. "신탁부동산"이란 이 신탁계약에 따라 위탁자가 수탁자에게 신탁하는 별지 신탁부동산의 표시에 적힌 부동산을 말한다.
6. "신탁재산"이란 이 신탁계약 제4조에 따라 신탁재산에 속하는 재산을 말한다.
7. "신탁기간"은 이 신탁계약 제3조에 정의된 기간을 말한다.
8. "신탁특약"이란 위탁자와 수탁자가 이 신탁계약에서 정하지 아니한 사항 또는 이 신탁계약과 달리 정하고자 하는 사항을 정하기 위하여 이 신탁계약에 첨부한 신탁특약을 말한다.

제3조 【신탁기간】 ① 이 신탁계약에 따른 신탁기간은 별지 부동산신탁 세부내역에 기재된 기간으로 한다. 다만, 위 신탁기간이 만료되기 전에 제18조 제1항에 정해진 사유로 이 신탁계약에 따른 신탁이 종료된 경우에는 신탁기간도 이 신탁의 종료시점에 종료된 것으로 본다.
② 신탁기간 만료일이 토요일 또는 공휴일 등 수탁자의 영업일 이외의 날인 경우 다음 영업일에 만료되는 것으로 한다.

제4조 【신탁재산의 범위】 신탁부동산과 신탁부동산의 관리, 처분, 운용, 수용, 멸실, 훼손 그 밖의 사유로 수탁자가 얻은 재산[수용보상금, 보험금 등 신탁재산에 관한 물상대위권(신탁부동산이 멸실·훼손 등으로 금전 등 다른 물건이나 권리로 그 형태가 변경되는 경우 그 물건이나 권리로 다른 사람보다 먼저 빌려준 돈을 받을 권리)에 기하여 취득한 금전을 포함하며, 이에 국한되지 않는다]은 신탁재산에 속한다.

신탁법 제27조【신탁재산의 범위】는 "신탁재산의 관리, 처분, 운용, 개발, 멸실, 훼손, 그 밖의 사유로 수탁자가 얻은 재산은 신탁재산에 속한다."라고 명시하고 있는바, 이 조항이 없더라도 '신탁재산의 관리, 처분, 운용, 개발, 멸실, 훼손, 그 밖의 사유로 수탁자가 얻은 재산'은 신탁재산에 속하지만, 신탁계약에도 명시한 것이다. 만약, 수탁자가 이러한 신탁재산의 대용물을 확인하면, 실무상 신탁재산으로 편입하고 공시절차를 이행해야 할 것이다.

제5조【위탁자의 변경】 ① 위탁자는 수탁자 및 수익자 전원의 동의를 받아 위탁자의 지위를 제3자에게 이전할 수 있다. 이로 인한 신탁원부 등에 적힌 내용 변경 및 수익권증서 발행에 따른 비용은 위탁자가 부담한다.

② 제1항의 경우 위탁자가 여러 명일 때에는 다른 위탁자의 동의도 받아야 한다.

제6조【수익자 지정 및 수익권증서】 ① 수탁자는 위탁자가 이 신탁계약에 따른 위탁자가 아닌 제3자를 수익자로 지정한 경우 그 지정 사실을 지체 없이 해당 수익자에게 통지하여야 한다.

② 위탁자가 제3자를 수익자로 지정한 경우 수익자는 이 신탁계약의 내용을 알고 있으며 이에 동의한다는 취지의 승낙서에 이름을 적고 도장을 찍어 수탁자에게 제출하여야 한다.

③ 수탁자는 수익자의 요청이 있는 경우 이 신탁계약에 따른 수익자의 권리를 증명하기 위한 증서인 수익권증서를 발행하여 해당 수익자에게 교부한다.

수익권증서는 권리를 증명함에 지나지 않는 '증거증권'이다. 수익권증서 자체가 수익권을 표창하지는 않는다. 일반적으로 수익권증서는 발급하지 않는다. 수익자가 수익권을 양도할 경우 수익권 양도인은 수탁자에게 수익권 양도사실을 통지하면서 수익권증서를 반납하고, 수탁자는 수익권 양수인 명의로 새로운 수익권증서를 발급해준다.

제7조【수익권의 양도, 수익자의 추가 지정 또는 변경 등】 ① 수익자는 본조 제2항의 사전 서면동의 없이는 수익자의 지위를 타인에게 양도하거나 그 수익권에 대하여 질권(채무자가 돈을 갚을 때까지 채권자가 담보물을 보유할 수 있고, 채무자가 돈을 갚지 않을 때는 그 담보물을 사용하여 우선적으로 빌려준 돈을 받을 수 있는 권리)을 설정하는 등의 처분행위를 할 수 없다.

② 수익자가 수익권을 양도하거나 질권을 설정하고자 하는 경우 수탁자의 사전 동의를 받아야 하고, 위탁자가 수익자를 변경 또는 추가로 지정하고자 하는 경우에는 수탁자 및 다른 수익자 전원의 사전 동의를 받아야 한다. 다만, 이 경우에도 수익권의 양수인 또는 변경되거나 추가로 지정된 수익자는 이 신탁계약상 수익자의 의무를 부담하는 조건으로만 수익권을 양수하거나 수익자로 변경 또는 추가 지정될 수 있다.

③ 전 2항에 따라 수익권이 양도 또는 질권 설정되거나 수익자가 변경 또는 추가로 지정되는 경우 수익권을 양도하거나 질권을 설정한 수익자 또는 수익자를 변경 또는

추가 지정한 위탁자는 수탁자에게 통지하여야 하며, 수익권을 양도하거나 질권을 설정한 수익자는 이를 확정일자 있는 증서로 수탁자에게 통지하여야 한다. 이로 인한 신탁원부 등에 적힌 내용 변경 및 수익권증서 발행에 따른 비용은 별도의 약정이 없는 한 수익자가 부담하여야 한다.

④ 위탁자가 이 신탁계약에 따라 수익자를 추가로 지정하거나 변경할 수 있는 권리는 상속을 원인으로 제3자에게 승계되지 아니한다.

제8조【신탁부동산의 소유권이전의무 등】 ① 위탁자는 이 신탁계약 체결 후 지체 없이 신탁부동산의 소유권이전등기 등 신탁재산의 공시에 필요한 서류를 수탁자에게 제공하고 수탁자가 신탁계약과 관련하여 합리적으로 요구하는 조치를 취하여야 한다.

② 제1항의 등기에 필요한 비용은 위탁자가 부담한다.

> **해설**
>
> 등기되는 부동산을 신탁한 경우 반드시 등기절차를 이행해야 한다. 부동산 중 신탁등기가 안 되는 부동산이 있을 수 있으니, 신탁계약 상담 시 미리 등기 가능 여부를 확인해야 한다.

제9조【신탁부동산의 관리 등】 ① 수탁자는 신탁부동산에 관하여 소유권의 등기명의를 보존하는 업무를 수행하며, 위탁자는 자신의 책임과 부담으로 신탁부동산의 보존, 유지, 관리하여야 한다.

② 위탁자는 수익자 및 수탁자의 사전 동의를 얻어 자신의 책임과 부담으로 신탁부동산에 관한 임대차계약의 체결, 임대차보증금의 수령·운용·관리 및 그에 따른 수익을 취득할 수 있다. 다만, 위탁자가 신탁부동산에 관하여 임대차계약을 체결한 경우 임차인으로부터 임대차보증금반환의무 그 밖의 임대인으로서의 지위 및 의무가 위탁자에게 있음을 확인하는 서면을 제공받아 이를 수탁자에게 제출하여야 한다.

③ 위탁자는 신탁부동산의 멸실, 훼손 등 사고가 발생하였거나 발생할 것으로 예상되는 경우 수탁자에게 지체 없이 이를 통지하여야 한다.

> **해설**
>
> 일반적으로 체결되는 (을종)부동산관리신탁의 경우 수탁자는 소유권의 등기명의를 보존, 유지 및 관리하는 업무을 수행하고, 유언대용신탁계약에 따른 신탁부동산의 관리, 처분, 배분업무를 수행한다. (을종)부동산관리신탁은 부동산의 소유권이 수탁자에게로 이전되지만, 위탁자가 여전히 신탁부동산의 보존, 유지, 관리에 대한 권한과 의무를 가지고 있다. 그 내용의 하나로 위탁자는 자신의 책임과 부담으로 신탁부동산에 관한 임대차계약의 체결, 임대차보증금의 수령 운용 관리 및 그에 따른 수익을 취득할 권리가 있다. 소유권이 수탁자에게 이전된 상태라서 임대차계약 체결 시 신탁되었더라도 위탁자에게 여전히 임대차권한이 있음을 신탁회사 법인인감이 날인된 '신탁사실확인서'를 발급받아 임차인에게 확인시켜줘야 한다. 유언대용신탁으로 (을종)부동산관리신탁을 체결하더라도, 부동산임대업의 주체는 여전히 위탁자이므로, 사업자등록을 변경할 필요 없이, 기존 부동산임대업 관련 사업자등록을 그대로 두면 된다.

제10조【보험계약】 ① 위탁자는 수탁자가 시장상황을 고려하여 합리적으로 정한 종류, 기간, 부보금액, 방법을 정하여 신탁부동산에 대한 보험계약을 체결하여야 하며 신탁기간 동안 이를 유지하여야 한다.

② 이 신탁계약이 체결되기 전에 가입된 보험계약이 있고 수탁자가 그 보험계약이 충분하다고 인정하는 경우 위탁자는 새로운 보험계약을 체결하는 것에 갈음하여 그 피보험자에 수탁자를 추가해야 한다. 이때 필요한 비용은 위탁자가 부담한다.

> **해설**
>
> 단체보험으로 가입하는 아파트 이외 상가건물이나 오피스빌딩의 경우 위탁자는 화재보험계약을 체결하고, 피보험자를 수탁자로 변경해야 한다. 이미 체결된 보험이 있다면 그대로 유지하고, 신탁사실을 보험사와 협의하여 피보험자를 수탁자로 추가하거나 기타 보험회사가 신탁사실을 인지하고 보험사고 발생 시 신탁회사로 보험금이 지급될 수 있도록 절차를 이행해야 한다.

제11조【선관주의의무 및 하자담보책임】 ① 수탁자는 선량한 관리자의 주의의무로서 신탁부동산의 소유권을 유지하고 그 밖의 신탁사무를 처리한다.

② 수탁자가 신탁사무를 처리하는 과정에서 수탁자의 고의 또는 과실로 인하여 위탁자 또는 수익자에게 손해가 발생하는 경우에는 그 손해를 배상할 책임이 있다.

③ 위탁자는 신탁부동산의 보존·유지·수선 등 관리에 필요한 모든 조치를 다하고 신탁부동산의 하자로 인하여 수탁자 또는 제3자에게 손해가 발생하는 경우 그 손해를 배상하여야 하며, 수탁자는 책임 있는 사유가 없는 한 이와 관련된 책임을 부담하지 아니한다.

제12조【신탁재산에 속하는 금전의 운용방법】 ① 수탁자는 신탁재산에 속하는 금전을 「자본시장과 금융투자업에 관한 법률」 등 관계법령에서 정하는 방법에 따라 운용하기로 한다. 다만, 위탁자가 「자본시장과 금융투자업에 관한 법률」 등 관계법령에서 정하는 범위 내에서 별도의 운용지시를 하는 경우에는 그에 따른다.

② 수탁자는 신탁재산을 다른 신탁재산 및 수탁자의 고유재산과 구분하여 관리하여야 한다.

제13조【비용 등의 부담】 ① 신탁재산에 관한 각종 세금과 공과금, 유지관리비, 지료 등 그 밖의 신탁사무의 처리에 필요한 비용 그리고 신탁사무 처리에 있어서 수탁자의 고의나 과실 그 밖의 책임 없는 사유로 발생한 손실 등은 위탁자가 부담한다.

② 위탁자가 제1항의 비용 등을 지급하지 않는 경우 수탁자는 신탁재산에 속하는 금전으로 이를 지급할 수 있다. 신탁재산에 속한 금전으로 이를 지급하기에 부족한 경우 수탁자는 신탁부동산의 일부 또는 전부를 처분하여 지급에 사용하거나 신탁재산을 담보로 제공하여 지급에 필요한 금원을 빌리거나 수익자에게 그 지급을 청구할 수 있다. 다만, 그 신탁재산의 매각으로 신탁의 목적을 달성할 수 없게 되거나 그 밖의 부득이한 사유가 있는 경우에는 신탁부동산의 전부 또는 일부를 처분할 수 없다.

③ 위탁자 및 수익자가 제1항의 비용 등을 정해진 기일까지 지급하지 않는 경우 수탁자가 이를 대신 납부할 수 있으며, 이 경우에 위탁자 및 수익자는 그 지급일로부터 상환일까지 연 [12]%의 이율로 산정한 지연이자를 원금과 함께 수탁자에게 지급하여야 한다.

④ 수탁자는 제3항에 따른 위탁자 및 수익자의 지급의무에도 불구하고 그 대지급금과 지연손해금을 신탁재산으로부터 우선적으로 지급받을 수 있다.

제14조【신탁의 계산 및 수익의 교부】 ① 신탁재산의 계산기일은 매년 [12]월 말일과 신탁기간이 종료한 날로 한다. 다만, 위탁자와 수탁자가 별도로 정한 경우에는 그에 따르기로 한다.

② 수탁자는 제1항에 따른 당해 계산기간의 수지계산서를 작성하여 수익자에게 통지하여야 한다.

③ 이 신탁계약에 따른 신탁이 종료한 경우, 수탁자는 지체 없이 신탁사무에 관한 최종의 계산을 하고, 수익자와 귀속권리자의 승인을 받아야 한다.

④ 수익자와 귀속권리자가 제3항의 계산을 승인한 경우 수탁자의 수익자 및 귀속권리자에 대한 책임은 면제된 것으로 본다. 다만, 수탁자의 직무수행에 부정행위가 있었던 경우에는 책임이 면제되지 않는다.

⑤ 최종계산서에 대하여 수익자 및 귀속권리자가 승인을 하지 아니한 경우 수탁자는 수익자 및 귀속권리자에게 최종계산의 승인을 요구하고, 수익자 및 귀속권리자는 계산승인의 요구를 받은 때로부터 1개월 이내에 승인 여부를 수탁자에게 통지하여야 한다.

⑥ 수탁자는 제5항의 계산승인을 요구하는 경우 "수익자 및 귀속권리자는 최종계산에 대하여 이의가 있는 경우 계산승인을 요구받은 때로부터 1개월 이내에 이의를 제기할 수 있으며, 그 기간 내에 이의를 제기하지 않으면 수익자 및 귀속권리자가 최종계산을 승인한 것으로 본다"라는 취지의 내용을 수익자 및 귀속권리자에게 알려야 한다.

⑦ 수익자 및 귀속권리자가 수탁자로부터 제3항의 계산승인을 요구받은 때로부터 1개월 내에 이의를 제기하지 아니하는 경우 제1항의 계산을 승인한 것으로 본다.

⑧ 수탁자는 신탁의 계산이 완료된 후 제18조 제2항에 따라 신탁재산을 교부하여야 한다.

제15조【신탁보수】 ① 이 신탁계약에 따른 신탁사무와 관련하여 수탁자가 지급받을 신탁보수는 별지 부동산신탁 세부내역에 적힌 산식에 의해 산출한다.

② 신탁보수는 별지 부동산신탁 세부내역에서 정하는 바에 따라 위탁자가 지급한다.

③ 위탁자가 수탁자에게 신탁보수를 지급하지 않는 경우 수탁자는 신탁재산에 속하는 금전으로 이를 지급받을 수 있다. 신탁재산에 속한 금전으로 이를 지급하기에 부족한 경우 수탁자는 신탁부동산의 일부 또는 전부를 처분하여 지급에 사용하거나 수익자에게 그 지급을 청구할 수 있다. 다만, 그 신탁재산의 매각으로 신탁의 목적을 달성할 수 없게 되거나 그 밖의 부득이한 사유가 있는 경우에는 신탁부동산의 일부 또는 전부를 처분할 수 없다.

제16조【신탁해지 및 책임부담】 ① 위탁자와 수익자는 합의하여 언제든지 신탁을 종료할 수 있다. 다만, 위탁자가 존재하지 아니하는 경우에는 그러하지 아니하다.

② 위탁자가 신탁이익의 전부를 누리는 신탁은 위탁자나 그 상속인이 언제든지 종료할 수 있다.

③ 위탁자, 수익자 또는 위탁자의 상속인이 정당한 이유 없이 수탁자에게 불리한 시기에 신탁을 종료한 경우 위탁자, 수익자 또는 위탁자의 상속인은 그 손해를 배상하여야 한다.

④ 제1항부터 제3항까지의 규정에도 불구하고 신탁특약으로서 달리 정한 경우에는 그 특약에 따른다.

제17조【수탁자의 사임】 ① 수탁자는 위탁자와 수익자의 승낙을 받은 경우에 한하여 사임할 수 있다.

② 제1항에도 불구하고 다음 각 호의 어느 하나에 해당하는 경우 수탁자는 위탁자 및 수익자에게 [10]일 전 사전 서면 통지를 함으로써 사임할 수 있다.

　1. 위탁자 또는 수익자가 이 신탁계약에 따라 수탁자에게 지급하여야 하는 신탁보수 및 비용을 그 지급기일로부터 [6개월] 이상 지체하고, 수탁자가 그 지급을 요구하였음에도 [10]영업일 이내에 이를 지급하지 아니한 경우

　2. 위탁자 또는 수익자가 이 신탁계약상 의무를 위반하고, 수탁자가 그 시정을 요구하였음에도 [10]영업일 이내에 이를 시정하지 아니한 경우

　3. 신탁사무의 처리와 관련하여 수탁자를 상대로 소송이 제기된 경우로서 소송비용의 회수가 어려울 것으로 명백히 예상되는 경우

제18조【신탁의 종료】 ① 이 신탁계약에 따른 신탁은 다음 각 호의 어느 하나에 해당하는 경우에 종료한다.

　1. 신탁기간이 만료된 경우

　2. 신탁의 목적을 달성하였거나 달성할 수 없는 경우

　3. 이 신탁계약에 따라 신탁부동산이 처분되는 경우로서 신탁부동산에 관한 처분대금의 정산이 종료되고 제14조 제3항에 의한 신탁의 계산이 완료된 경우

　4. 제16조 제1항 또는 제2항에 의하여 신탁이 해지되는 경우

② 제1항에 따라 이 신탁계약에 따른 신탁이 종료하는 경우 수익자는 이 신탁계약에 따라 발행된 수익권증서를 전부 수탁자에게 반환하여야 하고 수탁자는 수익자(신탁특약으로 신탁재산의 귀속권리자를 별도로 정한 경우에는 그 귀속권리자)에게 신탁재산을 현상대로 인도하여야 한다. 다만, 신탁재산관리인이 선임된 경우에는 신탁재산을 현상대로 신탁재산관리인에게 인도하여야 한다.

③ 제1항에 따라 이 신탁계약에 따른 신탁이 종료되는 시점에 수탁자가 제13조 및 제15조에 따라 지급받아야 할 비용 등과 신탁보수를 일부 또는 전부를 지급받지 못한 경우 수탁자는 제2항에 따라 신탁재산을 인도하기 전에 신탁재산에 속하는 금전으로

제19조 【신고사항】 ① 위탁자 또는 그 상속인은 다음 각 호의 어느 하나에 해당하는 사유가 발생한 경우에는 지체 없이 수탁자에게 그 사실을 서면 또는 팩스, 이메일 등에 의하여 신고하여야 한다.

1. 신탁계약서, 수익권증서 및 신고인감의 분실
2. 위탁자 및 그 대리인, 그 밖의 신탁관계인의 사망 또는 주소, 연락처, 성명, 행위능력 등의 변경 및 신고인감의 변경
3. 그 밖의 신탁계약에 관하여 변경을 요하는 사항의 발생

② 수탁자는 이 신탁계약상 적힌 내용 또는 이 신탁계약 체결 후 제1항에 따라 위탁자가 신고한 내용에 따라 이 신탁계약 및 신탁특약에 따른 통지 등 신탁사무를 처리하며, 위탁자의 책임 있는 사유로 인해 제1항의 신고가 지체되어 발생한 결과에 대하여는 수탁자는 수탁자의 책임 있는 사유가 없는 한 그 책임을 지지 아니한다. 수탁자가 이 신탁계약상 적힌 내용 또는 제1항에 따라 이 신탁계약 체결 후 위탁자가 신고한 내용에 따라 2회 이상 내용증명우편에 의한 통지를 보냈음에도 불구하고 그 통지가 계속 반송된 경우에는 수탁자의 책임 있는 사유 없이 위탁자의 책임 있는 사유로 각 당사자의 변경된 주소 등 소재를 알지 못하는 경우에 한하여 최종 내용증명우편을 발송한 시점에 그 통지가 도달한 것으로 본다.

③ 위탁자가 위탁자의 책임 있는 사유로 인해 제1항의 신고를 게을리하여 수탁자에게 손해가 발생한 경우에는 위탁자는 그 손해를 배상한다.

제20조 【소송수행】 ① 신탁부동산에 관한 소송이 제기되었거나 제기할 필요가 있는 경우 수탁자는 위탁자와 수익자에게 이를 통지하고 위탁자 및 수익자와 협의하여 응소 또는 제소에 필요한 조치를 취할 수 있다.

② 제1항에 따라 수탁자가 부담하는 소송대리인의 보수 및 소송과 관련된 비용(소송결과에 따른 판결금액 및 이에 대한 지연이자 등 포함)은 제13조에 따라 처리한다.

③ 제1항에 따라 수탁자가 소송 등 업무를 수행한 경우에는 소송대리인 선임 사실 및 판결이 선고되거나 결정이 내려진 사실을 그 선임이 이루어진 날 또는 수탁자가 판결에 관하여 통지받은 날로부터 지체 없이 위탁자 및 수익자에게 등기우편으로 통지하며, 이 경우 소송과 관련된 비용 및 해당 판결에 따라 수탁자가 지급의무를 부담하게 된 금액도 함께 통지하여야 한다.

제21조 【관할법원】 이 신탁계약에 관하여 분쟁이 발생하는 경우에 관할법원은 「민사소송법」에서 정하는 바에 따른다.

제22조 【관계법규등의 준용】 이 신탁계약에 정하지 아니한 사항은 별도의 약정이 없는 한 관계법규등에 정하는 바에 따르며 관계법규등에도 정함이 없는 경우에는 일반적인 상관례에 따른다.

제23조 【신탁계약과 신탁특약의 관계】 위탁자와 수탁자는 관계법령에 위반하지 않는 범위 내에서 특약을 정할 수 있으며, 신탁특약의 내용은 이 신탁계약의 내용에 우선한다.

이 신탁계약을 증명하기 위해 계약서 2부를 위탁자와 수탁자가 기명날인한 후 위탁자와 수탁자는 각각 1부씩 보관한다. 다만, 신탁재산의 공시, 신탁재산의 신탁 등을 위해 유관기관 또는 유관회사에 이 계약서의 원본을 제출해야 하는 경우에는 1부 이상을 추가로 작성할 수 있다.

[****]년 [*]월 [*]일

위탁자 : [***] (인)

　　　　주민등록번호 :

　　　　주소 :

수탁자 : [**** 주식회사]

　　　　법인등록번호 :

　　　　주소 :

　　　　대표자 : [***] (인)

❸ (갑종)부동산관리신탁계약서

위탁자는 부동산을 수탁자인 [****] 주식회사에 신탁하고 수탁자는 이를 인수함에 있어서, 위탁자, 수탁자 및 수익자의 권리의무를 정하기 위하여 위탁자와 수탁자는 다음과 같이 『갑종부동산관리신탁계약』(이하 "이 신탁계약"이라 한다)을 체결한다.

제1조 【신탁목적】 이 신탁계약에 따른 신탁은 위탁자가 신탁부동산의 소유권을 수탁자에게 이전하고, 수탁자가 신탁부동산의 소유권 보존은 물론, 개량 및 임대 등 신탁부동산을 종합적으로 관리·운용하고, 그 수익을 수익자에게 교부하는 것을 목적으로 한다.

제2조 【용어의 정의】 이 신탁계약에서 사용하는 용어는 아래에서 정의하는 의미를 갖는다.
　1. "위탁자"란 신탁부동산을 수탁자에게 위탁하는 자를 말한다.
　2. "수탁자"란 이 신탁계약에 따라 신탁부동산을 신탁재산으로 인수하는 자를 말한다.
　3. "수익자"란 이 신탁계약에 따라 신탁재산으로부터 금전의 지급을 받거나 그 밖의 신탁계약상의 권리를 갖고 의무를 부담하는 자로서 별지 부동산신탁 세부내역에 적힌 자를 말한다.
　4. "수익권"이란 이 신탁계약에 따라 수익자가 신탁재산으로부터 금전을 지급받을 권리 그 밖의 이 신탁계약상 수익자가 갖는 일체의 권리를 말한다.
　5. "신탁부동산"이란 이 신탁계약에 따라 위탁자가 수탁자에게 신탁하는 별지 신탁부동산의 표시에 적힌 부동산을 말한다.
　6. "신탁재산"이란 이 신탁계약 제4조에 따라 신탁재산에 속하는 재산을 말한다.

7. "신탁기간"은 이 신탁계약 제3조에 정의된 기간을 말한다.

8. "신탁특약"이란 위탁자와 수탁자가 이 신탁계약에서 정하지 아니한 사항 또는 이 신탁계약과 달리 정하고자 하는 사항을 정하기 위하여 이 신탁계약에 첨부한 신탁특약을 말한다.

제3조【신탁기간】 ① 이 신탁계약에 따른 신탁기간은 별지 부동산신탁 세부내역에 기재된 기간으로 한다. 다만 위 신탁기간이 만료되기 전에 제18조 제1항에 정해진 사유로 이 신탁계약에 따른 신탁이 종료된 경우에는 신탁기간도 이 신탁의 종료 시점에 종료된 것으로 본다.

② 신탁기간 만료일이 토요일 또는 공휴일 등 수탁자의 영업일 이외의 날인 경우 다음 영업일에 만료되는 것으로 한다.

제4조【신탁재산의 범위】 신탁부동산과 신탁부동산의 관리, 처분, 운용, 수용, 멸실, 훼손 그 밖의 사유로 수탁자가 얻은 재산[수용보상금, 보험금 등 신탁재산에 관한 물상대위권(신탁부동산이 멸실·훼손 등으로 금전 등 다른 물건이나 권리로 그 형태가 변경되는 경우 그 물건이나 권리로 다른 사람보다 먼저 빌려준 돈을 받을 권리)에 기하여 취득한 금전을 포함하며, 이에 국한되지 않는]은 신탁재산에 속한다.

제5조【위탁자의 변경】 ① 위탁자는 수탁자 및 수익자 전원의 동의를 받아 위탁자의 지위를 제3자에게 이전할 수 있다. 이로 인한 신탁원부 등에 적힌 내용 변경 및 수익권증서 발행에 따른 비용은 위탁자가 부담한다.

② 제1항의 경우 위탁자가 여러 명일 때에는 다른 위탁자의 동의도 받아야 한다.

제6조【수익자 지정 및 수익권증서】 ① 수탁자는 위탁자가 이 신탁계약에 따른 위탁자가 아닌 제3자를 수익자로 지정한 경우 그 지정 사실을 지체 없이 해당 수익자에게 통지하여야 한다.

② 위탁자가 제3자를 수익자로 지정한 경우 수익자는 이 신탁계약의 내용을 알고 있으며 이에 동의한다는 취지의 승낙서에 이름을 적고 도장을 찍어 수탁자에게 제출하여야 한다.

③ 수탁자는 수익자의 요청이 있는 경우 이 신탁계약에 따른 수익자의 권리를 증명하기 위한 증서인 수익권증서를 발행하여 해당 수익자에게 교부한다.

제7조【수익권의 양도, 수익자의 추가 지정 또는 변경 등】 ① 수익자는 본조 제2항의 사전 서면동의 없이는 수익자의 지위를 타인에게 양도하거나 그 수익권에 대하여 질권(채무자가 돈을 갚을 때까지 채권자가 담보물을 보유할 수 있고, 채무자가 돈을 갚지 않을 때는 그 담보물을 사용하여 우선적으로 빌려준 돈을 받을 수 있는 권리)을 설정하는 등의 처분행위를 할 수 없다.

② 수익자가 수익권을 양도하거나 질권을 설정하고자 하는 경우 수탁자의 사전 동의를 받아야 하고, 위탁자가 수익자를 변경 또는 추가로 지정하고자 하는 경우에는 수탁자 및 다른 수익자 전원의 사전 동의를 받아야 한다. 다만, 이 경우에도 수익권의 양수인 또는 변경되거나 추가로 지정된 수익자는 이 신탁계약상 수익자의 의무를 부담하는 조건으로만 수익권을 양수하거나 수익자로 변경 또는 추가 지정될 수 있다.

③ 전 2항에 따라 수익권이 양도 또는 질권 설정되거나 수익자가 변경 또는 추가로 지정되는 경우 수익권을 양도하거나 질권을 설정한 수익자 또는 수익자를 변경 또는 추가 지정한 위탁자는 수탁자에게 통지하여야 하며, 수익권을 양도하거나 질권을 설정한 수익자는 이를 확정일자 있는 증서로 수탁자에게 통지하여야 한다. 이로 인한 신탁원부 등에 적힌 내용 변경 및 수익권증서 발행에 따른 비용은 별도의 약정이 없는 한 수익자가 부담하여야 한다.

④ 위탁자가 이 신탁계약에 따라 수익자를 추가로 지정하거나 변경할 수 있는 권리는 상속을 원인으로 제3자에게 승계되지 아니한다.

제8조【신탁부동산의 소유권이전의무 등】 ① 위탁자는 이 신탁계약 체결 후 지체 없이 신탁부동산의 소유권이전등기 등 신탁재산의 공시에 필요한 서류를 수탁자에게 제공하고 수탁자가 신탁계약과 관련하여 합리적으로 요구하는 조치를 취하여야 한다.

② 제1항의 등기에 필요한 비용은 위탁자가 부담한다.

제9조【신탁부동산의 관리 등】 ① 수탁자의 신탁부동산에 대한 관리범위 및 방법은 별지 신탁부동산에 대한 관리범위 및 방법 등과 같다.

② 수탁자는 관계법령상 허용되는 범위 내에서 방법 및 조건을 정하여 신탁부동산을 관리하고, 관계법령상 허용되는 범위 내에서 제3자에게 신탁부동산의 유지관리업무를 위탁할 수 있다.

③ 수탁자는 제1항에 따른 신탁사무에 필요한 비용 및 신탁사무 처리에 있어서 수탁자의 고의나 과실 그 밖의 책임 없는 사유로 발생한 손실을 신탁재산에 속한 금전으로 지급할 수 있다. 신탁재산으로 속한 금전으로 이를 지급하기에 부족한 경우 위탁자 및 수익자가 이를 부담하되, 지급하지 않는 경우 수탁자는 신탁부동산의 전부 또는 일부를 매각하여 그 매각대금으로 지급할 수 있다. 다만, 그 신탁재산의 매각으로 신탁의 목적을 달성할 수 없게 되거나 그 밖의 상당한 이유가 있는 경우에는 신탁부동산의 전부 또는 일부를 처분할 수 없다.

④ 위탁자는 수탁자의 사전 서면 승낙 없이 신탁부동산을 점유 또는 사용할 수 없으며, 신탁부동산에 대하여 임대차계약의 체결, 저당권 설정, 전세권 설정 등 소유권을 제한하는 일체의 처분행위 또는 신탁부동산의 현상을 변경하거나 그 밖의 방법으로 가치를 훼손하는 행위를 하여서는 아니 된다.

⑤ 위탁자는 신탁부동산의 멸실·훼손 그 밖의 사고가 발생하였음을 알게 되거나 발생이 예상되는 경우에는 지체 없이 이를 수탁자에게 통지하여야 한다.

해설

을종부동산관리신탁과 달리, 갑종부동산관리신탁은 신탁부동산의 임대관리, 시설관리, 기타 필요한 관리 권한과 의무가 수탁자에게 부여된다. 수탁자는 직접 부동산의 임대 및 시설관리를 할 수 있지만, 제3자에게 임대 및 시설관리업무를 위탁할 수 있다. 임대 및 시설관리 업무를 수행함에 있어 비용이 많이 소요되기 때문에 연간 세금, 수선비, 예상공실률을 감안하여 현금흐름을 여유있게 짜 놓고 일정 유보금을 수탁자가 신탁재산으로 관리하고 있어야 수탁자 고유재산에서 비용 선집행을 하지 않을 수 있다.

제9조의 2 【임대차 등】 ① 신탁부동산에 관한 임대차계약은 수탁자 이름으로 체결하며, 임대차보증금 및 차임은 수탁자가 지급받아 이를 신탁재산으로서 관리 및 운용한다.

② 신탁부동산에 관한 임대차계약이 존속하는 상태에서 이 신탁계약에 따른 신탁이 종료하는 경우 수익자(귀속권리자가 별도로 존재하는 경우에는 귀속권리자를 말하며, 이하 본조에서 같다)는 신탁부동산에 관한 수탁자의 임대인으로서의 지위를 승계하고, 이를 위하여 임대차계약을 변경하는 계약을 체결하여야 한다. 다만, 임차인이 임대차계약의 승계를 원하지 아니하는 등의 사유로 임대차계약을 해지하는 경우 수탁자는 임대차보증금 등 임차인에게 지급해야 할 채무를 신탁재산에서 지급할 수 있다. 신탁재산으로 이러한 지급을 하기에 부족한 경우에는 수익자가 이를 지급하도록 한다.

갑종관부동산리신탁에서 임대 권한과 의무가 수탁자에게 있으므로, 임대차계약은 수탁자 이름으로 할 수도 있고, 위탁자 이름으로도 할 수 있으며, 상황에 따라서는 임대차계약에 위탁자와 수탁자가 공동날인할 수도 있다. 임차인이 없는 상태에서 신탁받아 임대차계약을 체결하고 임대차보증금을 신탁재산으로 관리할 수 있는 경우에는 수탁자 이름으로 임대차계약을 체결하더라도 경제적 위험은 없다. 그런데 만일 임대차보증금을 위탁자가 받은 상태에서 신탁받을 때에는 가급적 위탁자 명의의 임대차계약을 체결하고 유지하는 것이 수탁자에게 발생할 수 있는 경제적 위험을 줄이는 것이다.

제10조 【보험계약】 ① 위탁자는 수탁자가 시장상황을 고려하여 합리적으로 정한 종류, 기간, 부보금액, 방법을 정하여 신탁부동산에 대한 보험계약을 체결하여야 하며 신탁기간 동안 이를 유지하여야 한다.

② 이 신탁계약이 체결되기 전에 가입된 보험계약이 있고 수탁자가 그 보험계약이 충분하다고 인정하는 경우 위탁자는 새로운 보험계약을 체결하는 것에 갈음하여 그 피보험자를 수탁자로 변경하여야 한다. 이때 필요한 비용은 위탁자가 부담한다.

을종부동산관리신탁과 달리, 갑종부동산관리신탁은 임대 및 시설관리 의무가 수탁자에게 있는 것이므로, 시설관리 중에 화재가 발생하여 건물이 소실될 경우 수탁자의 책임인가 아니면 실제 시설관리를 위탁받아 시설관리업무를 수행하는 업자의 책임인가를 두고 다툼이 생길 수 있다. 따라서 갑종부동산관리신탁을 체결할 경우 화재보험과 손해보험은 반드시 가입해야 한다.

제11조 【선관주의의무 및 하자담보책임】 ① 수탁자는 선량한 관리자의 주의의무로서 신탁부동산의 소유권을 보존·관리하고 그 밖의 신탁사무를 처리한다.

② 수탁자가 신탁사무를 처리하는 과정에서 수탁자의 고의 또는 과실로 인하여 위탁자 또는 수익자에게 손해가 발생하는 경우에는 그 손해를 배상할 책임이 있다.

③ 위탁자는 신탁부동산의 인도 이전에 생긴 하자로 인하여 수탁자 또는 제3자에게 손해가 발생하는 경우 그 손해를 배상하여야 한다.

제12조【신탁재산에 속하는 금전의 운용방법】 ① 수탁자는 신탁재산에 속하는 금전을 「자본시장과 금융투자업에 관한 법률」 등 관계법령에서 정하는 방법에 따라 운용하기로 한다. 다만, 위탁자가 「자본시장과 금융투자업에 관한 법률」 등 관계법령에서 정하는 범위 내에서 별도의 운용지시를 하는 경우에는 그에 따른다.

② 수탁자는 신탁재산을 다른 신탁재산 및 수탁자의 고유재산과 구분하여 관리하여야 한다.

제13조【비용 등의 부담】 ① 신탁재산에 관한 각종 세금과 공과금, 유지관리비, 지료 그 밖의 신탁사무의 처리에 필요한 비용 그리고 신탁사무 처리에 있어서 수탁자의 고의나 과실 그 밖의 책임 없는 사유로 발생한 손실 등은 위탁자가 부담한다.

② 위탁자가 제1항의 비용 등을 지급하지 않는 경우 수탁자는 신탁재산에 속하는 금전으로 이를 지급할 수 있다. 신탁재산에 속한 금전으로 이를 지급하기에 부족한 경우 수탁자는 신탁부동산의 일부 또는 전부를 처분하여 지급에 사용하거나 신탁재산을 담보로 제공하여 지급에 필요한 금원을 빌리거나 수익자에게 그 지급을 청구할 수 있다. 다만, 그 신탁재산의 매각으로 신탁의 목적을 달성할 수 없게 되거나 그 밖의 부득이한 사유가 있는 경우에는 신탁부동산의 전부 또는 일부를 처분할 수 없다.

③ 위탁자 및 수익자가 제1항의 비용 등을 정해진 기일까지 지급하지 않는 경우 수탁자가 이를 대신 납부할 수 있으며, 이 경우에 위탁자 및 수익자는 그 지급일로부터 상환일까지 연 [12]%의 이율로 산정한 지연이자를 원금과 함께 수탁자에게 지급하여야 한다.

④ 수탁자는 제3항에 따른 위탁자 및 수익자의 지급의무에도 불구하고 그 대지급금과 지연손해금을 신탁재산으로부터 우선적으로 지급받을 수 있다.

제14조【신탁의 계산 및 수익의 교부】 ① 신탁재산의 계산기일은 매년 [12]월 말일과 신탁기간이 종료한 날로 한다. 다만, 위탁자와 수탁자가 별도로 정한 경우에는 그에 따르기로 한다.

② 수탁자는 제1항에 따른 당해 계산기간의 수지계산서를 작성하여 수익자에게 통지하여야 한다.

③ 이 신탁계약에 따른 신탁이 종료한 경우, 수탁자는 지체 없이 신탁사무에 관한 최종의 계산을 하고, 수익자와 귀속권리자의 승인을 받아야 한다.

④ 수익자와 귀속권리자가 제3항의 계산을 승인한 경우 수탁자의 수익자 및 귀속권리자에 대한 책임은 면제된 것으로 본다. 다만, 수탁자의 직무수행에 부정행위가 있었던 경우에는 책임이 면제되지 않는다.

⑤ 최종계산서에 대하여 수익자 및 귀속권리자가 승인을 하지 아니한 경우 수탁자는 수익자 및 귀속권리자에게 최종계산의 승인을 요구하고, 수익자 및 귀속권리자는 계산승인의 요구를 받은 때로부터 1개월 이내에 승인 여부를 수탁자에게 통지하여야 한다.

⑥ 수탁자는 제5항의 계산승인을 요구하는 경우 "수익자 및 귀속권리자는 최종계산에 대하여 이의가 있는 경우 계산승인을 요구받은 때로부터 1개월 이내에 이의를 제기할 수 있으며, 그 기간 내에 이의를 제기하지 않으면 수익자 및 귀속권리자가 최종계산을 승인한 것으로 본다"라는 취지의 내용을 수익자 및 귀속권리자에게 알려야 한다.

⑦ 수익자 및 귀속권리자가 수탁자로부터 제3항의 계산승인을 요구받은 때로부터 1개월 내에 이의를 제기하지 아니하는 경우 제1항의 계산을 승인한 것으로 본다.

⑧ 수탁자는 신탁의 계산이 완료된 후 제18조 제2항에 따라 신탁재산을 교부하여야 한다.

제15조 【신탁보수】 ① 이 신탁계약에 따른 신탁사무와 관련하여 수탁자가 지급받을 신탁보수는 별지 부동산신탁 세부내역에 적힌 산식에 의해 산출한다.

② 신탁보수의 지급시기는 제14조 제1항의 매 계산기일에 수익자가 지급하기로 한다.

③ 위탁자가 수탁자에게 신탁보수를 지급하지 않는 경우 수탁자는 신탁재산에 속하는 금전으로 이를 지급받을 수 있다. 신탁재산에 속한 금전으로 이를 지급하기에 부족한 경우 수탁자는 신탁부동산의 일부 또는 전부를 처분하여 지급에 사용하거나 수익자에게 그 지급을 청구할 수 있다. 다만, 그 신탁재산의 매각으로 신탁의 목적을 달성할 수 없게 되거나 그 밖의 부득이한 사유가 있는 경우에는 신탁부동산의 일부 또는 전부를 처분할 수 없다.

제16조 【신탁해지 및 책임부담】 ① 위탁자와 수익자는 합의하여 언제든지 신탁을 종료할 수 있다. 다만, 위탁자가 존재하지 아니하는 경우에는 그러하지 아니하다.

② 위탁자가 신탁이익의 전부를 누리는 신탁은 위탁자나 그 상속인이 언제든지 종료할 수 있다.

③ 위탁자, 수익자 또는 위탁자의 상속인이 정당한 이유 없이 수탁자에게 불리한 시기에 신탁을 종료한 경우 위탁자, 수익자 또는 위탁자의 상속인은 그 손해를 배상하여야 한다.

④ 제1항부터 제3항까지의 규정에도 불구하고 신탁특약으로서 달리 정한 경우에는 그 특약에 따른다.

제17조 【수탁자의 사임】 ① 수탁자는 위탁자와 수익자의 승낙을 받은 경우에 한하여 사임할 수 있다.

② 제1항에도 불구하고 다음 각 호의 어느 하나에 해당하는 경우 수탁자는 위탁자 및 수익자에게 [10일] 전 사전 서면 통지를 함으로써 사임할 수 있다.

 1. 위탁자 또는 수익자가 이 신탁계약에 따라 수탁자에게 지급하여야 하는 신탁보수 및 비용을 그 지급기일로부터 [6개월] 이상 지체하고, 수탁자가 그 지급을 요구하였음에도 [10]영업일 이내에 이를 지급하지 아니한 경우

 2. 위탁자 또는 수익자가 이 신탁계약상 의무를 위반하고, 수탁자가 그 시정을 요구하였음에도 [10]영업일 이내에 이를 시정하지 아니한 경우

 3. 신탁사무의 처리와 관련하여 수탁자를 상대로 소송이 제기된 경우로서 소송비용의 회수가 어려울 것으로 명백히 예상되는 경우

제18조【신탁의 종료】 ① 이 신탁계약에 따른 신탁은 다음 각 호의 어느 하나에 해당하는 경우에 종료한다.

  1. 신탁기간이 만료된 경우

  2. 신탁의 목적을 달성하였거나 달성할 수 없는 경우

  3. 이 신탁계약에 따라 신탁부동산이 처분되는 경우로서 신탁부동산에 관한 처분대금의 정산이 종료되고 제14조 제3항에 의한 신탁의 계산이 완료된 경우

  4. 제16조에 의하여 신탁이 해지되는 경우

② 제1항에 따라 이 신탁계약에 따른 신탁이 종료하는 경우 수익자는 이 신탁계약에 따라 발행된 수익권증서를 전부 수탁자에게 반환하여야 하고 수탁자는 수익자(신탁특약으로 신탁재산의 귀속권리자를 별도로 정한 경우에는 그 귀속권리자)에게 신탁재산을 현상대로 인도하여야 한다. 다만, 신탁재산관리인이 선임된 경우에는 신탁재산을 현상대로 신탁재산관리인에게 인도하여야 한다.

③ 제1항에 따라 이 신탁계약에 따른 신탁이 종료되는 시점에 수탁자가 제13조 및 제15조에 따라 지급받아야 할 비용 등과 신탁보수를 일부 또는 전부를 지급받지 못한 경우 수탁자는 제2항에 따라 신탁재산을 인도하기 전에 신탁재산에 속하는 금전으로 이를 지급받을 수 있다. 신탁재산에 속한 금전으로 이를 지급하기에 부족한 경우 수탁자는 신탁부동산의 일부 또는 전부를 처분하여 그 지급에 사용할 수 있다.

제19조【신고사항】 ① 위탁자 또는 그 상속인은 다음 각 호의 어느 하나에 해당하는 사유가 발생한 경우에는 지체 없이 수탁자에게 그 사실을 서면 또는 팩스, 이메일 등에 의하여 신고하여야 한다.

  1. 신탁계약서, 수익권증서 및 신고인감의 분실

  2. 위탁자 및 그 대리인, 그 밖의 신탁관계인의 사망 또는 주소, 연락처, 성명, 행위능력 등의 변경 및 신고인감의 변경

  3. 그 밖의 신탁계약에 관하여 변경을 요하는 사항의 발생

② 수탁자는 이 신탁계약상 적힌 내용 또는 이 신탁계약 체결 후 제1항에 따라 위탁자가 신고한 내용에 따라 이 신탁계약 및 신탁특약에 따른 통지 등 신탁사무를 처리하며, 위탁자의 책임 있는 사유로 인해 제1항의 신고가 지체되거나 누락되어 발생한 결과에 대하여는 수탁자는 수탁자의 책임 있는 사유가 없는 그 책임을 지지 아니한다. 수탁자가 이 신탁계약상 적힌 내용 또는 제1항에 따라 이 신탁계약 체결 후 위탁자가 신고한 내용에 따라 2회 이상 내용증명우편에 의한 통지를 보냈음에도 불구하고 그 통지가 계속 반송된 경우에는 수탁자의 책임 있는 사유 없이 위탁자의 책임 있는 사유로 각 당사자의 변경된 주소 등 소재를 알지 못하는 경우에 한하여 최종 내용증명우편을 발송한 시점에 그 통지가 도달한 것으로 본다.

③ 위탁자가 위탁자의 책임 있는 사유로 인해 제1항의 신고를 게을리하여 수탁자에게 손해가 발생한 경우에는 위탁자는 수탁자에 대하여 그 손해를 배상하여야 한다.

제20조【소송수행】 ① 신탁부동산에 관한 소송이 제기되었거나 제기할 필요가 있는 경우 수탁자는 위탁자와 수익자에게 이를 통지하고 위탁자 및 수익자와 협의하여 응소 또는 제소에 필요한 조치를 취할 수 있다.

② 제1항에 따라 수탁자가 부담하는 소송대리인의 보수 및 소송과 관련된 비용(소송결과에 따른 판결금액 및 이에 대한 지연이자 등 포함)은 제13조에 따라 처리한다.

③ 제1항에 따라 수탁자가 소송 등 업무를 수행한 경우에는 소송대리인 선임 사실 및 판결이 선고되거나 결정이 내려진 사실을 그 선임이 이루어진 날 또는 수탁자가 판결에 관하여 통지받은 날로부터 지체 없이 위탁자 및 수익자에게 등기우편으로 통지하며, 이 경우 소송과 관련된 비용 및 해당 판결에 따라 수탁자가 지급의무를 부담하게 된 금액도 함께 통지하여야 한다.

제21조【관할법원】 이 신탁계약에 관하여 분쟁이 발생하는 경우에 관할법원은 「민사소송법」에서 정하는 바에 따른다.

제22조【관계법규등의 준용】 이 신탁계약에 정하지 아니한 사항은 별도의 약정이 없는 한 관계법규등에 정하는 바에 따르며 관계법규등에도 정함이 없는 경우에는 일반적인 상관례에 따른다.

제23조【신탁계약과 신탁특약의 관계】 위탁자와 수탁자는 관계법령에 위반하지 않는 범위 내에서 특약을 정할 수 있으며, 신탁특약의 내용은 이 신탁계약의 내용에 우선한다.

이 신탁계약을 증명하기 위해 계약서 2부를 위탁자와 수탁자하고 기명날인한 후 위탁자와 수탁자가 각각 1부씩 보관한다. 다만, 신탁재산의 공시, 신탁재산의 신탁 등을 위해 유관기관 또는 유관회사에 이 계약서의 원본을 제출해야 하는 경우에는 1부 이상을 추가로 작성할 수 있다.

[****]년 [*]월 [*]일

위탁자 : [***] (인)
　　　주민등록번호 :
　　　주소 :

수탁자 : [**** 주식회사]
　　　법인등록번호 :
　　　주소 :
　　　대표자 : [***] (인)

❹ 유가증권신탁계약서

위탁자 [***]와 수탁자 [****] 주식회사는 다음과 같이 『유가증권신탁계약』(이하 "본 신탁계약"이라 한다)을 체결한다.

제1조【신탁의 목적】 본 신탁계약은 위탁자가 별지 신탁유가증권의 표시에 기재된 유가증 권을 수탁자에게 신탁하고, 수탁자는 이를 인수하여 관리·운용 및 처분할 목적으로 한다.

제2조【신탁금액】 ① 본 신탁계약의 유가증권의 신탁가액은 별지 유가증권신탁 세부내역 의 기재와 같다.

② 제1항의 신탁가액은 수탁시점의 시장가격 또는 회계법인 등이 평가한 가액 등 공정 가액으로 한다. 다만, 공정가액이 불분명한 경우에는 액면가액으로 할 수 있다.

해설

비상장주식의 경우 상증법상 평가가액으로 신탁가액을 정하는 것이 일반적인데, 신탁 계약 전후로 동일한 주식의 매매사례가 있으면, 그 매매사례를 시장가격으로 보아 가액을 산정하는 경우도 있다.

제3조【신탁업무의 범위】 ① 위탁자는 수탁자가 행하는 신탁업무의 범위를 별지 유가증 권신탁 세부내역에서 구체적으로 정하여야 한다.

② 제1항에도 불구하고 위탁자가 신탁업무의 범위를 별도로 정하지 않을 경우에는 수탁 자는 수탁한 유가증권을 보관·관리·처분하고, 원금·이자·배당금을 수령하는 등 신 탁재산상의 권리의 보전 및 행사를 위한 모든 업무를 수행할 수 있다.

③ 수탁자는 제2항에도 불구하고 유가증권의 처분은 위탁자 및 수익자의 지시에 의하거 나 위탁자 및 수익자와 협의하여 처분하기로 한다.

해설

유가증권신탁의 경우 신탁업무의 범위는 (i) 수탁한 유가증권의 보관·관리업무, (ii) 배당 또는 이자 입금 및 유가증권 처분 시 입금되는 금전을 운용하는 업무, (iii) 수탁한 유가증권 처분업무, (iv) 의결권 행사, (v) 합병, 분할, 분할합병 등 회사의 주요 정책결정 사항에 반대 주주 매수청구권의 행사 등 다양하다. 보통 유가증권신탁 수탁자의 업무범위는 별지 특약 으로 상세히 규정한다.

제4조【신탁계약기간】 ① 본 신탁계약의 기간은 별지 유가증권신탁 세부내역에 기재된 기간으로 한다.

② 제1항에도 불구하고 신탁기간 만료 전에 위탁자 및 수익자로부터 신탁기간 연장의 신청이 있을 때에는 수탁자와 합의에 의하여 연장할 수 있다.

③ 신탁기간 만료일이 토요일 또는 공휴일 등 수탁자의 영업일 이외의 날인 경우 다음 영업일에 만료되는 것으로 한다.

제5조【수익자】① 수익자는 본 신탁계약서에 기재된 자로 한다.

② 위탁자는 수익자와 서명으로써 수탁자의 승낙을 얻어 수익자를 새로 지정하거나 변경할 수 있으며, 이 권리는 위탁자에게 귀속되며 상속되지 아니한다.

③ 수익자를 별도로 지정하지 아니한 경우에는 위탁자를 수익자로 본다.

제6조【신탁재산에 속하는 금전의 운용】① 수탁자는 신탁 유가증권의 처분대금 및 신탁 유가증권에 의하여 수령한 이자, 배당금 등 신탁재산에 속하는 금전을 수익자에게 교부하게 될 때까지 신탁업무 관련법령에서 정한 바에 따라 운용할 수 있다. 다만, 위탁자는 관련법령 범위 내에서 그 금전의 운용방법을 별지 유가증권신탁 세부내역 중 '신탁자금 운용지시 사항'에서 별도로 지정할 수 있다.

② 수탁자는 본 신탁계약의 신탁재산을 다른 신탁재산과 구분하여 관리·운용한다.

해설

유가증권신탁에서 수탁받은 유가증권에서 발생하는 각종 금전은 수익자에게 바로 교부할 수도 있고, 교부하지 않고 신탁재산으로 계속 운용할 수도 있다.

제7조【의결권의 행사 등】신탁재산 중에 주식에 대한 의결권의 행사, 유상주식의 청약, 신주인수권 및 전환권의 행사 등은 위탁자 및 수익자와 협의하여 관련법령 등에서 정한 소정의 절차에 따라 수탁자가 직접 행사한다.

해설

신탁은 소유권이전 방식의 재산관리도구이므로, 수탁자가 주주로서 권리행사를 하는 것은 당연하다. 다만, 위탁자 겸 생전수익자의 이해관계와 결합된 업무이므로, 수탁자는 위탁자의 의사를 확인하고 그에 따라 의결권을 충실하게 행사하여야 한다.

제8조【추가신탁】① 위탁자는 수탁자의 승낙을 얻어 본 신탁계약에 대한 소정양식에 의하여 추가신탁을 할 수 있다.

② 제1항에 의한 추가신탁 시점에 위탁자와 수탁자 간 별도의 서면합의가 없는 경우에는 본 신탁계약서에서 정하여진 사항을 적용한다.

해설

유언대용신탁계약 후 유가증권의 추가신탁은 언제든지 가능하다. 유가증권의 추가신탁 편입으로 사후수익자의 수익권의 변경이 필요한 경우가 아니면, 신탁계약 변경 없이 추가설정 가능하다.

만약, 유가증권 추가신탁 설정으로 사후수익자가 추가되거나 사후수익자의 수익권 변경이 필요하다면, 유언대용신탁계약 본문이나 특약을 반드시 수정해야 한다.

제9조【운용내역 통보】① 수탁자는 매분기 말일을 기준으로 별지 유가증권신탁 세부내역에 위탁자가 지정한 방식대로 매분기 말일부터 2개월 이내에 신탁재산의 운용내역을 통보하여야 한다.

② 제1항에도 불구하고 위탁자가 정기적인 통보를 원하지 않을 경우 그 내용을 별지 유가증권신탁 세부내역에 명기한 후 통보를 생략할 수 있다.

③ 제1항에도 불구하고 위탁자가 운용내역 보고기간을 별도로 정한 경우에는 그에 따르기로 하며, 위탁자 또는 수익자가 신탁재산의 운용내역을 확인하고자 할 경우에는 수탁자는 그 내용을 즉시 제공하여야 한다.

제10조【원본 또는 이익의 보전】 본 신탁계약은 신탁원본과 이익의 보전을 하지 아니하며, 경우에 따라서는 원본의 손실이 발생할 수 있다.

제11조【신탁재산의 표시】 수탁자는 신탁재산에 대하여는 신탁의 등기, 등록 또는 신탁의 표시와 기재(이하 "등기 등"이라 한다)를 하며 위탁자는 이에 협조하기로 한다.

해설

상장주식은 신탁계좌로 대체처리함으로써 신탁설정이 마무리되나, 비상장주식을 추가 설정하는 경우 추가절차가 필요하다. 주권이 발행된 경우 주권을 교부받아 신탁금고에 보관하고, 주권이 발행되지 않은 경우 발행회사 대표이사 명의의 '주권미발행확인증'을 교부받아 보관한다. 그리고 발행회사에 신탁사실을 통지하고 명의개서절차를 이행하고, 명의개서 완료된 '주주명부'도 발급받아 보관해야 한다.

제12조【수익권증서의 발행 등】 ① 수탁자는 본 신탁계약의 수익권을 증명하기 위하여 수익권증서를 발행하여 수익자에게 교부할 수 있다.

② 제1항에 의한 수익권증서는 기명식으로 발행하며 제23조 추가약정에서 정하고 있는 경우 이외에는 위탁자와 수익자의 서명으로써 수탁자의 동의 없이 수익권증서를 양도 또는 담보로 제공할 수 없다.

③ 제2항에 따라 수익권증서를 양도하는 경우 수익자는 수익권증서를 수탁자에게 제출하여야 하며 수탁자는 양수인을 수익자로 하는 새로운 수익권증서를 즉시 발행하여야 한다.

제13조【신탁재산의 보관 및 예탁】 수탁자는 신탁재산 중 유가증권의 전부 또는 일부를 한국예탁결제원 등에 보관·예탁할 수 있다.

제14조【신탁보수】 ① 본 신탁계약의 신탁보수는 별지 유가증권신탁 세부내역에서 정한 바에 따른다.

② 수탁자는 본 신탁계약에 의한 신탁보수를 별지 유가증권신탁 세부내역에서 정한 바에 따라 신탁재산 중에서 수령하거나, 위탁자 또는 수익자에게 별도로 청구할 수 있다.

③ 제1항에서 정한 신탁보수율은 신탁사무의 처리에 변동이 있을 때에는 수탁자는 위탁자 및 수익자와의 합의에 따라 이를 변경할 수 있다.

제15조【이익계산 및 지급】 ① 신탁의 이익은 별지 유가증권신탁 세부내역에 정한 시기와 방법에 따라 수익자의 신청에 의하여 지급할 수 있다. 단, 해당일이 휴일 또는 공휴일인 경우 그 다음 영업일에 지급하기로 한다.

② 신탁이익의 계산은 신탁계약을 체결한 날 또는 직전 이익지급일부터 제1항에서 정한 이익지급일의 전일까지로 한다.

제16조【조세 및 제비용】① 수탁자는 신탁재산에 관한 조세, 각종 수수료, 법적처리절차 비용, 그 밖의 신탁업무 처리에 필요한 비용(이하 "제비용"이라 한다)을 신탁재산 중에서 취득하여 처리한다.

② 제1항의 제비용을 신탁재산에서 지급할 수 없을 경우에는 수탁자는 위탁자 또는 수익자에게 이를 별도로 청구하여 받기로 한다.

제17조【중도해지】① 본 신탁은 신탁의 목적이 달성되거나, 위탁자 및 수익자와 수탁자 간 협의하여 본 신탁계약을 중도해지할 수 있다.

② 위탁자와 수익자가 동일한 경우를 제외하고는 위탁자가 사망하였을 경우 수탁자와 수익자가 합의하여 신탁계약을 종료할 수 있다.

③ 신탁계약이 제1항 또는 제2항에 따라 중도해지되는 경우, 수탁자는 제14조에서 정한 신탁보수 중 중도해지 시까지의 신탁보수(이하 "미지급신탁보수"라 한다)와 별지 유가증권신탁 세부내역에 명기한 중도해지수수료를 받는다.

④ 수탁자는 제3항에도 불구하고 다음 각 호의 어느 하나에 해당하는 경우에는 중도해지수수료를 받지 아니한다.

  1. 수탁자의 책임사유에 의하여 위탁자가 해지하는 경우

  2. 위탁자가 수탁자의 신탁계약 변경에 동의하지 아니하여 위탁자가 해지하는 경우

  3. 관련법규에서 중도해지수수료를 받지 않는 예외의 사유로 인정한 경우

제18조【일부해지】이 신탁의 일부해지가 필요한 때에는 위탁자는 수익자의 동의를 얻어 수탁자에게 해지를 신청할 수 있으며 수탁자는 특별한 사정이 없는 한 이에 응하여야 한다. 이 경우 수탁자는 제17조 제3항에서 정한 중도해지수수료를 받는다. 다만, 제17조 제4항 각 호의 사유에 의한 중도해지 시에는 중도해지수수료를 받지 않는다.

제19조【신탁의 종료 및 신탁재산의 교부】① 신탁기간의 만료 또는 그 밖의 사유로 인하여 신탁이 종료한 때에는 수탁자는 최종계산서를 작성하여 수익자의 승인을 얻은 후 원본 및 수익을 수익자에게 운용현상 그대로 교부하기로 하며, 이때 발행된 수익권증서가 있을 경우에는 수익자는 신탁계약서 및 수익권증서를 수탁자에게 제출하여야 한다.

② 제1항에도 불구하고 운용현상대로 교부하는 것이 곤란한 경우 수탁자는 수익자가 별도의 의사표시를 하지 않는 한 교부가 가능해질 때까지 보관, 관리 및 추심한다.

③ 최종계산서에 대하여 수익자가 승인을 하지 아니한 경우 수탁자는 최종계산서를 작성하여 수익자에게 계산승인을 요구하고, 수익자는 계산승인의 요구를 받은 때로부터 1개월 내에 승인 여부를 수탁자에게 통지하여야 한다.

④ 수탁자는 제3항의 계산승인을 요구할 경우 "수익자는 최종계산에 대하여 이의가 있는 경우 계산승인을 요구받은 때로부터 1개월 내에 이의를 제기할 수 있고, 최종계산에 대하여 이의를 제기하지 아니한 경우에는 수익자가 계산을 승인한 것으로 본다"라는 취지의 내용을 통지하여야 한다.

⑤ 수익자가 제3항의 계산승인을 요구받은 때로부터 1개월 내에 이의를 제기하지 아니하면 제3항의 계산을 승인한 것으로 본다.

제20조【신고사항 등】① 위탁자, 수익자 또는 이들의 상속인은 다음 각 호의 어느 하나에 해당하는 경우에는 지체 없이 필요한 절차를 통해 수탁자에게 신고하여야 한다. 그 신고 또는 절차의 지연으로 인하여 발생한 손해에 대하여 수탁자는 일체 책임을 지지 아니한다.

1. 신탁계약서, 수익권증서 또는 신고인감을 분실·도난·훼손하였거나 변경하고자 할 때
2. 위탁자, 수익자 및 대리인, 그 밖의 신탁계약 관계자에 관한 성명·상호·주소등의 변경, 사망 또는 행위능력에 변동이 있을 때
3. 제3자로부터 통지받은 사항 중 본 신탁계약에 중대한 영향을 미칠 수 있는 사항
4. 그 밖의 본 신탁계약에 관하여 사전통지가 필요하다고 수탁자로부터 사전에 고지받은 사항

② 위탁자가 위탁자의 책임 있는 사유로 인해 제1항의 신고를 게을리하여 수탁자에게 손해가 발생한 경우에는 위탁자는 그 손해를 배상한다.

제21조【인감신고】① 위탁자 및 수익자, 그 밖의 신탁관계자의 거래인감(또는 서명감, 이하 같다)은 미리 수탁자에게 신고하여야 한다.

② 수탁자는 본 신탁계약과 관련된 제반서류 등 날인된 인영을 제1항의 신고인감과 육안에 의하여 상당한 주의로써 대조하여 상위 없다고 인정하고, 신탁재산의 교부 및 지급청구 등 그 밖의 업무처리를 한 경우에는 사용인감과 지급청구서 등의 도용, 위조, 변조나 그 밖의 어떠한 사고로 말미암아 손해가 발생하여도 그 책임을 지지 아니한다. 다만, 수탁자가 위탁자와 수익자, 신탁관계자의 거래인감·서명이 위조·변조 또는 도용된 사실을 알았거나 알 수 있었을 때는 그러하지 아니한다.

제22조【소송수행】① 수탁자는 신탁재산과 관련하여 소송사건이 발생한 때에는 그 개요를 위탁자 또는 수익자에게 즉시 통지하여야 한다. 소송이 취하, 화해 또는 완결된 때에는 또한 같다.

② 수탁자는 위탁자 또는 수익자로부터 신청이 있는 경우를 제외하고는 신탁재산에 관한 소송을 수행할 의무를 지지 아니한다. 다만, 신탁사무 처리상 불가피하다고 인정되는 경우에는 위탁자 또는 수익자와 협의하여 소송의 제기 등을 할 수 있다.

③ 수탁자는 제2항에 따라 소송의 제기 등을 하고자 하는 경우 적당하다고 인정되는 변호사를 선임하여 소송수행 일체를 위임할 수 있으며, 변호사 보수 등 소송과 관련된 일체의 비용은 수탁자의 소요예상액 통보내용에 따라 위탁자 또는 수익자가 소송 개시 전에 부담하여야 한다.

제23조【추가약정】위탁자, 수익자, 수탁자는 관계법령에 반하지 않는 범위 내에서 본 신탁계약의 내용을 구체화하거나 당사자들의 권리, 의무를 추가적으로 정하기 위한 약정을 체결할 수 있다.

제24조【준용】본 신탁계약서에서 정하지 아니한 사항은 관련법령, 추가약정서 및 특약에 따라 처리한다.

제25조【관할법원】위탁자 또는 수익자, 수탁자가 본 신탁계약에 관하여 소송을 제기하는 경우에는 「민사소송법」에서 정하는 바에 따른다.

제26조【약관의 변경】① 수탁자는 약관을 변경하고자 하는 경우 수탁자의 영업점과 인터넷 홈페이지, 온라인 거래를 위한 컴퓨터 화면, 그 밖에 이와 유사한 전자통신매체에 변경내용을 변경되는 약관의 시행일 20일 전에 비치 또는 게시한다. 다만, 「자본시장과 금융투자업에 관한 법률」 등 관계법령 또는 거래소 업무규정의 제·개정에 따른 제도 변경 등으로 약관이 변경되는 경우로서 본문에 따라 안내하기가 어려운 급박하고 부득이한 사정이 있는 경우에는 변경내용을 앞의 문장과 같은 방법으로 개정 약관의 시행일 전에 게시한다.

② 제1항의 변경내용이 위탁자에게 불리한 것일 때에는 이를 서면 등 위탁자와 사전에 합의한 방법으로 변경되는 약관의 시행일 20일 전까지 통지하여야 한다. 다만, 기존 위탁자에게 변경 전 내용이 그대로 적용되는 경우 또는 위탁자가 변경내용에 대한 통지를 받지 아니하겠다는 의사를 명시적으로 표시한 경우에는 그러하지 아니하다.

③ 수탁자는 제2항의 통지를 할 경우 "위탁자는 약관의 변경에 동의하지 아니하는 경우 계약을 해지할 수 있으며, 통지를 받은 날로부터 변경되는 약관의 시행일 전의 영업일까지 계약해지의 의사표시를 하지 아니한 경우에는 변경에 동의한 것으로 본다"라는 취지의 내용을 통지하여야 한다.

④ 위탁자는 제3항의 통지를 받은 날로부터 변경되는 약관의 시행일 전의 영업일까지 계약해지의 의사표시를 하지 아니하는 경우에는 변경에 동의한 것으로 본다.

⑤ 수탁자는 약관을 수탁자의 영업점에 비치 또는 게시하여 갑이 요구할 경우 이를 교부하여야 하며, 인터넷 홈페이지, 온라인 거래를 위한 컴퓨터 화면, 그 밖에 이와 유사한 전자통신매체에 게시하여 위탁자가 약관을 조회하고 다운로드(화면출력 포함) 받을 수 있도록 하여야 한다.

본 신탁계약의 내용을 증명하기 위하여 본 신탁계약서를 2부 작성하여 위탁자, 수탁자가 서명 또는 기명날인한 후 위탁자와 수탁자가 각 1부씩 보관한다.

[＊＊＊＊]년 [＊]월 [＊]일

위탁자 : [＊＊＊] (인)
　　　주민등록번호 :
　　　주소 :

수탁자 : [＊＊＊＊ 주식회사]
　　　법인등록번호 :
　　　주소 :
　　　대표자 : [＊＊＊] (인)

[별지]

주식 신탁사실 통지서
(확정일자부 양도통지)

수 신 : ㈜ [****]
　　　　주소
　　　　대표이사 [***]

　귀 법인의 무궁한 발전과 일익 번창함을 기원합니다.

　위탁자 본인 [***](이하 '위탁자')은, [****]년 [*]월 [*]일 수탁자 [****]
주식회사(이하 '수탁자')와 사이에서 '유가증권신탁계약'을 체결하고, 위탁자가 소유하고 있
는 다음 주식을 수탁자에게 신탁하였습니다. 따라서 귀 법인은 주주명부에 위탁자 명의를
수탁자 명의로 변경하여 주시고 신탁사실을 표시한 후 주주명부를 당사로 보내주시기 바
랍니다.

회사명	주주명	소유주식수
㈜ [****] 주식(보통주)	[***]	[****] 주

[****]년 [*]월 [*]일

통지인(위탁자)
성　명 : [***] (인)
생년월일 :
주　소 :

❺ 금전채권신탁계약

위탁자 [***]와 수탁자 [****] 주식회사는 다음과 같이 『금전채권신탁계약』(이하 "본 신탁계약"이라 한다)을 체결한다.

제1조 【신탁의 목적】 본 신탁계약은 위탁자가 별지 신탁금전채권의 표시에 기재된 금전채권을 수탁자에게 신탁하고, 수탁자는 이를 인수하여 관리·추심 및 처분함을 목적으로 한다.

제2조 【원본 및 수익】 ① 본 신탁계약은 별지 신탁금전채권의 표시에 기재된 금전채권을 본 신탁계약의 원본으로 하고, 그 이자 채권과 기타 신탁재산으로부터 생기는 이익을 수익으로 한다.

② 제1항의 원본은 수탁시점의 시장가격 또는 회계법인 등이 평가한 가액 등 공정가액으로 한다. 다만, 공정가액이 불분명한 경우에는 액면가액으로 할 수 있다.

제3조 【신탁계약기간】 ① 본 신탁계약의 기간은 별지 금전채권신탁 세부내역에 기재된 기간으로 한다.

② 제1항에도 불구하고 신탁기간 만료 전에 위탁자 및 수익자로부터 신탁기간 연장의 신청이 있을 때에는 수탁자와의 합의에 의하여 연장할 수 있다.

③ 신탁기간 만료일이 토요일 또는 공휴일 등 수탁자의 영업일 이외의 날인 경우 다음 영업일에 만료되는 것으로 한다.

제4조 【수익자】 ① 수익자는 별지 금전채권신탁 세부내역에 기재된 자로 한다.

② 위탁자는 수익자와 서명으로써 수탁자의 승낙을 얻어 수익자를 새로 지정하거나 변경할 수 있으며, 이 권리는 위탁자에게 귀속되며 상속되지 아니한다.

③ 수익자를 별도로 지정하지 아니한 경우에는 위탁자를 수익자로 본다.

제5조 【신탁재산에 속하는 금전의 운용】 ① 수탁자는 신탁재산에 속하는 금전을 수익자에게 교부하게 될 때까지 신탁업무 관련법령에서 정한 바에 따라 운용할 수 있다. 다만, 위탁자는 관련법령 범위 내에서 그 금전의 운용방법을 별지 금전채권신탁 세부내역 중 신탁자금 운용지시 사항에서 별도로 지정할 수 있다.

② 수탁자는 본 신탁계약의 신탁재산을 다른 신탁재산과 구분하여 관리·운용한다.

제6조 【신탁사무의 위임】 ① 수탁자는 다음 각 호의 어느 하나에 해당하는 신탁사무의 일부 또는 전부를 위탁자 또는 제3자에게 위임할 수 있다.

1. 신탁재산인 금전채권의 추심업무 및 관리업무
2. 담보권의 관리업무
3. 관련서류의 보관 및 관리업무
4. 그 밖의 상기업무 등에 부수하는 사무로서 수탁자와 신탁사무 수임인 사이 별도로 체결하는 신탁사무위임계약에서 정하는 사무

② 수탁자는 신탁사무 위임에 따른 수수료를 신탁사무위임계약에서 정하는 바에 따라 신탁사무 수임인에게 신탁재산에서 지급한다.

③ 신탁사무위임계약이 해지되는 경우, 수탁자는 그 신탁사무를 직접 수행하거나 제3자로 하여금 수행하도록 할 수 있다. 수탁자가 직접 신탁사무를 수행하는 경우에 수탁자는 수임인에게 지급하던 수수료와 동일한 조건의 수수료를 제14조에서 정하는 신탁보수의 범위 내에서 신탁재산에서 지급받을 수 있다.

금전채권신탁의 핵심업무가 바로 '금전채권의 추심 및 관리업무'인데, 수탁자인 신탁회사가 그 업무를 직접 수행할 수도 있지만, 전문추심회사에 추심업무를 위임하는 경우가 많다. 이 때문에 신탁사무의 위임을 신탁계약서에 명시한 것이다.

제7조【추가신탁】 ① 위탁자는 수탁자의 승낙을 얻어 본 신탁계약에 대한 소정양식에 의하여 추가신탁을 할 수 있다.

② 제1항에 의한 추가신탁 시점에 위탁자와 수탁자 간 별도의 서면합의가 없는 경우에는 본 신탁계약서에서 정하여진 사항을 적용한다.

제8조【운용내역 통보】 ① 수탁자는 매분기 말일을 기준으로 별지 금전채권신탁 세부내역에 위탁자가 지정한 방식대로 매분기 말일부터 2개월 이내에 신탁재산의 추심현황 및 운용내역을 통보하여야 한다.

② 제1항에도 불구하고 위탁자가 정기적인 통보를 원하지 않을 경우 그 내용을 별지 금전채권신탁 세부내역에 명기한 후 통보를 생략할 수 있다.

③ 제1항에도 불구하고 위탁자가 운용내역 보고기간을 별도로 정한 경우에는 그에 따르기로 하며, 위탁자 또는 수익자가 신탁재산의 운용내역을 확인하고자 할 경우에는 수탁자는 그 내용을 즉시 제공하여야 한다.

제9조【원본 또는 이익의 보전】 본 신탁계약은 신탁원본과 이익의 보전을 하지 아니하며, 경우에 따라서는 원본의 손실이 발생할 수 있다.

제10조【채권의 이전 및 대항요건의 취득】 ① 위탁자는 본 신탁계약의 계약일에 신탁재산인 금전채권과 이에 부수하는 일체의 권리 및 그 채권관계서류를 수탁자에게 이전 및 인계하여야 하며, 향후 신탁재산과 관련하여 채권과 이에 부수하는 일체의 권리에 대한 서류를 취득하는 경우에는 이를 즉시 수탁자에게 이전 및 인계하여야 한다.

② 위탁자 본인의 비용으로 본 신탁계약에 따르는 채권의 이전과 관련하여 수탁자가 「민법」 등 관련법령에 따라 채무자 및 제3자에 대하여 대항요건을 취득할 수 있도록 채무자에 대한 확정일자가 있는 증서에 의한 채권양도 통지를 비롯하여 필요한 대항요건을 관련법령에서 정한 방식으로 수탁자에게 갖추어 주도록 한다.

③ 「자산유동화에 관한 법률」(이하 "자산유동화법"이라 한다)에 따른 자산유동화를 위한 신탁으로서 금융위원회에 자산유동화계획을 등록하는 신탁(이하 "유동화신탁"이라 한다)인 경우에는 제2항에도 불구하고 「자산유동화법」에 따라 대항요건을 갖춘다.

금전채권신탁에서 대항력을 갖추는 것은 매우 중요한 업무이다. 그리고 금전채권의 원인이 되는 계약서, 판결문 기타 서류도 신탁계약 전에 받아 충분히 검토하고 진행한다. 확정일자 있는 채권양도통지나 채권양도승낙을 명확히 해두어야 한다.

제11조【신탁재산의 표시】 수탁자는 신탁재산에 대하여는 신탁의 등기, 등록 또는 신탁의 표시와 기재(이하 "등기 등"이라 한다)를 하며 위탁자는 이에 협조하기로 한다. 다만, 유동화신탁의 경우「자산유동화법」의 규정에 따라 이를 생략할 수 있다.

제12조【수익권증서의 발행 등】 ① 수탁자는 본 신탁계약의 수익권을 증명하기 위하여 수익권증서를 발행하여 수익자에게 교부한다.

② 수익자가 제13조에 의하여 수익권의 전부 또는 일부를 양도하는 경우, 수익자는 수익권증서를 수탁자에게 제출하여야 하며 수탁자는 양수인을 수익자로 하는 새로운 수익권증서를 즉시 발행하여야 한다.

③ 본 신탁계약의 수익권은 분할하여 발행할 수 있다.

제13조【수익권의 양도 및 담보 제공】 ① 수익자가 본 신탁계약의 수익권을 양도하거나 담보로 제공하거나 할 때에는 위탁자와 수익자의 서명으로써 수탁자의 동의를 받아야 한다.

② 제1항에 따라 수익자가 수익권을 제3자에게 양도하거나 담보로 제공하는 경우, 수익자는 그 양수인이나 담보권자가 본 신탁계약을 준수하도록 하여야 하고, 본 신탁계약에서 정하는 바에 따라 신탁재산을 받을 의사표시와 본 신탁계약서상의 수익자의 의무를 이행할 것을 확약하는 내용이 포함된 별지 금전채권신탁 수익권 양도·양수의 뢰서를 사전에 수탁자에게 제출하여야 한다.

제14조【신탁보수】 ① 본 신탁계약의 신탁보수는 별지 금전채권신탁 세부내역에서 정한 바에 따른다.

② 수탁자는 본 신탁계약에 의한 신탁보수를 별지 금전채권신탁 세부내역에서 정한 바에 따라 신탁재산 중에서 수령하거나, 위탁자 또는 수익자에게 별도로 청구할 수 있다.

③ 제1항에서 정한 신탁보수율은 신탁사무의 처리에 변동이 있을 때에는 수탁자는 위탁자 및 수익자와의 합의에 따라 이를 변경할 수 있다.

제15조【신탁이익의 계산】 본 신탁계약의 이익계산일은 별지 금전채권신탁 세부내역에 기재된 날을 이익계산일로 한다.

제16조【신탁기간 중 원본 및 수익의 교부】 ① 수탁자는 본 신탁계약의 수익에서 제14조 및 제17조에 의한 신탁보수 및 제비용을 공제한 잔액을 수익자의 청구에 의하여 매 이익계산일(이익계산일이 휴일 또는 공휴일인 경우 익영업일)에 금전으로 지급한다.

② 신탁재산인 금전채권의 일부에 대하여 수탁자 및 제6조에서 정한 신탁사무의 수임자의 과실 없이 추심불능 등의 사유가 발생하여 실제 추심한 금전이 수익권의 원본에

달하지 못하게 되는 경우에는 추심 완료된 금액 범위 내에서 수익자에게 지급시기에
지급하기로 한다.

제17조【조세 및 제비용】 ① 수탁자는 신탁재산에 관한 조세, 각종 수수료, 법적처리절
차 비용, 그 밖의 신탁업무 처리에 필요한 비용(이하 "제비용"이라 한다)을 신탁재산 중에서
취득하여 처리한다.

② 제1항의 제비용을 신탁재산에서 지급할 수 없을 경우에는 수탁자는 위탁자 또는
수익자에게 이를 별도로 청구하여 받기로 한다.

제18조【중도해지】 ① 본 신탁은 신탁의 목적이 달성되거나, 위탁자 및 수익자와 수탁자
간 협의하여 본 신탁계약을 중도해지할 수 있다.

② 위탁자와 수익자가 동일한 경우를 제외하고는 위탁자가 사망하였을 경우 수탁자와
수익자가 합의하여 신탁계약을 종료할 수 있다.

③ 신탁계약이 제1항 또는 제2항에 따라 중도해지되는 경우, 수탁자는 제14조에서 정한
신탁보수 중 중도해지시까지의 신탁보수(이하 "미지급신탁보수"라 한다)와 별지 금전채
권신탁 세부내역에 명기한 중도해지수수료를 받는다.

④ 수탁자는 제3항에도 불구하고 다음 각 호의 어느 하나에 해당하는 경우에는 중도해
지수수료를 받지 아니한다.

　1. 수탁자의 책임사유에 의하여 위탁자가 해지하는 경우

　2. 위탁자가 수탁자의 신탁계약 변경에 동의하지 아니하여 위탁자가 해지하는 경우

　3. 관련법규에서 중도해지수수료를 받지 않는 예외의 사유로 인정한 경우

제19조【신탁의 종료】 ① 신탁기간의 만료 또는 그 밖의 사유로 인하여 신탁이 종료한
때에는 수탁자는 최종계산서를 작성하여 수익자의 승인을 얻은 후 원본 및 수익을 수익
자에게 운용현상 그대로 교부하기로 하며, 이때 발행된 수익권증서가 있을 경우에는
수익자는 신탁계약서 및 수익권증서를 수탁자에게 제출하여야 한다.

② 제1항에도 불구하고 운용현상대로 교부하는 것이 곤란한 경우 수탁자는 수익자가
별도의 의사표시를 하지 않는 한 교부가 가능해질 때까지 보관, 관리 및 추심한다.

③ 최종계산서에 대하여 수익자가 승인을 하지 아니한 경우 수탁자는 최종계산서를 작
성하여 수익자에게 계산승인을 요구하고, 수익자는 계산승인의 요구를 받은 때로부
터 1개월 내에 승인 여부를 수탁자에게 통지하여야 한다.

④ 수탁자는 제3항의 계산승인을 요구할 경우 "수익자는 최종계산에 대하여 이의가 있
는 경우 계산승인을 요구받은 때로부터 1개월 내에 이의를 제기할 수 있고, 최종계산
에 대하여 이의를 제기하지 아니한 경우에는 수익자가 계산을 승인한 것으로 본다"라
는 취지의 내용을 통지하여야 한다.

⑤ 수익자가 제3항의 계산승인을 요구받은 때로부터 1개월 내에 이의를 제기하지 아니
하면 제3항의 계산을 승인한 것으로 본다.

제20조【신탁재산인 금전채권 명세의 열람】 수탁자는 수익자로부터 청구가 있는 경우
에는 신탁재산인 금전채권의 채무자에 관한 개인정보를 보호할 필요가 있다고 인정되거

나 그 밖에 관련법령에서 정한 경우를 제외하고는 영업시간 내 언제라도 신탁재산인 금전채권의 명세를 수익자 등 이해당사자가 열람할 수 있도록 한다.

제21조【신고사항 등】 ① 위탁자, 수익자 또는 이들의 상속인은 다음 각 호의 어느 하나에 해당하는 경우에는 지체 없이 필요한 절차를 통해 수탁자에게 신고하여야 한다. 그 신고 또는 절차의 지연으로 인하여 발생한 손해에 대하여 수탁자는 책임을 지지 아니한다.

  1. 신탁계약서, 수익권증서 또는 신고인감을 분실·도난·훼손하였거나 변경하고자 할 때
  2. 위탁자, 수익자 및 대리인, 그 밖의 신탁계약 관계자에 관한 성명·상호·주소등의 변경, 사망 또는 행위능력에 변동이 있을 때
  3. 제3자로부터 통지받은 사항 중 본 신탁계약에 중대한 영향을 미칠 수 있는 사항
  4. 그 밖의 본 신탁계약에 관하여 사전통지가 필요하다고 수탁자로부터 사전에 고지받은 사항

② 위탁자가 위탁자의 책임 있는 사유로 인해 제1항의 신고를 게을리하여 수탁자에게 손해가 발생한 경우에는 위탁자는 그 손해를 배상한다.

제22조【인감신고】 ① 위탁자 및 수익자, 그 밖의 신탁관계자의 거래인감(또는 서명감, 이하 같다)은 미리 수탁자에게 신고하여야 한다.

② 수탁자는 본 신탁계약과 관련된 제반서류 등 날인된 인영을 제1항의 신고인감과 육안에 의하여 상당한 주의로써 대조하여 상위 없다고 인정하고, 신탁재산의 교부 및 지급청구 등 그 밖의 업무처리를 한 경우에는 사용인감과 지급청구서 등의 도용, 위조, 변조나 그 밖의 어떠한 사고로 말미암아 손해가 발생하여도 그 책임을 지지 아니한다. 다만, 수탁자가 위탁자와 수익자, 신탁관계자의 거래인감·서명이 위조· 변조 또는 도용된 사실을 알았거나 알 수 있었을 때는 그러하지 아니한다.

제23조【추가약정】 위탁자, 수익자, 수탁자는 관계법령에 반하지 않는 범위 내에서 본 신탁계약의 내용을 구체화하거나 당사자들의 권리, 의무를 추가적으로 정하기 위한 약 정을 체결할 수 있다.

제24조【준용】 본 신탁계약서에서 정하지 아니한 사항은 관련법령, 추가약정서 및 특약 에 따라 처리한다.

제25조【관할법원】 위탁자 또는 수익자, 수탁자가 본 신탁계약에 관하여 소송을 제기하 는 경우에는 「민사소송법」에서 정하는 바에 따른다.

제26조【약관의 변경】 ① 수탁자는 약관을 변경하고자 하는 경우 수탁자의 영업점과 인터넷 홈페이지, 온라인 거래를 위한 컴퓨터 화면, 그 밖에 이와 유사한 전자통신매체 에 변경내용을 변경되는 약관의 시행일 20일 전에 비치 또는 게시한다. 다만, 「자본시장 과 금융투자업에 관한 법률」 등 관계법령 또는 거래소 업무규정의 제·개정에 따른 제도 변경 등으로 약관이 변경되는 경우로서 본문에 따라 안내하기가 어려운 급박하고 부득 이한 사정이 있는 경우에는 변경내용을 앞의 문장과 같은 방법으로 개정 약관의 시행일 전에 게시한다.

② 제1항의 변경내용이 위탁자에게 불리한 것일 때에는 이를 서면 등 위탁자와 사전에 합의한 방법으로 변경되는 약관의 시행일 20일 전까지 통지하여야 한다. 다만, 기존 위탁자에게 변경 전 내용이 그대로 적용되는 경우 또는 위탁자가 변경내용에 대한 통지를 받지 아니하겠다는 의사를 명시적으로 표시한 경우에는 그러하지 아니하다.

③ 수탁자는 제2항의 통지를 할 경우 "위탁자는 약관의 변경에 동의하지 아니하는 경우 계약을 해지할 수 있으며, 통지를 받은 날로부터 변경되는 약관의 시행일 전의 영업일까지 계약해지의 의사표시를 하지 아니한 경우에는 변경에 동의한 것으로 본다"라는 취지의 내용을 통지하여야 한다.

④ 위탁자는 제3항의 통지를 받은 날로부터 변경되는 약관의 시행일 전의 영업일까지 계약해지의 의사표시를 하지 아니하는 경우에는 변경에 동의한 것으로 본다.

⑤ 수탁자는 약관을 수탁자의 영업점에 비치 또는 게시하여 갑이 요구할 경우 이를 교부하여야 하며, 인터넷 홈페이지, 온라인 거래를 위한 컴퓨터 화면, 그 밖에 이와 유사한 전자통신매체에 게시하여 위탁자가 약관을 조회하고 다운로드(화면출력 포함) 받을 수 있도록 하여야 한다.

본 신탁계약의 내용을 증명하기 위하여 본 신탁계약서를 2부 작성하여, 위탁자, 수탁자가 서명 또는 기명날인한 후 위탁자와 수탁자가 각 1부씩 보관한다.

[****]년 [*]월 [*]일

위탁자 : [***] (인)
　　　　주민등록번호 :
　　　　주소 :

수탁자 : [**** 주식회사]
　　　　법인등록번호 :
　　　　주소 :
　　　　대표자 : [***] (인)

금전채권 신탁사실 통지서

(확정일자부 채권양도 통지)

수 신 : ㈜ [****]
　　　주소
　　　대표이사 [***]

귀 법인의 무궁한 발전과 일익 번창함을 기원합니다.

위탁자 본인 [***](이하 '위탁자')은, [****]년 [*]월 [*]일 수탁자 [****] 주식회사
(이하 '수탁자')와 사이에서 '금전채권신탁계약'을 체결하고, 위탁자가 귀사에 대하여 가지는
[****]금전채권을 수탁자에게 신탁하였음을 통지합니다.

금전채권가액	금전채권 만기	금전채권 상세내역
[****] 원	[****]년 [*]월[*]일	[****]년 [*]월[*]일 공사대금

따라서 귀사는 [****]채권 만기시에 아래 신탁 추심계좌로 지급해 주시기 바랍니다.

예금주	계좌번호	비고
[****] 주식회사		신탁추심계좌

[****]년 [*]월 [*]일

통지인(위탁자)
성　명: [***] (인)
주　소:

3 **부동산 신탁등기와 신탁원부**

　등기 또는 등록할 수 있는 재산권에 관하여는 신탁의 등기 또는 등록을 함으로써 '그 재산이 신탁재산에 속한 것임을 제3자에게 대항'할 수 있다(신탁법 제4조 제1항).[10] 등기관이 신탁등기를 할 때에는 부동산등기법 제81조 제1항 각 호의 사항을 기록한 신탁원부(信託原簿)를 작성하고, 등기기록에는 제48조에서 규정한 사항 외에 그 신탁원부의 번호를 기록하여야 하고, '신탁원부'는 등기기록의 일부로 본다(부동산등기법 제81조). 등기 또는 등록할 수 있는 재산을 신탁할 때 수탁자는 등기·등록절차를 반드시 이행해야 하고, 특히 신탁원부를 등기기록의 일부로 보는 만큼 신탁원부 작성까지 고려해서 신탁계약서를 작성해야 한다. 그리고 신탁재산을 거래하는 제3자는 신탁등기와 신탁원부를 사전에 검토하고, 수탁자를 통해서 원하는 거래가 적법한지를 사전에 확인하고 해당 거래를 진행해야 한다.

신탁법

제4조【신탁의 공시와 대항】 ① 등기 또는 등록할 수 있는 재산권에 관하여는 신탁의 등기 또는 등록을 함으로써 그 재산이 신탁재산에 속한 것임을 제3자에게 대항할 수 있다.

② 등기 또는 등록할 수 없는 재산권에 관하여는 다른 재산과 분별하여 관리하는 등의 방법으로 신탁재산임을 표시함으로써 그 재산이 신탁재산에 속한 것임을 제3자에게 대항할 수 있다.

③ 제1항의 재산권에 대한 등기부 또는 등록부가 아직 없을 때에는 그 재산권은 등기 또는 등록할 수 없는 재산권으로 본다.

④ 제2항에 따라 신탁재산임을 표시할 때에는 대통령령으로 정하는 장부에 신탁재산임을 표시하는 방법으로도 할 수 있다.

부동산등기법

제81조【신탁등기의 등기사항】 ① 등기관이 신탁등기를 할 때에는 다음 각 호의 사항을 기록한 신탁원부(信託原簿)를 작성하고, 등기기록에는 제48조에서 규정한 사항 외에 그 신탁원부의 번호를 기록하여야 한다.

　1. 위탁자(委託者), 수탁자 및 수익자(受益者)의 성명 및 주소(법인인 경우에는 그 명칭 및 사무소 소재지를 말한다)

　2. 수익자를 지정하거나 변경할 수 있는 권한을 갖는 자를 정한 경우에는 그자의 성명 및 주소(법인인 경우에는 그 명칭 및 사무소 소재지를 말한다)

　3. 수익자를 지정하거나 변경할 방법을 정한 경우에는 그 방법

　4. 수익권의 발생 또는 소멸에 관한 조건이 있는 경우에는 그 조건

---

10) 수탁자의 고유재산과 신탁재산의 구분관리 측면에서 부동산에 신탁등기가 되어 있다면 수탁자의 채권자가 해당 부동산에 압류할 수 없는 것이 신탁대항력의 대표적인 예이다.

부동산등기법 제81조 제2항은 신탁관리인이 선임된 경우와 목적신탁, 수익증권발행신탁 및 공익신탁의 경우 '수익자의 성명 및 주소'를 기재하지 아니할 수 있다고 규정하고 있다. 수익자가 지정되지 않거나 수익자가 전전양도될 수 있는 경우 수익자의 성명 및 주소를 기재하는 것이 불가능하거나 지나치게 곤란하기 때문이다. 그런데 수익자를 지정하거나 변경할 수 있는 권한을 갖는 자를 지정한 경우나 수익자를 지정할 방법을 정한 경우에는 신탁 설정 시점에 수익자가 지정되지 아니하므로, 수익자의 성명 및 주소 기재의 예외를 규정하고 있는 부동산등기법 제81조 제2항을 '제1항 제2호, 제3호(수익자 지정 방법을 정한 경우에 한한다), 제10호 및 제11호의 사항에 관하여 등기를 할 때에는 수익자의 성명 및 주소를 기재하지 아니할 수 있다'로 개정하여야 한다.

가. 상속신탁설정등기

위탁자인 김부자가 [****] 주식회사와 2019년 3월 5일 사후수익자를 김두리로 하는 유언대용신탁계약을 체결한 후 유언대용신탁등기를 신청한 것을 전제로 등기부 기재례를 살펴본다.

상속신탁설정등기의 '등기목적'은 '소유권이전', '등기원인'은 '2019년 3월 5일 신탁', '권리자 및 기타사항'은 '수탁자인 [****] 주식회사'가 기재된다.[11] 등기목적이 '소유권이전'이긴 하나, 등기원인이 '신탁'으로 기재되어 있고, 권리자를 소유자가 아닌 '수탁자'로 표기하므로, 등기부를 보면 부동산 관리목적으로 신탁이 설정되었을 거라는 것을 짐작할 수 있다. 그리고 신탁재산인 부동산의 소유권이전등기가 수탁자 앞으로 되어 있다 하더라도, 위탁자는 신탁부동산에 대한 '생전수익권'을 100% 보유하고 있는 것이다.

┃ 상속신탁설정등기 ┃

【 갑 구 】				(소유권에 관한 사항)
순위번호	등기목적	접 수	등기원인	권리자 및 기타사항
2	소유권이전	2012년 1월9일 제670호	2012년 1월8일 매매	소유자 김부자 600104-0000000 　　서울특별시 서초구 반포대로 00(반포동) 거래가액 금200,000,000원
3	소유권이전	2019년 3월5일 제3005호	2019년 3월4일 신탁	수탁자 [****] 주식회사 112601-000000 　　서울특별시 영등포구 00(여의도동) 신탁 신탁원부 제2019-25호

---

11) 등기부상으로는 유언대용신탁임을 알 수 없고, 관할 등기소에서 신탁원부를 열람하면 신탁의 유형과 사후수익자를 확인할 수 있다.

❶ 유언대용신탁의 신탁원부[12]

<table>
<tr><td colspan="3" align="center">신탁원부</td></tr>
<tr><td colspan="3">
신 탁 원 부　　제　　　　호
위 　탁 　자　　김부자
수 　탁 　자　　[****] 주식회사(취급점 : [**] 지점)
신 청 대 리 인　　법무사 [***]
　　　　　　　　주소
</td></tr>
<tr><td rowspan="2">신청서 접수</td><td>[****]년 [*]월 [*]일</td><td rowspan="2"></td></tr>
<tr><td>제 [*****] 호</td></tr>
<tr><td>1</td><td>위탁자의 성명과 주소</td><td>김부자 [****** – *******]
주소</td></tr>
<tr><td>2</td><td>수탁자의 성명과 주소</td><td>[****] 주식회사(법인등록번호 : ****** – ******)
주소 (취급지점 : [****] 지점)</td></tr>
<tr><td>3</td><td>수익자의 성명과 주소</td><td>1) 신탁원본 및 이익의 생전수익자
　　김부자 [****** – *******]
2) 위탁자 사망 시 사후수익자
　　김두리 [****** – *******]</td></tr>
<tr><td>4</td><td>신탁관리인의 성명과 주소</td><td>없음</td></tr>
<tr><td>5</td><td>신탁조항</td><td>별첨 유언대용신탁계약 및 부동산신탁계약과 같음</td></tr>
<tr><td>6</td><td>부동산의 표시</td><td>별첨 부동산 기재와 같음</td></tr>
</table>

---

12) 신탁등기를 신청할 때는 신탁등기사항을 적은 서면을 신청서에 첨부하여야 하는데, 이 서면이 접수되면 신탁원부로서 등기부의 일부가 되고, 신탁원부의 기재는 등기부로 본다(부동산등기법 제24조).

❷ 수익자연속신탁의 신탁원부

위 사례에서 김두리를 1차 사후수익자로, 김손자를 2차 사후수익자로 정하면 신탁원부는 다음과 같이 작성된다. 이 경우 2차 사후수익자만 신탁원부에 추가된 것이므로 등기기재는 앞의 유언대용신탁 사례와 같다.

신탁원부

신 탁 원 부　　제　　　　호
위 　탁 　자　　김부자
수 　탁 　자　　[****] 주식회사(취급점: [**] 지점)
신 청 대 리 인　　법무사 [***]
　　　　　　　　주소

신청서 접수	[****]년 [*]월 [*]일	
	제 [*****] 호	

1	위탁자의 성명과 주소	김부자 [****** _ *******] 주소
2	수탁자의 성명과 주소	[****] 주식회사(법인등록번호 : ****** _ ******) 주소 (취급지점 : [****] 지점)
3	수익자의 성명과 주소	1) 신탁원본 및 이익의 생전수익자 　　김부자 [****** _ *******] 2) 위탁자 사망 시 1차 사후수익자 　　김두리 [****** _ *******] 3) 1차 사후수익자 사망 시 2차 사후수익자 　　김손자 [****** _ *******]
4	신탁관리인의 성명과 주소	없음
5	신탁조항	별첨 유언대용신탁계약 및 부동산신탁계약과 같음
6	부동산의 표시	별첨 부동산 기재와 같음

나. 상속신탁집행등기

　위탁자인 김부자가 2019년 8월 20일 사망한 후 사후수익자인 김두리에게 상속신탁집행하게 되면 등기는 다음과 같이 변경된다.

　수탁자는 사후수익자 김두리 명의로 상속신탁집행등기를 신청하게 되는데, '등기목적'은 '소유권이전', '등기원인'은 '2019년 8월 20일 신탁재산의 귀속', '권리자 및 기타사항'에 '소유자 김두리'를 기재하면서, 순위번호 3번의 신탁등기를 '신탁재산의 귀속'을 원인으로 말소한다. 물론 계속관리형 유언대용신탁의 경우 위탁자 사망 이후 '일정 기간' 또는 '특정조건' 성취시까지 등기부의 변경은 없이 수탁자가 소유자로서 신탁재산을 계속 관리하게 된다. 이 경우 신탁원부의 변경이 필요할지 여부가 문제될 수 있는데, 신탁원부상 이미 '위탁자 사망 시 사후수익자'가 기재되어 있고, 사후수익권과 계속관리에 대한 자세한 규정이 들어가 있는 유언대용신탁계약서도 신탁원부에 첨부되어 있으므로, 신탁원부의 변경은 필요없다고 보는 것이 맞다.

┃ 상속신탁집행등기(신탁재산의 귀속등기) ┃

【 갑 　 구 】				(소유권에 관한 사항)
순위번호	등기목적	접　수	등기원인	권리자 및 기타사항
2	소유권 이전	2012년 1월9일 제670호	2012년 1월8일 매매	소유자　김부자　600104-0000000 　　서울특별시 서초구 반포대로 00(반포동) 거래가액　금200,000,000원
3	소유권 이전	2019년 3월5일 제3005호	2019년 3월4일 신탁	수탁자　00신탁 112601-000000 　　서울특별시 영등포구 국제금융로 00(여의도동) ~~신탁~~ ~~신탁원부　제2019-25호~~
4	소유권 이전	2019년 9월5일 제4005호	2019년 8월20일 신탁재산의 귀속	소유자　김두리 900110-0000000 　　서울특별시 서초구 반포대로 00(반포동) 3번 신탁등기 말소 원인 신탁재산의 귀속

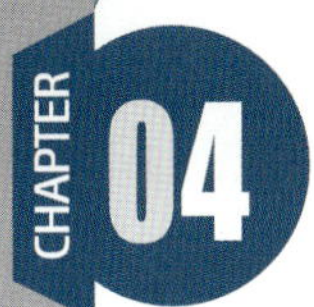

CHAPTER 04

상속신탁계약의 체결, 신탁재산운용 및 상속신탁집행

1 상속신탁계약의 체결

상속신탁계약 체결을 위해 위탁자와 수탁자는 사전에 미리 자산승계계획 수립, 사후수익자 및 사후수익권의 내용 확정, 신탁계약 후 등기·등록 절차의 이행, 신탁 후 재산관리방법에 대해 충분히 협의하고 신탁전문 변호사의 도움을 받아 신탁계약서를 작성해야 한다. 상속신탁계약을 체결할 때에는 신탁계약서에 자필서명하도록 한다. 고령자가 상속신탁을 체결하는 경우, 신탁회사는 유언대용신탁계약의 내용을 설명하거나 위탁자 본인이 자필기재하는 장면을 동영상으로 촬영해 놓아야 향후 신탁계약체결 시점에 사무처리능력 문제가 제기될 경우를 대비할 수 있다.

신탁법 제56조 제1항에 따라 생전수익권취득형 유언대용신탁의 경우 신탁계약으로 사후수익자로 지정된 자는 당연히 사후수익권을 취득한다. 상속신탁계약 체결 여부를 사후수익자에게 알려야 하는지에 대해서는 두 가지 선택지가 있다. 신탁계약 체결 시에 사후수익자에게 통지하는 방법과 상속개시 후 사후수익자에게 통지하는 방법 중 위탁자가 선택할 수 있는데(신탁법 제56조), 일반적으로는 상속개시 후 사후수익자에게 신탁사실이 통지되기를 원한다. 사후수익자가 미리 상속신탁 내용을 알게 될 경우, 사후수익자의 근로의욕이 상실되거나 사후수익자 간 차등상속계획이 서로의 관계를 악화시킬 위험성도 있기 때문이다.

> **신탁법**
>
> 제56조 【수익권의 취득】 ① 신탁행위로 정한 바에 따라 수익자로 지정된 자(제58조 제1항 및 제2항에 따라 수익자로 지정된 자를 포함한다)는 당연히 수익권을 취득한다. 다만, 신탁행위로 달리 정한 경우에는 그에 따른다.
>
> ② 수탁자는 지체 없이 제1항에 따라 수익자로 지정된 자에게 그 사실을 통지하여야 한다. 다만, 수익권에 부담이 있는 경우를 제외하고는 신탁행위로 통지시기를 달리 정할 수 있다.

상속신탁은 위탁자 사후는 물론 생전에도 위탁자의 신탁재산에 대한 완전한 통제권을 행사하는 것을 보장해주는 신탁계약이다. 일반적인 경우 상속신탁하였더라도 신탁재산의 운용, 즉 보관, 관리, 취득, 처분은 전적으로 위탁자의 지시에 따라 수탁자가 이행한다. 물론 위탁자가 해외 장기 체류 중이거나 사무처리능력이 부족한 상황에 전적으로 또는 일정 제한하에 수탁자에게 신탁재산의 보관, 관리, 취득, 처분에 대한 재량권을 부여할 수도 있다. 그리고 신탁재산보호자나 신탁재산지시권자를 개입시켜 위탁자가 사무처리능력이 없을 때 신탁재산의 관리에 대한 지시권을 행사하도록 할 수도 있다.

가. 신탁재산이 금전인 경우

금전에 대해 신탁설정하면, 신탁재산은 다양한 자산으로 운용된다. 신탁재산인 금전을 주식, 채권, 펀드, 파생결합증권, 부동산, 동산, 항공기, 선박 등 다양한 재산으로 운용할 수 있다. 안전자산을 선호하는 위탁자라면 주로 예금, 채권 및 채권형 펀드로 운용한다. 재산증식 목적인 위탁자는 주식, 주식형 펀드, 파생결합증권에 투자할 수 있다. 수익형 부동산으로 노후자금을 확보하려는 위탁자는 신탁재산인 금전으로 수익형 부동산을 매수하고, 수익형 부동산으로부터 발생하는 정기적인 이익을 노후자금으로 활용할 수도 있다.

등기예규

금전신탁계약에서 부동산을 취득할 때 등기예규

(5) 「신탁법」 제27조에 따라 신탁재산에 속하게 되는 경우

(가) 「신탁법」 제27조에 따라 신탁재산에 속하게 되는 경우, 예컨대 신탁재산(금전 등)의 처분에 의하여 제3자로부터 부동산에 관한 소유권을 취득하는 경우에는 신탁등기의 신청은 해당 부동산에 관한 소유권이전등기의 신청과 함께 1건의 신청정보로 일괄하여 하여야 한다. 등기의 목적은 "소유권이전 및 신탁재산처분에 의한 신탁"으로, 등기권리자란은 "등기권리자 및 수탁자"로 표시하여 신청정보의 내용으로 제공한다.

(나) 다만, 위 제3자와 공동으로 소유권이전등기만을 먼저 신청하여 수탁자 앞으로 소유권이전등기가 이미 마쳐진 경우에는 수탁자는 그 후 단독으로 신탁등기만을 신청할 수 있고, 수익자나 위탁자도 수탁자를 대위하여 단독으로 신탁등기만을 신청할 수 있다. 이 경우 등기의 목적은 "신탁재산처분에 의한 신탁"으로 하여 신청정보의 내용으로 제공한다.

신탁등기사무처리에 관한 예규 개정 2019.5.27. [등기예규 제1673호, 시행 2019.5.27.]

나. 신탁재산이 부동산인 경우

상속신탁으로 부동산을 신탁한 경우에도 소유권 관리만을 목적으로 하는 '(을종)부동산관리신탁'을 원하는 위탁자도 있고, 임대 및 시설관리까지 신탁회사에 맡기는 '(갑종)부동산관리신탁'을 원하는 위탁자도 있다. 신탁회사가 일정 기간 부동산관리신탁을 하다가 위탁자가 부동산의 처분을 원하면 신탁회사는 처분신탁 특약으로 부동산을 매각하고 매매대금을 신탁재산으로 편입시켜 운용하기도 한다. 나대지나 노후건물을 신탁하면서 '부동산개발신탁'을 맡기는 위탁자도 있다. 신탁회사가 부동산의 상태, 자금여력, 위탁자의 희망사항, 자녀의 경제적 수준 등을 고려해서 최선의 부동산관리, 처분 및 개발 전략을 수행한다.

수익형 부동산을 (을종)부동산관리신탁한 경우 위탁자가 부동산임대사업자를 유지하고, 임대 및 시설관리도 위탁자가 직접 수행한다. 수익형 부동산을 (갑종)부동산관리신탁한 경우 임대 및 시설관리라는 사실행위는 수탁자가 하지만, 임대차계약 체결 주체는 위탁자 또는 수탁자이다. 현행 신탁과세 체계에서는 수탁자가 신탁부동산별로 임대사업자등록을 하기 곤란하기 때문에 위탁자가 여전히 임대사업을 영위하는 주체이고 부동산임대사업자등록도 기존 위탁자 명의를 그대로 유지한다. 여기서 상속신탁설정으로 부동산의 소유권이 수탁자에게로 넘어와 있기 때문에 임대차계약 체결 시 임차인의 불안을 해소할 장치가 필요하다. 그것이 바로 신탁회사 대표이사 명의의 '신탁사실확인서'이다. 신탁사실확인서는 신탁회사마다 다르겠지만, 대략적인 내용은 다음과 같다.

[신탁사실확인서]

위탁자 [***]와 수탁자 [****] 주식회사는 [****]년 [*]월 [*]일 별지 기재 부동산에 대하여 부동산관리신탁계약을 체결하였는바, [****] 주식회사로의 신탁등기에도 불구하고 부동산관리신탁계약서 제9조에 따라 위탁자는 위탁자의 책임과 부담으로 신탁부동산에 관한 임대차계약의 체결, 임대차보증금의 수령, 운용, 관리 및 그에 따른 수익을 취득할 권리를 여전히 보유하고 있음을 확인합니다.

을종부동산관리신탁계약서 제9조【신탁부동산의 관리 등】 ① 수탁자는 신탁부동산에 관하여 소유권의 등기명의를 보존하는 업무를 수행하며, 위탁자는 자신의 책임과 부담으로 신탁부동산의 보존, 유지, 관리하여야 한다.

② 위탁자는 수익자 및 수탁자의 사전 동의를 얻어 자신의 책임과 부담으로 신탁부동산에 관한 임대차계약의 체결, 임대차보증금의 수령·운용·관리 및 그에 따른 수익을 취득할 수 있다. 다만, 위탁자가 신탁부동산에 관하여 임대차계약을 체결한 경우 임차인으로부터 임대차보증금반환의무 그 밖의 임대인으로서의 지위 및 의무가 위탁자에게 있음을 확인하는 서면을 제공받아 이를 수탁자에게 제출하여야 한다.

③ 위탁자는 신탁부동산의 멸실·훼손 등 사고가 발생하였거나 발생할 것으로 예상되는 경우 수탁자에게 지체 없이 이를 통지하여야 한다.

[****]년 [*]월 [*]일

[****] 주식회사
서울시 영등포구
대표이사 [***] (인)   * 별첨 : 법인인감증명서

다. 신탁재산이 비상장주식인 경우

비상장주식에 대해 신탁을 설정하는 위탁자의 신탁목적은 주로 '투자 목적'과 '경영권 참여 목적'으로 나뉜다. 투자목적인 비상장주식에 대해 상속신탁을 체결하면, 신탁회사는 위탁자의 지시에 따라 의결권을 행사하고, 배당금을 수령하며 수령한 배당금을 운용하는 일을 주로 한다. 비상장주식이 상장될 경우 비상장주식을 발행회사에 반환하고 상장주식을 교부받는데, 상장주식도 신탁재산으로 편입된다. 경영권 참여목적인 비상장주식의 경우 수탁자는 위탁자의 지시에 따라 의결권을 행사하는 것이 가장 중요하다. 위탁자의 지시에 따라 회계장부의 열람, 합병, 분할, 분할합병 등 회사 구조 변경에 반대를 하거나 반대매수청구권을 행사하기도 한다.

3 상속신탁집행

상속신탁 체결 후 위탁자가 사망하면, 수탁자는 사망사실을 확인한 후 사후수익자에게 신탁계약 내용을 설명하고, 상속신탁의 내용에 따라 상속신탁을 집행한다. 신탁회사마다 조금은 다를 수 있지만, 사후수익자 전원으로부터 '사후수익권 취득 확인서', '신탁재산귀속신청서'를 교부받는다. 즉시배분형 사후수익권의 경우 수탁자는 신탁재산별 신탁계약에 따라 신탁재산을 배분한다. 금전신탁계약의 신탁재산이나 유가증권신탁계약의 신탁재산은 계좌이체 방식으로 사후수익자계좌로 이체하고, 부동산신탁계약의 신탁재산은 사후수익자로 소유권이

전등기를 신탁회사가 등기의무자가 되어 신청한다. 부동산을 매각해서 현금으로 지급하라고 설계하는 경우도 있다. 한편, 계속관리형 상속신탁을 설정한 경우는 '특정 기한'이나 '특정 조건' 성취시까지 상속신탁계약을 그대로 유지한 후 '특정 기한'이나 '특정 조건'이 성취될 때 신탁회사가 신탁재산을 배분하고 신탁은 종료된다.

[신탁재산 귀속증서]

   이 증서 별지 "신탁 부동산"에 기재된 부동산에 대하여, 위탁자 [***] (이하 "위탁자"라 함)와 수탁자 [****] 주식회사 사이에 [****]년 [*]월 [*]일 체결된 유언대용신탁계약은 위탁자의 사망으로 유언대용신탁계약의 특약 제4조 및 특약 별지2 "사후수익자의 사후수익권 및 신탁계약의 유지·관리"에 의하여 상속신탁집행 사유가 발생되었으므로, 수탁자와 위탁자 사이에 체결한 부동산신탁계약서 별지2 "신탁의 수익자", 별지3 "신탁특약" 및 유언대용신탁계약의 특약 별지2 "사후수익자의 사후수익권 및 신탁계약의 유지·관리"에 의거하여, 이 증서 별지 "신탁 부동산목록 및 사후수익자"에서 정한 바에 따라 신탁재산을 사후수익자 [***]에게 인계하기 위하여 이 증서 3부를 작성하여 각 1부씩 보관하고 1부는 등기소 제출용으로 사용합니다.

[****]년 [*]월 [*]일

수탁자 [****] 주식회사
서울시 영등포구
대표이사   (인)

사후수익자 [***] (인)
주민등록번호
주소

CHAPTER 05

민사신탁을 활용한 상속신탁

1 민사신탁의 개념과 활용

우리나라는 신탁업 인가주의를 채택하고 있다. 신탁을 영업으로 하는 행위를 '신탁업'이라고 정의하고, 신탁업을 하려면 최저 자본금과 인적물적 설비를 갖추어 금융위원회의 인가를 받아야 한다(자본시장법 제6조 제9항, 제12조). 인가를 받지 않고 신탁인수를 영리목적으로 계속적·반복적으로 하면 자본시장법 위반이 된다(자본시장법 제11조). 따라서 신탁업 인가를 받지 않고 신탁을 인수하려면, 영리성이 없어야 한다. 즉, 신탁업자가 아닌 자가 신탁의 수탁자가 되려면 신탁보수를 받지 않아야 한다. 신탁회사가 아닌 자가 신탁보수를 받지 않고 수탁자가 되는 신탁을 '민사신탁'이라 한다. 주로 민사신탁은 수탁자가 위탁자의 가족이 되기 때문에 민사신탁을 가족신탁과 같은 의미로 사용하기도 하나, 민사신탁과 가족신탁을 같은 의미로 사용하기 보다는 수탁자의 법적 지위에 따라 신탁회사가 아닌 자가 수탁자인 신탁을 민사신탁으로 부르는 것이 개념 혼란을 피할 수 있는 방법이다.

가. 민사신탁과 상사신탁의 장단점 비교

구 분	상사신탁(수탁자 = 신탁회사)	민사신탁(수탁자 = 일반인)
수탁자	신탁회사 (은행, 증권, 보험, 부동산신탁)	가족, 친족, 전문직 종사자
신탁보수	있음	없음
감독기관	금융위원회, 금융감독원	법원(실질 : 감독하지 않음)
장 점	• 수탁자 물색 수고 없음 • 수탁자의 부정행위 위험성 없음 • 친족의 신탁재산 관리부담 없음	• 가족문제에 제3자의 개입이 없음 • 수탁가능재산에 제한이 없음

구 분	상사신탁(수탁자 = 신탁회사)	민사신탁(수탁자 = 일반인)
단 점	• 신탁보수 부담 • 수탁가능재산 제한 있음	• 적정한 수탁자 선정 곤란 • 수탁자의 신탁업무 수행 부담 • 수탁자의 신탁재산관리 전문성 부재 • 수탁자의 부정행위에 대한 대책 부재

상사신탁은 신탁회사가 금융감독기관의 감독을 받고 있고, 신탁법상 충실의무보다 훨씬 엄격한 자본시장법상 영업행위 규제를 받고 있다는 점에서 신탁계약의 이행가능성이 매우 높다(자본시장법 제102조 내지 제117조의 2). 민사신탁은 신탁보수가 없고, 가족 재산관리에 제3자인 신탁회사를 개입시키지 않는다는 점에서 장점이 있으나, 적정한 수탁자 선정이 곤란하고 수탁자 신탁재산관리의 전문성이 없을 가능성이 높으며, 수탁자의 부정행위에 대한 예방대책이 부족하다는 단점이 있다.

민사신탁으로 상속신탁을 설계할 경우 가장 큰 단점은 수탁자의 신탁계약 위반[13] 행위나 신탁재산에 대한 부정행위에 취약하다는 것이다. 신탁은 신탁재산에 대한 대내외적 소유권이 완전히 수탁자에게 이전되기 때문이다. 수탁자의 신탁계약위반행위나 부정행위 시 위탁자나 사후수익자의 권리구제수단은 무엇인가? 수탁자가 신탁위반하거나 위반할 우려가 있고 해당 행위로 신탁재산에 회복할 수 없는 손해가 발생할 우려가 있는 경우 위탁자 겸 생전수익자는 신탁법 제77조에 근거하여 수탁자에게 그 행위를 하지 못하도록 유지(留止)할 것을 청구할 수 있다. 그리고 수탁자가 신탁의 목적을 위반하여 신탁재산에 관한 법률행위를 한 경우 위탁자 겸 생전수익자는 상대방이나 전득자가 그 법률행위 당시 수탁자의 신탁목적의 위반 사실을 알았거나 중대한 과실로 알지 못하였을 때에는 신탁법 제77조에 따라 신탁위반 법률행위를 취소할 수 있다. 그리고 상속신탁은 생전수익자가 위탁자이므로, 수탁자가 신탁계약을 위반하거나 신탁재산에 대한 부정행위를 할 경우 신탁법 제16조에 따라 수탁자를 해임하고 새로운 수탁자를 선임할 수 있을 것이다.

Part 03

---

13) 예를 들어, 수탁자가 위탁자 생전에 신탁재산을 매각해버릴 수 있다. 매매로 인한 소유권이전등기를 접수한 등기공무원이 신탁계약을 충분히 검토하고 등기 여부를 결정하면 달라질 수 있지만, 등기심사는 기본적으로 형식적인 심사에 국한되어, 등기관에 의한 상속신탁이행을 보장받는 것은 현명하지 않은 선택이다.

나. 민사신탁에 대한 안전장치 검토

민사신탁을 보다 안전하게 설계하는 방법은 없을까? 수탁자를 2명 이상으로 하는 공동수탁자를 선정해 놓으면, 수탁자에 의한 부정행위나 신탁계약위반행위를 적절하게 통제할 수 있을 것이다. 공동수탁의 경우 신탁재산은 공동수탁자의 합유(合有)로 하고, 신탁행위로 달리 정한 바가 없으면, 신탁사무의 처리는 수탁자가 공동으로 행사해야 하기 때문이다(신탁법 제50조). 예를 들어, 아버지가 아들을 사후수익자로 지정하면서 수탁자를 아들과 제3의 전문가로 지정하면, 아들의 부정행위나 신탁계약위반행위를 통제할 수 있다.

또 다른 방법으로 수익자지정권재량신탁을 활용하는 방법이다. 신탁계약으로 제3자의 전문가에게 수익자를 지정하거나 변경할 수 있는 권한을 부여한다. 수익자지정권자는 수탁자가 신탁계약을 위반한 경우나 신탁재산에 대한 부정행위를 한 경우 수탁자의 사후수익권을 소멸시키고 다른 사후수익자를 지정할 권한을 보유하도록 하면, 수탁자의 신탁계약위반이나 신탁재산 부정행위를 간접적으로 통제할 수 있을 것이다.

다. 민사신탁과 상사신탁 선택하기

민사신탁과 상사신탁 모두 장단점을 가지고 있다. 위탁자의 재산규모와 건강상태, 가족의 자산관리 전문성과 윤리의식 정도, 위탁자 사후 상속분쟁 가능성을 종합적으로 고려해서, 상사신탁과 민사신탁 중 하나를 선택하거나, 아니면 민사신탁과 상사신탁을 결합하는 방안도 고려해볼 수 있다.

예를 들어, 신탁대상 재산으로 신탁회사가 수탁 가능한 아파트, 상가, 금전과 함께 신탁회사가 수탁할 수 없는 전, 답, 과수원이 있는 경우, 전, 답, 과수원은 민사신탁으로 설정하고, 아파트, 상가, 금전은 상사신탁으로 설정하면서 민사신탁계약에 상사신탁 수탁자를 신탁재산보호자(trust protector)로 지정하고 중요한 신탁재산 처분행위 시 신탁재산보호자의 동의가 필요하도록 설계하면 민사신탁과 상사신탁을 결합하여 최적의 자산승계신탁을 설계할 수 있다.

2 민사신탁과 상사신탁 결합모델

민사신탁과 상사신탁을 조화롭게 결합하는 방법을 생각해보면, 다음의 두 가지가 가능하다. 실제 미국에서는 가족에 의한 민사신탁과 신탁회사에 의한 상사신탁을 결합하는 모델이 최근 증가하고 있다.

가. 재신탁

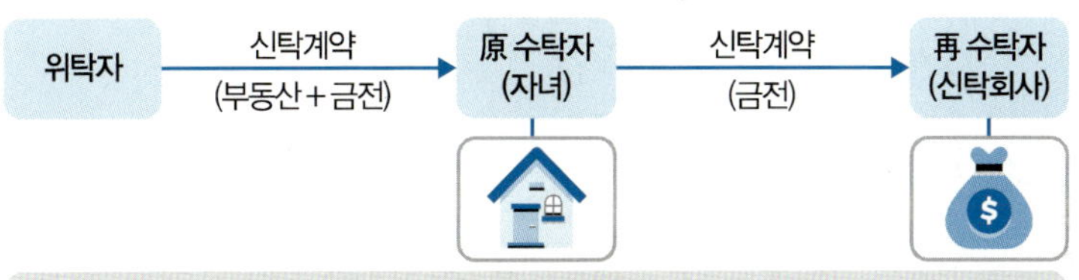

위탁자의 자녀가 부동산과 금전에 대해 신탁계약을 체결하고, 부동산은 자녀가 수탁자 역할을 수행하고, 금전은 운용전문회사인 신탁회사와 재신탁계약을 체결하는 방법을 생각해볼 수 있다(신탁법 제3조 제5항).[14]

나. 공동수탁

위탁자가 처음부터 자녀와 신탁회사를 공동수탁자로 선정하고, 신탁회사가 부동산과 금전을 보관, 운용하는 권한을 갖으며, 자녀는 신탁재산의 인출지시, 운용지시 및 인출재산 사용권한을 갖도록 하는 공동수탁 구조를 생각해 볼 수 있다(신탁법 제50조).[15] 수탁자 간 역할을 분담함으로써 상호견제와 상호보완 관계를 만들어 상속신탁구조의 안정성을 확보할 수 있을 것이다.

---

14) 제3조 【신탁의 설정】 ① 신탁은 다음 각 호의 어느 하나에 해당하는 방법으로 설정할 수 있다. 다만, 수익자가 없는 특정의 목적을 위한 신탁(이하 "목적신탁"이라 한다)은 「공익신탁법」에 따른 공익신탁을 제외하고는 제3호의 방법으로 설정할 수 없다. 〈개정 2014.3.18.〉
　⑤ 수탁자는 신탁행위로 달리 정한 바가 없으면 신탁 목적의 달성을 위하여 필요한 경우에는 수익자의 동의를 받아 타인에게 신탁재산에 대하여 신탁을 설정할 수 있다.

15) 제50조 【공동수탁자】 ① 수탁자가 여럿인 경우 신탁재산은 수탁자들의 합유(合有)로 한다.
　② 제1항의 경우 수탁자 중 1인의 임무가 종료하면 신탁재산은 당연히 다른 수탁자에게 귀속된다.
　③ 제1항의 경우 신탁행위로 달리 정한 바가 없으면 신탁사무의 처리는 수탁자가 공동으로 하여야 한다. 다만, 보존행위는 각자 할 수 있다.
　④ 수탁자가 여럿인 경우 수탁자 1인에 대한 의사표시는 다른 수탁자에게도 효력이 있다.
　⑤ 수탁자가 여럿인 경우 신탁행위로 다른 수탁자의 업무집행을 대리할 업무집행수탁자를 정할 수 있다.

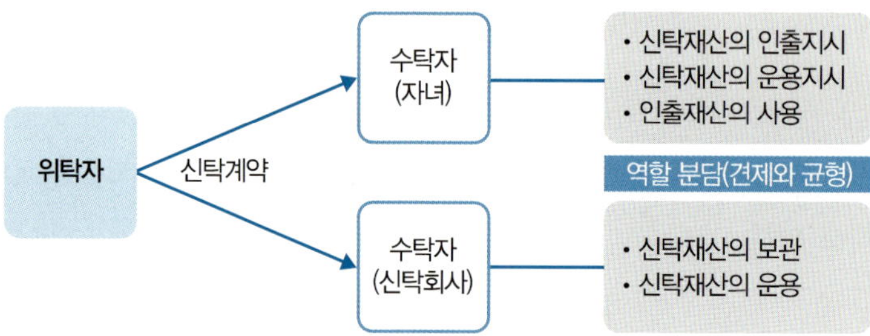

3 민사신탁으로 체결하는 상속신탁 등기실무

가. 상속신탁설정등기

김부자가 살고 있는 아파트를 신탁하면서 아들인 김두리를 수탁자 및 사후수익자로 지정한 경우, 아버지 생전에는 아버지를 위하여 아들이 아파트를 수탁받아 관리하다가 아버지가 돌아가시면 상속신탁집행으로 신탁아파트의 소유권을 아들에게 귀속시킬 수 있다. 대부분의 민사신탁이 이 방식, 즉 수탁자와 사후수익자가 같은 조건으로 체결되고 있었다. 이러한 민사신탁의 등기기재례는 다음과 같다. 신탁설정 단계에서는 수탁자가 개인인지, 신탁회사인지 이외에 나머지는 상사신탁과 민사신탁이 동일하다.

민사신탁으로 설정되는 상속신탁설정등기

【 갑 구 】				(소유권에 관한 사항)
순위번호	등기목적	접 수	등기원인	권리자 및 기타사항
2	소유권 이전	2012년 1월9일 제670호	2012년 1월8일 매매	소유자 김부자 600104-000000 서울특별시 서초구 반포대로 00(반포동) 거래가액 금200,000,000원
3	소유권 이전	2015년 3월5일 제3005호	2015년 3월4일 신탁	수탁자 김두리 940103-0000 서울특별시 서초구 반포대로 00(반포동) 신탁 신탁원부 제2015-28호

나. 신탁원부

<table>
<tr><td colspan="3" align="center">신탁원부</td></tr>
<tr><td colspan="3">신 탁 원 부　　제　　　　　　호
위　　탁　　자　　김부자
수　　탁　　자　　김두리
신 청 대 리 인　　법무사 [***]
　　　　　　　　　주소</td></tr>
<tr><td rowspan="2">신청서 접수</td><td colspan="2">[****]년 [*]월 [*]일</td></tr>
<tr><td colspan="2">제 [*****] 호</td></tr>
<tr><td>1</td><td>위탁자의 성명과 주소</td><td>김부자 [****** - *******]
주소</td></tr>
<tr><td>2</td><td>수탁자의 성명과 주소</td><td>김두리 [****** - *******]
주소</td></tr>
<tr><td>3</td><td>수익자의 성명과 주소</td><td>1) 신탁원본 및 이익의 생전수익자
　　김부자 [****** - *******]
2) 위탁자 사망 시 사후수익자
　　김두리 [****** - *******]</td></tr>
<tr><td>4</td><td>신탁관리인의 성명과 주소</td><td>없음</td></tr>
<tr><td>5</td><td>신탁조항</td><td>별첨 유언대용신탁계약과 같음</td></tr>
<tr><td>6</td><td>부동산의 표시</td><td>별첨 부동산 기재와 같음</td></tr>
</table>

다. 상속신탁집행등기

　　수탁자는 신탁재산을 고유재산으로 하거나 신탁재산에 관한 권리를 고유재산에 귀속시키는 행위를 하지 못하지만, ① 신탁행위로 허용한 경우, ② 수익자에게 그 행위에 관련된 사실을 고지하고 수익자의 승인을 받은 경우, ③ 법원의 허가를 받은 경우에는 예외적으로 신탁재산을 고유재산으로 전환하거나 신탁재산에 관한 권리를 고유재산에 귀속시킬 수 있다(신탁법

제34조 제1항 및 제2항). 민사신탁계약 후 위탁자가 사망한 경우, 상속신탁계약에 명시적으로 신탁재산을 고유재산으로 전환하거나 귀속시킬 수 있는 조항이 있으면, 수탁자가 신탁재산을 고유재산으로 전환 또는 귀속시킬 수 있다. 만약 신탁계약에 신탁재산을 수탁자의 고유재산으로 전환 또는 귀속할 수 있음을 명시하지 않는 경우에는 법원 또는 주무관청의 허가를 얻어야 한다. 두 경우 모두 수탁자는 등기목적을 '수탁자의 고유재산으로 된 취지의 등기'로 하고, 등기원인을 '신탁재산의 고유재산 전환'으로 하면서 기존 신탁등기를 말소한다.[16)]

제34조 【이익에 반하는 행위의 금지】 ① 수탁자는 누구의 명의(名義)로도 다음 각 호의 행위를 하지 못한다.

1. 신탁재산을 고유재산으로 하거나 신탁재산에 관한 권리를 고유재산에 귀속시키는 행위
2. 고유재산을 신탁재산으로 하거나 고유재산에 관한 권리를 신탁재산에 귀속시키는 행위
3. 여러 개의 신탁을 인수한 경우 하나의 신탁재산 또는 그에 관한 권리를 다른 신탁의 신탁재산에 귀속시키는 행위
4. 제3자의 신탁재산에 대한 행위에서 제3자를 대리하는 행위
5. 그 밖에 수익자의 이익에 반하는 행위

② 제1항에도 불구하고 수탁자는 다음 각 호의 어느 하나에 해당하는 경우 제1항 각 호의 행위를 할 수 있다. 다만, 제3호의 경우 수탁자는 법원에 허가를 신청함과 동시에 수익자에게 그 사실을 통지하여야 한다.

1. 신탁행위로 허용한 경우
2. 수익자에게 그 행위에 관련된 사실을 고지하고 수익자의 승인을 받은 경우
3. 법원의 허가를 받은 경우

③ 제1항에도 불구하고 수탁자는 상속 등 수탁자의 의사에 기하지 아니한 경우에는 신탁재산에 관한 권리를 포괄적으로 승계할 수 있다. 이 경우 해당 재산의 혼동에 관하여는 제26조를 준용한다.

---

16) 부동산등기규칙 제143조 【신탁재산이 수탁자의 고유재산으로 된 경우】 신탁재산이 수탁자의 고유재산이 되었을 때에는 그 뜻의 등기를 주등기로 하여야 한다. 제144조 【신탁등기의 말소】 ① 신탁등기의 말소등기신청은 권리의 이전 또는 말소등기나 수탁자의 고유재산으로 된 뜻의 등기신청과 함께 1건의 신청정보로 일괄하여 하여야 한다. ② 등기관이 제1항에 따라 권리의 이전 또는 말소등기나 수탁자의 고유재산으로 된 뜻의 등기와 함께 신탁등기의 말소등기를 할 때에는 하나의 순위번호를 사용하고, 종전의 신탁등기를 말소하는 표시를 하여야 한다. 신탁등기 사무처리에 관한 예규 개정 2019.5.27. [등기예규 제1673호, 시행 2019.5.27.] 5. 나. 신탁재산이 수탁자의 고유재산으로 되는 경우 "「신탁법」 제34조 제2항에 따라 신탁재산이 수탁자의 고유재산으로 되는 경우에는 신탁행위로 이를 허용하였거나 수익자의 승인을 받았음을 증명하는 정보(인감증명 포함) 또는 법원의 허가 및 수익자에게 통지한 사실을 증명하는 정보를 첨부정보로서 제공하여 '수탁자의 고유재산으로 된 뜻의 등기 및 신탁등기의 말소등기'를 신청할 수 있다."

【 갑 구 】				(소유권에 관한 사항)
순위번호	등기목적	접 수	등기원인	권리자 및 기타사항
2	소유권 이전	2012년 1월9일 제670호	2012년 1월8일 매매	소유자 김부자 600104-000000 　서울특별시 서초구 00(반포동) 거래가액 금200,000,000원
3	소유권 이전	2015년 3월5일 제3005호	2015년 3월4일 신탁	수탁자 김두리 940103-0000 　서울특별시 서초구 00(반포동)
				~~신탁~~ ~~신탁원부 제2015-28호~~
4	3번 수탁자의 고유재산으로된 취지의 등기 2번 신탁말소	2016년 6월5일 제10005호	2016년 5월 신탁재산의 고유재산 전환	

4 수탁자와 사후수익자가 동일인인 경우 부동산 등기 이슈

신탁법

제36조 【수탁자의 이익향수금지】 수탁자는 누구의 명의로도 신탁의 이익을 누리지 못한다. 다만, 수탁자가 공동수익자의 1인인 경우에는 그러하지 아니하다.

　문제는 수탁자와 사후수익자가 동일인인 상속신탁등기가 허용되는가이다. 2018년 8월 17일 대법원 부동산등기과는 "수탁자와 사후수익자를 동일인으로 하는 유언대용신탁은 신탁법 제36조를 위반한 것이어서 이러한 내용의 신탁등기는 신청할 수 없다"고 하여 민사신탁 실무에서 파장을 일으켰다. 수탁자와 사후수익자가 동일한 상속신탁은 적법한 신탁이 아니므로, 이러한 내용의 상속신탁계약은 체결해서는 안 된다. 한편, 이 부동산등기선례가 나오기 전에 체결되어 등기가 완료된 수탁자와 사후수익자가 동일인인 상속신탁은 위탁자 사후 상속신탁집행이 불가능할 수 있다.

"위탁자가 수익자의 지위를 겸하는 자익신탁은 일반적으로 허용되므로, 유언대용신탁의 경우에도 위탁자가 생전수익자의 지위를 겸하는 것은 가능하다(신탁법 제3조 제1항 참조). 그러나 「신탁법」은 수탁자가 공동수익자 중 1인인 경우를 제외하고는 수탁자로 하여금 신탁의 이익을 누리는 것을 금지하고 있는바(신탁법 제36조), 유언대용신탁에서 생전수익자와 사후수익자가 별도로 존재하는 경우라도 위탁자의 사망을 기준으로 생전수익자와 사후수익자가 시간적으로 분리되는 결과 생전수익자와 사후수익자가 동시에 공동수익자로서 권리행사를 할 수는 없으므로(신탁법 제59조), 위탁자의 사망 이후에 수탁자만이 단독 사후수익자가 되는 신탁은 「신탁법」 제36조를 위반하게 되는 것이어서 생전수익자를 위탁자와 동일인으로 하고, 사후수익자를 수탁자와 동일인으로 하는 신탁등기는 신청할 수 없다(부동산등기선례 제201808-4호)."

그렇다면, 수탁자와 사후수익자가 동일인이면 등기가 불가능한데, 이 문제를 해결하는 방법을 찾아보면, 두 가지가 있다.

첫째, 사후수익자를 한 명 더 추가하는 방법이 있다. 다만, 부동산 물건별로 한 명의 사후수익자가 있어야 상속개시 후 분쟁이 없는데, 두 명의 사후수익자가 공유하는 관계로 인해 위탁자가 원하는 최종의 상속구조가 아닐 수 있다. 따라서 사후수익자를 자녀 가족 단위로 구성하는 것이 좋다. 보통 위탁자가 자녀를 수탁자로 하면서, 사후수익자를 수탁자인 자녀와 수탁자 아닌 손자녀로 지정한다.

둘째, 신탁종료 후 귀속권리자를 지정하는 방법이 있다. 예를 들면, 아버지가 살고 있는 아파트를 아들에게 신탁하면서 아버지 본인을 수익자로 하면서, 아버지 사망을 원인으로 신탁이 종료될 때 신탁법 제101조 제1항에 따른 귀속권리자를 아들로 지정하면 된다. 귀속권리자와 수익자는 다르기 때문에 신탁법 제36조에 정면으로 위반된다고 할 수 없지만, 실질이 동일하다는 점 때문에 향후 부동산 등기선례의 변경이 있을 수 있음에 유의해야 한다. 그리고 위탁자 사망으로 사후수익권을 취득하는 사후수익자를 수탁자로 지정하는 유언대용신탁계약을 체결하면서, 동시에 위탁자 사망으로 신탁계약이 종료될 경우 귀속권리자를 수탁자로 지정하는 방식은 신탁 구조상 바람직하지 않다. 왜냐하면 부동산등기선례 제201808-4호에 저촉되어 무효인 유언대용신탁계약(사후수익자=수탁자) 내에 실질이 동일한 귀속권리자(귀속권리자=수탁자)를 지정하는 것은 신탁계약 구조상 맞지 않기 때문이다. 따라서 유언대용신탁이 아닌 일반 부동산관리신탁(위탁자=수익자, 수탁자=자녀)에, 위탁자 사망으로 신탁이 종료하는 경우 자녀를 귀속권리자로 지정하는 방식으로 신탁계약을 구성하는 것이 적법하다.

제101조【신탁종료 후의 신탁재산의 귀속】① 제98조 제1호, 제4호부터 제6호까지, 제99조 또는 제100조에 따라 신탁이 종료된 경우 신탁재산은 수익자(잔여재산수익자를 정한 경우에는 그 잔여재산수익자를 말한다)에게 귀속한다. 다만, 신탁행위로 신탁재산의 잔여재산이 귀속될 자(이하 "귀속권리자"라 한다)를 정한 경우에는 그 귀속권리자에게 귀속한다.

② 수익자와 귀속권리자로 지정된 자가 신탁의 잔여재산에 대한 권리를 포기한 경우 잔여재산은 위탁자와 그 상속인에게 귀속한다.

③ 제3조 제3항에 따라 신탁이 종료된 경우 신탁재산은 위탁자에게 귀속한다.

④ 신탁이 종료된 경우 신탁재산이 제1항부터 제3항까지의 규정에 따라 귀속될 자에게 이전될 때까지 그 신탁은 존속하는 것으로 본다. 이 경우 신탁재산이 귀속될 자를 수익자로 본다.

⑤ 제1항 및 제2항에 따라 잔여재산의 귀속이 정하여지지 아니하는 경우 잔여재산은 국가에 귀속된다.

"신탁의 종료사유는 신탁행위로 자유롭게 정할 수 있으며(신탁법 제98조 제6호), 신탁이 종료된 경우 신탁재산의 잔여재산이 귀속될 자 또한 신탁행위로 자유롭게 정할 수 있는 것이므로(신탁법 제101조 제1항 단서), '위탁자의 사망'을 신탁의 종료사유로 하고, 신탁이 종료된 경우 신탁재산의 잔여재산이 귀속될 자를 '수탁자'로 하는 내용의 신탁등기도 신청할 수 있다(부동산등기선례 제201911-2호)."

5 세법상 유의사항

상속신탁은 신탁설정 시점에 증여세나 취득세 부담이 없다는 점 때문에 여러 국가에서 자산승계계획을 실행하는 수단으로 활용되고 있다. 그런데 문제는 신탁계약의 내용을 잘못 작성하면 세법상 증여행위로 인식될 수 있다는 것이다. 상사신탁은 수탁자인 신탁회사 소속 신탁 전문 변호사와 세무사가 신탁계약의 내용을 미리 검토할 뿐만 아니라, 수탁자가 가족이 아니라 신탁회사라는 점 때문에 증여로 오인될 잘못된 신탁계약서를 작성하는 경우는 없다. 민사신탁의 경우 수탁자가 사후수익자의 전부 또는 일부가 되므로, 자칫 수탁자에게 과도한 권한을 부여하거나 원본수익권과 이익수익권을 잘못 설계하면 세법상 여러 문제가 생길 수 있으니, 반드시 신탁 전문 변호사와 세무사의 검토를 받아보아야 한다.

상속신탁을 민사신탁으로 설정함에 있어서 신탁구조는 상속신탁을 상사신탁으로 설정하는 경우와 동일하다. 신탁재산에 대한 원본수익권과 이익수익권의 귀속이 가장 중요하다. 위탁자가 원본 및 이익에 대한 생전수익권 100%를 보유하는 것으로 명시하고, 위탁자 생전에는 위탁자의 운용지시를 얻어 수탁재산을 관리한다. 신탁부동산으로부터 발생하는 임대차보증금과 임대료는 전부 위탁자 겸 생전수익자에게 귀속되도록 한다. 만약 수탁자 명의로 임대차계약을 체결하는 경우에도 임대차계약서에 수탁자가 상속신탁의 수탁자 지위에서 임대차계약을 체결하는 임대인임을 명확하게 기재하여야 한다. 임대료나 임대차보증금을 수령할 계좌도 수탁자 이름 옆에 '신탁'을 명시적으로 기재된 은행 또는 증권회사 계좌를 새롭게 만들어야 한다. 단순히 수탁자 명의의 계좌로 임대료나 임대차보증금을 수령하였다가 수탁자의 채권자가 가압류 또는 압류해버리면 신탁재산이 감소되거나 없어질 수 있기 때문에 주의를 요한다. 그리고 수탁자 명의의 계좌로 임대료나 임대차보증금을 수령해서 보관 및 운용할 경우 과세 당국이 그 금액만큼 사전에 증여된 것으로 주장할 수도 있으니 조심해야 한다.

상속신탁 관련 쟁점

1 생명보험금청구권신탁 허용

'생명보험금청구권'도 신탁 가능한 재산인지에 대한 논란이 있다. 생명보험금청구권도 장래 발생할 '금전채권'이므로 신탁법이나 자본시장법상 수탁 가능하다고 볼 수 있으나, 현재 법무부가 보험계약의 수익자를 신탁회사로 변경하는 행위 자체를 '생명보험금청구권의 양도'로 볼 수 없다는 이유로 '보험수익자를 신탁회사로 지정하는 방식의 생명보험금청구권신탁'은 허용될 수 없다고 해석하고 있다.[17]

법무부의 질의회신은 "보험계약자의 보험수익자를 수탁자로 지정·변경되더라도 보험수익자로 확정되는 것이 아니라 언제든지 보험수익자가 변경될 수 있는 불안한 지위에 놓이게 되는 점, 보험계약자가 자신을 보험수익자로 지정한 후 보험사고 전에 보험수익자를 제3자로 변경하는 경우 보험계약자의 보험금청구권이 소멸하고 제3자는 변경권 행사의 효과로 새로운 보험금청구권을 취득하는 점에 비추어볼 때 보험계약자의 보험수익자 지정·변경행위는 통상의 재산의 이전 또는 처분과 다르므로, 보험계약자인 위탁자가 수탁자를 보험수익자로 지정하는 행위, 보험수익자를 위탁자에서 수탁자로 변경하는 행위 모두 신탁법상 "재산의 이전" 또는 "그 밖의 처분"으로 볼 수 없다는 것이다. "재산의 이전"은 몰라도, "그 밖의 처분"을 법무부와 같이 좁게 해석할 필요는 없다. 2011년 개정 신탁법은 담보물권의 부종성에도 불구하고 '담보권 신탁'까지 신탁설정행위를 넓게 본다는 점에서 보면, "보험수익자의 지정·변경"도 "그 밖의 처분"으로 포섭하여 신탁설정행위로 보는 것이 타당하다.

특히, 생명보험금 지급되는 시점에는 피보험자가 사망한 이후인바, 잔존 가족을 위한 재산관리 보호신탁에 대한 사회적 수요는 많으므로, 생명보험금청구권신탁이 가능하도록 법무부가 유권해석을 변경하거나 입법적으로 해결할 필요가 있다.

---

17) 법무부 업무질의에 대한 회신(2013.6.26.).

유언을 먼저 한 후 유언대용신탁을 체결하거나 유언대용신탁을 체결한 후 유언을 별도로 하는 경우, 유언의 내용과 유언대용신탁의 내용이 서로 다르다면, 이 두 가지 법률행위의 우열을 어떻게 볼 것인지가 문제될 수 있다.

유언을 먼저 한 후 이와 다른 내용의 유언대용신탁계약을 체결한 경우 유언대용신탁계약 체결을 유언과 상충하는 생전행위로 볼 수 있으므로, 민법 제1109조[18]에 의해 유언은 철회한 것으로 간주되므로 유언대용신탁계약이 우선한다고 보아야 한다.

유언대용신탁계약을 체결한 후 유언대용신탁계약을 해지 또는 해제하지 않고 이와 상충되는 내용의 유언을 한 경우는 어떻게 볼 것인가? 유언대용신탁계약이 체결된 경우에는 대내외를 불문하고 잠정 피상속인인 위탁자의 재산에서 신탁재산은 분리되어 수탁자에게로 소유권이 이전되었는바, 유언 시점에는 유언자의 재산에 속하지 않는 권리의 유언이므로, 민법 제1087조 제1항 본문[19]에 의해 그 유언은 효력이 없다고 보아야 한다.[20] 물론 민법 제1087조 제1항 본문에 따라 "유언자가 자기의 사망 당시에 그 목적물이 상속재산에 속하지 아니한 경우에도 유언의 효력이 있게 할 의사인 때에는 유증의무자는 그 권리를 취득하여 수증자에게 이전할 의무가 있다."라고 주장할 수도 있으나, 유언대용신탁계약을 해지 또는 해제할 수 있었음에도 이를 하지 않고 유언을 하였으므로, 유언자의 의사가 "사망 당시에 그 목적물이 상속재산에 속하지 아니한 경우에도 유언의 효력이 있게 할 의사"라고 보기는 어려울 것이다.[21]

---

18) 민법 제1109조 【유언의 저촉】 전후의 유언이 저촉되거나 유언 후의 생전행위가 유언과 저촉되는 경우에는 그 저촉된 부분의 전 유언은 이를 철회한 것으로 본다.

19) 민법 제1087조 【상속재산에 속하지 아니한 권리의 유증】 ① 유언의 목적이 된 권리가 유언자의 사망 당시에 상속재산에 속하지 아니한 때에는 유언은 그 효력이 없다. 그러나 유언자가 자기의 사망당시에 그 목적물이 상속재산에 속하지 아니한 경우에도 유언의 효력이 있게 할 의사인 때에는 유증의무자는 그 권리를 취득하여 수증자에게 이전할 의무가 있다. ② 전항 단서의 경우에 그 권리를 취득할 수 없거나 그 취득에 과다한 비용을 요할 때에는 그 가액으로 변상할 수 있다.

20) 유증의 내용은 유언의 효력이 발생할 때, 즉 유언자의 사망 당시를 기준으로 하여 그 범위가 확정되는 것을 원칙으로 하는 것이므로, 유언자가 유언 당시에는 사망할 때까지 취득하여 유증하려는 의사를 가지고 타인이 소유하는 부동산을 유증의 목적으로 하였으나 사망할 때까지 그 재산에 대한 소유권을 취득하지 못한 경우에는 유증의 목적물의 인도가 불가능하므로 유언의 효력은 생기지 않는다[김주수·김상용, 『친족·상속법』(법문사, 2015), 755-786면].

21) 다만, 실무상 이러한 분쟁의 가능성을 없애기 위해 유언대용신탁계약 체결 전에 한 유언을 철회하도록 하고, 유언대용신탁계약 체결 후에는 유언을 하지 못하도록 안내를 하며, 유언대용신탁계약의 내용을 유언대용신탁계약 체결 전후를 불문하고 한 유언에 대해 유언대용신탁계약이 우선하도록 특약을 체결하고 있다.

가. 유언대용신탁에 있어서 유류분반환청구권 인정 여부

유류분이란 피상속인의 생전처분 또는 유언에 의한 상속재산 처분의 자유를 제한하여 법정상속인 중 일정한 범위의 근친자에게 법률상 유보된 상속재산의 일정비율을 말한다.[22] 법정최저상속분인 유류분을 침해당한 상속인은 다른 상속인으로부터 상속재산의 일정 부분을 반환받을 수 있다. 그렇다면, 유언대용신탁의 사후수익자에 대한 신탁재산의 배분 과정에서 유류분을 침해당한 유류분권리자에게 유류분반환청구권을 인정할 것인가가 문제된다.

유언대용신탁계약이 체결된 경우에는 대내외를 불문하고 잠정 피상속인의 재산에서 신탁재산은 분리되어 수탁자에게로 소유권이 대내외적으로 완전히 이전되었는바, 유류분 산정 시 신탁재산인 '피상속인의 상속개시 시에 있어서 가진 재산(민법 제1113조 및 제1114조)' 또는 '증여재산'으로 볼 수 있느냐의 해석론상의 문제와 연결된다. 이와 관련하여 유류분을 침해하는 법률행위를 무엇으로 볼 것인가? '유언대용신탁계약 그 자체'로 볼 것인가? 아니면 유언대용신탁계약에 따른 '수익자 지정'으로 볼 것인가? '신탁재산의 배분'으로 볼 것인가? 등의 문제에 대해서도 추가적인 검토가 필요하다.

민법

제1113조 【유류분의 산정】 ① 유류분은 피상속인의 상속개시 시에 있어서 가진 재산의 가액에 증여재산의 가액을 가산하고 채무의 전액을 공제하여 이를 산정한다.
② 조건부의 권리 또는 존속기간이 불확정한 권리는 가정법원이 선임한 감정인의 평가에 의하여 그 가격을 정한다.

제1114조 【산입될 증여】 증여는 상속개시 전의 1년간에 행한 것에 한하여 제1113조의 규정에 의하여 그 가액을 산정한다. 당사자 쌍방이 유류분권리자에 손해를 가할 것을 알고 증여를 한 때에는 1년 전에 한 것도 같다.

이에 대해 유류분대상부정설, 유류분대상긍정설 및 수익권증여설이 대립한다. 부정설은 신탁재산은 위탁자로부터 독립되어 수탁자가 완전한 소유권을 보유하고 있으므로, 피상속인이 상속개시 시점에 가지고 있던 재산에 포함되지 않는다고 해석한다.[23] 긍정설은 위탁자

---

22) 지원림, 『민법강의』, 2097면.

가 사망할 때까지는 수익자로서 법적 권리를 보유한다고 할 수 없고 단지 기대권만 가질 뿐이므로, 피상속인이 상속개시 시점에 가지고 있던 재산에 포함된다는 견해[24]와 민법 제1114조에서 정한 증여를 본래적인 의미의 증여계약뿐만 아니라 모든 무상처분을 포함하는 의미로 새겨야 하므로 신탁계약에 의해서 수탁자에게 이전된 신탁재산도 민법 제1114조에 따라 유류분 산정의 기초액에 포함시켜야 한다는 견해[25]로 나뉜다. 수익권증여설은 유언대용신탁의 수익자는 실질적인 의미에서 수익권을 증여받는 것이므로 유류분의 기초재산을 산정할 때 이 수익권의 가치를 평가하여 이를 증여재산으로 가산하여야 한다는 견해[26]이다.

신탁의 법리상 신탁재산은 대내외적으로 수탁자의 소유이므로, 신탁재산 그 자체를 민법상 '피상속인의 상속개시 시에 있어서 가진 재산'으로 보는 것은 타당하지 않다. 유언대용신탁계약의 이행으로 수탁자가 사후수익자에게 사후수익권에 기하여 신탁재산을 배분하는 행위를 두고 유증으로 해석하기도 어렵다. 한편, 위탁자 생존 시에는 위탁자가 해당 신탁에 대한 수익권 전부를 보유하고, 위탁자 사망 후에는 위탁자의 생전수익권은 소멸하고 생전에 위탁자가 지정한 수익자가 사후수익권을 취득하게 된다. 위탁자인 '피상속인의 상속개시 시에 있어서 보유하고 있는 재산'은 '신탁재산'이 아니라 '생전수익권'이고, 이 생전수익권의 수익자인 위탁자 사망 즉시 소멸되고, 대신 사후수익자의 '사후수익권'으로 변경되며, 사후수익권의 내용에 따라 신탁재산은 사후수익자에게 배분된다. 현행 민법을 문리해석해서 생전수익권의 소멸과 사후수익권의 생성을 설명할 수 있는 방법이 없다. 이 부분은 유류분 제도의 축소 논의와 함께 입법론적으로 해결해야 하는 부분이다.

최근 1심[27] 판결이긴 하지만, 사망 1년 이전에 신탁회사와 체결된 유언대용신탁의 신탁재산이 사후수익자에게 배분되더라도, '상속인이 아닌 제3자에게 무상이전된 재산'으로 보아 민법 제1114조에서 가산되는 '증여'가 아니므로, 유류분반환대상이 아니라는 판결이 나와 화제가 되고 있다. 이하는 이 사건 1심 피고 대리를 받은 법무법인의 승소레터를 기초로 정리한 것으로, 다음과 같다.

---

23) 김상훈, "유언대용신탁을 활용한 가업승계", 『기업법연구』 제29권 제4호(기업법학회, 2015.12.), 17–18면.
24) 정순섭·노혁준 편저, 『신탁법의 쟁점』 2권(소화, 2015), 147–150면.
25) 최수정, "상속수단으로서의 신탁", 『민사법학』 제34호, 민사법학회, 597–598면.
26) 임채웅, "유언신탁 및 유언대용신탁의 연구", 『인권과 정의』 제397권(대한변호사협회, 2009), 141면.
27) 원고들이 항소하여 현재 항소심(수원고등법원)이 계속 중이다.

1. 사건의 개요

(1) 배경 : 피상속인에게는 아들과 딸이 있었는데, 그중 아들은 피상속인보다 먼저 사망하였고 아들의 처(원고 1)와 자녀(원고 2, 3)가 피상속인의 딸을 상대로 유류분반환청구를 하였다. 피상속인은 생전에 아들과 손자녀들에게 부동산 등을 상당 부분 증여한 상태였으나, 원고들은 이러한 특별수익을 전면 부인하였다. 이에 피고는 피상속인이 생전에는 원고들에게 부동산을 명의신탁을 하였으나, 사망 전에 증여의 의사로 명의신탁을 해지하지 않고 원고들 명의로 둠으로써 실질적으로 부동산을 증여하였음을 입증(피상속인이 부동산을 관리해온 사실, 부동산 관련 세금을 피상속인이 부담하고 납부한 사실 등)하여 원고들의 특별수익을 인정받았다.

(2) 쟁점 : 원고들이 유류분반환의 대상으로 청구한 재산 중 유언대용신탁계약에 의해 신탁재산이 된 부동산이 유류분반환의 대상인지 여부

2. 재판의 진행경과

수원지방법원 성남지원은 유류분반환청구의 대상이 되는 증여인지 여부에 대해서, 유언대용신탁재산이 수탁자에게 이전된 것은 수탁자가 위탁자에게 신탁재산에 대한 대가를 지급한 바 없다는 점에서 성질상 무상이전에 해당하고, 민법 제1114조, 1113조에 의해 유류분 산정의 기초로 산입되는 증여는 본래적 의미의 증여계약에 한정되는 것이 아니라 무상처분을 포함하는 의미로 폭넓게 해석되므로, 민법 제1114조에 해당하는 경우나 상속인을 수탁자로 하는 경우에는 민법 제1118조, 제1008조에 따라 유류분 산정의 기초가 되는 증여재산에 포함될 수 있다고 판시하였다.

다만, 이 사건 신탁계약의 수탁자는 신탁회사로서 상속인이 아니기 때문에, 민법 제1114조에 의하여 증여재산에 산입될 수 있는지 여부를 판단하였는데, 이 사건 신탁계약 및 그에 따른 소유권의 이전은 상속이 개시된 2017.11.11.보다 1년 전에 이루어졌으며, 이 사건 기록에 의할 때 수탁자인 H은행이 이 사건 신탁계약으로 인하여 유류분 부족액이 발생하리라는 점을 알았다고 볼 증거가 없으므로, 이 사건 신탁계약은 민법 제1114조에 따라 산입될 증여에 해당하지 않아 유류분 산정의 기초가 될 수 없다고 판시하였다.

이에 위와 같은 법리에 근거하여 이 사건 유언대용신탁부동산은 유류분반환의 대상이 될 수 없다고 하여 원고들의 청구를 전부 기각하였다.

3. 판결의 의의 및 유언대용신탁에 대한 전망

(1) 이 판결은 '유언대용신탁에 대한 유류분반환청구가 가능한가?'라는 쟁점에 대해 판시한 우리나라 최초의 판결이라는 점에서 그 중요한 의의가 있다.

(2) 판시 내용에 따르면, 수탁자가 상속인이 아닌 제3자인 신탁재산에 있어서 유류분반환의 대상이 되는 경우는 상속개시 시점으로부터 1년 이내에 이루어졌거나 상속개시 시점으로부터 1년 전에 이루어진 경우에는 수탁자인 제3자가 유류분부족 발생 사실에 대해 악의인 경우로 한정된다.

(3) 이러한 법리가 정착된다면 상속인이 피상속인으로부터 증여를 받으면서 유류분반환청구의 대상이 되지 않도록 하는 방법으로서 유언대용신탁을 활용할 유인이 생긴다는 점에서 유언대용신탁의 활성화에 크게 기여할 것이다.

(4) 대법원에서 이 판결이 이 내용대로 확정되어 유류분 이슈가 걱정된다 해도 유언대용신탁을 통해 해결할 수 있으니, 이 판결의 추이를 지켜보고 유언대용신탁을 활용하면 좋을 것이다.

(5) 유의할 점은 상속인이 수탁자 겸 사후수익자가 되는 민사신탁으로 설정하는 경우에는 민법 제1114조에 따라 산입될 증여에 해당되므로, 유류분반환청구의 대상이 될 수 있다는 것이다.

나. 유류분반환청구소송의 피고적격

만약, 유언대용신탁재산도 유류분반환의 대상이 된다고 하면, 유류분권리자는 누구를 상대로 유류분반환청구소송을 제기하여야 하는지가 문제된다. 이와 관련하여 수탁자포함설과 수탁자불포함설이 대립하고 있다. 수탁자불포함설은 유언대용신탁을 통하여 수익을 얻는 자는 수익자이고, 유류분반환청구에 의하여 기존의 신탁관계에 가급적 영향이 없도록 규율하는 것이 바람직하다는 점을 중시하여 수익자만을 상대로 유류분반환청구소송을 청구할 수 있다는 견해이다. 수탁자포함설은 유류분권리자로서는 신탁설정에 의해 유류분의 부족이 발생한 만큼 수익자는 물론 수탁자를 포함하여 유류분반환청구소송을 제기해야 한다는 견해이다. 물론 수탁자포함설과 수탁자불포함설 모두 위탁자 사망 후 신탁재산의 배분이 종료되어 더 이상 신탁계약관계가 없는 경우에는 유류분을 침해한 수익자만을 소송의 상대방으로 하여야 한다는 데에는 견해가 일치하고 있는 것으로 파악된다.

유언대용신탁에 있어서 수탁자는 신탁보수청구권과 신탁비용청구권을 제외하고는 신탁재산에 대해 이해관계가 없음은 신탁의 법리상 당연하다. 이를 바탕으로 보면, 유류분권리자는 유류분을 침해한 상속인인 수익자를 상대로 유류분반환청구소송을 제기하여야 하며, 수탁자를 상대로 유류분반환청구소송을 제기하는 것은 바람직하지 않다고 보는 것이 타당하다. 다만, 현행 민사소송법 및 민사집행법상 유언대용신탁계약이 존속하고 있을 경우 유류분을 침해한 수익자만을 상대로 유류분반환청구소송을 제기하여 승소판결을 하였다 하더라도 이를 집행하는 것이 곤란하다는 문제는 있으나, 이는 집행법적인 측면의 문제이다. 설령 유류분반환청구소송의 상대방으로 수탁자가 포함되어 있다 하더라도, 수탁자가 신탁재산을 배분하여 수익자에게 신탁재산을 지급한 경우에는 수탁자에 대한 유류분반환청구소송의 소의 이익이 없다고 인정될 가능성이 높다.

다. 신탁재산에 대해 유류분권을 피보전권리로 하는 보전처분의 가부

유류분권은 '상속이 개시'됨으로써 비로소 고정화·구체화되는 권리일 뿐 상속개시 전에는 유류분권은 일종의 '기대권'이고 유류분권리자의 지위는 '기대적 지위'에 불과하며, 권리로서 적극적으로 주장할 수 있는 성질의 권리가 아니라는 점[28]에서 사전증여에 의해 잠정상속인에게 유류분 침해 가능성이 제기된다고 하더라도, 이를 피보전권리로 보전처분(예를 들면, 수익권에 대한 가압류 또는 수익권배분금지가처분)을 할 수 없을 것이다. 유류분권의 성질에 대한 이와 같은 논의는 유언대용신탁계약의 경우에도 그대로 적용될 수 있을 것이다. 즉, 유언대용신탁계약의 내용에 따라 재산이 배분될 것이 예상된다고 하더라도 상속개시 전에는 유류분권을 피보전권리로 보전처분하는 것은 허용되지 않는다고 보는 것이 타당하다.

라. 유류분권 폐지 또는 축소의 필요성

유류분을 인정하는 현행 민법이 타당한가? 우리 민법이 유류분을 보장하는 이유는 잔존가족의 생활보장 또는 상속인의 상속재산에 관한 공헌에 대한 재산적 상환이다.[29] 과거 대가족 중심의 가족에서 핵가족으로 변경된 민법의 전제인 우리나라 문화의 변화를 감안하여, 유류분 제도의 축소가 현재 우리나라 사회문화에 더 적합한 것으로 보인다.

첫째, 배우자 상속분과 유류분의 조정이다. 부부는 경제공동체로 이혼 시에 재산분할제도를 두는 것과 마찬가지로 상속 시 상속재산청산의 개념을 도입해야 한다. 따라서 부부 경제공동체에서 공동형성자산을 확정하고 공동형성에의 기여도를 고려하여 이혼 시 재산분할에 준하는 상속재산 청산제도를 도입해야 한다.

둘째, 직계비속의 유류분은 법정상속분의 1/2이라는 획일적인 기준으로 적용할 것이 아니라, '생활비의 보장'이라는 측면을 고려해 미성년자녀나 경제활동을 하지 못하는 자녀가 있을 경우 일정 기간 생계비 보장 수준으로 축소 적용해야 한다.

셋째, 형제자매의 유류분은 폐지되어야 한다. 현재 우리사회에 적용될 수 있는 유류분 제도의 타당한 취지라 할 수 있는 '생활비 보장'이라는 개념은 형제자매에게는 적용될 수 없기 때문이다.

넷째, 유류분을 축소한 이후에도 유류분반환 방법을 '원물반환'에서 '금전반환'으로 변경

---

28) 피상속인의 생전증여가 유류분을 침해하는 것이 명백한 경우에도 피상속인의 생전에, 즉 상속개시 전에 장래의 유류분반환청구권을 보전하기 위하여 증여부동산에 가등기를 할 수는 없다[김주수·김상용, 『친족·상속법』(법문사, 2015), 813면]. 상속이 개시되면 일정한 범위의 상속인이 피상속인의 재산의 일정비율을 확보할 수 있는 추상적·기본적 지위를 가지는데, 피상속인의 생전증여가 유류분권을 침해하는 것이 명백하더라도 상속개시 "전"에는 유류분권을 주장할 수 없고, 따라서 유류분을 보전할 수도 없다[지원림, 『민법강의』(홍문사, 2015), 2098면].
29) 전혜정, "민법상 유언상속에 관한 연구", 『가족법연구』 제20권 제3호(가족법학회, 2006), 170면.

하여야 한다. 원물반환제도는 궁극적으로 유류분 분쟁을 해소하기 어렵다. 예를 들어, 상가건물의 1/4 지분을 반환받을 경우 소송 당사자들이 계속해서 상가건물을 공유하면서 상가의 관리, 처분에 대한 이견으로 소송 이후에도 분쟁이 잠재되어 있기 때문이다.

다섯째, 민법상 상속결격사유를 좀 더 확대하는 것이 필요하다. 상속결격사유가 엄격한 것은 공동상속제도하에서 피상속인의 의지와 무관하게 상속권을 박탈하여야 하는 부담 때문인 것으로 파악된다. 그런데 유류분은 피상속인의 의지에 따라 증여나 유증이 있을 때 한하여 발생하는 문제이므로, 피상속인의 유언의 자유를 보다 폭넓게 인정해야 할 필요가 있다는 점에서 유류분 박탈제도를 도입하는 것도 검토할 만하다. 독일 민법 제2333조는 상속인이 피상속인에 대해 일정행위가 있을 때 피상속인의 유언에 의하여 자녀의 유류분권을 박탈할 수 있도록 하고 있는 점을 참조할 필요가 있다.[30]

"〈왜 불효자도 물려줘야 하나〉
현직 판사가 촉발한 '유류분 논쟁'"

1. 사실관계

서울중앙지법원의 한 부장판사는 외국에서 이민 중이던 며느리와 자녀들이 "상속에서 완전히 배제되었다"며 한국 가족을 상대로 낸 유류분반환청구소송 진행 중에 "유류분 제도가 피상속인의 재산 처분의 자유를 심각하게 침해한다"며 "재산형성 과정에 기여가 없고 불효나 불화 등으로 관계가 악화된 자녀들에게 재산이 무조건 귀속되도록 강제한 현행 법률의 합리적 이유를 찾기 어렵다"며 위헌법률심판 제청결정을 하였다.

담당 판사는 이 유류분 제도의 입법취지가 시대적 소명을 다 했다고 판단한다. 여성 차별이 만연했던 과거와 달리 전근대적 가족 형태가 변화했고 유류분을 통해 자녀 간 양성평등이 보호되는 면도 미미하다고 주장한다. 오히려 직계비속과 존속에 대한 과도한 유류분이 배우자의 상속 권리를 침해한다고 지적한다. 유류분 사건을 맡았던 한 현직 판사는 "양성평등 측면에선 유류분이 필요할 수 있지만 고인이 부양 문제를 두고 특정 자녀에게 유산상속을 완강히 거부했던 경우가 있어 고민이 됐었다"라고 말했다.

2. 자산승계 시사점

1977년 유류분 제도에 도입된 유류분은 너무 엄격하게 해석되고 있어서, 실제 사례에서는 불합리한 결과를 많이 유발한다. 유류분 제도의 불합리성을 해소할 수 있도록 큰 폭의 제도개선이 필요하다.

출처 : 중앙일보 2020년 2월 3일

---

30) 전혜정, 앞의 논문, 174-175면. 구체적으로 상속인이 피상속인, 피상속인의 배우자, 피상속인의 직계비속을 살해하려고 한 때, 피상속인 또는 상속인의 배우자를 신체적으로 학대하거나 범죄행위를 한 때, 피상속인의 의사에 반하여 가족의 명예와 선량한 풍속에 반하는 행태를 계속하여 유지하는 때를 그 사유로 들고 있다.

상속신탁 Q&A

Part 03

☑ 개 념

Q&A 01 | 신탁이란 무엇인가?

신탁이란 문자 그대로 믿고 맡긴다는 의미로, 고객(위탁자)이 계약에 의하여 자기의 재산을 신탁회사(수탁자)에 맡기고 신탁회사로 하여금 자기가 지정한 자(수익자)의 이익을 위하여 그 재산권을 관리, 운용, 처분, 개발 등을 하게 하는 법률관계를 말한다. 이때 수익자는 고객 본인이 될 수도 있고(자익신탁), 고객이 지정하는 제3자(타익신탁)가 될 수도 있다.

Q&A 02 | 상속신탁(유언대용신탁)이란 무엇인가?

유언대용신탁이란 고객이 생전에 신탁회사에 재산을 신탁하면서 자신을 생전수익자로 지정하고 사후에는 배우자, 자녀, 제3자 등을 사후수익자로 지정하여 본인 사망 이후의 재산배분을 목적으로 하는 생전신탁이다. 유언대용신탁을 통하여 민법에 따른 유언을 남기지 않더라도 위탁자의 의사가 최대한 반영된 상속재산 배분이 가능하게 된다. 아울러 미성년자, 장애인 등 특별한 부양이 필요한 경우 신탁업자가 신탁재산 운용 및 정기교부금 지급을 통하여 제한능력자의 안정된 삶을 보장할 수도 있다.

Q&A 03 | 유언대용신탁과 유언신탁은 어떻게 다른가?

유언신탁은 유언에 의하여 이루어지는 신탁으로 고객의 사망 후에 효력이 발생하는 사후신탁(死後信託)인 반면 유언대용신탁은 고객의 생전에 이미 효력이 발생하는 생전신탁(生前信託)이다. 유언신탁은 적법한 유언장을 작성한 후 신탁계약을 체결하면 신탁회사가 유언장 보관 및 사후집행 등 일체의 유언 관련 업무를 대행해 주는 신탁인 반면, 유언대용신탁은 별도의 유언장 작성 없이도 유언에 따른 상속 재산 배분 기능을 수행하면서 신탁회사가 수익자 등을 위해 신탁재산관리까지 수행하는 신탁이라는 차이점이 있다.

Q&A 04 **증여, 유증, 사인증여의 개념과 공통점 및 차이점은 무엇인가?**

① 증여 : 재산을 무상으로 이전하는 계약(증여자가 수증자에게 재산 무상이전)

② 유증 : 유언에 의한 재산의 무상이전

③ 사인증여 : 증여자의 생전에 증여계약을 하지만, 증여자의 사망 시 증여의 효과가 발생하는 계약

Q&A 05 **수익자연속신탁이란 무엇인가?**

수익자연속신탁이란 신탁계약으로 수인의 수익자를 지정하면서, 최초의 수익자가 사망할 때 차례로 다음 수익자가 수익권을 취득하는 것으로 약정하는 신탁을 말한다. 고객의 생전에는 자신을 수익자로 하되 자신의 사후에는 부인을 수익자로, 부인의 사후에는 다시 자녀를 연속하여 수익자로 하여 수인의 수익자가 순차적으로 연속되는 형태의 신탁이다.

Q&A 06 **유언대용신탁과 다른 유언장이 있을 때 우선순위는 어떻게 되는가?**

유언대용신탁계약서상 다른 유언장에 대하여 유언대용신탁이 우선한다는 내용이 명시되어 있는 경우 유언대용신탁이 우선한다. 유언대용신탁계약서에 이러한 약정이 없는 경우에는 다툼이 있을 수 있으므로, 유언대용신탁계약서 체결 시 이러한 특약을 반드시 명기할 필요가 있다. 아울러 유언대용신탁계약과 다른 내용의 유언을 하려면 위탁자가 유언대용신탁계약을 변경하여야 한다.

Q&A 07 **민법에서 정하는 유언의 방법에는 어떤 것들이 있는가?**

민법 제1065조에 의하면 유언의 방식은 자필증서, 녹음, 공정증서, 비밀증서와 구수증서의 5종으로 한정하고 있는데, 자필증서 유언과 공정증서 유언이 주로 사용되고 있다. 그러나 자필증서 유언은 유언장의 분실, 위조 등의 위험이 높아 분쟁의 소지가 많은 실정이다. 유언대용신탁계약 체결 시에 반드시 유언이 필요한 것은 아니므로, 후견인 지정 또는 혼외자에 대한 인지 등 유언으로 정해야 할 사항이 있으면, 유언대용신탁계약과 별도로 유언장을 작성할 필요가 있다.

Q&A 08 **상속신탁하면 좋은 점은 무엇인가?**

① 생전에 재산분배내용을 확정함으로써 상속재산의 원만한 배분(상속분쟁 예방 가능)

② 고객 사망 후 즉시 신탁계약에 따라 신탁재산을 신속히 배분할 수 있어 상속분쟁 예방 가능

③ 고객의 생전 의도(신탁 목적)에 따른 사후 재산 분배 → **예** 할아버지가 손자에게

상속 가능, 고객의 생전에는 재산 보관 및 증식 수단으로 활용 가능

④ 미성년자나 장애를 가진 상속인의 상속재산 보존관리 가능

⑤ 파산 등 경제적 어려움에 처할 때에도 신탁재산을 수익자에게 상속 가능(도산절연)

⑥ 유언장 작성 및 공증 등 법률적 비용 절감 및 복잡한 상속절차 생략 가능

⑦ 유언으로는 대신할 수 없는 다양한 서비스가 통합된 상속재산의 분배관리

⑧ 유언 없이 불의의 사고 발생 시 가업승계 설계 미비점 보완

⑨ 상속세 재원으로 활용할 수 있는 금융상품 보유로 신속한 상속세 납부 가능

Q&A 09　주로 어떤 사람에게 상속신탁이 필요한가?

① 자녀들 사이 상속분쟁이 생길까 걱정인 사람

② 내가 치매가 걸려 재산관리 못할까 걱정인 사람

③ 내 사후 자녀가 아내(또는 남편)를 잘 돌보지 않을까 걱정인 사람

④ 나한테 잘해주는 자녀에게 더 주고 싶은 사람

⑤ 특정 자녀에게는 상속해 주기 싫은 사람

⑥ 내가 치매걸려 후견인 다툼이 있을까 걱정인 사람

⑦ 끝까지 나를 돌봐주는 자녀에게 모두 주고 싶은 사람

⑧ 상속개시 후 사업하는 자녀의 채권자로부터 압류가 걱정인 사람

Q&A 10　유언대용신탁의 수익자는 한번 정해지면 변경할 수 없는가?

아니다. 일반적으로는 신탁계약에서 고객과 신탁회사의 합의하에 수익자를 변경할 수 있다. 그러나 유언대용신탁에서는 고객이 신탁회사와 합의 없이도 고객의 생전에는 언제든지 사후수익자 및 수익권의 내용을 자유로이 변경할 수 있다. 오히려 고객의 수익자변경권을 배제하려면 신탁행위로 특별히 정해야 한다.

Q&A 11　고객이 신탁재산 원본 및 이익 지급방법을 자유롭게 선택할 수 있는가?

그렇다. 고객이 지급 방법을 자유롭게 정할 수 있다. 예를 들어, 고객 사망 이후 수익자가 19세 이후 특정 시점이 될 때(예 미성년자인 수익자가 30세가 될 때)까지는 신탁이익만 지급하고, 그 이후에는 신탁원본을 수익자에게 지급하거나 고객 사후에 금전으로 신탁된 재산을 모두 지급하고 19세 이후 특정 시점에 금전 이외의 모든 재산을 지급할 수도 있다. 이처럼 고객이 신탁회사와 계약 체결 시 고객의 필요에 따라 신탁재산의 다양한 지급 방법을 미리 정할 수 있는 장점이 있다. 유언공증으로는 유언자 사후 상속재산을 관리할 수 없다.

Q&A 12 | 유언대용신탁에서 사후수익자는 상속자 중에서만 선택해야 하는가?

반드시 상속자만 가능한 것은 아니다. 고객이 공익목적으로 전 재산을 사회에 환원할 수도 있고, 재산의 일부만을 사후수익자로 지정된 자를 위해 신탁을 설정할 수 있다. 고객이 공익목적으로 재산의 일부를 기부할 경우 당사와 공익신탁을 설정할 수 있다.

Q&A 13 | 유언대용신탁의 중도해지는 가능한가?

그렇다. 위탁자는 생전에는 위탁자에 한해 유언대용신탁의 중도해지와 계약변경(수익자 변경, 수익권 변경, 수익금 지급조건 등)이 가능하다. 신탁계약에 특별한 정함이 없는 경우에는 사후수익자가 신탁계약을 중도해지하거나 신탁계약의 내용을 변경할 수 없다.

Q&A 14 | 상속개시 시 신탁재산 외 상속세 납부재원이 없을 때 어떻게 하는가?

① 신탁재산 내 금전이 있는 경우 : 수익자와 협의하여 상속세 납부
② 신탁재산 내 금전 이외의 재산만 있는 경우 : 수익자와 협의하여 신탁재산을 매각하거나 신탁재산을 담보로 대출받아 납부(필요시 연부연납제도 활용)

Q&A 15 | 민법의 '유류분 제도'란 무엇인가?

유류분 제도는 법정상속인(유류분권리자)의 최저상속분(직계비속과 배우자는 법정상속분의 1/2, 직계존속과 형제자매는 법정상속분의 1/3)인 유류분에 미치지 못하는 부분에 대하여 그 반환을 청구할 수 있는 제도이다. 유류분 청구는 상속개시 이후 가능하며 청구기한은 상속개시일로부터 10년(상속개시를 안 날로부터 1년)이다. 한편, 유류분을 침해하는 방법으로 유언대용신탁계약 체결은 가능하나, 향후 유류분을 침해당한 상속인으로부터 유류분반환소송이 제기될 위험은 있다. 그리고 유류분은 상속개시 전에 미리 포기할 수 없다.

Q&A 16 | 유언대용신탁과 유류분 제도와의 관계는 어떻게 되는가?

위탁자가 유언대용신탁을 설정함으로써 고객의 재산의 일부나 전부가 신탁재산으로 수탁자에게 이전되고 그로부터 발생하는 수익권이 수익자에게 귀속되는 과정에서 유류분의 침해와 그 반환이 문제될 수 있다. 다만, 유언대용신탁계약 체결 시 상속인의 유류분을 침해하지 않는 범위 내에서 신탁재산의 원본과 이익을 배분할 경우 유류분반환소송이 제기될 가능성은 없다. 유언대용신탁계약을 체결하지 않고 유언으로 상속재산을 배분할 경우에도 유류분반환소송에 제기될 위험이 있기

때문에 유언대용신탁계약 체결로 더 불리해지지는 않는다. 한편, 유류분 반환청구 소송이 제기되었을 경우에 대비하여 신탁계약 체결 시 계약서에 유류분 관련 내용을 명기할 필요가 있다.

다만, 최근 한 지방법원은 상속신탁재산은 유류분반환의 대상이 아니라고 판결하였는데, 현재 항소심 계속 중이다. 이 판결이 대법원까지 유지될 경우 유류분반환청구를 막을 수 있는 유일한 방법이 유언대용신탁일 것이다.

☑ 상속신탁 실무

Q&A 17 | **금전에 대해서도 상속신탁 가능한가?**

가능하다. 금전을 맡기고 예금, 주식, 채권, 펀드, 파생결합증권, 부동산을 비롯한 다양한 자산으로 운용할 수 있다.

Q&A 18 | **상속신탁하면 소유권이 신탁회사로 넘어가는데, 그러면 나의 재산에서 완전히 빠지는 것인가?**

상속신탁하게 되면, 신탁회사로 소유권이 넘어간다. 그렇지만, 맡긴 위탁자가 생전에는 100% 생전수익권을 가지게 되므로, 신탁재산에 대한 통제권을 여전히 보유하고 있다. 위탁자는 언제든지 신탁계약을 전부 또는 일부해지해 자신의 명의로 돌려놓을 수 있다. 실제로 위탁자가 직접 보유하는 것과 다를 바는 없다.

Q&A 19 | **상속신탁하면 신탁재산인 금전은 누가, 어떻게 운용하는가?**

상속신탁하더라도 위탁자의 운용지시에 의해 수탁자가 운용한다. 수탁자는 위탁자의 운용지시에 따라 예금, RP, 주식, 채권, 펀드, 파생결합증권, 부동산 등 운용 가능한 모든 재산으로 운용한다.

Q&A 20 | **부동산을 신탁회사 명의로 이전 등기 시 등기비용은 누가 부담하는가?**

등기비용은 위탁자(고객)가 부담한다. 위탁자 명의에서 수탁자 명의로 이전하는 '신탁등기'에 대해서는 취등록세는 면세되나, 등기신청 시 법무사 등기 위임 비용이 발생한다.

Q&A 21 | **위탁자의 재산 전부에 대해 한꺼번에 신탁계약을 체결해야 하는가?**

아니다. 고객 재산의 일부에 대해 유언대용신탁계약을 체결하고, 그 신탁재산에 대해서만 수익자를 설정할 수 있다. 이 경우 다른 재산은 법정상속분에 따라 상속된다. 신탁계약체결 시점에 일부 재산에 대해 신탁을 설정한 후, 고객은 언제든지 나머지 재산에 대해 추가로 신탁을 설정할 수 있다. 다만, 신탁되지 않는 재산이 있는 상태에서 위탁자가 사망하면 그 재산은 수탁자가 상속집행할 수 없어, 법정 상속분할의 대상이 된다.

Q&A 22 · 유언대용신탁의 신탁보수는 얼마 정도인가?

신탁보수는 신탁재산의 종류, 금액 및 운용대상에 따라 달라진다. 금전신탁의 경우 특정금전신탁 약관에 따라 신탁보수를 정하며, 부동산신탁의 경우 부동산의 종류 및 재산평가액에 따라 신탁보수가 달라진다.

Q&A 23 · 부동산을 상속신탁하면 임대차관리는 누가 하는가?

상속신탁을 하더라도 생전 수익권을 위탁자가 보유하고 있으므로, 위탁자가 임대차계약의 주체이다. 사실상 임대관리와 시설관리는 부동산관리신탁(갑종)은 수탁자가 하고, 부동산관리신탁(을종)은 위탁자가 한다. 부동산관리신탁(갑종)은 임대 및 시설관리의 대가로 신탁보수를 추가로 받게 된다.

Q&A 24 · 부동산을 상속신탁한 뒤 대출이 필요하면 근저당권 설정이 가능한가?

부동산을 상속신탁등기한 이후에도 대출이 필요할 경우 신탁계약에서 달리 정하지 않으면, 위탁자나 기타 권한 있는 자에 의한 근저당권 설정 요청이 있으면 수탁자가 근저당권 설정 절차를 이행한다.

☑ 상속신탁 세무

Q&A 25 · 상속신탁계약하면 세금은 언제 내는가?

상속신탁계약 체결 시에는 아무런 세금이 없다. 상속개시되면 그때 상속인들이 상속세를 납부하면서, 신탁재산의 사후수익자도 세금을 납부한다.

Q&A 26 · 상속신탁하면 재산세나 종합부동산세는 누가 내는가?

모두 수탁자가 납부하는데, 수탁자는 위탁자 겸 수익자로부터 금전을 교부받아 납부한다. 필요할 경우 납세대리인으로 위탁자 겸 생전수익자를 지정해 놓으면 위탁자 겸 생전수익자로 납세고지서가 발송되어 직접 납부할 수도 있다.

Q&A 27 상속신탁하고 부모님 사후 상속세를 한꺼번에 내는 것이 부담스러운데, 좋은 방법이 없는가?

상속세는 연부연납이 가능하다. 총 상속세 중 1/6은 상속세 신고기한 내 납부하고, 나머지 5/6는 5년간 매년 1/6씩 분납 가능하다. 이 경우 국가는 연부연납 이행을 담보하기 위해 재산에 근저당권설정등기를 요청한다.

☑ 상속집행 기타

Q&A 28 상속신탁을 했더라도 상속신탁집행 시점에 일반적인 상속재산분할처럼 다른 상속인들의 동의서가 필요한가?

상속신탁은 상속법리가 아니라 신탁법상 수탁자의 상속신탁계약의 이행으로 사후수익자에게 재산을 배분하는 것이다. 따라서 다른 공동상속인의 동의가 전혀 필요하지 않다.

Q&A 29 위탁자가 사망하여 상속신탁집행이 완료된 후 사후수익자가 상속신탁계약을 변경하거나 해제할 수 있는가?

상속신탁은 기본적으로 위탁자가 설계해 놓은 대로 작동되며, 위탁자 사후에도 위탁자의 의사가 그대로 수탁자의 신탁재산관리 권한과 의무로 관철된다. 이를 '의사동결기능'이라고 하는데, 사후수익자에게 원칙적으로 신탁계약을 변경하거나 해제 또는 해지할 수 있는 권한이 없다. 다만, 위탁자가 상속신탁집행 후 사후수익자 전원이 동의할 경우 신탁을 종료시킬 수 있도록 상속신탁계약서에 명시적으로 규정하였다면, 그러한 신탁계약의 내용에 따라 신탁이 종료될 수는 있을 것이다. 주로 경제사정의 급격한 변화나 사후수익자의 재산 및 건강 상태 변화에 대응할 수 있도록 하기 위한 위탁자가 선택할 수 있는 옵션이다.

Q&A 30 재혼하려는데, 혼인신고를 하면 배우자 상속권이 생겨서 자식들이 싫어한다. 방법이 없는가?

재혼하게 되면 재혼 배우자의 법정상속분이 생겨서 자녀들이 싫어한다. 재혼하기 전에 상속신탁으로 자녀에게 배분될 몫을 미리 정해놓으면 자녀들과 불필요한 마찰을 없앨 수 있다.

가족신탁 이론과 실무

절세전략 수립을 위한 증여신탁

CHAPTER 01

절세전략 수립을 위한 증여계획

▌상속세율과 증여세율 ▌

과세표준	세 율
1억 원 이하	과세표준의 10%
1억 원 초과 5억 원 이하	1천만 원+1억 원 초과 금액의 20%
5억 원 초과 10억 원 이하	9천만 원+5억 원 초과금액의 30%
10억 원 초과 30억 원 이하	2억 4천만 원+10억 원 초과금액의 40%
30억 원 초과	10억 4천만 원+30억 원 초과금액의 50%

상속세와 증여세율은 같다. 과세표준이 10억 원만 넘어도 40%의 상속세, 증여세를 납부하게 되고, 30억 원을 넘으면 50%의 상속세, 증여세를 납부하게 된다. 상속세는 사망한 피상속인 기준으로 모든 상속재산을 기준으로 세율이 적용되는 반면, 증여세는 증여받는 사람 기준으로 세율이 적용된다. 절세전략의 기본은 여기서 출발한다. 10년 단위로 최대한 잘게 쪼개서 여러 명에게 분산증여하면 총부담세금을 많이 줄일 수 있다.

예를 들어 보자. 50억 원 상당의 자산을 보유하고 있는 자산가에게 가족으로 아들과 딸이 있다고 가정하자. 증여행위 없이 사망하면 대략 19억 원 정도의 상속세가 계산될 것이다. 인적공제 5억 원을 공제한 45억 원 중 30억 원 초과금액인 15억 원에 대해서는 50%인 7.5억 원이 상속세로 계산된다. 만약 아들과 딸에게 각 5억 원씩 증여한다면, 자녀들의 증여세의 최고 세율구간이 20%이다. 따라서 단순화하여 설명하면, 5억 원씩 자녀 둘에게 증여하면 세율구간 차이, 즉 50%와 20%의 차이인 30%(=50%-20%)만큼의 상속세를 절세할 수 있는 것이다. 따라서 부모 재산 중 40%나 50% 세율 구간에 있는 자산을 쪼개어 자녀의

10%에서 30% 구간으로 사전증여하면 자산승계의 관점에서 총 부담세금은 많이 줄일 수 있다. 부모 재산이 예금, 주식, 펀드 등 금융상품이든 아니면 부동산이든 잘게 쪼개어 최대한 많이 자녀나 손자녀에게 증여하는 것이 바로 절세플랜의 기초인 '증여플랜'이다.

┃ 증여를 통한 절세전략 개념도 ┃

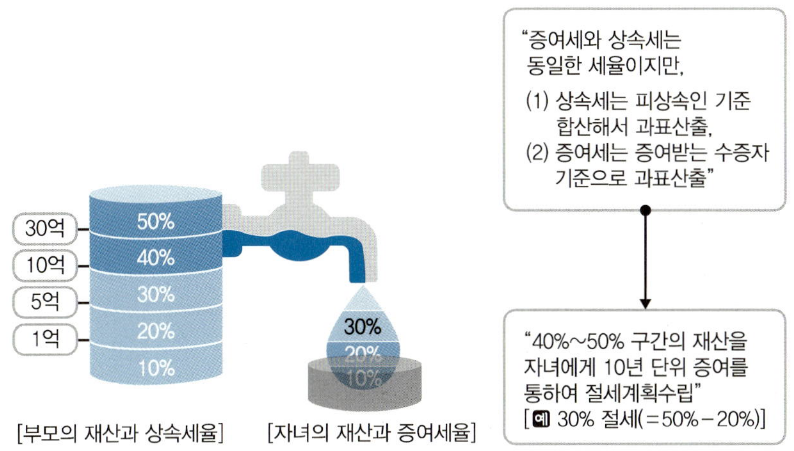

CHAPTER 02

증여신탁

1 증여신탁의 유형

증여신탁은 '수익권'을 증여하는 '수익권 증여신탁'과 '증여 후 신탁(증여안심신탁)'으로 나눌 수 있다. 우선, 수익권 증여신탁은 이론상으로 증여 대상이 원본이냐 이익이냐에 따라 원본이익증여신탁, 원본증여신탁, 이익증여신탁으로 나눌 수 있다.

증여계약은 증여재산을 한꺼번에 증여하는 것인 반면, 수익권 증여신탁은 정기지급, 조건부 지급, 기한부 지급 등 다양한 내용으로 증여를 설계할 수 있다는 점이 장점이다.

❙ 증여신탁의 유형 ❙

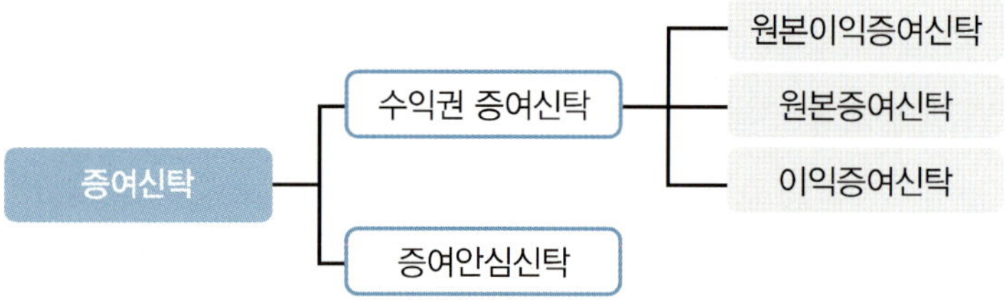

'원본이익증여신탁'은 신탁재산의 원본수익권과 이익수익권을 모두 제3자로 정하는 신탁을 말한다. 물론 원본수익권과 이익수익권을 분리하여 다른 사람에게 귀속시킬 수 있다.

'원본증여신탁'은 재산의 원본을 증여하기 위해 제3자를 원본수익자로 지정하고 이익수익자는 위탁자 본인이 되는 신탁을 말한다. 위탁자가 수익형 부동산에 대해 신탁설정하면서 이익수익권(순임대료수익, 이익수익권은 위탁자 본인 사후에 소멸한다)은 위탁자 본인이 갖고, 수익형 부동산의 원본수익권은 아들에게 주는 방식이다. 수익형 부동산의 증여를 통해 상속세를 줄이면서, 임대료 수입으로 노후자금을 마련할 수 있다.

'이익증여신탁'은 신탁재산의 원본수익권은 위탁자 본인이 갖고, 이익수익권만 제3자에게 부여하는 증여신탁이다. 수익형 부동산의 원본은 위탁자 본인이 가지면서 아들의 생활비로 이익수익을 지급하는 방식이다.

한편, '증여 후 신탁'을 주로 '증여안심신탁'이라고 부르는데, '증여안심신탁'은 증여행위와 신탁설정을 결합시킨 신탁이다. 주로 상속세 절세목적으로 증여는 하고 싶은데, 수증자가 증여재산을 제대로 관리할지 의문이므로 증여자가 증여한 신탁재산에 대해 통제권을 일정 부분 보유하는 신탁이다. '장애인부양신탁'도 '증여계약'과 '신탁계약'을 결합한 신탁이라는 점에서 일종의 '증여안심신탁'이라 볼 수 있다.

수익권 증여신탁에 대한 과세는 모두 실질적으로 제3자에게 원본이나 이익의 지급이 있을 때 증여세를 납부하게 된다. 물론 증여신탁에서 수익권을 정기지급하는 것으로 설계할 경우 최초 증여 시점에 신탁재산 전부를 증여한 것으로 인식해서 최초 증여 시점에 증여플랜에 따른 정기지급액을 현가화하여 합산하는 구조도 가능하다(상증법 제33조, 상증령 제25조).[1] 다만, 증여신탁에서 '증여신탁설정행위' 그 자체를 세법상 증여로 인식할 수 있도록 하기 위해서는 미국의 '철회불능신탁(Irrevocable trust[2])' 구조를 우리 세법이 반영해야 한다.

이 책에서는 현재 실무에서 활용하고 있는 '이익증여신탁'을 간략하게 설명하고, 주로 '증여안심신탁'에 대해 상세히 다루고자 한다.

2 이익증여신탁

이익증여신탁은 위탁자가 신탁재산에 대해 신탁을 설정하면서 원본수익권은 위탁자 본인이 보유하고 이익수익권을 배우자나 자녀에게 귀속시킨다. 예를 들면, 연 5% 배당금을 꾸준히 지급하는 회사 발행 주식을 자산가가 보유하고 있다. 자산가 본인이 주식의 배당금을 받게 되면 높은 세율의 소득세를 납부해야 하는 문제가 있다. 아직 학생인 아들에게 주식배당금만 증여할 수 있다면 좋을 것인데, 주식 그 자체로 배당청구권을 분리할 수 없다. 신탁의 재산전환

---

1) 과거 현가율이 10%에 달할 때, 국채 스트립채권을 편입하여 증여함으로써 절세할 수 있는 분할증여신탁이 유행하긴 하였는데, 현가율이 3%로 줄어들어 현재는 분할증여신탁을 활용할 유인이 거의 없다.
2) 미국의 대표적인 증여신탁이 바로 생명보험청구권에 대한 철회불능신탁이다. 해당 철회불능신탁을 설정한 재산은 상속세의 과세대상에서 제외되고 증여세의 과세대상이 된다.

기능을 활용하면 원본수익권과 이익수익권을 분리해서 다른 사람에게 귀속시킬 수 있다. 이것이 바로 '이익증여신탁'이다. 이익증여신탁에서 '이익수익권'을 지급하는 행위는 위탁자가 무상으로 이익수익자에게 이익수익권을 지급하는 타익신탁구조이므로 증여세의 과세대상이다.

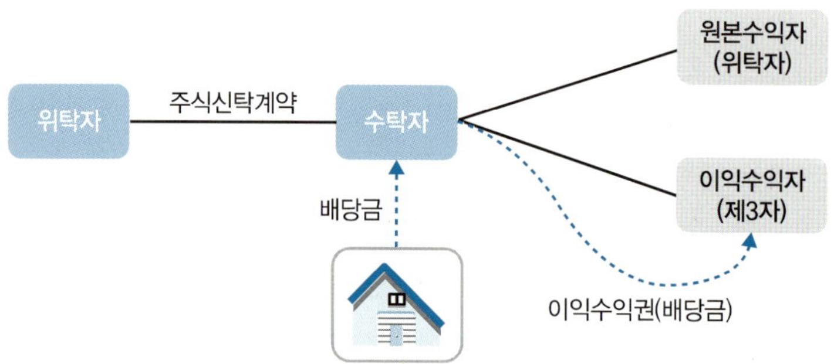

상속세 및 증여세법(약칭 : 상증법)

제9조【상속재산으로 보는 신탁재산】 ① 피상속인이 신탁한 재산은 상속재산으로 본다. 다만, 타인이 신탁의 이익을 받을 권리를 소유하고 있는 경우 그 이익에 상당하는 가액(價額)은 상속재산으로 보지 아니한다.

② 피상속인이 신탁으로 인하여 타인으로부터 신탁의 이익을 받을 권리를 소유하고 있는 경우에는 그 이익에 상당하는 가액을 상속재산에 포함한다.

제33조【신탁이익의 증여】 ① 신탁계약에 의하여 위탁자가 타인을 신탁의 이익의 전부 또는 일부를 받을 수익자(受益者)로 지정한 경우로서 다음 각 호의 어느 하나에 해당하는 경우에는 원본(元本) 또는 수익(收益)이 수익자에게 실제 지급되는 날 등 대통령령으로 정하는 날을 증여일로 하여 해당 신탁의 이익을 받을 권리의 가액을 수익자의 증여재산가액으로 한다.

 1. 원본을 받을 권리를 소유하게 한 경우에는 수익자가 그 원본을 받은 경우

 2. 수익을 받을 권리를 소유하게 한 경우에는 수익자가 그 수익을 받은 경우

② 수익자가 특정되지 아니하거나 아직 존재하지 아니하는 경우에는 위탁자 또는 그 상속인을 수익자로 보고, 수익자가 특정되거나 존재하게 된 때에 새로운 신탁이 있는 것으로 보아 제1항을 적용한다. 〈개정 2015.12.15.〉

③ 제1항을 적용할 때 여러 차례로 나누어 원본과 수익을 받는 경우에 대한 증여재산가액 계산방법 및 그 밖에 필요한 사항은 대통령령으로 정한다.

제65조【그 밖의 조건부 권리 등의 평가】 ① 조건부 권리, 존속기간이 확정되지 아니한 권리, 신탁의 이익을 받을 권리 또는 소송 중인 권리 및 대통령령으로 정하는 정기금(定期金)을 받을 권리에 대해서는 해당 권리의 성질, 내용, 남은 기간 등을 기준으로 대통령령으로 정하는 방법으로 그 가액을 평가한다.

② 그 밖에 이 법에서 따로 평가방법을 규정하지 아니한 재산의 평가에 대해서는 제1항 및 제60조부터 제64조까지에 규정된 평가방법을 준용하여 평가한다.

제25조【신탁이익의 계산방법 등】 ① 법 제33조 제1항 각 호 외의 부분에서 "원본(元本) 또는 수익(收益)이 수익자에게 실제 지급되는 날 등 대통령령으로 정하는 날"이란 다음 각 호의 구분에 따른 날을 제외하고는 원본 또는 수익이 수익자에게 실제 지급되는 날을 말한다. 〈개정 1999.12.31., 2003.12.30., 2016.2.5.〉

1. 수익자로 지정된 자가 그 이익을 받기 전에 해당 신탁재산의 위탁자가 사망한 경우 : 위탁자가 사망한 날

2. 신탁계약에 의하여 원본 또는 수익을 지급하기로 약정한 날까지 원본 또는 수익이 수익자에게 지급되지 아니한 경우 : 해당 원본 또는 수익을 지급하기로 약정한 날

3. 원본 또는 수익을 여러 차례 나누어 지급하는 경우 : 해당 원본 또는 수익이 최초로 지급된 날. 다만, 신탁계약을 체결하는 날에 원본 또는 수익이 확정되지 아니한 경우에는 해당 원본 또는 수익이 실제 지급된 날로 한다.

② 법 제33조 제1항을 적용할 때 여러 차례 나누어 원본과 수익을 지급받는 경우의 신탁이익은 제1항에 따른 증여시기를 기준으로 제61조를 준용하여 평가한 가액으로 한다.

CHAPTER 03

증여안심신탁의 개요

1 증여안심신탁의 개념

자녀에게 재산을 증여하면, 증여자인 부모가 원하는 대로 자녀가 증여재산을 잘 관리할 수 있을까? 증여한 재산 때문에 혹시 자녀가 공부나 일을 게을리 하면 어떻게 하지? 자칫 증여 후 자녀가 효도의무를 이행하지 아니하거나 변심하면 어떻게 하지? 자녀가 증여재산을 며느리나 사위에게 증여한 후 이혼해서 재산을 잃게 되면 어떻게 하지? 증여 후 자녀의 사업실패로 증여한 재산에 압류가 들어오면 어떻게 하지?

부모가 재산을 자녀에게 증여하는 것은 자녀에게 매우 감사한 일이다. 그렇지만 위와 같이 부모에게 걱정거리 한 두가지는 있을 수 있다. 특히, 증여플랜을 통해 절세전략을 짜는 경우가 많은데, 증여하면 절세할 수 있음을 알면서도, 이러한 걱정 때문에 쉽게 증여를 하지 못하는 사례는 정말 안타깝다.

소위 '효도계약서'를 작성하면서까지 증여하는 사례를 보더라도 부모의 걱정은 이루 말할 수 없다. 효도계약서를 쓰고 부모가 자녀에게 증여하는 방법도 좋은 방법일 수 있지만, 효도 의무를 불이행한 경우 효도계약에 따라 증여계약을 해지하고 증여재산을 돌려받기 위해서는 부모가 자녀를 상대로 소송을 제기해야 한다.

이러한 문제를 해결하기 위해 고안한 것이 바로 '증여안심신탁'이다. 요약하면 신탁계약 체결을 조건으로 하는 '조건부증여계약'을 체결하고, 조건부증여와 함께 체결하는 신탁계약 서를 통해서 증여재산과 자녀의 마음을 통제하는 것이 바로 증여안심신탁이다. 신탁계약서 에 신탁재산의 처분, 담보부차입, 수익권 양도, 신탁계약의 변경 및 해지 시 증여자인 부모의 동의가 필요하다는 조건을 넣어 놓는다. 위탁자인 자녀가 신탁재산을 처분하거나 신탁재산 을 담보로 차입을 하려면 수탁자에게 처분지시나 담보부 차입지시를 해야 하는데, 수탁자는 신탁계약에 따라 부모의 동의서를 확인해야만 처분이나 차입에 협조해 줄 수 있다.[3] 증여한 부모의 입장에서 보면, 수탁자를 통하여 간접적으로 신탁재산과 자녀를 통제할 수 있다.

2 증여안심신탁의 법적 구조

증여안심신탁은 '조건부증여계약'과 '신탁계약'을 결합하는 구조이다. 조건부증여계약에는 수증자인 자녀가 '신탁계약을 체결하고 유지할 의무'와 함께 필요한 '효도의무'를 명시하고, 자녀가 증여재산을 증여받은 후 효도의무를 이행하지 않을 때 증여자인 부모가 증여계약을 해지할 수 있는 조항을 명시한다.

증여계약과 함께 작성되는 신탁계약은 수증자와 수탁자가 체결하는데, 증여자의 통제권의 범위를 명확하게 기재하여야 한다. 여러 가지 선택지가 있으나, 기본적인 내용은 다음과 같다.

첫째, 증여자가 수증자와 증여계약을 체결할 때 증여계약의 조건이나 부담으로 신탁계약을 체결하고 유지할 것을 의무조항으로 넣는다.

둘째, 위탁자는 증여자에게 위탁자의 권한 중 일부를 행사할 수 있도록 한다.

셋째, 수증자인 위탁자가 신탁재산의 처분, 담보부차입, 증여 등 신탁재산에 특정 행위를 할 때 증여자의 동의를 받도록 한다.

넷째, 신탁수익권의 양도, 담보부차입, 증여 등 신탁수익권에 특정행위를 할 때 증여자의 동의를 받도록 한다.

다섯째, 신탁계약의 해지, 해제, 변경 및 수익권 담보제공 시 증여자의 동의를 받도록 한다.

❚ 증여안심신탁 개념도 ❚

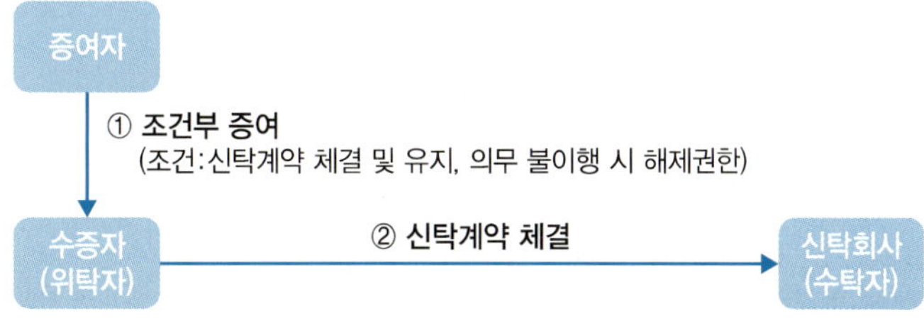

---

3) 증여안심신탁에서 증여자의 통제권은 신탁설정 시 신탁재산의 소유권을 수탁자에게 이전해 놓기 때문에 가능하다.

CHAPTER 04

증여안심신탁 계약서

1 효도계약서

가. 효도계약서의 개념과 활용

부모가 자녀와 증여계약 체결 후 증여계약에 따른 이행(부동산 : 소유권이전등기, 금전 : 이체, 비상장주식 : 명의개서)을 하고 나면 증여재산의 소유권은 수증자인 자녀에게 완전히 이전된다. 자녀가 범죄행위를 하거나 부양의무를 이행하지 아니하더라도 증여계약을 해제할 수 없다. 증여계약의 내용에 '부모를 충실히 부양한다는 효도의무'를 구체적으로 넣고, 만약 효도의무를 이행하지 않으면 부모가 증여계약을 해제할 수 있는 조항을 넣어두면 어떨까? 우리 민법은 '상대부담이 있는 증여'에 대하여는 쌍무계약에 관한 규정을 적용할 수 있도록 규정하여, 효도의무라는 부담을 이행하지 않으면, 민법 제544조에 따라 증여계약을 해제하고 증여재산을 반환받을 수 있다. 부모가 증여하면서 자녀에게 효도의무의 이행을 부담으로 넣어두고 자녀가 효도의무를 이행하지 않으면 증여계약을 해제하고 증여재산을 돌려받을 수 있는 내용의 '조건부증여계약'을 실무상 '효도계약서'라 한다. 효도의무 이행 여부가 소송 과정에서 쟁점이 될 수 있기 때문에 효도계약서의 가장 중요한 부분은 해제권 행사 조건인 '효도의무'를 구체적으로 작성해야 한다. 대표적인 효도의무는 동거의무, 매월 일정 금액의 생활비 지급, 주기적 가족식사, 병원 모시고 가기, 증여재산 매각이나 담보제공 시 부모의 동의권이다.

나. 효도계약서에 대한 대법원 판결

아버지가 2003년 아들과 시가 20억 원 상당의 2층 주택 및 대지(이하 '이 사건 주택')에 관한 증여계약을 체결하고 아들에게 소유권이전등기를 넘겨주었다. 아버지는 증여계약 당시 아들로부터 부담이행각서를 받았는데, 그 내용은 '아들은 본건 증여를 받은 부담으로 부모와 같은 집에서 동거하며 부모님을 충실히 부양한다. 아들은 이 부담사항 불이행을 이유로 한 아버지의 계약해제 기타 조치에 관해 일체의 이의나 청구를 하지 아니하고, 계약해제의 경우 즉시 원상회복의무를 이행한다'는 것이다.

이 사건 주택에 대한 소유권이전등기를 아들 명의로 한 이후 아버지가 이 사건 주택 2층에 거주하고 아들 부부는 이 사건 주택 1층에 거주하였는데, 아들 부부는 부모를 거의 찾아보지 않고 따로 생활하였으며, 허리디스크 등으로 건강이 좋지 않은 어머니의 간병과 가사는 따로 사는 딸과 가사도우미가 도맡았다. 어머니의 건강이 급속도로 악화되어 스스로 거동할 수 없는 정도가 되자 아들은 부모님에게 고급 요양시설에 입원할 것을 권유하였다. 아버지는 2014년 6월 아들에게 이 사건 주택을 다시 아버지 명의로 돌려주면 이를 매각한 후 남는 자금으로 아버지가 살 집을 마련할 것이니 소유권이전등기를 넘겨달라고 요구하였다. 그러자 아들은 아버지에게 "천년만년 살 것 아닌데 아파트가 왜 필요해. 맘대로 한번 해보시지"라는 등 막말을 하였다. 결국 아버지는 딸의 집으로 이사한 뒤 아들을 상대로 이 사건 주택의 소유권 회복을 구하는 소유권이전등기말소청구소송을 제기하였고, 2심 계속 중에 이 사건 주택에 처분금지가처분신청(피보전권리 : 증여계약 해제를 원인으로 소유권이전등기말소청구권)을 했다. 1심, 2심 모두 아버지 승소 판결을 하였고, 대법원도 아버지가 승소한 원심을 확정했다.

대법원은 "이 사건 증여계약은 피고가 부모인 원고 부부를 충실히 부양하는 것을 조건으로 하는 것이므로 '부담부증여'에 해당한다. 부담부증여에 있어서 부담 의무 있는 상대방이 자신의 의무를 이행하지 아니할 때에는 비록 증여계약이 이행되어 있다 하더라도 증여자는 증여계약을 해제할 수 있다…(중략)….피고가 작성한 부담이행각서 내용 중 '충실히 부양한다'는 것은 민법 제974조가 규정하는 부모자식 간의 일반적인 부양의 수준을 넘어선 부양의 이행(충실의 사전적 의미가 진정에서 우러나오는 정성이 있고 정직하면서 성실한 부양의무의 이행)을 의욕한 것인데, 피고는 이와 같이 '충실히 부양'할 의무를 이행하지 않았으므로 원고는 이를 이유로 증여계약을 해제할 수 있다"고 하면서, 원고인 아버지의 아들 명의의 소유권이전등기의 말소등기절차를 이행하라고 하였다(대법원 2015.12.10. 선고 2015다236141 판결, 서울고등법원 2015.8.20. 선고 2015나2014073 판결, 서울중앙지방법원 2015.1.30. 선고 2014가합42573 판결).

다. 불효자방지법 제정 추진

이 대법원 판결이 있은 후 2016년 초 효도의무 불이행에 대한 사회적 비판을 수용하여 2개의 민법일부개정법안이 국회에 상정되었지만, 통과되지 않은 상태에서 20대 국회의원 임기만료로 자동으로 폐기되었다. 21대 국회에서는 불효자방지법이 새로이 제안되어 통과되길 기대한다. 불효자방지법을 제안한 민병두 의원안의 제정이유는 다음과 같다.

"최근 부양의무를 약속하고 증여받은 자녀 또는 친족이 증여자에 대해 학대, 폭행 등 범죄행위를 하거나 부양의무를 이행하지 아니하는 배은(背恩)행위가 사회적으로 논란이 되고 있다. 증여는 증여자가 수증자에게 무상으로 재산을 이전하는 행위로 통상적으로 증여에는 증여자와 수증자 간의 특별한 인적관계 내지 신뢰관계를 전제한다. 그런데 수증자가 그러한 관계에 기초하여 증여를 받았음에도 불구하고 증여자에 대해 배신행위 내지 망은행위를 하는 경우 증여된 상태를 그대로 유지하는 것은 부당하다. 이에 따라 현행법 제556조는 배신행위의 유형을 정하여 그 유형에 해당하는 사유가 있으면 증여자가 증여를 해제할 수 있도록 하고 있다. 그러나 현행법은 독일 민법, 프랑스 민법 등 다른 나라와 비교하여서도 배신행위의 유형이 너무 좁게 열거되어 있고 해제권 행사의 제척기간이 짧은데다가 이미 이행한 부분에 대한 반환을 청구할 수도 없다. 이에 증여에 있어 균형을 도모하고, '불효자 방지'를 위해 법적인 규율을 도모하려는 것이다(법제사법위원회 검토보고서 참조)."

현 행	제556조 【수증자의 행위와 증여의 해제】 ① 수증자가 증여자에 대하여 다음 각 호의 사유가 있는 때에는 증여자는 그 증여를 해제할 수 있다. 1. 증여자 또는 그 배우자나 직계혈족에 대한 범죄행위가 있는 때 2. 증여자에 대하여 부양의무있는 경우에 이를 이행하지 아니한 때 ② 전항의 해제권은 해제원인있음을 안 날로부터 6월을 경과하거나 증여자가 수증자에 대하여 용서의 의사표시를 한 때에는 소멸한다.
이명수 의원안 (2016년 8월 10일 제안)	제556조 【수증자의 범죄행위와 증여의 해제】 수증자가 증여자 또는 그 배우자나 직계혈족에 대한 범죄행위가 있는 때는 그 증여를 해제할 수 있다. 제556조의 2 【부양의무있는 자의 불이행과 증여의 해제】 ① 증여자에 대하여 제974조에 따른 부양의무가 있는 경우 이를 이행하지 아니하는 수증자를 상대로 부양의무의 이행을 법원에 청구할 수 있다. ② 제1항에 따라 법원의 이행명령이 내려진 이후에도 부양의무를 이행하지 아니하면 증여자는 즉시 증여를 해제하고 증여가 이행된 부분의 원상회복을 구할 수 있고, 수증자는 증여된 재산과 그에 따른 이득을 반환하여야 한다.
민병두 의원안 (2016년 9월 12일 제안)	제556조 【수증자의 행위와 증여의 해제】 ① ――――――――――――――――. 1. ――――――――――――――― 대하여 범죄행위, 학대 그 밖에 현저하게 부당한 대우를 한 ―――――――――――――――― 2. (현행과 같음) ② 제1항에 따라 증여가 해제된 때에는 각 당사자는 그 상대방에 대하여 원상회복의 의무가 있다. 그러나 제3자의 권리를 해하지 못한다. ③ 제1항의 해제권은 해제권자가 ――――――――――――――――――――――――――――――――1년――――――――――.

" 국민 77.3%, 부모－자식 간 효도계약 필요 "

1. 사실관계

설문 1 최근 대법원은 이른바 효도계약을 어긴 자식에게 부모가 증여한 재산을 돌려주라는 판결을 했습니다. 이와 관련하여 국회에서는 부양의무를 져버린 자식에게 물려준 재산을 다시 돌려받을 수 있도록 하는 불효자식방지법이 발의되어 있는 상황인데요. 부양과 재산증여로 부모와 자식 간에 맺는 효도계약에 대해 어떻게 생각하십니까?

여론조사 전문기관 리얼미터(대표 이택수)가 부모가 자식에게 재산을 증여하고 자식은 부모를 부양하는 내용의 이른바 '효도계약'에 대한 국민인식을 조사한 결과, 효도계약이 필요하다는 의견이 77.3%로 필요없다는 의견(14.7%)의 5배가 넘는 것으로 조사됐다.

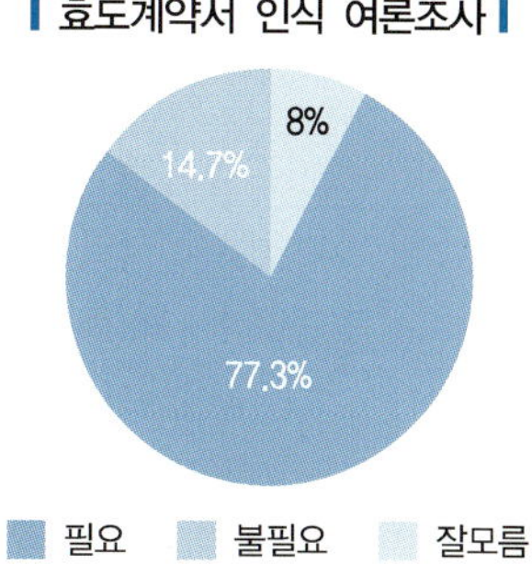

설문 2 그렇다면 국회에 계류 중인 불효자식방지법 처리에 대해서는 어떻게 생각하십니까?

불효자방지법에 대한 인식조사 결과도, 입법화가 필요하다는 의견(67.6%)이 불필요하다는 의견(22.6%)의 3배가 넘는 것으로 조사됐다.

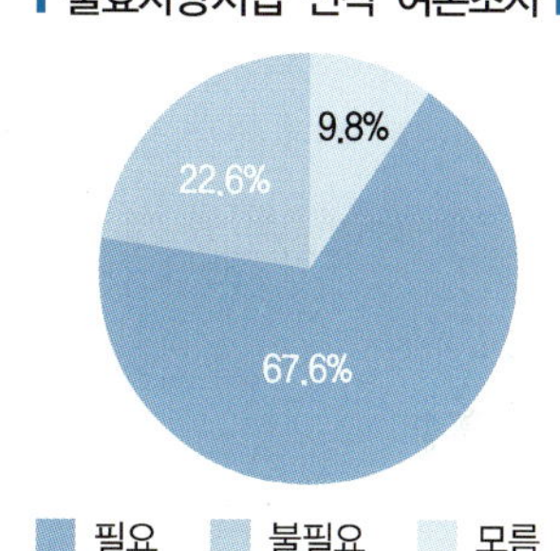

2. 자산승계 시사점

부모로부터 증여받은 후 자식들의 효도의무 불이행에 대한 예방장치인 '효도계약서'에 대한 찬성 비율이 절대적으로 높게 나온다. 과거 아낌없이 줘야 한다는 부모의 생각이나 사회의 인식이 많이 바뀐 것이다. 부모가 증여를 계획없이 함부로 했을 때 나타나는 여러 문제를 직간접적으로 경험한 국민이 많다는 것이다. 이제부터라도 체계적으로 증여계획을 수립하고 증여로 인해 발생하는 다양한 가족 문제를 예방할 수 있는 장치를 마련해야 한다.

출처 : 국민일보 2015년 12월 29일

Part 04

라. 불효자방지법 관련 해외 입법례

프랑스 민법의 경우 학대를 망은행위에 대한 증여해제 사유에 포함하는 규정을 두는 등 외국의 입법례에서도 망은행위에 대한 증여해제 사유를 우리 민법보다 넓게 인정하고 있는 예가 있어서 불효자를 방지하고자 하는 마음은 전 세계의 보편적 심리인 것으로 판단된다(법제사법위원회 검토보고서 참조).

독 일	제530조 ① 수증자가 증여자 또는 그의 근친에 대한 현저한 비행으로 인하여 중대한 망은의 책임이 있는 때에는 증여자는 증여를 철회할 수 있다. ② 증여자의 상속인은 수증자가 고의로 위법하게 증여자를 살해하였거나 철회를 방해한 때에 한하여 철회권을 가진다.
스위스	제249조 현실증여 및 이행된 증여에 있어서 증여자는 다음의 경우에 증여를 철회하고, 수증자에게 이익이 현존하는 한 증여물의 반환을 청구할 수 있다. 1. 수증자가 증여자 또는 그와 밀접한 관계에 있는 사람에게 중대한 범죄를 저지른 때 2. 수증자가 증여자나 그의 친족에 대하여 부담하는 친족법상의 의무를 중대하게 위반한 때
프랑스	제953조 생전증여는 약정한 조건의 불이행, 망은 및 증여 후의 자녀출생의 사유에 의해서만 철회될 수 있다. 제955조 생전증여는 다음 각 호의 경우에 한하여 망은을 이유로 철회될 수 있다. 1. 수증자가 증여자의 생명에 위해를 가한 경우 2. 수증자가 증여자에 대하여 학대·경죄·모욕의 범죄를 한 경우 3. 수증자가 증여자에 대한 부양을 거절하는 경우

마. 효도계약서의 한계와 증여안심신탁의 활용

효도계약도 증여재산과 자녀에 대한 통제권을 가질 수 있다는 점에서는 좋은 아이디어이다. 효도계약의 가장 근본적인 문제는 자녀가 증여재산을 증여받은 후 부담을 이행하지 아니해서 증여자가 증여계약을 해제하더라도 자녀가 자의로 증여재산을 돌려주지 않으면, 부모와 자식 사이에 증여재산반환청구소송이 제기되어야 한다는 것이다. 증여라는 것은 부모가 자식을 위해 부모 재산을 공짜로 넘겨주는 만큼 부모나 자녀 입장에서 좋은 것인데, 자녀의 효도의무 불이행으로 부모와 자녀 사이에 소송까지 제기된다면 너무나 불편한 상황일 것이다. 효도계약서를 작성하는 것보다는 '증여안심신탁계약'을 체결하는 것이 증여 후 자녀가 변심하거나 불효할 경우 수탁자가 신탁재산을 반환해 주기 때문에 훨씬 안정적이고 목적 달성에 효과적이다.

[효도계약서]

증여자 [***](이하 "증여자"라 한다)와 수증자 [***](이하 "수증자"라 한다)는, 증여자는 별지 기재 재산(이하 "증여재산"이라고 한다)을 수증자에게 증여하고, 수증자는 증여자를 잘 부양할 목적을 달성하기 위하여, 다음과 같이 증여계약(이하 "이 증여계약"이라 한다)을 체결한다.

제1조 【목적】 증여자는 증여자 소유 증여재산을 이하에서 정하는 계약에 따라 수증자에게 증여하고, 수증자는 이를 승낙한다.

제2조 【증여시기】 증여자는 수증자에게 [****]년 [*]월 [*]일까지 증여재산의 소유권을 이전한다.

제3조 【부담부분】 수증자는 증여재산을 증여받는 부담으로 증여자가 생존하는 동안 다음 사항을 이행할 의무를 부담한다.

① 1개월에 2회 이상 손자와 배우자를 데리고 방문하여 식사를 같이 한다.

② 병원치료비는 모두 수증자가 부담한다.

③ 매월 100만 원을 용돈으로 지급해야 한다.

④ 증여된 부동산 임대료의 30%를 생활비로 지급해야 한다.

⑤ 증여부동산을 매각, 증여, 담보제공 등 일체의 처분행위를 할 경우 증여자의 사전 동의를 받아야 한다.

제4조 【계약의 해제】 ① 다음 각 호에 해당하는 사유가 발생할 경우, 증여자는 본 계약을 해제할 수 있다.

1. 제3조의 부담부분을 2회 이상 이행하지 아니한 때
2. 수증자나 수증자의 배우자가 증여자나 증여자의 직계혈족에 대한 범죄행위 및 이에 준하는 행위를 한 때
3. 도박, 음주 등으로 생계유지에 지장을 줄 정도의 재산낭비 우려가 있는 때

② 증여자가 제1항에 따라 이 증여계약을 해제하는 경우, 수증자는 즉시 증여자에게 증여재산을 반환하여야 한다(증여재산인 부동산에 대해 증여자 또는 증여자가 지정하는 자에게 소유권이전등기를 완료하여야 하며, 신탁대상 부동산에 대한 점유도 이전하여야 한다).

제6조 【비용 및 제세공과금의 부담】 증여재산의 소유권이전과 관련한 제반 비용 및 조세공과금 등은 수증자가 부담한다.

제7조 【담보책임】 증여재산의 증여는 계약일 현상태를 기준으로 하며, 증여자는 증여대상 부동산의 하자, 멸실, 훼손에 대하여 책임을 지지 아니한다.

이 계약을 증명하기 위하여 계약서 2통을 작성하여 증여자와 수증자 사이에 서명·날인한 후 각각 1통씩 보관한다. 다만, 증여재산의 공시, 증여재산의 신탁 등을 위해 유관기관 또는 유관회사에 이 계약서의 원본을 제출해야 하는 경우에는 1부 이상을 추가로 작성할 수 있다.

[****]년 [*]월 [*]일

증여자 : [***] (인)
    주민등록번호 :
    주소 :

수증자 : [***] (인)
    주민등록번호 :
    주소 :

수증자의 배우자 : [***] (인)
    주민등록번호 :
    주소 :

2 증여안심신탁 계약서

증여자가 의도하는 목적과 통제권 행사 정도에 따라 다르다. 신탁을 통해서 처분이나 담보부차입만을 통제하는 유형과 증여계약의 해제로 소유권을 돌려받는 유형 두 가지이다. 신탁재산의 유형에 따라 부동산관리신탁계약, 금전신탁계약, 유가증권신탁계약을 체결하면서, 증여자의 통제권 행사 방법을 신탁계약으로 정한다. 다음은 부동산을 증여하면서 증여자의 통제장치를 마련한 '증여계약서'와 '신탁계약 특약사례'이다.

❶ 증여안심신탁용 증여계약서

증여자 [***](이하 "증여자"라 한다)와 수증자 [***](이하 "수증자"라 한다)는 별지 기재 부동산(이하 "증여부동산"이라고 한다)에 관하여 다음과 같이 증여계약(이하 "이 증여계약"이라 한다)을 체결한다.

제1조【목적】 증여자는 증여자 소유 증여부동산을 수증자에게 증여하고, 수증자는 이를 승낙한다.

제2조【조건】 수증자는 증여부동산에 대하여 이 증여계약과 함께 체결되는 부동산관리신탁계약을 체결하고 유지할 의무를 부담한다.

제3조【계약의 해제】 ① 다음 각 호에 해당하는 사유가 발생할 경우, 증여자는 이 증여계약을 해제할 수 있다.

  1. 제2조의 부동산관리신탁계약 유지의무를 이행하지 아니한 때
  2. 수증자나 수증자의 배우자가 증여자나 증여자의 직계혈족에 대한 범죄행위 및 이에 준하는 행위를 한 때

② 증여자가 제1항에 따라 이 증여계약을 해제하는 경우, 수증자는 즉시 증여자 또는 증여자가 지정하는 자에게 증여부동산에 대한 소유권이전등기 및 인도를 완료하여야 한다.

제4조【비용 및 제세공과금의 부담】 증여부동산의 소유권이전과 관련한 제반 비용 및 조세 공과금 등은 수증자가 부담한다.

제5조【담보책임】 증여부동산의 증여는 이 증여계약 체결일의 현상태를 기준으로 하며, 증여자는 증여부동산의 하자, 멸실, 훼손에 대하여 책임을 지지 아니한다.

이 계약을 증명하기 위하여 계약서 2통을 작성하여 증여자와 수증자 사이에 서명·날인한 후 각각 1통씩 보관한다. 다만, 증여재산의 공시, 증여재산의 신탁 등을 위해 유관기관 또는 유관회사에 이 계약서의 원본을 제출해야 하는 경우에는 1부 이상을 추가로 작성할 수 있다.

[****]년 [*]월 [*]일

증여자 : [***] (인)
    주민등록번호 :
    주소 :

수증자 : [***] (인)
    주민등록번호 :
    주소 :

❷ 부동산에 대한 증여안심신탁계약 특약(예시)

　이 신탁부동산은 위탁자가 위탁자의 부(父)인 [***]로부터 조건부증여(조건 : 이 부동산 신탁계약을 유지할 것, 부양의무를 이행할 것 기타 증여계약에서 정하는 조건)받은 것임을 고려하여, 위탁자와 수탁자는 아래와 같이 특약을 정하기로 한다.

(1) 위탁자는 [***](생년월일 :　　　, 연락처 :　　　　　)를 신탁재산보호자로 지정하고, 위탁자로서 가지는 이 신탁재산의 처분권한 및 관리권한, 신탁계약의 일부 또는 전부에 대한 해지권 및 해제권, 담보부차입권한을 행사함에 있어, 신탁재산보호자의 서면 동의를 미리 득하여야 한다.

(2) 수탁자는 위탁자가 이 신탁재산의 처분권한 및 관리권한, 신탁계약의 일부 또는 전부에 대한 해지권 및 해제권, 담보부차입권한 등을 행사할 경우, 신탁재산보호자의 서면 동의가 있을 경우에만 이에 응하여 신탁사무를 처리한다.

(3) 위탁자는 신탁재산보호자의 동의없이 이 신탁계약의 수익권을 제3자에게 양도, 증여, 기타 처분행위를 하거나 수익권을 담보로 차입행위를 할 수 없다.

(4) 위탁자는 신탁재산보호자가 이 신탁계약 대상 부동산에 계속 거주할 수 있도록 해야 한다.

(5) 이 신탁계약과 함께 체결한 '증여계약'이 해제되는 경우 이 신탁계약도 해제되며, 이 경우에 신탁재산은 신탁재산보호자 겸 증여자가 지정하는 자에게 귀속한다.

(6) 신탁재산보호자 생존시에는 동일 조건으로 매년 자동적으로 갱신되고, 신탁재산보호자가 사망할 경우 이 신탁계약은 종료한다.

(7) 위탁자의 사정에 의하여 신탁부동산에 대한 근저당권 및 전세권 설정 등 제한물권의 등기 사유가 발생할 경우, 위탁자는 서면으로 제한물권 설정 사유를 적시하고 신탁재산보호자의 동의를 얻어 수탁자가 등기할 것을 요청할 수 있으며, 이 경우 등기에 소요되는 비용은 위탁자가 부담하기로 한다.

증여안심신탁 등기실무

1 증여안심신탁

김부자가 김두리에게 아파트를 증여하고 싶은데, 김두리의 재산관리능력이 있는지 명확하지 않으며 젊은 나이에 아파트가 증여되면 김두리의 근로의욕을 떨어뜨릴 뿐만 아니라 아파트를 제대로 관리하고 유지할지 의문이다. 이러한 김부자가 활용하면 좋은 신탁이 바로 증여안심신탁이다. 김부자는 김두리와 '조건부 증여계약'을 체결하고 김두리는 신탁회사와 부동산관리신탁계약(위탁자 : 김두리, 수익자 : 김두리)을 체결한다. 이때 증여계약에 따른 소유권이전등기와 부동산관리신탁계약에 따른 소유권이전등기를 같이 접수한다.

┃ 단순 증여안심신탁 등기기재례 ┃

【 갑　　　구 】				(소유권에 관한 사항)
순위번호	등기목적	접　수	등기원인	권리자 및 기타사항
2	소유권 이전	2012년 1월9일 제670호	2012년 1월8일 매매	소유자　김부자　600104-0000000 　서울특별시 서초구 반포대로 60(반포동) 거래가액　금200,000,000원
3	소유권 이전	2019년 3월5일 제3005호	2019년 3월4일 증여	소유자　김두리 900110-0000000 　서울특별시 서초구 반포대로 00(반포동)
4	소유권 이전	2019년 3월5일 제3006호	2019년 3월4일 신탁	수탁자　○○신탁 112601-8031111 　서울특별시 영등포구 국제금융로 8길 16(여의도동) 신탁 신탁원부 제2019-26호

2 부동산 공유 위험 통제를 위한 증여안심신탁

부모가 아들과 딸에게 상가건물을 각 1/2 지분을 증여하였는데, 사업하는 아들의 채권자가 아들 지분 1/2을 압류한다면 가족 이외 제3자가 1/2 공유자로 들어오게 되어 임대관리, 시설관리, 처분 등 상가건물에 대해 딸이 제3의 공유자와 협의해야 하는 불편함이 있고, 상가건물 임대나 매각에 생각의 차이가 클 경우 소송 위험까지 내재되어 있다.

이 사례에서 상가건물 임대, 매각, 리모델링 관련해서 아들과 딸 사이에 서로 생각이 다를 수 있고, 증여한 상가건물로 인해 생각이 다른 아들과 딸 사이가 멀어질 수도 있다. 그리고 아들이 재산관리능력이 부족해서 1/2 지분을 담보로 대출을 받았다가 임의 경매가 진행되어 제3자가 상가건물의 공유자로 들어올 수 있다.

이런 문제를 예방하기 위해 자녀 1명당 하나의 부동산을 증여하려고 생각하는 사람이 많다. 문제는 상가건물의 가격이 높을 경우 증여세가 많이 나온다. 그렇다고 건물을 팔아서 금전으로 자녀에게 증여할 것인가? 부동산 매각 시 발생하는 양도세가 별로 나오지 않으면 매각해서 현금으로 증여하는 것도 방법이긴 하나, 양도세가 많이 발생하면 양도 후 현금증여에는 세금과 비용이 많이 든다. 따라서 상가건물을 지분으로 잘게 쪼개서 여러 자녀에게 지분으로 분산증여하는 것을 선택할 수밖에 없다.

이 경우에 증여안심신탁을 활용하면 공유관계로 발생하는 여러 문제를 해결할 수 있다. 우선 신탁재산 그 자체에 압류가 들어오지 못하기 때문에 부동산에 제3의 공유자가 들어오는 것은 막을 수 있다. 다만, 이 경우 아들의 수익권을 압류할 수 있으나, 수익권에 기해서 순임대수익의 1/2로 지급되는 현금만 장기간 수익권 압류채권자에게 지급되긴 한다. 그렇지만 신탁재산의 독립성을 규정한 신탁법 제22조에 의해, 부동산 자체에 압류가 들어오지 못한다. 신탁재산의 독립성은 증여안심신탁에서 매우 중요한 기능을 한다. 그리고 증여안심신탁계약을 활용하면, 아들과 딸에게 증여된 상가건물 임대, 시설관리, 매각, 리모델링에 대한 의사결정은 딸에게 전부 맡길 수도 있다.

　　김부자 소유 부동산 '지분 3분의 1'을 김두리에게 증여하고, 김부자 지분 3분의 2는 상속신탁계약을, 김두리 지분 3분의 1은 증여안심신탁을 동시에 체결한 사례의 등기부는 다음과 같다. 이는 증여를 통한 절세와 상속계획 수립을 동시에 진행한 사례이다. 재산가액이 큰 상가건물이나 소규모 빌딩을 한꺼번에 증여할 때 증여세가 부담이 되면서 동시에 자녀가 재산을 제대로 관리할 수 있을지 의문인 경우에는 절세를 위한 증여안심신탁과 상속계획 수립을 위한 상속신탁으로 결합하여 설계하는 것이 좋다. 증여한 부동산 지분만큼의 임대수익을 자녀 명의 금전신탁계좌에서 쌓아 향후 상속세 재원으로도 활용할 수 있도록 해주면 더욱 완벽한 자산승계계획이 된다.

❘ 증여안심신탁과 상속신탁 결합형 등기기재례 ❘

【 갑 　 구 】				(소유권에 관한 사항)
순위번호	등기목적	접　수	등기원인	권리자 및 기타사항
2	소유권 이전	2012년 1월9일 제670호	2012년 1월8일 매매	소유자　김부자　600104-0000000 　　서울특별시 서초구 반포대로 60(반포동) 거래가액　금200,000,000원
4	소유권 일부이전	2019년 3월5일 제3005호	2019년 3월4일 증여	공유자 지분 3분의 1 　김두리 900110-0000000 　　서울특별시 서초구 반포대로00(반포동)
5	2번 지분 전부 이전	2019년 3월5일 제3006호	2019년 3월4일 신탁	수탁자　○○신탁 112601-8031111 　　서울특별시 영등포구 국제금융로 8길 16(여의도동)
				신탁 신탁원부　제2019-26호
6	4번 지분 전부 이전	2019년 3월5일 제3007호	2019년 3월4일 신탁	수탁자　○○신탁 112601-8031111 　　서울특별시 영등포구 국제금융로 8길 16(여의도동)
				신탁 신탁원부　제2019-27호

장애인부양신탁

1 장애인 증여세 과세가액 불산입 혜택

1999.1.1. 시행된 상증법은 장애인의 재활과 복지를 증진하기 위해 '장애인부양신탁'을 도입하였다.[4] 최대 5억 원까지 증여세 과세가액 불산입 특례를 통해 장애인의 홀로서기 자금을 마련해주는 좋은 취지의 상사신탁이다.[5] 신탁 자체에 세제혜택이 법적으로 보장된 유일한 상품이다. 장애인부양신탁은 증여세를 잠탈할 목적으로 설정되는 것을 방지하기 위해 신탁원본은 유지하되 발생되는 수익만을 인출하도록 매우 제한된 제도로 도입하였다. 여러 차례 제도 개선을 통해, 현재 중증장애인에 한해 의료비와 특수교육비의 원금 인출이 가능하고, 신탁의 수익 포함 최대 월 150만 원까지 원금인출이 가능하다.[6] 장애인부양신탁을 체결하고 운영할 때 신탁재산의 매매, 원금인출, 신탁해지 후 재설정 과정에서 증여세를 추징당하지 않도록 유의해야 한다. 그리고 장애인신탁을 장애인이 재산을 보유하게 된 결과, 정부의 장애인 지원혜택이 없어지거나 줄어드는 문제가 있으니, 장애인부양신탁 계약 체결 전에 장애인부양신탁이 유리한지 불리한지를 충분히 검토해야 한다.

2020년 상증법 개정 전에는 장애인부양신탁은 장애인이 증여받은 재산을 위탁자 겸 수익자로 신탁하는 '자익신탁형 장애인부양신탁'만 있었는데, 2020년 상증법 개정으로 타인이 위탁자로 장애인을 수익자로 체결하는 '타익신탁형 장애인부양신탁'도 가능하게 되었다. 자

---

4) 장애인이 친족으로부터 재산을 증여받아 본인을 수익자로 하는 신탁에 가입하는 경우에는 증여재산 5억 원을 증여세를 과세하지 않도록 함으로써 친족이 장애인을 수익자로 하는 장애인부양신탁계약을 체결하는 경우, 계약금액 5억 원까지 증여세 과세가액에 불산입하여 장애인의 재활이나 복지증진에 기여하고자 하는 것이 도입취지였다(당시 재정경제위원회의 심사보고서 참조).

5) 상증법은 신탁회사와 신탁계약을 체결하는 경우만을 한정하고 있어서, 수탁자가 신탁회사가 아닌 민사신탁은 증여세 과세가액 불산입 혜택을 받을 수 없다.

6) 신탁원본 5억 원에서 매월 발행하는 수익이 70만 원이라고 가정하면, 원본에서 매월 인출가능한 금액은 80만 원(= 150만 원 − 70만 원)이다.

익신탁형 장애인부양신탁은 증여행위와 신탁계약이 결합된 구조라는 점에서 증여안심신탁과 유사하다. 자익신탁형 장애인부양신탁만 허용되었을 시기에 성년인 정신적 장애 자녀를 위해 신탁계약을 체결하려면, 장애인 자녀를 위한 후견이 개시되어야 하는데, 후견심판절차에 통상 6개월 이상 기간이 소요되는 불편함이 있었기에, 상증법을 개정하여 타익신탁형 장애인부양신탁을 도입한 것이다. 바람직한 상증법 개정이다.

제52조의 2【장애인이 증여받은 재산의 과세가액 불산입】 ① 대통령령으로 정하는 장애인(이하 이 조에서 "장애인"이라 한다)이 재산(「자본시장과 금융투자업에 관한 법률」에 따른 신탁업자에게 신탁할 수 있는 재산으로서 대통령령으로 정하는 것을 말한다. 이하 이 조에서 같다)을 증여받고 그 재산을 본인을 수익자로 하여 신탁한 경우로서 해당 신탁(이하 이 조에서 "자익신탁"이라 한다)이 다음 각 호의 요건을 모두 충족하는 경우에는 그 증여받은 재산가액은 증여세 과세가액에 산입하지 아니한다.

1. 「자본시장과 금융투자업에 관한 법률」에 따른 신탁업자(이하 이 조에서 "신탁업자"라 한다)에게 신탁되었을 것

2. 그 장애인이 신탁의 이익 전부를 받는 수익자일 것

3. 신탁기간이 그 장애인이 사망할 때까지로 되어 있을 것. 다만, 장애인이 사망하기 전에 신탁기간이 끝나는 경우에는 신탁기간을 장애인이 사망할 때까지 계속 연장하여야 한다.

② 타인이 장애인을 수익자로 하여 재산을 신탁한 경우로서 해당 신탁(이하 이 조에서 "타익신탁"이라 한다)이 다음 각 호의 요건을 모두 충족하는 경우에는 장애인이 증여받은 그 신탁의 수익(제4항 단서에 따른 신탁원본의 인출이 있는 경우에는 해당 인출금액을 포함한다. 이하 이 조에서 같다)은 증여세 과세가액에 산입하지 아니한다.

1. 신탁업자에게 신탁되었을 것

2. 그 장애인이 신탁의 이익 전부를 받는 수익자일 것. 다만, 장애인이 사망한 후의 잔여재산에 대해서는 그러하지 아니하다.

3. 다음 각 목의 내용이 신탁계약에 포함되어 있을 것

   가. 장애인이 사망하기 전에 신탁이 해지 또는 만료되는 경우에는 잔여재산이 그 장애인에게 귀속될 것

   나. 장애인이 사망하기 전에 수익자를 변경할 수 없을 것

   다. 장애인이 사망하기 전에 위탁자가 사망하는 경우에는 신탁의 위탁자 지위가 그 장애인에게 이전될 것

③ 제1항에 따른 그 증여받은 재산가액(그 장애인이 살아 있는 동안 증여받은 재산가액을 합친 금액을 말한다) 및 타익신탁 원본의 가액(그 장애인이 살아 있는 동안 그 장애인을 수익자로 하여 설정된 타익신탁의 설정 당시 원본가액을 합친 금액을 말한다)을 합산한 금액은 5억 원을 한도로 한다.

④ 세무서장등은 제1항에 따라 재산을 증여받아 자익신탁을 설정한 장애인이 다음 각 호의
　어느 하나에 해당하면 대통령령으로 정하는 날에 해당 재산가액을 증여받은 것으로 보아
　즉시 증여세를 부과한다. 다만, 대통령령으로 정하는 부득이한 사유가 있거나 장애인 중
　대통령령으로 정하는 장애인이 본인의 의료비 등 대통령령으로 정하는 용도로 신탁원본을
　인출하여 원본이 감소한 경우에는 그러하지 아니하다.
　1. 신탁이 해지 또는 만료된 경우. 다만, 해지일 또는 만료일부터 1개월 이내에 신탁에 다시
　　가입한 경우는 제외한다.
　2. 신탁기간 중 수익자를 변경한 경우
　3. 신탁의 이익 전부 또는 일부가 해당 장애인이 아닌 자에게 귀속되는 것으로 확인된 경우
　4. 신탁원본이 감소한 경우
⑤ 제1항 또는 제2항을 적용받으려는 사람은 제68조에 따른 신고기한(타익신탁의 경우에는 최초
　로 증여받은 신탁의 수익에 대한 신고기한을 말한다)까지 대통령령으로 정하는 바에 따라 납세지
　관할세무서장에게 신청하여야 한다.
⑥ 제2항을 적용받으려는 사람이 최초로 증여받은 신탁의 수익에 대하여 제68조에 따른 신고
　및 제5항에 따른 신청을 한 경우에는 최초의 증여 후에 해당 타익신탁의 수익자로서 증여받
　은 신탁의 수익(제2항에 따라 과세가액에 산입하지 아니하는 부분에 한정한다)에 대하여는 제68조
　에 따른 신고 및 제5항에 따른 신청을 하지 아니할 수 있다.
⑦ 제4항에 따른 증여세액의 계산방법 및 그 밖에 필요한 사항은 대통령령으로 정한다.

제45조의 2【장애인이 증여받은 재산의 과세가액불산입】 ① 법 제52조의 2 제1항 각 호 외의
　부분에서 "대통령령으로 정하는 장애인"이란 「소득세법 시행령」 제107조 제1항 각 호의 어느
　하나에 해당하는 자를 말한다.
② 삭 제 〈2017.2.7.〉
③ 법 제52조의 2 제1항 각 호 외의 부분에서 "대통령령으로 정하는 것"이란 다음 각 호의
　어느 하나에 해당하는 것을 말한다.
　1. 금전
　2. 유가증권
　3. 부동산
④ 법 제52조의 2 제4항 각 호 외의 부분 본문에서 "대통령령으로 정하는 날"이란 다음 각
　호의 날을 말한다.
　1. 법 제52조의 2 제4항 제1호의 경우에는 그 신탁해지일 또는 신탁기간의 만료일
　2. 신탁의 수익자를 변경한 경우에는 수익자를 변경한 날
　3. 신탁의 이익의 전부 또는 일부가 장애인외의 자에게 귀속되는 것으로 확인된 경우에는
　　그 확인된 날

4. 신탁의 원본이 감소한 경우에는 신탁재산을 인출하거나 처분한 날

⑤ 법 제52조의 2 제4항 각 호 외의 부분 단서에서 "대통령령으로 정하는 장애인"이란 다음 각 호의 어느 하나에 해당하는 사람을 말한다.

1. 「5·18 민주화 운동 관련자 보상 등에 관한 법률」에 따라 장해등급 3급 이상으로 판정된 사람

2. 「고엽제후유의증 등 환자지원 및 단체설립에 관한 법률」에 따른 고엽제후유의증환자로서 장애등급 판정을 받은 사람

3. 「장애인고용촉진 및 직업재활법」 제2조 제2호에 따른 중증장애인

⑥ 법 제52조의 2 제4항 각 호 외의 부분 단서에서 "본인의 의료비 등 대통령령으로 정하는 용도"란 다음 각 호의 어느 하나에 해당하는 비용에 사용하는 용도를 말한다.

1. 「소득세법 시행령」 제118조의 5 제1항 및 제2항에 따른 장애인 본인의 의료비 및 간병인 비용

2. 「소득세법 시행령」 제118조의 6 제11항에 따른 장애인 본인의 특수교육비

3. 장애인 본인의 생활비(월 150만 원 이하의 금액으로 한정한다)

⑦ 법 제52조의 2 제4항 각 호 외의 부분 단서에 따라 본인의 의료비 등의 용도로 신탁재산을 인출하는 장애인은 기획재정부령으로 정하는 장애인신탁 원금 인출신청서와 관련 증빙 서류 등을 인출일 전 3개월부터 인출일 후 3개월까지의 기간 이내에 신탁업자에게 제출하여야 한다.

⑧ 신탁업자는 제7항에 따라 제출받은 서류를 해당 의료비 등의 인출일부터 5년간 보관하여야 하며, 기획재정부령으로 정하는 장애인신탁 원금 인출내역서를 인출일이 속하는 연도의 말일부터 3개월 이내에 관할 세무서장에게 제출하여야 한다.

⑨ 법 제52조의 2 제4항 각 호 외의 부분 단서에서 "대통령령으로 정하는 부득이한 사유"란 다음 각 호의 어느 하나에 해당하는 때를 말한다.

1. 신탁회사가 관계법령 또는 감독기관의 지시·명령 등에 의하여 영업정지·영업폐쇄·허가 취소 기타 기획재정부령이 정하는 사유로 신탁을 중도해지하고 신탁해지일부터 2개월 이내에 신탁에 다시 가입한 경우

2. 신탁회사가 증여재산을 신탁받아 운영하는 중에 그 재산가액이 감소한 경우

3. 「도시 및 주거환경정비법」에 따른 재개발사업·재건축사업 또는 「빈집 및 소규모주택 정비에 관한 특례법」에 따른 소규모재건축사업으로 인해 종전의 신탁을 중도해지하고, 준공인가일부터 2개월 이내에 신탁에 다시 가입한 경우

⑩ 삭 제

⑪ 법 제52조의 2 제4항 및 제7항의 규정에 의한 증여세는 제4항 각 호에 규정된 날 현재 법 제4장의 규정에 의하여 평가한 다음 각 호의 가액에 법 제56조의 규정에 의한 세율을 곱하여 계산한다.

1. 법 제52조의 2 제4항 제1호 및 제2호의 규정에 해당하는 경우에는 당해 신탁재산의 가액 전액

② 장애인을 위한 자산승계계획 수립

장애인부양신탁은 원금인출이 제한적이라는 점과 장애인부양신탁으로 장애인에게 재산이 생겨서 장애인연금을 포함한 공적부조가 감소된다는 점을 고려하면, 장애인 자녀를 둔 부모의 재산규모, 장애인 자녀의 기대여명을 고려하여 절세혜택이 효과적인지를 세무 전문가와 함께 분석할 필요가 있다. 부모의 재산규모가 작을 경우 굳이 장애인부양신탁을 체결할 필요가 없다. 장애인신탁으로 줄어드는 상속세보다 공적부조가 줄어드는 것이 훨씬 많을 수도 있기 때문이다.

장애인 자녀의 홀로서기 자금을 마련해 두는 방법은 증여를 통한 장애인부양신탁만이 아니라 상속신탁도 있다. 부모 생전에는 부모가 직접 장애인 자녀를 위해 생활비를 지출하면 되고, 부모 사후 장애인 자녀를 위해 신탁이 필요한 것이기 때문에, 상속신탁도 장애인 자녀의 홀로서기 자금마련 장치로 충분하다. 특히, 상속세 계산 시 10억 원(배우자 없을 경우 5억 원 공제)이 인적공제되기 때문에 예정 상속재산이 10억 원 이하라면 굳이 장애인신탁을 할 필요가 없다. 상속신탁을 활용해서 생전에는 부모가 장애인 자녀를 부양하면서 노후 자금을 활용하고, 부모 사망 시 남아 있는 신탁재산을 신탁회사가 관리하면서 장애인 자녀를 위한 안정적 생활비 지급을 진행하면 된다.

따라서 장애인부양신탁을 고민하는 부모는 장애인부양신탁과 상속신탁을 같이 두고 검토해야 한다. 그리고 원금인출이 제한되어 있기 때문에 장애인부양신탁과 상속신탁을 동시에 체결하여 장애인부양신탁에서 월 150만 원을 확보하고, 부족한 금액을 상속신탁에서 인출하도록 설계하면, 장애인 자녀의 복지를 위한 충분한 자금확보가 될 수 있다.

❙ 장애인부양신탁과 상속신탁의 장단점 비교 ❙

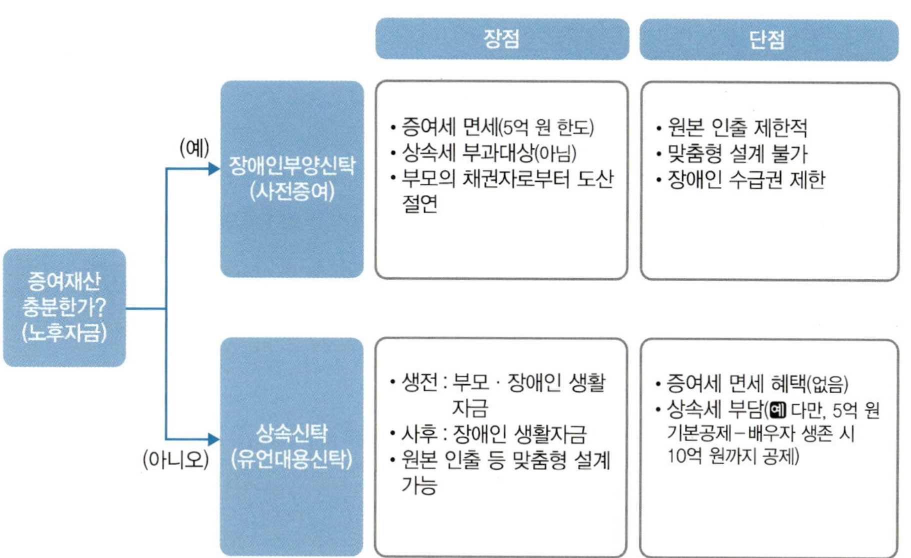

결론적으로, 장애인부양신탁을 검토하는 부모라면 자녀의 나이, 부모의 재산규모, 장애인 자녀의 상태와 필요 비용, 장애인부양신탁 체결 시 줄어드는 공적부조를 충분히 고려해서, 장애인부양신탁만 활용하는 방법, 장애인부양신탁과 상속신탁을 동시에 활용하는 방법, 상속신탁만 활용하는 방법 3가지 중 가장 적합한 자산승계계획을 설계할 필요가 있다.

가. 자익신탁형 장애인부양신탁

가족 또는 제3자가 장애인에게 재산을 증여하는 증여계약을 증여자와 수증자가 먼저 체결하고, 장애인은 신탁회사와 신탁계약(위탁자 : 장애인 본인, 수익자 : 장애인 본인)을 체결한다. 증여계약은 일반적인 증여계약을 사용하면 된다. 신탁계약은 (i) 그 장애인이 신탁의 이익 전부를 받는 수익자일 것, (ii) 신탁기간이 그 장애인이 사망할 때까지로 되어 있을 것(다만, 장애인이 사망하기 전에 신탁기간이 끝나는 경우에는 신탁기간을 장애인이 사망할 때까지 계속 연장하여야 한다), (iii) 신탁원본 인출은 상증법이 정한 제한된 범위(장애인 본인의 의료비, 간병비, 특수교육비 및 월 150만 원 이하의 생활비) 내에서만 가능할 것이 명시되어 있어야 한다. 자익신탁형 장애인부양신탁을 체결한 뒤 상증법 제68조에 따른 신고기한까지 '증여세과세표준신고 및 자진납부계산서'에 증여재산명세서 및 증여계약서 사본, 신탁계약서 및 장애인임을 증명할 수 있는 서류를 첨부하여 납세지 관할세무서장에게 제출하여야 한다.

나. 타익신탁형 장애인부양신탁

가족 또는 제3자가 장애인을 수익자로 하여 신탁회사와 신탁계약을 체결하고 해당 신탁재산의 수익자를 장애인으로 정하는 신탁(위탁자 : 가족 또는 제3자, 수익자 : 장애인)을 '타익신탁형 장애인신탁'이라 한다. 타익신탁형 장애인 신탁계약은 (i) 장애인이 신탁의 이익 전부를 받는 수익자일 것(다만, 장애인이 사망한 후의 잔여재산에 대해서는 그러하지 아니하다), (ii) 상증법상 법정 신탁조건이 포함될 것(장애인이 사망하기 전에 신탁이 해지 또는 만료되는 경우에는 잔여재산이 그 장애인에게 귀속될 것, 장애인이 사망하기 전에 수익자를 변경할 수 없을 것, 장애인이 사망하기 전에 위탁자가 사망하는 경우에는 신탁의 위탁자 지위가 그 장애인에게 이전될 것)이라는 요건을 충족해야 한다.

타익신탁형 장애인부양신탁은 2020년 최초로 도입된 제도라 아직 판례나 해석례가 없는 것으로 보이는데, 현재 규정상으로는 다소 불명확한 점이 있다.

첫째, 타익신탁형 장애인부양신탁에서 장애인이 사망한 후의 잔여재산에 대해서 다른 귀속권리자를 지정할 수 있느냐? 상증법 문언상으로는 가능해 보이는데, 법리구성을 어떻게 하느냐가 문제이다. 가족 또는 제3자가 신탁계약을 체결하고 신탁수익자를 장애인으로 하고, 장애인 사망을 신탁계약이 종료할 경우 신탁법 제101조의 잔여재산귀속권리자를 제3자로 지정할 수 있어 보이긴 하나, 일반적인 수익자연속신탁 구조나 유언대용신탁 구조와 다르다.

둘째, 타익신탁형 장애인부양신탁을 유언대용신탁 구조나 수익자연속신탁 구조로 설계할 수 있느냐? 부모가 장애인인 자녀를 사후수익자로 지정하거나, 아니면 장애인 자녀를 1차 사후수익자로 지정하고, 장애인이 사망할 경우 2차 사후수익자를 지정하는 수익자연속신탁이 가능하면 좋은데, 증여세 과세가액 불산입 특례의 틀에서 규정하다 보니 불가능할 것으로 보인다. 유언대용신탁이나 수익자연속신탁은 상속세의 과세대상이 되기 때문이다. 재산규모가 작은 부모 입장에서 10억 원까지 인적공제되는 상속제도를 활용하는 것이 더 좋을 수 있기 때문에, 유언대용신탁구조나 수익자연속신탁 구조를 허용하면 활용도를 훨씬 더 높일 수 있을 것이다. 따라서 상속세 과세 불산입 규정도 두는 것으로 상증법을 개정할 필요가 있어 보인다.

아무튼 타익신탁형 장애인부양신탁 도입으로 특정후견개시결정이 필요한 정신적 장애인에게 장애인부양신탁을 특정후견개시결정 없이도 가능하게 되었다는 점은 좋은 개정인 것으로 판단된다.

다. 자익신탁형 장애인부양신탁과 타익신탁형 장애인부양신탁의 관계

자익신탁형 장애인부양신탁에 따른 그 증여받은 재산가액(그 장애인이 살아 있는 동안 증여받은 재산가액을 합친 금액을 말한다) 및 타익신탁형 장애인부양신탁의 원본가액(그 장애인이 살아 있는 동안 그 장애인을 수익자로 하여 설정된 타익신탁의 설정 당시 원본가액을 합친 금액을 말한다)을 합산한 금액은 5억 원을 한도로 증여세 과세불산입한다(상증법 제52조의 2 제3항). 자익신탁형 장애인부양신탁과 타익신탁형 장애인부양신탁을 동시에 활용할 수 있다.

최근 5년 동안 장애인부양신탁 제도개선을 위해 신탁업계에서 노력한 결과 많이 개선되었지만, 추가로 제도를 개선해야 할 점을 찾아보면 다음과 같다.

첫째, 증여세 과세불산입 한도를 현행 5억 원에서 10억 원 정도로 상향할 필요가 있다. 1999년 장애인부양신탁이 도입된 지 20년이 지난 시점인데, 증여세 과세불산입 한도는 여전히 그대로다. 장애인부양신탁의 재산인 금전은 투자성 있는 것으로 운용하기는 적절하지 않다. 1% 예금금리를 가정하면 1년에 500만 원이다. 장애인 홀로서기 자금마련에는 턱없이 부족하다.

둘째, 신탁재산에서 발생하는 수익 이외 신탁원본의 인출용도가 생활비로 확대된 것은 바람직하지만, 이러한 혜택은 중증장애인만 누릴 수 있다. 중증장애인이 아니라도 장애인으로서 필요한 생활비 수준이 있는데, 지금과 같은 저금리 시대 신탁재산에서 발생하는 수익만으로는 생활비를 확보할 수가 없다. 따라서 중증장애인이 아닌 모든 장애인을 대상으로 수입 포함 월 150만 원이 생활비로 확보할 수 있도록 개선할 필요가 있다. 중증장애인이 아닌 장애인부양신탁의 경우에는 신탁재산의 원본이 장애인을 위해 사용되는 것이 아니라 장애인의 법정상속인에게 상속되는 구조로 제도 설계한 것이 근본적으로 모순이 있다. 장애인부양신탁의 목적 자체가 장애인의 복지이기 때문에, 장애인부양신탁재산 전부가 장애인의 복지를 위해 사용되도록 하는 것이 합리적이다.

셋째, 장애인부양신탁이 장애인 복지를 위해 도입된 것인 만큼, 장애인신탁재산에서 발생하는 수익(주식의 배당금, 예금 및 채권의 이자, 부동산의 임대료)에 대해서 소득세도 비과세하는 것이 타당하다.

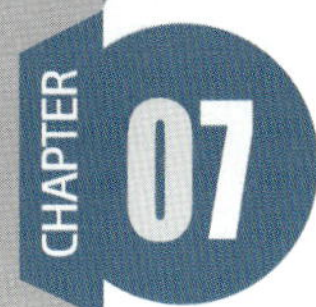

CHAPTER 07

증여안심신탁 Q&A

Q&A 01 증여안심신탁이 무엇인가?

증여안심신탁이란 신탁계약을 증여계약과 결합시킨 신탁구조이다. 증여로 소유권이 수증자에게 완전히 이전되어 버리면, 수증자의 낭비로부터 재산을 보존할 방법이 없다. 증여계약과 신탁계약을 결합시켜 증여자의 증여재산의 통제권을 일정부분 행사할 수 있도록 만든 것이다.

Q&A 02 어떤 사람이 증여안심신탁을 하면 좋은가?

① 재산관리능력이 부족하거나 낭비할 우려가 있는 자녀를 둔 부모
② 증여 후 자녀의 학업이나 근로를 게을리 할 우려가 있는 자녀를 둔 부모
③ 정신적·신체적 장애가 있거나 사회활동능력이 부족한 자녀를 둔 부모
④ 증여 후 자녀, 며느리나 사위의 불효나 변심이 우려되는 부모
⑤ 결혼 전후로 자녀에게 증여하고 싶으나 자녀의 이혼이 걱정되는 부모
⑥ 증여 후 사업하는 자녀의 채권자가 증여한 재산을 압류할까 걱정인 부모

Q&A 03 증여안심신탁하면 자녀들이 불효한 경우 증여한 재산을 돌려받을 수 있는가?

증여계약 내에 자녀의 효도의무 이행을 부담으로 넣어 놓으면 된다. 부담부증여계약이 해제되면, 신탁계약도 해제될 수 있도록 장치를 만드는 것이다. 효도의무 불이행 사유를 입증해서 증여자가 수탁자에게 요청하면 신탁계약을 해제해서 신탁재산을 증여자인 부모에게 돌려줄 수 있다. 물론 이 경우 자녀가 부모에게 다시 증여한 것으로 되지 않도록 처음부터 증여계약서를 잘 작성하는 것이 중요하다.

효도계약서와 증여안심신탁의 차이가 무엇인가?

효도계약서와 증여안심신탁도 효도의무 이행을 부담으로 하는 부담부증여라는 점에서 같다. 그렇지만, 증여안심신탁은 수탁자가 증여재산을 신탁재산으로 관리하면서 소유권을 수탁자가 보유하고 있어, 증여자가 수증자에게 소송을 제기할 필요 없이 증여재산인 신탁재산을 반환해 주는 장점이 있다. 만약 효도계약서만 체결한 상태라면, 수증자인 자녀의 효도의무 불이행 시 효도계약서를 해제하고 증여재산의 소유권을 회복할 수 있는 소송을 제기해야만 돌려받을 수 있다.

자녀에게 아파트를 증여하고 싶은데, 자녀가 증여세를 낼 돈이 없다. 좋은 방법이 없는가?

증여세를 연부연납하면 된다. 증여세의 1/6을 증여세 신고기한 내 납부하고, 나머지 1/6씩 5년간 분납하면 된다.

금전도 증여안심신탁할 수 있는가?

가능하다. 금전도 증여하면서 신탁할 수 있다. 신탁재산인 금전은 위탁자인 수증자가 운용지시할 수도 있지만, 보통 금전의 운용을 증여자가 지시할 수 있도록 증여안심신탁계약을 체결한다.

증여안심신탁을 하면 세금을 많이 줄일 수 있는가?

10년 단위로 증여계획을 짜서 증여하면 상속세를 많이 줄일 수 있다. 상속은 사망한 피상속인의 총재산을 기준으로 계산하지만, 증여는 증여받은 수증자를 기준으로 계산되므로, 50% 상속세 구간인 분들은 10% 내지 30% 중 선택하여 증여계획을 10년 단위로 수립한다.

증여안심신탁 후 아들이 부동산을 매각한다면 어떻게 해야 하는가?

증여안심신탁계약 후에는 수증자인 아들이 부동산을 매각할 수 없다. 증여안심신탁으로 소유권이 수탁자에게 이전되어 있기 때문에, 증여자인 부모의 동의하에서만 부동산을 매각할 수 있다.

Q&A 09 | **장애인부양신탁은 반드시 신탁회사와 신탁계약을 체결해야 하는가?**

그렇다. 장애인부양신탁을 규정하는 상증법은 신탁회사와 신탁계약을 체결하는 경우에만 증여세 과세가액 불산입 특례를 주고 있다. 장애인부양신탁을 활용한 우회 증여를 막기 위해 금융감독원의 감독을 받는 신탁회사와의 계약 체결을 강제하고 있는 것이다.

Q&A 10 | **예를 들어 8억 원 상당의 상가를 장애인 아들에게 증여하고 장애인부양신탁을 체결하고 싶은데, 5억 원을 초과하더라도 장애인부양신탁이 가능한가?**

그렇다. 5억 원 초과 상가를 증여할 때 5억 원까지는 증여세 과세가액 불산입 혜택을 받을 수 있다. 따라서 5억 원 초과분인 3억 원에 대해서 증여세를 납부하면 된다.

Q&A 11 | **5억 원 상가에 대해 장애인 딸에게 증여하고 장애인부양신탁을 체결하고 싶다. 부동산 가격이 하락할 수도 있는데, 장애인부양신탁 체결 후 신탁재산인 상가를 매각할 수 있는가? 매각할 경우 증여세를 납부해야 하는가?**

장애인부양신탁의 신탁재산은 매매 가능하다. 다만, 매매를 위한 신탁계약 해지 후 1개월 이내 부동산을 새로 매수해서 부동산을 장애인부양신탁 설정하거나 아니면 매각대금에 대해 장애인부양신탁을 재설정해야 한다. 그렇지 않으면 면제되었던 증여세를 납부해야 한다.

가족신탁 이론과 실무

후견제도 보완을 위한 후견신탁

후견제도와 신탁

1 후견제도의 개요

2011년 2월 18일 국회는 "복지 국가, 고령화 사회로 접어들면서 장애인의 인권과 노인 복지에 대한 국가의 책무와 사회적 관심이 부각되고 있었으나, 당시 민법의 행위능력 및 후견제도는 '금치산', '한정치산' 등 부정적 용어를 사용하고 본인의 의사와 장애의 정도에 대한 고려 없이 행위능력을 획일적으로 제한하여 사회적 편견을 야기하는 문제를 해소하기 위해 민법을 개정하여 획일적으로 행위능력을 제한하는 문제점을 내포하고 있는 기존의 금치산·한정치산제도 대신 보다 능동적이고 적극적인 사회복지시스템인 성년후견·한정후견·특정후견제도를 도입하였고 후견제도는 2013년 7월 1일 시행되었다.

2 후견제도의 유형과 후견절차

질병, 장애, 노령, 그 밖의 사유로 인한 정신적 제약으로 사무를 처리할 능력이 부족하거나 없는 피후견인의 신상관리와 재산보호를 목적으로 법률상 대리권, 동의권 및 취소권을 행사할 수 있는 후견인을 법원의 절차를 통해 선임하여 피후견인의 복리를 위해 업무를 수행하는 것을 '법정후견'이라 하고, 이렇게 선임된 후견인을 '법정후견인'이라 한다. 이와 달리 질병, 장애, 노령, 그 밖의 사유로 인한 정신적 제약으로 사무를 처리할 능력이 부족한 상황에 있거나 부족하게 될 상황에 대비하여 자신의 재산관리 및 신상보호에 관한 사무의 전부 또는 일부를 다른 자에게 위탁하고 그 위탁사무에 관하여 대리권을 수여하는 것을 내용으로 계약을 체결함으로써 자신이 향후 사무처리능력 부족 시에 자신을 위한 후견인을 미리 선정하여 계약을 체결해 놓는 것을 '후견계약'이라 하고 이러한 후견인을 '임의후견'인 이라 한다.[1]

임의후견은 본인이 원하는 후견인을 미리 정해 놓는 '자율적 예방장치'라는 점에서 사무처리능력이 부족한 상태에서 법원의 절차를 통해서 본인 의사와 무관하게 후견인이 선임되는 '비자율적 사후장치'인 법정후견보다 피후견인의 자기결정권을 보장한다는 점에서 우수하다. 자산승계계획 수립의 관점에서 보면, 임의후견인을 미리 선임해 놓으면, 자녀 간에 서로 후견인이 되기 위해 소송까지 진행하는 불상사를 막을 수 있다는 점에서 법정후견보다 훨씬 안전하고 효율적인 자산승계계획을 수립할 수 있다. 나아가 후견계약과 신탁계약을 결합하는 '임의후견형 상속신탁계약'을 체결하면 '가장 완전한 자산승계계획 수립'이라 할 수 있다.[2]

> **민법**
>
> **제959조의 14 【후견계약의 의의와 체결방법 등】** ① 후견계약은 질병, 장애, 노령, 그 밖의 사유로 인한 정신적 제약으로 사무를 처리할 능력이 부족한 상황에 있거나 부족하게 될 상황에 대비하여 자신의 재산관리 및 신상보호에 관한 사무의 전부 또는 일부를 다른 자에게 위탁하고 그 위탁사무에 관하여 대리권을 수여하는 것을 내용으로 한다.
> ② 후견계약은 공정증서로 체결하여야 한다.
> ③ 후견계약은 가정법원이 임의후견감독인을 선임한 때부터 효력이 발생한다.
> ④ 가정법원, 임의후견인, 임의후견감독인 등은 후견계약을 이행·운영할 때 본인의 의사를 최대한 존중하여야 한다.

성년인 피후견인에 대한 후견제도의 유형에 따라 절차개시 사유, 본인의 사무처리능력 및 후견인의 권한을 비교하면 다음과 같다.

구 분	성년후견	한정후견	특정후견	임의후견
절차 개시 사유	정신적 제약으로 사무처리능력의 지속적 결여	정신적 제약으로 사무처리능력의 부족	정신적 제약으로 일시적 후원 또는 특정 사무의 후원이 필요	정신적 제약으로 사무처리능력의 부족

---

1) 후견제도, 유형별 절차, 후견사무에 대해 상세한 내용은 '이현곤, 『성년후견제도의 이해와 활용』(고시계사, 2018)', '김성우, 『성년후견실무』(박영사, 2018)'를 참조하면 된다.
2) 영미법의 신탁사무에서는 거기에 임의후견의 대체적 기능을 확충시키기 위하여 재량신탁 또는 권리취득자지명권을 동반하는 신탁이 적극적으로 활용되고 있고, 상속계획(estate planning)과도 연결되어 현대의 가장 발달한 신탁의 형태라 할 수 있다[新井誠 저/안성포 역, 『신탁법』 제3판(전남대학교출판부, 2011), 555면].

구 분	성년후견	한정후견	특정후견	임의후견
본인의 행위 능력	원칙적 제한	원칙적 행위능력자 (조력 필요)	행위능력자 (조력 필요)	• 계약 시 행위능력자 • 개시 시 행위능력상실 또는 부족
후견인의 권한	포괄적인 대리권과 취소권	법원이 정한 범위 내에서 대리권, 동의권, 취소권	법원이 정한 범위 내에서 대리권	계약에서 정한 바에 따른 권한

후견인은 피후견인을 위한 대리권, 피후견인이 한 행위를 취소할 수 있는 취소권, 피후견인의 행위에 대한 동의권을 가짐으로써, 피후견인을 위한 신상보호와 재산관리를 후원하는 역할을 수행한다. 후견인의 임무는 성년후견인, 한정후견인, 특정후견인, 임의후견인에 따라 다르다. 피성년후견인은 사무처리능력이 지속적으로 결여되었기 때문에 후견인이 포괄적인 대리권을 가지고 피후견인의 재산을 관리하고 그 재산에 관한 법률행위를 대리한다. 한정후견인은 피한정후견인의 사무처리능력의 정도에 따라 다양한 임무를 부여받는다. 특정후견인은 사무처리능력이 부족한 때 기간과 범위를 정하여 법원으로부터 받은 대리권을 행사한다. 후견인은 피후견인의 재산관리와 신상보호를 할 때 여러 사정을 고려하여 피후견인의 복리에 부합하는 방법으로 사무를 처리해야 하며, 후견인은 피후견인의 복리에 반하지 아니하면 피후견인의 의사를 존중하여야 한다(민법 제947조, 제959조의 6). 성년후견, 한정후견 및 특정후견은 후견인의 임무가 법원의 절차를 통해서 결정되지만, 임의후견인의 임무는 원칙적으로 피후견인이 사무처리능력이 있는 후견계약 체결 시 피후견인이 직접 정하기 때문에, 피후견인의 의사를 가장 잘 반영할 수 있는 후견유형이다.

3 후견제도의 다양성과 문제점

후견제도는 친족후견이 신상관리와 재산관리를 모두 대리하는 ①유형, 전문가후견인이 신상관리와 재산관리를 맡는 ②유형, 친족후견인이 신상관리를 맡고 전문가후견인이 재산관리를 맡는 ③유형, 신상관리와 재산관리를 서로 다른 전문가후견에게 맡기는 ④유형, 신상관리를 전문가후견인이 맡고 재산관리는 전문 신탁회사에 맡기는 ⑤유형으로 나눌 수 있다. 피후견인의 정신적·신체적 상황, 후견인의 성향, 피후견인의 잠재 상속인의 성향, 재산규모 및 재산유형 등을 종합적으로 고려해 5가지 유형 중 하나를 선택하는 것이 바람직하다. 후견인 선임 과정에서 분쟁이 발견되거나 예측되는 경우에는 전문가후견인이 개입하는 ②유형에서 ④유형을 선택하는 것이 타당하고, 만약 재산규모가 크거나 재산관리의 난이도가 높은 경우에는 ⑤유형인 후견신탁을 활용하면 피후견인의 복리증진은 물론 후견인에 의한 재산 관련 불법행위는 억제될 것이다. 5가지 유형은 모두 장단점을 가지고 있으므로, 피후견인의 복리에 가장 적합한 유형을 선택하면 된다.

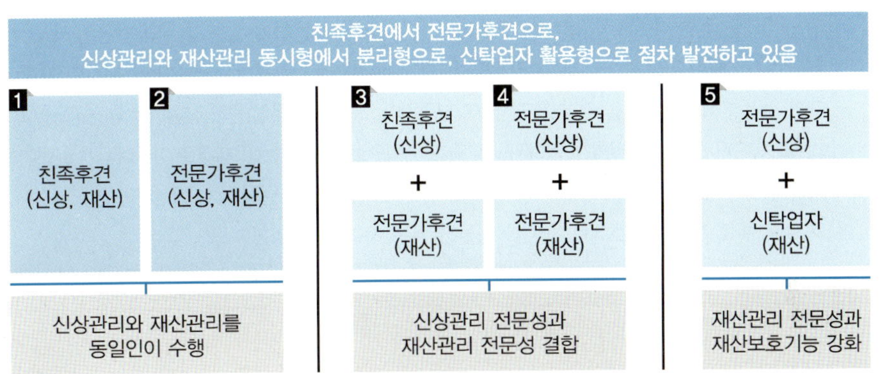

"제주서 후견인 보험금 아파트 구입 첫 횡령죄 '유죄'"

1. 사실관계

동생은 교통사고로 뇌병변장애로 인한 사지마비 증세를 보였다. 이후 수차례 뇌수술을 받고 현재는 자택에서 간호를 받고 있다. 동생의 유일한 혈육인 친형은 보험금을 받기 위해 2014년 제주지방법원에 성년후견개시 심판청구를 했다. 그해 7월 법원은 친형에 대해 성년후견인 선임 결정을 내렸다. 친형은 2015년 1월 28일 동생의 보험금 1억4454만원을 받고 열흘쯤 뒤 1억2000만원을 인출했다. 이후 8500만원을 대출받아 2억3500만원 상당의 아파트 한 채를 사들였다. 문제는 친형이 2015년 2월 11일 해당 아파트를 자신 명의로 소유권이전등기를 하면서 불거졌다. 성년후견인에게 재산관리 권리가 주어지지만 피성년후견인을 위해 사용해야 한다. 성년후견인 권한을 부여한 법원은 곧바로 친형에게 아파트 매입비 중 보험금 1억2000만원 상당의 지분을 동생 명의로 이전등기하라고 명령했다. 친형은 이를 거부하고 오히려 간병료를 받아야 한다며 2억400만원 상당의 후견인 보수 청구를 냈다. 결국 법원의 판단에 따라 동생의 변호인은 2016년 11월 친형을 검찰에 고발했다.

2. 법원의 판단

제주지방법원 형사3단독 신재환 부장판사는 횡령 혐의로 재판에 넘겨진 피성년후견인 현모(53)씨의 성년후견인인 친형(54)에 대해 징역 8월을 선고했다고 27일 밝혔다. 형법상 친족간의 재산 관련 범죄는 형을 면제하는 특례조항이 있다. 이를 친족상도례라고 한다. 검찰은 일본 최고재판소의 판례까지 검토한 끝에 최종 친족상도례를 적용하지 않았다. 재판과정에서도 피고인은 동거친족을 내세워 친족상도례를 주장하며 형을 면제해야 한다고 주장했지만 재판부는 받아들이지 않았다. 재판부는 판결문에서 "성년후견제도를 기반으로 한 후견인의 피후견인 재산관리상 불법행위에 대해서는 친족관계에 기반한 친족상도례가 적용되지 않는다"고 밝혔다. 이어 "피고인이 성년후견인 보수가 확정되지 않은 상태에서 임의로 피해자의 보험금을 사용해 단독 명의로 부동산을 매수하는 것은 명백하게 불법영득의사로 봐야 한다"고 설명했다.

3. 자산승계 시사점

이 판결처럼 후견인의 재산관리 불법행위에 친족상도례를 적용하지 않은 법원의 판단은 타당한 결정이다. 그렇다고 후견인의 재산관리 불법행위에 친족상도례를 적용하지 않는다고 해서 후견인의 재산 관련 부정행위를 막을 수 있을까? 많이 부족하다. 그리고 현재 법원이 선임하는 후견감독인과 법원이 후견인의 후견사무를 감독하지만 부족한 인력으로 인해 감독이 제대로 이루어지기 어렵다. 따라서 후견사건 개시 심판 청구 시점부터 피후견인의 재산규모가 일정 금액 이상이면 '법정후견신탁'으로 주요 재산을 보호하는 장치를 만들어 두는 것이 타당하다.

출처 : 제주의 소리 2017.11.27.

4 임의후견제도의 활용

▌임의후견제도의 개념도 ▌

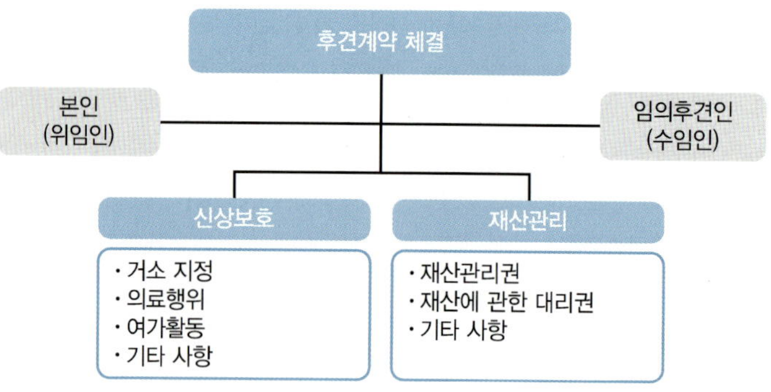

성년인 사람이 미리 준비하지 않은 상태에서 사무처리능력이 부족해지면, 가족의 청구에 의해 법원이 후견인을 선임하고 후견인의 임무도 법원이 정하게 된다. 법정후견인은 평소 원하는 가족이 될 수 있지만, 원하지 않는 가족이 될 수도 있다. 그리고 후견인이 누가 되느냐를 두고 가족 사이에 다툼이 증가하고 있다. 상속분쟁의 전초전이라고 보면 될 정도로 치열하다. 후견사건으로 비화되기 전에 미리 사무처리능력이 있을 때 가장 잘 후원해줄 가족이나 제3자를 임의후견인으로 정해놓고 임의후견인의 신상보호 및 재산관리 업무를 후견계약으로 상세히 정해놓으면, 진정 피후견인의 의사존중이 실천된다. 임의후견제도를 활용할수 있도록 사회문화적인 홍보가 필요한 시점이다. 특히, 가업승계를 안정적으로 하기 위해서는 후계자를 임의후견인으로 선정할 필요가 있으며 자세한 사항은 후술한다.

후견계약과 관련하여 몇 가지 주의해야 할 사항이 있으니, 반드시 다음 3가지 사항을 확인하고 실행에 옮겨야 한다.

첫째, 미리 후견계약을 체결하지 않고 있다가 사무처리능력이 부족하여 후견계약 및 후견등기가 이루어지면서 동시에 임의후견감독인 선임청구가 들어가는 이른바 '즉효형 후견계약'은 피후견인이 되려는 위임인의 사무처리능력 유무, 법정후견을 회피하기 위한 목적 여부에 따라 많은 다툼이 일어난다. 따라서 사무처리능력에 대한 다툼이 없을 때 미리 후견계약을 체결하고 후견등기를 완료하는 것이 분쟁예방에 훨씬 도움이 될 것이다.

[판결] 대법원 2017.6.1. 자 2017스515 결정(한정후견개시심판 후 확정 전에 후견계약이 등기된 사건)

1. 원심판결

이 사건에서 후견계약이 체결된 시점은 사건본인에 대한 성년후견 개시 심판청구일로부터 1년 정도 지난 후로서 제1심 한정후견 개시의 심판까지 있은 후 당심 제1회 심문기일 직전인 2016.11.24.이고, 이 법원이 2016.12.19. 제2회 심문기일을 진행하면서 '만약 사건본인이 출석 거부의사를 번복하여 법정에 직접 출석하겠다는 의사를 표시하지 않을 경우 2017.1.3. 심리를 종결하겠다'고 고지한 후인 2016.12.26. 후견계약이 등기되었으며, 같은 달 28일 임의후견감독인 선임청구가 제기되었는바, 이러한 진행경과를 보면 사건본인이나 위 후견계약상 임의후견인은 후견계약 제도를 남용하여 이 사건의 심리를 방해하고 절차를 지연시키려는 의도를 가진 것으로 판단하지 않을 수 없다.

2. 대법원 판결 요지

민법 제959조의 20 제1항은 "후견계약이 등기되어 있는 경우에는 가정법원은 본인의 이익을 위하여 특별히 필요할 때에만 임의후견인 또는 임의후견감독인의 청구에 의하여 성년후견, 한정후견 또는 특정후견의 심판을 할 수 있다. 이 경우 후견계약은 본인이 성년후견 또는 한정후견 개시의 심판을 받은 때 종료된다."라고 규정하고, 같은 조 제2항은 "본인이 피성년후견인, 피한정후견인 또는 피특정후견인인 경우에 가정법원은 임의후견감독인을 선임함에 있어서 종전의 성년후견, 한정후견 또는 특정후견의 종료 심판을 하여야 한다. 다만, 성년후견 또는 한정후견 조치의 계속이 본인의 이익을 위하여 특별히 필요하다고 인정하면 가정법원은 임의후견감독인을 선임하지 아니한다."라고 규정하고 있다. 이와 같은 민법 규정은 후견계약이 등기된 경우에는 사적자치의 원칙에 따라 본인의 의사를 존중하여 후견계약을 우선하도록 하고, 예외적으로 본인의 이익을 위하여 특별히 필요할 때에 한하여 법정후견에 의할 수 있도록 한 것으로서, 민법 제959조의 20 제1항에서 후견계약의 등기 시점에 특별한 제한을 두지 않고 있고, 같은 조 제2항 본문이 본인에 대해 이미 한정후견이 개시된 경우에는 임의후견감독인을 선임하면서 종전 한정후견의 종료 심판을 하도록 한 점 등에 비추어 보면, 위 제1항은 본인에 대해 한정후견개시심판 청구가 제기된 후 심판이 확정되기 전에 후견계약이 등기된 경우에도 적용이 있다고 보아야 하므로, 그와 같은 경우 가정법원은 본인의 이익을 위하여 특별히 필요하다고 인정할 때에만 한정후견개시심판을 할 수 있다.

그리고 위 규정에서 정하는 후견계약의 등기에 불구하고 한정후견 등의 심판을 할 수 있는 '본인의 이익을 위하여 특별히 필요할 때'란 후견계약의 내용, 후견계약에서 정한 임의후견인이 임무에 적합하지 아니한 사유가 있는지, 본인의 정신적 제약의 정도, 기타 후견계약과 본인을 둘러싼 제반 사정 등을 종합하여, 후견계약에 따른 후견이 본인의 보호에 충분하지 아니하여 법정후견에 의한 보호가 필요하다고 인정되는 경우를 말한다.

원심이 적법하게 인정한 사실과 기록에 의하여 알 수 있는 사건본인의 정신적 제약의 정도 및 후견계약과 사건본인을 둘러싼 제반 사정 등을 종합하면, 사건본인에 대하여는 후견계약의 등기에 불구하고 한정후견에 의한 보호가 필요하다고 인정된다.

3. 시사점

후견계약을 사무처리능력이 충분할 때 미리 체결하지 않고, 후견심판사건 진행 중에 후견계약을 체결하고 후견등기를 하는 경우, 후견계약 체결을 위한 사무처리능력 유무를 둘러싸고 분쟁이 발생하고, 법원은 법정후견 회피목적으로 후견계약을 남용하는 것으로 판단하여 법정후견 개시결정을 내릴 수 있는데, 이렇게 되면 후견계약이 작동되지 않는다. 따라서 사무처리능력이 충분히 있을 때 미리 후견인을 지정하고 후견계약을 체결해 놓아야 자신이 원하는 후견인이 자신이 가장 적합하다고 생각하는 신상관리 및 재산관리 내용을 담은 후견계약의 내용에 따라 후견사무를 볼 수 있을 것이다.

둘째, 후견계약의 내용이 사회상규에 어긋나는 경우 후견계약 전체가 무효가 될 수 있다. 후견계약의 효력요건인 '후견감독인 선임사건'의 심리과정에서 후견계약 내용의 일부 또는 전부가 무효가 되어 후견이 개시되지 않는 문제가 발생할 수도 있다. 후견계약을 체결할 때 전문 변호사의 법률자문을 받고 후견계약을 확정하는 것이 중요하다.

셋째, 후견계약 체결과 후견감독인 선임 사이에 오랜 기간이 지나서 후견계약을 체결할 당시 당사자가 예상하지 못했던 사정변경이 있는 경우, 후견개시가 되지 않을 수 있다. 특히, 후견계약의 당사자 사이의 신뢰가 훼손되어 후견계약을 그대로 유지하는 것이 피후견인 보호에 충실하지 않은 경우가 문제된다. 따라서 후견계약을 체결한 후에도 최소 1년에 1회 이상 후견계약의 내용이 잠정 피후견인의 의사와 상황에 적합한지 그리고 후견인을 그대로 유지하는 것이 적합한지에 대해 점검해야 한다. 후견계약 체결 후 후견인의 대리권, 후견사무의 내용의 변경도 가능하고, 후견인 변경도 가능한데, 후견계약의 변경은 공정증서에 의해 작성되어야 하고 변경된 후견계약은 반드시 후견계약 변경등기가 이루어져야 한다.

후견제도는 피후견인의 복지를 최우선 과제로 하지만, 친족후견인은 재산관리 및 신상관리 전문성이 부족하고, 친족후견인의 후견재산 관련 부정행위를 억제하기 어렵다. 친족후견인의 문제를 해결하기 위해 도입된 전문가후견인은 금융기관의 후견제도에 대한 이해 부재로 업무효율성이 떨어진다는 문제점을 안고 있다. 친족후견인의 재산관리 전문성을 보완하고, 후견인에 의한 재산 관련 부정행위를 견제하며, 전문직 후견인 업무의 효율성을 증대하기 위해 후견제도를 보완하는 '후견신탁'을 활용할 필요가 있다.[3)]

법정후견신탁과 임의후견신탁계약을 체결하면, 피후견인의 재산이 신탁회사로 이전되어 있고, 신탁회사가 후견신탁계약 체결 시 재산의 운용과 인출사유를 충분히 숙지하고 있을 뿐만 아니라, 후견인은 신탁회사에 유무선 전화를 활용하여 피후견인을 위한 제반 비용을 지급할 수 있으므로, 후견인의 업무처리에 매우 효율적이다. 가정법원이나 후견감독인도 신탁회사를 통해 쉽게 재산관리현황을 받아볼 수 있으므로, 후견감독의 효율성도 함께 추구할 수 있다. 그리고 신탁계약 체결 과정에서 피후견인의 상황과 피후견인의 재산현황을 통해서 가장 효율적인 재산관리계획을 수립할 수 있다는 점도 후견신탁의 장점이다.

｜ 후견신탁의 유형 ｜

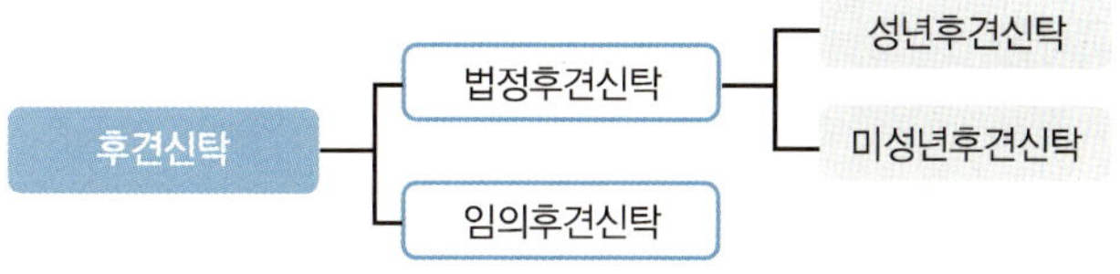

---

3) 신탁제도는 보호가 필요한 후견인의 재산관리 영역에서 후견제도의 대체 또는 보완기능을 담당할 수 있고, 후견인의 권한 남용에 대한 견제책으로 활용될 수 있으며, 후견인의 재산관리 사무부담을 경감하거나 효율적인 재산관리를 도울 수 있다[김성우, 『성년후견실무』(박영사, 2018), 129면]. 후견신탁은 피후견인의 재산이 신탁재산이 되어 피후견인 및 후견인과 독립하고 수탁자의 고유재산과도 독립하여 피후견인의 이익을 위해서만 투명하고 안전하게 관리될 수 있는 장점이 있기 때문에, 후견제도의 미흡한 부분(후견인의 비리나 횡령, 재산관리 전문성 부족, 피후견인의 소비와 지출에 대한 합리적 제한 불가)을 대체 또는 보완하는 기능을 담당할 수 있다[이현곤, 『성년후견제도의 이해와 활용』(고시계사, 2018), 300면].

1 개 념

　법정후견절차 내에서 후견인은 신상관리에 집중하고, 재산관리를 신탁회사에 맡기는 신탁을 '법정후견신탁'이라 한다. 법정후견신탁은 후견인과 신탁회사가 피후견인 재산을 어떻게 관리할지 미리 신탁계약으로 만들어 법원에 제출하고, 법원이 심리하여 후견신탁계약을 확정하는 신탁이다. 후견신탁은 계약의 체결과 이행 과정에서 가정법원과 후견감독인의 감독을 받는다.

2 법적 구조

　법정후견신탁은 후견인이 후견법원의 권한초과행위를 허가받아 후견인이 피후견인을 대리하여 수탁자와 신탁계약을 체결한다. 피후견인의 재산규모, 재산현황, 정신적 장애 정도에 따라 달라지겠지만, 기본적으로 피후견인의 모든 재산을 신탁재산으로 하고, 신탁재산으로 있는 현금이나 신탁재산을 처분하여 조성한 현금으로 매월 생활비 지급을 후견인을 통해서 하되, 피후견인재산의 대부분은 신탁회사가 관리한다.[4) 위탁자의 의사에 따라 적극적으

---

4) 피후견인에게 일상 생활비와 치료비로 지출할 금액보다 많은 재산이 있고 피후견인이 이를 관리할 능력이 없거나 부족한 상황에서, 후견인에 의한 권한남용을 방지하고 오랜 기간 동안 재산을 관리, 운용하여 피후견인의 주거비, 생활비, 치료비를 안정적으로 지출할 수 있도록 할 필요가 있는 경우, 가정법원은 직권 또는 신청에 따라 피후견인의 일정한 재산에 대하여 신탁계약을 체결하여 관리할 것을 내용으로 하는 후견사무에 필요한 처분명령 또는 보전명령을 한다[김성우, 『성년후견실무』(박영사, 2018), 130면].

로 신탁재산을 관리, 처분하는 일반적인 상속신탁과 달리, 법원의 감독하에 법원이 허가한 신탁계약 범위 내에서 후견인은 신탁재산을 관리할 수 있다. 후견인의 재산관리 전문성을 보완하면서, 후견인에 의한 재산 관련 부정행위를 막을 수 있다는 점에서 법정후견신탁이 많이 활용되어야 한다.

3 법정후견신탁 사례

우리나라 후견신탁을 널리 알리게 된 사례는 세월호 사고로 부모를 잃어버린 미성년자의 안정적 재산관리를 위해 설정된 '미성년후견신탁'이다. 피후견인에게 지급되는 보험금, 국가 지원금 및 성금을 피후견인의 고모가 맡아서 관리하는 부담을 줄이고 신탁을 통해서 안정적인 재산관리가 가능하도록 법정후견신탁계약을 체결하였다.

┃ 세월호 미성년 법정후견신탁 사례 ┃

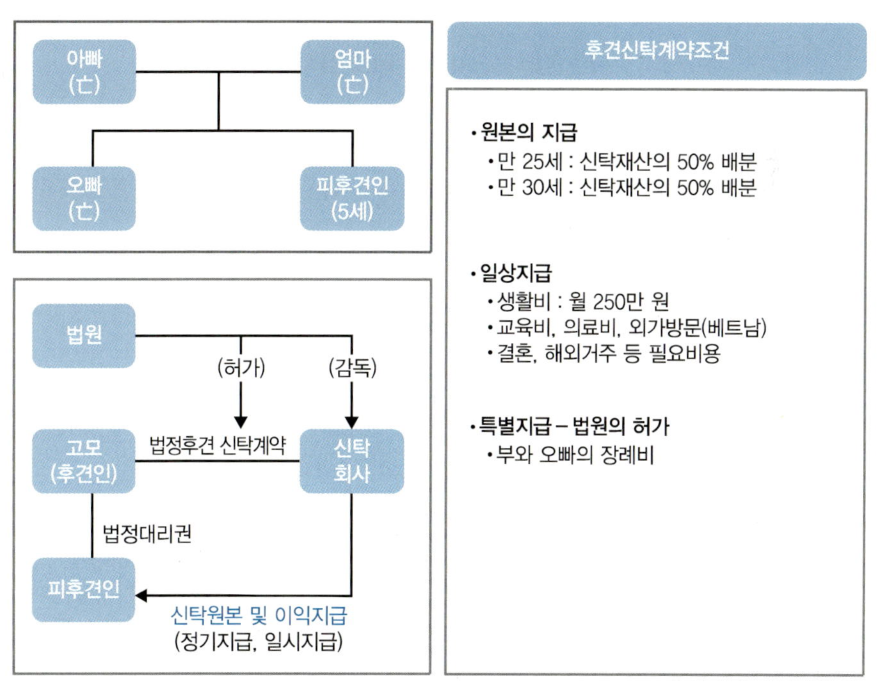

법정후견신탁계약 조건 및 진행경과를 살펴보면 다음과 같다.

첫째, 위탁자는 피후견인이고 수탁자는 신탁회사인데, 피후견인의 임시후견인인 고모가 신탁회사와 협의해서 신탁계약 조건을 확정한 후 대리인으로서 신탁계약을 체결하였다.

둘째, 신탁계약의 수익권은 피후견인이 100% 보유한다. 피후견인이 미성년자인 관계로 신탁계약은 피후견인이 30세가 될 때까지 유지하되, 피후견인이 25세가 될 때 신탁재산의 50%를 지급하고, 30세가 될 때 나머지 신탁재산을 지급한다.[5]

셋째, 신탁재산은 은행예금으로 안전하게 운용한다.

넷째, 피후견인의 생활비 명목으로 매월 250만 원을 지급하고, 교육비, 의료비와 외가인 베트남 방문 비용으로 후견인이 법원의 허가를 얻어 지출할 수 있다.

다섯째, 피후견인 오빠의 장례식 비용도 법원의 허가를 얻어 지출하였다.

4 법정후견신탁계약 체결 절차

┃ 법정후견신탁계약 체결 절차 ┃

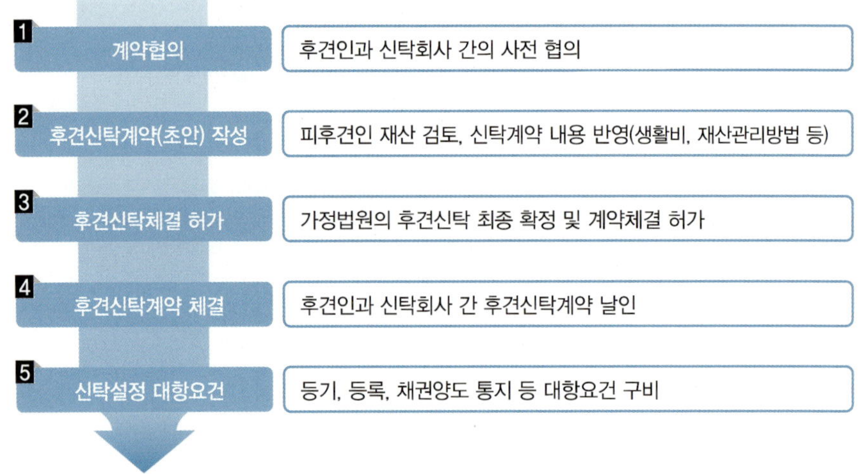

---

5) 피후견인이 성년이 되면 법리상 후견은 종료되나, 일반적으로 성년이 되더라도 25세나 30세는 되어야 재산관리능력이 있다고 보아 30세까지 신탁계약을 유지하는 조건으로 계약을 허가한 것으로 추측된다.

후견인과 신탁회사가 후견신탁을 위한 사전협의를 진행한 후, 후견신탁계약 초안을 작성한다. 신탁회사는 피후견인의 재산을 전부 조사해서 신탁 가능 재산을 먼저 파악한 후, 피후견인을 위해 가장 합리적인 신탁재산 관리 및 운용방법을 정하다. 그리고 피후견인을 위해 필요한 생활비, 의료비, 교육비 등을 후견인이 어떻게 인출하여 사용할지를 정한다. 후견신탁계약 초안이 마련되면 후견인은 가정법원에 후견신탁계약 체결을 위한 '권한초과행위허가' 신청을 한다. 가정법원이 후견인의 권한초과행위를 허가해주면 가정법원이 최종적으로 확정해주는 후견신탁계약으로 후견인과 신탁회사가 신탁계약을 체결한 뒤, 후견인과 수탁자는 등기, 등록, 채권양도 통지 등 신탁설정 대항요건을 구비한다. 후견신탁계약 이후 신탁재산의 관리, 운용은 신탁회사가 하되, 후견신탁계약의 내용에 따라 제한된 범위 내에서 후견인의 지시에 따라 수탁자가 이행한다.

5 법정후견신탁계약

가. 후견결정문(예시)

❶ [성년후견결정문] 후견법인을 성년후견으로 선임한 사례

[주문]

1. 사건본인에 대하여 성년후견을 개시한다.
2. 사건본인의 성년후견인으로 사단법인 [****] (법인등록번호 :   ,
   사무소 소재지 :   , 대표자 :   )를 선임한다.
3. 가. 사건본인의 법률행위는 성년후견인이 취소할 수 있다. 취소할 수 없는 사건본인의
      법률행위의 범위는 별지 기재와 같다.
   나. 성년후견인은 사건본인의 법정대리인이 된다. 성년후견인의 법정대리권의 범위는
      별지 기재와 같다.
   다. 성년후견인이 사건본인의 신상에 관하여 결정할 수 있는 권한의 범위는 별지 기재
      와 같다.
4. 성년후견인은 이 심판 확정일로부터 2개월 이내에 이 심판 확정일을 기준으로 하는
   사건본인의 재산목록[상속인(후견인) 금융거래조회서비스 조회 결과를 첨부할 것]을 작성하여
   이 법원에 제출하여야 한다.

5. 성년후견인은 이 심판 확정일로부터 1년이 경과한 날을 시작으로 매년 후견사무보고서
   (기준일 : 매년 이 심판 확정일과 같은 월, 일)를 작성하여 이 법원에 제출하여야 한다.

[별지]

I. 취소할 수 없는 피성년후견인의 법률행위의 범위

취소권 제한 없음

II. 성년후견인의 법정대리권의 범위

법정대리권 제한 있음
아래 사항은 성년후견인의 대리권 행사에 법원의 허가를 필요로 함
 금전을 빌리는 행위
 의무만을 부담하는 행위
 부동산의 처분 또는 담보제공행위
 상속인의 단순승인, 포기 및 상속재산의 분할에 관한 협의
 소송행위 및 이를 위한 변호사 선임행위

III. 성년후견인이 피성년후견인의 신상에 관하여 결정할 수 있는 권한의 범위

아래 사항에 관하여 피성년후견인이 스스로 결정을 할 수 없는 경우 성년후견인이 결정
권을 가짐
 의료행위의 동의
 거주·이전에 관한 결정
 사회복지서비스 선택 또는 결정

❷ [한정후견결정문] 전문직후견(법무사)을 한정후견인으로 선임한 사례

[주문]

1. 사건본인에 대하여 한정후견을 개시한다.
2. 사건본인의 한정후견인으로 청구인과 법무사 [***](000000−000000, 사무실 주소 : 서울
   강남구)를 선임한다.
3. 사건본인이 한정후견인들의 동의를 받아야 하는 행위의 범위, 한정후견인들의 대리권
   의 범위 및 한정후견인들 사이의 권한분장에 관한 사항은 각 별지 기재와 같다.
4. 한정후견인 [***]은 이 심판 확정일로부터 2월 이내에 이 심판 확정일을 기준으로
   하는 사건본인의 재산목록을 작성하여 이 법원에 제출하여야 한다.

5. 한정후견인들은 이 심판 확정일로부터 1년이 경과한 날을 시작으로 매년 후견사무보고
   서(기준일 : 매년 이 심판 확정일과 같은 월, 일)를 작성하여 이 법원에 제출하여야 한다.

[별지]

I. 피한정후견인이 한정후견인의 동의를 받아야 하는 행위의 범위

피한정후견인이 아래 사항에 관한 행위를 함에 있어서는 한정후견인의 동의를 받아야
함. 다만, 법원의 허가사항으로 정한 사항에 관하여는 한정후견인이 동의를 함에 있어
사전에 법원의 허가를 받아야 함.

재산관리
부동산의 관리·보존·처분
처분
구입
임대차계약의 체결·변경·종료
보증금의 수령 및 반환
전세권, 담보권 설정계약의 체결·변경
부동산의 신축·증축·수선에 관한 계약의 체결·종료
예금 등의 관리
예금 계좌의 개설·변경·해약·입금·이체·인출
증권 계좌의 개설·변경·해약·입금·이체·인출
보험에 관한 사항
보험계약의 체결·변경·종료
보험금의 수령
정기적 수입 및 지출에 관한 관리
정기적 수입(임료, 연금, 사회보장급여 등)의 수령과 이에 관한 제반절차
정기적 지출(임료, 연금, 보험료, 대출원리금 등)과 이에 관한 제반절차
기존 채무의 변제 및 이에 관한 제반절차
상속의 승인, 한정승인 또는 포기 및 상속재산의 분할에 관한 협의
물품의 구입·판매, 서비스 이용계약(휴대폰·신용카드 개설 등)의 체결·변경·종료
유체동산, 증서 및 중요문서 등의 보관 및 관리
근로계약에 관한 사항
근로계약의 체결·변경·종료
임금의 수령
금전, 유체동산 등의 차용·대여·증여
보증행위

신상보호

개호 및 복지서비스의 이용

개호서비스 이용계약의 체결·변경·종료 및 비용의 지급

복지시설·요양시설 입소계약의 체결·변경·종료 및 비용의 지급

의료계약의 체결·변경·종료 및 비용의 지급

기타

소송행위 등

위에서 정한 각 행위와 관련한 분쟁의 처리

소송행위 및 변호사 등에 대한 소송위임

취소권 행사 후 원상회복과 관련한 사항

II. 한정후견인의 대리권의 범위

한정후견인은 아래 사항에 관하여 대리권을 가짐. 다만, 법원의 허가사항으로 한 사항에 관하여는 한정후견인이 대리행위를 함에 있어 사전에 법원의 허가를 받아야 함.

재산관리

부동산의 관리·보존·처분

처분

구입

임대차계약의 체결·변경·종료

보증금의 수령 및 반환

전세권, 담보권 설정계약의 체결·변경

부동산의 신축·증축·수선에 관한 계약의 체결·종료

예금 등의 관리

예금 계좌의 개설·변경·해약·입금·이체·인출

증권 계좌의 개설·변경·해약·입금·이체·인출

보험에 관한 사항

보험계약의 체결·변경·종료

보험금의 수령

정기적 수입 및 지출에 관한 관리

정기적 수입(임료, 연금, 사회보장급여 등)의 수령과 이에 관한 제반절차

정기적 지출(임료, 연금, 보험료, 대출원리금 등)과 이에 관한 제반절차

기존 채무의 변제 및 이에 관한 제반절차

상속의 승인, 한정승인 또는 포기 및 상속재산의 분할에 관한 협의

물품의 구입·판매, 서비스 이용계약(휴대폰·신용카드 개설 등)의 체결·변경·종료

유체동산, 증서 및 중요문서 등의 보관 및 관리

근로계약에 관한 사항

근로계약의 체결·변경·종료

임금의 수령

공법상의 행위(세무신고 등)

신상보호

개호 및 복지서비스의 이용

개호서비스 이용계약의 체결·변경·종료 및 비용의 지급

복지시설·요양시설 입소계약의 체결·변경·종료 및 비용의 지급

의료계약의 체결·변경·종료 및 비용의 지급

공법상의 행위(주민등록, 공적의료보험, 국민기초생활수급비 신청 및 갱신 등)

기타

소송행위 등

위에서 정한 각 행위와 관련한 분쟁의 처리

소송행위 및 변호사 등에 대한 소송위임

취소권 행사 후 원상회복과 관련한 사항

❸ [특정후견결정문] 자폐인 자녀을 위한 장애인특별부양신탁계약 체결을 위해 신청한 '특정후견결정문'

[주문]

1. 사건본인에 대하여 특정후견을 한다.
2. 사건본인의 특정후견인으로 [***] (생년월일 :   )를 선임한다.
3. 특정후견에 관한 사항은 별지 기재와 같다.
4. 특정후견인은 [****]년 [*]월 [*]을 시작일로 [****]년 [*]월 [*]일까지 매년 후견사무보고서을 작성하여 이 법원에 제출하여야 한다.

[별지] 특정후견에 관한 사항

특정후견의 기간

3년

특정후견 사무

의료서비스의 이용 사무 후원

사회복지급여 및 사회복지서비스 신청 및 이용 사무 후원

일상생활비 관리에 관한 사무후원

교육, 여가, 직업활동 이용에 관한 사무 후원

공법상 신청행위에 관한 사무 후원

나. 법정후견신탁 계약서

[법정후견신탁계약 체결을 허가하는 '후견인의 권한초과행위 허가 결정문[6)']]

1. 청구인이 사건본인을 대리하여 [**]증권 주식회사와 별지 목록 기재와 같은 내용의 특정금전신탁계약을 체결하는 것을 허가한다.
2. 청구인은 제1항의 이행결과를 [****]년 [*]월 [*]일까지 이 법원[2017느단 **** 미성년후견감독사건(기본)]에 보고하여야 한다.

[법정후견신탁계약]

제1조 【신탁목적】 위탁자의 법정대리인 후견인은 후견개시심판에 따른 법정대리권에 기하여 위탁자를 위하여 수탁자 [****] 주식회사(이하 '수탁자'라 함)에게 위탁자의 재산을 신탁하고, 수탁자는 이를 인수하기로 하는 계약(이하 '이 신탁계약'이라 함)을 체결한다.

제2조 【용어의 정의】 1. "위탁자"라 함은 신탁을 설정하는 자를 말한다.

  2. "수탁자"라 함은 신탁을 인수하는 자를 말한다.

  3. "수익자"라 함은 신탁재산의 수익권을 취득하여 행사하는 자를 말한다. 다만, 별도의 약정이 있는 경우를 제외하고는 이 신탁계약에서 위탁자를 수익자로 한다.

  4. "신탁재산"이라 함은 이 신탁계약에 따라 위탁자가 수탁자에게 신탁하고, 수탁자가 인수하는 재산을 말한다. 신탁재산의 관리, 처분, 운용, 개발, 멸실, 훼손, 그 밖의

---

6) 성년(한정, 특정)후견인의 임무수행에 관하여 필요한 처분명령 심판청구

사유로 수탁자가 얻은 재산은 신탁재산에 속하고, 이 신탁계약에서 정한 바에 따라 처리된다.

5. "후견인"이라 함은 미성년후견인, 성년후견인, 한정후견인, 특정후견인을 말한다.

6. "후견감독인"이라 함은 미성년후견감독인, 성년후견감독인, 한정후견감독인, 특정 후견감독인을 말한다.

제3조【후견인의 신탁계약 체결·변경권】 ① 후견인은 위탁자를 위한 법정대리권의 범위 내에서 이 신탁계약을 체결 또는 변경한다.

② 후견인은 이 신탁계약을 체결 또는 변경하기 전에 수탁자에게 다음 각 호의 어느 하나의 서류를 제출한다.

1. 후견개시심판결정문

2. 후견인선임(변경)심판 결정문

3. 후견등기에 관한 규칙 제33조 제1호의 등기사항증명서(말소 및 폐쇄사항 포함)

4. 그 밖의 후견인이 위탁자를 대리할 수 있는 증명자료

③ 후견인에 대하여 이 신탁계약의 체결 또는 변경을 허가하거나 명령하는 법원의 재판이 제2항과 별도로 있는 경우, 수탁자는 위 재판에 따라 신탁계약을 체결 또는 변경한다.

④ 위탁자에 대하여 후견감독인이 지정 또는 선임되어 있는 경우, 후견인은 수탁자에게 이 신탁계약의 체결 또는 변경에 동의하는 후견감독인의 동의서를 제출하여야 한다. 다만, 후견감독인이 이 신탁계약의 체결 또는 변경 이후 지정 또는 선임되는 경우, 후견인은 이 신탁계약의 체결 또는 변경 내용을 후견감독인에게 보고한다.

제4조【후견인의 대리권의 증명】 ① 후견인은 신탁재산에 대한 대리권을 행사하고자 할 때마다 수탁자에게 발급일로부터 1개월 이내의 등기사항증명서(말소 및 폐쇄사항 포함) 또는 그 밖의 위탁자에 대한 법정대리권을 증명하는 자료를 제출하여야 한다.

② 위탁자에 대하여 후견감독인이 선임되어 있고, 후견인이 신탁재산과 관련하여 민법 제950조 제1항 각 호의 행위를 하거나 이 신탁계약에서 후견감독인의 동의를 받도록 정한 사항에 대해서는 수탁자에게 후견감독인의 동의를 증명하는 자료를 제출하여야 한다.

제5조【신탁재산】 신탁재산은 '[별지1] 신탁재산'의 기재와 같다.

제6조【신탁계약기간】 신탁계약기간은 년 월 일부터 년 월 일까지로 한다.

제7조【신탁계약 체결 및 효력의 우선순위 등】 ① 위탁자와 수탁자는 신탁재산에 대한 신탁의 공시 및 관리를 위하여, 각 신탁재산에 대한 개별신탁계약서(이하 "개별신탁계약서" 라 함)를 체결한다.

② 이 신탁계약과 제1항의 개별신탁계약의 내용이 상이한 경우 이 신탁계약의 내용이 우선한다.

제8조【수탁자의 업무범위 및 기준】 ① 이 신탁계약에 따른 수탁자의 업무범위 및 인수조건은 '[별지2] 수탁자의 업무범위 및 인수조건'과 같다.

② 제1항의 수탁자의 업무범위는 후견인의 법정대리권, 법원의 허가 또는 명령의 범위 내에서 정한다.

③ 수탁자는 제1항의 수탁자의 업무범위에 대하여 후견인과 이견이 있는 경우, 위탁자의 후견감독인의 의견에 따라 신탁재산의 지급 또는 처리를 한다.

④ 후견인과 수탁자 사이에서 제1항의 수탁자의 업무범위에 대하여 이견이 있음에도 불구하고, 위탁자에 대하여 후견감독인이 없거나 제3항에 따른 후견감독인의 의견을 확인할 수 없는 경우, 수탁자는 후견인에게 위 이견사항에 대하여 법원의 허가를 받을 것을 요청할 수 있다.

제9조【신탁재산 운용방법 및 운용내역통보 등】 ① 신탁재산의 운용 및 관리는 이 신탁계약에서 정하고 있는 사항 외에는 개별신탁계약서에서 정한 바에 따른다.

② 후견인이 신탁재산의 운용내역을 확인하고자 할 때에는 수탁자는 그 내역을 제공하여야 한다.

③ 수탁자는 개별신탁계약서에서 정한 바에 따라 운용내역을 통보한다.

제10조【신탁원본과 이익의 미보장】 수탁자는 신탁재산의 운용과 관련하여 신탁원본과 신탁이익의 보장 또는 손실의 보전을 하지 아니한다.

제11조【손익의 귀속】 신탁재산 운용으로 발생되는 이익 및 손실은 수익자에게 전부 귀속된다.

제12조【신탁재산의 표시 등】 수탁자는 등기 또는 등록할 수 있는 신탁재산에 관하여 신탁의 등기 또는 등록을 하여야 하고, 등기 또는 등록할 수 없는 신탁재산의 경우에는 다른 재산과 분별하여 관리하는 등의 방법으로 신탁재산임을 표시하여야 한다.

제13조【신탁보수】 ① 신탁보수는 '[별지3] 신탁보수'와 같다.

② 수탁자는 신탁보수를 신탁재산에서 공제하여 충당하거나 상환받을 수 있고, 신탁재산에서 충당하거나 상환받을 수 없는 경우 후견인에게 위탁자의 다른 재산에서 지급하여 줄 것을 청구할 수 있다.

제14조【조세 및 비용】 수탁자는 이 신탁의 설정, 집행, 그 밖의 신탁사무 처리(소송 등 포함)등과 관련하여 발생된 조세 및 관련 비용을 신탁재산에서 공제하여 지급하고, 신탁재산에서 지급할 수 없는 경우 후견인에게 위탁자의 다른 재산에서 지급하여 줄 것을 청구할 수 있다.

제15조【신탁의 해지 및 종료】 ① 이 신탁계약은 다음 각 호의 어느 하나에 해당하는 경우 해지된다. 다만, 이 신탁계약에 대하여 별도의 신탁해지 조건이 있는 경우, 그 조건의 충족을 전제로 한다.

1. 신탁계약기간이 만료된 경우
2. 후견이 종료되어, 수탁자에게 해당 종료 사유 및 조건을 증명하는 자료가 제출되고 아래 각 의사표시가 있는 경우

가. 위탁자가 독자적으로 유효한 신탁행위를 할 수 있는 경우, 위탁자의 신탁해지

의 의사표시가 있는 때

나. 위탁자가 사망한 경우, 그 상속인이 신탁재산의 이전을 요청하는 때

3. 후견인이 이 신탁계약의 해지를 할 수 있다는 법원의 허가를 받아 수탁자에게 신탁 해지의 의사표시를 하는 경우

4. 그 밖의 신탁의 목적을 달성하였거나 달성할 수 없게 된 경우

② 수탁자가 제1항의 신탁계약 해지에 따라 신탁재산이 귀속되는 자에게 신탁재산을 이전한 경우, 그 이전한 신탁재산에 대한 신탁은 종료된다. 위 경우, 수탁자는 신탁재산 중 환가 및 회수가 곤란하거나 그 밖의 부득이한 사정이 있는 때에는 신탁재산을 운용현상 그대로 교부할 수 있다.

제16조 【최종계산의 통지 및 승인】 ① 신탁계약이 해지된 경우, 수탁자는 최종계산서를 작성하여 제15조 제1항의 해지권자에게 교부하고 승인을 받아야 한다. 다만, 최종계산서에 대하여 위 해지권자가 승인을 하지 아니한 경우 수탁자는 위 해지권자에게 최종계산의 승인을 요구하고, 위 해지권자는 계산승인의 요구를 받은 때로부터 1개월 이내에 승인 여부를 수탁자에게 통지하여야 한다.

② 수탁자는 제1항의 계산승인을 요구하는 경우 "최종계산의 승인을 요구받는 자가 최종계산에 대하여 이의가 있는 경우 계산승인을 요구받은 때로부터 1개월 이내에 이의를 제기할 수 있으며, 그 기간 내에 이의를 제기하지 않으면 최종계산에 대하여 승인한 것으로 본다"라는 취지의 내용을 위 최종계산의 승인을 요구받는 자에게 고지하여야 한다.

③ 제15조 제1항의 해지권자가 수탁자로부터 제1항의 계산승인을 요구받은 때로부터 1개월 내에 이의를 제기하지 아니하는 경우 제1항의 최종계산을 승인한 것으로 본다.

④ 후견인 또는 그 상속인은 그 임무가 종료된 때에는 신탁계약이 해지되기 이전에도 민법 제957조의 의무를 이행하기 위하여 수탁자에게 신청일까지의 최종계산서를 요구할 수 있다.

제17조 【계약의 변경 등】 ① 수탁자가 이 계약을 변경하고자 하는 경우 변경내용을 변경되는 계약의 효력 발생일 1개월 전에 위탁자가 확인할 수 있도록 수탁자의 영업점에 마련해 두거나 인터넷 홈페이지, 온라인 거래를 위한 컴퓨터 화면, 그 밖에 이와 유사한 전자통신매체를 통하여 게시한다. 다만, 자본시장법 등 관계법령 또는 거래소 업무규정의 제·개정에 따른 제도변경 등으로 계약이 변경되는 경우로서 본문에 따라 안내하기가 어려운 급박하고 부득이한 사정이 있는 경우에는 변경내용을 앞의 문장과 같은 방법으로 개정된 계약의 효력 발생일 전에 게시한다.

② 제1항의 변경내용이 위탁자(위탁자가 사망한 경우 수익자, 이하 이 조에서 같다)에게 불리한 것일 때에는 이를 서면 등 위탁자와 사전에 합의한 방법으로 변경되는 계약의 효력 발생일 1개월 전까지 통지하여야 한다. 다만, 기존 위탁자에게 변경 전 내용이 그대로 적용되는 경우 또는 위탁자가 변경내용에 대한 통지를 받지 아니하겠다는 의사를 명시적으로 표시한 경우에는 그러하지 아니하다.

② 제1항의 변경내용이 위탁자(위탁자가 사망한 경우 수익자, 이하 이 조에서 같다)에게 불리한

것일 때에는 이를 서면 등 위탁자와 사전에 합의한 방법으로 변경되는 계약의 효력 발생일 1개월 전까지 통지하여야 한다. 다만, 기존 위탁자에게 변경 전 내용이 그대로 적용되는 경우 또는 위탁자가 변경내용에 대한 통지를 받지 아니하겠다는 의사를 명시적으로 표시한 경우에는 그러하지 아니하다.

③ 수탁자는 제2항의 통지를 할 경우 "위탁자는 계약의 변경에 동의하지 아니하는 경우 계약을 해지할 수 있으며, 통지를 받은 날로부터 변경되는 계약의 효력 발생일 전의 영업일까지 계약해지의 의사표시를 하지 아니한 경우에는 변경에 동의한 것으로 본다"라는 취지의 내용을 통지하여야 한다.

④ 위탁자가 제3항의 통지를 받은 날로부터 변경되는 계약의 효력 발생일 전의 영업일까지 계약해지의 의사표시를 하지 아니하는 경우에는 변경에 동의한 것으로 본다.

⑤ 수탁자는 이 계약을 수탁자의 영업점에 위탁자가 확인할 수 있도록 마련해 두거나 게시하여 위탁자가 요구할 경우 이를 교부하여야 하며, 인터넷 홈페이지, 온라인 거래를 위한 컴퓨터 화면, 그 밖에 이와 유사한 전자통신매체에 게시하여 위탁자가 이 계약을 확인하고 다운로드(화면출력 포함)받을 수 있도록 하여야 한다.

제18조【관계법령등의 준용】 이 계약에서 정하지 아니한 사항은 민법, 신탁법 등 관계법령 및 감독규정을 따른다.

제19조【관할법원】 이 계약으로 인한 소송의 관할법원은 민사소송법 등에서 정한 바에 따른다.

이 신탁계약서는 2부를 작성하여 위탁자와 수탁자가 각 1부씩 보관한다. 다만, 신탁재산 공시 등을 위해 유관기관에 이 계약서 원본을 제출하여야 경우에는 그 필요에 따라 추가로 작성할 수 있다.

[****]년 [*]월 [*]일

위탁자 [***] (인)
　　　생년월일
　　　주　　소

후견인 [***] (인)
　　　생년월일
　　　주　　소

수탁자 [****] 주식회사
　　　법인등록번호
　　　주 소
　　　대표이사

금전신탁계약의 후견신탁특약[7]

제1조【후견인의 신탁계약에 대한 대리권】 후견인이 이 신탁계약을 체결함에는 법원의 허가를 얻어야 하고, 법원의 허가 없이는 이 신탁계약을 해지, 변경하지 못한다.

제2조【신탁재산의 운용방법】 신탁금전에 대한 운용방법은 [****] 주식회사의 '금융투자상품 위험지도(분류기준) 초저위험(예 예금, RP, CMA)'으로 한정한다.

제3조【위탁자에 대한 특별지급】 수탁자는 위탁자의 후견인의 지급청구에 따라 신탁재산에서, 별도의 증빙 없이 월 [****]만 원 한도 내에서 지급하고, 위 한도를 초과하여 위탁자를 위하여 특별히 필요한 의료비, 교육비 등의 청구가 있는 경우에는 증빙자료 발급인(기관)에게 청구금액을 별도로 지급한다.

---

7) 가장 간소한 형태의 특약이다. 후견인의 상황과 재산현황에 따라 다양한 특약이 부가될 수 있다.

CHAPTER 03

임의후견신탁

1 후견계약

가. 개념 및 의의

2013년 7월 1일 시행된 민법 일부개정 법률에 후견제도를 도입하면서 법정후견제도 이외에 임의후견제도를 도입하였다. 우리 민법은 질병, 장애, 노령, 그 밖의 사유로 인한 정신적 제약으로 사무를 처리할 능력이 부족한 상황에 있거나 부족하게 될 상황에 대비하여 자신의 재산관리 및 신상보호에 관한 사무의 전부 또는 일부를 다른 자에게 위탁하고 그 위탁사무에 관하여 대리권을 수여하는 것을 내용으로 '후견계약'을 인정하고 있다(민법 제959조의 14). 사무처리능력이 부족한 상황에서 가족·친족의 청구로 법원이 선임하는 법정후견인은 피후견인의 확인된 의사가 아니라 가족·친족의 신청에 의한 법원의 결정으로 선임된다는 점에서, 피후견인이 될 자가 '스스로 미리 지정하는 임의후견인'이 피후견인의 의사를 보다 더 존중할 수 있는 것임은 분명하다.

> **민법**
>
> **제959조의 14 【후견계약의 의의와 체결방법 등】** ① 후견계약은 질병, 장애, 노령, 그 밖의 사유로 인한 정신적 제약으로 사무를 처리할 능력이 부족한 상황에 있거나 부족하게 될 상황에 대비하여 자신의 재산관리 및 신상보호에 관한 사무의 전부 또는 일부를 다른 자에게 위탁하고 그 위탁사무에 관하여 대리권을 수여하는 것을 내용으로 한다.
> ② 후견계약은 공정증서로 체결하여야 한다.
> ③ 후견계약은 가정법원이 임의후견감독인을 선임한 때부터 효력이 발생한다.
> ④ 가정법원, 임의후견인, 임의후견감독인 등은 후견계약을 이행·운영할 때 본인의 의사를 최대한 존중하여야 한다.
>
> **제959조의 20 【후견계약과 성년후견·한정후견·특정후견의 관계】** ① 후견계약이 등기되어

나. 후견계약 우선의 원칙과 법정후견으로의 전환 가능성

임의후견은 본인의 의사에 기초하여 후견사무를 처리하는 것이므로 사적자치의 원칙에 비추어 존중되어야 한다. 후견계약이 있는 경우 원칙적으로 법정후견이 개시되지 않도록 하는 것을 '후견계약 우선의 원칙' 또는 '법정후견의 보충성 원칙'이라 하는데, 우리 민법도 후견계약 우선의 원칙을 인정하고 있다(민법 제959조의 20 제1항 제1문).

그런데 임의후견을 법정후견에 우선시키는 것은 임의후견이 법정후견보다 본인의 보호와 복지에 더 적절한 수단이라는 전제에 있는 원칙이므로, 본인의 보호와 복지에 법정후견이 더 적합할 경우 임의후견 우선의 원칙을 포기하고, 법정후견으로 전환해야 할 필요가 있다. 우리 민법은 가정법원이 '본인의 이익을 위하여 특별히 필요할 때'에만 법정후견의 심판을 할 수 있도록 규정하고 있다(민법 제959조의 20 제1항 제1문). 임의후견은 후견에 있어서 자기결정권을 보장해주는 원칙인바, 후견계약의 내용을 후견감독인과 가정법원은 최대한 존중해야 하므로, 후견계약 우선의 원칙은 매우 엄격하게 적용되어야 한다. 따라서 민법 제959조의 20 제1항 제1문은 '가정법원은 본인의 이익을 위하여 특별히 필요할 때'에만 법정후견으로 전환할 수 있도록 하는데, 여기서 '특별히 필요한 때'는 매우 엄격하게 해석되어야 한다.

한편, 후견감독인이 선임되어 후견계약의 효력이 발생한 이후 가정법원은 후견계약을 변경하거나 후견계약과 다른 내용의 허가결정을 할 수 있는가? 후견계약 우선의 원칙에서 규정하고 있기 때문에 가정법원은 원칙적으로 후견계약의 변경을 허가할 수 없다고 본다. 다만, '본인의 이익을 위하여 특별히 필요한 때'에는 후견계약의 변경 또는 후견계약과 다른 심판을 할 수 있다고 보이긴 하는데, 매우 엄격하게 적용해야 한다.[8]

---

8) 법원은 법정후견에서와 달리 후견의 내용을 후견계약과 다르게 정할 수 없고 후견계약에서 정한 후견인 외에 다른 제3자를 후견인으로 선임할 수도 없다. 다만, 법원은 후견계약의 내용이 법령에 위반하거나 후견의 취지에 반하거나 공서양속에 반하는 등 문제가 있을 경우 후견계약의 효력을 부인하고 임의후견을 개시하지 않을 수 있다[이현곤, 『성년후견제도의 이해와 활용』(고시계사, 2018), 226면].

다. 후견감독인의 감독권한과 후견계약

피후견인이 될 자가 사무처리능력이 충분할 때 미리 사무처리능력이 없을 때를 대비하여 본인의 신상관리 및 재산관리 방법을 후견계약의 형태로 정해놓은 것이므로, 후견계약의 내용이 법령에 위반하거나 후견의 취지에 반하거나 공서양속에 반하지 않는 한, 후견감독인이나 후견법원도 이를 최대한 존중해주어야 한다.

라. 후견계약에 관한 등기기록사항

후견계약을 체결할 때에는 후견등기부와 후견등기기록사항을 염두에 두고 필요한 사항을 계약서로 작성한 뒤, 후견계약의 등기를 신청해야 한다. 후견계약에 관한 기록사항 중 '후견계약상 본인의 재산관리 및 신상보호에 관한 임의후견인의 권한'을 상세히 명시해야 하고, 수인의 임의후견인을 선임하여 공동으로 또는 사무를 분장하여 권한을 행사하도록 정한 경우에는 그 취지를 상세히 후견계약에 기재하고 후견등기에 관한 기록사항을 정확히 기재하여야 한다(후견등기법 제26조 제1항 제4호 및 제5호). 후견등기관은 임의후견인의 권한에 관한 사항과 수인의 임의후견인 간의 공동행사 또는 사무분장에 관한 사항에 대해서는 후견등기사항목록을 작성해야 하며, 후견등기사항목록은 후견등기의 일부로 본다(후견등기법 제26조 제2항 및 제3항).

후견등기법

제26조 【후견계약에 관한 기록사항】 ① 후견계약에 관하여는 다음 사항을 기록한다.

1. 후견계약과 관련된 공정증서를 작성한 공증인의 성명, 소속, 그 증서의 번호 및 작성 연월일
2. 후견계약의 본인의 성명, 성별, 생년월일, 주민등록번호 및 등록기준지(외국인인 경우에는 주민등록번호 및 등록기준지를 갈음하여 국적 및 외국인등록번호를 기록한다)
3. 임의후견인의 성명, 주민등록번호 및 주소 또는 사무소(법인인 경우에는 명칭, 법인등록번호 및 주된 사무소를 기록하고, 외국인인 경우에는 주민등록번호를 갈음하여 국적 및 외국인등록번호를 기록한다)
4. 후견계약의 본인의 재산관리 및 신상보호에 관하여 임의후견인의 권한의 범위를 정한 경우에는 그 범위
5. 임의후견감독인이 선임된 경우에는 그 성명, 주민등록번호 및 주소 또는 사무소(법인인 경우에는 명칭, 법인등록번호 및 주된 사무소를 기록하고, 외국인인 경우에는 주민등록번호를 갈음하여 국적 및 외국인등록번호를 기록한다) 및 심판을 한 가정법원, 사건의 표시, 재판 확정일

6. 수인의 임의후견인 또는 임의후견감독인이 공동으로 또는 사무를 분장하여 권한을 행사하
   도록 정한 경우에는 그 취지
7. 후견계약이 종료한 경우에는 그 사유 및 연월일
8. 그 밖에 대법원규칙으로 정하는 사항
② 후견등기관은 제1항 제4호 및 제6호의 기록사항이 있을 때에는 목록을 작성하여야 한다.
③ 제2항의 목록은 후견등기기록의 일부로 본다.

2 임의후견신탁의 개념

유언대용신탁을 체결하면서 '후견계약'을 체결하고, 유언대용신탁 내용과 후견계약 내용을 조화롭게 만들어 놓으면 가장 완벽한 재산관리도구가 되는바, 이를 '임의후견신탁'이라 한다. 사무처리능력이 있을 때 미리 후견계약을 체결해서 '자신이 원하는 후견인'을 지정하고, 신탁계약을 체결하여 재산관리의 전문성을 보완하면서 혹시나 있을 수 있는 후견인의 부정행위도 통제할 수 있다. 그리고 법정후견인 선임 과정에서 가족 간 발생하는 분쟁도 예방할 수 있다.

임의후견신탁의 법적 구조는 법정후견신탁에 비하면 매우 유연성이 높다. 후견인의 재산관리 및 운용지시권도 다양하게 부여할 수 있을 뿐만 아니라 후견인에게 지급되는 보수도 미리 정해놓을 수 있다. 법원의 허가로 인해 체결되는 법정후견신탁의 경우 매우 안정적인 방법으로만 재산을 운용하여야 하나, 임의후견신탁은 법정후견신탁보다 훨씬 적극적이고 능동적인 재산운용도 가능하다. 임의후견은 바로 피후견인의 의사에 직접적인 기반을 둔 것이기 때문이다. 물론 가정법원과 후견감독인의 통제를 일정 부분 받겠지만, 가정법원이나 후견감독인도 임의후견신탁계약을 존중할 수밖에 없을 것이다.

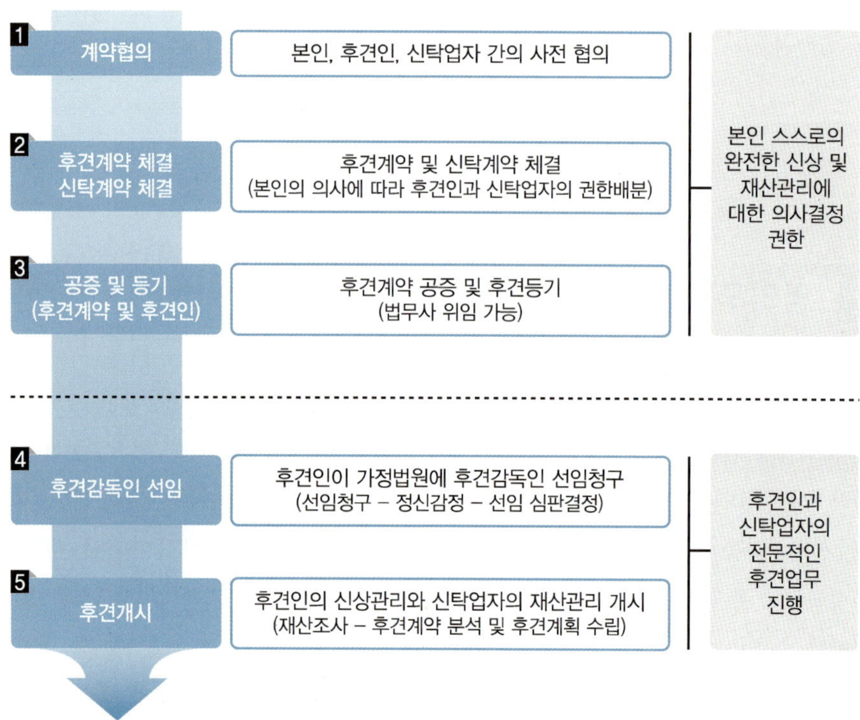

피후견인이 될 본인, 임의후견인, 신탁업자 간에 임의후견개시 후 신상관리 및 재산관리 방법 확정을 위해 사전 계약 협의가 필요하다. 후견계약과 신탁계약의 내용을 확정하면 후견계약과 신탁계약을 체결하고, 후견계약을 공증받고 후견등기를 하여야 한다. 후견감독인 선임 전까지는 본인이 스스로 신상 및 재산관리를 할 수 있다. 피후견인이 될 본인이 사무처리능력이 부족하다는 의사의 소견 또는 진단이 있는 경우 가정법원은 후견감독인을 선임하고, 그 시점부터 후견인과 신탁회사가 전문적인 후견업무 및 재산관리를 하는 것이다.

4 임의후견신탁 계약서

가. 일반적인 후견계약[9]

본 공증인은 당사자들의 촉탁에 따라 다음의 법률행위에 관한 진술의 취지를 청취하여 이 증서를 작성한다.

제1조【목적】[***](이하 "위임인"이라 함)은 질병, 장애, 노령, 그 밖의 사유로 인한 정신적 제약으로 사무를 처리할 능력이 부족하게 될 상황에 대비하여 위임인의 재산관리 및 신상보호에 관한 사무를 수임인(이하 "임의후견인"이라 함)에게 위탁하고, 임의후견인은 이를 승낙한다.

제2조【등기】임의후견인은 본 후견계약 체결 후 지체 없이 본 후견계약에 관한 등기를 신청하여야 한다.

제3조【효력 발생 등】① 이 계약은 가정법원이 임의후견감독인을 선임한 때부터 효력이 발생한다.

② 이 계약 체결 후 위임인이 사무를 처리할 능력이 부족한 상황에 있다고 인정될 때에는 임의후견인은 가정법원에 임의후견감독인의 선임을 청구하여야 한다.

③ 이 계약에서 정한 것 이외에는 민법에 따른다.

제4조【후견사무의 범위】위임인은 임의후견인에게 별지 제1항 기재와 같이 재산관리 및 신상보호에 관한 사무를 위탁하고, 그 사무의 처리에 관한 대리권을 수여하며, 임의후견인이 별지 제2항 기재 사무를 처리 및 대리하는 경우, 서면으로 임의후견감독인의 동의를 받아야 한다.

제5조【본인의사 존중의무】임의후견인은 후견사무를 처리에 함에 있어서 위임인의 의사를 존중하여야 한다.

제6조【비용의 부담】임의후견인이 본건 후견사무를 처리하는 데 필요한 비용은 위임인이 부담하며, 임의후견인은 자신이 관리하는 위임인의 재산에서 그 비용을 지출할 수 있다.

제7조【보수】① 위임사무에 대한 보수는 무보수로 한다.

② 이 계약 효력 발생 후 보수산정의 기초가 된 사정이 현저하게 바뀜으로써 위임인과 임의후견인 사이의 형평을 크게 침해할 특별한 사정이 생긴 때에는 임의후견인은 임의후견감독인의 서면 동의를 받아 무보수 약정을 변경할 수 있다.

제8조【보고】임의후견인은 임의후견감독인의 청구가 있는 경우에는 후견사무 또는 본인의 재산상황을 신속하게 보고하여야 한다.

---

9) 법무부 제공 '후견계약 공정증서 양식'

제9조【계약의 철회 및 해제】① 임의후견감독인의 선임 전에는 위임인 또는 임의후견인은 언제든지 공증인의 인증을 받은 서면으로 계약의 의사표시를 철회할 수 있다.

② 임의후견감독인의 선임 이후에는 위임인 또는 임의후견인은 정당한 사유가 있는 때에만 가정법원의 허가를 받아 후견계약을 종료할 수 있다.

③ 임의후견인은 위임인의 사망이나 그 밖의 사유로 후견계약이 종료되었음을 알았을 때에는 이를 안 날부터 3개월 이내에 종료등기를 신청하여야 한다. 다만, 촉탁에 의한 등기가 이루어지는 경우에는 그러하지 아니하다.

제10조【사망 등과 위임의 종료】위임은 당사자 한쪽의 사망으로 종료된다. 임의후견인이 성년후견개시의 심판을 받은 경우에도 이와 같다.

위임인과 임의후견인은 2부를 작성하여 위임인에게 1부, 임의후견인에게 1부를 각 교부합니다.

[****]년 [*]월 [*]일

수임인 [***] (인)
주소

위임인 [***] (인)
주소

[별지]

대리권 목록

1. 재산관리 및 신상보호에 관한 사무의 범위

가. 신상보호에 관한 사무 전부

나. 일상생활에 필요한 생활비의 송금, 생활에 필요한 재산의 취득, 물품의 구입, 임료나 연금 기타 사회보험급여 등의 신청 및 수령, 임료나 공공요금 등 정기적인 지출을 요하는 비용의 지출

다. 이 계약의 사무 처리에 필요한 경우 주민등록증초본, 가족관계증명서 등 각종 증명서 신청

라. 기초생활수급자 신청 등 각종 행정절차 신청

마. 우편물 기타 통신의 수령·개봉·열람

바. 이 계약 효력 발생 전 위임인이 계속하여 영위해온 영업에 관한 행위

사. 위임인에 대한 신상보호의 목적을 달성하기 위하여 필요하거나 재산의 멸실·훼손 염려 등 그 밖의 불가피한 사유가 있을 경우 ① 부동산 또는 중요한 자산에 관한 권리의 득실 변경을 목적으로 하는 행위, ② 금전의 차용

아. 재산관리를 위하여 필요한 소송행위

2. 임의후견감독인에게 서면으로 동의를 받아야 하는 사무의 행위

가. 위임인이 현재 거주하는 건물 또는 그 대지에 관하여 매도, 임대, 전세권 설정, 임대차의 해지, 전세권의 소멸, 그 밖에 이에 준하는 행위

나. 치료 등의 목적으로 정신병원이나 그 밖의 다른 장소에 격리하는 것에 대한 결정

다. 신체를 침해하는 의료행위의 직접적인 결과로 사망하거나 상당한 장애를 입을 위험이 있는 행위

라. 영업에 관한 행위

마. 금전을 빌리는 행위

바. 의무만을 부담하는 행위

사. 부동산 또는 중요한 재산에 관한 권리의 득실변경을 목적으로 하는 행위

아. 소송행위

자. 상속의 승인, 한정승인 또는 포기 및 상속재산의 분할에 관한 협의. 끝.

나. 유언대용신탁과 결합하는 후견계약[10)]

본 공증인은 당사자들의 촉탁에 따라 다음의 법률행위에 관한 진술의 취지를 청취하여 이 증서를 작성한다.

제1조 【목적】 [***](이하 "위임인"이라 함)은 질병, 장애, 노령, 그 밖의 사유로 인한 정신적 제약으로 사무를 처리할 능력이 부족하게 될 상황에 대비하여 위임인의 재산관리 및 신상보호에 관한 사무를 수임인(이하 "임의후견인"이라 함)에게 위탁하고, 을은 이를 승낙한다. 이 후견계약 이전 또는 이후에 위임인이 위탁자로 체결하는 유언대용신탁계약(이하 "관련 유언대용신탁계약"이라 함)과 이 후견계약은 위임인이 사무처리능력이 충분할 때 미리 체결하는 계약인바, 유언대용신탁계약은 위임인의 재산관리를 중심으로 규정하고, 이 후견계약은 신상관리를 중심으로 하되 신상관리에 필요한 재산관리에 대해서도 규정한다.

---

10) 후견계약과 유언대용신탁계약의 우선 관계를 명시함으로써 향후 임의후견인과 신탁회사 간의 계약 해석의 차이를 없앨 필요가 있다. 임의후견인을 신탁계약의 신탁재산보호인(trust protector)으로 개입시켜 일정 부분 의견 충돌을 없애는 장치를 만들어 놓는 것도 좋은 방법이다.

후견계약과 유언대용신탁이 결합되어 있고, 재산관리는 유언대용신탁계약을 중심으로, 후견계약은 신상관리를 중심으로 체결되었음을 명확히 기재하는 것이 바람직하다. 위임인의 입장에서 전문 신탁회사에 유언대용신탁계약을 체결함으로써 재산관리의 전문성과 안정성을 확보할 수 있고, 후견계약을 체결함으로써 후견인 선정 과정에서 가족 간 쓸모없는 분쟁을 예방할 수 있다는 장점이 있다.

제2조 【등기】 을은 본 후견계약 체결 후 지체 없이 본 후견계약에 관한 등기를 신청하여야 한다.

제3조 【효력 발생 등】 ① 이 계약은 가정법원이 임의후견감독인을 선임한 때부터 효력이 발생한다.

② 이 계약 체결 후 위임인이 사무를 처리할 능력이 부족한 상황에 있다고 인정될 때에는 을은 가정법원에 임의후견감독인의 선임을 청구하여야 한다.

③ 이 계약에서 정한 것 이외에는 민법에 따른다.

제4조 【후견사무의 범위】 위임인은 을에게 별지 제1항 기재와 같이 재산관리 및 신상보호에 관한 사무를 위탁하고, 그 사무의 처리에 관한 대리권을 수여하며, 을이 별지 제2항 기재 사무를 처리 및 대리하는 경우, 서면으로 임의후견감독인의 동의를 받아야 한다. 다만, 관련 유언대용신탁계약에서 정한 범위 내에서, 수탁자는 신탁재산의 관리, 처분 및 수익권을 지급할 수 있으며, 이 범위 내에서 유언대용신탁계약은 이 후견계약보다 우선한다.

재산관리를 전문 신탁회사에 맡긴 것이므로, 유언대용신탁계약에 구체적으로 중요한 재산의 관리, 처분 및 수익권의 지급을 정한 경우, 유언대용신탁이 우선함을 명시하였다.

제5조 【본인의사 존중의무】 을은 후견사무를 처리에 함에 있어서 위임인의 의사를 존중하여야 한다. 을은 후견사무를 처리함에 있어 관련 유언대용신탁계약의 내용이 본인의 의사임을 충분히 인지하고, 그 내용을 존중해서 후견사무를 처리한다.

제6조 【비용의 부담】 을이 본건 후견사무를 처리하는 데 필요한 비용은 위임인이 부담하며, 을은 자신이 관리하는 위임인의 재산에서 그 비용을 지출할 수 있다.

제7조 【보수】 ① 위임사무에 대한 보수는 무보수로 한다. 다만, 관련 유언대용신탁계약에서 후견인 보수를 별도로 정한 경우 보수액 및 지급방법은 그에 따른다.

② 이 계약 효력 발생 후 보수산정의 기초가 된 사정이 현저하게 바뀜으로써 위임인과 을 사이의 형평을 크게 침해할 특별한 사정이 생긴 때에는 을은 임의후견감독인의 서면 동의를 받아 무보수 약정을 변경하여 보수를 지급할 수 있다.

 **해설**

후견인이 피후견인을 위해 피후견업무를 충분하게 하기 위해서는 후견인의 업무 만큼 충분한 보수를 지급해야 한다. 현재 법정후견의 경우 후견인의 업무에 대한 충분한 보수를 지급하지 못하고 있어, 후견인 입장에서 후견업무에 집중할 수 없는 문제를 해결하기 위해서, 충분한 후견보수가 지급되어야 한다.

제8조【보고】 을은 임의후견감독인의 청구가 있는 경우에는 후견사무 또는 본인의 재산 상황을 신속하게 보고하여야 한다.

제9조【계약의 철회 및 해제】 ① 임의후견감독인의 선임 전에는 위임인 또는 을은 언제든지 공증인의 인증을 받은 서면으로 계약의 의사표시를 철회할 수 있다.

② 임의후견감독인의 선임 이후에는 위임인 또는 을은 정당한 사유가 있는 때에만 가정법원의 허가를 받아 후견계약을 종료할 수 있다.

③ 을은 위임인의 사망이나 그 밖의 사유로 후견계약이 종료되었음을 알았을 때에는 이를 안 날부터 3개월 이내에 종료등기를 신청하여야 한다. 다만, 촉탁에 의한 등기가 이루어지는 경우에는 그러하지 아니하다.

④ 위임인의 사망이나 그 밖의 사유로 후견계약이 종료된 경우 후견인은 관련 유언대용 신탁계약의 수탁자가 상속신탁집행업무를 처리하는 데 적극적으로 협조하여야 한다.

 **해설**

위임인이 사망하면 수탁자는 상속신탁집행업무를 처리해야 하는 데 후견종료와 후견인 보관 피후견인 재산에 대한 청산업무 등 후견인의 협조가 필요하므로, 후견인의 수탁자에 대한 협조의무를 규정한다.

제10조【사망 등과 위임의 종료】 위임은 당사자 한쪽의 사망으로 종료된다. 을이 성년후견개시의 심판을 받은 경우에도 이와 같다.

위임인과 을은 2부를 작성하여 위임인에게 1부, 을에게 1부를 각 교부합니다.

[****]년 [*]월 [*]일

위임인 [***] (인)
주소

수임인 [***] (인)
주소

대리권 목록

1의 사, 아, 2의 가, 라, 마, 사, 아와 관련하여
유언대용신탁계약에 달리 정한 경우 유언대용신탁계약이 우선적으로 적용된다.

1. 재산관리 및 신상보호에 관한 사무의 범위

가. 신상보호에 관한 사무 전부

나. 일상생활에 필요한 생활비의 송금, 생활에 필요한 재산의 취득, 물품의 구입, 임료나 연금 기타 사회보험급여 등의 신청 및 수령, 임료나 공공요금 등 정기적인 지출을 요하는 비용의 지출

다. 이 계약의 사무 처리에 필요한 경우 주민등록증초본, 가족관계증명서 등 각종 증명서 신청

라. 기초생활수급자 신청 등 각종 행정절차 신청

마. 우편물 기타 통신의 수령·개봉·열람

바. 이 계약 효력 발생 전 위임인이 계속하여 영위해온 영업에 관한 행위

사. 위임인에 대한 신상보호의 목적을 달성하기 위하여 필요하거나 재산의 멸실·훼손 염려 등 그 밖의 불가피한 사유가 있을 경우 ① 부동산 또는 중요한 자산에 관한 권리의 득실 변경을 목적으로 하는 행위, ② 금전의 차용

아. 재산관리를 위하여 필요한 소송행위

2. 임의후견감독인에게 서면으로 동의를 받아야 하는 사무의 행위

가. 위임인이 현재 거주하는 건물 또는 그 대지에 관하여 매도, 임대, 전세권 설정, 임대차의 해지, 전세권의 소멸, 그 밖에 이에 준하는 행위

나. 치료 등의 목적으로 정신병원이나 그 밖의 다른 장소에 격리하는 것에 대한 결정

다. 신체를 침해하는 의료행위의 직접적인 결과로 사망하거나 상당한 장애를 입을 위험이 있는 행위

라. 영업에 관한 행위

마. 금전을 빌리는 행위

바. 의무만을 부담하는 행위

사. 부동산 또는 중요한 재산에 관한 권리의 득실변경을 목적으로 하는 행위

아. 소송행위

자. 상속의 승인, 한정승인 또는 포기 및 상속재산의 분할에 관한 협의. 끝.

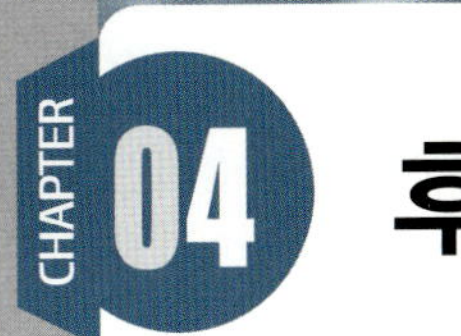

CHAPTER 04

후견신탁 Q&A

Q&A 01 후견인 지정 없이 중증치매가 되면 누가 후견인이 되는가?

주로 피후견인의 배우자나 자녀가 후견인이 된다. 후견심판청구하면서 후견인후보를 기재하는데, 실제 가사조사관의 조사결과에 따라 후견인후보가 아닌 다른 자녀가 후견인이 될 수도 있다. 재산규모가 있고, 자녀들 간의 분쟁이 예상되면, 법원은 변호사, 법무사, 후견법인 등 전문직 후견인을 선정할 수 있다.

Q&A 02 중소기업을 운영하고 있다. 제가 치매가 걸리면 아들 둘이서 싸울 거 같은데, 방법이 없는가?

후계자를 선정하여 후견인과 후견계약을 체결하고, 공증 및 등기하면, 중증치매가 걸리면 후계자가 임의후견인이 된다. 임의후견은 법정후견에 우선하기 때문에 임의후견계약만 제대로 해놓으면, 법정후견인 선정과 같이 서로 후견인이 되겠다고 싸우는 것을 완전히 방지할 수 있다.

Q&A 03 법정후견인만 선임하는 경우와 법정후견신탁하는 경우의 차이점은 무엇인가?

법정후견인만 선임하면, 후견인이 피후견인의 신상관리뿐만 아니라 재산관리도 수행한다. 법정후견인의 재산횡령이나 유용을 예방할 수 있는 장치가 별로 없다. 후견감독인이나 법원이 횡령이나 유용된 재산을 환수하는 소송을 제기할 수는 있지만, 그러한 일이 생기지 않도록 신탁을 설정해 놓을 수 있다. 신탁회사가 주요 재산을 관리하면서, 후견인에게는 생활비, 의료비 등 필요비 정도를 내어 주기 때문에 후견인의 횡령이나 부정행위를 견제할 수 있다.

내가 가장 신뢰하는 둘째 딸을 임의후견인으로 지정하고 싶은데요, 후견계약으로 둘째 딸을 후견인으로 지정해 놓으면, 법원이 후견인을 임의로 변경할 수 있는가?

아니다. 법정후견제도의 보충성 또는 임의후견 우선적용의 원칙 때문에 가정법원이 임의로 후견계약을 무효화하거나 임의후견인을 변경할 수 없다. 둘째 딸이 후견을 할 경우 피후견인의 인권과 복지에 현저히 저해할 우려가 있는 예외적인 경우에는 가정법원이 성년후견을 개시하고, 그렇게 되면 임의후견은 종료하게 된다. 그러한 경우 이외에는 법원이 임의후견인을 다른 자녀로 변경하거나 성년후견을 개시할 수 없다.

가업을 영위하는 70세 기업 오너인데, 아들과 딸 중 딸을 후계자로 하고 싶다. 혹시 치매에 걸리면 아들과 딸이 서로 후견인이 되겠다고 싸울까 걱정인데, 좋은 방법이 없는가?

딸을 수탁자로 상속신탁계약을 체결하면서, 딸을 임의후견인으로 하여 후견계약을 체결해 놓으면 안심하고 딸에게 가업을 승계할 수 있다.

임의후견신탁의 장점은 무엇인가?

아무런 계획 없이 사무처리능력이 없게 되면 가족의 청구에 의해 법원이 선임한 법정후견인이 본인을 위한 신상관리와 재산관리를 수행한다. 후견인의 업무는 피후견인인 본인을 위해 존재하는 것이므로, 상속세를 절감하기 위한 증여행위나 상속계획을 수립하기 위한 상속계획수립행위를 수행하는 것은 법정후견인의 업무범위를 초과하는 것이다. 따라서 상속세를 많이 납부해야 하는 거액자산가는 사무처리능력이 부족하기 전에 자산승계계획을 수립하고 본인이 원하는 후견인과 후견계약을 체결해 놓아야만 절세전략이 포함된 자산승계계획의 수립 및 실천이 가능해진다. 그리고 임의후견인을 선임해도 피후견인 사후 상속재산배분 업무는 임의후견인의 권한을 넘어서는 행위이므로, 신탁회사 또는 임의후견인을 수탁자로 하는 상속신탁계약을 체결해 놓아야 본인이 원하는 상속배분까지 효율적으로 처리된다.

	신 탁	임의후견	법정후견
존속기간	• 신탁계약에 따라 자유롭게 설정	• 심판일로부터 본인 사망까지	• 심판일로부터 본인 사망까지
권 한	• 신탁계약에 따라 자유롭게 설정(재산관리권만 가능) → 신상보호 불가. 임의후견 결합 시 可	• 재산관리권 • 계약에 정한 범위의 법률행위의 대리(동의권, 취소권 無) • 신상감호 가능	• 재산관리 • 법률행위의 대리(동의권, 취소권 有) • 신상감호 가능
재산의 운용·처분	• 신탁계약에 자유롭게 설정	• 임의후견계약에 자유롭게 규정	• 원칙적으로 불가(법원 허가사항)
소유권자	• 수탁자	• 피후견인(본인)	• 피후견인(본인)
제3자에 의한 사기	• 신탁재산은 본인의 소유가 아니므로, 사기당할 위험 없음(재산보호기능) • 다만, 신탁재산으로 편입되지 않은 재산은 여전히 사기당할 위험 있음	• 피후견인이 재산 소유자이므로, 사기당할 위험이 있음 • 피후견인이 사기당한 경우 후견인이 취소할 수 없음	• 피후견인이 재산 소유자이므로, 사기당할 위험이 있음 • 피후견인이 사기당한 경우 후견인이 취소할 수 있음
상속계획 (estate planning)	• 상속계획을 신탁계약으로 수립 • 위탁자 사망 시 신탁재산이 동결되지 않아 신탁계약에 따라 가족들이 인출하여 사용할 수 있음	• 피후견인 사망 시 후견계약은 종료되고, 상속계획 수립 불가 → 법정상속에 따른 상속만 가능	• 피후견인 사망 시 후견은 종료되고, 상속계획 수립 불가 → 법정상속에 따른 상속만 가능

Part 05

가족신탁 이론과 실무

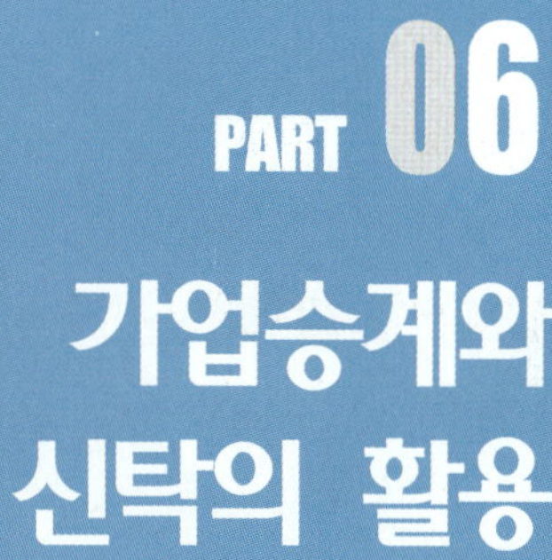

가업승계와 신탁의 활용

CHAPTER 01

가업승계

┃ 가업승계에 있어서 비후계자의 지위 결정 ┃

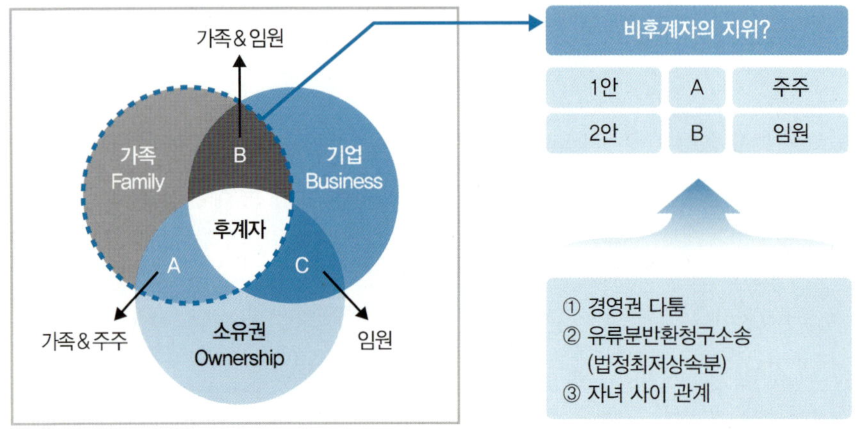

　가업을 영위하고 있는 기업의 최대주주가 가업승계를 준비할 때, 누구를 후계자를 선정할 것인가도 어려운 문제이지만, 후계자가 아닌 자녀에게 어떠한 지위를 부여할 것인지의 문제도 더욱 복잡한 난제이다. 가족기업시스템(Family Business System)을 연구하고 실행에 옮기는 'Three-Circle Model[1]'을 응용해서 후계자 선정 이후 비후계자 자녀에게 어떠한 지위를 부여할 것인지를 생각해보면, 기업의 최대주주는 비후계자인 자녀에게 주주의 지위를 줄 것인지 아니면 임원의 지위를 줄 것인지 중 선택할 수 있다. 비후계자의 지위를 잘못 결정하면 경영권 다툼이 생기거나 유류분반환청구소송으로 인해 자녀 간 불화가 시작될 수 있다. 가업에 대한 자녀의 생각과 욕망, 자녀의 가업 영위에 대한 의지와 능력, 가업 이외 다른 자산 유무 등 다양하고 복잡한 검토 요소가 있다. 정답이 있을 수 없지만, 최선의 답을 찾기 위해 노력하고 다양한 도구를 활용해서 효율적이고 안정적인 가업승계전략을 수립해야 한다.

---

1) Created in the 1970's by professors John Davis and Renato Tagiuri of the Harvard Business School. 위 그림은 Three Circle Model의 다이어그램을 일부 수정하였다.

CHAPTER 02

후견계약을 활용한 안전한 가업승계

" 삼화제분 모자 경영권 다툼서 어머니 승소 "

1. 사실관계

밀가루 제조, 제과 및 제빵업체인 삼화제분, 정수리조트 및 남한산업을 보유하고 있는 A회장은 2012년 9월 8일 발생한 뇌출혈 이후 아들 B와 2012년 12월 24일 체결한 증여계약서(증여주식 : 삼화제분 90.39%)와 2012년 12월 28일 체결한 매매계약서(매매주식 : 정수리조트, 남한산업)의 적법성 여부와 관련해서, A회장의 처 C가 아들 B, 삼화제분, 정수리조트 및 남한산업을 상대로 증여계약서 및 매매계약서 무효를 원인으로 하는 주주권확인소송을 제기하였고, 모자 간의 소송에서 결국 모 C가 승소를 했다.

2. 법원의 판단

대법원은 "2012년 9월 8일 A회장이 뇌출혈 이후에 실시된 인지 관련 각종 검사 결과와 주치의의 소견에 의하면, 2012년 12월 당시 원고는 이 사건 증여계약과 매매계약의 법률적인 의미나 효과에 대하여 이해할 수 있을 정도의 의사능력을 가지고 있었다고 인정하기에 부족하고, 이러한 A회장이 아들 B에게 이 사건 인영을 날인할 권한을 부여하였다고 보기도 어렵다며, A회장과 아들 B 사이에 유효한 증여계약 또는 매매계약이 성립되어 있다고 볼 수 없으므로, 그 주주권은 여전히 A회장에게 있다"고 판시하였다(대법원 2016.12.15. 선고 2016다29005, 29012판결).

3. 자산승계 시사점

이 사건은 치매와 뇌출혈로 사무처리능력없는 상태에서 진행한 가업 주식의 증여계약과 매매계약이 무효로 결론난 사례인데, 1심에서 대법원까지 4년동안 모자 간 소송이 진행되었고, 결국 주식의 소유권은 A회장 소유로 회복된 상태에서 현재 법무법인이 A회장의 성년후견인이 되어 주식을 관리하고 있다. 통상 치매 발병 후 약 3년 내지 5년 정도 지나야 중증치매로 전이되기 때문에 치매 진단 후에 가업승계전략을 수립해도 늦지 않다고 생각하는 기업 오너가 많다. 그런데 이 사례처럼 뇌출혈을 동반할 경우 6개월 내에 사무처리능력이 없어지는 사례도 다수 있다. 따라서 65세 이후 최대한 빠른 시간 내에 후계자를 지정하고 가업승계전략을 수립하여 실천해야 한다.

출처 : 법률신문 2015년 2월 3일

기업의 최대주주가 치매로 사무처리능력이 부족해지면, 해당 기업은 어떻게 되는가? 기업 최대주주가 사무처리능력이 없게 되면, 결국 후견심판청구에 의해 법인이 선임하는 법정후견인이 최대주주를 대리하게 된다. 법정후견인이 피후견인 소유의 주식에 대해 의결권을 행사하는 것이 가능한지에 대하여 다소 논란은 있으나, 최대주주의 의결권을 행사하지 않게 되면, 최대주주의 경영권이 제대로 작동되지 않을 것이고, 그렇다면 피후견인의 복리에 중대한 영향을 미치는 것이므로, 법정후견인이 피후견인인 최대주주의 의결권을 행사할 수밖에 없다.

실제로 최근 L그룹 회장 사례나 S회사 회장 사례를 보면, 법정후견인이 주식의 의결권을 포함한 경영권을 행사하게 되고, 그전에 누구를 후견인으로 선임하느냐를 두고 상당기간 쟁송이 진행되면서, 회사 경영권의 안정성이 위협받는다. 그리고 해당 회사의 비즈니스에 대한 전문성이 없는 법무법인이나 회계법인이 전문직 법정후견인으로 회사의 경영권 행사를 주도하기 때문에 회사의 비즈니스에도 상당히 부정적인 영향을 미칠 우려가 있다.

따라서 회사의 최대주주가 후계자를 미리 정하고 후견계약을 체결해 놓으면, 만약 회사의 최대주주가 사무처리능력이 없게 되더라도, 후계자가 임의후견인으로서 주주권과 경영권을 행사할 수 있어, 안정적인 경영권 승계를 담보할 수 있을 것이다.

" 〈후견인도 주권행사 가능〉 첫 판결 "

1. 사실관계

모 중소기업 회장을 지낸 A씨의 성년후견을 맡고 있는 법무법인 J는 A씨가 최대 주주인 이 회사의 대표를 교체하기 위해 주주총회 소집허가를 청구했다. 그러자 회사 대표로 있던 A씨의 아들 B씨와 두 딸은 지난 2월 서울가정법원에 성년후견인의 법정대리권 범위 결정 심판을 제기했다. 이들은 "아버지가 대주주로 있는 회사의 대표 교체는 성년후견인의 법정대리 권한을 초과한 행위"라며 "법원의 허가가 필요한 사항"이라고 주장했다.

2. 법원의 판단

법원은 A씨에 대한 법정대리권 범위와 관련해 성년후견인인 법무법인 J가 A씨를 대리해 각 회사 주총에서 주주권을 대신 행사할 수 있다고 결정했다. 법원은 A씨가 주식을 갖고 있는 회사의 대표, 이사, 감사의 변경에 관한 것은 경제적 이해 관계를 포함한 A씨의 복리에 중대한 영향을 끼치는 사항이라고 판단했다.

법원은 "아들 B씨가 대표인 회사를 비롯해 다른 두 회사의 대표, 이사, 감사 임기가 만료된 지 1년 이상이 지났다"며 "회사 경영권 및 A씨의 재산관리를 둘러싸고 B씨와 그 어머니 사이에 갈등이 심하고 부자 간 이뤄진 주주권확인청구소송에서 B씨의 패소가 확정됐다"고 말했다.

그리고 "지난해 말 기준 회사에 대한 B씨의 대여금 총액이 약 389억에 이르고 회사와 A씨의 재정적 부담이 상당한데도 실효성 있는 해결책이 나오지 않고 있다"며 "금융기관들이 A씨 재산에 추가 담보요구 등을 하며 어려움이 많아 성년후견인인 법무법인 J가 A씨를 대리해 각 회사 주총에서 의결권을 행사하는 것을 허가한다"고 밝혔다.

법원 관계자는 "성년후견인이 성년 후견을 받는 이의 주주권을 행사할 경우 법원 허가를 받아야 한다는 점을 최초로 명시한 판결"이라고 설명했다.

3. 시사점

이 사례와 같이 기업 오너가 치매나 뇌출혈로 사무처리능력이 없어진 상태에서 가족 내에서 후견인을 두고 분쟁이 심해지면 법원은 법무법인이나 회계법인을 법인후견인으로 지정하여 회사의 최대 지분의 주주권을 행사하도록 한다. 법무법인의 법에 대한 전문성을 가지고 있고 회계법인은 회계의 전문성을 가지고 있지만, 해당 회사의 비즈니스에 대해서는 전문성을 보유하기 어렵다.

출처 : 뉴시스 2017년 8월 29일

CHAPTER 03

신탁을 활용한 안전한 가업승계

1 일본의 가업승계지원신탁

　일본은 2008년 「중소기업에 있어서 경영의 승계의 원활화에 관한 법률」(이하 "일본가업승계원활화법"이라 한다)을 제정하여, 일정한 중소기업의 경영승계와 관련하여 '구대표자'가 '후계자'에게 경영승계에 필요한 주식을 증여하고 추정상속인 전원이 합의하여 서면으로 가업주식을 유류분 산정의 기초가 되는 재산에서 제외하거나 그 합의 당시의 가액에 따라 산입하기로 합의하고, 경제산업성대신의 확인과 그에 따르는 가정재판소의 허가를 받음으로써 유류분 산입을 제한하거나 그 가액을 제한할 수 있도록 하였다. 유류분의 사전합의를 허용하되, 강요에 의한 유류분 사전포기를 예방하기 위해 '가정재판소의 허가'를 유류분 사전합의의 효력요건으로 규정하였다.

　한편, 일본은 중소기업에 한하여 가업승계목적으로 신탁을 활용할 수 있는데, 이를 '가업승계지원신탁'이라 한다. 자녀가 2명 이상인 경우 자녀 2명이 전부 경영에 참여하는 것은 안정적인 경영승계를 이루기 어렵다. 자녀 1인을 후계자로 선정하고 경영권을 물려줘야 하는데, 상속재산이 적게 받아 유류분을 침해당한 자녀가 유류분반환청구소송을 제기하면, 법원의 판결에 의해 후계자 보유 주식 일부가 유류분권리를 침해받은 자녀에게 반환된다. 유류분반환소송을 제기할 정도로 관계가 좋지 않은 자녀가 하나의 회사의 공동 대주주로 있게 되면, 회사 경영의 안정성을 유지하기 어렵다.

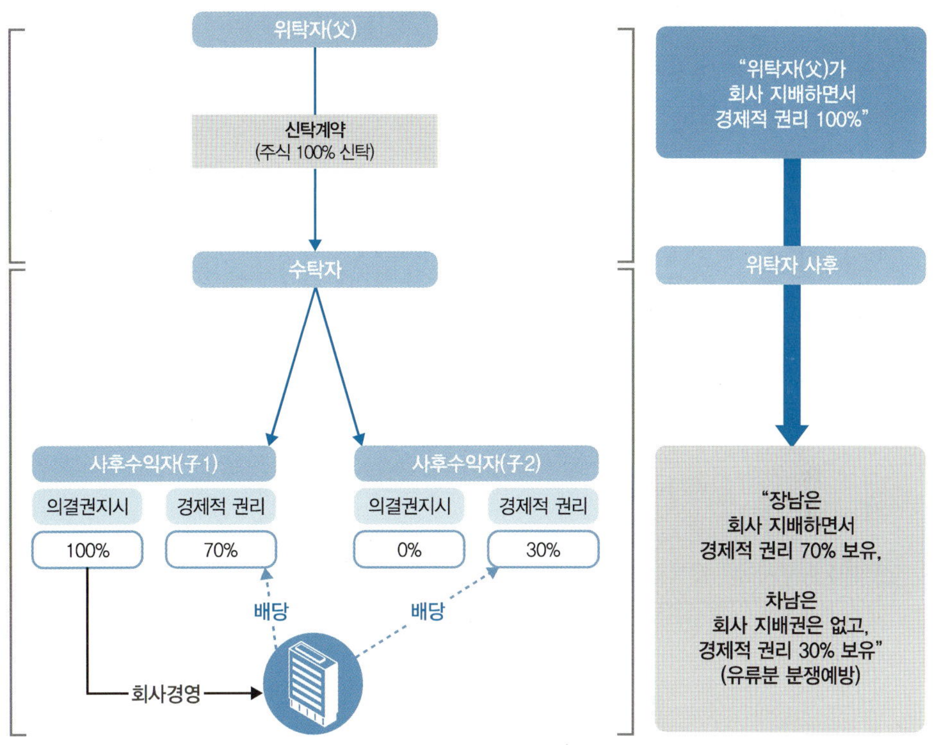

    일본가업승계원활화법에 따른 유류분 사전합의가 이루어지면, 그에 따라 1명의 후계자가 경영권을 승계할 수 있지만, 합의가 안 되거나 합의 과정에서 가업승계주식의 경제적 권리를 비후계자에게 배분해야 할 경우, 신탁을 활용하면 매우 효율적이다. 현재 회사의 최대주주인 아버지가 보유주식에 대해 유언대용신탁계약을 체결하면서, 후계자인 큰아들과 비후계자인 둘째 아들을 사후수익자로 지정하면서, 후계자인 큰아들에게 경제적 권리 70%를 주되, 신탁주식 의결권 100%를 지시할 수 있도록 하고, 비후계자인 둘째 아들은 신탁주식 의결권 행사를 못하게 하되 경제적 권리 30%만을 행사할 수 있도록 한다.[2]

---

2) 신탁을 활용한 중소기업의 사업승계 원활화를 위한 연구회 중간보고(2008.9.) 참조 후 재구성.

┃ **일본의 가업승계지원신탁 주요 내용** ┃

신탁목적	원활한 가업승계로 기업가치의 유지·향상을 목적으로 하는 주식의 관리
위탁자(원수익자)	중소기업 경영자
사후수익자	중소기업의 후계자 子 1 : 의결권지시권 100%, 경제적 권리 70% 중소기업의 비후계자 子 2 : 의결권지시권 0%, 경제적 권리 30%
의결권의 행사	상속 발생 전 : 위탁자 겸 원수익자의 지도에 따라 수탁자가 행사 상속 발생 후 : 후계자인 子 1의 지시에 따라 수탁자가 행사
신탁재산	중소기업 발행 주식 중 경영자 소유 주식
신탁의 변경	원칙적 불가
수익권의 양도·담보제공	원칙적 불가, 예외적인 경우로 수탁자가 승낙하는 경우 가능
신탁의 종료사유	후계자 子의 사망 등

2 우리나라 가업승계신탁 활용방안

우리나라 신탁법을 기초로 시범적인 가업승계신탁을 구성해보면 3가지 방법을 상정해볼 수 있다. 국내에서 충분히 논의가 진행되고 있지 않아, 대략적인 신탁구조와 그 구조에서 생기는 문제점을 간략하게 지적하고, 입법개선방향을 제시한다.

가. 1안 : 민사신탁 활용방법

기업의 최대주주인 아버지가 아들 1과 아들 2 중 아들 1을 후계자로 선임하고자 한다. 아버지가 건강한 시기에 미리 아들 1을 수탁자로 하는 상속신탁을 체결하면서, 사무처리능력이 부족할 시기를 대비해 후계자인 아들 1과 후견계약을 체결한다. 건강한 시기에는 아버지가 100% 회사를 지배하고 경제적 권리도 100% 취득하다가, 사무처리능력이 부족해 임의후견감독인이 선임되면, 아들 1이 임의후견인으로서 아버지의 의결권 행사지시권[3]을 대리 행사하되, 배당청구권을 비롯한 경제적 권리는 100% 아버지에게 귀속시킨다. 그러다가 아버지가 사망하면, 아들 1이 후계자, 수탁자 겸 사후수익자로서 의결권 행사지시권을 행사하여 회사를 100% 지배하고, 사후수익자인 아들 2에게는 30%의 경제적 권리만을 인정해준다. 이렇게 하면 아버지에게 사무처리능력이 부족한 시기가 있더라도 경영권의 단절구간없이 아들 1이 안정적으로 가업을 승계할 수 있고, 아버지 사후에도 유류분 분쟁없이 경영권을 안정적으로 확보할 수 있을 것이다. 아들 1은 아버지 사후 10년간 신탁계약을 유지하면서, 아들 2에게 배당가능이익 범위 내에서 5% 의무배당을 하도록 규정하고, 아들 2 보유 수익권(경제적 권리의 30%)을 10년 이내에 매수할 수 있는 권한을 부여한다.

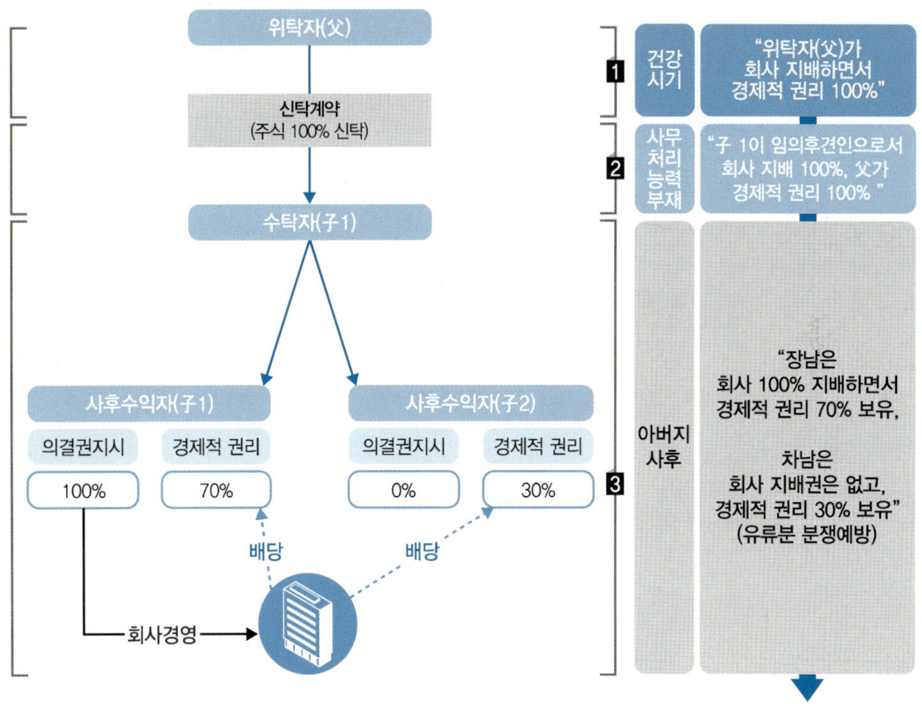

---

3) 회사의 입장에서 보면, 주주인 수탁자 1인이 의결권을 포함한 공익권과 배당청구권을 포함한 자익권 모두를 보유하고 있기 때문에, 공익권과 자익권이 분리되어 '주주권분할금지의 원칙'에 위반된다고 볼 수 없다. 신탁설정으로 인해 주식의 소유권은 대내외적으로 수탁자에게 완전히 이전된 것이고, 신탁재산인 주식이 의결권 행사지시권과 경제적 수익권으로 전환된 것일 뿐이다. 이 논의는 민사신탁을 활용한 가업승계신탁, 자기신탁을 활용한 가업승계신탁, 상사신탁을 활용한 가업승계신탁 모두에 해당되는 논의이다.

나. 2안 : 자기신탁 활용방법

기업의 최대주주 아버지가 보유주식 100%에 대하여 '신탁선언'을 한다. 의결권지시권과 경제적 권리를 포함한 생전수익권 모두 아버지가 보유한다. 아버지 사후 수탁자를 후계자인 아들 1로 변경하도록 신탁선언에 명시해놓는다. 사후수익자를 아들 1(사후수익권 : 의결권 행사 지시권 100%, 경제적 권리 70%)과 아들 2(사후수익권 : 의결권 행사지시권 0%, 경제적 권리 30%)로 지정한다. 아들 1은 아버지 사후 10년간 신탁계약을 유지하면서, 아들 2에게 배당가능이익 범위 내에서 5% 의무배당을 하도록 규정하고, 아들 2 보유 수익권(경제적 권리의 30%)을 10년 이내에 매수할 수 있는 권한을 부여한다. 아버지 사망 후 주식신탁은 자기신탁에서 타익신탁 으로 전환되어 아들 1이 승계수탁자(successor trustee)가 된다. 회사에 대한 의결권은 100% 아들이 행사하게 된다. 여기에 아버지 생전 사무처리능력이 없어질 때를 대비해서 아들 1과 후견계약을 체결해 놓으면 더욱 안정적이다.

▌ 자기신탁과 사후 타익신탁을 활용한 가업승계 ▌

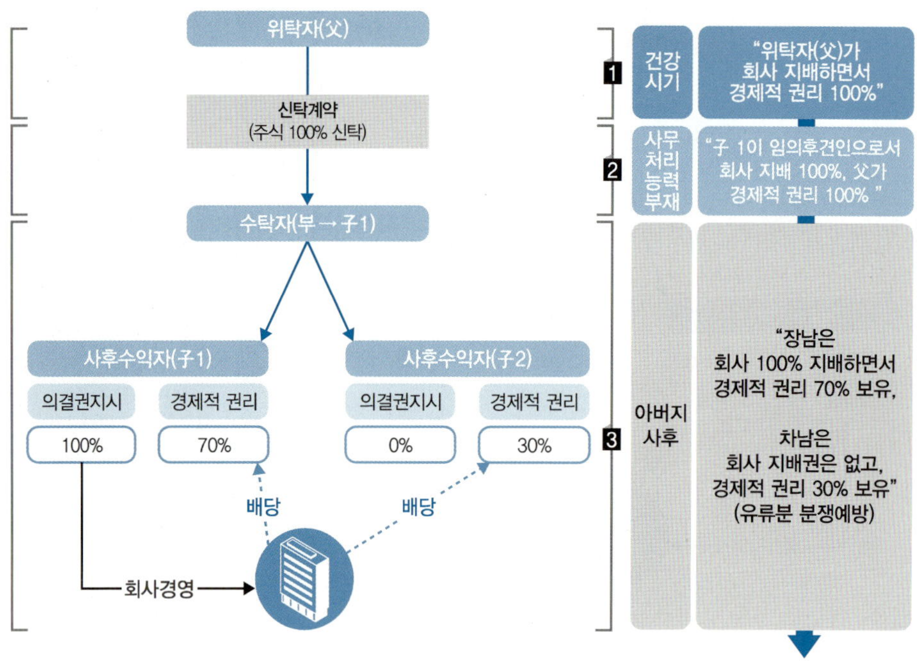

　이 구조의 장점은 가업상속공제의 생전요건은 충족하는 것으로 해석될 가능성이 높다는 것이다. 다만, 신탁법 제36조에 따라 위탁자, 수탁자 및 수익자가 모두 동일인이면, 해당 신탁은 무효라는 견해가 있다. 상속신탁은 생전수익자와 사후수익자가 모두 존재하는데, 생전수익자와 사후수익자가 수익권을 시간적으로 분할해서 공동수익자로 있다고 볼 수 있으므로, 신탁법 제36조에 따라 무효로 해석하는 것은 타당하지 않다.[4] 그렇지만 해석의 불안정한 상황을 피하기 위해 생전수익권 중 경제적 권리 일부만 아들 1에게 귀속시키면, 생전수익자가 공동수익자임이 분명한바, 적법한 신탁계약이 될 것이다.

다. 3안 : 상사신탁 활용방법

❙ 상사신탁을 활용한 가업승계신탁 ❙

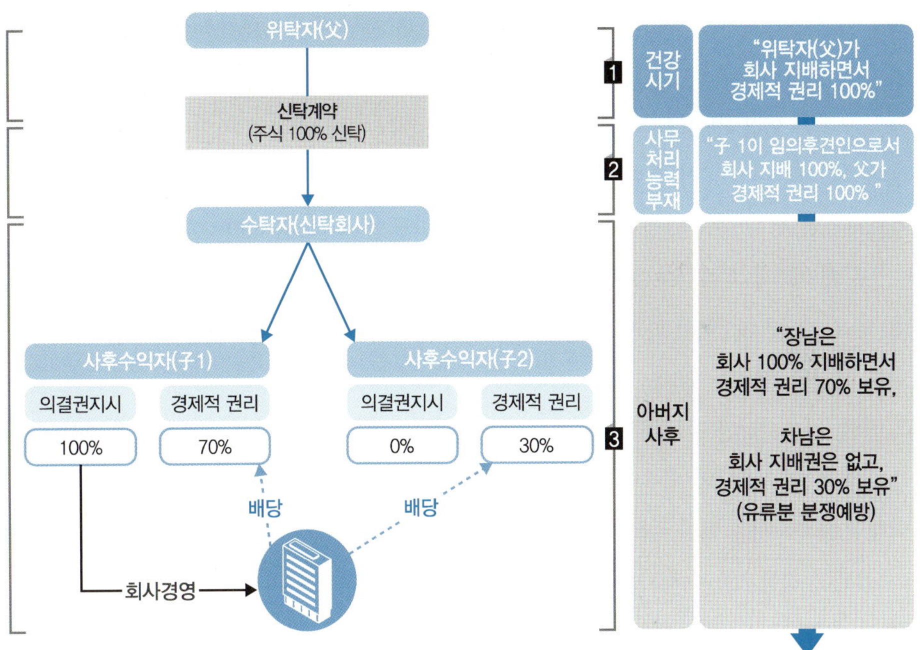

Part 06

---

4) 같은 견해, 김상훈, "유언대용신탁을 활용한 가업승계", 『상속신탁연구』 Ⅱ (바른상속신탁연구회, 2016.4.), 127면.

회사의 최대주주인 아버지가 주식 100%에 대해 신탁회사를 수탁자로 상속신탁계약을 체결한다. 아버지의 생전수익권을 의결권 행사지시권과 경제적 권리 100%로 정한다. 사후 수익자를 아들 1(사후수익권 : 의결권 행사지시권 100%, 경제적 권리 70%)과 아들 2(사후수익권 : 의결권 행사지시권 0%, 경제적 권리 30%)로 지정한다. 아버지가 신탁회사와 체결한 상속신탁계약은 아버지 사후 10년간 신탁계약을 유지하면서, 아들 2에게 배당가능이익 범위 내에서 5% 의무배당을 하도록 규정하고, 아들 2 보유 수익권(경제적 권리의 30%)을 10년 이내에 매수할 수 있는 권한을 부여한다. 아버지가 사망하면 후계자인 아들 1이 의결권 행사지시권을 신탁회사에 행사함으로써 간접적으로 회사를 지배한다. 여기에 아버지 생전 사무처리능력이 없어질 때를 대비해서 아들 1과 후견계약을 체결해 놓으면 더욱 안정적이다.

이 구조의 문제점은 자본시장법상 신탁회사는 보유 주식 중 의결권 있는 발행주식총수의 15% 초과 의결권을 행사할 수 없다는 것이다(자본시장법 제112조 제3항 제1호). 자본시장법에 의해 의결권 행사가 제한되는 것을 회사의 주주총회 실무에서 '무의결권주식'으로 취급한다면, 신탁회사가 보유하고 있는 주식 중 의결권 행사가 가능한 15%만으로 회사를 지배하는 데는 무리가 없을 것이나, 발행주식총수에 불산입하는 명문의 규정이 없어 일반결의요건인 '발행주식총수의 1/4'과 특별결의 요건인 '발행주식총수의 1/3'을 충족시킬 수 없다. 과연 자본시장법 제112조 제3항 제1호를 유지할 법익이 있는지 의문이다. 만약 자본시장법 제112조 제3항 제1호를 유지한다면, 상법에 신탁회사에 신탁되어 있는 주식으로 자본시장법 제112조 제3항 제1호에 따라 의결권 행사가 금지되는 주식도 발행주식총수에 삽입되지 않도록 규정할 필요가 있다.

한편, 자본시장법 제112조 후문에서 "신탁업자는 수익자의 이익을 보호하기 위하여 신탁재산에 속하는 주식의 의결권을 충실하게 행사하여야 한다"는 조항을 두고, 수익자로부터 의결권 행사지시를 받아 수탁자가 의결권을 행사하는 것이 금지된다는 견해가 있다. 그런데 이 조문이 명문으로 수익자로부터 의결권 행사지시를 받아 행사하는 것을 금지하고 있지 않다. 수익자의 이익을 위해 충실하게 의결권을 행사하라는 것에는 수익자로부터 의결권 행사 지시를 받아서 신탁회사가 행사하는 것도 당연히 포함되어 있다. 오히려 수익자의 판단에 따라 수탁자가 의결권을 행사하는 것이 수익자에게 가장 충실한 것이다.[5]

만약 이 조항을 수익자의 지시를 받지 못하는 것으로 해석한다면, 자본시장법 제102조

---

5) 물론 수익자가 스스로 이익에 반하는 의결권 행사지시를 할 경우 신탁회사는 의결권 행사가 수익자의 이익에 반하는 것이므로 재고를 요청할 수 있을 뿐이다.

제2항, 즉 "신탁업자는 수익자의 이익을 보호하기 위하여 해당 업무를 충실하게 수행하여야 한다."에 따라 주식 이외 부동산이나 금전도 수익자의 지시를 받아 운용하면 안 된다는 것인가? 주식 이외의 자산까지 운용지시를 받지 못하도록 해석하는 견해는 없는 것으로 안다. 자본시장법 제102조 제2항과 제112조 제1항 후문을 달리 해석하는 것은 같은 법 내에 다른 해석을 하는 것이라 허용될 수 없다고 본다. 이 두 조항 모두 수탁자의 충실의무를 명문화한 내용이다. 다수의 수익자가 존재하는 펀드(집합투자기구)는 구조상 모든 수익자에게 형평성이 있어야 한다는 구조적 특징 때문에 모든 수익자를 위해 집합투자업자가 독자적인 판단[6]에 의해 펀드 편입 주식에 대한 의결권을 행사하는 것이 법리상 맞지만, 신탁계약은 1:1 맞춤형 계약이라, 위탁자 겸 수익자 1인의 의사를 확인하는 것이 충실의무에 가장 적합한 의결권 행사이다. 그리고 현재 금융투자협회의 약관심사를 받아 사용하고 있는 유가증권신탁계약서를 보면, 주식의 의결권은 위탁자 겸 생전수익자의 지시를 받아 행사하도록 되어 있다. 신탁계약에서 신탁회사의 운용재량에 대해서는 다양한 스펙트럼이 존재한다. 신탁회사의 운용재량을 "0%"에 가깝게 보장하는 '지정형 신탁'이 있고 그 반대편에는 신탁회사의 운용재량을 "100%"에 가깝게 보장하는 '재량형 신탁'이 있다. 위탁자가 최초 신탁계약을 체결할 때 규정하는 바에 따라 수탁자의 재량의 범위가 결정되는 것이 신탁의 본질에 충실한 해석이다.

제102조 【선관의무 및 충실의무】 ① 신탁업자는 수익자에 대하여 선량한 관리자의 주의로써 신탁재산을 운용하여야 한다.

② 신탁업자는 수익자의 이익을 보호하기 위하여 해당 업무를 충실하게 수행하여야 한다.

제112조 【의결권 등】 ① 신탁재산으로 취득한 주식에 대한 권리는 신탁업자가 행사한다. 이 경우 신탁업자는 수익자의 이익을 보호하기 위하여 신탁재산에 속하는 주식의 의결권을 충실하게 행사하여야 한다. 〈개정 2013.5.28.〉

② 신탁업자는 신탁재산에 속하는 주식의 의결권을 행사함에 있어서 다음 각 호의 어느 하나에 해당하는 경우에는 제1항에 불구하고 신탁재산에 속하는 주식을 발행한 법인의 주주총회의 참석 주식수에서 신탁재산에 속하는 주식수를 뺀 주식수의 결의내용에 영향을 미치지 아니하도록 의결권을 행사하여야 한다. 다만, 신탁재산에 속하는 주식을 발행한 법인의 합병,

---

6) 자본시장법 제87조 【의결권 등】 ① 집합투자업자(투자신탁이나 투자익명조합의 집합투자업자에 한한다. 이하 이 조에서 같다)는 투자자의 이익을 보호하기 위하여 집합투자재산에 속하는 주식의 의결권을 충실하게 행사하여야 한다. 예를 들어, 펀드의 수익자가 10명인데, 특정 수익자의 의결권지시를 받을 수 없다. 그리고 펀드의 경우 집합투자업자에게 일상적인 운용지시를 할 수 없도록 되어 있다.

영업의 양도·양수, 임원의 선임, 그 밖에 이에 준하는 사항으로서 신탁재산에 손실을 초래할 것이 명백하게 예상되는 경우에는 그러하지 아니하다.

1. 다음 각 목의 어느 하나에 해당하는 자가 그 신탁재산에 속하는 주식을 발행한 법인을 계열회사로 편입하기 위한 경우

    가. 신탁업자 또는 그와 대통령령으로 정하는 특수관계에 있는 자

    나. 신탁업자에 대하여 사실상의 지배력을 행사하는 자로서 대통령령으로 정하는 자

2. 신탁재산에 속하는 주식을 발행한 법인이 그 신탁업자와 다음 각 목의 어느 하나에 해당하는 관계에 있는 경우

    가. 계열회사의 관계에 있는 경우

    나. 신탁업자에 대하여 사실상의 지배력을 행사하는 관계로서 대통령령으로 정하는 관계에 있는 경우

3. 그 밖에 수익자의 보호 또는 신탁재산의 적정한 운용을 해할 우려가 있는 경우로서 대통령령으로 정하는 경우

③ 신탁업자는 신탁재산에 속하는 주식이 다음 각 호의 어느 하나에 해당하는 경우에는 그 주식의 의결권을 행사할 수 없다.

1. 동일법인이 발행한 주식 총수의 100분의 15를 초과하여 주식을 취득한 경우 그 초과하는 주식

2. 신탁재산에 속하는 주식을 발행한 법인이 자기주식을 확보하기 위하여 신탁계약에 따라 신탁업자에게 취득하게 한 그 법인의 주식

④ 신탁업자는 제삼자와의 계약 등에 의하여 의결권을 교차하여 행사하는 등 제2항 및 제3항의 적용을 면하기 위한 행위를 하여서는 아니 된다.

⑤ 제2항 각 호 외의 부분 단서는 상호출자제한기업집단에 속하는 신탁업자에게는 적용하지 아니한다.

⑥ 금융위원회는 신탁업자가 제2항부터 제5항까지의 규정을 위반하여 신탁재산에 속하는 주식의 의결권을 행사한 경우에는 6개월 이내의 기간을 정하여 그 주식의 처분을 명할 수 있다. 〈개정 2008.2.29.〉

CHAPTER 04 유류분 이슈 대비한 가업승계지원신탁

유류분 청구로 인해 회사의 지분이 후계자와 비후계자가 공유하게 됨으로써 경영권 분쟁이 걱정되는 회사의 최대주주가 많다. 유류분 청구가 걱정되는 회사 최대주주의 걱정을 덜어 줄 수 있는 상속신탁을 설계해 보면 위와 같다. ㈜○○회사의 지분 100% 중 후계자인 아들 1에게 75%를 증여하고, 후계자가 아닌 아들 2에게 25%를 상속신탁하면서, 배당청구권 등 경제적 권리는 아들 2에게 수익권으로 지급하되, 의결권 행사는 신탁회사가 아들 1의 '의결권 행사지시권'을 받아 행사하게 되면, 승계할 주식 100%에 대한 의결권을 후계자인 아들 1이 직간접적으로 행사할 수 있다. 아들 2가 신탁계약을 위반할 경우 아들 2의 수익권을 소멸시키고 아들 1의 수익권으로 변경할 수 있는 장치도 넣을 수 있다. 유류분반환청구 대비 유언대용신탁의 활용은 경영권의 안정적인 승계를 지원할 수 있을 것이다. 다만, 의결권이 배제된 아들 2가 상속받은 재산의 평가를 어떻게 하느냐의 문제가 있을 수 있으나, 상속세 계산시 무의결권 주식의 평가방법을 차용하면 된다.

▌유류분반환청구를 대비한 가업승계지원신탁의 거래구조 ▌

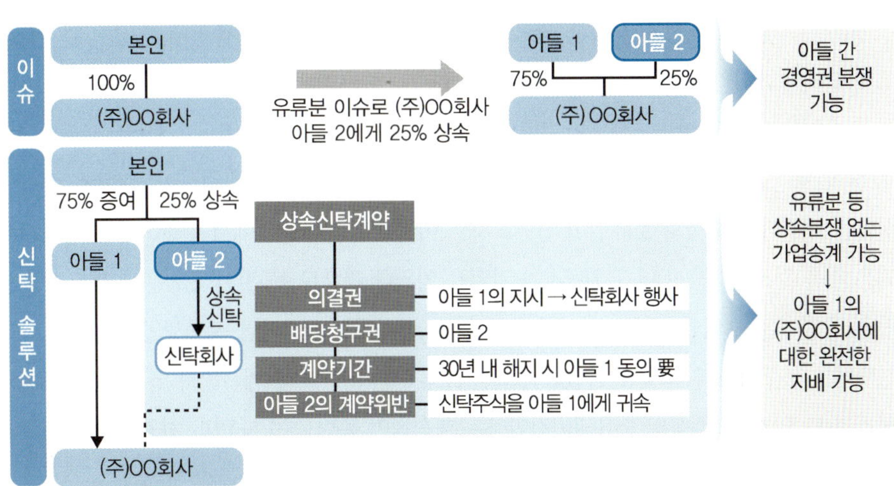

CHAPTER 05

가업승계신탁 활용을 위한 제도개선

이상 다양한 구조의 가업승계신탁을 검토해 보았다. 민사신탁방식(1안)으로는 가업승계신탁이 가능하나, 여전히 가업상속공제를 받을 수 있느냐에 대한 불확실성이 있다. 자기신탁방식(2안)은 가업상속공제를 받는 데는 큰 무리가 없어 보이나, 생전수익권의 일부를 후계자로 정하면서 지급되는 수익금에 증여세가 부과될 수 있다. 상사신탁방식(3안)을 활용한 가업승계신탁은 가업상속공제를 받을 수 있느냐에 대한 불확실성과 자본시장법상 15% 초과 의결권 행사 금지조항이 문제다. 명문 장수 기업을 육성할 필요성에 대해서는 사회적 공감대가 형성된 것으로 보이는데, 이를 방해하는 제도개선을 통해 명문장수기업 육성이 가능하도록 할 필요가 절실하다.

1 가업상속공제 제도개선

명문장수기업을 육성하기 위한 제도로 가장 핵심은 '가업상속공제'인데, 가업영위기간을 고려해 최대 500억 원까지 상속공제해 준다(상증법 제18조 제2항 제1호). 가업상속공제는 10년 이상 가업을 영위할 것과 상속 후 7년 이상 가업을 유지할 것을 조건으로 한다(상증법 제18조 제2항 제1호). 문제는 사전요건인 '10년 이상 가업을 영위할 것'와 관련하여, 위탁자 생전에 신탁을 체결하여 주식의 소유권이 신탁회사로 이전되고 주주명부에서 신탁회사로 명의개서 되는 것을 두고, 과연 10년간 위탁자가 가업을 영위한 것으로 볼 것인지가 문제이다. 상속신탁은 생전에는 수익권 100% 위탁자가 보유한다는 점을 중시하면 상증세법 해석상으로도 신탁에도 불구하고 위탁자가 여전히 주식을 보유하면서 가업을 계속해서 영위한 것으로 해석될 수도 있지만, 주식의 소유권이전이라는 형식적인 측면을 중시하면, 사전요건을 충족하지 못하는 것으로 해석될 여지도 있다. 이 점은 입법 개선이 시급해 보인다.

제18조 【기초공제】 ② 거주자의 사망으로 상속이 개시되는 경우로서 다음 각 호의 어느 하나에 해당하는 경우에는 다음 각 호의 구분에 따른 금액을 상속세 과세가액에서 공제한다. 다만, 동일한 상속재산에 대해서는 제1호와 제2호에 따른 공제를 동시에 적용하지 아니한다.

1. 가업[대통령령으로 정하는 중소기업 또는 대통령령으로 정하는 중견기업(상속이 개시되는 소득세 과세기간 또는 법인세 사업연도의 직전 3개 소득세 과세기간 또는 법인세 사업연도의 매출액의 평균금액이 3천억 원 이상인 기업은 제외한다. 이하 이 조에서 같다)으로서 피상속인이 10년 이상 계속하여 경영한 기업을 말한다. 이하 같대의 상속(이하 "가업상속"이라 한다) : 다음 각 목의 구분에 따른 금액을 한도로 하는 가업상속 재산가액에 상당하는 금액

   가. 피상속인이 10년 이상 20년 미만 계속하여 경영한 경우 : 200억 원

   나. 피상속인이 20년 이상 30년 미만 계속하여 경영한 경우 : 300억 원

   다. 피상속인이 30년 이상 계속하여 경영한 경우 : 500억 원

2. 영농[양축(養畜), 영어(營漁) 및 영림(營林)을 포함한다. 이하 이 조에서 같대상속 : 영농상속 재산가액(그 가액이 15억 원을 초과하는 경우에는 15억 원을 한도로 한다)

③ 제2항 제1호에도 불구하고 가업이 중견기업에 해당하는 경우로서 가업을 상속받거나 받을 상속인의 가업상속재산 외에 받거나 받을 상속재산의 가액이 해당 상속인이 상속세로 납부할 금액에 대통령령으로 정하는 비율을 곱한 금액을 초과하면 해당 상속인이 받거나 받을 가업상속재산에 대해서는 같은 항 제1호에 따른 공제를 적용하지 아니한다. 〈신설 2017.12.19.〉

④ 가업상속 또는 영농상속을 받은 상속인은 가업상속 또는 영농상속에 해당함을 증명하기 위한 서류를 제67조에 따라 납세지 관할세무서장에게 제출하여야 한다.

⑤ 제2항 및 제3항을 적용할 때 피상속인 및 상속인의 요건, 주식 등을 상속하는 경우의 적용방법 등 가업상속 및 영농상속의 범위, 가업상속재산 및 가업상속재산 외의 상속재산의 범위 및 가업을 상속받거나 받을 상속인이 상속세로 납부할 금액의 계산방법과 그 밖에 필요한 사항은 대통령령으로 정한다.

⑥ 제2항 각 호의 구분에 따른 공제를 받은 상속인이 상속개시일(제1호 라목의 경우에는 상속이 개시된 소득세 과세기간 또는 법인세 사업연도의 말일)부터 7년(제2호의 경우에는 5년) 이내에 대통령령으로 정하는 정당한 사유 없이 다음 각 호의 어느 하나에 해당하게 되면 제2항에 따라 공제받은 금액에 해당 가업용 자산의 처분 비율(제1호 가목만 해당한다)과 해당일까지의 기간을 고려하여 대통령령으로 정하는 율을 곱하여 계산한 금액을 상속개시 당시의 상속세 과세가액에 산입하여 상속세를 부과한다. 이 경우 대통령령으로 정하는 바에 따라 계산한 이자상당액을 그 부과하는 상속세에 가산한다.

1. 제2항 제1호의 가업상속 공제를 받은 후 다음 각 목의 어느 하나에 해당하게 된 경우

   가. 해당 가업용 자산의 100분의 20(상속개시일부터 5년 이내에는 100분의 10) 이상을 처분한 경우

   나. 해당 상속인이 가업에 종사하지 아니하게 된 경우

다. 주식 등을 상속받은 상속인의 지분이 감소한 경우. 다만, 상속인이 상속받은 주식 등을 제73조에 따라 물납(物納)하여 지분이 감소한 경우는 제외하되, 이 경우에도 상속인은 제22조 제2항에 따른 최대주주나 최대출자자에 해당하여야 한다.

라. 다음 1) 및 2)에 모두 해당하는 경우

1) 각 소득세 과세기간 또는 법인세 사업연도의 대통령령으로 정하는 정규직 근로자(이하 이 조에서 "정규직 근로자"라 한다) 수의 평균이 상속이 개시된 소득세 과세기간 또는 법인세 사업연도의 직전 2개 소득세 과세기간 또는 법인세 사업연도의 정규직근로자 수의 평균(이하 이 조에서 "기준고용인원"이라 한다)의 100분의 80에 미달하는 경우

2) 각 소득세 과세기간 또는 법인세 사업연도의 대통령령으로 정하는 총급여액(이하 이 조에서 "총급여액"이라 한다)이 상속이 개시된 소득세 과세기간 또는 법인세 사업연도의 직전 2개 소득세 과세기간 또는 법인세 사업연도의 총급여액의 평균(이하 이 조에서 "기준총급여액"이라 한다)의 100분의 80에 미달하는 경우

마. 다음 1) 및 2)에 모두 해당하는 경우

1) 상속이 개시된 소득세 과세기간말 또는 법인세 사업연도말부터 7년간 정규직 근로자 수의 전체 평균이 기준고용인원에 미달하는 경우

2) 상속이 개시된 소득세 과세기간말 또는 법인세 사업연도말부터 7년간 총급여액의 전체 평균이 기준총급여액에 미달하는 경우

2. 제2항 제2호의 영농상속 공제를 받은 후 영농상속공제의 대상이 되는 상속재산(이하 "영농상속재산"이라 한다)을 처분하거나 영농에 종사하지 아니하게 된 경우

⑦ 제2항 제1호에 따른 공제를 적용받은 상속인은 대통령령으로 정하는 바에 따라 해당 가업용 자산, 가업 및 지분의 구체적인 내용을 납세지 관할세무서장에게 제출하여야 한다.

⑧ 제6항을 적용하는 경우 가업용 자산의 범위, 가업용 자산의 처분비율 계산방법, 지분의 감소 여부에 관한 판정방법, 영농상속재산의 범위, 공제받은 금액의 산입방법과 정규직 근로자 수 평균의 계산 등에 관하여 필요한 사항은 대통령령으로 정한다.

⑨ 피상속인 또는 상속인이 가업의 경영과 관련하여 조세포탈 또는 회계부정 행위(「조세범 처벌법」 제3조 제1항 또는 「주식회사 등의 외부감사에 관한 법률」 제39조 제1항에 따른 죄를 범하는 것을 말하며, 상속개시일 전 10년 이내 또는 상속개시일부터 7년 이내의 기간 중의 행위로 한정한다)로 징역형 또는 대통령령으로 정하는 벌금형을 선고받고 그 형이 확정된 경우에는 다음 각 호의 구분에 따른다.

1. 제76조에 따른 과세표준과 세율의 결정이 있기 전에 피상속인 또는 상속인에 대한 형이 확정된 경우 : 제2항 제1호에 따른 공제를 적용하지 아니한다.

2. 제2항 제1호의 가업상속 공제를 받은 후에 상속인에 대한 형이 확정된 경우 : 같은 호에 따라 공제받은 금액을 상속개시 당시의 상속세 과세가액에 산입하여 상속세를 부과한다. 이 경우 대통령령으로 정하는 바에 따라 계산한 이자상당액을 그 부과하는 상속세에 가산한다.

⑩ 제6항 또는 제9항 제2호에 해당하는 상속인은 제6항 각 호의 어느 하나 또는 제9항 제2호에 해당하게 되는 날이 속하는 달의 말일(제6항 제1호 라목에 해당하는 경우에는 해당 소득세 과세기간의 말일 또는 법인세 사업연도의 말일)부터 6개월 이내에 대통령령으로 정하는 바에 따라 납세지 관할세무서장에게 신고하고 해당 상속세와 이자상당액을 납세지 관할세무서, 한국은행 또는 체신관서에 납부하여야 한다. 다만, 제6항 또는 제9항 제2호에 따라 이미 상속세와 이자상당액이 부과되어 납부한 경우에는 그러하지 아니하다.

⑪ 제6항 또는 제9항 제2호에 따라 상속세를 부과할 때 「소득세법」 제97조의 2 제4항에 따라 납부하였거나 납부할 양도소득세가 있는 경우에는 대통령령으로 정하는 바에 따라 계산한 양도소득세 상당액을 상속세 산출세액에서 공제한다. 다만, 공제한 해당 금액이 음수(陰數)인 경우에는 영으로 본다.

제30조의 6 【가업의 승계에 대한 증여세 과세특례】 ① 18세 이상인 거주자가 60세 이상의 부모(증여 당시 아버지나 어머니가 사망한 경우에는 그 사망한 아버지나 어머니의 부모를 포함한다. 이하 이 조에서 같다)로부터 「상속세 및 증여세법」 제18조 제2항 제1호에 따른 가업(이 경우 "피상속인"은 "부모"로, "상속인"은 "거주자"로 본다. 이하 이 조에서 같다)의 승계를 목적으로 해당 가업의 주식 또는 출자지분(이하 이 조에서 "주식등"이라 한다)을 증여받고 대통령령으로 정하는 바에 따라 가업을 승계한 경우에는 「상속세 및 증여세법」 제53조 및 제56조에도 불구하고 그 주식등의 가액 중 대통령령으로 정하는 가업자산상당액에 대한 증여세 과세가액(100억 원을 한도로 한다)에서 5억 원을 공제하고 세율을 100분의 10(과세표준이 30억 원을 초과하는 경우 그 초과금액에 대해서는 100분의 20)으로 하여 증여세를 부과한다. 다만, 가업의 승계 후 가업의 승계 당시 「상속세 및 증여세법」 제22조 제2항에 따른 최대주주 또는 최대출자자에 해당하는 자(가업의 승계 당시 해당 주식등의 증여자 및 해당 주식등을 증여받은 자는 제외한다)로부터 증여받는 경우에는 그러하지 아니하다.

② 제1항을 적용할 때 주식등을 증여받고 가업을 승계한 거주자가 2인 이상인 경우에는 각 거주자가 증여받은 주식등을 1인이 모두 증여받은 것으로 보아 증여세를 부과한다. 이 경우 각 거주자가 납부하여야 하는 증여세액은 대통령령으로 정하는 방법에 따라 계산한 금액으로 한다.

③ 제1항에 따라 주식등을 증여받은 자가 대통령령으로 정하는 바에 따라 가업을 승계하지 아니하거나 가업을 승계한 후 주식등을 증여받은 날부터 7년 이내에 대통령령으로 정하는 정당한 사유 없이 다음 각 호의 어느 하나에 해당하게 된 경우에는 그 주식등의 가액에 대하여 「상속세 및 증여세법」에 따라 증여세를 부과한다. 이 경우 대통령령으로 정하는 바에 따라 계산한 이자상당액을 증여세에 가산하여 부과한다.

1. 가업에 종사하지 아니하거나 가업을 휴업하거나 폐업하는 경우
2. 증여받은 주식등의 지분이 줄어드는 경우

④ 제1항에 따른 주식등의 증여에 관하여는 제30조의 5 제7항부터 제12항까지의 규정을 준용한다. 이 경우 "창업자금"은 "주식등"으로 본다.

⑤ 제1항에 따른 주식등의 증여 후 「상속세 및 증여세법」 제41조의 3 및 제41조의 5가 적용되는 경우의 증여세 과세특례 적용 방법, 해당 주식등의 증여 후 상속이 개시되는 경우의 가업상속공제 적용 방법, 증여자 및 수증자의 범위 등에 관하여 필요한 사항은 대통령령으로 정한다.

⑥ 제1항을 적용받는 거주자는 제30조의 5를 적용하지 아니한다.

⑦ 제3항에 해당하는 거주자는 같은 항 각 호의 어느 하나에 해당하게 되는 날이 속하는 달의 말일부터 3개월 이내에 대통령령으로 정하는 바에 따라 납세지 관할 세무서장에게 신고하고 해당 증여세와 이자상당액을 납세지 관할 세무서, 한국은행 또는 체신관서에 납부하여야 한다. 다만, 제3항에 따라 이미 증여세와 이자상당액이 부과되어 납부된 경우에는 그러하지 아니하다.

2 신탁회사의 의결권 행사 제도개선

한편, 현행 자본시장법은 신탁회사가 신탁재산에 속하는 주식이 동일법인이 발행한 주식 총수의 15%를 초과하여 취득한 경우 그 초과한 주식의 의결권을 행사할 수 없다(자본시장법 제112조 제3항 제1호). 즉, 100% 가업 주식을 신탁하는 경우 15%만 의결권을 행사할 수 있고, 나머지 75%는 의결권을 행사할 수 없다는 것이다. 이 규정 때문에 우리나라는 일본과 같은 가업승계지원신탁을 활용할 수 없다. 자본시장법상 의결권제한 취지는 신탁회사가 신탁받은 주식의 의결권을 임의로 행사함으로써 신탁회사가 신탁재산으로 다른 회사를 지배하는 것을 방지하고자 것으로 생각된다. 가업승계지원신탁은 위탁자나 후계자인 사후수익자의 의결권 행사지시권에 따라 신탁회사가 의결권을 전부 행사하는 것이므로, 신탁회사에 의한 의결권 임의행사가 있을 수 없다. 결론적으로 자본시장법상 신탁회사의 의결권 행사 15% 초과 행사 금지제한은 가업승계지원신탁에서는 배제하도록 자본시장법을 개정하는 것이 합리적이다. 여기서 발생할 수 있는 부작용은 신탁회사로 회사로 하여금 의결권을 위탁자나 후계자인 사후수익자의 의결권 행사지시를 준수하도록 의무를 부과하는 선에서 막을 수 있을 것으로 판단된다.

제112조【의결권 등】 ① 신탁재산으로 취득한 주식에 대한 권리는 신탁업자가 행사한다. 이 경우 신탁업자는 수익자의 이익을 보호하기 위하여 신탁재산에 속하는 주식의 의결권을 충실하게 행사하여야 한다. 〈개정 2013.5.28.〉

② 신탁업자는 신탁재산에 속하는 주식의 의결권을 행사함에 있어서 다음 각 호의 어느 하나에 해당하는 경우에는 제1항에 불구하고 신탁재산에 속하는 주식을 발행한 법인의 주주총회의 참석 주식수에서 신탁재산에 속하는 주식수를 뺀 주식수의 결의내용에 영향을 미치지 아니하도록 의결권을 행사하여야 한다. 다만, 신탁재산에 속하는 주식을 발행한 법인의 합병, 영업의 양도·양수, 임원의 선임, 그 밖에 이에 준하는 사항으로서 신탁재산에 손실을 초래할 것이 명백하게 예상되는 경우에는 그러하지 아니하다.

1. 다음 각 목의 어느 하나에 해당하는 자가 그 신탁재산에 속하는 주식을 발행한 법인을 계열회사로 편입하기 위한 경우
    가. 신탁업자 또는 그와 대통령령으로 정하는 특수관계에 있는 자
    나. 신탁업자에 대하여 사실상의 지배력을 행사하는 자로서 대통령령으로 정하는 자
2. 신탁재산에 속하는 주식을 발행한 법인이 그 신탁업자와 다음 각 목의 어느 하나에 해당하는 관계에 있는 경우
    가. 계열회사의 관계에 있는 경우
    나. 신탁업자에 대하여 사실상의 지배력을 행사하는 관계로서 대통령령으로 정하는 관계에 있는 경우
3. 그 밖에 수익자의 보호 또는 신탁재산의 적정한 운용을 해할 우려가 있는 경우로서 대통령령으로 정하는 경우

③ 신탁업자는 신탁재산에 속하는 주식이 다음 각 호의 어느 하나에 해당하는 경우에는 그 주식의 의결권을 행사할 수 없다.

1. 동일법인이 발행한 주식 총수의 100분의 15를 초과하여 주식을 취득한 경우 그 초과하는 주식
2. 신탁재산에 속하는 주식을 발행한 법인이 자기주식을 확보하기 위하여 신탁계약에 따라 신탁업자에게 취득하게 한 그 법인의 주식

④ 신탁업자는 제삼자와의 계약 등에 의하여 의결권을 교차하여 행사하는 등 제2항 및 제3항의 적용을 면하기 위한 행위를 하여서는 아니 된다.

⑤ 제2항 각 호 외의 부분 단서는 상호출자제한기업집단에 속하는 신탁업자에게는 적용하지 아니한다.

⑥ 금융위원회는 신탁업자가 제2항부터 제5항까지의 규정을 위반하여 신탁재산에 속하는 주식의 의결권을 행사한 경우에는 6개월 이내의 기간을 정하여 그 주식의 처분을 명할 수 있다. 〈개정 2008.2.29.〉

⑦ 신탁업자는 합병, 영업의 양도·양수, 임원의 선임 등 경영권의 변경과 관련된 사항에 대하여 제2항에 따라 의결권을 행사하는 경우에는 대통령령으로 정하는 방법에 따라 인터넷 홈페이지 등을 이용하여 공시하여야 한다.

가족신탁 이론과 실무

PART 07

가족신탁과 세금*

* 필자는 세법의 전문가가 아니므로, 가족신탁을 이해하고 설계하는 데 필요한 기초적인 신탁세제만을 언급하기로 한다. 그리고 2011년 개정 신탁법에 도입한 유언대용신탁, 수익자연속신탁에 대해서 아직 세제가 명확히 정비가 되지 않은 상황임을 유의해서 가족신탁을 설계할 필요가 있다.

CHAPTER 01

신탁설정 및 신탁해지

지방세법

제9조【비과세】 ③ 신탁(「신탁법」에 따른 신탁으로서 신탁등기가 병행되는 것만 해당한다)으로 인한 신탁재산의 취득으로서 다음 각 호의 어느 하나에 해당하는 경우에는 취득세를 부과하지 아니한다. 다만, 신탁재산의 취득 중 주택조합등과 조합원 간의 부동산 취득 및 주택조합등의 비조합원용 부동산 취득은 제외한다.

1. 위탁자로부터 수탁자에게 신탁재산을 이전하는 경우
2. 신탁의 종료로 인하여 수탁자로부터 위탁자에게 신탁재산을 이전하는 경우
3. 수탁자가 변경되어 신수탁자에게 신탁재산을 이전하는 경우

부가가치세법

제10조【재화 공급의 특례】 ⑨ 다음 각 호의 어느 하나에 해당하는 것은 재화의 공급으로 보지 아니한다.

1. 재화를 담보로 제공하는 것으로서 대통령령으로 정하는 것
2. 사업을 양도하는 것으로서 대통령령으로 정하는 것. 다만, 제52조 제4항에 따라 그 사업을 양수받는 자가 대가를 지급하는 때에 그 대가를 받은 자로부터 부가가치세를 징수하여 납부한 경우는 제외한다.
3. 법률에 따라 조세를 물납(物納)하는 것으로서 대통령령으로 정하는 것
4. 신탁재산의 소유권이전으로서 다음 각 목의 어느 하나에 해당하는 것
   가. 위탁자로부터 수탁자에게 신탁재산을 이전하는 경우
   나. 신탁의 종료로 인하여 수탁자로부터 위탁자에게 신탁재산을 이전하는 경우
   다. 수탁자가 변경되어 새로운 수탁자에게 신탁재산을 이전하는 경우

　신탁설정으로 위탁자에서 수탁자로 신탁재산의 소유권이 이전되지만, 수익권을 위탁자가 보유하고 있으므로 실질은 위탁자 겸 수익자가 그대로 신탁재산을 보유하고 있는 것과 마찬가지인바, 신탁설정으로 인해 수탁자로 재산이 이전되거나 신탁해지로 위탁자로 재산이 이전되는 것은 지방세법상 취득으로 볼 수 없다. 지방세법도 신탁재산의 취득으로서 (i) 위탁자로부터 수탁자에게 신탁재산을 이전하는 경우, (ii) 신탁의 종료로 인하여 수탁자로부터 위탁자에게 신탁재산을 이전하는 경우, (iii) 수탁자가 변경되어 신수탁자에게 신탁재산을 이전하는 경우 원칙적으로 취득세를 부과하지 아니한다(지방세법 제9조 제3항).

　부가가치세법도 신탁재산의 소유권이전으로서, (i) 위탁자로부터 수탁자에게 신탁재산을 이전하는 경우, (ii) 신탁의 종료로 인하여 수탁자로부터 위탁자에게 신탁재산을 이전하는 경우, (iii) 수탁자가 변경되어 신수탁자에게 신탁재산을 이전하는 경우를 재화의 제공으로 보지 않아, 부가가치세 부과 대상이 아님을 명시하였다(부가가치세법 제10조 제9항).

CHAPTER 02

신탁재산의 재산세와 종합부동산세

신탁재산의 보유세인 재산세와 종합부동산세의 경우 과거 위탁자가 납세의무자였으나, 지방세법 개정으로 2014년부터 재산세와 종합부동산세의 납세의무자를 수탁자로 변경하였다. 신탁의 본질론이나 신탁과세의 본질론과는 직접적인 연결은 아니고, 지방세 징수효과를 극대화하기 위한 조치인 것으로 판단된다. 신탁재산의 재산세와 종합부동산세는 위탁자별로 구분된 재산에 대해서는 그 수탁자가 납세의무자이고, 신탁재산에 대한 재산세가 체납된 경우에는 재산세가 체납된 해당 재산에 대해서만 압류할 수 있으며, 재산세가 체납된 재산이 속한 신탁에 다른 재산이 있는 경우에는 그 다른 재산에 대하여 압류할 수 있다(지방세법 제107조 제1항 제3호, 제119조의 2).

원래 위탁자가 신탁하기 전에는 위탁자 명의의 모든 부동산 가액의 합산금액에 대해 종합부동산세가 계산된다. 그렇지만 위탁자가 일부 부동산을 신탁하는 경우, 위탁자가 신탁한 부동산은 종합부동산세 부과 시 해당 종합부동산세 과세기준금액 산정 시 위탁자 명의의 다른 부동산과 합산하지 않는다. 즉, 위탁자 고유의 부동산 합산금액에 대한 종합부동산세는 위탁자가 납세의무자이고 위탁자가 신탁한 부동산 합산금액에 대한 종합부동산세는 수탁자가 납세의무자이다. 물론 수탁자는 위탁자 겸 수탁자로부터 종합부동산세를 받아서 납부한다.

제106조【과세대상의 구분 등】③「신탁법」에 따른 신탁재산에 속하는 종합합산과세대상 토지 및 별도합산과세대상 토지의 합산 방법은 다음 각 호에 따른다.

 1. 신탁재산에 속하는 토지는 수탁자의 고유재산에 속하는 토지와 서로 합산하지 아니한다.

 2. 위탁자별로 구분되는 신탁재산에 속하는 토지의 경우 위탁자별로 각각 합산하여야 한다.

제107조【납세의무자】① 재산세 과세기준일 현재 재산을 사실상 소유하고 있는 자는 재산세를 납부할 의무가 있다. 다만, 다음 각 호의 어느 하나에 해당하는 경우에는 해당 각 호의 자를 납세의무자로 본다.

 1. 공유재산인 경우 : 그 지분에 해당하는 부분(지분의 표시가 없는 경우에는 지분이 균등한 것으로 본다)에 대해서는 그 지분권자

 2. 주택의 건물과 부속토지의 소유자가 다를 경우 : 그 주택에 대한 산출세액을 제4조 제1항 및 제2항에 따른 건축물과 그 부속토지의 시가표준액 비율로 안분계산(按分計算)한 부분에 대해서는 그 소유자

 3. 「신탁법」에 따라 수탁자 명의로 등기·등록된 신탁재산의 경우 : 위탁자별로 구분된 재산에 대해서는 그 수탁자. 이 경우 위탁자별로 구분된 재산에 대한 납세의무자는 각각 다른 납세의무자로 본다.

제119조의 2【신탁재산에 대한 특례】「신탁법」에 따라 수탁자 명의로 등기된 신탁재산에 대한 재산세가 체납된 경우에는 「지방세징수법」 제33조에도 불구하고 재산세가 체납된 해당 재산에 대해서만 압류할 수 있다. 다만, 재산세가 체납된 재산이 속한 신탁에 다른 재산이 있는 경우에는 그 다른 재산에 대하여 압류할 수 있다.

제7조【납세의무자】① 과세기준일 현재 주택분 재산세의 납세의무자로서 국내에 있는 재산세 과세대상인 주택의 공시가격을 합산한 금액이 6억 원을 초과하는 자는 종합부동산세를 납부할 의무가 있다.

제12조【납세의무자】① 과세기준일 현재 토지분 재산세의 납세의무자로서 다음 각 호의 어느 하나에 해당하는 자는 해당 토지에 대한 종합부동산세를 납부할 의무가 있다.

 1. 종합합산과세대상인 경우에는 국내에 소재하는 해당 과세대상토지의 공시가격을 합한 금액이 5억 원을 초과하는 자

 2. 별도합산과세대상인 경우에는 국내에 소재하는 해당 과세대상토지의 공시가격을 합한 금액이 80억 원을 초과하는 자

CHAPTER 03

신탁재산에서 발생하는 소득세

소득세법

제2조의 2 【납세의무의 범위】 ① ~ ⑤ (생략)

⑥ 신탁재산에 귀속되는 소득은 그 신탁의 수익자(수익자가 특별히 정해지지 아니하거나 존재하지 아니하는 경우에는 신탁의 위탁자 또는 그 상속인)에게 귀속되는 것으로 본다.

제4조 【소득의 구분】 ① 거주자의 소득은 다음 각 호와 같이 구분한다.

1. 종합소득

   이 법에 따라 과세되는 모든 소득에서 제2호 및 제3호에 따른 소득을 제외한 소득으로서 다음 각 목의 소득을 합산한 것

   가. 이자소득　　　　　　　　나. 배당소득

   다. 사업소득　　　　　　　　라. 근로소득

   마. 연금소득　　　　　　　　바. 기타소득

2. 퇴직소득

3. 양도소득

② 제1항에 따른 소득을 구분할 때 제17조 제1항 제5호에 따른 집합투자기구 외의 신탁(「자본시장과 금융투자업에 관한 법률」 제251조에 따른 집합투자업겸영보험회사의 특별계정은 제외한다)의 이익은 「신탁법」 제2조에 따라 수탁자에게 이전되거나 그 밖에 처분된 재산권에서 발생하는 소득의 내용별로 구분한다. 〈개정 2011.7.25.〉

③ 비거주자의 소득은 제119조에 따라 구분한다.

법인세법

제5조 【신탁소득】 ① 신탁재산에 귀속되는 소득은 그 신탁의 이익을 받을 수익자(수익자가 특정되지 아니하거나 존재하지 아니하는 경우에는 그 신탁의 위탁자 또는 그 상속인)가 그 신탁재산을 가진 것으로 보고 이 법을 적용한다.

② 「자본시장과 금융투자업에 관한 법률」의 적용을 받는 법인의 신탁재산(같은 법 제251조 제1항에 따른 보험회사의 특별계정은 제외한다. 이하 같다)에 귀속되는 수입과 지출은 그 법인에 귀속되는 수입과 지출로 보지 아니한다.

신탁재산에서 발생한 소득의 납세의무자는 원칙적으로 '수익자'이고, 수익자가 특별히 정해지지 아니하거나 존재하지 아니하는 경우에는 신탁의 위탁자나 위탁자의 상속인이다(소득세법 제2조의 2, 법인세법 제5조). 신탁에서 발생한 소득은 소득세법 제4조 제2항에 따라 소득의 내용별로 구분, 즉 원천에 따라 구분한다. 신탁재산인 채권에서 이자가 발생하는 경우 이자소득으로, 신탁재산인 주식에서 배당이 발생한 경우 배당소득으로, 신탁재산인 부동산에서 임대료가 발생하는 경우 사업소득으로 구분한다.

신탁은 위탁자와 수익자가 동일인인 '자익신탁'과 위탁자와 수익자가 다른 '타익신탁'으로 나뉜다. 그리고 타익신탁은 처음부터 수익자가 수익권을 취득하는 구조와 수익자가 '특정 기한 도래' 후 또는 '특정 조건 성취' 후 수익권을 취득하는 구조도 가능하므로, 타익신탁의 경우 소득 발생 시에 수익자 확정이 중요할 것이다.

상속세 및 증여세

1 상속세

　피상속인이 신탁한 재산은 상속재산으로 보는데, 다만 타인이 신탁의 이익을 받을 권리를 소유하고 있는 경우 그 이익에 상당하는 가액은 상속재산으로 보지 않는다(상증법 제9조 제1항). 위탁자와 수익자가 동일인인 자익신탁에서 위탁자가 사망하면 해당 신탁재산은 위탁자 겸 수익자의 법정상속인(만약, 귀속권리자가 지정되어 있으면 귀속권리자)에게 상속된다. 이 경우 상속재산은 '신탁재산' 그 자체로 본다는 것이다. 만약 피상속인이 위탁자인 신탁에서 수익자가 제3자이거나 수익자 중 제3자가 있는 경우에는 그 제3자가 '신탁의 이익을 받을 권리'를 소유하게 되므로, '그 이익에 상당하는 가액', 즉 제3자의 '수익권 평가금액'은 상속재산으로 보지 않고, 상속재산에서 '그 이익에 상당하는 가액'을 뺀다.

　신탁계약에 따라 위탁자 사망으로 신탁이 종료되는 경우도 있고, 신탁이 그대로 유지되는 경우도 있기 때문에, 신탁재산 그 자체를 상속재산으로 간주하기보다는 위탁자 겸 수익자의 '수익권 평가금액'과 제3자의 '수익권 평가금액'으로 규정하는 것이 타당하다. 물론 위탁자 겸 수익자의 수익권 평가금액과 제3자의 수익권 평가금액의 합계는 신탁재산의 평가금액과 같아야 한다.

　한편, 피상속인이 신탁으로 인하여 타인으로부터 신탁의 이익을 받을 권리를 소유하고 있는 경우에는 그 이익에 상당하는 가액을 상속재산에 포함한다(상증법 제9조 제2항). 타인이 위탁자이고 유일한 수익자가 피상속인이거나 수익자 중 피상속인이 포함된 타익신탁의 경우, 피상속인이 '신탁의 이익을 받을 권리'를 소유하는 경우 '그 이익에 상당하는 가액', 즉 피상속인의 '수익권 평가금액'을 상속재산에 가산한다.

신탁계약에 의하여 위탁자가 타인을 신탁의 이익의 전부 또는 일부를 받을 수익자(受益者)로 지정한 경우로서 (i) 원본을 받을 권리를 소유하게 한 경우에는 수익자가 그 원본을 받은 경우, (ii) 수익을 받을 권리를 소유하게 한 경우에는 수익자가 그 수익을 받은 경우에는 원본(元本) 또는 수익(收益)이 수익자에게 실제 지급되는 날을 증여일로 하여 해당 신탁의 이익을 받을 권리의 가액을 수익자의 증여재산가액으로 한다. 위탁자가 신탁을 설정하면서 타인을 '수익자로 지정하는 시점'을 증여시기로 보는 것이 아니라 '원본 또는 수익이 타인인 수익자에게 실제 지급되는 날'을 증여시기로 보는 것이다.

다만, (i) 수익자로 지정된 자가 그 이익을 받기 전에 해당 신탁재산의 위탁자가 사망한 경우는 '위탁자가 사망한 날'을, (ii) 신탁계약에 의하여 원본 또는 수익을 지급하기로 약정한 날까지 원본 또는 수익이 수익자에게 지급되지 아니한 경우 '해당 원본 또는 수익을 지급하기로 약정한 날'을, (iii) 원본 또는 수익을 여러 차례 나누어 지급하는 경우 '해당 원본 또는 수익이 최초로 지급된 날[1]'을 원칙적으로 증여한 날로 보고 증여세 신고를 한다.

수익자가 특정되지 아니하거나 아직 존재하지 아니하는 경우에는 위탁자 또는 그 상속인을 수익자로 보고, 수익자가 특정되거나 존재하게 된 때에 새로운 신탁이 있는 것으로 본다(상증법 제33조 제2항).

상속세 및 증여세법(약칭 : 상증법)

제9조【상속재산으로 보는 신탁재산】 ① 피상속인이 신탁한 재산은 상속재산으로 본다. 다만, 타인이 신탁의 이익을 받을 권리를 소유하고 있는 경우 그 이익에 상당하는 가액(價額)은 상속재산으로 보지 아니한다.
② 피상속인이 신탁으로 인하여 타인으로부터 신탁의 이익을 받을 권리를 소유하고 있는 경우에는 그 이익에 상당하는 가액을 상속재산에 포함한다.

제33조【신탁이익의 증여】 ① 신탁계약에 의하여 위탁자가 타인을 신탁의 이익의 전부 또는 일부를 받을 수익자(受益者)로 지정한 경우로서 다음 각 호의 어느 하나에 해당하는 경우에는 원본(元本) 또는 수익(收益)이 수익자에게 실제 지급되는 날 등 대통령령으로 정하는 날을 증여일로 하여 해당 신탁의 이익을 받을 권리의 가액을 수익자의 증여재산가액으로 한다.

---

1) 다만, 신탁계약을 체결하는 날에 원본 또는 수익이 확정되지 아니한 경우에는 해당 원본 또는 수익이 실제 지급된 날로 한다.

1. 원본을 받을 권리를 소유하게 한 경우에는 수익자가 그 원본을 받은 경우

2. 수익을 받을 권리를 소유하게 한 경우에는 수익자가 그 수익을 받은 경우

② 수익자가 특정되지 아니하거나 아직 존재하지 아니하는 경우에는 위탁자 또는 그 상속인을 수익자로 보고, 수익자가 특정되거나 존재하게 된 때에 새로운 신탁이 있는 것으로 보아 제1항을 적용한다. 〈개정 2015.12.15.〉

③ 제1항을 적용할 때 여러 차례로 나누어 원본과 수익을 받는 경우에 대한 증여재산가액 계산방법 및 그 밖에 필요한 사항은 대통령령으로 정한다.

제65조【그 밖의 조건부 권리 등의 평가】 ① 조건부 권리, 존속기간이 확정되지 아니한 권리, 신탁의 이익을 받을 권리 또는 소송 중인 권리 및 대통령령으로 정하는 정기금(定期金)을 받을 권리에 대해서는 해당 권리의 성질, 내용, 남은 기간 등을 기준으로 대통령령으로 정하는 방법으로 그 가액을 평가한다.

② 그 밖에 이 법에서 따로 평가방법을 규정하지 아니한 재산의 평가에 대해서는 제1항 및 제60조부터 제64조까지에 규정된 평가방법을 준용하여 평가한다.

상속세 및 증여세법 시행령(약칭 : 상증령)

제5조【상속재산으로 보는 신탁재산】 법 제9조 제1항 단서 및 동조 제2항의 규정에 의한 신탁의 이익을 받을 권리를 소유하고 있는 경우의 판정은 제25조의 규정에 의하여 원본 또는 수익이 타인에게 지급되는 경우를 기준으로 한다.

제25조【신탁이익의 계산방법 등】 ① 법 제33조 제1항 각 호 외의 부분에서 "원본(元本) 또는 수익(收益)이 수익자에게 실제 지급되는 날 등 대통령령으로 정하는 날"이란 다음 각 호의 구분에 따른 날을 제외하고는 원본 또는 수익이 수익자에게 실제 지급되는 날을 말한다. 〈개정 1999.12.31., 2003.12.30., 2016.2.5.〉

1. 수익자로 지정된 자가 그 이익을 받기 전에 해당 신탁재산의 위탁자가 사망한 경우 : 위탁자가 사망한 날

2. 신탁계약에 의하여 원본 또는 수익을 지급하기로 약정한 날까지 원본 또는 수익이 수익자에게 지급되지 아니한 경우 : 해당 원본 또는 수익을 지급하기로 약정한 날

3. 원본 또는 수익을 여러 차례 나누어 지급하는 경우 : 해당 원본 또는 수익이 최초로 지급된 날. 다만, 신탁계약을 체결하는 날에 원본 또는 수익이 확정되지 아니한 경우에는 해당 원본 또는 수익이 실제 지급된 날로 한다.

② 법 제33조 제1항을 적용할 때 여러 차례 나누어 원본과 수익을 지급받는 경우의 신탁이익은 제1항에 따른 증여시기를 기준으로 제61조를 준용하여 평가한 가액으로 한다.

신탁재산과 관련한 부가가치세

부가가치세법

제3조의 2 【신탁 관련 수탁자의 물적납세의무】 다음 각 호의 어느 하나에 해당하는 부가가치세·가산금 또는 체납처분비(이하 "부가가치세등"이라 한다)를 체납한 제3조에 따른 납세의무자에게 대통령령으로 정하는 신탁재산(이하 "신탁재산"이라 한다)이 있는 경우로서 그 납세의무자의 다른 재산에 대하여 체납처분을 하여도 징수할 금액에 미치지 못할 때에는 그 신탁재산으로써 「신탁법」 제2조에 따른 수탁자(이하 이 조, 제10조 제8항, 같은 조 제9항 제4호 및 제52조의 2에서 "수탁자"라 한다)는 이 법에 따라 납세의무자의 부가가치세등을 납부할 의무가 있다. 〈개정 2019.12.31.〉

1. 신탁 설정일 이후에 「국세기본법」 제35조 제2항에 따른 법정기일이 도래하는 부가가치세 또는 가산금(부가가치세에 대한 가산금으로 한정한다)으로서 해당 신탁재산과 관련하여 발생한 것
2. 제1호의 금액에 대한 체납처분 과정에서 발생한 체납처분비

제10조 【재화 공급의 특례】 ⑧ 신탁재산을 수탁자의 명의로 매매할 때에는 「신탁법」 제2조에 따른 위탁자(이하 "위탁자"라 한다)가 직접 재화를 공급하는 것으로 본다. 다만, 다음 각 호의 어느 하나에 해당하는 경우에는 수탁자가 재화를 공급하는 것으로 본다. 〈신설 2017.12.19., 2019.12.31.〉

1. 수탁자가 위탁자의 채무이행을 담보할 목적으로 대통령령으로 정하는 신탁계약을 체결한 경우로서 그 채무이행을 위하여 신탁재산을 처분하는 경우
2. 수탁자가 「도시 및 주거환경정비법」 제27조 제1항 또는 「빈집 및 소규모주택 정비에 관한 특례법」 제19조 제1항에 따라 지정개발자로서 재개발사업·재건축사업 또는 가로주택정비사업·소규모재건축사업을 시행하는 과정에서 신탁재산을 처분하는 경우

⑨ 다음 각 호의 어느 하나에 해당하는 것은 재화의 공급으로 보지 아니한다. 〈개정 2014.1.1., 2017.12.19.〉

1. 재화를 담보로 제공하는 것으로서 대통령령으로 정하는 것
2. 사업을 양도하는 것으로서 대통령령으로 정하는 것. 다만, 제52조 제4항에 따라 그 사업을 양수받는 자가 대가를 지급하는 때에 그 대가를 받은 자로부터 부가가치세를 징수하여 납부한 경우는 제외한다.

담보신탁에서 미분양부동산의 매매 시 발생하는 부가가치세와 관련하여, 부가가치세의 거래세 실질에 비추어 위탁자를 납세의무자로 인정했던 대법원의 입장을 수탁자를 납세의무자로 변경한 대법원 전원합의체 판결(2017.5.18. 선고 2012두22485 판결)에 따라, 2017년 부가가치세법을 개정하였다. 요지는 신탁재산에서 발생하는 부가가치세 납세의무자도 위탁자임을 법적으로 명시하면서, 담보신탁만 예외적으로 수탁자를 납세의무자로 규정하였다.

판 례

수탁자가 위탁자로부터 이전받은 신탁재산을 관리·처분하면서 재화를 공급하는 경우 수탁자 자신이 신탁재산에 대한 권리와 의무의 귀속주체로서 계약당사자가 되어 신탁업무를 처리한 것이므로, 이때의 부가가치세 납세의무자는 재화의 공급이라는 거래행위를 통하여 재화를 사용·소비할 수 있는 권한을 거래상대방에게 이전한 수탁자로 보아야 하고, 그 신탁재산의 관리·처분 등으로 발생한 이익과 비용이 거래상대방과 직접적인 법률관계를 형성한 바 없는 위탁자나 수익자에게 최종적으로 귀속된다는 사정만으로 달리 볼 것은 아니다. 그리고 세금계산서 발급·교부 등을 필수적으로 수반하는 다단계 거래세인 부가가치세의 특성을 고려할 때, 위와 같이 신탁재산 처분에 따른 공급의 주체 및 납세의무자를 수탁자로 보아야 신탁과 관련한 부가가치세법상 거래당사자를 쉽게 인식할 수 있고, 과세의 계기나 공급가액의 산정 등에서도 혼란을 방지할 수 있다(대법원 2017.5.18. 선고 2012두22485 전원합의체 판결 [부가가치세부과처분취소]).

가족신탁 유형별 세금

1 상속신탁과 세금

가. 유언대용신탁

상속신탁은 위탁자 생전에는 '자익신탁'이고 위탁자 사후 '타익신탁'으로 변경되는 구조이다. 따라서 계약체결 시에는 취득세, 양도세, 증여세, 상속세 모두 부과되지 않는다. 이 점이 자산승계계획 수립의 도구로 신탁을 많이 활용하는 이유이다. 상속신탁계약 이후 상속신탁집행 전까지 신탁재산에서 발생하는 소득의 경우 위탁자 겸 생전수익자가 납세의무자이다. 신탁재산 중 재산세나 종합부동산세는 수탁자가 납세의무자인데, 실무상 수탁자는 위탁자 겸 생전수익자로부터 받아서 납부한다. 위탁자 생전에 위탁자의 지시에 따라 수탁자가 신탁재산을 양도하는 경우 양도세는 위탁자 겸 생전수익자가 납부한다.

위탁자 사후 수탁자가 상속신탁집행을 하게 되면 즉시배분형은 신탁재산을 사후수익자에게 소유권을 넘겨 주고, 계속관리형은 신탁재산을 수탁자가 관리하면서 사후수익권을 사후수익자가 취득한다. 즉시배분형과 계속관리형 모두 상속신탁재산 전부에 대해 상속세가 부과되고, 사후수익자는 자신이 배분받거나 사후수익권을 취득한 범위 내에서 상속세를 납부하게 된다. 물론 사후수익자가 여러 명일 경우 전부 연대납세의무를 부담한다.

만약 원본수익권과 이익수익권을 분리하여 귀속시킬 때, 상속세는 어떻게 계산되는가? 원본수익권과 이익수익권의 합계가 피상속인의 사망당시 상속재산평가 금액과 같아야 하므로, 이익수익권의 평가금액을 상속재산평가 금액에서 뺀 금액이 원본수익권이라고 보는 것이 합리적일 것이다(상속재산평가금액 = 원본수익권의 평가금액 + 이익수익권의 평가금액).

사후수익권취득형 유언대용신탁(신탁법 제59조 제1항 제1호)의 신탁재산은 상증법 제9조 제1항 본문에 따라 '피상속인이 신탁한 재산'에 해당하므로 상속재산에 포함되어 상속세의 과세대상이 되고 해당 상속세는 사후수익자가 납부한다는 데에는 이견이 없다. 그런데 생전수익권 취득형 유언대용신탁(신탁법 제59조 제1항 제2호)에 대하여, 생전에 사후수익자가 지정되기 때문에 사후수익권의 지정행위를 일반 타익신탁으로 보아서 유언대용신탁계약 체결 시점에 사후수익자가 지정되고 그 시점에 사후수익권의 증여가 있는 것으로 보아 증여세가 계산되고 그 이후 위탁자가 사망한 시점에 '이연된 증여세 과세대상 재산'을 상속재산에 가산하여 상속세를 계산한다는 견해가 있다.

생전수익권취득형 유언대용신탁의 신탁재산이 상증법 제9조 제1항 본문의 '피상속인이 신탁한 재산'에 해당하는지 아니면 상증법 제9조 제1항 단서의 '타인이 신탁의 이익을 받을 권리를 소유하고 있는 경우'에 해당하느냐의 문제이기도 하다. 사후수익권취득형 유언대용신탁은 생전수익자는 위탁자 본인이므로 '생전 자익신탁 – 사후 타익신탁'으로 볼 수 있고, 생전수익권취득형 유언대용신탁은 위탁자 생전에 사후수익자의 사후수익권을 취득한다는 점에서 '생전 자익신탁 – 사후 조건부 타익신탁'으로 볼 수 있다. 생전수익권취득형 유언대용신탁의 사후수익자의 '조건부 사후수익권'에서 '조건'은 '위탁자 사망'이라는 정지조건이라 볼 수 있다. 유언대용신탁계약 체결 시점에 사후수익자가 지정되고 사후수익권을 사후수익자가 취득한다 하더라도, 사후수익자의 사후수익권은 위탁자 생전에는 신탁법 제59조 제2항에 따라 사후수익자가 위탁자가 사망할 때까지 수익자로서의 권리를 행사하지 못하고, 위탁자의 사망 이후에 신탁재산에 기한 급부를 받는 권리를 보유하고 있을 뿐이므로, 사후수익자의 사후수익권은 '위탁자 사망'을 정지조건으로 하는 '정지조건부 권리'라 볼 수 있다. 이러한 점에서 위탁자 생전에는 '타인이 신탁의 이익을 받을 권리를 소유하고 있다'고 보기 어렵기 때문에, 위탁자 생전에 사후수익권 상당액이 증여되었다고 보기 어렵다. 따라서 생전수익권취득형 유언대용신탁의 경우에도 사후수익권취득형 유언대용신탁과 마찬가지로 위탁자 사망 시에 유언대용신탁계약의 신탁재산이 위탁자의 상속재산에 포함되어 상속세의 과세대상이 되는 것으로 보는 것이 실질에 맞다.

그리고 신탁법 제59조[2] 제1항 본문에 따라 위탁자는 신탁행위로 달리 정하지 않은 경우 생전수익자뿐만 아니라 사후수익자를 자유롭게 변경할 수 있는데, 신탁계약 체결 시점에

---

2) 신탁법 제59조【유언대용신탁】① 다음 각 호의 어느 하나에 해당하는 신탁의 경우에는 위탁자가 수익자를 변경할 권리를 갖는다. 다만, 신탁행위로 달리 정한 경우에는 그에 따른다.
  1. 수익자가 될 자로 지정된 자가 위탁자의 사망 시에 수익권을 취득하는 신탁
  2. 수익자가 위탁자의 사망 이후에 신탁재산에 기한 급부를 받는 신탁
② 제1항 제2호의 수익자는 위탁자가 사망할 때까지 수익자로서의 권리를 행사하지 못한다. 다만, 신탁행위로 달리 정한 경우에는 그에 따른다.

사후수익자를 지정하였다 하여 그 시점에 증여가 이루어진 것이라면 사후수익자를 다른 사람으로 변경할 경우 어떻게 증여세를 처리하느냐도 문제가 된다. 한편, 사후수익권은 생전에 위탁자가 사용하고 남은 잔존 신탁재산에 대한 수익권으로 설계를 하는데 유언대용신탁 계약 체결 시점에 증여가액을 확정할 수도 없다. 따라서 생전수익권취득형 유언대용신탁의 경우에도 신탁계약 체결 시점에 사후수익자에게 증여된 것으로 보아 위탁자 사망 시까지 증여세를 이연하는 것으로 논리구성할 수 없고, 위탁자 사망 시 신탁재산이나 수익권 평가금액이 상속재산에 포함된다고 논리구성하는 것이 타당하다. 물론 현행 상증법 제9조가 유언대용신탁을 염두에 두고 만들어진 규정이 아니기 때문에 견해대립은 있을 수 있으므로 해석상 불명확한 부분이 있다면 상증법을 개정해야 할 것이다.

나. 수익자연속신탁

수익자연속신탁에 대한 과세는 정비가 되어 있지 않아, 보수적인 관점에서 각 사후수익자 차수별 해당 사후수익자의 수익권 평가 금액만큼 상속되는 것으로 정리해야 할 것이다.

2 증여신탁과 세금

정기적으로 확정된 금액을 증여하는 경우를 제외하면, 수익권 증여신탁은 '원본 또는 수익이 타인인 수익자에게 실제 지급되는 날'을 증여시기로 보고 증여세 신고기한 내에 증여세를 수익자가 신고납부하면 된다(PART 07 참조).

증여안심신탁은 증여자와 수증자 간의 증여계약에 따라 증여행위가 일어남과 동시에 수증자가 위탁자 겸 수익자가 되어 신탁계약을 체결하는 구조이다. 따라서 증여계약 이행 시점에 증여자는 증여재산에 대해 증여세를 납부해야 한다. 위탁자가 수탁자와 신탁계약을 체결하면서 위탁자가 수익자와 동일하기 때문에 신탁행위 자체는 세금의 부과대상이 아니다.

증여신탁 존속기간 중에는 증여자가 소극적으로 신탁재산의 관리, 인출에 동의권을 행사하긴 하지만, 신탁재산에서 발생하는 수익이나 신탁재산 원본의 수익자는 위탁자이므로, 자익신탁의 납세의무자와 동일하다.

가. 증여계약 합의해제

증여계약은 증여계약이행 전후를 불문하고 당사자가 증여계약을 합의해제할 수 있다. 다만, 합의해제에 따른 증여재산 반환행위가 세법상 증여에 해당되어 다시 증여자가 증여세를 납부하게 되느냐가 문제이다. 일반적으로 증여행위와 증여계약 합의해제 시점에 따라 반환행위가 증여세 부담대상인지 여부가 결정되는데, 아래 표와 같다. 증여재산이 부동산인 경우에는 취득세를 2회 납부해야 한다.

증여 재산	행 위	결정일 前	신고기한 前	신고기한 후 3개월 경과 前	신고기한 후 3개월 경과 後
금 전	1차 증여	○	○	○	○
	2차 반환	○	○	○	○
금전 外 (부동산)	1차 증여	×	×	○	○
	2차 반환	×	×	×	○

나. 부담부증여계약에서 부담 불이행을 원인으로 하는 해제권 행사

효도의무 이행을 부담으로 금전이나 부동산을 증여하였는데 수증자가 효도의무를 불이행하게 되면 어떻게 되나? 증여계약서에 따라 증여자는 부담의무 불이행을 원인으로 증여계약을 해제할 수 있는 해제권을 명시할 수 있다. 수증자는 해제권 행사의 효과에 따라 증여한 부동산의 소유권이전등기 의무나 증여 금전의 반환의무를 지게 된다. 수증자가 자의로 소유권이전등기의무나 금전의 반환의무를 부담하지 않게 되면 어떻게 되나? 증여자가 수증자를 상대로 소유권이전등기말소청구소송이나 금전반환청구소송을 제기해야 한다.

대법원 판례가 있지 않은 것으로 보이는데, 다음 조세심판결정문에 따르면, 증여계약서에 해제권을 명시하고, 수증자가 약정해제권의 행사에 따라 소유권이전등기를 말소한 경우 증여해제에 따른 반환행위와 당초 증여행위에 대해서도 증여세가 부과되지 않는 것으로 보아야 한다.

"증여자와 수증자 간 증여약정서 등에 의하면 해제권이 증여자에게 유보된 것으로 보이고, 수증자가 그 조건을 이행하지 않아 약정해제권의 행사 및 소송을 제기하여 판결에 따라 증여 소유권이전등기가 말소된 것으로 나타나며, 동 판결 역시 증여자와 수증자 간 고소고발사건 등 법정공방사실로 보아 당사자 간 담합을 통해 형식적으로 이루어진 것으로 보기 어려운 점 등에 비추어 당초 증여세 부과처분은 취소하는 것이 타당함[조심 2011전0431 (2011.8.9.)]"

위 조세심판결정문에 따르면, 부담부증여와 동시에 수증자가 위탁자가 되어 증여신탁을
체결한 후 부담부증여계약서상 부담 불이행을 원인으로 해제권을 행사하면서 신탁계약 또한
해제되어 신탁등기와 증여에 따른 소유권이전등기가 말소된 경우에도 당초 증여세의 환급이
가능할 것으로 보인다.

3 후견신탁과 세금

후견신탁은 후견인이 피후견인을 대리하여 신탁계약을 체결하는바, 후견신탁의 위탁자 겸
수익자는 피후견인이므로, 자익신탁의 납세의무자와 동일하다.

즉, 후견신탁 이후 발생하는 재산세와 종합부동산세는 수탁자가 납세의무자(물론 신탁재산
의 수익자로부터 재산세와 종합부동산세 상당액을 수탁자가 신탁재산에서 인출하거나 별도로 지급받는다)
이고, 소득세는 수익자인 피후견인이 납세의무자이다. 법정후견신탁에서는 위탁자인 피후
견인 사망 시 신탁재산은 피후견인의 상속인에게 법정상속분으로 상속된다. 법정후견신탁
이 피후견인의 사망으로 종료되면 '상속인 간에 협의분할' 또는 '재판상 분할' 절차를 거쳐
신탁재산이 상속재산으로 분할된다. 임의후견신탁에서는 피후견인인 위탁자가 지정한 사후
수익자나 귀속권리자가 있을 경우[3] 그에 따르고, 사후수익자나 귀속권리자를 지정하지 않
았다면 피후견인의 상속인에게 법정상속된다.

---

3) 한정후견신탁의 경우에는 정신감정을 통하여 피한정후견인이 유언능력이 있다고 판단되는 경우 후견신탁계약으로
　사후수익자를 지정할 수 있다고 본다.

가족신탁 이론과 실무

PART 08
모델사례의
가족신탁계약서(안)

앞에서 제시한 모델사례의 자산승계계획을 기준으로 수익자연속구조의 상속신탁, 증여안심신탁 및 후견계약을 결합하여 가장 완전한 형태의 가족신탁계약서를 만들어 보면 다음과 같다.

❶ 사례

75세 자산가 김부자는 배우자 박아내(70세), 딸 김하나(32세), 아들 김두리(29세)를 두고 있다. 김부자는 100억 원의 자산(상가건물 50억 원, 금융자산 40억 원, 아파트 10억 원)을 보유하고 있다. 딸 김하나는 S전자 이철수 과장과 결혼을 했고, 외손자 이똘똘을 낳아 잘 키우고 있다. 아들 김두리는 아직 미혼인데, 재산관리능력이 부족하고 아직 변변한 직장이 없어 걱정이다. 얼마전 세무사와 상담을 했는데, 상속세가 30억 원 이상 나올 거라는 말을 듣고 새로운 걱정거리가 생겼다. 상가건물은 아버지로부터 물려받은 토지 위에 김부자가 신축한 상가인데, 임대료 수입으로 배우자, 김하나, 김두리에게 일정 금액이 꾸준히 지급되도록 하고 싶다. 그리고 상거건물의 대지가 아버지로부터 물려받은 거라, 김부자 본인이나 배우자 박아내 사후에도 자녀 김하나와 김두리가 오랜 기간 소유했으면 한다.

김부자를 위한 현명한 상속증여계획, 즉 자산승계계획 수립은 어떻게 하면 될까?

❷ 자산승계계획 수립 및 신탁의 활용(답안 예시)

(1) 우선 김부자는 상속세 부담을 줄이기 위해서는 박아내, 김하나, 김두리에게 사전증여를 실행하는 것이 좋다. 증여계획을 통한 상속세 절세 전략을 수립하는 것이다. 그리고 남은 재산 중 금융재산을 박아내에게 많이 상속해서 배우자 상속공제를 최대한 활용해서 상속하고, 이를 김하나와 김두리의 상속세 납부재원으로 활용하면, 김부자 사망 시 상속세는 많이 줄일 수 있고, 김하나와 김두리에게 상속재산을 가장 많이 물려줄 수 있다.

(2) 그리고 재산관리능력이 부족한 김두리에게 증여되는 재산은 장기간 신탁으로 유지해야 하므로, 증여안심신탁을 체결하면 된다. 그런데 김하나에게는 단순 증여를 하고 김두리에게는 증여재산에 대한 통제권을 행사하는 증여신탁을 체결하자니 김두리가 불만일 거 같다. 그래서 상가건물 25%씩 김하나와 김두리에게 증여하면서 김하나와 김두리 모두 증여안심신탁을 체결하도록 한다. 증여안심신탁의 신탁재산보호자(Trust Protector)를 김부자, 박아내, 김하나 순서로 정해서 상가건물의 임대관리나 시설관리에 대한 의사결정을 하도록 한다.

(3) 나머지 상가건물의 50%는 김부자가 보유하면서 노후 생활비로 사용하고, 본인 사후 1차 사후수익자를 배우자인 박아내로, 2차 사후수익자를 김하나와 김두리로 정한다. 신탁계약으로 김두리의 사후수익권이 압류될 경우를 대비해서, 김두리의 상가빌딩의 25% 상당 수익권이 압류될 경우 김두리의 수익권을 소멸시키고, 당시 김두리가 결혼을

해서 손자녀가 있을 경우 3차 사후수익자인 며느리와 손자녀의 수익권이 생기도록 구성할 수도 있다.[1]

(4) 김두리가 회사에 취업해서 10년간 회사 생활을 유지한다면, 김부자 사후에는 박아내가, 김부자와 박아내 모두 사망한 경우 김하나의 의사결정으로 증여안심신탁과 상속신탁을 해제할 수 있도록 장치를 만들어 놓음으로써 김두리의 바람직한 인생을 살도록 유도하는 인센티브 장치도 만든다.

이렇게 자산승계계획을 수립해 놓으면, 자산가의 절세전략, 재산보존, 분쟁예방, 가치상속, 의지실현을 모두 할 수 있다.

▎ 모델사례의 자산승계계획 ▎

재산	평가금액	상속 / 증여	수익자	2차 수익자	신탁유형	사후 재산관리
금융	40억	상속	박아내	–	상속신탁	상속개시 후 신탁종료
아파트	10억	증여	박아내	–	증여신탁	
상가건물	50억	1/4 지분 증여	김하나	–	증여신탁	배우자 상속개시 후 20년간 신탁계약 유지 + 김하나의 처분 결정
		1/4 지분 증여	김두리	–		
		1/2 지분 상속	박아내	김하나, 김두리	상속신탁	

1 상속신탁계약서(특약)

모델사례의 상속신탁계약은 유언대용신탁 본문 및 특약, 특정금전신탁계약, 유가증권신탁계약, 부동산관리신탁(을종)으로 구성된다. 유언대용신탁계약 본문과 특정금전신탁계약, 유가증권신탁계약, 부동산관리신탁(을종)은 PART 03의 계약서를 참조하면 된다. 여기서는 유언대용신탁 특약을 어떻게 구성하는지만 간략하게 보여준다.

---

1) 영국식 낭비자보호신탁을 활용해서 우리나라 법을 적용한 조항을 만든 것이다.

[별지 특약] 사후수익자의 사후수익권 및 신탁재산의 관리

1. 사후수익자의 사후수익권 취득

위탁자 사망 후 사후수익자는 다음과 같이 사후수익권을 취득한다. 위탁자 사후에 1차 사후수익자가 사후수익권을 취득하고, 1차 사후수익자 사망 후에는 2차 사후수익자가 아래 나.의 배분비율에 따라 잔존 신탁재산을 배분받을 수 있는 2차 사후수익권을 취득한다(만약, 위탁자 사망 시 1차 사후수익자가 생존하지 않는 경우, 2차 사후 수익자가 아래 나.의 배분비율로 사후수익권을 취득한다).

가. 1차 사후수익자의 사후수익권(계속관리형 사후수익권)

	성 명	위탁자와의 관계	주민등록번호	사후수익권
1	박아내	배우자		원본과 이익의 100%

나. 2차 사후수익자의 사후수익권(계속관리형 사후수익권)

	성 명	위탁자와의 관계	주민등록번호	사후수익권
1	김하나	자녀		원본과 이익의 50%
2	김두리	자녀		원본과 이익의 50%

2. 위탁자 생전 신탁재산관리

수탁자는 위탁자 생전에 신탁재산을 아래와 같이 유지·관리한다.

(1) 위탁자는 언제든지 신탁재산을 인출하거나 신탁계약의 일부 또는 전부를 해지할 수 있다.

(2) 위탁자는 질병, 장애, 노령 그 밖의 사유로 인한 정신적 제약으로 사무처리할 능력이 부족할 경우를 대비하여 신탁재산보호자를 다음과 같이 지정한다. 신탁재산보호자의 권한은 위탁자가 질병, 장애, 노령 그 밖의 사유로 인한 정신적 제약으로 사무처리할 능력이 부족하다는 전문의사의 진단 또는 소견이 있는 등 수탁자가 객관적으로 판단할 수 있는 경우에 한하여 발생한다.

차 수	성 명	생년월일	위탁자와의 관계
1 차	박아내		배우자
2 차	김하나		자녀

※ 신탁재산보호자의 권한 : ① 신탁재산의 취득, 처분, 기타 운용권한, ② 위탁자를 위한 신탁재산 인출권한(일부 해지 후 인출), ③ 기타 위탁자를 위하여 필요한 것으로 수탁자가 인정하는 권한

(3) 신탁재산보호자는 위탁자의 치료비, 간병비, 요양비, 생활비 등(이하 "필요비용"이라 한다) 지출을 위해 신탁계약을 일부 해지하여 인출할 수 있다. 치료비, 간병비 및 요양비의 경우 수탁자는 신탁재산보호자가 제시하는 증빙자료를 근거로 지급하며,

생활비의 경우 수탁자는 별도의 증빙자료 제출 없이도 매월 [**,***,***] 한도 내에서 신탁재산을 매각하여 조성한 현금으로 지급한다.

(4) 신탁재산보호자가 질병, 장애, 노령 그 밖의 사유로 인한 정신적 제약으로 사무처리할 능력이 부족한 경우 수탁자가 필요비용을 직접 위탁자를 위하여 지급할 수 있다. 이 경우 신탁재산의 매각 순서는 수탁자가 선량한 관리자 주의의무를 다하여 결정한다.

(5) 사후수익자 박아내에게 지급되는 특정금전신탁계약과 유가증권신탁계약의 신탁재산을 한도로, 박아내는 김하나와 김두리의 상속세를 납부해 주기로 하며, 가능한 경우 수탁자가 신탁재산 내에서 직접 납부할 수 있다.

3. 위탁자 사망 시 1차 사후수익자가 생존하는 경우 신탁재산관리

(1) 1차 사후수익자는 질병, 장애, 노령 그 밖의 사유로 인한 정신적 제약으로 사무처리할 능력이 부족할 경우를 대비하여 신탁재산보호자를 다음과 같이 지정한다. 신탁재산보호자의 권한은 위탁자가 질병, 장애, 노령 그 밖의 사유로 인한 정신적 제약으로 사무처리할 능력이 부족하다는 전문의사의 진단 또는 소견이 있는 등 수탁자가 객관적으로 판단할 수 있는 경우에 한하여 발생한다.

차 수	성 명	생년월일	위탁자와의 관계
1 차	김하나		자녀

※ 신탁재산보호자의 권한 : ① 신탁재산의 취득, 처분, 기타 운용권한, ② 1차 사후수익자를 위한 신탁재산 인출권한(일부 해지 후 인출), ③ 기타 1차 사후수익자를 위하여 필요한 것으로 수탁자가 인정하는 권한

(2) 신탁재산보호자의 운용지시 및 인출지시에 따라 수탁자는 1차 사후수익자의 치료비, 간병비, 요양비, 생활비 등(이하 "필요비용"이라 한다) 지출을 위해 신탁계약을 일부 해지하여 인출할 수 있다. 치료비, 간병비 및 요양비의 경우 수탁자는 신탁재산보호자가 제시하는 증빙자료를 근거로 지급하며, 생활비의 경우 수탁자는 별도의 증빙자료 제출 없이도 매월 [**,***,***] 한도 내에서 신탁재산을 매각하여 조성한 현금으로 지급한다.

(3) 신탁재산보호자가 질병, 장애, 노령 그 밖의 사유로 인한 정신적 제약으로 사무처리할 능력이 부족한 경우 수탁자가 필요비용을 직접 1차 사후수익자를 위하여 지급할 수 있다. 이 경우 신탁재산의 매각 순서는 수탁자가 선량한 관리자 주의의무를 다하여 결정한다.

4. 1차 사후수익자 사망 시 재산관리

(1) 위탁자 사망 시 1차 사후수익자가 생존하지 않는 경우 또는 1차 사후수익자가 사후수익권을 취득한 후 사망하는 경우, 수탁자는 유가증권신탁계약 및 특정금전신탁계약의 신탁재산을 위 1. 나에서 정한 사후수익권의 비율에 따라 2차 사후수익자에게 배분한다.

(2) 부동산신탁계약의 신탁재산인 상가건물에 대한 상속신탁계약은 1차 사후수익자 사망 후 20년간 유지한다. 2차 사후수익자 김하나는 상가건물에 대한 임대관리, 시설관리, 리모델링 기타 모든 의사결정권한이 있으며, 김하나는 수탁자를 통하여 임대관리, 시설관리, 리모델링 기타 의사결정을 실행에 옮기기로 한다.

(3) 1차 사후수익자 사망 후 20년 경과하는 시점에 신탁계약은 종료되고, 수탁자는 2차 사후수익자에게 위 1. 나에서 정한 사후수익권의 비율에 따라 2차 사후수익자에게 소유권이전등기를 이전해 주기로 한다.

(4) 2차 사후수익자 김두리가 회사 생활 10년을 지속적으로 한 것을 입증하면, 그 시점의 신탁재산보호자의 권한은 소멸되고, 김하나와 김두리가 협의하여 이 신탁재산의 임대관리, 시설관리, 리모델링 등에 대한 의사결정을 하기로 한다.

2 증여신탁계약서(특약)

모델사례의 증여신탁계약서는 증여계약서와 부동산관리신탁계약서(을종)로 구성되는데, 증여신탁계약서와 부동산관리신탁계약서(을종)의 본문은 PART 03 내지 PART 04의 계약서를 참조하면 된다. 여기서는 부동산관리신탁계약서(을종)의 특약만 기술한다.

이 신탁부동산은 위탁자가 위탁자의 부(父)인 [***]로부터 조건부증여(조건 : 이 부동산 신탁계약을 유지할 것, 부양의무를 이행할 것 기타 증여계약에서 정하는 조건)받은 것임을 고려하여, 위탁자와 수탁자는 아래와 같이 특약을 정하기로 한다.

(1) 위탁자는 [김부자](생년월일 :   , 연락처 :   ), [박아내](생년월일 :   , 연락처 :   ), [김하나](생년월일 :   , 연락처 :   )를 순차적으로 신탁재산보호자로 지정하고, 위탁자로서 가지는 이 신탁재산의 처분권한 및 관리권한, 신탁계약의 일부 또는 전부에 대한 해지권 및 해제권, 담보부차입권한을 행사함에 있어, 신탁재산보호자의 서면동의를 미리 얻어야 한다.

(2) 수탁자는 위탁자가 이 신탁재산의 처분권한 및 관리권한, 신탁계약의 일부 또는 전부에 대한 해지권 및 해제권, 담보부차입권한 등을 행사할 경우, 신탁재산보호자의 서면동의가 있을 경우에만 이에 응하여 신탁사무를 처리한다.

(3) 위탁자는 신탁재산보호자의 동의없이 이 신탁계약의 수익권을 제3자에게 양도, 증여, 기타 처분행위를 하거나 수익권을 담보로 차입행위를 할 수 없다.

(4) 이 신탁계약과 함께 체결한 '증여계약'이 해제되는 경우 이 신탁계약도 해제되며, 이 경우에 신탁재산은 신탁재산보호자겸 증여자가 지정하는 자에게 귀속한다.

(5) 신탁재산보호자 생존 시에는 동일 조건으로 매년 자동적으로 갱신되고, 신탁재산보호자가 사망할 경우 이 신탁계약은 종료한다.

(6) 위탁자의 사정에 의하여 신탁부동산에 대한 근저당권 및 전세권 설정 등 제한물권의 등기 사유가 발생할 경우, 위탁자는 서면으로 제한물권 설정 사유를 적시하고 신탁재산보호자 및 수탁자의 동의를 얻어 수탁자가 등기할 것을 요청할 수 있으며, 이 경우 등기에 소요되는 비용은 위탁자가 부담하기로 한다.

(7) 이 신탁계약의 신탁재산인 상가건물 공유지분 합계 1/2은 박아내 사망으로부터 20년간 매각이 금지된다. 박아내 사망 이후 20년이 경과하면 이 신탁계약은 자동으로 종료된다.

(8) 만약 위탁자 김두리가 회사 생활 10년을 지속적으로 한 것을 입증하면, 그 시점의 신탁재산보호자의 권한을 소멸하고, 위탁자 김하나와 김두리가 협의하여 신탁재산의 운용을 지시한다.

3 후견계약서

상속신탁에 후견계약을 결합하면 임의후견신탁이 된다. 후견계약서는 PART 05를 참조하면 된다. 여기서는 이 모범 사례에 맞게 후견계약 특약을 간략하게 작성해본다.

[후견계약 별지]

(1) 이 후견계약 이전 또는 이후에 위임인이 위탁자로 체결하는 유언대용신탁계약(이하 "관련 유언대용신탁계약"이라 함)과 이 후견계약은 위임인이 사무처리능력이 충분할 때 미리 체결하는 계약인바, 유언대용신탁계약은 위임인의 재산관리를 중심으로 규정하고, 이 후견계약은 신상관리를 중심으로 하되 신상관리에 필요한 재산관리에 대해서도 규정한다. 이 후견계약은 위임인이 [****] 신탁회사와 체결한 유언대용신탁과 결합하여 '임의후견신탁'으로 활용하기 위해 작성한다.

(2) 관련 유언대용신탁계약에서 정한 범위 내에서, 수탁자는 신탁재산의 관리, 처분 및 수익권을 지급할 수 있으며, 이 범위 내에서 유언대용신탁계약은 이 후견계약보다 우선한다.

(3) 임의후견인, 후견감독인 및 후견법원은 후견사무를 처리함에 있어 관련 유언대용신탁계약의 내용이 본인의 의사임을 충분히 인지하고, 그 내용을 존중해서 후견사무를 처리한다.

가족신탁 이론과 실무

부 록

자산승계 관련 칼럼

저자가 그동안 기고한 칼럼을 보면,
가족신탁의 이해와 활용에 도움이 될 것으로 판단되어 부록에 넣었다.

> **" 효도계약서 쓰는 노년층 늘고 있다는데 …**
> **분쟁 없이 상속 '유언대용신탁' 관심 "**

매일경제 Luxmen 제68호(2016년 5월 13일)

지난해 12월 효도계약을 지키지 않은 아들에게 증여한 부동산을 돌려받을 수 있다는 대법원 판결이 나왔다. 이 판결을 놓고 가족모임에서 효도계약서를 쓰는 시니어들이 늘고 있다는 이야기도 들린다. 우리나라에 베이비붐 세대(1955~1963년생)들의 은퇴 시점이 다가오면서 재산 상속에 대한 관심이 커지고 있다. 자녀들에게 분쟁 없이 재산을 물려줄 수 있는 유언대용신탁에 대해 살펴보자.

일반 상속의 경우 다양한 문제점들이 있다.

남겨 주는 재산으로 인해 오히려 가족 간의 분쟁이 발생하거나, 상속 시점에 본인이 치매에 빠지는 경우도 있다. 자녀 중 장애인이 있는 경우 사후에 자녀생활비를 믿고 맡길 사람도 마땅치 않다. 상속 분쟁을 해결하기 위해 사전증여를 생각하는 시니어도 있다. 한 가지씩 짚어보자. 증여의 가장 큰 단점은 미리 배분해 줄 경우, 되돌리기가 어렵다는 것이다. 효도를 조건으로 증여한 주택을 돌려받기 위해 아버지가 아들을 상대로 대법원까지 3차례 소송을 수행한 뼈아픈 사례는 증여의 문제점을 잘 보여준다. 그렇다고 아무런 대책을 마련하지 않고 사후 법정상속이 되도록 내버려 두면 상속 분쟁이 발생할 가능성이 높을 뿐 아니라 자녀의 경제사정을 고려한 상속이라고 할 수 없다. 본인이 치매에 걸리면 재산관리능력이 없어지므로, 이에 대비하여 관리를 대신해 줄 믿을 만한 사람을 미리 지정할 필요가 있다. 자녀들이 그 역할을 잘해주면 그만큼 아름다운 결말은 없을 것이다. 실상은 그렇지 못하기 때문에 대책을 마련할 필요가 있다. 특히 치매에 걸린 상황에서 주변인들이 재산을 편취하는 사례가 적지 않은 실정이다.

가족 구성원 중 일부에게 장애가 있을 경우 무엇을 준비해야 할까? 경제적 곤궁으로 어려운 상황에 처한 사례를 다수 보게 되는데, 최소한 경제적 곤궁으로부터 벗어나 안정적인 생활을 하도록 장치를 마련해야 할 필요가 있다.

이러한 모든 문제를 종합적으로 해결할 수 있는 방안이 바로 '유언대용신탁'이다.

유언대용신탁이란 자신의 재산을 금융회사에 재산관리 및 유산상속승계 처리를 목적으로 맡기는 것으로, 처음에는 본인이 재산을 관리하고, 사후에는 미리 지정한 사람에게 신탁 재산의 수익권을 승계시키는 것을 말한다. 즉, 다양한 금융서비스를 제공하면서 본인과 가족을 위한 든든한 '재무적 후견인' 역할을 할 수 있다.

유언대용신탁은 신탁 허가를 받은 증권사·은행 등 금융회사에서 가입할 수 있는데, 종합적인 자산관리 경험이 충분한 금융회사를 선택하는 것이 바람직하다.

주식, 펀드, 부동산 등 모든 재산에 대한 종합적인 재산관리 서비스와 본인과 가족들의 생애주기에 맞게 재산관리 서비스를 제공할 수 있어야 하기 때문이다.

유언대용신탁의 수익자를 큰아들로 지정했더라도 큰아들의 태도가 좋지 않을 경우 언제든지 작은 아들로 변경할 수 있으므로, 재산에 대한 실질적인 소유권을 여전히 보유하면서 상속을 설계할 수 있다. 실질적으로 증여의 효과를 누리면서 증여 재산을 쉽게 돌려받을 수 없다는 증여의 단점을 충분히 극복할 수 있다.

또한 특약을 통해 다양한 위험 상황에서 재산을 안전하게 보호할 수 있다. 치매 위험에 대비해 특별부양 재산관리 서비스를 제공받을 수 있도록 특약을 체결한다면 재산을 안전하게 보존할 수 있다. 본인을 위해 진심으로 재산관리를 하여 줄 수 있는 지인을 임의후견인으로 지정하여 더욱 실효성 있는 법적 장치를 만들 수 있다.

임의후견인이 신탁재산을 임의로 처분할 수 없도록 하는 신탁회사의 통제기능도 하나의 강점으로 볼 수 있다.

상속인 중 장애인이 있다면 정기적인 생활비를 지급하는 '홀로서기 생활자금'을 특별부양 서비스의 형태로 제공받을 수 있다. 신탁재산은 장애인을 위해 장기적으로 안전하게 관리되고, 장애인의 이익을 위해서만 사용된다.

이렇듯 유언대용신탁은 기존 법정상속제도로는 해결이 불가능한 맞춤형 금융서비스를 제공할 수 있다. 가족의 행복한 삶을 보장하기 위해 유언대용신탁을 설정함으로써 가족의 리더로서 남은 과제를 현명하게 해결하자.

헤럴드경제(2015년 10월 16일)

영국의 작가 찰스 디킨스의 장편소설을 영화로 만든 '위대한 유산(Great Expectations, 1998)'에서 주인공 벤은 익명의 후원자로부터 거액의 유산을 받고 그의 지원 덕분에 뉴욕 미술계의 유망주로서의 명성과 부를 한꺼번에 얻게 된다. 영화 '위대한 유산' 스토리와 같이 익명의 복지가가 거액의 자산을 친족이 아닌 남에게 남기는 일은 우리와는 먼 나라의 이야기인 것처럼 보인다.

우리나라는 자녀와 배우자에게 상속하게 되고, 그것도 민법에서 정한 상속비율로 배분되는 것을 기본으로 이해하고 있기 때문이다.

하지만, 우리나라 법에서도 재산을 상속인이 아닌 다른 사람에게 남길 수 있고, 상속받는 사람 중 미성년자나 장애인이 있다면 그들의 안정된 삶을 위해 특별히 배려할 수도 있다. 이를 '유언상속'이라 한다.

유언 없이 운명하게 되면 법이 정하고 있는 '법정상속'에 따라 재산이 나눠진다. 상속재산의 분배는 상속받는 사람들 간의 합의 또는 법원 결정에 의해 정해진다. 우선, 상속되는 재산과 빚을 확인하고, 그 다음 상속받는 사람들 간에 재산을 어떻게 나눌지 결정한다.

이 과정에서 누구라도 돌아가신 분의 부양에 기여도를 고려해야 한다거나, 생전에 증여한 재산까지 분할하여야 한다는 등의 내용을 주장하면, 분쟁과 소송이 발생하게 된다.

유언을 남기면 법정상속보다는 분쟁이 발생할 가능성은 좀 낮아진다. 그런데 유언을 남기더라도 유언집행 과정에서 가족 간에 분쟁이 발생할 가능성은 여전히 남아있다.

열심히 일하여 모은 재산을 두고 사후에 가족 간에 분쟁이 발생하는 것을 바라는 사람은 없을 것이다. 일정수준 이상의 자산을 가진 자산가들이라면 더욱 그렇다. 상속분쟁을 완전히 없애지는 못하지만, 상속분쟁의 가능성을 최대한 줄일 수 있는 방안이 있다.

금융회사를 통한 '유언대용신탁'이 그것이다. 유언대용신탁은 상속을 하는 사람이 예금, 채권, 부동산 등 자산을 금융회사에 맡기고 금융회사가 계약에 따라 상속 집행을 책임지는 서비스를 말한다. 유언대용신탁계약을 체결하면, 생전에는 자산관리서비스를 제공받으므로 자산형성이 도움이 되고, 사후에는 계약에서 정한 재산배분이 신속하게 이루어진다.

금융회사가 상속재산을 소유하고 있으므로, 일주일 정도면 상속재산 분배가 완료될 수 있기 때문이다. 재산분할의 과정이 짧으면 짧을수록 분쟁 가능성은 낮아진다.

그리고 미성년자나 장애인이 있는 경우, 특정 기간 동안 재산을 안정적으로 관리하면서 생활자금을 지급할 수 있는 내용으로 관리해주는 신탁계약을 체결할 수도 있다. 물론 영화 '위대한 유산'에서와 같이 자신의 은인을 위하거나 공익목적으로 재산 중 일부를 사용하도록 할 수도 있다. 한편, 상속을 하는 사람이 운명하기 직전까지 상속 재산배분을 자유롭게 변경할 수 있어 가족에 대한 오너십도 유지할 수 있다.

아울러 유언대용신탁과 함께 상속받는 사람을 도와주는 성년후견약정을 맺어 배우자의 안락한 노후를 도울 수도 있다. 고령화·저성장 시대에서 '유언대용신탁'은 부의 증식, 안정적인 부의 대물림 및 사후 가족의 평온한 삶을 위해 적극적으로 고려해 볼 필요가 있다.

" 가족 간 상속 '비극' 막으려면 … '재산보호신탁' "

머니투데이(2017년 11월 22일)

　　최근 모 연예인의 남편이 대낮에 로펌 사무실에서 살해된 일이 세간에 화제가 된 적이 있다. 연예인의 남편은 99세였던 외할아버지 재산을 큰아들이 증여계약서를 위조해 처리한 부동산등기를 원래대로 회복시키고자 소송을 제기한 상태였다. 그런데 재산에 눈이 먼 외할아버지 큰아들이 남편을 청부살해한 것이어서 충격을 주었다.

　　이러한 가족 간의 비극을 막을 장치가 없는 것일까? 만약 외할아버지가 그 부동산을 '신탁' 했으면 가족 간의 비화는 없었을 것이다. 부동산을 신탁하면 부동산의 소유권이 신탁회사로 이전되므로, 신탁회사의 법인인감 날인이 없이는 부동산에 대한 증여나 매매를 할 수 없다. 신탁회사의 법인인감을 위조해 증여계약을 체결하는 일도 불가능하므로 애당초 증여계약을 위조하려는 시도조차 하지 않았을 것이다. 신탁재산에 대한 처분 권한은 오로지 재산을 맡긴 할아버지에게 있다. 필요할 경우 재산에 욕심이 없고 재산관리 능력이 있는 특정 자녀에게만 신탁재산 관리 권한을 부여할 수도 있다. 신탁회사는 할아버지 본인과 신탁재산 관리권한을 부여 받은 자녀의 관리와 처분 지시만을 따르게 되므로 그 밖의 친족이나 제3자가 신탁재산을 임의로 빼앗는 일은 완벽하게 예방된다.

신탁하면 소유권이 신탁회사에 이전되어 불편한 점이 오히려 재산보호측면에서는 강점이 된다. 신탁회사가 재산을 신탁한 고객의 지시에 따라 재산을 보호하고 관리해주는 것이므로 실질적 소유권은 여전히 맡기는 사람에게 있는 것이다. 현명한 사람들은 소유권 이전에 거부감을 느끼기 보다는 오히려 재산보호라는 장점 때문에 신탁회사에 재산을 믿고 맡긴다.

미국에서는 몇 백 년 전부터 재산보호신탁이 활발하게 이용되고 있고 우리보다 10여 년 먼저 고령사회를 경험한 일본도 재산보호신탁이 보편적으로 활용되고 있다. 이미 고령사회로 진입한 우리나라에서도 고령, 해외 거주, 치매 등 재산관리능력이 부족한 상황에서도 재산이 오직 본인을 위해 사용될 수 있도록 안전장치를 마련할 필요가 있다. 이러한 안전장치로 고안된 것이 바로 재산보호신탁(asset protection trust)이다.

나와 가족을 위한 재산보호장치로 신탁을 활용하는 현명한 사람이 되어보자. 재산보호를 위해 재산을 신탁회사에 맡긴다. 어떻게 쓰고 물려줄지 직접 디자인할 수 있다. 인생이 풍요로워질 수 있을 만큼 우선 본인이 쓰고 남은 자산이 있다면 배우자, 자녀, 손자녀를 위해 선물로 넘겨 주도록 디자인해보자. 재산이 넉넉하다면 노블리스오블리주를 실천하기 위해 일부의 자산을 공익목적으로 기부를 하면 된다. 신탁회사는 재산을 보호하면서 직접 디자인한 대로 가족, 나아가 사회를 위해 재산을 잘 배분해 줄 것이다.

신탁은 신탁업 인가를 받은 금융회사에서 가입할 수 있다. 금융회사를 선택할 때 중요한 점은 고객이 신뢰할 수 있어야 한다. 오랜 시간 동안 목돈을 금융회사에 맡겨야 하기 때문이다. 덧붙여서 회사 철학이 건전하여 고객의 삶과 가족의 가치를 소중하게 생각할 수 있는 회사와 함께하는 것이 좋겠다.

머니투데이(2018년 2월 5일)

현재 대한민국의 트렌드를 가장 잘 표현한 용어는 아마 '욜로(YOLO, You Only Live Once, 인생은 한번 뿐이다)'일 것이다. 미래에 대한 대비보다는 '현재 자신의 행복을 추구하는 경향'을 묘사한 신조어다. 불과 2년 사이에 'YOLO'는 사람들 마음 속에 빠르게 자리 잡고 있다.

YOLO 트렌드가 노년층인 5080 세대 사이에서만 예외일 수는 없다. 과거의 5080 세대는 평생 모은 돈을 아껴 자녀들에게 한 푼이라도 더 많이 상속하겠다는 생각이었다. 과거와 달리, 현재의 5080 세대는 하고 싶은 여행, 취미활동, 커뮤니티활동 등 왕성한 사회 활동을 통해 남은 여생을 만족하며 살겠다는 입장이다.

2017년 주택연금 수요실태 조사도 5080 세대의 YOLO 트렌드를 잘 보여준다. 2017년 60~84세 노인인구의 주택 비상속의향(자녀에게 상속하지 않겠다는 의향)이 평균 27.5%를 기록하였는데, 이는 12%였던 2008년 이후 최대치이다. 뿐만 아니라, 주택 비상속의향은 연령대가 낮을수록 더 높게 나타나는 경향을 보인다. 80세 이상의 비상속의향은 12.3%이지만 60세~64세의 비상속의향은 80대 이상에 비해 두 배 높은 35%를 기록하여, 향후 5080 세대의 주택 비상속의향은 갈수록 높아질 것으로 예상된다.

이러한 5080 세대의 YOLO 트렌드는 최근 금융권으로 확산되는 '유언대용신탁(헤리티지신탁)'에서도 발견된다. 유언대용신탁은 '재산상속'에 초점이 있는 것이 아니고, '우선 나를 위해 다 쓰고, 남은 재산이 있으면 내가 원하는 대로 상속하겠다'는 생각을 구현한 신탁계약이다. '유언대용신탁'을 처음 접하는 고객들도 자녀가 아닌 '고객 본인을 위한 신탁'이라는 점에서 그 필요성을 공감하고 계약을 체결한다.

고객은 자녀들의 잠정 상속분을 원하는 대로 설정해 놓을 뿐, 고객 생전에는 언제든지 변경할 수 있고, 즐거운 삶을 위해 필요한 금액을 인출해 본인을 위해 사용할 수 있다. 물론 고객이 다 쓰면 자녀들에게 상속될 재산도 없어질 수도 있다. 치매, 사고, 장애 등으로 인해 사무처리 능력이 없어진다 하더라도 신탁재산은 오롯이 고객을 위해 사용된다. 고객이 원하지 않을 경우 배우자나 자녀도 신탁재산에 손을 대지 못한다. 고객에 따라서는 사무처리 능력이 없어질 경우를 대비해 믿을 수 있는 배우자나 자녀 중 한 명을 지정해 신탁재산을 인출하여 고객을 위해 사용할 수 있는 권한을 부여하기도 한다.

한편 유언대용신탁을 체결해 놓아야만 안심하고 노후를 즐길 수 있다. 우선 자산관리 전문가로부터 행복한 노후생활을 미리 상담받아 적정한 노후생활비 준비와 지출을 계획할 수 있다. 치매 등 사무처리 능력이 없어질 경우에도 신탁재산은 안전하게 보호된다. 물론 사후 남은 재산이 있다면 금융회사가 고객이 정해놓은 상속비율에 따라 신속하고 정확하게 배분해 주기 때문에 상속 분쟁을 예방할 수도 있다.

'마음 가는 대로, 끌리는 대로, 원하는 대로' 행복한 노후생활을 위해 자산승계 전문 금융기관으로 가서 유언대용신탁을 상담하자. 자녀들이 아닌 '나를 중심으로' 설계하는 5080 YOLO 세대의 브라보 마이 라이프를 위해.

머니투데이(2015년 5월 14일)

종활(終活, 슈카쓰)이란 말 그대로 '자신의 인생을 마무리하는 것'을 말한다. '종활'은 두 글자지만 많은 의미를 지닌 단어다. 영정 전문 사진관을 무대로 펼쳐지는 미스터리 소설, '아마리 종활 사진관'의 작가 아시자와 요는 "후회 없는 엔딩을 위해 자신의 인생을 정리하는 것도 '종활'이지만 소중한 사람의 죽음을 준비하고 배웅하는 것, 그리고 그 후에도 열심히 살아가는 것 역시 '종활'이다"라고 말했다. 아시자와 요의 이 짧은 문장은 종활의 의미를 잘 설명하고 있다. 즉 종활은 '떠나는 사람'이 인생을 정리하는 것, 남을 사람이 떠나는 사람을 배웅하는 것, 그리고 남은 사람이 떠나 보낸 후에도 가치 있게 열심히 살아가는 것을 모두 포함한 말이다.

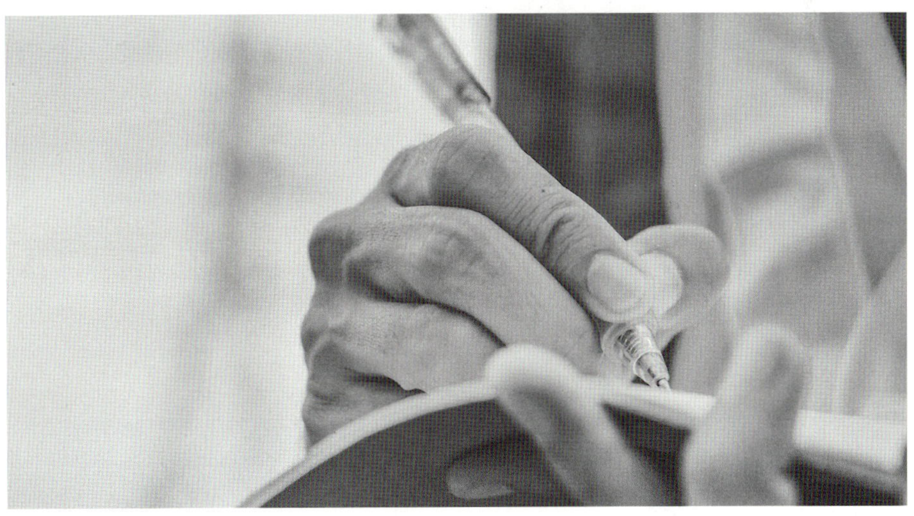

종활의 핵심은 버킷리스트를 만들고 실천하는 것이다. 그 이외에 반드시 챙겨야 할 것이 무엇일까? 우선 2018년 2월 4일로 시행된 '사전연명의료의향서'를 작성하는 것이 필요하다. 사전의료의향서를 작성하면 사실상 사망상태에 진입하였음에도 연명 치료에 의존하는 무의미한 삶을 존엄하게 마무리할 수 있다.

그 다음으로 자산가들에게 중요한 종활은 자산승계계획의 수립이다. 노후를 위해 얼마만큼의 자산이 필요한지와 그러고도 남은 재산이 있다면 이를 누구에게 어떻게 남겨주는 것이

부 록

남을 사람에게 가장 적합할지를 미리 정하는 것이다. 가족 구성원들이 어떤 상황에 처했는지에 따라 자산승계계획을 마련해두면 이를 기반으로 남은 가족들이 행복하게 살 수 있을 것이다.

물론 자산승계계획을 수립하면 장례식 이후 발생하는 유산분쟁을 예방할 수 있는 장점도 덤으로 챙길 수 있다. 자산승계계획 수립을 위해 가장 효율적인 방법은 상속신탁(생전신탁, 유언대용신탁)이다. 금융기관과 상담해서 가족 각자의 상황에 맞게 맞춤형으로 자산배분을 설계할 수 있다. 사전연명의료의향서가 신체에 대한 자기결정권을 보장하는 종활이라면 상속신탁은 재산에 대한 자기결정권을 보장하는 종활이라 할 수 있다. 원하는 대로 자산승계계획을 짜 놓으면 신탁회사가 그 계획에 따라 자산승계업무를 잘 마무리해 줄 것이다.

마지막은 가치 상속이다. 살아온 삶의 가치를 가족들에게 알려 주는 가치상속도 중요한 종활의 하나이다. 인생스토리와 인생철학이 담긴 글이나 동영상을 남기는 것이다. 물론 남기는 글이나 동영상에 대해 상속신탁을 체결하는 금융기관에 함께 보관했다가 향후 가족들에게 전달을 부탁하는 것도 좋은 방법이다. 혹시 가족들에게 차등배분을 하는 경우에는 가족이 상속신탁의 재산배분에 불만을 품을 수도 있기 때문에 차등배분을 하게 된 취지를 잘 설명한 글을 남겨두면 분쟁예방에 도움이 될 수 있다.

결국 자산가들이 준비해야 할 종활은 버킷리스트 실천하기, 사전연명의료의향서 작성하기, 그리고 상속신탁계약 체결 및 가치상속 준비로 요약할 수 있다.

머니투데이(2018년 8월 14일)

　자산가 중 유언공증을 너무 신뢰하는 분이 많다. 유언공증을 했기 때문에 자녀 간 상속 분쟁은 생기지 않을 것으로 생각하는 부모도 많고 유언공증이 있기 때문에 부모가 돌아가신 후 상속재산이 자신에게 잘 상속될 것을 확신하는 자녀도 많다. 이론상으로는 맞을 수 있는 판단이다. 그리고 상속 문제를 상담해주는 변호사조차도 '이론과 현실'의 차이를 잘 몰라서 자산가나 그 자녀에게 잘못된 상담을 해주고 있는 것도 현실이다.

　우리 민법상 유언은 언제든지 철회할 수 있다. 그뿐만 아니라 기존 유언공증과 다른 내용의 유언이 나중에 있으면 기존 유언공증은 법적으로 무효가 되고 새로이 한 유언이 유효하게 된다. 자녀 중 부모가 다른 유언공증을 하려면 자신들의 동의를 받아야 한다는 내용의 유언공증을 받아 둔 사람들이 있다. 자유로운 유언 철회를 방지하기 위해 궁리 끝에 찾은 방법이지만, 대법원은 2015년 유언 철회의 자유를 심각하게 제한한다는 이유로 유언공증이 무효라고 선고하였다.

　문제는 금융기관에 유언공증이 유효한지를 검증하는 것은 불가능하다는 것이다.

금융기관에 유언공증서를 제시하고 예금이나 주식을 인출해 달라고 요청하는 경우 금융기관은 유언공증이 없는 경우와 마찬가지로, 상속인 전원의 동의를 받아오라는 하는 것이 금융기관 실무다. 이론상 유언공증이 있으면 유언내용에 따라 금융기관이 금융자산을 인출해줘야 하지만, 현실 세계에서는 유언공증이 이론대로 작동하지 않는다.

금융기관이 제출받은 유언공증이 가장 최근에 만들어진 유언인지 혹은 유언공증에 하자가 없는지를 확인할 길이 없다. 특히 유언공증 금액이 많을수록 금융기관은 상속인 전원의 동의서를 요구할 수밖에 없는 것이 현실이다. 상속인 전원 동의서를 받다가 상속분쟁이 발생할 것은 뻔한 얘기다.

유언공증의 대안으로 유언대용신탁을 활용할 필요가 있다. 유언대용신탁은 신탁계약 체결 후 상속재산을 신탁회사에 맡기는 일종의 '계약'이기 때문에 부모 사후 자녀가 신탁재산 인출을 요청하면 신탁회사는 신탁계약의 내용을 확인한 후 바로 신탁재산을 인출해준다.

복잡한 법적 분석이 필요한 '유언공증'이 아닌 '계약'에 따라 신탁회사가 직접 신탁재산을 신속하고 확실하게 인출해줄 수 있는 것이다.

더구나 유언공증은 상속재산 배분기능만 있지만 유언대용신탁은 생전에 종합적인 자산관리서비스를 받을 수 있다. 재산을 잘 관리할 수 있는 자녀를 임의후견인으로 선임해 놓으면 본인이 치매에 걸려 사무처리능력이 없어진 경우에도 수탁자와 임의후견인이 신탁재산을 오롯이 본인을 위해 관리하다가 상속이 개시되면 신탁재산을 자녀에게 미리 정해진 비율로 배분할 수 있다. 임의후견인의 권한 범위를 적절하게 제한하면서 신탁회사에 재산관리권한을 보강한다면 더욱 안정적인 상속계획을 수립할 수 있다.

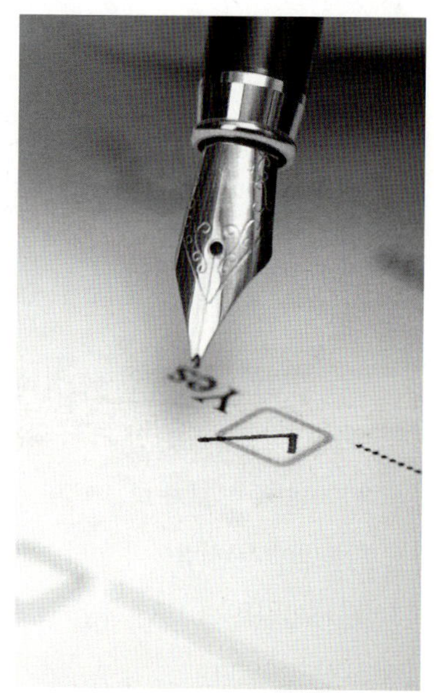

유언공증에 대한 맹신은 금물이다. 믿고 있던 유언공증이 어느 순간 종잇조각이 되어 버릴 수 있다. 유언공증을 이미 해 놓은 자산가는 물론 유언공증을 하려는 자산가도 확실하고 믿을 수 있는 자산승계를 위해 유언대용신탁 체결을 검토해보는 것이 좋다.

머니투데이(2018년 10월 18일)

상가건물이나 오피스빌딩은 안정적인 현금흐름을 창출하는 수익형 부동산이다. 수익형 부동산을 보유한 자산가들은 안정적인 노후자금을 확보하면서 필요할 경우 자녀들에게 증여할 계획을 수립한다. 문제는 수익형 부동산의 가격이 상승하면서 수익형 부동산 전부를 증여하면 자녀들이 많은 증여세를 감당하기 어렵다는 데 있다.

이 경우 수익형 부동산의 일부, 즉 공유지분을 증여하는 방식을 활용하면 절세하면서 증여할 수 있다.

예를 들면, 자녀 둘에게 각 10%씩 증여한 후 10년 경과 시점에 다시 10%씩 증여하는 식이다. 10년 단위의 인적공제를 활용하면서 기증여분 합산과세도 피하면서 여러 차례 나눠 증여할 수 있다. 최초 증여 시기는 빠르면 빠를수록 좋다. 100세 시대 60세부터 증여하면 4번에 걸쳐 증여할 수 있다.

이렇듯 절세 측면에서는 공유지분 사전 증여는 매우 효율적이다. 그런데 자녀 명의로 증여한 후 자녀들이 일으킬 수 있는 다양한 문제가 있다. 갑자기 자산이 생긴 자녀들이 학업이나 구직활동을 게을리할 수 있다. 자녀들의 채권자가 자녀 명의의 공유지분을 압류할 경우 가족 공유의 수익형 부동산에 제3자가 개입함으로써 불편해진다. 자녀들이 경제적 관념이 바로 세워져 있지 않을 때는 더 큰 문제가 발생할 수 있다. 공유지분을 담보로 대출을 받을 수도 있고 공유지분을 매각해버릴 수도 있다. 그래서 섣불리 증여하지도 못하고 그대로 보유하고 있으면서 나중에 상속세 부담을 걱정하는 자산가분들이 많다.

이런 고민을 하시는 자산가들이라면 신탁회사와 부동산관리신탁을 체결하는 것이 훌륭한 답이 될 수 있다. 자녀들에게 증여하면서 자녀들이 부동산관리신탁 계약을 동시에 체결하도록 한다. 부동산관리신탁 계약의 조건에 부동산을 처분하거나 담보로 대출할 경우 부모의 동의를 받도록 해 놓는다.

신탁계약을 하면 부동산에 신탁등기가 되므로 자녀들이 공유지분을 처분하거나 담보 대출을 받으려고 할 때 신탁회사 법인인감 날인이 필요하다. 자녀들이 신탁회사에 자신의 공유지분을 매각하거나 담보 제공을 요청할 때, 신탁회사는 부모의 동의서가 제출되지 않으면 설령 공유자인 자녀의 요청이라도 거부할 수 있다. 수익형 부동산에 대해 신탁하더라도 임대관리나 시설관리는 기존과 같이 부모가 직접 할 수 있다.

이렇게 수익형 부동산에 증여계약과 신탁계약을 결합하면 증여를 통한 절세계획을 수립함과 동시에 자녀들이 재산관리능력을 갖출 동안 자녀 명의의 공유지분을 안전하게 지킬 수 있다. 자녀들이 재산관리능력이 생기는 시점에 신탁계약을 해지해 직접 부동산을 관리하도록 할 수 있다.

자녀들이 해외에 거주하거나 직장생활을 하면서 부동산 관리를 하기 곤란하다면 부동산 신탁계약을 그대로 유지하면서 부모가 부동산 임대관리와 시설관리를 계속할 수도 있다. 나아가 부모가 부동산의 임대관리나 시설관리를 수행하기 어려운 상황이라면 신탁회사에 임대관리나 시설관리를 통으로 맡기는 '종합부동산관리신탁'으로 전환하는 것도 가능하다. 아울러 부모 보유 지분에 대해서는 상속 신탁을 체결함으로써 신탁회사가 해당 부동산 공유 지분 전부를 통일적으로 보존·관리하면서 확실하게 상속할 수 있다.

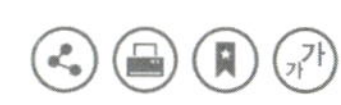

머니투데이(2018년 12월 19일)

　자산가를 상담하다 보면 자산승계 문제에 대한 고민을 많이 듣게 된다. 자산을 어떻게 승계하는 것이 효율적인지에 대한 세세한 질문 사항으로 가득 메운 A4용지를 가져오는 고객도 있다. 그러나 대부분 큰 그림을 보기보다는 소소한 부분에 대한 법률문제, 세무 문제, 가족 문제를 두서없이 물어본다. 자산승계와 관련한 법률과 세무는 공부를 통해 해결하기에는 너무 복잡하기 때문이다.

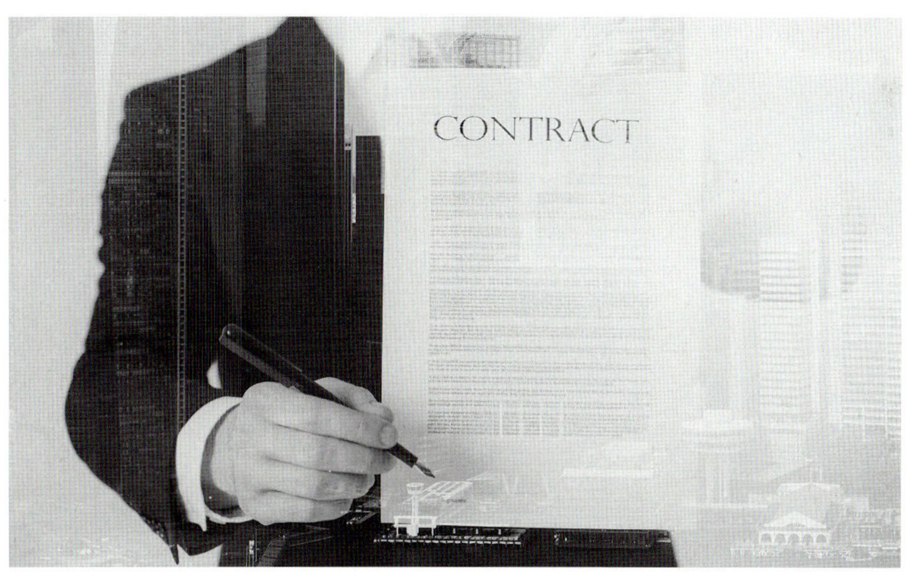

　자산가들의 성향상 본인들이 완벽하게 이해한 후 의사결정을 내린다. 따라서 의사결정을 위해 여러 금융기관의 자산관리담당자나 PB(프라이빗뱅커)들과 만나 자산승계 문제를 조각조각 상담한다. 전체적인 체계 없이 질문에 대한 단편적인 답들을 단순히 취합하면 머리는 더욱 복잡해진다. 이 복잡한 문제들은 스트레스가 되고, 결론을 내지 못한 채 시간은 빨리 지나간다. 미국이나 유럽의 자산관리 선진국과 같이 자산가 본인이 고용하거나 위임한 자산승계전문가가 없기 때문에 더욱 골머리를 앓는다. 풍족한 자산으로 행복한 노후를 보내야 하는 자산가들이 오히려 많은 재산이 문제가 되는 현실이 안타깝다.

미국이나 유럽의 자산가들은 본인이 직접 고용하거나 위임한 법무, 세무, 부동산, 연금보험 전문가들과 함께 자산승계전략을 미리 계획한다. 자산가 본인을 위한 전문가를 둔 경우에도 금융기관의 자산승계컨설팅 전문팀으로부터 자산승계 전체에 대한 큰 그림을 그린다. 신탁, 법률, 세무, 부동산, 연금보험에 대한 전문가를 한자리에 만나 가족 구성, 자산 현황 그리고 희망 사항을 모두 얘기하면서 자산승계에 대한 큰 그림을 그릴 수 있다. 큰 그림을 그려놓고 세세한 현안들을 해결하는 접근방법이 더 효율적이다.

미국이나 유럽의 자산가들은 보통 30년 이상 장기적인 자산승계전략을 수립한다. 30년 동안 언제 어떤 자산을 누구에게 어떠한 방식으로 승계하는 것이 옳을지를 짜본다. 총부담세액을 절감하는 증여계획과 상속계획을 짜는 것은 기본이다. 가족들의 마음속으로 들어가 보지 못하기 때문에 나중에 가족들이 현명하게 화목하게 재산을 배분하리라고 생각하는 것

은 현명하지 못하다. 따라서 가족들의 재산관리능력과 건강상태에 맞춰 자산을 그냥 넘겨줄지, 어떠한 조건을 부가하여 넘겨줄지, 필요하면 신탁을 설정할지를 정한다. 유언검인 절차를 피하고 신속 정확한 재산 배분으로 상속 분쟁을 예방하고 생전에는 재산 보호까지 할 수 있는 상속신탁을 활용하는 자산가들이 많아지고 있다.

자산승계전략은 종합 예술과 같다. 누구에게나 일반적으로 적용되는 정답이 있는 과학 기술과는 다른 차원이다. 절세 전략을 중시하는 자산가, 절세보다는 가족의 행복과 화목을 중시하는 자산가, 가족보다 본인 중심으로 자산승계전략을 짜는 자산가, 가족에게 승계하기보다는 공익기부를 실천하는 자산가 등 다양한 가치관을 가진 자산가들의 다양한 니즈를 반영한 자산승계전략을 수립하기 위해서는 능력과 경험을 겸비한 자산관리 전문팀을 찾아 큰 그림을 그리는 것이 좋겠다.

" 부부재산계약의 대안 '가족신탁' "

머니투데이(2019년 2월 21일)

아마존의 창업자 제프 베조스가 이혼하면서 전 재산 153조 원의 절반을 75조 원을 아내 맥켄지에게 재산분할로 지급할 것이라는 소식이 새해 벽두의 화제이다. 제프 베조스는 맥켄지와 결혼할 당시 '부부재산계약(prenuptial agreement)'을 하지 않아서 워싱턴주 가족법을 그대로 적용을 받아 거액의 재산분할을 해야 하는 상황에 처하게 되었다. 재산분할계약을 결혼 전에 하였더라면 상황은 많이 달라졌을 것이라고 미국 가사전문 변호사들은 얘기한다.

부부재산계약이란 결혼할 의사를 가진 당사자가 결혼 후 형성되는 재산에 대해 법률관계를 미리 약속하는 계약으로, 비단 미국의 이야기만은 아니다. 우리 민법은 혼인 전에 미리 이혼에 대비하여 부부재산계약을 체결할 수 있도록 허용하고 있고, 그 계약의 내용이 사회상규에 반하지 않는 이상 법적으로 유효하다. 혼인 전 재산이 부동산인 경우에는 혼인 성립까지 부부재산계약을 등기함으로써 계약의 이행 가능성을 더욱 높일 수 있다.

조기·황혼 이혼이 늘어나고 있는 요즘 시대에 자산가들이 여러 상황에서 발생할 수 있는 문제들을 부부재산계약을 활용해서 해결할 수 있다. 첫째, 재혼을 염두에 두고 있는 자산가들은 이혼하면서 재혼 전에 미리 부부재산계약을 해 놓으면 안심할 수 있다. 특히 법률상 재혼을 하게 되면, 상속지분이 줄어들게 되는 자녀들의 눈치를 보면서 법률혼이 아닌 사실혼

부 록

을 유지하는 사례는 빈번하다. 그렇다고 사실혼을 유지하다 부부 일방이 사망할 경우 상대방은 상속권이 없기 때문에 자칫 경제적 곤궁에 놓일 수 있다. 둘째, 결혼을 앞둔 자녀가 있는 부모 입장에서 미래에 자녀가 이혼을 하게 된다면 자녀에게 증여한 재산이 이혼 시 재산분할로 감소할 것을 우려하여 그 대책으로 부부재산계약을 문의하는 사례가 종종 있다.

부부재산계약을 혼인 전에 미리 체결하는 것이 이상적이나, 가장 행복한 시기에 가장 불행한 이혼을 미리 염두에 둔다는 점에서 계약 논의 과정에서 서로 마음이 상할 수 있으므로 그 활용도가 낮다. 그래서 미국이나 유럽에서는 부부재산계약보다 '가족신탁'을 더 선호하는 것으로 파악된다. 가족신탁이란 생전 재산관리와 사후 재산분배를 미리 계약하는 것으로, 증여신탁과 상속신탁을 포함하여 가족의 재산관리를 위한 신탁을 아우르는 용어다. 가족신탁은 혼인 기간 동안 재산의 보관, 관리, 이혼 시 재산분할, 부부 일방 사망 시 재산배분 등 다양한 이슈를 한꺼번에 해결할 수 있는 점에서 재산분할계약보다 더 효과적이다.

결혼 시 부모가 자녀에게 재산을 증여할 때에도 가족신탁을 활용하면 혹시나 있을지 모르는 이혼에 대비할 수 있다. 예를 들어, 부모가 증여한 재산을 일정 기간 동안 부모의 통제권을 그대로 보유하다가 자녀가 원만한 결혼생활을 할 것으로 판단될 때 계약을 해지하여 자녀들이 자유롭게 재산을 관리할 수 있도록 허용하는 신탁계약을 해 놓으면 부모가 안심할 수 있다.

한편, 재혼 전후로 가족 간 분쟁 사례가 주변에 많이 보인다. 재혼하게 되면 재혼 그 자체에 대한 자녀들의 거부감도 있지만, 무엇보다 상속지분이 줄어들게 되는 현실적인 문제가 더 대두된다. 재혼을 계획하고 있는 분들도 가족신탁을 통해 미리 재산 관리, 배분 계획을 수립해 놓고 재혼을 하면, 가족 간 서운함을 충분히 해결할 수 있을 것이다. 자녀 눈치 보며 재혼을 못 하는 분들에게는 가족신탁이 훌륭한 장치가 될 것이므로, 향후 가족신탁의 활용 빈도는 더욱 높아질 것이다.

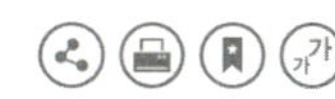

머니투데이(2019년 5월 17일)

미국에서 유행하는 혈통신탁 아세요?

혈통을 중시하는 것은 아시아 유교 문화일 거라고만 생각했었다. 그런데 미국의 신탁을 연구하다 보면, 미국에서 혈통을 중시하는 신탁이 유행인 것으로 보인다. '혈통신탁(bloodline trust)'이 대표적인 신탁상품이다.

"친구는 선택할 수 있지만, 가족은 선택할 수 없다"라는 말이 있다. 사위나 며느리도 법적으로는 가족으로 취급되긴 하지만, 엄밀한 의미에서 혈통은 아니다. 법적인 가족은 이혼으로 그 가족관계가 없어질 수 있지만, 혈통은 그 어떠한 방법으로도 부인할 수 없다. 법적으로 가족관계가 형성되는 사위나 며느리가 아니라 오직 혈통인 자녀, 손자녀들만 신탁재산을 이용할 수 있도록 구성한 신탁을 혈통신탁이라 한다.

혈통신탁을 활용하면 부모가 딸에게 많은 유산을 남겨주었으나, 일정 기간이 흘러 딸과 사위의 재산이 섞여 재산을 분리할 수 없는 상황에서 딸이 사위와 이혼할 경우 일정 재산이 재산분할의 대상이 될 위험을 예방할 수 있다. 부모가 남겨준 유산을 딸과 딸의 자녀인 손자녀들만이 활용하도록 했을 경우, 사위가 이 재산을 사용할 수도 없고 이혼 시에도 특유재산으로 재산분할의 대상이 되지 않는다.

재혼할 경우 재혼 전 자녀들과 재혼하려는 배우자의 자녀들 간 재산분쟁도 혈통신탁을 활용하면 해결할 수 있다. 재혼 전에 각자 재산에 대해 혈통신탁을 설정해 놓고 재혼 부부가 부부 공동으로 사용할 재산을 분리할 경우 부부 둘 사이는 물론 자녀들 사이에서도 재산과 관련한 분쟁이 생기지 아니할 것이다.

영구구속금지의 원칙이 적용되는 미국과 달리, 우리나라 신탁법은 자녀, 손자녀, 증손자녀 등 유산을 대대손손 혈통만이 사용하도록 신탁계약을 설계할 수 있다. 자칫 구시대적인 생각이라고 해버릴 수도 있지만, 동서고금을 막론하고 혈통 간의 재산 보호가 오히려 자녀, 부부 사이를 더 좋게 만들 수 있다는 점을 고려해 보면, 혈통신탁의 활용은 현명한 선택이라고 할 수 있다.

실제로 고객들과 상담하다 보면, 자녀들의 결혼과 관련한 스트레스는 이만저만이 아니다. 자녀들이나 손자녀들이 믿을 만한 배우자를 잘 선택하여 행복하게 산다면 이보다 좋을 수 없지만, 우리가 살아오는 경험칙에 의하면 그렇지 않을 확률도 매우 높다. 우리나라 결혼 건수 대비 이혼율은 30% 이상이다. 30%라면 엄청나게 높은 비율이다.

자녀들의 행복한 결혼생활을 기대하지만, 그렇다고 그러한 기대만으로는 안정감이 떨어진다. 혹시 모를 자녀들의 이혼을 대비해서라도 그냥 유산을 물려주기보다는 혈통신탁을 활용하는 것이 더 현명하지 않을까 생각한다. 혈통신탁은 만일에 있을 자녀들의 이혼, 사망 등의 변수 대처할 수 있는 수단일 뿐만 아니라 이혼을 예방함으로써 자녀들이 행복한 결혼생활을 영위할 수 있도록 유도하는 장치가 될 수 있다. 혈통신탁으로 어렵게 모은 재산을 보호하면서 자녀, 손자녀의 행복한 결혼생활도 보장할 수 있을 것이다.

" 임의후견신탁, 자산승계와 절세
두 마리 토끼 한번에 "

머니투데이(2019년 8월 9일)

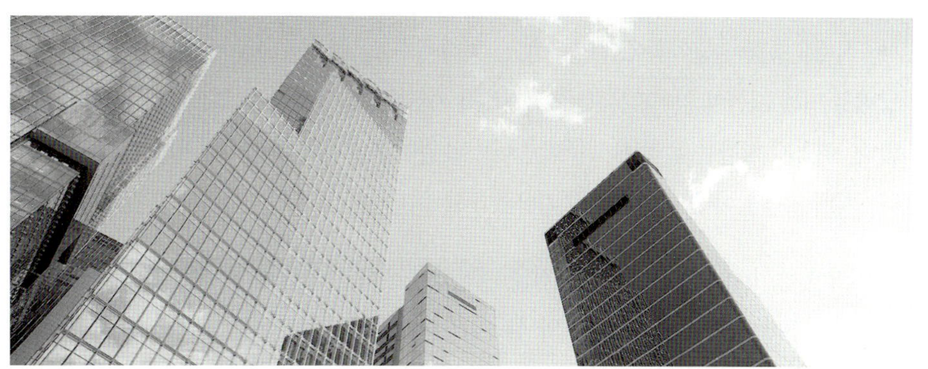

자산승계전략 수립업무를 수행하면서 늦게 찾아오시는 분들을 보면 안타깝다. 자산승계 전략의 핵심인 절세전략을 세우려면 재산의 양도, 증여 등 처분행위나 분할, 합병 등 회사 자본구조 변경이 수반된다.

재산 처분행위나 회사 자본구조 변경은 반드시 소유자의 원활한 사무처리능력을 전제로 한다. 즉, 치매 등의 사유로 사무처리능력이 부족하거나 없게 된 경우에는 재산 처분행위나 회사 자본구조 변경이 불가능하게 되므로, 절세대책 없이 많은 상속세를 부담하게 된다.

사무처리능력이 부족한 상황에서 재산 처분행위나 회사 자본구조를 변경하게 되면, 가족 간 재산분쟁으로 이어질 가능성이 높다. 유언 공증과 관련된 소송 중 대다수가 유언 공증 시 유언자의 사무처리능력 유무와 관련된 것이다. 자산승계전략을 수립해주는 전문가들도 분쟁에 휘말릴 가능성이 있기 때문에 상담 과정에서 사무처리능력이 부족하거나 없는 것으로 판단되면 자산승계컨설팅을 꺼리게 된다. 결국 사무처리능력이 온전할 때 미리 자산승계 전략을 수립해야 한다.

민법상 후견제도가 있으니 사무처리능력이 부족해도 재산을 보호하고 가족 간의 분쟁을 예방할 수 있다고 생각할 수 있는데, 그건 안일한 생각이다. 후견제도는 법원의 통제 아래 진행되기 때문에 적극적인 재산 처분행위나 회사 자본구조 변경을 법원이 허가할 수 없다. 수백억대 자산가들은 본인 재산의 50%를 국가에 상속세로 납부한다. 미리 자녀들에게 분산

증여하거나 회사 자본구조 변경 등을 통해서 절세대책을 수립해야 한다. 그런데 사무처리능력이 부족하면 아무런 절세대책을 수립할 수 없어 자녀들이 상속세 납부에 어려움을 겪는 사례를 자주 목격하게 된다.

75세 이상 노령인구 평균 치매 유병률이 20%, 85세 이상 치매 유병률은 40%에 육박한다. 치매유병률이 높아짐에도 불구하고, 자녀에게 상당한 재산을 증여할 때 효도 사기나 낭비로 인해 재산이 없어지는 것을 걱정해서 자산승계전략 수립을 뒤로 미루는 자산가들이 많다. 이렇게 시간을 흘려보내다 보면 어느 순간에 사무처리능력이 부족하게 될 위험이 있다. 치매 유병률이 높아지는 나이가 되기 전에 자산승계전략을 수립하는 것이 현명하다.

이러한 증여나 절세대책의 문제점을 해결하기 위해 가장 적합한 재산관리 도구가 바로 '임의후견신탁'이다. 임의후견제도와 상속신탁을 결합한 상품이다. 사무처리능력이 충분할 때 전문가와 상담해서 사무처리능력이 부족할 경우를 대비하여 임의후견인을 미리 선정하고 생전 재산관리와 사후 유산배분 계획을 마련하는 것이 바로 '임의후견신탁'이다.

임의후견계약과 상속신탁이 결합하면, 절세대책을 미리 수립할 수 있다는 장점과 임의후견인에 의한 부정행위를 신탁회사의 견제로 사전에 예방할 수 있다는 장점을 모두 가지게 된다. 절세와 안전한 자산승계, 두 마리 토끼를 모두 잡을 수 있는 임의후견신탁을 활용해보면 어떨까.

머니투데이(2020년 1월 23일)

우리나라에서 드디어 '신탁'이 드라마의 내용으로 등장했다. '99억의 여자'라는 드라마 얘기다. 할머니가 손자녀를 위해 33억 원을 신탁에 맡기고 수탁자가 보관관리하면서 생활비와 교육비를 매월 정기적으로 손자녀에게 지급하다가, 손자녀가 성년이 된 이후에 남은 신탁재산을 배분해 주는 내용이다. 미국 드라마에서는 흔히 보이는 장면인데 우리나라에서는 그동안 보기 드물었다. 비록 짧게 등장했지만, 신탁의 기능을 제대로 보여줬다.

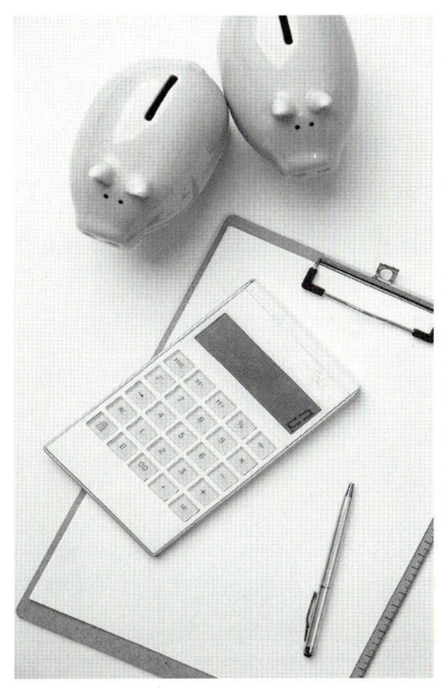

서구에서 신탁은 흔한 계약이다. 영국이나 미국에서 살다 들어오신 분들에게 가족신탁이나 생전신탁을 설명하면 들어봤던 개념이라서 바로 이해한다. 그러나 우리나라 사람들에게는 아직 낯선 게 사실이다. 상속, 증여, 후견, 결혼, 이혼, 재혼 등 가족의 중요 이벤트와 관련해서 신탁의 효용성은 매우 높은데 이러한 제도가 있는지 아는 분들이 많지 않다.

위 드라마처럼 본인 작고 시 미성년 자녀들을 위한 재산관리 수단으로 신탁만 한 것이 없다. 신탁을 하지 않는다면 지인이나 친족에게 재산을 맡기면서 장기간 자녀를 위해 해당 재산을 사용하도록 부탁하는 것이 전부일 것이다. 좀 더 나아가면 후견인을 지정해서 후견인에게 자녀의 신상 관리와 재산관리를 대리하게 할 수 있다. 그런데 후견인이 존재하더라도 후견인은 재산관리의 전문성이 없을 가능성이 높다. 뿐만 아니라, 후견인이 재산을 유용할 위험이 있는데 현행 후견제도에서 후견인의 부정행위를 차단할 실질적인 통제 수단이 부족하다. 가족에게 그냥 맡겨 두는 것도 답은 아니다.

정답은 여주인공이 제안한 것처럼 할머니의 돈을 수탁자에게 맡기고 수탁자가 신탁재산을 관리하면서 미성년 손자녀들의 생애주기에 맞춰 필요한 교육비와 생활비를 정기적으로 지급하는 신탁계약을 체결하는 것이다. 수익자인 미성년 손자녀들이 성년에 이르거나 재산관리능력이 생기는 30세가 되면 수탁자가 남아 있는 신탁재산을 넘겨주면서 할머니의 고마운 뜻을 손자녀들에게 알려주도록 하면 더욱 좋을 것이다.

수탁자인 신탁회사를 신뢰할 수 있는 금융기관으로 정한다면 금융기관은 더욱 효율적이고 안정적으로 신탁재산을 운용하면서 미성년 손자녀들을 위한 재무적 후견인 역할을 수행할 수 있다. 나아가 미성년 손자녀가 어디서 살고, 어떠한 교육을 받고, 어떠한 의료행위를 받을지를 결정하는 신상관리도 필요한데 이러한 신상관리를 후견인에게 맡길 수 있다.

이렇게 재산관리는 신탁회사가 수행하고 신상관리는 후견인이 하도록 하는 것을 '후견신탁'이라고 한다. 후견인에게 신상관리와 재산관리 모두를 맡길 수도 있지만, 후견과 신탁을 결합하는 후견신탁이 할머니의 뜻을 제대로 수행할 수 있다. 후견신탁을 활용하면 후견인의 신상관리 전문성과 신탁회사의 재산관리 전문성을 모두 활용할 수 있기 때문이다. 만약 본인 작고 시 미성년 손자녀, 장애가 있는 자녀, 재산관리능력이 부족한 자녀 등 보살핌이 필요한 가족이 있다면 반드시 신탁 전문가와 상담해 보는 것이 좋다.

" '블루오션' 신탁 … "인재부터 키워야" "

머니투데이(2020년 3월 8일)

"현장에서 신탁을 설계, 집행해본 실무자가 거의 없다"

최근 서울 여의도 신영증권에서 만난 오영표 신탁사업부 이사는 국내에 신탁 관련 전문가들이 턱없이 부족한 데에 아쉬움을 드러냈다. 올해 수탁고 1000조 원을 바라볼 정도로 신탁시장이 급성장했지만 '종합자산관리 수단'으로 신탁을 다뤄본 실무자들은 좀처럼 찾기 어렵다는 설명이다.

신영증권은 2017년 신탁사업부를 주축으로 상속·증여 등 가족과 더 나아가 가문의 재산을 관리하겠다는 목표로 '신영 패밀리헤리티지' 서비스를 출시했다. 1년반가량 지점교육과 상품기획·개발 등 철저한 준비를 거친 결과물이다. 2000년 금융권 최초로 신탁서비스 '리빙 트러스트'를 선보인 하나은행에 이어 두 번째 도전이다.

오 이사는 "주업무로 위탁자의 가족구성, 재산관리능력 등을 검토한 후 증여·상속 등 절세전략과 상황에 맞는 신탁서비스를 제안드린다"며 "이 밖에도 가족의 자산승계, 재산보존·관리, 분쟁예방 등도 상담하고 있다"고 설명했다.

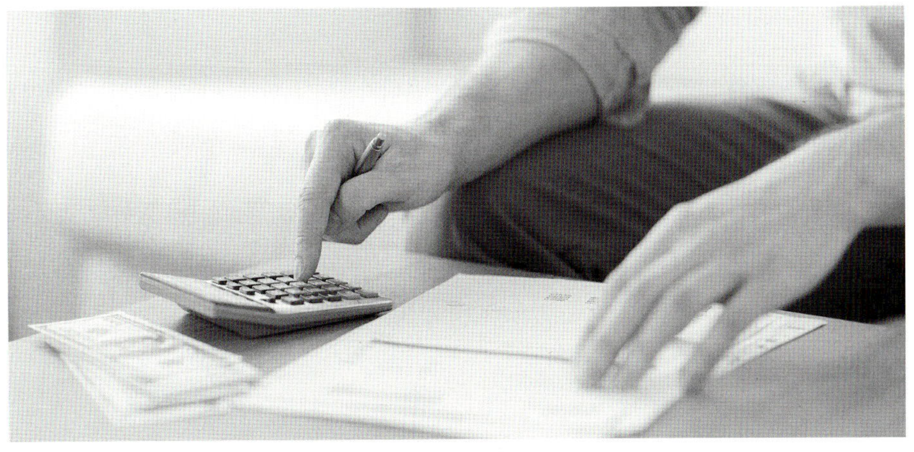

신탁전문가가 부족한 데에 오 이사는 국내로스쿨의 학사제도를 지적했다. 그는 "미국은 유언, 신탁을 로스쿨 1학년 때 배우지만 우리나라에는 신탁을 가르치는 학교가 거의 없다"며 "최근 들어 서울대와 전남대 등이 신탁교수를 영입하고 있는 것은 긍정적인 변화"라고 밝혔다.

실제 그는 전국을 순회하며 '신탁전도사'로 활동 중이다. 법무사회·세무사회·변호사회· 로펌 등에 신탁의 본래 취지와 유언대용·치매안심신탁 등 다양한 신탁활용법을 소개한다. 이 수강생들은 언제든지 금융업자들과 협력할 수 있는 관계로 변할 수 있다.

오 이사는 "특히 로펌은 신탁업을 하는 금융사들과 협력관계다. 고객들한테 상속문제 등의 솔루션으로 신탁을 제안하며 자문료를 받고 우리는 신탁으로 그 문제를 해결한다"며 "미국의 경우 신탁은행·변호사·세무사가 한쪽에 있고 반대편에는 자산가들의 전담변호사와 세무사·보험전문가 등이 자리한다"고 설명했다.

하지만 미국과 달리 한국에는 자산가들의 카운터파트너로 신탁을 다루는 전문가들이 소수에 불과하다는 설명이다.

그는 "신탁은 결합력이 뛰어나 세무사, 변호사, 보험전문가들과 함께 일할 수 있다"며 "이들은 고객들에게 컨설팅은 해줄 수 있어도 재산의 보관·관리·집행이 되지 않는다. 기존 업계에는 신탁이 아주 새로운 시장(블루오션)이 될 수 있다"고 밝혔다.

머니투데이(2020년 4월 13일)

최근 상속제도가 도마 위에 오르고 있다. 20년간 자식을 버린 친모가 딸이 죽자 상속권을 주장하는 바람에 국민의 공분을 사고 있다.

아들이 죽은 뒤 이민 간 며느리가 시아버지 사후에 상속재산분할 소송을 제기한 사건에 대해 판사가 유류분 제도(법이 정한 최소 상속분을 인정하는 제도)가 위헌일 수 있다고 헌법재판소에 위헌제청을 하기도 했다. 유언대용신탁을 활용하면 불합리한 유류분 제도를 극복할 수 있다는 판결이 나와 세간의 화두가 되고 있고, 많은 사람이 유류분 제도를 극복할 수 있는 방법을 찾기 위해 신탁 전문 변호사와 상담을 하고 있다.

자산가의 불만도 많이 나온다. 자신이 모은 재산을 누구에게 주는데 법이 상관할 바가 아닌데, 왜 우리 민법에 유류분 제도를 두고 있는지 모르겠다는 식이다. 자본주의를 법적인 측면으로 재해석하면 사적 자치의 구현이다. 사적 자치가 자산승계의 국면에서는 유언의 자유다. 생전에 내가 내 재산을 마음대로 처분할 수 있듯이, 사후에 내 재산을 누구에게 어떻게 분배할지는 모두 유언자의 자유다. 옳은 얘기인데, 왜 민법이 이를 제한하는가에 대해 의문을 제기하는 사람이 많다. 이렇듯 현행 유류분 제도는 유연성이 없고 불합리한 상황을 많이 만들기 때문에 개정이 시급하다.

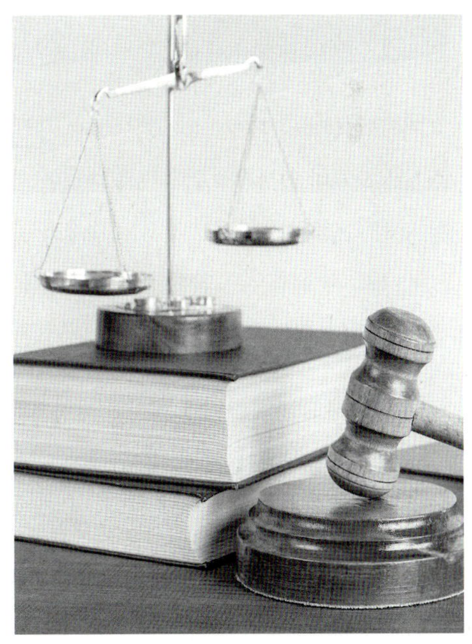

많이 알려지지 않았지만 유류분 제도는 우리 고유의 제도가 아니다. 역사적으로 우리나라는 유언의 자유가 100% 지켜졌던 나라다. 1950년대 최초 우리 민법이 제정될 당시 검토한 자료를 보면 '법정 최저 상속분 보장'이라는 개념은 우리 전통에서는 찾아볼 수 없어, 우리나라는 유언의 자유가

100% 보장되는 나라'라고 명시하고 있다.

그런데 국회는 1977년 민법을 개정하여 유류분 제도를 최초로 도입하였다. 유류분 제도를 도입한 이유는 당시 유언의 자유로 인해 주로 아들에게 재산 대부분이 유증되거나 증여되는 현상 때문에 상대적으로 여성의 권리가 침해되므로, 유류분 제도를 도입함으로써 여성의 상속권을 보장하려고 한 것이다.

자본주의에서 사적 자치를 침해하는 유류분 제도의 정당성은 가족의 재산이라는 '가산'이라는 것과 부양이 필요한 가족의 생계비를 확보해 준다는 것에서 찾아볼 수 있다. 과거 농경사회 대가족 제도에서 나온 개념이 가산인데 지금은 초핵가족 시대이므로, 가산에서 유류분 제도의 정당성을 찾기는 어렵다.

자녀의 생계비 확보라는 것은 현재 유류분 제도의 정당성이 되긴 한다. 성년인 자녀는 스스로 생계비 확보가 가능하므로 미성년 자녀만 필요 생계비 정도로 유류분 제도를 축소하는 것이 타당하다. 그리고 부부는 경제적 공동체이고, 부부 사이에는 노후 부양의무가 있으므로, 배우자 유류분은 인정할 필요가 있다. 이렇게 유류분 제도를 포함한 상속제도에 대한 전면 개편이 필요한 시점이다.

유류분 제도의 합리적인 개정은 고령사회에 진입하고 있는 우리나라에서 상속 분쟁으로 발생하는 불필요한 사회적 비용을 줄이는 데 크게 이바지할 것으로 판단된다. 유류분 제도의 대폭 축소로 상속설계를 자유롭게 할 수 있다면, 불필요한 사회적 비용을 줄일 수 있다. 뿐만 아니라 현명한 상속설계로 행복한 노후와 행복한 가족을 만들 수 있다.

신탁 관련 논문

복지신탁 활성화를 위한 법적 과제[1)]

– 신탁업자의 복지신탁 수탁을 중심으로 –

1. 서 론

신탁은 위탁자와 수탁자 간의 신임관계(fiduciary relation)를 기초로 하여 위탁자가 신탁재산을 수탁자에게 이전하고 수탁자는 신탁의 목적에 따라 수익자를 위하여 그 신탁재산을 관리·처분하는 것을 말한다. 신탁은 재산관리수단의 하나로 시작하여, 투자기구(investment vehicle), 자금조달수단(financing) 및 기업조직형태(business organization), 공익신탁(public trust)으로도 활용되는 등 다양한 목적을 달성하는 수단으로 활용되고 있다.

신탁의 사법적 법률관계를 규율하는 「신탁법」은 1961년 제정된 이후 사회·경제적 발전에 발맞추지 못하고 뒤처져 있었다. 이에 법무부는 지난 2011년 신탁법을 전면 개정[2)](이하 "개정 신탁법"이라 한다)하여 신탁을 이용하려는 사회적 요구를 충족시킴과 동시에 국제적 기준에 부합하도록 하였다. 개정 신탁법은 상사신탁에서 다양한 신탁상품의 출현을 가능하게 하고 기업의 자금조달수단을 다변화할 수 있는 법적 기반을 확보해 줌과 동시에 민사신탁 분야에 있어서도 다양한 유형의 신탁, 특히 복지수요에 충족할 수 있는 복지신탁 활성화를 위한 법률관계 형성의 토대를 제공한 것으로 평가할 수 있다.

---

1) 금융투자협회에서 발간하는 『금융투자』 통권168호(2015.8.)에 게재된 논문으로, 가족신탁의 세부유형인 '복지신탁'의 이해를 돕기 위해 부록으로 넣었다. 이 논문의 의미는 필자가 주장했던 장애인부양신탁 개선점의 일부(타익신탁형 장애인부양신탁의 도입, 원본인출 사유의 확대)가 실제로 개선되었다는 점이다. 앞으로 이 논문에서 주장했던 제도개선 사항이 더 많이 입법에 반영되어 복지신탁이 활성화되길 기대해 본다.

2) 법률 제10924호, 2011.7.25. 개정, 2012.7.26. 시행.

그런데 다양한 신탁제도 도입을 통하여 신탁이용자의 편의성을 보강하려는 개정 신탁법은 신탁을 둘러싼 관련 법령의 제·개정이 없는 상태에서 그 취지를 전혀 발현하지 못하고 있다. 개정 신탁법을 반영한 자본시장법 개정 작업이 약 3년간 답보상태인 것이 대표적인 예이다. 조세법적인 측면에서 보더라도 새로운 신탁유형을 과세영역에서 어떻게 취급할지가 아직 정해지지 아니한 상황이다.

이 글은 다양한 신탁상품 중 복지신탁의 활성화를 위해 어떠한 법적 과제가 있는지를 검토하고 이를 해결하기 위한 법적 개선점을 도출하는 것을 목적으로 한다. 현재 우리나라는 저성장 저금리 기조와 고령화 사회라는 어려운 문제에 직면하고 있기 때문에, 복지신탁의 활성화를 통하여 일정 부분 이러한 경제사회적인 문제를 해결할 수 있도록 법제도적인 개선이 매우 절실한 상황이다. 특히, 제한능력자의 재산관리를 위한 기존 제도의 한계를 극복할 수 있는 복지신탁의 활성화가 제한능력자의 안정된 삶이라는 복지구현에 중대한 역할을 하리라 본다.

이 글에서는, 신탁업자가 복지신탁을 수탁하는 것을 전제로, 우선 복지신탁의 개념 및 유형을 살펴본 다음(2), 복지신탁의 유형별 개념과 거래구조를 살펴본 후(3), 복지신탁 유형별로 활성화를 저해하는 요인에 대하여 분석하면서 이를 해결하기 위한 법제도적 개선점(4)을 도출하고자 한다.

2. 복지신탁의 개념 및 유형

가. 신탁의 개념 및 기능

신탁은 위탁자와 수탁자 간의 신임관계에 근거하여 위탁자가 신탁재산에 대한 관리·처분 권한을 수탁자에게 부여하고 수탁자는 수익자를 위하여 신탁계약에서 정한 바에 따라 신탁재산에 대한 관리·처분 권한을 행사하는 법률관계를 형성한다. 신탁은 민사관계에서 사용권, 수익권 및 처분권이 모두 하나의 인격에 귀속되는 '소유권'의 개념에서 벗어나 인위적으로 소유권을 질적으로 분해하여 소유권의 개념에서 수익권과 관리처분권을 분리한 제도이다.

신탁재산은 형식상 수탁자가 그 명의인으로 완전한 권리를 보유한 것으로 되지만, 타인인 수익자를 위한 관리제도라는 신탁의 본질상 실체적으로는 수탁자의 고유재산과 신탁재산은 분별되어 관리하여야 할 의무가 부과되고 신탁재산에 대한 법률효과도 수탁자의 고유재산뿐만 아니라 위탁자의 고유재산과도 완전히 분리되어 있다는 점에서 '신탁재산의 독립성'이 인정된다. 신탁법은 신탁재산의 독립성을 보장하기 위하여 신탁재산에 대한 강제집행금지, 수탁자의 파산으로부터 도산격리, 신탁재산에 대한 상계금지, 신탁재산에 대한 혼동의 특칙, 신탁재산의 범위, 신탁재산의 첨부 등을 규정하고 있다.[3]

신탁은 다양한 기능을 보유하고 있다. 첫째는 재산관리기능이다. 위탁자의 재산이 수탁자에게 이전된 이후에는 수탁자가 직접 신탁재산을 관리·처분하는 권한을 보유하면서 신탁 목적을 달성하기 위하여 신탁재산의 관리·처분 업무를 수행한다. 둘째는 재산전환기능이다. 위탁자 입장에서 보면 신탁재산이 수익권으로 전환되는바, 위탁자는 수익권을 양적으로 분할하여 보유·양도할 수도 있고 선·후순위로 구조화하여 질적으로 분할하여 보유·양도할 수도 있다. 셋째는 도산격리기능이다. 신탁법은 위탁자 및 수탁자의 도산으로부터 신탁재산이 안전하게 보호되도록 규정하고 있다. 아울러 신탁은 회사라는 법적 형태에 비하여 '구조적 유연성(structural flexibility)'이 뛰어나다. 신탁법이 허용하는 한 위탁자와 신탁자 간의 합의에 의하여 신탁의 내부지배구조뿐만 아니라 수익권의 권리 내용의 설정에 있어서도 유연성을 발휘할 수 있다. 특히 수익권의 내용 설정에 있어서의 유연성은 수익권 자체에 다양한 등급(class)을 설정함으로써 수익권의 복층화를 구현할 수 있다.

나. 복지신탁의 개념 및 그 필요성

1) 개 념

'복지신탁'이라는 용어가 우리나라에서 사용된 지 오래되지 않고, 이 분야에 대한 연구도 충분하지 못하여 통일적인 개념으로 정립되지는 않았지만, 이 글에서 사용하는 복지신탁은 재산관리능력이 없거나 부족한 고령자, 장애자, 행위무능력자 등 '제한능력자'의 안정된 삶의 질을 확보하고자 하는 복지구현 목적으로 설정된 신탁으로 정의한다.[4] 복지신탁으로 검토할 수 있는 신탁으로 장애인신탁, 치매신탁, 보험청구권신탁, 후견신탁 등이 있으나, 이러한 신탁에 한정될 필요는 없으며, 주요한 설정목적이 제한능력자의 안정된 삶의 질 확보라는 복지목적으로 설정되는 신탁이면 복지신탁의 개념으로 포섭될 수 있을 것이다.[5]

---

3) 신탁법 제22조 내지 제28조.

4) 복지신탁은 재산관리능력이 없거나 부족한 고령자, 장애자, 행위무능력자 등을 수익자로 지정하면서, 원칙적으로 집단적·정형적 처리에 익숙하지 않고, 장래에도 수익자의 안정된 생활의 질을 확보하는 것으로 목적으로 하여 재산관리가 수익자의 복지적 요구의 수요에 응하는 신탁으로 정의하기도 한다[新井誠 저/안성포 역, 『신탁법』 제3판(전남대학교출판부, 2011), 516면].

5) 일본의 경우 고령사회의 문제점을 해결하는 수단으로 신탁의 활용에 대한 연구 및 실제 활용이 점차 증가하고 있다. 특히, 임의후견제도와 재량신탁을 결합한 신탁을 설정하여, 위탁자가 제한능력자가 되기 전에 자기의 재산관리 및 신상감호에 관한 노후의 대비를 하는 동시에, 위탁자 사망 후의 배우자 생활보장을 고려하여 배우자가 필요로 하는 개호·의료 등의 신상감호에 관한 약정을 체결하는 방안을 제시하는 학자도 있다[新井誠 저/안성포 역, 『신탁법』 제3판(전남대학교출판부, 2011), 561면].

복지신탁은 국민연금, 의료보험 등 국가 주도의 복지수단과 구별할 수 있는 민간 주도의 복지수단이다. 국가의 직접적 재정지원이 없이 규제 완화를 통하여 민간 부분에서 복지를 실현할 수 있다는 점에서 복지신탁을 활성화할 필요가 있다. 복지신탁은 신탁재산의 운용을 통하여 자산증식이 주요한 목적인 자본시장법에 따라 설정되고 현재 판매되고 있는 신탁과는 그 취지가 다르고, 무엇보다 복지목적으로 설정·운용된다는 점에서 자본시장법상 신탁업에 대한 일반적인 규제와는 다른 차원의 규제가 필요하고, 이 점에 대해서는 후술하기로 한다.

2) 복지신탁 활성화의 필요성

현재 우리나라의 사회경제를 요약하면, 경제적인 측면에서 보면 과거 고성장기를 지나 저성장기로 진입하고 있고, 인구구조적 측면에서 보면 고령사회로 진입하고 있다. 가계의 자산현황을 보면, 자산의 대부분이 주택으로 편중되어 있고, 주택 가격 상승으로 많은 가구가 부채로 조달한 자금으로 주택을 구입하거나 임대보증금을 부담하게 됨으로써 가계부채가 급증하고 있다. 그리고 사교육비 부담 증가로 가계의 가처분 소득 감소로 인해 30 ~ 40대 가계의 자산증식이 사실상 불가한 상황이다. 이러한 현상은 베이비부머 이후 ECO세대[6]에 더욱 두드러지는데, 성장기에는 베이비붐 세대의 자산으로 비교적 풍족하게 살았으나, 성년기에는 취업난, 주거난 등으로 가계자산형성이 어려운데, 저금리 현상으로 인해 저축을 통한 가계자산의 증식이 사실상 곤란한 상황이다. 이러한 상황에서 고령사회를 맞이하게 될 경우 은퇴 후 경제적 곤궁에 휩싸일 가능성이 높다.[7]

ECO세대의 경제적 부양을 기대한 기존 베이비붐 세대는 ECO세대의 자산축적이 어려운 현상을 직시하기 때문에 자신들이 평생 축적한 재산을 자식을 위해 사용하기 보다는 스스로의 장수위험을 관리하기 위해 사용할 것이다. 따라서 아랫세대가 윗세대를 부양하는 문화는 우리나라에서 향후 찾아보기 힘들 것이다. 윗세대는 자신의 자산을 안정적으로 관리하여 자신의 노후에 대비하는 것이 바람직하며, 아랫세대는 윗세대의 자산에 대한 의존도를 줄여야 윗세대가 안정적인 노후생활을 확보할 수 있을 것이다.

이러한 경제사회적인 상황에서 복지정책의 변화가 필요하다. 국가 주도의 복지는 재원마련

---

6) 1979년부터 1992년 사이에 태어난 20~30대 계층으로 6·25전쟁 이후 대량 출산으로 태어난 베이비붐 세대(1955~1963년)의 자녀세대를 말한다. 전쟁 후에 대량 출산이라는 사회 현상이 수십 년이 지난 후 2세들의 출생 붐으로 다시 나타나는 것을 산 정상에서 소리치면 얼마 후 소리가 되돌아오는 메아리(eco) 현상에 빗댄 말이다. 에코세대는 베이비부머에 비해 경제적으로 풍족한 환경에서 성장하여 교육수준이 높고 전문직에 종사하는 비율도 높다. 그러나 경기 불황과 저성장으로 취업에 어려움을 겪고 있으며, 결혼이나 출산을 미루고 있다. 2012년 통계청 발표에 따르면 베이비부머(695만 명)와 에코세대(954만 명)는 전체 인구의 34.4%를 차지하고 있다.
7) 고령사회의 문제점 및 자산형성을 통한 대처방안 관련해서는 서영미, "주요국의 가계금융자산 형성 지원제도 및 시사점", 『금융투자』 제166호(금융투자협회, 2015.4.), 56면 이하 참조.

을 위해 국가가 과도한 부채를 부담하게 되고 세금을 높일 경우 어려는 가계에 더욱 부담이 될 수 있으므로, 한계가 있을 수밖에 없다. 따라서 국민 스스로 자신의 노후생활에서 발생하게 되는 다양한 경제적 곤궁사태에 대비할 수 있는 일종의 '자립형 복지시스템'을 개발할 필요가 있다. 그중에서도 자신의 자산의 증식 및 관리를 기반으로 하는 '자산기반형 복지시스템'이 중요하다. 즉, 국민 스스로가 자산을 형성하고, 형성한 자산을 기반으로 고령사회에 대비할 수 있는 '자산기반의 자립형 복지시스템'의 발굴이 향후 복지정책의 중요한 과제가 될 것이다. 자산기반의 자립형 복지시스템의 기본적인 수단은 금융업이 될 것이고, 아래에서 살펴보는 바와 같이 금융업 중에서도 신탁업이 가장 적합한 수단이 될 것으로 생각된다.

다. 복지정책의 일환으로서 신탁의 기능 재발견

복지목적을 구현하기 위한 수단은 ① 자산관리기능을 수행할 수 있어야 하고, ② 재산출연자의 의사가 지속적으로 유지될 수 있어야 하며, ③ 복지수혜자의 개인적 현황을 충분히 반영할 수 있는 맞춤형 서비스가 가능하여야 하며, ④ 복지출연자나 금융기관의 도산으로부터 재산이 안전하게 보호될 수 있는 도산격리기능이 있어야 한다.

자본시장법상 금융투자업[8] 중 자산관리기능을 수행할 수 있는 것은 집합투자업, 투자일임업 및 신탁업이 있는데, 복지신탁을 구현하기 위한 금융업으로서 가장 적합한 것은 신탁업이다.

첫째, 신탁은 1:1 맞춤형 계약방식으로 각 위탁자와 수익자가 직면한 상황을 충분히 반영할 수 있는 자산관리서비스를 제공할 수 있다. 집합투자기구는 집합투자기구 가입자 간의 형평성, 즉 동등한 대우가 중요한 기준이 되므로, 수익자의 재산현황 및 계약목적에 맞추어 계약관계를 형성할 수 없다. 그렇지만, 신탁은 1:1 계약관계를 형성하기 때문에 수익자별로 다양한 법률관계를 구성할 수 있는 장점이 있다. 투자일임업도 자산관리업무의 하나로 볼 수 있지만, 도산절연기능이 없을 뿐만 아니라 투자자의 개입권이 강하게 보장되고 있기 때문에 복지 실현 목적에 반하여 투자자가 개입권을 행사하더라도 이를 제어할 수 있는 법적 장치가 없다.

둘째, 재산전환기능이 있어야 한다. 복지출연자가 특정 재산을 금융투자업자에게 맡긴 후에는 해당 재산으로부터 발생하는 수익은 복지출연자와 복지수혜자가 동시에 분배받아야 하는 경우가 많을 뿐만 아니라 장기간에 걸쳐 복지수혜자에게 재원을 분배하기 위해서는 복지출연

---

8) 물론 복지신탁을 전문성을 확보하는 것을 전제로 금융기관이 아닌 일반 법인, 단체 또는 개인이 수행할 수도 있지만, 일반 법인, 단체 또는 개인의 경우 신탁재산의 운용과 수익배분의 투명성을 확보할 감독기능이 부족하다는 점, 신탁계약설정을 위한 지점망이 부족하다는 점, 신탁재산을 운용할만한 전문성을 갖추기 어렵다는 점, 수탁자의 귀책사유로 신탁재산에 손해가 발생할 경우 수익자가 강제집행할 재산이 거의 없다는 점을 고려해보면, 민사신탁의 일종인 복지신탁을 금융기관인 신탁업자가 수행하는 모델이 바람직하다.

자가 출연한 자산을 질적·양적으로 전환시킬 수 있는 기능이 있어야 한다. 투자일임업은 특정 자산을 운용할 뿐 재산을 질적·양적으로 전환할 수 없다. 집합투자업은 재산전환기능이 일부 있긴 하지만, 앞에서 살펴본 바와 같이 제한적이다. 신탁업은 다양한 권리를 내포하는 복수의 수익권을 창출할 수 있고, 지급시기나 지급금액을 별도로 정할 수 있기 때문에 재산전환기능 측면에서 상당히 자유롭기 때문에 복지제공에 가장 적합한 금융업이다.

셋째, 설계의 유연성(flexibility of design)이 중요한 요소이다. 복수의 수익자가 등장하고, 복수의 수익자 간 권리관계가 다를 수 있기 때문에, 재산전환기능 못지않게 중요한 요소는 설계의 유연성이다. 집합투자업은 집합투자기구별로 다소 설계의 유연성이 발현될 수 있지만, 신탁이 확보할 수 있는 설계의 유연성에 비하면 매우 열위이다.

넷째, 도산절연기능이 확보된다. 신탁은 위탁자나 수탁자의 도산위험으로부터 절연되어, 위탁자나 수탁자의 도산시에도 신탁재산은 안전하게 보호되고, 수익자에게 지급될 수 있다. 위탁자에게 도산사유가 발생하더라도, 위탁자의 채권자는 신탁재산에서 채권을 추심하거나 신탁재산은 도산절차와 무관하게 신탁계약에 따라 수익 또는 원본을 수익자에게 지급할 수 있다.

▎ 금융투자업 간의 기능 차이 ▎

	신탁업	집합투자업	투자일임업
재산관리기능	강함	강함	강함
재산전환기능	강함	중간	없음
도산격리기능	강함	강함	없음
맞춤형 서비스 기능	강함	약함	중간
설계의 유연성	강함	약함	중간

무엇보다도 신탁법과 자본시장법은 수탁자에게 수익자 보호를 위해 높은 수준의 수탁자의무(fiduciary duty)를 부여하고 있으므로, 다른 금융업에 비해 복지수단으로서 더욱 적합하다. 즉, 신탁법은 신탁업자에게 '선관의무'와 '충실의무'를 부담시키고, 나아가 ① 이익상반행위의 금지, ② 공평의무, ③ 이익향수금지, ④ 분별관리의무 등 충실의무를 구체화한 신탁업자의 의무를 상세히 규정하고 있다(신탁법 제32조 내지 제37조).

3. 복지신탁의 유형별 거래구조

가. 장애인신탁

1) 개 념

장애인신탁이라 함은 장애인의 안정적인 생활자금을 확보할 목적으로 부모, 친척, 또는 장애인 자신이 위탁자가 되어 금전, 부동산 등 재산의 소유권을 수탁자에게 이전하고 수탁자로 하여금 장애인을 위하여 그 신탁재산을 관리·처분하도록 하는 신탁으로 복지신탁의 한 유형이다. 장애인신탁은 위탁자를 기준으로 부모, 친척 등 신탁재산을 출연하는 자가 직접 위탁자가 되어 신탁계약을 체결하고 수익자를 장애인으로 하는 타익신탁방식의 장애인신탁과 부모, 친척 등 신탁재산을 장애자에게 증여한 후 증여받은 장애인이 위탁자 겸 수익자가 되어 신탁계약을 체결하는 자익신탁방식의 장애인신탁으로 나누어 볼 수 있다. 정부는 1998년 「상속세 및 증여세법」(이하 "상증법"이라 한다)을 개정하여 자익신탁방식의 '장애인특별부양신탁'에 증여세 면세 혜택을 부여함으로써 장애인특별부양신탁을 도입하였다.

2) 법적 구조

타익신탁방식의 장애인신탁은 부모나 친척이 소유재산 중 일부를 신탁하고, 수탁자는 신탁재산을 관리·처분하여 발생하는 수익과 원본을 신탁계약에서 정한 방식(주로, 월지급식)으로 장애인인 자에게 지급하는 구조이다.

▍ 장애인신탁의 법적 구조(타익신탁형) ▍

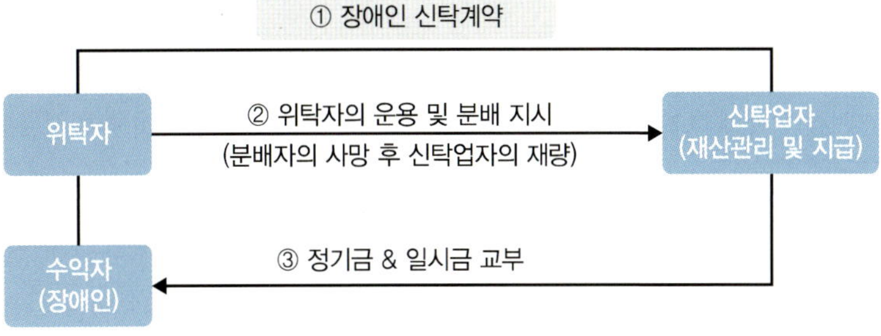

자익신탁방식의 장애인신탁은 장애인이 부모, 친척 등으로부터 증여받은 금전, 유가증권 및 부동산을 신탁업자에게 신탁하고, 신탁업자는 신탁재산을 관리·처분하여 발생하는 수익을 장애인에게 지급하는 구조이다.

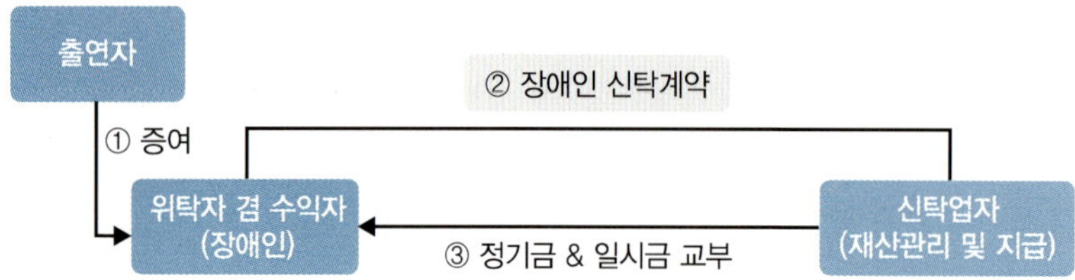

상증법상 장애인특별부양신탁은 5억 원의 한도에서 증여세 면세혜택이 있어 장애인의 복지 및 자립에 도움이 될 수 있는 기반을 마련한 것은 사실이나, ① 증여받은 재산 전부를 자본시장법에 따른 신탁업자에게 신탁하였을 것, ② 그 장애인이 신탁의 이익 전부를 받는 수익자일 것, ③ 신탁기간이 그 장애인이 사망할 때까지로 되어 있을 것[9]을 그 요건으로 정하고 있다(상증법 제52조의 2). 그리고 신탁원본이 감소된 경우 이를 증여로 간주하여 증여세를 과세하므로 신탁재산의 관리를 통하여 발생한 신탁수익만이 수익자인 장애인에게 지급된다(상증법 제52조의 2). 따라서 상증법상 장애인특별부양신탁은 매우 제한된 범위 내에서만 활용이 가능하고, 그 결과 2012년 5월 기준 수탁 건수는 14건, 수탁액은 62.5억 원에 불과한 실적을 기록하고 있다.[10]

나. 치매신탁

1) 개 념

치매신탁은 자신이 치매에 걸릴 상황에 대비하여 소유재산 중 일부에 대해 미리 신탁계약을 체결하고 수탁자는 신탁재산을 관리·운용하면서 위탁자 겸 수익자가 의료기관에 의해 치매판정을 받게 되면 치매 이후 안정적인 생활자금을 확보하기 위해 수익금 지급이 개시되는 신탁을 말한다. 스스로 치매가 발생할 경우 안정적인 생활자금 확보 차원에서 복지신탁의 한 유형으로 볼 수 있다. 그리고 치매의 경우 치료비는 물론 간병인 비용까지 상당한 재원이 필요하고, 이를 대비하기 위해 치매보험을 통하여 치매 치료비 재원 마련이 필요하므로, 치매신탁은 주로 보험과 연계될 때 그 효용성은 증대될 것이다.

2) 신탁의 구조 및 그 특징

위탁자 겸 수익자가 향후 치매 발생 시 정기적인 교부금 인출을 목적으로 자신의 재산에 대해 신탁업자와 신탁계약을 체결한다. 경증치매일 경우 행위능력이 있으므로 큰 문제가 없으

---

9) 다만, 장애인이 사망하기 전에 신탁기간이 끝나는 경우에는 신탁기간을 장애인이 사망할 때까지 계속 연장하여야 한다.
10) 최근 자료를 찾아보려 하였으나, 장애인신탁이 거의 활용되고 있지 않아 마땅한 통계치가 없는 상황이다.

나, 중증치매로 전이될 경우 행위능력이 없어져, 신탁재산에 대한 의사결정과 자신의 신상에 대한 의사결정이 불가하게 된다. 결국, 치매는 의사결정능력 부족으로 연결되므로, 중증치매로 전이 시 자신의 재산관리 및 신상에 대하여 의사결정을 대신 해줄 임의후견인이 필요하므로, 신탁계약 설정 당시 임의후견인 설정절차를 거치거나, 최소한 임의후견인 후보군을 설정해 놓아야 한다.[11]

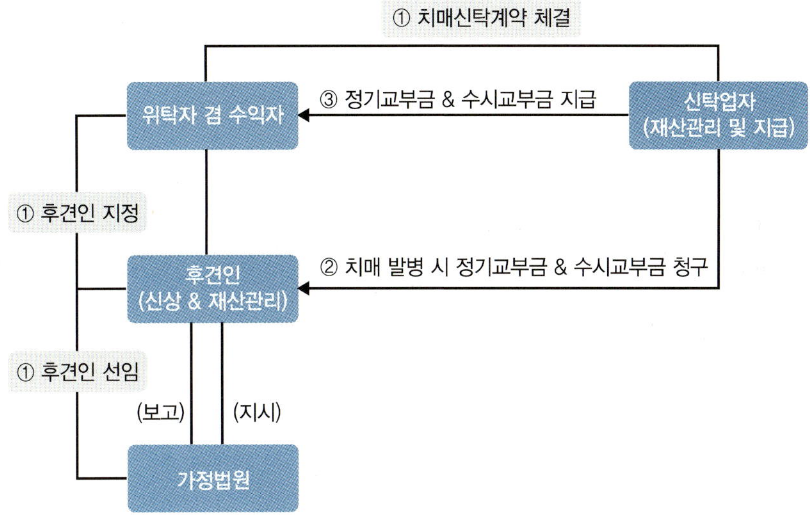

다. 생명보험신탁

1) 개 념

생명보험신탁은 피보험자가 사망하여 지급되는 보험금을 피보험자의 상속인 전부 또는 특정 상속인에게 배분하는 것으로 목적으로 설정되는 신탁을 말한다. 특히, 피보험자의 사망 시 급부되는 보험금을 상속인의 경제적 현황에 맞게 설계함으로써 경제적 자력과 재산관리능력이 없는 미성년자나 장애인의 안정적인 생활자금 마련을 그 목적으로 한다.

생명보험신탁은 보험과 신탁이 결합된 복합계약이다. 신탁회사가 일정기간 동안 보험금을 운용하면서 유족의 생활자금으로 사용할 수 있도록 수익금을 지급하거나 특정 유족에게 보험

---

11) 정봉은·이선주, "경증치매자의 보호를 위한 보험사의 신탁 설계 방안"(2015.2. 보험개발원) 참조. 이 글에 의하면, 치매환자수가 2014년에 61만 2천 명, 2030년에 약 127만 명, 2050년에 271만 명으로 매 20년마다 약 2배 정도 증가할 것이라고 한다.

금이 지급될 수 있도록 하는 것이 피보험자의 사망으로 보험금이 일시금으로 지급되는 것보다 위탁자 겸 피보험자의 뜻을 더욱 보장할 수 있다. 즉, 생명보험신탁을 활용하면 유족에게 맞춤형 보험금을 분배하고 보험금 관련 상속분쟁을 예방할 수 있다. 아울러 보험수익자가 미성년 자녀, 고령자 등 제한능력자일 경우 신탁업자가 안전하게 보험금을 운용하면서 제한능력자인 보험수익자의 안정된 생활자금을 지급할 수 있는 장점이 있다.

2) 법적 구조

생명보험신탁은 피보험자가 보험계약자로 보험계약을 체결한 후 보험금청구권을 수탁자에게 양도하고 향후 보험사고 발생 시 수탁자가 상속인에게 보험금을 지급하는 방식(보험청구권양도형 생명보험신탁)과 위탁자가 보험청구권신탁을 목적으로 금전신탁계약을 체결한 후 수탁자가 보험회사에 보험가입을 하면서 수익자가 되는 방식(보험계약자형 생명보험신탁)을 상정할 수 있다. 보험계약자형 생명보험신탁의 경우 신탁업자가 신탁재산에 속하는 금전의 운용방법에 대해 열거주의를 채택하고 있는 현행 자본시장법상 구현이 쉽지 않을 것이고, 보험청구권양도형 생명보험신탁의 경우 생명보험청구권 양도에 대해 부정적인 견해가 다수인 우리나라에서 그 구현이 가능할지는 의문이다.

생명보험신탁 방식은 보험계약자가 누구인지에 따라 다양한 형태가 있을 수 있으나,[12] 현행 보험 관련 법령상 구현이 가능할 것으로 생각되는 방식을 예로 들기로 한다.[13] 우선, 보험계약자가 보험회사와 생명보험계약을 체결하면서 본인을 피보험자로 하고 보험금을 수령하는 수익자를 법정상속인 또는 특정인으로 지정한다. 그 후 보험계약에서 발생하는 보험청구권을 신탁회사와 신탁계약을 체결하면서 보험계약의 수익자를 신탁회사로 변경한다. 보험청구권신탁계약 체결 시 보험계약자가 신탁계약의 위탁자가 되고, 기 보험수익자가 신탁재산인 보험청구권을 신탁회사에 포괄적으로 양도하는 방식이다. 이로써 보험계약에서 발생한 보험금에 대한 최종 수혜자는 신탁계약에서 지정한 신탁수익자가 된다.

---

12) 미국의 경우 생명보험증서를 생명보험신탁으로 양도하거나 신탁된 재산으로 생명보험에 가입하는 형태로 이루어진다. 그러나 우리나라의 경우 생명보험증서는 증거증권에 불과할 뿐 유가증권으로 인정될 수 없기 때문에 보험증서신탁은 구현되기 어렵고, 신탁재산인 금전의 운용방법에 보험계약의 체결이 명시되어 있지 않기 때문에 특정금전신탁계약 체결 후 신탁업자가 보험계약자의 지위에서 보험회사와 보험계약을 체결하는 방식도 활용하기 어렵다.

13) 보험금청구권신탁에 대해서는 한기정, "생명보험신탁의 법적 문제에 관한 고찰", 『보험금융연구』 제20권 제2호(보험연구원, 2009.7.).

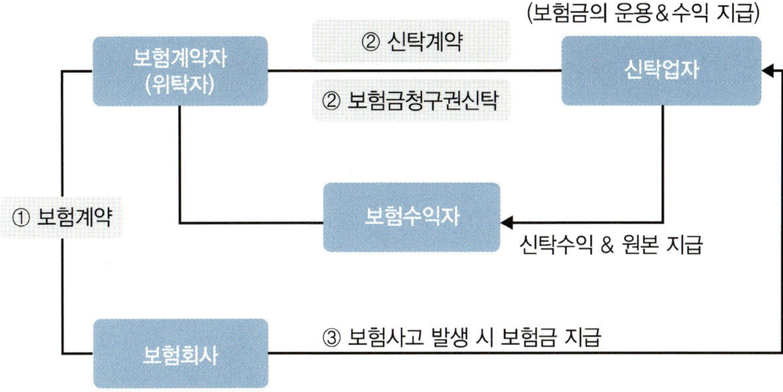

라. 후견신탁

1) 개 념

후견이란 질병, 장애, 노령 등에서 비롯된 정신적 제약으로 인하여 자기의 재산이나 신상에 관한 사무를 처리할 능력이 결여되거나 부족한 사람의 의사결정이나 사무처리를 돕기 위하여 마련한 제도이다. 제한능력자를 보호하기 위하여 마련된 제도로, 미성년자, 장애자 등을 보호를 요하는 자의 재산을 관리하고 신상을 보호함을 목표로 한다.[14] 후견신탁이란 후견제도에 맞춤형 재산관리기능이 있는 신탁업을 결합한 것으로, 사무처리할 능력이 결여되거나 부족한 사람을 수익자로 하여 신탁재산을 수탁자에게 이전하고 수탁자는 신탁재산을 관리처분하고 신탁계약의 내용에 따라 피후견인인 수익자에게 신탁의 원본 또는 이익을 교부하는 신탁을 말한다. 후견인은 피후견자의 신상에 대한 의사결정을 중심으로, 신탁업자는 피후견자의 재산관리업무를 중심으로 구성할 수 있다. 후견인에 의한 재산유용이 날로 사회적 문제로 대두되고 있고, 이를 시정하기 위해 2011년 민법을 개정하였지만, 개정 민법이 도입한 후견감독인도 후견인의 부정한 재산유용을 방지하기에는 많이 부족하다. 후견신탁은 재산관리는 독립된 신탁업자가 수행하고, 월 단위로 지급되는 정기교부금만을 후견인이 재량으로 피후견인을 위해 사용할 수 있기 때문에, 후견인에 의한 재산유용을 막고 후견인으로 하여금 스스로 피후견인의 신상보호에 전념함으로써 후견제도의 문제점을 충분히 보완할 수 있다.

---

14) 지원림, 『민법강의』(박영사, 2013), 1953면.

2) 거래구조

위탁자 자신이 의사결정능력 상실을 대비할 경우에는 '자익신탁'으로, 위탁자가 아닌 자녀 또는 배우자가 의사결정능력 상실을 대비할 경우에는 '타익신탁' 또는 '자익-타익혼합형'으로 설정할 수 있다. 자익신탁방식의 후견신탁의 거래구조는 다음과 같다. 위탁자는 신탁업자와 신탁계약을 체결함과 동시에 가정법원을 통하여 후견인을 선임한다. 가정법원은 후견인 선임 시 위탁자 겸 수익자의 일상생활에 필요한 자금을 생애주기별로 산정한다. 신탁재산은 수탁자에게 이전되고, 신탁재산의 운용을 통하여 발생한 이익(또는 부족할 경우 원본)을 가정법원이 후견개시결정 시 작성한 생애주기별 생활자금으로 활용할 수 있는 정기교부금을 후견인에게 교부한다. 위탁자 겸 수익자에게 중대 질병 등 특정한 문제가 발생할 경우 후견인의 신청 및 가정법원의 지시에 의해 신탁업자는 수익(또는 부족할 경우 원본)을 수시교부금으로 후견인에게 교부한다. 후견인이 신탁업자로부터 지급받은 정기교부금과 수시교부금을 후견목적에 따라 피후견인인 위탁자 겸 수익자를 위해 사용한다.

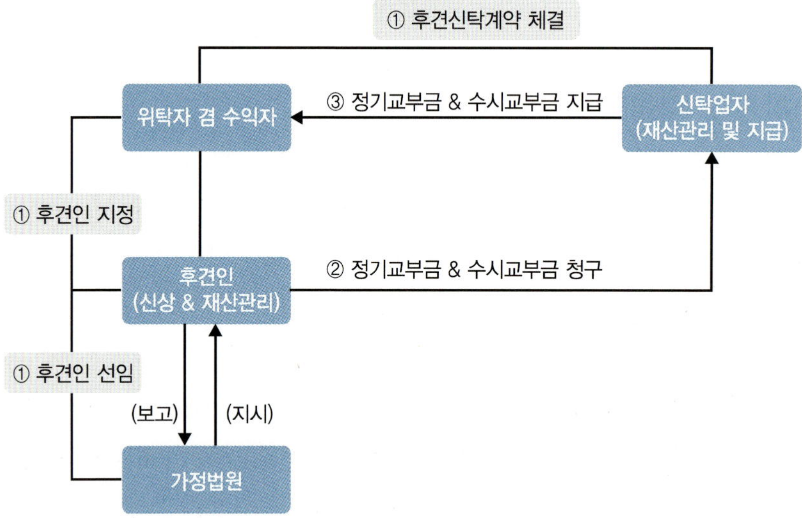

3) 후견신탁과 유언대용신탁의 접목

유언대용신탁에 후견신탁을 접목하면, 위탁자의 의사결정능력 상실 후 사망 전까지는 후견신탁으로 활용되고, 위탁자 사망 후에는 유언대용신탁으로서 상속인인 배우자와 자녀가 수익자로 변경된다. 즉, 위탁자 겸 수익자가 사망할 경우 후견신탁설정과 동시에 약정된 유언대용신탁에 따라 신탁재산의 운용 결과 발생한 이익과 원본은 수익자인 상속인에게 신탁계약에서 정한 바에 따라 지급된다.

4. 복지신탁 활성화를 위한 관련 법령 제·개정의 필요성

가. 자본시장법 개정

1) 집합운용금지규제 완화를 통한 신탁재산운용의 효율성 증대 방안

현행 자본시장법은 "신탁재산을 각각의 신탁계약에 따른 신탁재산별로 운용하지 아니하고 여러 신탁계약의 신탁재산을 집합하여 운용하는 행위"를 불건전 영업행위로 규제함으로써 복수의 신탁계약에 따른 신탁재산의 집합운용을 금지하고 있다(자본시장법 시행령 제109조). 신탁재산의 집합운용을 금지하는 취지는 신탁업과 집합투자업 간의 규제차익으로 인해 집합투자업보다 규제가 약한 신탁업이 집합투자기구로 악용될 가능성을 방지하고자 하는 것이다.[15]

우선, 하나의 신탁계약에서 복수의 위탁자 겸 수익자로부터 자금을 수탁받아 집합운용하는 방식과 합동운용신탁은 기본적으로 거래구조에서 차이가 있으므로, 합동운용신탁은 집합투자업 잠탈 수단으로 활용되는 데 일정부분 제약이 있다. 즉, 복수의 신탁재산에서 금전부분만을 인출하여 '합동운용재산'을 형성한 다음 합동운용재산으로 운용하여 증식된 재산을 최초 형성 비율로 개별 신탁재산으로 편입하는 방식의 합동운용신탁은 집합운용을 잠탈할 위험성이 높지 않다. 설령 합동운용신탁이 집합투자업을 잠탈할 위험을 내포하고 있다고 하더라도, 복지신탁에 한하여 허용함으로써 비교적 소액의 복지신탁재산의 운용효율성을 높일 필요성이 있다.[16] 소액의 복지신탁에 있어서도 집합운용을 금지할 경우 신탁업자가 복지신탁을 활발하게 설정할 유인이 없게 되고, 집합운용을 허용하게 될 경우 효율적인 운용으로 절감된 운용비용은 위탁자나 수익자에게 귀속될 수 있으므로, 위탁자나 수익자 입장에서도 집합운용을 허용할 실익은 충분히 있다. 그리고 복지신탁은 안전자산에 주로 투자하여야 하는데, 채권의 매매단위가 주로 100억 원 단위이므로, 집합운용이나 합동운용신탁을 허용하지 않는다면, 복지신탁재산을 채권으로 운용하기 어려울 것이다.

---

15) 구간투법 제정 전에는 특정금전신탁과 불특정금전신탁 모두를 신탁업자가 영위할 수 있었으나, 구간투법이 제정되면서 2004.7.부터는 예외적인 경우를 제외하고는 신탁업자가 불특정금전신탁을 추가로 설정하는 것을 불허하였고(구간투법 부칙 제6987호 제14조 제2항), 구신탁업의 하위규범인 구신탁업감독규정은 특정금전신탁의 경우 신탁재산을 합동운용(現 집합운용)하는 것을 금지하였다(구신탁업감독규정 제12조 제4항).

16) 복지신탁판매 시 해당 신탁이 복지신탁에 해당됨을 소명하고 이를 금융위원회에 등록함으로써 집합투자업 잠탈 문제를 사전에 예방할 수도 있다.

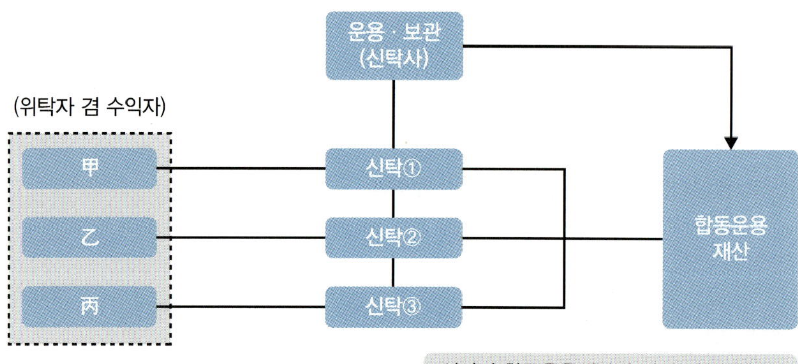

한편, 현행 자본시장법도 금전의 수탁비율이 40% 이하인 종합재산신탁에 대해서는 집합운용을 허용하고 있으나, 종합재산신탁으로 제한되어 있을 뿐만 아니라 금전수탁비율이 40% 이하라는 한도 때문에 종합재산신탁 이외 금전신탁에 활용될 수 없고, 금전수탁비율이 40% 초과하는 종합재산신탁에 활용될 수 없는 문제가 있다.

결국, 복지신탁 활성화를 위한 기본 전제로 복지신탁에 한하여 집합투자를 허용하는 방안이 가장 타당하고, 그것이 금융규제적 측면에서 어렵다면 집합운용이 허용되는 종합재산신탁의 금전수탁비율 상한선을 70% 정도로 높이는 방안을 고려할 필요가 있다.

2) 복지신탁에 있어서 광고규제의 완화

현행 자본시장법은 "특정금전신탁의 특정한 상품(신탁업자가 신탁재산의 구체적인 운용방법을 미리 정하여 위탁자의 신탁재산에 대한 운용방법 지정이 사실상 곤란한 상품을 말한다)에 대해서 정보통신망을 이용하거나 안내 설명서를 비치하거나 배포하는 등의 방법으로 불특정다수의 투자자에게 홍보하는 행위"를 불건전영업행위로 규제함으로써, 신탁상품에 대한 광고를 원칙적으로 금지하고 있다(금융투자업규정 제4-93조 제10호).

신탁상품, 특히 복지신탁상품에 대한 일반 개인의 인지도가 낮기 때문에 복지신탁상품의 활성화를 위해서는 신탁업자의 복지신탁 상품광고를 적극적으로 허용함으로써, 국민들의 복지신탁에 대한 인지도를 높일 필요가 있다. 앞에서 살펴본 복지신탁은 '신탁재산운용'을 중심으로 하는 상품이라기보다는 신탁업자가 복지목적 달성을 위해 위탁자나 수익자에게 제공하는 '서비스'가 중심이므로, 신탁재산운용 과정에서 투자자의 올바른 인식형성을 방해할 가능성이 있는 광고를 규제하는 현행 자본시장법상 신탁상품과는 달리 취급할 필요가 있다. 그리고 복지신탁을 통한 제한능력자의 안정된 삶의 유지라는 복지적 기능을 우리사회에 널리 알려서, 국민의 복지신탁 활용도를 높일 필요가 있다.

3) 재량신탁 도입을 위한 자본시장법 입법정책의 변경

복지신탁은 제한능력자의 안정된 '삶'을 위해 설정되는 것이므로, 삶에 있어서 수시로 발생하는 문제점에 대해 능동적으로 대처할 필요가 있고, 그러기 위해서는 신탁재산의 운용 및 수익배분에 있어서 상당 부분 신탁업자의 재량적 판단을 허용할 필요가 있다. 그런데 현행 자본시장법은 위탁자의 운용지시권과 운용개입권을 강하게 보장하는 구조의 신탁을 상정하고 있기 때문에 신탁업자의 신탁재산의 운용 및 수익배분에 있어서 재량권을 인정하기는 어려워 보인다. 복지신탁의 대부분은 위탁자가 사망 시에도 신탁계약에 따른 신탁재산운용과 수익배분이 그대로 유지되어야 한다. 위탁자 생존 시에는 위탁자 또는 수익자에게 수시로 발생하는 삶과 관련된 이슈에 대처할 수 있지만, 위탁자가 사망 시에는 신탁업자가 위탁자를 대신하여 이러한 삶과 관련된 이슈에 대처하여 적극적으로 대처할 수 있는 재량권 행사가 필수 전제이다. 재량권의 범위로는 수익자지정권, 수익자변경권, 수익권 분배비율 확정 또는 변경권, 신탁재산 운용방법의 변경권 등이 거론될 수 있을 것이다. 물론 위탁자는 신탁설정 당시 재량신탁 여부 및 재량권 행사의 범위를 신탁계약에 명시적으로 기재하여야 할 것이다.

나. 취소불능신탁의 법적 개념 도입의 필요성

위탁자의 사망 시 위탁자의 지위가 상속인에게 포괄적으로 승계되기 때문에 상속인들의 협의에 의해 신탁계약이 부인되거나 신탁계약을 해지하는 경우 위탁자의 의사, 즉 특정 제한능력자를 위해 신탁재산의 운용에 따른 수익과 신탁원본이 지급되어야 하는 신탁목적이 훼손될 가능성이 있다. 따라서 위탁자의 사망 시에도 신탁계약이 그대로 존속될 수 있는 일종의 '취소불능(irrevocable trust)' 또는 '해지불능'의 개념이 민법과 신탁법상 작동될 수 있도록 되어야 한다. 특히, 현행 민법이나 신탁법상 위탁자의 지위가 포괄승계될 수 있어, 해당 신탁계약의 존속 여부를 위탁자의 상속인이 결정할 수 있는 문제가 있다. 그리고 현행 자본시장법은 특정 금전신탁에서 위탁자의 개입권을 보장하지 않는 계약은 불건전영업행위로 규정하고 있어(금융투자업규정 제4-93조 제18호 및 제4-94조 제2호), 만약 '취소불능신탁' 또는 '해지불능신탁'이 도입되기 위해서는 복지신탁에 있어 위탁자 사망 시 상속인의 개입권을 보장하지 못하도록 하는 민법, 신탁법 또는 자본시장법의 개정이 필요하다.

다. 세제 혜택 부여를 위한 조세법 개정

1) 신탁의 법률관계를 반영한 조세법 일반의 개정

세제 혜택을 부여하는 현행 조세법령은 신탁의 법률관계를 염두에 두지 않고 제정된 것이 대부분이다. 국민 개인이 직접 소유하고 있는 재산에 대해서 조세법상 세제 혜택을 부여할 수 있으나, 이러한 재산에 대해 신탁계약이 체결되어 수탁자인 신탁업자에게 그 소유권이 이전되면, 국민 개인에게 부여된 조세 혜택을 위탁자 겸 수익자에게 부여할 수 있는지 불명확하고, 조세법정주의의 원칙상 해석론으로 개인에게 부여된 조세혜택이 소유권이 신탁업자에게로 이전된 후에도 그대로 적용된다고 보는 것은 법률적인 위험이 있다. 따라서 세제 혜택이 복지신탁 설정 이후에도 그대로 유지될 수 있도록 하는 입법개선이 필요하다.

2) 장애인신탁의 증여세면세제도 관련 개선점

장애인특별부양신탁의 경우 증여세면세의 요건이 매우 엄격하거나 비현실적이므로, 개정이 필요하다.[17)]

첫째, 증여세면세한도가 현행 5억 원으로 되어 있어, 저금리기조를 고려하면 장애인의 안정적인 생활을 위해 부족하므로, 10억 원으로 증액하는 것이 필요하다.

둘째, 증여세 면세요건으로 신탁재산으로부터 신탁원본의 인출이 금지되어 있어 갑작스러운 건강악화 등으로 추가비용이 발생한 경우 신탁재산으로 이를 충당하기 어렵기 때문에, 장애인 부양을 위해 특별히 필요한 사유의 경우 신탁원본인출이 가능하도록 법을 개정할 필요가 있다.

셋째, 장애인특별부양신탁은 장애인이 증여받아 스스로 위탁자 겸 수익자가 되는 자익신탁 방식만을 허용하고 있다. 부모나 친족이 위탁자가 되고 장애인이 수익자가 되는 타익신탁방식도 허용함으로써 다양한 유형의 장애인특별부양신탁의 설정이 가능하도록 할 필요가 있다. 특히, 정신적 장애를 가진 장애인의 경우 제한능력으로 인하여 자익신탁을 설정할 수 없어 장애인특별부양신탁이 가장 필요한 정신적 장애인에게는 정작 활용될 수 없기 때문이다.

라. 연기금 제도의 개선

국민연금, 공무원연금과 퇴직연금은 양도금지채권[18)]인데, 양도금지채권을 신탁재산으로 하여 신탁을 설정할 수 있는지 여부와 관련하여, 신탁의 설정은 '소유권의 이전'을 포함하고 있으므로, 양도금지채권에 대해서는 신탁설정이 불가능하다는 것이 다수의 견해일 것으로 예상된

---

17) 이 부분은 권종호, "장애인신탁 활성화를 위한 제도 개선방안", 2013년 신탁세미나를 주로 참조하였다.
18) 국민연금법 제58조, 공무원연금법 제32조, 근로자퇴직급여 보장법 제7조.

다. 위탁자에게 지급되는 국민연금과 퇴직연금도 복지신탁 목적으로 장애인 자녀나 배우자를 수익자로 하는 경우에는 연금수급권의 양도가 가능하도록 하여 신탁설정의 장애를 제거하는 내용으로 법을 개정할 필요가 있다. 아울러 현재 국민연금, 공무원연금 및 퇴직연금 수급권자가 사망할 경우 유족연금을 받을 수 있는 자가 법정되어 있는데, 연금수급권자에게 유족연금 수급권자를 지정할 수 있는 권리를 부여함으로써 연금수급권자의 의사가 반영될 수 있도록 법을 개정할 필요가 있다. 물론 연금법의 입법취지와 민법의 상속편의 기본법리를 해치지 아니하는 범위에서 신탁계약의 위탁자의 의사를 존중할 수 있도록 하는 입법 연구는 선행되어야 할 것이다.

마. 대법원의 적극적인 개입의 필요성

후견신탁의 경우는 물론이고 장애인신탁, 치매신탁, 생명보험신탁 등 대부분의 복지신탁은 신탁재산의 운용 및 수익분배의 업무와 신상감호의 업무를 동시에 하고 있으므로, 가족 및 친족 간의 분쟁사건을 담당하는 가정법원이나 대법원의 능동적인 개입이 필요하다. 대법원이 적극 개입하여 복지신탁 관련 제도설계는 물론이고 복지신탁 활용에 있어서 실무상 장애가 될 수 있는 분쟁에 대한 대비책을 사전에 마련해 놓아야 복지신탁의 활용도를 높일 수 있을 것이다.[19] 예를 들면, 장애인신탁, 치매신탁 및 생명보험신탁에서 위탁자의 사망, 정신적 장애 등이 발생할 경우 수익자인 본인이나 다른 수익자의 안정된 삶을 위해 필요로 하는 생활자금을 생애주기(life cycle)에 맞게 정한 이른바 '생애비용산출표'를 마련할 필요가 있다. 이는 마치 신체상해에 대한 손해배상금액 산정의 표준이 되는 '호프만계수'와 같은 역할을 할 것이다. 대법원은 이러한 생애비용산출표를 만들어 복지신탁의 구현 시 실무에서 발생하는 불필요한 분쟁을 사전에 예방할 필요가 있다.

---

19) 일본의 후견제도지원신탁 개발 사례가 좋은 예일 것이다. 성년후견제도에 있어서 후견인에 의한 피후견인의 재산 횡령사건이 다수 발생하자, 일본 최고재판소, 법무성 민사국, 신탁협회의 협의로 2012.2.1. 부터 "후견제도지원 신탁"을 공동으로 개발하였다. 특히, 후견제도를 관장하는 대법원이 직접 참여함에 따라 실무상 활용도를 높였다고 평가할 수 있다.

5. 결론을 갈음하며 : 복지신탁 활성화를 위한 범부처 간 협의체 구성의 필요성

경제가 저성장 국면에 들어섰을 뿐만 아니라 고령사회를 목전에 둔 우리나라는 향후 복지정책을 실행함에 있어 재원마련에 큰 문제에 봉착할 것으로 예상된다. 정부가 다양한 공적 복지정책을 펴고 있지만, 복지재원마련이라는 난제로 인해 공적 복지정책은 한계에 직면하게 될 것이다. 그렇다면 재정정책을 통한 복지재원마련의 한계를 극복하기 위해 국민 스스로 안정된 삶을 위해 재원을 마련하여야 든든한 노후생활이 보장될 수 있다. 이러한 의미에서 '자산기반의 자립형 복지시스템'이 활용될 수 있도록 법제도적 개선이 매우 절실히 필요한 시점이다. 즉, 새로운 제도 도입 또는 기존 불합리한 규제의 완화를 통하여 국민 스스로가 자산을 증대하고 노후에 대비할 수 있도록 유도하는 정책이 필요하다. 이 글은 이러한 정책 중의 하나로 신탁업자 중심의 복지신탁의 활성화를 위해 필요한 법적 과제를 검토해 보았다.

복지신탁의 활성화를 위해서는 신탁업자들이 복지신탁상품을 개발하여 국민이 널리 활용할 수 있도록 하는 것이 가장 중요하다. 그런데 위에서 살펴본 바와 같이 복지신탁을 구현함에 있어 복잡다기한 제도적 또는 법률적 장애가 발견되고 있다. 우선, 신탁업자 중심의 복지신탁 활성화를 위해서 자본시장법의 개정이 필요하다. 그리고 복지신탁은 가계에서 발생하는 문제를 해결해야 하기 때문에 우선 민법의 영역에서 법개정이나 적극적인 법해석이 필요하다. 아울러 장애인을 위한 특별법의 제정이나 상증법상 장애인특별부양신탁의 개정도 필요하다. 경우에 따라서는 복지신탁 활성화를 위해 세제 혜택을 부여하거나 신탁을 염두에 두지 않고 제정된 세법의 개정도 필요하다.

결국 복지신탁의 활성화를 위해서는 정부의 어느 한 부처가 나선다고 해결할 수 있는 것이 아니고, 자본시장법을 담당하는 금융위원회, 세법을 담당하는 기획재정부, 민법을 담당하는 법무부, 장애인특별법을 담당하는 보건복지부 및 가사소송 및 비송사건 처리 업무를 담당하는 법원이 참여하는 상설적인 '법무처 간 협의체'를 구성하여, 다양한 복지신탁상품의 개발을 체계적이고 신속하게 검토하면서 복지신탁 설정에 장애가 되는 법제도적인 문제를 통할하여 해결할 필요가 있다.

新신탁법 시행에 따른 자본시장법상의 법적 쟁점

오 영 표

【 국문 초록 】

  글로벌스탠더드에 부합하는 신탁법의 현대화를 위하여 전면 개정된 신탁법(이하 "신신탁법"이라 한다)이 2012.7.26. 시행되었다. 신탁법 개정의 주요 내용은 (i) 신탁재산의 범위를 확대하고, (ii) 유한책임신탁, 자기신탁, 사업신탁, 수익증권발행신탁, 신탁사채 등 새로운 신탁제도 도입함으로써 신탁제도를 활성화하고, 아울러 (ii) 수익권 양도 및 질권설정 방법, 다수의 수익자 간의 의사결정방법 등 신탁과 관련한 법률관계를 명확하게 규율하는 것이다. 신탁법이 전면적으로 개정됨에 따라 신탁업자에 대한 규제 및 투자자 보호를 위한 신탁업에 관한 법률인 「자본시장과 금융투자업에 관한 법률」(이하 "자본시장법"이라 한다)의 개정이 불가피하다. 금융위원회는 개정 신탁법의 내용을 반영한 「자본시장과 금융투자업에 관한 법률」 개정안을 두 차례 국회에 제출하였으나, 두 제출안 모두 18대와 19대 국회의원 임기만료로 자동폐기되었고, 현재 금융위원회는 신탁업에 대한 전면 검토 후 자본시장법 개정안을 다시 제출할 계획을 가지고 있다. 이 글은 금융위원회가 두 번째로 국회에 제출한 자본시장법 개정안[1]을 기준으로 신신탁법과 자본시장법의 조화로운 공존을 모색하는 관점에서 자본시장법 개정안과 관련한 주요 쟁점에 대해 논의하고자 한다.

  이 글의 주요 쟁점 및 개선방안은 다음과 같다. 첫째, 큰 틀에서 보면 구간투법 제정 전과 같이 신탁업자가 집합운용이 가능한 신탁업을 수행할 수 있도록 허용할 필요가 있다. 둘째, 첫째 방안이 힘들다면 최소한 수익증권발행신탁을 집합투자업의 개념정의에서 명시적으로 배제함으로써 수익증권발행신탁과 관련한 법적 불명확성을 해소하는 것이 바람직하다. 셋째, 수익증권발행신탁과 관련하여 환매제도를 도입함으로써 수익증권의 현금화 가능성을 높이고 자기신탁형 수익증권발행신탁에 있어서는 신신탁법 제36조에서 정한 수탁자의 이익 향수금지

✔ 이 논문은 『은행법연구』 제5권 제1호(2012.5.)에 게재된 내용을 다소 수정·보완한 것이다. 신탁회사가 수탁자인 가족신탁에 대한 자본시장법상 규제를 이해하는 데에 도움이 될 것으로 판단되어 이 책 부록에 넣었다.
1) 「자본시장과 금융투자업에 관한 법률」 개정안(2012.8.6. 정부제출안, 의안번호 제1901057호).

의 예외를 명시함으로써 수익증권발행구조의 다변화를 추구하도록 할 필요가 있다. 넷째, 집합투자업에 있어서는 신신탁법상의 종류수익증권의 개념을 도입함으로써 다양한 종류의 집합투자증권의 발행이 가능하도록 허용하는 것이 타당하다. 다섯째, 신탁상품이라는 개념을 도입하여 다른 금융투자업과의 체계적인 적합성을 구현할 필요가 있고, 더불어 신탁상품에 대한 광고를 전면적으로 허용하여 일반 투자자들이 다양한 종류의 신탁상품에 투자할 수 있는 길을 열어주는 것이 타당하다.

Ⅰ. 서 론

법무부는 글로벌스탠더드에 부합하는 신탁법의 현대화를 위하여 2009.1.19. '신탁법 개정 특별분과위원회'를 발족하여 신탁법 전면 개정 작업을 진행하였다. 법무부의 신탁법 개정안(이하 "신신탁법"이라 한다)이 2011.6.28. 국회에서 통과되어 2012.7.26. 시행되었다. 신탁법 개정의 주요 내용은 (i) 신탁재산의 범위를 확대하고, (ii) 유한책임신탁, 자기신탁, 사업신탁,[2] 수익증권발행신탁, 신탁사채 등 새로운 신탁제도 도입함으로써 신탁제도를 활성화하고, 아울러 (iii) 수익권 양도 및 질권 설정 방법, 다수의 수익자 간의 의사결정방법 등 신탁과 관련한 법률관계를 명확하게 규율하는 것이다.

신탁법이 전면적으로 개정됨에 따라 신탁업자에 대한 규제 및 투자자 보호를 위한 신탁업에 관한 법률인 「자본시장과 금융투자업에 관한 법률」(이하 "자본시장법"이라 한다)의 개정이 불가피하다. 금융위원회는 개정 신탁법의 내용을 반영한 「자본시장과 금융투자업에 관한 법률」 개정안을 두 차례 국회에 제출하였으나, 두 제출안 모두 18대와 19대 국회의원 임기만료로 자동폐기되었고, 현재 금융위원회는 신탁업에 대한 전면 검토 후 자본시장법 개정안을 다시 제출할 계획을 가지고 있다. 이 글은 금융위원회가 두 번째로 국회에 제출한 자본시장법 개정안(이하 "자본시장법 개정안"이라 한다)[3]을 기준으로 신신탁법과 자본시장법의 조화로운 공존을 모색하는

---

2) 영업을 신탁재산으로 하는 신탁을 '영업신탁' 또는 '사업신탁'이라고 칭하고 있는데, '상사신탁'을 의미하는 '영업신탁'과 개념의 혼동이 있을 수 있기 때문에 이 글에서는 '사업신탁'이라고 부르기로 한다.

관점에서 자본시장법 개정안과 관련한 주요 쟁점에 대해 논의하고자 한다.

그런데 신탁을 영업으로 할 경우 자본시장법상의 신탁업으로 규율되어 신탁업 인가가 필요하고, 신탁영업행위가 집합투자업의 정의에 포섭될 경우 신탁업이 아닌 집합투자업으로 규율되어 집합투자업 인가가 필요로 하는 등 신탁과 신탁업의 관계와 신탁업과 집합투자업의 관계는 일종의 '긴장관계'라고 할 수 있다. 신탁의 활성화를 위하여 신탁법을 전면적으로 개정하였지만, 자본시장법의 신탁업 및 집합투자업의 개념을 엄격하게 해석할 경우 신탁제도의 활성화라는 신신탁법의 취지가 제대로 발현되지 아니할 가능성이 있다. 따라서 자본시장법이 신신탁법상 새롭게 도입한 신탁제도를 어느 범위까지 수용할지와 수용한다면 어떠한 입법정책으로 도입하여야 신탁, 신탁업 및 집합투자업이 조화롭게 운용될 수 있느냐는 매우 중요한 쟁점사항이다.

이 글에서는 우선 거시적인 관점에서 신탁, 신탁업 및 집합투자업의 관계를 어떻게 설정하는 것이 바람직한지에 대하여 살펴본다(Ⅱ). 그리고 미시적인 관점에서 신신탁법이 새롭게 도입한 신탁제도가 자본시장법의 테두리 안에서 어떻게 적용될 수 있는지와 자본시장법 개정안에 문제가 없는지를 중심으로 신탁과 관련한 구체적인 법률적 쟁점에 대하여 검토한다(Ⅲ).

Ⅱ. 신탁·신탁업·집합투자업 간의 관계정립

1. 신탁과 신탁업

(1) 신탁과 신탁업의 개념

현행 신탁법은 신탁을 "신탁설정자(이하 "위탁자"라 한다)와 신탁을 인수하는 자(이하 "수탁자"라 한다)와 특별한 신임관계에 기하여 위탁자가 특정의 재산권을 수탁자에게 이전하거나 기타의 처분을 하고 수탁자로 하여금 일정한 자(이하 "수익자"라 한다)의 이익을 위하여 또는 특정의 목적을 위하여 그 재산권을 관리, 처분하게 하는 법률관계"로 정의하였다(신탁법 제1조 제2항). 신신탁법은 신탁을 "신탁을 설정하는 자(이하 "위탁자"라 한다)와 신탁을 인수하는 자(이하 "수탁자"라 한다)간의 신임관계에 기하여 위탁자가 수탁자에게 특정의 재산(영업이나 저작재산권의 일부를 포함한다)

---

3) 「자본시장과 금융투자업에 관한 법률」 개정안(2012.8.6. 정부제출안, 의안번호 제1901057호).

을 이전하거나 담보권의 설정 또는 그 밖의 처분을 하고 수탁자로 하여금 일정한 자(이하 "수익자"라 한다)의 이익 또는 특정의 목적을 위하여 그 재산의 관리, 처분, 운용, 개발, 그 밖에 신탁목적의 달성을 위하여 필요한 행위를 하게 하는 법률관계"로 정의함으로써 신탁재산의 범위, 신탁의 방법 및 신탁재산의 운용방법을 대폭 확대하였다(신신탁법 제2조). 그리고 자본시장법은 금융투자업을 "이익을 얻을 목적으로 계속적이거나 반복적인 방법으로 행하는 행위로서 투자매매업, 투자중개업, 집합투자업, 투자일임업, 투자자문업 및 신탁업에 해당하는 업"으로 정의하고, 신탁업을 "신탁을 영업으로 하는 것"이라고 정의하면서 "신탁"의 정의는 신탁법 제1조 제2항의 신탁의 개념을 그대로 사용하고 있다(자본시장법 제6조 제1항 및 제8항, 제9조 제23항).

신탁이라 함은 위탁자와 수탁자의 신임관계에 기하여 위탁자의 재산을 수탁자에게 이전하고 수탁자는 신탁계약에서 정한 바에 따라 신탁재산을 운용·관리·보관을 한 후 신탁의 원본 및 이익을 수익자에게 배분하여 주는 것을 말한다. 위탁자가 신탁업자에게 신탁재산을 신탁하는 목적을 기준으로 신탁을 분류하면, (i) 자산운용의 전문가인 신탁업자에게 보유자산의 운용을 맡기는 신탁(이하 "자산운용형신탁"이라 한다), (ii) 신탁업자는 위탁자의 지시에 따라 단순히 신탁재산의 보관·관리업무를 수행하는 신탁(이하 "자산관리형신탁"이라 한다), (iii) 위탁자가 자금조달을 목적으로 보유자산을 유동화하는 신탁(이하 "자산유동화형신탁"이라 한다)이 있다.[4][5]

그리고 신탁은 다양한 기능을 보유하고 있다. 첫째는 재산관리기능이다. 위탁자의 재산이 수탁자에게 이전된 이후에는 수탁자가 직접 신탁재산을 관리·처분하는 권한을 보유하면서 신탁목적을 달성하기 위하여 신탁재산의 관리·처분을 수행한다. 둘째는 재산전환기능이다. 위탁자 입장에서 보면 신탁재산이 수익권으로 전환되는바, 위탁자는 수익권을 양적으로 분할하여 보유·양도할 수도 있고 선후순위로 구조화하여 질적으로 분할하여 보유·양도할 수도 있다.[6] 셋째, 도산격리기능(bankruptcy remoteness)이다. 신탁법은 위탁자 및 수탁자의 도산으로부터 신탁재산이 안전하게 보호되도록 규정하고 있다.[7] 신탁은 이러한 다양한 기능을 가지고 있기 때문에 투자신탁, 자산유동화증권의 발행, 담보부사채의 발행 등 신탁이외의 다른

---

4) 신탁은 자산운용형신탁, 자산관리형신탁, 자산유동화형신탁 등 다양한 신탁관계가 있음에도 불구하고 자본시장법이 이러한 다양성을 무시한 채 금융투자업의 하나로 포섭하는 것에 대하여 문제를 제기하는 견해가 있다[안성포, "신탁산업과 금융투자업의 교착", 『법학논총』 제31권 제2호(전남대학교 법학연구소, 2011.8.), 155－156면 참조].

5) 부동산신탁의 경우 토지신탁(개발신탁)과 처분신탁은 자산운용형신탁이라 할 수 있고, 관리신탁과 담보신탁은 자산관리형신탁이라 할 수 있고, 금전신탁의 경우는 대부분 자산운용형신탁이라 할 수 있다.

6) 신탁의 전환기능을 (i) 권리자의 속성을 전환하는 기능, (ii) 권리자의 수를 전환시키는 기능, (iii) 수익권향유 시점의 전환기능, (iv) 재산권의 성질과 형태를 전환하는 기능으로 세분화하는 견해도 있다[안성포, "신탁제도의 발전을 위한 입법과제 – 집단신탁을 중심으로", 『비교사법』 제14권 3호(한국비교사법학회, 2007), 1025－1028면].

7) 신신탁법을 기준으로 보면, (i) 신탁재산에 대한 강제집행 및 체납처분을 금지한 제22조, (ii) 수탁자의 파산 시 신탁재산이 파산재단을 구성하지 아니함을 규정한 제23조, (iii) 신탁재산에 대한 상계를 금지한 제25조 등이 신탁재산의 독립성 또는 도산격리기능을 규정한 것이라고 볼 수 있다.

목적을 달성하기 위한 수단으로서 신탁 방식이 차용되기도 한다.

(2) 신탁법과 자본시장법의 관계

신신탁법은 신탁가능재산의 범위에 대하여 포괄주의를 채택하였다고 볼 수 있는 반면, 자본시장법 개정안은 신탁가능재산에 대하여 여전히 열거주의를 채택하고 있다. 아울러 신신탁법은 행위무능력자(미성년자, 금치산자, 한정치산자)와 경제적 무능력자(파산선고를 받은 자)를 제외하고는 수탁자의 자격에 대하여 아무런 제한을 두지 않는 반면(신신탁법 제11조), 자본시장법은 신탁을 영업으로 하는 경우 금융위원회의 인가가 필요하도록 규정함으로써 인가받은 신탁업자만이 신탁업을 영위할 수 있다(자본시장법 제11조). 이렇듯 자본시장법이 신탁과 신탁업을 엄격하게 구분하여 규율하고 있기 때문에 신탁과 신탁업 구분의 문제는 상당히 중요하다.

우선 자본시장법도 신탁법을 적용하거나 적용을 배제하는 규정을 두고 있다는 점,[8] 신신탁법은 신탁에 관한 사법적 법률관계를 규정함을 그 목적으로 하고 있는 반면 자본시장법은 신탁을 영업으로 하는 신탁업자와 투자자의 법률관계 및 투자자 보호를 위한 각종 행정규제(신탁업자의 조직과 운영에 대한 감독)를 정함을 그 목적으로 하고 있다는 점, 현행 신탁법도 신탁의 인수를 영업으로 하는 신탁영업에 대하여 규정하고 있다는 점[9]을 종합적으로 고려해 보면 신탁법과 자본시장법은 일반법과 특별법의 관계에 있다. 따라서 신탁을 영업으로 할 경우에는 자본시장법이 특별법으로 우선적으로 적용되고 자본시장법에서 신탁법을 준용하는 규정이 있거나 자본시장법이 규율하지 아니한 사항에 대해서는 신탁법이 적용될 것이다.[10]

(3) 신탁과 신탁업의 구분

자본시장법은 금융투자업을 "이익을 얻을 목적으로 계속적이거나 반복적인 방법으로 행하는 행위"로 정의하고, 신탁업을 "신탁을 영업으로 하는 것"이라고 정의하고 있다(자본시장법 제6조 제1항 및 제8항). 이러한 금융투자업 및 신탁업의 정의에서 도출할 수 있는 '업(業)'의 개념요소는 "영리성", "계속성 내지 반복성" 이라는 두 가지 요소이다. 이는 상법상 "상행위"에 요구되는 "영업성"과 관련된 판례(대법원 1998.7.10. 선고 98다10793 판결, 같은 취지의 판결 대법원 1994.4.29.

---

8) 현행 신탁법을 적용한 규정으로는 신탁의 정의를 규정한 제9조 제24항, 신탁의 합병을 규정한 제116조 제2항이 있고, 현행 신탁법의 적용을 배제한 규정으로는 신탁재산과 고유재산의 구분의 예외적용을 배제한 제104조 제1항과 수익증권의 매수를 규정한 제111조가 있다.

9) 현행 신탁법 제4조는 "신탁의 인수를 업으로 하는 때에는 이를 상행위로 한다."라고 규정하고, 제41조는 "수탁자는 영업으로서 신탁을 인수하는 경우를 제외하고는 특약이 없으면 보수를 받을 수 없다."라고 규정하고 있다.

10) 임재연, 『자본시장법』(박영사, 2012), 88면 각주 41; 김건식·정순섭, 『자본시장법』(두성사, 2010), 643면.

선고 93다54842 판결) 및 학설상 해석을 토대로 "영업"의 개념을 풀어서 쓴 것으로서 금융투자업의 행위유형에 해당하는 행위이더라도 그러한 행위가 영업활동으로 이루어진 경우에만 자본시장법의 "금융투자업"에 해당한다고 본다는 취지라 할 수 있다.[11] 결국 수탁자의 입장에서 영리목적으로 계속적 또는 반복적으로 수탁행위를 수행할 경우 이러한 수탁행위는 신탁업으로 분류되어 자본시장법의 규제대상이 된다.

수탁자가 신탁보수를 받을 경우 영리성은 쉽게 인정될 것이고,[12] 특정 수탁자가 수탁행위를 2회 이상 수행할 경우 계속성 내지 반복성 또한 쉽게 인정될 것이다. 그러면, 1회의 수탁행위를 한 수탁자에게 계속성 내지 반복성을 인정할 수 있을 것인가? 대법원은 각종 인허가를 받지 아니한 자의 영업행위에 대한 인허가 위반 사례에서 1회의 행위를 한 경우에도 계속적으로 반복할 의사가 있는 경우에는 업(業)으로 한 행위로 인정된다고 일관되게 판시하고 있다(대법원 2003.6.13. 선고 2003도935 판결, 대법원 1989.1.10. 선고 88도1896 판결 등 다수).[13] 이러한 대법원의 입장에서 보면 1회의 수탁행위를 한 수탁자라고 해서 반드시 신탁업이 아니라고 단정하기 힘들 수도 있다. 다만, 이와 관련하여 신신탁법이 다양하고 새로운 신탁제도를 도입함으로써 다양한 신탁상품의 출현과 일반 기업의 신탁을 통한 자금조달수단을 제공한다는 취지인 점에 비추어 보면 신탁업인지 여부의 판단과 관련하여 '업(業)'의 범위를 지나치게 넓게 해석하게 되면 신신탁법의 취지가 제대로 발현되지 아니할 가능성이 있다.

이와 관련하여 의미가 있는 대법원 판례가 있다. 구증권거래법위반죄(무허가[14] 영업행위)의 성립 여부와 관련하여 "증권거래법에서 증권업을 허가제로 하고 있는 이유도 일반 투자자를 보호하고 국민경제의 발전에 기여하기 위하여 증권업자의 인적, 물적, 재산적 요건을 심사하고 재무건전성과 건전한 영업질서의 준수 여부를 감독하기 위한 것인바, 영리의 목적과 동종의 행위를 반복하는지 여부 외에 위 영업형태에 따라 증권발행 여부, 판매단에 참가하거나 증권인수 여부, 주문에 응하기 위하여 증권의 재고를 유지하는지 여부, 상대방의 청약을 유인하는지

---

11) 한국증권법학회, 『자본시장법 주석서 (I)』(박영사, 2009), 35면.

12) 상사신탁에서의 영리성은 '수탁자가 유상의 보수'를 받는 경우와 수익자가 '수익권을 유상으로 취득'하는 경우에 모두 인정된다는 견해가 있다[김태진, "기업형태로서의 신탁", 『법학논총』 제31권 제2호(전남대학교 법학연구소, 2011.8.), 124면]. 한편, 금융투자업의 요건인 영리성은 반드시 이익을 추구하는 것에 국한되지 않고 수지균형을 유지하는 것도 포함하는 의미로 넓게 해석해야 한다는 견해도 있다[김건식·정순섭, 『자본시장법』(두성사, 2010), 66면].

13) 법무사가 아닌 자가 법무사의 사무를 '업으로' 하였는지의 여부는 사무처리의 반복 계속성, 영업성 등의 유무와 그 행위의 목적이나 규모, 회수, 기간, 태양 등 여러 사정을 종합적으로 고려하여 사회통념에 따라 판단하여야 할 것이고, 반복 계속하여 보수를 받고 그러한 사무를 처리하는 것은 물론, 반복 계속할 의사로써 그 사무를 하면 단 한 번의 행위도 이에 해당한다고 판시하였다(대법원 2003.6.13. 선고 2003도935 판결).

14) 인수업무를 포함한 투자매매업에 대한 인가주의를 채택한 자본시장법과 달리 구증권거래법은 증권업에 대하여 허가주의를 취했다.

여부, 스스로 매매업자나 시장조성자로 광고하는지 여부, 부수적으로 투자자문을 제공하는지 여부, 타인의 돈이나 증권을 취급하거나 타인을 위하여 증권거래를 수행하는지 여부, 지속적인 고객을 확보하는지 여부, 타인을 위하여 거래에 참가하는지 여부 등의 제반 사정을 종합적으로 고려하여 판단하여야 한다."라고 판시하였는바,[15) 16)] 증권업(現 금융투자업)을 영위한 행위인지 여부와 관련하여 단순히 영리의 목적과 동종의 행위를 반복하는지 여부 이외에 영업형태에 따라 여러 가지 사항을 종합하여 개별·구체적으로 판단해야 한다는 것이다.

　생각건대 신탁과 신탁업의 구분에 있어서 '개념적인 접근' 보다는 '규제의 필요성 측면에서의 접근'이 더 타당한 접근방법인 것으로 판단된다. 즉, 신탁업에 대하여 진입규제, 업자규제 및 행위규제를 부과시키는 이유는 투자자를 비롯한 신탁과 관련된 당사자 보호의 필요성이 많다는 점이다. 이러한 관점에서 보면 신탁보수를 받는 것을 전제로 다수의 참여자가 관여하게 되는 공모형 수익증권발행신탁, 공모형 신탁사채발행신탁, 사업신탁[17)]의 경우에는 1회의 신탁행위를 하더라도 원칙적으로 신탁업으로 규율하는 것이 바람직하다. 반면, 일반 기업이 자금조달을 목적으로 자기신탁형 수익증권발행신탁을 수차례 설정하면서 신탁보수를 받지 아니하는 경우에는 영리성이 인정되지 아니할 것이므로 신탁업으로 규율하기는 어려울 것이다. 만약 일반 기업이 자기신탁형 수익증권발행신탁을 수차례 설정하면서 신탁보수를 받는다면 신탁업으로 규율할 것인가? 수익증권이 공모로 발행될 경우에는 투자자 보호의 필요성이 많다는 점에서 신탁업으로 규율하고 수익증권이 사모로 발행될 경우에는 신탁업이 아닌 것으로 규율하는 것이 바람직할 것이다.

---

15) 이러한 판단하에 "유가증권의 매매영업에 있어서는 영리목적으로 불특정 일반고객을 상대로 하는 반복적인 영업행위가 그 요건이라 할 것이고 유가증권의 인수영업에 있어서는 유가증권의 발행회사와 인수회사와의 관계상 일반고객을 상대로 할 수 없어 영리목적으로 인적·물적시설을 갖추고 시장조성자로서 반복적인 인수행위가 있으면 인수업에 해당한다"고 판시하였다(대법원 2002.6.11. 선고 2000도357 판결). 이 판결은 "피고인 1이 실제 발행회사로부터 회사채를 직접 인수하였음에도 형식상 증권회사나 종합금융회사가 위 회사채를 인수한 것처럼 외형을 갖추고 영리목적으로 19회에 걸쳐 합계 금 5,460억 원 상당의 회사채를 인수하고 회사채를 최종적으로 매입하여 줄 일반 고객들인 투자신탁회사들과 직접 접촉하여 형식상 증권회사를 통하여 위 회사채를 다시 투자신탁회사에 매도한 일련의 과정에 비추어 피고인 1은 공소외 1 주식회사나 공소외 2 주식회사를 운영하면서 사실상 회사채 인수업무 및 매매업무를 하였다고 판단하여 피고인 1에 대한 이 사건 공소사실을 유죄로 인정한 것은 정당한 것"으로 판단하여 피고의 행위가 허가를 받지 아니하고 유가증권의 매매영업 및 유가증권의 인수영업(現 투자매매업)을 하였다고 하여 증권거래법위반죄를 인정하였다.

16) 위 각주 판례의 따름판례로「회계법인이 해외전환사채 발행회사와 용역계약을 체결한 후 실제 투자자 모집을 회계법인이 수행하고 용역수수료를 모집금액에 비례하여 받은 사례」에서 각주 15 판결과 동일한 내용을 판시하면서 회계법인의 증권거래법위반죄(무허가 모집주선)를 인정한 판례도 있다(대법원 2006.4.27. 선고 2003도135 판결).

17) 사업신탁은 회사의 특정 사업부문과 관련된 '영업'을 신탁재산으로 하여 설정된 신탁으로서 상법상 물적분할 및 분할된 신설회사의 지분매각을 통한 자금조달과 유사한 경제적 효과를 도출할 수 있다. 영업이 신탁재산이 되므로 적극재산과 소극재산 모두 신탁재산이 될 것이므로 위탁자의 기존 채권자, 신탁 이후 신규 채권자 및 신탁재산이 된 영업 부문과 관련된 근로자 등 다수의 당사자와 이해관계가 있다. 그리고 신탁 시점에서 해당 영업부문의 소극재산이 적극재산을 초과할 경우 수익자 보호 문제도 개입될 여지가 있다.

2. 신탁업과 집합투자업의 관계

(1) 특정금전신탁과 불특정금전신탁

자본시장법은 금전신탁을 두 가지로 나누어, "위탁자가 신탁재산인 금전의 운용방법을 지정하는 금전신탁"을 특정금전신탁이라고 정의하고 "위탁자가 신탁재산인 금전의 운용방법을 지정하지 아니하는 금전신탁"을 불특정금전신탁이라고 정의하고 있다(자본시장법 시행령 제103조). 즉, 위탁자의 운용지시권 보유 여부에 따라 특정금전신탁과 불특정금전신탁을 구분하고 있는데, 이러한 특정금전신탁과 불특정금전신탁의 구분기준은 구신탁업법의 정의를 그대로 승계한 것이다. 아울러 불특정금전신탁은 위탁자의 운용지시권이 없다는 점에 착안하여 불특정금전신탁이 집합투자와 동일한 개념으로 사용되고 있다.

위탁자의 운용지시권에 대응되는 개념으로 수탁자의 운용재량권을 상정할 수 있는바, 위탁자의 운용지시권이 보장된다는 것이 바로 수탁자의 운용재량권이 인정되지 않는다는 것을 의미하지는 않는다. 신탁은 위탁자와 수탁자의 특별한 신임관계에 기하여 위탁자가 자신의 재산에 대한 운용권한을 수탁자에게 위임하는 것이므로 수탁자의 운용권한은 신탁계약에서 위탁자가 어떻게 정하느냐에 따라 다양할 수 있다. 즉, 수탁자의 운용권한의 범위를 기준으로 신탁을 구분하여 보면, (i) 수탁자가 포괄적으로 운용재량권을 행사할 수 있는 신탁(이하 "포괄재량형 신탁"이라 한다), (ii) 수탁자가 부분적으로 운용재량권을 행사할 수 있는 신탁(이하 "부분재량형 신탁"이라 한다) 및 (iii) 수탁자가 운용재량권을 전혀 행사할 수 없는 신탁(이하 "단순관리형 신탁"[18] 이라 한다)으로 구분해 볼 수 있다.[19] 특히 특정금전신탁에서 위탁자는 금전의 운용방법으로 광의의 운용대상만을 특정하고 구체적인 운용대상 및 운용대상 간의 구성비율(포트폴리오, portfolio)의 결정에 대해서는 수탁자에게 재량권이 부여되는 것이 일반적인바([그림 1] 참조), 이러한 특정금전신탁계약은 위의 개념 분류에 의하면 '부분재량형 신탁'으로 구분할 수 있다. 따라서 금전신탁의 종류를 위탁자의 운용지시권 유무에 따라 특정금전신탁과 불특정금전신탁으로 단순하게 이분하고 위탁자의 운용지시권이 없다는 점을 중시하여 불특정금전신탁을 집합투

---

18) 자본시장법은 수탁자에게 신탁재산의 처분 권한이 부여되지 아니한 신탁인 '관리신탁'의 수익권을 금융투자상품의 정의에서 제외하되(자본시장법 제3조 제1항 제2호), 자본시장법 개정안은 관리신탁이 수익증권을 발행할 경우에는 그 수익증권은 투자자 보호의 필요성이 있다고 판단하여 금융투자상품의 정의에 포함시켰다(자본시장법 개정안 제3조 제1항 제2호).

19) 자본시장법 시행령이 규정하는 특정금전신탁과 불특정금전신탁의 구분 기준인 '운용방법의 지정'에 대한 해석으로도 동일한 결론을 도출할 수 있다. 즉, 위탁자가 지정하는 대상은 '운용방법'인데, '운용방법'은 금융투자상품의 종류, 종목, 비중을 포함하는 개념이므로, 위탁자는 종류로 운용방법을 특정할 수도 있고, 구체적인 종목과 비중을 특정할 수도 있다. 운용방법 지정을 '종류'로 할 경우 신탁업자는 다양한 운용재량을 가지게 되고, 운용방법을 '종목과 비중'으로 지정할 경우 신탁업자는 운용재량을 보유할 수 없게 된다.

자기구와 동일하게 취급하는 것은 바람직하지 않다. 그런데 구신탁업법, 「구간접투자자산운용업법」(이하 "구간투법"이라 한다) 및 현행 자본시장법이 금전신탁을 특정금전신탁과 불특정금전신탁으로 일관되게 구분하고 있으므로, 이 글에서는 이러한 개념정의를 그대로 사용하기로 한다.

▍[그림 1] 특정금전신탁계약상의 운용방법(예시) ▍

특정신탁자금 운용방법

다음의 신탁자금운용방법(1. 내지 25.에서 정한 방법) 중에서 운용방법을 지정하여 [별표2]의 신탁재산 운용지시서에 직접 기재하고 날인하여 주시기 바랍니다.

1. 대출금	10. 외화증권	19. 공사채형 수익증권
2. 콜론	11. 보증어음	20. 주식형 수익증권
3. 환매조건부채권	12. 자유금리기업어음*	21. 기타의 증권
4. 국 채	13. 표지어음	22. 부동산의 매입 및 개발
5. 통화안정증권	14. 중개어음	23. 증권지수의 선물거래
6. 기타 금융채	15. 발행어음	24. 증권의 옵션
7. 지방채	16. 양도성예금증서	25. 기타 자본시장과 금융투자업에 관한 법률 및 동법 관계 법령에서 정한 방법
8. 사 채	17. 신용카드채권	
9. 주 식	18. 개발신탁수익증권	

(2) 불특정금전신탁의 폐지

구간투법 제정 전에는 특정금전신탁과 불특정금전신탁 모두를 신탁업자가 영위할 수 있었으나, 구간투법이 제정되면서 2004.7.부터는 예외적인 경우를 제외하고는 신탁업자가 불특정금전신탁을 추가로 설정하는 것을 불허하였다(구간투법 부칙 제6987호 제14조 제2항). 아울러 구신탁업의 하위규범인 구신탁업감독규정은 특정금전신탁의 경우 신탁재산을 합동운용(現 집합운용)하는 것을 금지하였다(구신탁업감독규정 제12조 제4항).

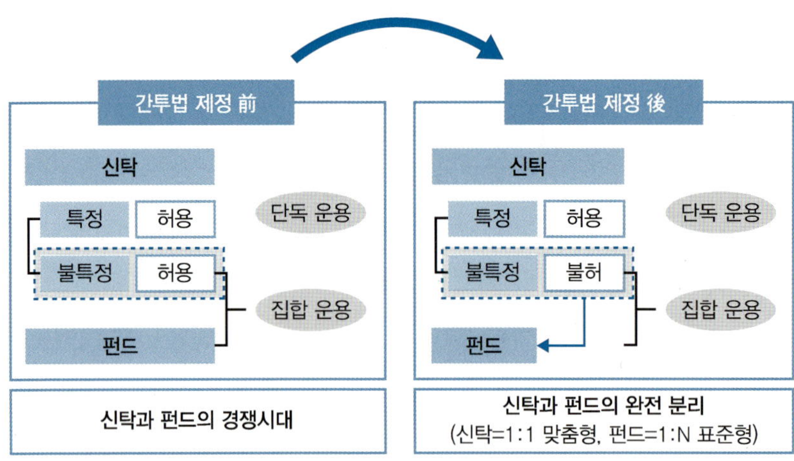

▌[그림 2] 구간투법 제정 이후 신탁과 펀드의 관계 ▌

이러한 규제 방향은 자본시장법하에서도 그대로 유지되었다. 즉, 자본시장법은 신탁업자가 복수의 신탁계약에 따른 신탁재산을 집합하여 운용하는 행위를 원칙적으로 금지하고 있다(자본시장법 시행령 제109조 제3항 제5호). 자본시장법의 기본적인 규제 방향은 금융투자업자와 관계하는 '투자자 수(數)'의 측면에서 '1:N의 표준형'인 집합투자와 '1:1 맞춤형'인 신탁으로 개념상 명확히 구분하는 것이다.[20]

(3) 금융투자업규정상의 신탁계약의 맞춤성 요건

금융투자업규정은 집합투자와 신탁의 구분으로 '적극적 맞춤성 요건'을 보다 구체적으로 규정하였다. '특정 증권 등의 취득과 처분을 각 계좌재산의 일정비율로 정한 후 여러 계좌의 주문을 집합하는 행위'를 원칙적으로 금지하였다(금융투자업규정 제4-93조 제21호).[21] 그리고 '금전신탁의 경우 투자자의 연령·투자위험감수능력·투자목적·소득수준·금융자산의 비중 등 재산운용을 위해 고려가능한 요소를 반영하여 투자자를 유형화하고 각 유형에 적합한 방식으로 신탁재산을 운용하지 않는 행위'를 불건전 영업행위로 규정함으로써 간접적으로 신탁계약의 '1:1 맞춤형 계약성'을 강화하였다(금융투자업규정 제4-93조 제26호).[22]

---

20) 금융감독당국은 주로 투자일임업에 대한 규제 방향을 설정하면서 투자일임업에 대한 규제를 특정금전신탁에 그대로 적용하여 왔다(금융위원회의 2006.12.15. 정례브리핑 「간접투자·금전신탁·일임형 랩의 효율적인 감독방안」, 2007.5.3. 보도자료 「펀드·금전신탁·투자일임 상품 간의 구분기준 마련 등 감독강화방안」, 2010.9.15. 보도자료 「투자일임 제도개선방안」 및 2011.10.21. 보도자료 「투자자 보호를 위한 투자일임업 제도개선 방안 마련 – 적극적 맞춤성 요건 및 자문형 랩 운영 모범규준 제정」 참조).

21) 다만, 투자자를 유형화하여 각 유형에 적합한 방식으로 신탁재산을 운용하는 경우에는 그러하지 아니하다.

1) 비율주문과 집합운용

금융투자업규정은 각 계좌 재산의 일정비율로 특정 증권의 취득과 처분에 대한 주문(이하 "비율주문"이라 한다)이 집합하여 제출되는 방식([그림 3]의 ①)을 '집합운용'으로 분류하고, 각 계좌별 투자판단이 달리 이루어지고 단지 취득과 처분에 대한 주문만을 취합하여 제출되는 방식([그림 3]의 ②)을 '집합주문'으로 분류하겠다는 기준이 제시하였다.[23] 다만, 투자자를 위험감수능력에 따라 유형화한 경우에는 그 유형에 포함된 투자자의 주문을 모아 비율주문을 집행하는 것은 허용하였다(금융투자업규정 제4-93조 제21호).[24]

❚ [그림 3] 집합운용과 집합주문의 구분 도식[25] ❚

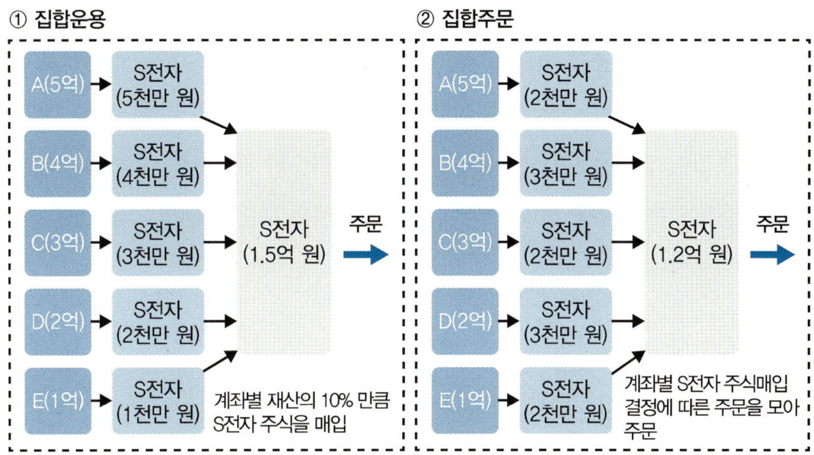

2) 투자자유형 분류 및 투자자유형별 자산배분유형군 신설

한편, 적극적 맞춤성 요건의 실효성 확보와 관련하여 중요한 것은 '투자자의 유형 분류'와 '투자자 유형과 자산배분안과의 일치(matching)'인데, 금융투자상품에 대한 투자권유에 있어서의 일반적인 투자자 유형 분류기준인 '투자목적, 투자경험 및 재산상황'에 더하여 '연령, 투자위험감수능력, 소득, 금융자산 등'을 추가하였고, 자산배분유형군 분류에 있어서도 동일 자산배분유형군 내에서 최소 2개 이상의 세부적인 자산배분유형군을 제시하도록 하였다.[26]

---

22) 다만, 투자자가 운용대상을 특정종목과 비중 등 구체적으로 지정하는 특정금전신탁은 제외한다.

23) 이러한 기준에 의할 경우 결국 증권의 매매를 주요 운용방법으로 하는 집합투자기구와 신탁의 구분기준은 '비율주문'인지 아닌지에 따라 달라질 것이다.

24) 따라서 신탁업자가 투자자를 세부적으로 유형화하고, 동일 유형의 투자자의 신탁재산으로 증권을 매매할 경우 비율주문도 가능하다.

25) 금융위원회의 2010.9.15.자 보도자료, 「투자일임 제도개선방안」 참조.

26) 금융위원회의 2011.10.21.자 보도자료, 「투자자 보호를 위한 투자일임업 제도개선방안 마련 – 적극적 맞춤성 요건 및 자문형 랩 운영 모범규준 제정」 참조.

(4) 신탁업 및 집합투자업의 구분에 대한 바람직한 규제방향

현행 자본시장법은 '집합운용의 가부'를 기준으로 신탁업과 집합투자업을 명확히 구분하고 집합투자업의 경우 집합운용을 허용하면서 신탁업의 경우에는 집합운용을 불허하고 있다. 그리고 비율주문이라는 개념으로 신탁에서 금지되는 집합운용인지 아니면 신탁에서 허용되는 집합주문인지를 구분한다. 그러나 (i) 연혁적으로 볼 때 구간투법 제정 전 신탁업법은 집합운용이 가능하였던 불특정금전신탁을 허용하였다는 점, (ii) 집합투자에 대한 이론적 개념에는 집합운용이라는 개념요소가 포함되어 있다고 볼 수 있으나 그렇다고 신탁의 개념에서 집합운용의 금지라는 개념요소를 도출할 수 없다는 점, (iii) 신탁업에 집합운용을 허용하더라도 이로 인하여 발생할 수 있는 투자자 보호의 문제는 집합투자업에 준하는 영업행위규제를 통하여 달성할 수 있다는 점 등을 종합적으로 고려해 보면 신탁업과 집합투자업에 대한 현행 자본시장법의 입법정책이 바람직하다고 볼 수 없으며, 이로 인하여 신탁의 활성화가 저해되므로 차라리 구간투법 제정 전과 같이 집합운용형 금전신탁을 허용하되 다수의 투자자를 대상으로 영업을 한다는 점에서 투자자 보호를 위한 신탁업자의 영업행위규제의 수준을 높이는 입법정책으로 선회하는 것이 바람직하다.[27]

3. 유사신탁업자 제도 도입 관련 법적 쟁점

(1) 유사신탁업자의 개념 도입

자본시장법 개정안은 신탁업자가 아닌 자가 수익증권발행신탁을 설정하거나 자기신탁을 설정할 경우 투자자 보호의 필요성이 많다고 판단하여 이러한 자를 "유사신탁업자"로 규정하고 신탁업자의 규제 중 일부를 준용하도록 하였다. 첫째, 유사신탁업자가 수익증권을 발행할 경우 신탁업자의 수익증권발행과 관련한 규정을 준용하였다(개정안 제110조의 3 제1항). 둘째, 유사신탁업자가 수익증권을 발행하거나 자기신탁을 설정하는 경우에는 금융위원회의 유사신탁업자에 대한 자료제출요구권을 신설하고 유사신탁업자에게 내부통제기준을 제정하고 준수하도록 하였다(개정안 제110조의 3 제2항 및 제3항). 셋째, 유사신탁업자가 수익증권을 발행할 경우 투자

---

27) 같은 견해로 안성포, "신탁제도의 발전을 위한 입법과제 – 집단신탁을 중심으로", 『비교사법』 제14권 3호(한국비교사법학회, 2007), 1037면. 더구나 자본시장법 시행의 취지와는 달리 금융투자업자에게 단종집합투자업 이외에 종합집합투자업 인가를 적극적으로 내어 주지 않는 금융감독당국의 인가정책을 보면 더욱 집합운용이 가능한 신탁을 허용하는 것이 바람직하다고 본다.

매매업에 관한 인가를 받은 것으로 간주하였다(개정안 제110조의 3 제1항 및 제110조 제2항).[28] 이로써 자본시장법과 신탁법을 종합하여 보면, 신탁을 신탁받는 주체는 (i) 일반 수탁자, (ii) 유사신탁업자, (iii) 신탁업자로 구성된다.

(2) 유사신탁업자와 신탁업

자본시장법 개정안에 따르면 신탁업자의 경우 진입규제, 업자규제, 영업행위규제를 모두 받게 되나, 유사신탁업자의 경우 진입규제는 없고 업자규제의 일부(내부통제기준과 자료제출요구권)와 영업행위규제의 일부를 적용받도록 되어 있어 신탁업자와 유사신탁업자는 규제의 측면에서 크게 다르다([그림 4] 참조). 그런데 자본시장법 개정안은 유사신탁업자라는 개념을 신설하여 유사신탁업자에게는 신탁업자의 업자규제 및 행위규제에 대하여 준용하도록 하고 있을 뿐 정작 유사신탁업자가 수탁업무를 영업행위로 수행할 수 있느냐의 문제에 대하여 침묵하고 있다.

▌ [그림 4] 일반 수탁자, 유사신탁업자, 신탁업자 및 집합투자업자 간의 규제 비교 ▌

신탁법	자본시장법		
수탁자	유사신탁업자	신탁업자	집합투자업자
신탁을 인수하는 자	자기신탁/수익증권 발행신탁의 수탁자로서 신탁업자가 아닌 자	신탁을 영업으로 하는 자로서 신탁업 인가를 받은 자	집합투자를 영업으로 하는 자로서 집합투자업 인가를 받은 자
진입규제(無) 업자규제(無) 행위규제(無)	진입규제(無) 행위규제(有) 자료제출요구권(有) 내부통제기준(有)	진입규제(有) 업자규제(有) 행위규제(有)	진입규제(有) 업자규제(有) 행위규제(有)

이와 관련하여 두 가지 견해를 생각할 수 있다. 우선, 자본시장법은 신탁업을 규율하는 법이므로 업이 아닌 행위에 대해서는 자본시장법이 적용될 여지가 없다는 점, 자본시장법 개정안이 '유사신탁업자'라는 용어로 도입한 것에 착안하여 영리목적으로 계속적 또는 반복적으로 유사신탁업을 할 수 있도록 허용하겠다는 취지로 해석될 수 있다는 점을 고려하여 유사신탁업자는 수익증권발행신탁업무 또는 자기신탁업무를 영업으로 할 수 있다는 견해(이하 "영업행위가능성

---

28) 유사신탁업자가 수익증권을 발행하는 경우 신탁업자 아닌 자가 투자매매업인가를 받은 것으로 간주하는 것은 진입규제 측면에서 문제가 있을 수 있는데, 자본시장법 개정안 제110조의 3 제1항이 자본시장법 제110조를 전부 준용하고 있으므로 해석할 수는 없어 보인다.

설"이라 한다)가 있을 수 있다. 한편, 자본시장법 개정안은 신탁업에 대한 정의를 수정하지 아니한 채 유사신탁업자에 대한 정의만을 신설하였다는 점, 유사신탁업자에게 영업으로 신탁업을 할 수 있도록 허용할 경우 신탁업과 유사신탁업의 구분이 명확하지 않아 감독규제에 문제가 있고 신탁업 인가주의를 채택한 자본시장법의 기본취지에도 맞지 않다는 점에 착안하여 유사신탁업자가 수탁행위를 영업으로 수행하는 것이 불가하다는 견해(이하 "영업행위불가설"이라 한다)가 있을 수 있다.

유사신탁업자의 신탁업무 범위를 영업행위로 수행하는 것까지 허용한다면 신탁업을 인가제로 운용하고 있는 자본시장법의 기본적인 방향에 맞지 아니하다는 점과 신탁업자의 불법행위로부터의 투자자 손실보전을 위한 최소한의 자본규제가 필요하므로 영업행위규제의 적용만으로는 투자자 보호에 미흡하다는 점을 고려해 보면 영업행위불가설이 타당한 것으로 판단된다. 다만, 입법론적으로는 신탁업에 대한 인가제도보다는 다소 완화된 유사신탁업자에 대한 등록제도[29]를 자본시장법에 도입하여 유사신탁업자에게 유사신탁업을 영업으로 할 수 있도록 허용하되, 투자자 보호를 강화하고 유사신탁업자의 수탁행위에 대한 금융감독원의 자료제출요구권이 효율적으로 작동될 수 있도록 하는 것도 하나의 대안이 될 수는 있을 것이다.[30]

Ⅲ. 新신탁법 시행에 따른 자본시장법상의 법적 諸문제

1. 신탁가능재산의 포괄주의

신신탁법은 신탁가능재산의 범위를 "재산권"에서 "재산(영업이나 저작재산권의 일부를 포함한다)"으로 포괄적으로 규정하면서 영업까지 신탁재산으로 포함하고 있는 반면(신신탁법 제2조), 현행 자본시장법은 신탁업자가 수탁할 수 있는 신탁재산을 "금전, 증권, 금전채권, 동산, 부동산,

---

29) 물론 신탁업자의 인가요건에 비하여 유사신탁업자의 등록요건을 상당히 완화할 필요는 있다.

30) 일본 신탁업법은 우리나라 유사신탁업에 해당되는 자기신탁과 관련하여 공모일 경우 신탁업 등록을 하도록 하고 있다. 즉, 일본 신탁업법은 당해 신탁의 수익권을 다수의 자(50명 이상)가 취득할 수 있는 경우로서 정부령에서 정하는 자기신탁의 경우 자기신탁을 설정하려는 자는 내각총리대신의 등록을 받아야 한다고 규정함으로써 일종의 공모형 자기신탁을 신탁업법의 규제대상으로 일정 부분 포섭하고 있다(일본 신탁업법 제50조의 2, 동 시행령 제15조의 2). 다만, 최소자기자본 규모 등 등록요건은 신탁업 면허요건보다는 훨씬 완화되어 있다.

지상권, 전세권, 부동산임차권, 부동산소유권 이전등기청구권, 그 밖의 부동산 관련 권리, 무체재산권(지적재산권 포함)"으로 열거하고 열거되지 아니한 재산을 수탁하는 것을 금지하고 있다(한정적 열거주의, 법 제103조).[31] 그러나 신탁업의 다양화 내지 활성화를 도모하기 위하여 수탁재산의 제한과 같은 사전예방적인 규제보다는 행위규제와 같은 사후규제를 강화하여 신탁가능재산의 범위 제한을 철폐하고 모든 재산을 수탁가능한 재산으로 하는 입법이 옳다는 견지에서 신신탁법이 신탁가능재산의 범위를 확대한 것은 바람직하다. 그리고 신탁업을 규율하는 자본시장법도 같은 취지에서 신신탁법의 취지에 맞춰 자본시장법도 한정적 열거주의에서 포괄주의로 전환할 필요가 있다.

그런데 자본시장법 개정안은 신탁재산의 포괄주의를 도입하지 아니한 채 "기존 신탁가능재산에 관한 담보권"과 "기존 신탁가능재산과 관련되거나 이에 수반되는 채무"를 추가하는 정도에 그치고 사업신탁을 도입하지 아니한 것이 아쉽다. 사업신탁을 이번 자본시장법 개정안에 포함시키지 아니한 이유와 관련하여 금융위원회는 사업신탁의 경우 투자자의 피해 가능성, 신탁업자의 경영건전성 저해 우려 등을 들고 있다.[32] 그러나 투자자 피해 가능성은 신탁업자의 영업행위규제로 방지할 수 있고, 신탁업자의 경영건전성 저해 우려는 신탁업자의 건전성 규제로 충분히 방지할 수 있다고 본다.

2. 자기신탁

(1) 자기신탁 허용

현행 신탁법은 신탁의 설정방식으로 "위탁자와 수탁자 간의 계약" 또는 "위탁자의 유언"에 의하여 설정하는 방식만을 규정하고 있으므로 자기신탁이 가능한지 여부에 대해서는 긍정설[33]

---

31) 신탁재산의 범위에 대하여 한정적 열거주의를 취하게 된 이유는, 구신탁업법이 1922년 일본의 신탁업법을 그대로 받아들인 데서 기인하는데, 신탁재산을 구신탁법처럼 재산권 일반으로 하게 된다면, 어떠한 위험이 발생하게 될지 예측할 수 없기 때문에 사전예방적 관점에서 인수할 수 있는 재산을 통상 안전하고 확실하게 관리처분할 수 있는 것으로 인정된 재산에 한정하여 신탁회사로 하여금 전형적인 신탁업에 전념하도록 하기 위한 것이었다(한국증권법학회, 앞의 책, 440면).

32) 2012.3.22.자 금융위원회 보도자료, "자본시장과 금융투자업에 관한 법률 개정안 입법예고" 참조.

33) 긍정설은 현행법에 신탁선언행위를 금지하는 명시적 규정이 없다는 점, 법 제1조에서 구분되어 사용되는 '위탁자'와 '수탁자'는 '위탁자 지위'와 '수탁자 지위'를 의미하는 것이지 특정인을 표시하는 것이 아니므로 동일인에게 그 지위가 귀속될 수 있다는 점, 신탁설정에 의한 실질적인 권리는 수익자에게 이전되는 것이므로 신탁선언에 의한 신탁이 적법하게 성립하였다면 그 신탁재산을 집행면탈재산이라고 볼 수 없다는 점을 근거로 들고 있다[이중기, 『신탁법』(삼우사, 2007), 34 – 37면; 법무부, 『신탁법 해설』(2012), 31면].

과 부정설[34]이 대립하고 있으나 부정설이 통설적 견해였다(현행 신탁법 제2조). 다만, 투자매매업 또는 투자중개업 겸영 은행 및 보험회사의 투자자예탁금의 자기신탁(자본시장법 제74조 제1항),[35] 「자산유동화에 관한 법률」(이하 "자산유동화법"이라 한다)에 따른 신탁업자의 유동화목적의 자기신탁(자산유동화법 제16조 제2항)[36] 및 「한국주택금융공사법」에 따른 주택저당증권발행 관련 자기신탁(한국주택금융공사법 제32조)[37]은 예외적으로 허용되었다. 자기신탁을 금지한 이유는 위탁자와 수탁자가 동일인이 될 경우 신탁재산의 독립성 보장이 힘들고 사해행위 목적으로 자기신탁이 악용될 수 있기 때문이다.

그러나 신탁선언을 통한 자기신탁이 인정되면 특수목적회사(SPC)를 설립하거나 채권자를 변경할 필요가 없이 기업이 스스로 수탁자가 되어 보유자산을 신탁재산으로 유동화하여 자금을 조달할 수 있다는 점과 신탁선언을 하게 되면 사업에 필요한 신탁재산을 자신의 사업에 계속 사용하면서 그 사업에서 얻어질 수익권을 판매하는 방식으로 용이하게 자금을 조달할 수 있다는 점을 고려하여 신신탁법은 자기신탁을 허용하였다.[38] 즉, 신신탁법은 신탁의 목적, 신탁재산, 수익자 등을 특정하고 자신을 수탁자로 정하는 위탁자의 신탁선언을 통하여 신탁을 설정할 수 있도록 하였다(신탁법 제3조 제1항 제3호).[39] 자본시장법 개정안도 투자자예탁금의 별도예치의 방법으로써 자기신탁을 명문으로 허용하였다(자본시장법 개정안 제74조 제2항).[40] [41]

---

34) 부정설은 현행법 제1조와 제2조는 위탁자와 수탁자가 다른 사람임을 전제로 하고 있다는 점, 위탁자가 집행면탈의 목적으로 자기 재산을 신탁재산으로 정하여 채권자를 해할 위험이 있다는 점, 신탁선언의 의사표시 유무 또는 내용이 애매하여 법률관계가 불명확해진다는 점, 의무이행이 불완전하여지기 쉽다는 점 등을 그 근거로 들고 있다[안성포, "유동화에 따른 신탁재산의 독자성에 관한 소고", 『증권법연구』 제7권 제2호(한국증권법학회, 2006.6.), 298-299면; 법무부, 앞의 책, 31면].

35) 겸영금융투자업자 중 대통령령으로 정하는 투자매매업자 또는 투자중개업자는 제1항에 불구하고 투자자예탁금을 제1항에 따른 예치 또는 신탁 외에 신탁업자(증권금융회사를 제외한다. 이하 이 조에서 같다)에게 신탁할 수 있다. 이 경우 그 투자매매업자 또는 투자중개업자가 신탁업을 영위하는 경우에는 「신탁법」 제3조 제1항에 불구하고 자기계약을 할 수 있다(자본시장법 제74조 제1항).

36) 신탁업자는 자산유동화계획에 따라 유동화자산을 양도 또는 신탁함에 있어서 「신탁법」 제3조 제1항, 민법 제563조 및 제596조의 규정에 불구하고 자기계약을 할 수 있다(자산유동화에 관한 법률 제16조 제2항).

37) 한국주택금융공사법 제32조【주택저당증권의 발행 등】① 공사는 「신탁법」 제3조 제1항에도 불구하고 채권유동화계획에 따라 자신을 수탁자로 하는 신탁을 설정하여 주택저당증권을 발행할 수 있다. 〈개정 2011.7.25.〉
② 제1항에 따른 신탁설정은 이를 금융위원회에 등록한 때부터 그 효력이 발생한다.
③ 주택저당증권은 무기명식(無記名式)으로 발행한다. 다만, 주택저당증권의 수익자가 청구하면 기명식으로 발행할 수 있다.
(이하 생략)

38) 임채웅, "신탁선언의 연구", 『BFL』 제39호(서울대학교 금융법센터, 2010.1.), 13면; 법무부, 앞의 책, 32면.

39) 다만, 공익신탁을 제외하고는 자기신탁을 '공정증서를 작성하는 방법'으로 하여야 하고 신탁을 해지할 수 있는 권한을 유보할 수 없도록 함으로써 자기신탁이 악용될 수 있는 소지를 없앴다(신신탁법 제3조 제2항).

40) 아울러 향후 하위법령을 개정할 때, 자기신탁에 따른 투자자 및 채권자 보호장치로서 자기신탁계정을 회계감사 대상에 포함시키고 자기신탁 계정의 분별관리의무를 강화할 예정이다(2012.3.22.자 금융위원회 보도자료, "자본시장과 금융투자업에 관한 법률 개정안 입법예고" 참조).

41) 현행 자본시장법은 '자기신탁'이라는 용어 대신에 '자기계약'이라는 용어를 사용하였는데, 신신탁법이 자기신탁이라

이로써 유동화법에 따른 자산보유자의 적격요건과 자산의 적격요건에 해당되지 아니하는 자산을 보유한 일반 기업의 자금조달 방식이 확대된 것이다. 그리고 자기신탁은 위탁자와 수탁자가 동일인이므로 소액다수의 대출채권의 유동화에 있어서 지명채권 양도절차의 이행에 소요되는 비용을 절감할 수 있게 되었다.[42]

(2) 자익신탁형 자기신탁

신탁법이나 자본시장법은 특별히 규정하고 있지 않으나, 해석상 일반적으로 위탁자가 수익자의 지위를 겸하는지 여부를 기준으로 위탁자가 동시에 수익자가 되는 '자익신탁'과 위탁자와 수익자가 다른 '타익신탁'이 모두 허용된다. 그런데 신신탁법 제36조[43]는 현행 신탁법 제29조와 마찬가지로 수탁자는 누구의 명의로도 신탁의 이익을 향수하지 못하므로 자기신탁의 경우 자익신탁의 방식을 취할 수는 없을 것이다.[44] 다만, 수탁자가 공동수익자의 1인인 경우에는 수탁자가 신탁의 이익을 누릴 수 있으므로[45] 자기신탁 위탁자 겸 수탁자 이외에 최소한 1인 이상의 다른 수익자가 있을 경우에는 자익신탁의 방식(엄밀한 의미에서 "자익-타익 혼합방식")도 가능할 수는 있다.[46] [47]

는 용어를 사용함에 따라 자본시장법 개정안은 '자기계약' 대신에 '자기신탁'이라는 용어를 사용한 것이다. 아울러 은행, 보험 등 겸영금융투자업자인 신탁업자의 경우 일반 민사신탁과 달리 별도 금융감독을 받고 있으므로 투자자예탁금의 별도예치와 관련하여서는 신신탁법에 따른 공정증서 작성의무를 면제하였다(금융감독원, 2012.3.22. 보도자료, "자본시장과 금융투자업자에 관한 법률 개정안 입법예고" 참조).

42) 등기 또는 등록되지 아니한 재산에 대하여 신탁의 공시방법과 공시의 효과에 관하여 현행 신탁법은 명시적인 규정이 없으나 신신탁법은 "다른 재산과의 분별관리 등의 방법으로 신탁재산임을 표시하면 함으로써 그 신탁재산임을 제3자에게 대항할 수 있다"라고 규정하여 입법의 공백을 해결하였다[신신탁법 제4조 제2항 및 4항, 신탁재산의 공시와 관련하여서는 이중기, "신탁재산의 공시에 관한 연구", 『홍익법학』 제11권 제3호(홍익대학교 법학연구소, 2010), 425-453면 참조]. 더 나아가 등기 또는 등록되지 아니하는 재산인 동산이나 채권의 경우 좀 더 효율적이고 객관적인 신탁의 공시방법을 찾을 필요가 있는바, 2012.6.11. 시행예정인 「동산·채권 등의 담보에 관한 법률」과 같은 방식으로 "채권신탁등기부" 또는 "동산신탁등기부"를 신설하여 활용하는 것도 하나의 대안이 될 수 있을 것이다.

43) 신신탁법 제36조는 현행 신탁법 제29조를 그대로 승계한 것으로 현행 신탁법 제29조의 수탁자의 이익향수금지의 취지가 충실의무의 구체적인 내용인 수탁자의 이익취득금지원칙과 수탁자가 단독수익자인 신탁의 설정금지를 규정한 것인데, 수탁자가 수익자의 지위를 겸하지 아니함에도 신탁으로부터 신탁보수 이외의 일정한 이익을 향수하는 것은 충실의무에 직접적으로 반한다고 볼 수 있으나, 수탁자가 수익자의 지위를 겸하는 경우에는 수탁자가 수익자로서 이익을 향수하는 것이므로 충실의무에 직접적으로 반한다고 볼 수 없다. 따라서 필요한 경우에는 수탁자가 수익자로서 신탁의 이익을 향수하는 것을 허용하는 것이 바람직하다. 특히, 자익신탁형 자기신탁을 허용하고자 할 경우 위탁자 겸 수탁자가 우선 수익권을 보유한 후 제3자에게 매출할 길을 허용할 필요가 있다. 현행 신탁법 제정 당시 많이 참조하였던 일본 구신탁법과 달리 일본의 신신탁법 또한 수탁자가 수익자로서 신탁의 이익을 향수하는 것은 허용하고 있다는 점을 주목할 필요가 있다(일본 신신탁법 제8조).

44) 같은 견해로는 최은순, "자기 신탁에 관한 고찰 – 신탁법 개정안을 중심으로", 『안암법학』(안암법학회, 2010), 225면 및 법무부, 앞의 책, 302면.

45) 수탁자가 공동수익자 중 1인인 경우에는 신탁을 남용할 가능성이 많지 않으므로 신탁선언으로 자익신탁도 설정할 수 있다(법무부, 앞의 책, 303면).

46) 같은 견해로 법무부, 앞의 책, 303면. 이와 관련하여서 수익권의 대부분이 자기발행 위탁자의 소유이고 다른

3. 수익증권발행신탁

(1) 수익증권발행신탁의 범위 확대

현행 신탁법은 수익증권발행 가능성에 대하여 명시적으로 규정하지 않았기 때문에 신탁법에 따라 수익증권을 발행할 수 있는지에 대하여 견해의 대립이 있었다. 그리고 현행 자본시장법은 금전신탁에 한하여 수익증권을 발행할 수 있도록 규정하고 있다(자본시장법 제110조).[48] 신신탁법은 신탁의 종류에 관계없이 모든 신탁이 수익증권을 발행할 수 있도록 규정하고 있으므로 금전 이외의 재산신탁도 수익증권을 발행할 수 있도록 하였고(신신탁법 제78조), 자본시장법 개정안도 금전신탁계약에 한하여 수익증권을 발행할 수 있다는 현행 제110조를 개정하여 신탁의 종류와 관계없이 수익증권을 발행할 수 있도록 허용하였다(자본시장법 개정안 제110조). 이로써 신탁업자는 신탁재산을 기초로 수익증권을 발행함으로써 수익권의 유통성을 보장하는 한편 다수의 투자자로부터 자금조달이 가능하게 되었다([그림 5] 참조).

▌ [그림 5] 신신탁법에 따른 신탁의 자금조달 방법 ▌

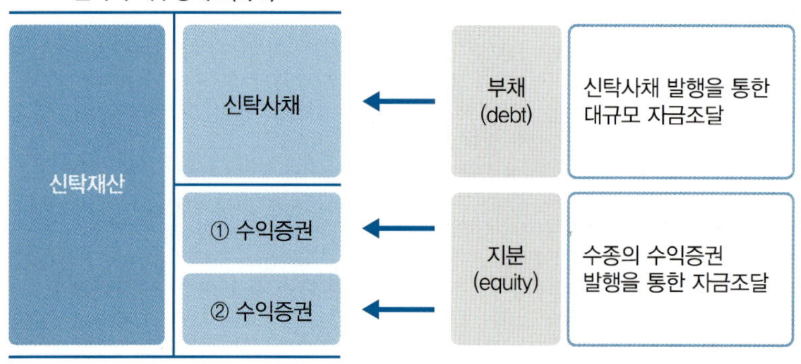

공동수익자의 1인이 소액의 수익권만을 가지는 구조의 신탁이 설정될 경우 이는 사실상 개정 신탁법 제36조의 취지, 즉 수탁자가 동시에 수익자의 지위를 가지는 것을 원칙적으로 금지한 취지를 몰각시킬 위험이 있다.

47) 한편 위탁자 겸 수탁자가 수익자의 지위를 겸하는 자익신탁형 자기신탁에 대하여 위탁자 겸 수탁자가 취득한 수익권은 무효가 되고 그 수익권은 소멸되어 청산청구권을 취득하는 것으로 이해해야 하므로 일단 이러한 결과가 발생한 이후에는 위탁자 겸 수탁자가 그 권리를 타에 처분함으로써 그 수익권이 부활될 여지가 없으며, 나머지 다른 수익자에 관한 부분은 여전히 신탁으로서 유효하나, 이 경우에도 일부 무효의 법리를 유추적용하여 만일 이로 인하여 신탁의 목적을 달성할 수 없게 될 때에는 신탁 전체가 종료되는 것으로 보아야 한다는 견해가 있다 [임채웅, 앞의 논문, 16면]. 이 견해는 자기신탁이 집행면탈의 수단으로 악용될 가능성을 배제하고자 하는 취지라는 부분에서는 공감할 수 있으나, 그렇다고 수익권을 제3자에게 매각하여 자금을 조달하고자 하는 유동화목적형신탁을 자익신탁형 자기신탁방식으로 설정하는 것을 원천적으로 막을 이유는 없다고 본다.

48) 현행법상 재산신탁방식으로 수익증권을 발행할 수 있는 것은 자산유동화법에 따른 유동화증권과 한국주택금융공사법에 따른 주택저당증권이 있다(자산유동화에 관한 법률 제32조 및 한국주택금융공사법 제32조).

한편, 수익증권발행신탁의 수익증권발행은 신탁업자의 '자기발행'에 해당되므로 현행 자본시장법 제7조 제1항에 따르면 수익증권발행은 투자매매업에 해당되지 아니한다. 자본시장법 개정안은 수익증권발행신탁의 경우 수익증권이 전전 유통되기 때문에 수익증권의 투자자를 보호할 필요가 있다는 취지에서 자기발행을 투자매매업의 개념에서 배제하는 데에 특례를 규정하여 수익증권발행신탁에서의 수익증권발행을 투자매매업으로 규율하였다(자본시장법 개정안 제7조 제1항). 다만, 신탁업자가 투자매매업 인가를 별도로 받아야 하는 번거로움을 없애기 위하여 신탁업자가 수익증권을 발행하는 경우에는 당해 신탁업자가 투자매매업 인가를 받은 것으로 간주하는 규정을 두었다(자본시장법 개정안 제110조 제2항).

(2) 수익증권발행신탁의 법적 구조의 문제

수익증권발행신탁의 법적 구조와 관련하여 우선 현재 수익증권발행이 허용되어 있는 자산유동화법상 신탁방식의 유동화증권 발행구조를 검토해 볼 필요가 있다. 자산유동화법은 자산유동화의 방식으로 재산신탁방식[49](자산유동화법 제2조 나목)과 금전신탁방식[50](자산유동화법 제2조 다목)을 규정하고 있다([그림 6] 참조).[51] 재산신탁방식의 경우 자산유동화법은 자익신탁방식인지 아니면 타익신탁방식인지 명확하게 규정하고 있지 않으나, 자산유동화 실무에서는 타익신탁방식을 주로 이용한다.[52] 재산신탁을 타익신탁방식으로 설정할 경우 자산보유자가 위탁자가 되고 신탁업자가 수탁자가 되어 신탁계약을 체결한 후 신탁업자는 수익증권을 복수의 제3자에게 발행하고 수익증권발행대금을 신탁회사가 받아 위탁자에게 신탁의 대가로 지급한다.[53] 금전신탁방식의 경우 신탁업자가 수익증권을 복수의 제3자에게 발행하고 그 수익증권발행대

---

49) 「자본시장과 금융투자업에 관한 법률」에 따른 신탁업자가 자산보유자로부터 유동화자산을 신탁받아 이를 기초로 유동화증권을 발행하고, 당해 유동화자산의 관리·운용·처분에 의한 수익이나 차입금등으로 유동화증권의 수익금을 지급하는 일련의 행위.

50) 신탁업자가 유동화증권을 발행하여 신탁받은 금전으로 자산보유자로부터 유동화자산을 양도받아 당해 유동화자산의 관리·운용·처분에 의한 수익이나 차입금 등으로 유동화증권의 수익금을 지급하는 일련의 행위

51) '재신신탁방식'을 '자산양도·신탁선행'으로, '금전신탁방식'을 '증권발행선행형'으로 명명하는 견해도 있다(김건식·정순섭, 앞의 책, 707면).

52) 다만, 자산유동화증권발행 사례에서 신탁의 수익증권을 발행한 사례는 찾기는 힘들고, 자산보유자가 신탁의 수익권을 발행하고 유동화목적회사가 이를 기초자산으로 하여 유동화사채를 발행하는 '2단계 유동화 구조'에서의 '1차 유동화'에 주로 이용된다.

53) 일본의 「자산유동화에 관한 법률」은 자익신탁방식 및 자산보유자의 수익권 매출 방식을 취하고 있다(일본 자산유동화에 관한 법률 제2조 제13호 この法律において「特定目的信託」とは、この法律の定めるところにより設定された信託であって、資産の流動化を行うことを目的とし、かつ、信託契約の締結時において委託者が有する信託の受益権を分割することにより複数の者に取得させることを目的とするものをいう. 번역 - 이 법률에 있어서 "특정목적신탁"이라 함은 이 법률에서 정하는 바에 따라 설정되는 신탁으로서 자산유동화를 수행할 목적으로 신탁계약 체결시에 위탁자가 보유하게 되는 신탁의 수익권을 분할하여 복수의 자에게 취득하게 하는 것을 목적으로 하는 것을 말한다).

금으로 자산보유자로부터 유동화자산을 양수받는다. 금전신탁방식에서 수익증권 보유자는 위탁자 겸 수익자의 지위를 보유하게 되고, 만약 수익자가 복수이면 복수의 신탁계약이 체결되는 것이다.

▎[그림 6] 신탁방식의 자산유동화의 거래구조 ▎

수익증권발행신탁의 법적 구조로 상정해 볼 수 있는 것은 세 가지가 있는데, 이하의 각 구조는 각각 문제점을 가지고 있다.

첫째, 위탁자와 수탁자 사이에 위탁자는 신탁재산을 수탁자에게 이전하고 수탁자는 위탁자에게 수익증권을 발행하는 내용의 신탁계약을 체결하고 위탁자는 수탁자로부터 발행받은 수익증권을 매출하는 구조("자익신탁방식")를 생각해 볼 수 있다. 이 구조는 수익증권의 발행과 판매가 분리되어 위탁자가 수익증권 판매업무를 직접 수행하거나 금융투자업자에게 위탁해야 하는 번거로움이 있다.

둘째, 위탁자와 수탁자 사이에 위탁자가 신탁재산을 수탁자에게 이전하고 수탁자는 수익증권을 직접 제3자에게 발행하는 구조("타익신탁방식")를 생각해 볼 수 있다. 이 구조는 신탁재산은 위탁자가 수탁자에게 신탁한 재산이고, 수익증권발행대금이 수탁자에게로 이전되긴 하지만 신탁재산이 되는 것이 아니라 위탁자가 신탁재산 이전에 대한 반대급부를 회수하는 데 사용된다는 점에서 증권의 발행대금은 증권의 발행자에게 귀속된다는 일반적인 증권발행의 구조와 맞지 아니하는 문제가 있다.

셋째, 위탁자 겸 수익자에게 수익증권을 발행하여 납입한 수익증권발행대금이 신탁재산이 되고 수탁자는 신탁재산을 운용하여 위탁자 겸 수익자에게 이익 및 원본을 배분하는 구조("복수신탁방식")를 생각해 볼 수 있다.[54] 이 구조는 신탁재산인 금전의 집합(pooling)이 있다는 점에서 집합투자기구인 투자신탁과 구분의 문제와 신탁업의 집합운용금지라는 자본시장법과 배치되는 문제가 있다.

자익신탁방식, 타익신탁방식, 복수신탁방식 중 법률적인 측면에서 문제가 없는 방식은 자익신탁방식과 타익신탁방식이다. 자익신탁방식의 경우 수익증권을 발행받은 위탁자가 복수의 제3자에게 수익증권을 매출하는 별도의 행위가 필요한데 위탁자가 직접 매출하기는 쉽지 않을 것이므로 실제로 매출하는 다른 금융투자업자[55]에게 업무를 위탁하여야 하는 단점이 있는 반면, 수익증권 투자자를 발행시점에 모두 모집하지 못한 경우에는 위탁자가 수익증권을 보유하였다가 점진적으로 매출함으로써 수익증권을 현금화할 수 있다는 장점이 있다. 타익신탁방식의 경우 수익증권의 창출행위와 판매행위를 한꺼번에 할 수 있으므로 수익증권의 발행절차가 간단하고 이미 유동화증권발행 실무에서 많은 검증이 있었다는 점에서 유리하다고 볼 수 있다. 자본시장법 개정안은 수익증권발행신탁의 신탁업자를 투자매매업자로 간주하도록 하고 있으므로 타익신탁방식을 염두에 둔 것으로 생각되나, 그렇다고 자본시장법 개정안이 자익신탁방식의 수익증권발행신탁을 금지한 것도 아니다. 결국 위탁자가 자신의 재산상황 및 수익증권 투자자 모집 현황 등을 종합적으로 고려하여 자익신탁방식과 타익신탁방식 중 하나를 선택하면 될 것이다.

(3) 수익증권발행신탁과 집합투자업

수익증권발행신탁의 경우 위탁자가 수탁자에게 신탁재산을 이전한다는 측면(위탁자와 수탁자 간의 관계)에서는 신탁관계로 볼 수 있으나, 수익증권을 다수의 수익자에게 발행하여 그 발행대금으로 신탁재산을 운용하여 운용수익을 배분한다는 측면(다수의 수익자와 수탁자 간의 관계)에서 보면

---

54) 구간투법 제정 전에 은행에서 설정한 '불특정금전신탁'은 이 구조로 발행되었다.

55) 한편, 자본시장법 개정안 제111조는 원칙적으로 신탁업자의 고유재산으로 수익증권을 매수하지 못하는바, 자익신탁방식으로 수익증권을 발행한 후 위탁자가 수익증권을 매출하고자 할 경우 신탁업자가 위탁자로부터 수익증권을 총액인수방식 또는 잔액인수방식으로 인수하여 매출하기는 불가능하고, 투자중개업 겸영 신탁업자가 투자매매중개업의 하나로 투자자를 물색하여 매출을 도와주는 방법(모집주선업무)은 가능한 것으로 판단된다. 입법론적으로는 수익증권발행신탁에 있어서 발행시점에서 신탁업자의 총액인수를 자본시장법 개정안 제111조의 예외로 허용하는 것이 타당할 것이다.

집합투자로 해석될 여지가 있다. 이와 관련하여 자본시장법 제6조 제5항의 집합투자의 정의규정과 자본시장법 시행령 제109조 제3항 제5호의 집합운용금지규정에 대한 검토가 필요하다.

우선, 집합운용을 금지한 자본시장법 시행령 제109조[56]를 보면, "신탁재산을 각각의 신탁계약에 따른 신탁재산별로 운용하지 아니하고 여러 신탁계약의 신탁재산을 집합하여 운용하는 행위"를 불건전 영업행위로 규제함으로써 복수의 신탁계약에 따른 신탁재산의 집합운용을 금지하고 있다. 수익증권발행신탁의 경우 위탁자와 수탁자 간에 하나의 신탁계약이 있다는 점, 신탁재산은 위탁자가 신탁한 재산 그 자체이므로 하나의 재산이라는 점, 수익증권발행대금은 신탁재산으로 편입되지 아니하고 신탁의 대가로 위탁자에게 지급된다는 점을 고려하면 수익증권발행신탁의 발행구조가 집합운용으로 해석되지 아니한다고 볼 수 있다.

그리고 자본시장법 제6조 제5항의 집합투자의 개념요소는 (i) 자금의 집합, (ii) 투자자로부터 일상적인 운용지시의 부재, (iii) 집합투자업자의 투자대상자산의 운용, (iv) 운용결과의 배분이다. 수익증권발행신탁의 경우 투자자로부터 일상적인 운용지시의 부재 요건과 운용결과의 배분 요건은 쉽게 인정될 것인데, 자금의 집합요건과 투자대상자산의 운용이라는 요건의 충족 여부가 문제된다. 수익증권발행대금을 다수의 수익자로부터 받는다는 측면에서 자금의 집합요건은 충족되고, 신탁재산을 운용한다는 관점에서 보면 투자대상자산의 운용도 쉽게 인정될 수 있다는 견해가 있을 수 있다.[57] 그런데 엄밀한 의미에서 집합투자의 경우 수익증권발행대금이 집합투자재산을 구성하고 그렇게 구성된 집합투자재산으로서의 금전으로 주식, 부동산 등 투자대상자산을 취득하는 구조인 반면, 수익증권발행신탁의 경우 수익증권발행대금은 신탁재산으로 편입되지 아니하고 신탁의 대가로 위탁자에게 지급되는 구조이다. 따라서 수익증권발행신탁은 법률관계 측면에서 보면 집합투자와는 다르다고 볼 수 있으므로 수익증권발행신탁을 집합운용으로 볼 수 없다는 견해가 있을 수 있다.

생각건대 수익증권발행신탁과 투자신탁의 기본적인 구조가 다르다는 점, 수익증권발행신탁은 수익증권발행대금의 집합이 있고 이러한 수익증권발행대금은 신탁재산과 연결되어 있다는

---

56) 현행 자본시장법은 원칙적으로 신탁은 집합운용을 할 수 없도록 규정하고 있다. 그러나 예외적인 경우, 즉 (i) 종합재산신탁으로서 금전의 수탁비율이 40% 이하인 경우, (ii) 신탁재산의 운용에 의하여 발생한 수익금의 운용 또는 신탁의 해지나 환매에 따라 나머지 신탁재산을 운용하기 위하여 불가피한 경우에는 집합운용할 수 있도록 허용하고 있다.

57) 금융위원회는 대체적으로 집합투자의 범위를 넓게 보고 있는 것으로 판단된다. 왜냐하면 자본시장법은 집합투자의 정의를 포괄적으로 정의하고 이러한 포괄적인 정의에 해당될 수 있으나 집합투자로 규율할 필요가 없다고 판단되는 경우를 한정적으로 집합투자의 개념에서 배제하는 입법태도를 취하고 있다(자본시장법 제6조 제5항 각 호 및 시행령 제6조 4항). 대표적으로 '자산유동화계획에 따라 금전등을 모아 운용·배분하는 경우'를 집합투자의 정의에서 배제한 것인데, 수익증권발행신탁이 기본적으로 자산유동화구조와 유사한 구조를 취하고 있다는 점에서 수익증권발행신탁에 있어서도 금융위원회가 같은 견해를 취할 여지도 충분히 있어 보인다.

점을 중시하여 집합투자로 판단한다면 수익증권발행신탁의 설정이 법률상 불가능해진다는 점을 고려해 보면 수익증권발행신탁을 집합투자로 판단하는 것은 무리가 있다. 한편 구간투법이 제정되기 전에는 신탁에서 집합운용이 가능한 불특정금전신탁이 허용되었다는 점, 수익자와 신탁업자의 관계 측면에서 보면 수익증권발행신탁은 자금의 집합운용이 전제가 된다는 점, 수익증권발행신탁에 한하여 신탁업자에게 집합투자기구에 대한 업자규제 및 행위규제의 적용을 전제로 자금의 집합운용을 허용하더라도 규제의 차익이 발생하지 아니한다는 점 등을 고려해 보면, 수익증권발행신탁의 경우 집합운용을 허용하는 것도 하나의 대안으로 적용할 수 있다고 본다. 결국 수익증권발행신탁을 집합투자업으로 규율하기보다는 신탁업으로 규율하되, 수익증권을 공모방식 또는 이에 준할 정도의 다수의 투자자에게 판매하는 경우 그 경제적 실질이 집합투자와 유사하다는 관점에서 집합투자와 관련된 업자규제 및 행위규제를 준용하는 것이 타당할 것이다. 그러나 여전히 수익증권발행신탁의 실질적인 측면이 집합투자에 해당된다고 판단될 가능성이 있기 때문에 입법론적으로는 자본시장법 시행령 제6조 제5항의 집합투자 배제조항에 수익증권발행신탁을 명기함으로써 법적 불확실성을 해소하는 것이 바람직하다.

(4) 수익증권 환매

수익증권발행신탁에 있어서 수익자는 수익증권의 환매를 신탁업자에게 청구할 수 있는지, 환매를 인정할 경우 그 환매가격을 어떻게 정해야 하는지, 신탁재산의 현금화가 곤란하거나 불가능할 경우 신탁업자의 고유재산에 의한 환매의무가 있는지, 수익증권 환매의 연기가 가능한지 등에 대해서는 자본시장법 개정안은 침묵하고 있다.[58] 자본시장법 제정 이후 자본시장법에 근거하여 수익증권이 발행된 사례가 없었기 때문에 이에 대한 논의가 활발하지 않았던 것이나 신신탁법 시행으로 신탁의 수익증권 발행이 활발해질 수 있고 더욱이 공모가 가능한 수익증권의 발행이 허용된다면 집합투자증권에 준하여 환매제도를 마련해야 할 것이다. 그리고 집합투자업에 대한 규제와 마찬가지로 개방형 신탁과 폐쇄형 신탁으로 나누고 폐쇄형 신탁의 경우 신탁의 수익증권의 상장을 유도하되, 신탁업자의 고유재산에 의한 환매의무를 법적으로 금지하여 수익자의 보호와 신탁업자의 재무건전성이라는 두 가지 목적을 모두 달성하도록 하는 것이 바람직하다.[59]

---

58) 신신탁법은 신탁의 변경에 반대하는 수익자의 수익권매수청구권에 대해서는 규정하고 있다. 즉, 신탁의 변경에 반대하는 수익자는 수탁자에 대하여 수익권을 매수하여 달라고 청구할 수 있고, 수탁자는 신탁재산을 한도로 협의 또는 법원의 결정에 따른 매수가격(공정가액)을 수익자에게 지급하여야 한다(신신탁법 제89조).

59) 그러나 이러한 방식의 규제가 가능하려면 현행 금융감독당국의 신탁업과 집합투자업의 구분에 있어서의 규제 패러다임의 변화가 필요한 것이다.

(5) 투자신탁의 종류수익증권 도입

신신탁법과 자본시장법 개정안은 신탁업에 따라 발행하는 수익증권의 경우 신탁원본의 상환, 이익의 분배 등에 관하여 내용이 다른 종류의 수익권(이하 "종류수익권"이라 한다)을 발행할 수 있는 근거를 마련하였다(신신탁법 제78조 및 자본시장법 개정안 제110조 제3항). 그런데 현행 자본시장법상 투자신탁이 발행하는 수익증권은 신탁원본의 상환 및 이익의 분배 등에 관하여 수익증권의 좌수에 따라 균등한 권리를 가지도록 규정하고 하고 있으므로 종류수익권을 발행할 수 없다(자본시장법 제189조 제2항).[60] 투자신탁 실무에서 투자신탁의 구조에 따라 종류수익증권을 발행할 필요성이 있는바, 투자신탁의 경우에도 신탁원본의 상환 및 이익의 분배에서 내용이 다른 종류수익증권의 발행이 가능하도록 허용함으로써 투자신탁의 구조적 유연성을 높이는 것이 타당하다.

4. 자기신탁형 수익증권발행신탁

(1) 수탁자의 수익권 향수 금지 예외의 필요성

자기신탁형 수익증권발행신탁의 경우에도 자익신탁방식과 타익신탁방식을 상정할 수 있는데, 타익신탁방식은 수익자와 수탁자가 다르므로 문제될 것이 없으나 자익신탁방식은 수익자와 수탁자가 동일인이므로 수탁자의 수익권 향수를 금지하는 신신탁법 제36조에 위반된다. 다만, 앞에서 살펴본 바와 같이 공동수익자 1인이 참여할 경우에는 '자익–타익 혼합방식'으로는 신탁설정이 가능하다.

그런데 수익증권을 발행하는 자기신탁의 경우 수익증권의 발행은 금융위원회에 미리 신고를 하거나 증권신고서를 제출하여야 할 뿐만 아니라 수익증권의 기재사항이 법정되어 있는 등 투자자 보호장치가 마련되어 있는 점, 신탁업자 또는 유사신탁업자의 경우 금융감독의 대상이 되어 충실의무의 구체적인 내용인 이익취득금지의 원칙이 반드시 필요하다고 볼 수 없는 점을 고려하여 볼 때, 입법론적으로는 자기신탁형 수익증권발행신탁에 대해서는 자본시장법을 개정하여 신신탁법 제36조의 적용을 배제하여도 문제가 없을 것이다.[61] 실무상 신탁업자가 자금조

---

60) 다만, 자본시장법은 같은 집합투자기구에서 판매보수의 차이로 인하여 기준가격이 다르거나 판매수수료가 다른 여러 종류의 집합투자증권을 발행하는 집합투자기구를 허용하고 있고 이를 "종류형집합투자기구"라고 규정하고 있는바(자본시장법 제231조 제1항), 이러한 종류형집합투자기구의 경우에도 판매수수료나 판매보수의 차이로 인한 기준가격의 차이만 인정할 뿐 신탁원본의 상환이나 이익의 배분에서는 균등한 권리를 보장하여야 한다.

달 목적으로 자기신탁을 설정할 경우 자기신탁의 수익증권을 신탁업자가 자익방식으로 발행한 후 이를 점진적으로 다수의 투자자에게 매출하는 방식이 가능하도록 허용할 필요가 있다.

(2) 자기신탁형 수익증권발행신탁과 위탁자의 지위이전

현행 신탁법은 위탁자 지위의 이전이 가능한지에 대하여 명시적으로 규정하고 있지는 않았으나, 신신탁법에 따르면 위탁자의 지위는 신탁행위로 정한 방법에 따라 제3자에게 이전할 수 있고, 신탁행위로 위탁자의 지위 이전에 대하여 규정함이 없는 경우에도 수탁자와 수익자의 동의를 받아 제3자에게 이전할 수 있다(신신탁법 제10조). 위탁자의 지위이전이 불가능할 경우에 자산유동화 목적으로 설정된 자익신탁 형태의 투자신탁에서 수익증권이 유통할 때 위탁자와 수익자가 분리되는 문제점을 해결할 수 있도록 한 것이다.[62] 부정설은 그 논거로 위탁자의 권리는 일신전속적 성격이 강하고 타익신탁의 경우 위탁자의 지위에는 경제적 가치가 없다는 것을 들고 있으나,[63] 최근에는 신탁에서 위탁자의 지위가 일신전속적 성격보다는 재산적 성격이 강하여 비개성적이고 타익신탁의 경우에도 신탁계약의 내용에 따라서는 신탁관계 종료 후 신탁재산의 귀속주체가 될 수도 있으므로 위탁자의 지위가 경제적 가치가 전혀 없는 것은 아니다. 위탁자의 지위 이전의 필요성은 수익증권을 발행하는 신탁에서 더욱 필요한데, 자기신탁형 수익증권발행신탁에서 수익자가 위탁자를 겸할 경우 신탁의 법률관계가 명확해지므로 최초 발행 시부터 위탁자의 지위를 수익증권에 화체(化體)하거나 수익자가 위탁자의 지위를 이전받고 그 지위가 수익증권의 유통을 통해 이전될 수 있도록 하는 것이 바람직하다.[64]

---

61) 자본시장법 개정안 제111조는 신탁업자가 대통령령이 정하는 예외적인 경우에 고유재산으로 수익증권을 매수할 수 있다고 규정하면서, 이 경우 신탁법 제36조의 적용을 배제하는 조항은 두고 있다. 그러나 이 규정은 '매수'라는 용어를 사용하고 있으므로 동 조항이 자기신탁 설정 시 최초 '발행'하는 수익증권을 신탁업자가 취득하는 경우에 바로 적용된다고 보기는 어렵다.

62) 담보신탁에서 위탁자가 변제자력 부족으로 지급불능 상태인 경우 새로운 위탁자로부터 채권만족을 얻을 수 있어서 채권자 보호가 용이하고, 자산유동화 목적으로 설정된 자익신탁 형태의 투자신탁에서 수익증권을 유통할 때 위탁자 겸 수익자의 지위를 동시에 이전하지 못하여 위탁자와 수익자가 분리되는 문제점을 해결할 수 있는 등 부동산신탁 및 금융신탁에서 활용될 가능성이 높으므로 이를 허용한 것이다(오창석, "개정 신탁법이 신탁실무에 미치는 영향", 『BFL』 제39호(서울대학교 금융법센터, 2010.1.), 61면; 법무부, 앞의 책, 106 – 107면).

63) 최동식, 『신탁법』(법문사, 2006), 166 – 167면; 법무부, 앞의 책, 106면. 다만, 부정설도 예외적으로 비개성적인 자익신탁의 위탁자의 지위와 증권투자신탁의 위탁자의 지위에 관하여는 양도가 가능하다는 입장이다.

64) 유사한 견해로 최동식, 앞의 책, 167면. 다만, 이 견해는 자익신탁의 경우에 한하여 위탁자 지위의 이전이 가능하고 위탁자의 지위를 수익증권에 화체할 수 있다는 것이다.

5. 신탁사채

(1) 신신탁법

신신탁법은 신탁재산을 근거로 한 사채의 발행을 허용하여 대규모 자금조달의 수단으로 신탁제도가 활용될 수 있도록 하였다.[65] 신탁사채를 발행하기 위해서는 (i) 수익증권발행신탁일 것, (ii) 유한책임신탁[66]일 것, (iii) 수탁자가 상법상 주식회사나 그 밖의 법률에 따라 사채를 발행할 수 있는 자일 것이라는 요건을 모두 충족해야 한다(신신탁법 제87조 제1항). 그리고 신탁사채는 신탁행위로 수탁자가 발행한다는 점과 신탁재산만으로 이행책임을 진다는 점에서 일반사채와 다르고, 신탁재산만으로 이행책임을 진다는 내용은 사채청약서, 채권(債券) 및 사채원부에 기재되어야 한다(신신탁법 제87조 제2항). 신탁사채발행의 절차와 방법은 상법상 사채의 발행규정을 준용하되, 다만 사채발행 한도에 대해서는 대통령령이 정하도록 하였다(신신탁법 제87조). 신탁사채와 수익채권의 관계가 문제되는바, 신탁사채는 신탁채권의 하나로 볼 수 있고 신신탁법 제62조에 따라 신탁채권이 수익채권보다 우선하므로 신탁사채는 수익채권에 우선한다고 보는 것이 타당하다. 실제로 입법 과정에서 수익증권과 신탁사채의 관계를 회사의 주식과 사채의 관계와 유사한 관계로 설정하였다고 한다.[67]

(2) 자본시장법 개정안

자본시장법 개정안은 신탁사채를 전혀 언급하고 있지 않다. 따라서 신탁업자가 신탁사채를 발행할 수 있는지, 발행할 수 있다면 자본시장법상의 사채에 대한 발행규제의 적용을 그대로 받는지 여부가 문제된다. 물론 자본시장법 시행령에 신탁사채발행 가능성 및 관련 규제를 반영할 수는 있을 것이다. 그런데 신탁사채는 일종의 사채로 회사의 사채를 규정한 상법과 동일한 입법수준에서 정할 필요가 있기 때문에 입법론적으로는 자본시장법에서 신탁업자의 신탁사채의 발행가능성, 발행절차 및 발행공시규제에 대하여 명확하게 규정하는 것이 바람직하다. 한편

---

65) 신탁사채는 개발신탁의 유한책임신탁에서 유용하게 사용될 수 있다. 즉 개발신탁에서 유한책임신탁을 설정할 경우 향후 사업을 진행하는 데 추가로 자금을 조달할 필요가 있으나 선순위 우선수익자가 있거나 수익권에 압류 또는 가압류가 되어 있어 추가 자금조달에 담보를 제공할 수 없는 경우 새로운 담보제공의 방법으로 신탁사채를 발행할 수 있을 것이다[오창석, 앞의 논문, 80면]. 다만, 이 경우 선순위 우선수익자의 동의없이 신탁사채를 발행할 수 있는지는 별도의 법리 검토가 필요할 것으로 생각된다.

66) 신탁행위로 수탁자가 신탁재산에 속하는 채무에 대하여 신탁재산만으로 책임을 지는 신탁을 '유한책임신탁'이라 한다(신신탁법 제114조). 다만, 유한책임신탁이라 하더라도 (i) 고의 또는 중대한 과실로 그 임무를 게을리 한 경우, (ii) 고의 또는 과실로 위법행위를 한 경우, (iii) 대차대조표 등 회계서류에 기재 또는 기록하여야 할 중요한 사항에 관한 사실과 다른 기재 또는 기록을 한 경우 및 (iv) 사실과 다른 등기 또는 공고를 한 경우 수탁자는 제3자에게 그로 인하여 입은 손해를 배상할 책임이 있다(신신탁법 제118조).

67) 법무부, 앞의 책, 667면.

신신탁법이 신탁사채의 발행근거를 마련하고 있으므로 자본시장법 단계에서 신탁사채의 발행근거를 마련할 필요가 없다는 견해가 있을 수 있으나, 신탁업자가 아닌 자가 신탁사채를 발행하는 경우는 신탁법에 따른 것이므로 문제될 것이 없는 반면, 신탁업자가 신탁사채를 발행하는 경우 그 규모가 클 수 있고 불특정 다수에게 신탁사채가 발행될 수 있으며, 전전유통의 정도가 높기 때문에 투자자 보호의 필요성이 훨씬 크므로 자본시장법이 신탁업자의 신탁사채발행 근거 및 절차를 명시적으로 마련할 필요는 있다고 본다.

한편, 신탁사채는 발행인인 수탁자의 고유재산에 대한 청구권이 없이 오로지 신탁재산에 대해서만 이행청구를 할 수 있다는 점에서 일반 사채와는 다르나, 신탁사채도 사채로서의 성격, 즉 금전의 지급청구권이 표시된 증서로서의 성격을 여전히 보유하고 있기 때문에 자본시장법상 채무증권에 속하므로 신탁사채에 대해서 자본시장법의 채무증권에 대한 발행공시규제 및 유통공시규제를 그대로 적용하면 무리가 없을 것이다. 다만, 신탁사채는 일반 회사채와는 달리 수탁자의 고유재산이 아닌 신탁재산만으로 이행책임을 진다는 점에서 증권신고서 기재사항에 있어서는 자산유동화증권[68]에 준하여 발행자인 수탁자 또는 신탁업자에 대한 정보 이외에 신탁재산 및 그 운용방법에 대한 세부적인 사항을 기재하도록 하여야 할 것이다.

(3) 신탁사채발행과 자기발행

신탁업자가 신탁사채를 발행할 경우 이는 자본시장법 제7조 제1항의 '자기발행'에 해당되므로 신탁사채의 발행은 투자매매업으로 볼 수 없다. 그런데 이는 앞에서 살펴본 바와 같이 신탁업자가 수익증권을 발행할 경우 투자매매업으로 규율하지 아니하는 자기발행의 예외를 둠으로써 수익증권발행을 투자매매업으로 규율하는 것과는 규제의 측면에서 상당한 차이가 난다. 그런데 수익증권 발행총액은 신탁재산 평가금액의 범위 내에서만 가능하나[69] 신탁사채의 발행한도는 신탁재산 평가금액보다 더 많게 규정될 가능성이 높기 때문에[70] 신탁사채에 투자하는 투자자 보호의 필요성이 크다는 점과 신탁사채를 발행할 경우 신탁사채가 수익증권에 우선하는 채권이므로 수익증권 투자자 보호의 필요성도 크다는 점을 고려하여 보면, 신탁사채의 발행은 수익증권의 발행보다 더 엄격한 규제가 필요하다. 따라서 신탁사채의 발행도 투자매매업으로 규율하는 것이 타당하다.

---

68) 자산유동화증권의 증권신고서의 경우 '유동화자산에 관한 사항'과 '자산유동화계획에 관한 사항'을 구체적으로 기재하도록 되어 있다(자본시장법 시행령 제128조 및 금융투자업규정 제2-8조).
69) 신신탁법 제110조 제9항.
70) 신신탁법 제87조 제3항은 신탁사채발행한도를 대통령령으로 정하도록 하였다.

(4) 신탁사채발행과 유사신탁업자

자본시장법 개정안은 투자자 보호의 필요성이 많은 수익증권발행신탁과 자기신탁을 설정하는 자가 신탁업자가 아닌 경우에 유사신탁업자로 간주하고 자본시장법상의 신탁업자의 규정의 일부를 적용하고 있으나, 신탁사채의 발행에 대하여는 특별한 언급이 없다. 신탁사채를 발행할 경우 신탁사채의 투자자와 수익증권의 투자자 모두 보호가 필요하다는 점에서 신탁업자가 아닌 자가 신탁사채를 발행할 경우 유사신탁업자로 규율할 필요가 있다. 다만, 신신탁법은 신탁사채의 발행요건으로 수익증권발행신탁일 것을 요구하고 있는바(신신탁법 제87조 제1항), 자본시장법 개정안에 신탁사채를 발행하려는 신탁업자 아닌 자를 유사신탁업자로 명시적으로 규율하지 않더라도 신탁사채를 발행하려는 수탁자는 이미 신신탁법 및 자본시장법에 따라 유사신탁업자로 규율되기 때문에 특별한 문제는 없을 것이다.

6. 再신탁과 본질업무 위탁금지와의 관계 명확화

(1) 신신탁법상의 재신탁

수탁자는 신탁행위로 달리 정한 바가 없으면 신탁 목적의 달성을 위하여 필요한 경우에는 수익자의 동의를 받아 타인에게 신탁재산에 대하여 신탁을 설정할 수 있다고 규정함으로써 재신탁을 허용하였다(신탁법 제3조 제5항).[71] 재신탁은 원신탁의 수탁자가 재신탁의 위탁자가 되어 재신탁의 수탁자와 별도의 신탁계약을 체결하는 것이다. 재신탁은 수탁자가 위탁자 및 수익자와의 관계에서 수탁자로서의 법적 지위를 그대로 유지한다는 점에서 수탁자 변경과 구별되고, 재신탁관계에서는 수탁자가 수익자로 된다는 점에서 수탁자의 이익향수금지와 구별되는 개념이다.[72] 수익자의 동의를 요건으로 한다는 점에서 수탁자의 자기집행의무에 위반되지 아니하고, 재신탁을 허용할 실무상의 필요성은 충분이 있기 때문에 재신탁을 허용한 것이다.

---

71) 현행 법제하에서 재신탁을 명시적으로 허용한 것으로는 자산유동화법에 따른 자산유동화 방식의 하나로 허용된 재신탁이 있다. 자산유동화법 제2조 제1호 라목은 "유동화전문회사 또는 신탁업자가 다른 유동화전문회사 또는 신탁업자로부터 유동화자산 또는 이를 기초로 발행된 유동화증권을 양도 또는 신탁받아 이를 기초로 하여 유동화증권을 발행하고 당초에 양도 또는 신탁받은 유동화자산 또는 유동화증권의 관리·운용·처분에 의한 수익이나 차입금 등으로 자기가 발행한 유동화증권의 원리금·배당금 또는 수익금을 지급하는 일련의 행위"를 유동화방식의 하나로 규정하였다. 그런데 일반적으로는 신탁재산을 재신탁하는 구조가 아니라 신탁수익권을 기초로 유동화 SPC가 회사채 형식의 ABS를 발행하는 2단계 유동화방식(소위 "신탁+ABS 방식")을 사용하고 있기 때문에 소위 "신탁 + 신탁 방식"의 2단계 유동화방식으로 유동화증권이 발행된 사례는 찾기 힘들다.
72) 오창석, 앞의 논문, 56면.

예를 들면, 금전, 증권, 부동산 등을 종합적으로 수탁한 후 금전 및 증권은 신탁업자가 금융투자업자인 겸영신탁업자에게, 부동산은 부동산신탁업자에게 재신탁함으로써 종합신탁재산의 효율적인 운용을 추구할 수 있다.

(2) 재신탁과 자본시장법상 본질적 업무위탁의 금지

자본시장법 개정안은 재신탁을 허용하는 명시적 규정은 없다.[73] 일반법인 신탁법이 재신탁을 명문화하였고, 신탁업자를 규율하는 자본시장법이 재신탁을 금지하는 규정을 두지 않고 있으므로, 일반법과 특별법의 관계에서 보면 신탁업자의 재신탁은 허용된 것으로 보는 것이 타당하다. 한편, 자본시장법은 신탁의 본질적인 업무를 제3자에게 위탁하는 것을 금지하고 있는 바,[74] 본질적 업무위탁의 금지와 재신탁의 허용이 서로 모순되는 관계에 있는지가 문제된다. 재신탁이라 함은 "신탁법 제3조 제5항에 따라 신탁재산에 대하여 신탁을 다시 설정하는 것"을 말하므로, 원신탁의 수탁자가 재신탁의 위탁자가 되고 원신탁의 수탁자가 보관하고 있는 신탁재산의 전부 또는 일부를 재신탁의 수탁자에게 이전하고 그 반대급부로 원신탁의 수탁자는 재신탁의 수탁자가 발행한 수익권을 취득하게 되는 것이다. 이에 반하여 운용업무의 위탁은 신탁재산의 소유권은 여전히 신탁의 수탁자가 보유하고 있으면서 운용만을 업무수탁자가 수행한다는 점에서 재신탁과는 다르다고 할 수 있다. 따라서 자본시장법상 재신탁의 허용과 본질적 업무의 위탁금지 간에는 상충문제가 발생하지 아니할 것이다.

그리고 재신탁이 어느 범위까지 허용될 것인지는 명확하지 않지만, 신탁유형별로 재신탁을 달리 규제할 합리적인 이유가 없으므로 금전신탁, 재산신탁 및 종합재산신탁 등 모든 신탁유형에 있어서 재신탁이 가능하다고 보는 것이 타당하다([그림 7] 참조).

다만, 자본시장법 하위규정을 개정하여 재신탁에 대한 금융위원회의 보고의무 유무, 재신탁 관련 정보제공기준 제정 요부, 재신탁의 신탁업자에 대한 원신탁의 신탁업자의 사용자책임 부담 여부,[75] 재신탁의 구체적인 방법·기준·절차 등 재신탁 관련 감독방안 및 투자자 보호를

---

73) 제1차 자본시장법 개정안 제105조의 2.

74) 현행 자본시장법은 신탁업의 본질적 업무인 신탁계약과 집합투자재산의 보관·관리계약의 체결과 해지업무, 신탁재산의 보관·관리업무, 집합투자재산의 보관·관리업무 및 신탁재산의 운용업무의 위탁을 원칙적으로 금지하고 예외적으로 원화자산인 신탁재산의 20%와 외화자산에 관한 운용업무만을 위탁할 수 있도록 하고 있다(자본시장법 제45조 제2항 바목).

75) 민법 제756조【사용자의 배상책임】
　① 타인을 사용하여 어느 사무에 종사하게 한 자는 피용자가 그 사무집행에 관하여 제삼자에게 가한 손해를 배상할 책임이 있다. 그러나 사용자가 피용자의 선임 및 그 사무감독에 상당한 주의를 한 때 또는 상당한 주의를 하여도 손해가 있을 경우에는 그러하지 아니하다.
　② 사용자에 갈음하여 그 사무를 감독하는 자도 전항의 책임이 있다.
　③ 전2항의 경우에 사용자 또는 감독자는 피용자에 대하여 구상권을 행사할 수 있다.

위한 장치를 마련할 필요가 있다. 이와 관련하여서는 업무위탁과 관련한 일부 조항[76]을 준용하는 방안 또는 재신탁과 관련하여 별도의 조문을 신설하는 방안이 있을 수 있다.

▌[그림 7] 재신탁의 구조도 ▌

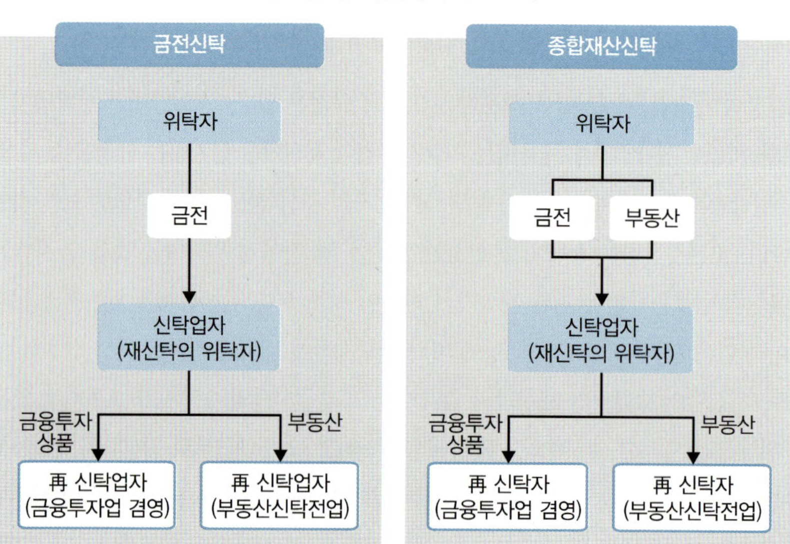

7. 수익증권 개념의 재정립

자본시장법 제4조 제5항은 "수익증권"을 "제110조의 수익증권, 제189조의 수익증권, 그 밖에 이와 유사한 것으로서 신탁의 수익권이 표시된 것"이라고 정의하고 있다. 여기서 제189조의 수익증권은 투자신탁의 집합투자증권을 규정한 것이고, 제110조의 수익증권은 금전신탁이 발행하는 수익증권을 규정한 것이며, "그 밖에 이와 유사한 것으로서 신탁의 수익권이 표시된 것"은 신탁업자가 신탁계약에 따라 발행하는 "수익권증서"와 자산유동화법에 따라 발행되는 "수익증권"을 포함한 것이다. 수익권증서는 수익권이 표창된 상법상 유가증권이 아니라 수익

---

76) 자본시장법 제42조 제2항, 제6항 내지 제11항 참조. 특히, 자본시장법은 업무위탁의 경우 업무수탁자의 불법행위에 대하여 업무위탁자가 사용자책임을 지도록 규정하고 있는바, 재산탁의 경우 재신탁의 신탁업자의 불법행위에 대하여 원신탁의 신탁업자가 책임을 지는 것인지에 대해서는 추가적인 검토가 필요하다. 특히, 신신탁법 제43조는 신탁사무의 위임과 관련하여 수탁자는 수임자의 선임·감독에 관하여만 책임을 지도록 하고 있어 재신탁의 경우에도 이를 유추적용할지 여부가 문제된다. 이에 대하여 현행 신탁법하에서의 견해이긴 하나, 신탁법 제37조 제2항(신신탁법 제42조 제2항)을 유추적용하여 재신탁은 신탁행위 혹은 수익자의 동의에 의해 허용되기 때문에 원신탁의 수탁자는 원칙적으로 재신탁 수탁자의 선임·감독에 대해서만 책임을 지고 신탁재산관리로 인한 손해에 대해서는 책임을 지지 않는다는 견해가 있다(이중기, 앞의 책, 500면; 최동식, 앞의 책, 247면).

권을 표시해주는 증거증권이고 수익권을 양도할 때 지명채권의 양도방식 및 대항요건(민법 제
450조)을 갖추어야 한다.[77] 그리고 수익증권을 발행할 경우에는 금융위원회에 발행 신고를
하여야 하나 수익권증서를 발행할 때에는 별도의 신고절차가 없다. 따라서 수익권증서와 수익
증권은 개념적으로나 규제측면에서 상당한 차이가 있다.

그런데 증권의 정의를 규정한 자본시장법 제4조는 수익증권의 개념에 수익권증서를 포함하
여 규정하면서, 금전신탁의 신탁업자만이 수익증권을 발행할 수 있다고 규정한 제110조의
수익증권은 수익권증서가 포함되지 아니한 개념으로 규정하고 있는바, 제4조의 수익증권과
제110조의 수익증권은 다른 개념이므로 이를 명확히 구별하여 규정할 필요가 있다.[78] 따라서
집합투자증권으로서의 수익증권, 신탁의 수익증권, 기타 신탁의 수익권증서를 포괄하는 "신탁
증권"이라는 개념을 신설하여 현행 자본시장법 제4조 제5항의 "수익증권"을 갈음하는 것이
바람직하다.

8. 보수청구권의 우선변제권 보장의 필요성

현행 신탁법은 수탁자의 비용상환청구권, 손해보상청구권 이외에 보수청구권에 대해서도
우선변제권을 보장하고 있으나(신탁법 제42조 및 제43조), 신신탁법은 비용상환청구권 및 손해보
상청구권과 달리 보수청구권에 대한 우선변제권을 명시하지 않고 있다. 따라서 수탁자의 보수
청구권은 신탁사무의 처리상 발생한 신탁채권[79]과 동순위가 된 것이다.[80] 이러한 입법정책의
변화와 관련하여 현행 신탁법상 보수청구권의 우선변제권을 인정할 필요가 있는지와 우선변제
권을 인정한 근거가 무엇인지에 대한 학설상 비판이 있으므로 우선변제권을 삭제할 필요가
있어서 삭제하였다고 한다.[81]

---

77) 신탁업 실무에서는 수익권증서가 발행된 신탁에서 수익권자가 양수자와 수익권양수도계약을 체결하고 신탁업자
에게 수익권양도의 사실을 통지하면 신탁업자는 기발행 수익권증서를 회수하고 양수인 명의의 새로운 수익권증
서를 발급한다. 신신탁법은 수익권의 양도 방법, 대항요건 등 수익권 양도에 대하여 명확히 규정하고 있다(신신
탁법 제64조 내지 66조).

78) 임재연, 앞의 책, 41면, 각주 41.

79) 신탁채권이라 함은 수탁자가 신탁사무를 처리하는 과정에서 제3자가 취득한 채권으로 신탁재산 수리에 사용된
보존비용에 기한 채권, 신탁재산에 관한 조세·공과금채권, 신탁목적의 수행을 위하여 적법하게 차용한 경우 상대
방의 채권, 신탁재산에 속하는 토지공작물의 하자 등으로부터 발생한 피해자의 손해배상청구권 등이 포함된다.

80) 현행 신탁법에 따른 채권의 우선순위가 '①순위 : 비용상환청구권·손해보상청구권·보수청구권 – ②순위 : 신탁채
권 – ③순위 : 수익채권'인데, 신신탁법에 따른 채권의 우선순위는 '①순위 : 비용상환청구권·손해보상청구권 –
②순위 : 보수청구권·신탁채권 – ③순위 : 수익채권'이다.

81) 법무부, 앞의 책, 405 – 406면. 보수청구권의 내용이 단지 신탁재산관리의 비용에 상당하는 경우에는 보수청구권

그런데 이러한 간략한 이유 설시만으로는 우선변제권을 인정하지 아니하는 근거가 충분히 설명할 수 없다고 본다. 특히 자본시장법상 신탁업자는 신탁업을 통하여 보수를 수취하는 것을 회사의 설립목적으로 하는 금융기관이므로 신탁보수에 대해서 우선변제권을 인정할 실익이 있고, 보수청구권에 대하여 우선변제권을 인정하지 아니할 이유 또한 없으며, 법적으로 우선변제권을 보장하더라도 신탁의 채권자에게 불측의 손해를 유발하지 아니한다는 점에서 자본시장법상 신탁업자에 대해서는 보수청구권에 대하여 우선변제권을 인정하는 것이 타당하다.

9. 신탁상품 개념 도입의 필요성

자본시장법상 고유업무인 투자매매업, 투자중개업, 집합투자업, 투자자문업, 투자일임업은 금융투자상품이라는 매개를 기초로 한 금융투자업임에 반해 신탁업은 금융투자상품과 직접적인 연관이 없이 '신탁행위'를 금융투자업의 하나로 규정한 것이다.[82] 그렇다면 신탁계약관계를 중시하지 않고 오히려 신탁계약을 통하여 발행하는 수익권증서 또는 수익권이라는 금융투자상품을 중심으로 신탁업을 규율하는 것이 자본시장법의 기본적인 태도에 적합할 수 있다.

신탁업자가 수행하는 신탁업의 경우 동일한 신탁운용방식으로 다수의 투자자를 상대로 신탁계약을 체결하여야 비용 대비 효율성, 즉 규모의 경제(economy of scale)를 실현할 수 있기 때문에 신탁실무에서는 '계약형태'보다 '신탁상품'으로 투자자에게 판매하고자 하는 필요가 생긴다. 특히 금전신탁의 경우 신탁계약을 체결하는 투자자도 일반적으로 신탁계약을 체결한다는 생각보다는 투자의 개념에서 접근한다. 그렇다면 여러 투자자로부터 신탁재산을 집합하여 운용하지 아니하는 한도 내에서 동일한 신탁재산 운용방식으로 운용되는 신탁상품의 개념을 제도적으로 도입할 실익이 있다.

아울러 특정금전신탁상품에 대한 광고를 허용할 필요가 있다. 금융투자업규정은 "특정금전신탁의 특정한 상품(신탁업자가 신탁재산의 구체적인 운용방법을 미리 정하여 위탁자의 신탁재산에 대한

에 우선권을 인정하더라도 합리성이 있지만, 직업적·전문적인 수탁자가 그 서비스를 제공하고 그 대가로 보수를 청구하는 경우에는 보수는 수탁자 쪽으로서도 통상의 영업상의 이익으로서 다른 채권자에 우선하여 신탁재산으로부터 변제를 받는다는 것은 그 이유가 빈약하다는 견해도 있다(최동식, 앞의 책, 291면).

82) 이렇게 신탁업을 금융투자업으로 분류한 것이 부당하다는 견해가 있다. 금융투자상품을 대상으로 하는 투자매매업, 투자중개업, 집합투자업, 투자일임업과 금융투자상품과 직접적인 관련이 없는 신탁업을 병렬적으로 분류하는 것은 신탁의 다양한 가능성을 무시한 것이고, 나아가 신탁의 개념에 비추어 볼 때에는 논리적으로도 적절하지 않다는 견해이다[안성포, "신탁산업과 금융투자업의 교착", 『법학논총』 제31권 제2호(전남대학교 법학연구소, 2011.8.), 156면].

운용방법 지정이 사실상 곤란한 상품을 말한다)에 대해서 안내 설명서를 비치하거나 배포하는 등의 방법으로 불특정다수의 투자자에게 홍보하는 행위"를 불건전 영업행위로 규정하여 금지하고 있다(금융투자업규정 제4-93조 제10호). 이는 '1:1 맞춤형 계약성' 및 '위탁자의 운용지시권 보장'을 중시한 규제태도인 것이다. 위 금융투자업규정에 의하면 신탁업자는 특정금전신탁에 있어서 신탁상품에 대한 광고를 할 수 없고, 다만 신탁업 영위에 대한 광고나 일종의 '이미지광고'만을 할 수 있다는 것이다. 그러나 집합운용을 하지 아니하는 한 동일한 운용방법의 신탁상품을 다양한 투자자와의 신탁계약을 통하여 판매 및 운용한다고 하더라도 투자자 보호라는 자본시장법상의 취지를 몰각시킬 위험은 전혀 없다. 그리고 '1:1 맞춤형 계약성' 및 '위탁자의 운용지시권 보장'의 문제는 신탁상품에 대한 광고를 허용하더라도 행위규제로 충분히 보장할 수 있다. 따라서 신탁상품에 대한 광고를 법률상 금지함으로써 일반 투자자에게 다양한 신탁상품의 공급 자체를 제한하는 것으로 과도한 규제라고 생각된다.

Ⅳ. 결 론

지금까지 신신탁법 시행을 계기로 신탁, 신탁업 및 집합투자업 간의 긴장관계를 해소함으로써 신탁, 신탁업 및 집합투자의 조화로운 공존을 만들 수 있는 방안을 모색해 보았다. 이를 위해서는 신탁업과 집합투자업의 업무범위와 관련하여 다소 완화된 법령해석 또는 법률개정이 필요할 것으로 판단되며 그 내용은 다음과 같다.

첫째, 큰 틀에서 보면 구간투법 제정 전과 같이 신탁업자가 집합운용이 가능한 신탁업을 수행할 수 있도록 허용할 필요가 있다.

둘째, 첫째 방안이 힘들다면 최소한 수익증권발행신탁을 집합투자업의 개념정의에서 명시적으로 배제함으로써 수익증권발행신탁과 관련한 법적 불명확성을 해소하는 것이 바람직하다.

셋째, 수익증권발행신탁과 관련하여 환매제도를 도입함으로써 수익증권의 현금화 가능성을 높이고 자기신탁형 수익증권발행신탁에 있어서는 신신탁법 제36조에서 정한 수탁자의 이익 향수금지의 예외를 명시함으로써 수익증권발행구조의 다변화를 추구하도록 할 필요가 있다.

넷째, 집합투자업에 있어서는 신신탁법상의 종류수익증권의 개념을 도입함으로써 다양한 종류의 집합투자증권의 발행이 가능하도록 허용하는 것이 타당하다.

　다섯째, 신탁상품이라는 개념을 도입하여 다른 금융투자업과의 체계적인 적합성을 구현할 필요가 있고, 더불어 신탁상품에 대한 광고를 전면적으로 허용하여 일반 투자자들이 다양한 종류의 신탁상품에 투자할 수 있는 길을 열어주는 것이 타당하다.

참고문헌

1. 단행본

- 김건식·정순섭 『자본시장법』(두성사, 2014)
- 이중기, 『신탁법』(삼우사, 2007)
- 최동식, 『신탁법』(법문사, 2007)
- 한국증권법학회, 『자본시장법 주석서 (Ⅰ)』(박영사, 2015)
- 법무부, 『신탁법 해설』(법무부, 2012)
- 임재연, 『자본시장법』(박영사, 2016)
- 최수정, 『일본 신신탁법』(진원사, 2007)

2. 논 문

- 김태진, "기업형태로서의 신탁", 『법학논총』 제31권 제2호(전남대학교 법학연구소, 2011.8.)
- 안성포, "신탁제도의 발전을 위한 입법과제 – 집단신탁을 중심으로", 『비교사법』 제14권 3호(한국비교사법학회, 2007.9.)
- ＿＿＿, "신탁산업과 금융투자업의 교착", 『법학논총』 제31권 제2호(전남대학교 법학연구소, 2011.8.)
- ＿＿＿, "은행의 신탁업 및 집합투자업 영위에 대한 자본시장법 적용의 법적 문제", 『은행법연구』 제1권 제2호(은행법학회, 2008.11.)
- ＿＿＿, "유동화에 따른 신탁재산의 독자성에 관한 소고", 『증권법연구』 제7권 제2호(한국증권법학회, 2006.6.)
- 오창석, "개정 신탁법이 신탁실무에 미치는 영향", 『BFL』 제39호(서울대학교 금융법센터, 2010.1.)
- 이중기, "신탁재산의 공시에 관한 연구", 『홍익법학』 제11권 제3호(홍익대학교 법학연구소, 2010)
- 임채웅, "신탁선언의 연구", 『BFL』 제39호(서울대학교 금융법센터, 2010.1.)
- 최은순, "자기신탁에 관한 고찰 – 신탁법 개정안을 중심으로", 『안암법학』(안암법학회, 2010.5.)

3. 기 타

- 금융위원회, 2006.12.15.자 정례브리핑, 「간접투자·금전신탁·일임형랩의 효율적인 감독방안」
- ＿＿＿, 2007.5.3.자 보도자료, 「펀드·금전신탁·투자일임 상품간의 구분기준 마련 등 감독강화방안」
- ＿＿＿, 2010.9.15.자 보도자료, 「투자일임 제도개선방안」
- ＿＿＿, 2011.10.21.자 보도자료, 「투자자 보호를 위한 투자일임업 제도개선방안 마련」
- ＿＿＿, 2012.3.22.자 보도자료, 「자본시장과 금융투자업에 관한 법률 개정안 입법예고」
- 금융투자협회, 「신탁법 개정 설명회」, 2011.7.26.
- ＿＿＿, 「개정 신탁법 시행과 신탁산업 선진화」, 2011.12.19.
- ＿＿＿, 「새로운 신탁제도와 신탁산업 발전방향」, 2010.12.3.

가족신탁 관련 법령

가족신탁을 설계할 때 관련 법령에 대한 전문성이 필요하기 때문에, 가족신탁 관련 법령 중 신탁 설계에 필요한 중요한 조문은 가급적이면 쉽게 찾아서 법령의 전문이나 가족신탁 관련 발췌 조문을 부록으로 실었다.

신탁법

[시행 2018.11.1.] [법률 제15022호, 2017.10.31, 타법개정]

법무부(상사법무과) 02-2110-3167

제1장 총 칙

제1조【목적】이 법은 신탁에 관한 사법적 법률관계를 규정함을 목적으로 한다.

제2조【신탁의 정의】이 법에서 "신탁"이란 신탁을 설정하는 자(이하 "위탁자"라 한다)와 신탁을 인수하는 자(이하 "수탁자"라 한다) 간의 신임관계에 기하여 위탁자가 수탁자에게 특정의 재산(영업이나 저작재산권의 일부를 포함한다)을 이전하거나 담보권의 설정 또는 그 밖의 처분을 하고 수탁자로 하여금 일정한 자(이하 "수익자"라 한다)의 이익 또는 특정의 목적을 위하여 그 재산의 관리, 처분, 운용, 개발, 그 밖에 신탁 목적의 달성을 위하여 필요한 행위를 하게 하는 법률관계를 말한다.

제3조【신탁의 설정】① 신탁은 다음 각 호의 어느 하나에 해당하는 방법으로 설정할 수 있다. 다만, 수익자가 없는 특정의 목적을 위한 신탁(이하 "목적신탁"이라 한다)은 「공익신탁법」에 따른 공익신탁을 제외하고는 제3호의 방법으로 설정할 수 없다. 〈개정 2014.3.18.〉

1. 위탁자와 수탁자 간의 계약

2. 위탁자의 유언

3. 신탁의 목적, 신탁재산, 수익자(「공익신탁법」에 따른 공익신탁의 경우에는 제67조 제1항의 신탁관리인을 말한다) 등을 특정하고 자신을 수탁자로 정한 위탁자의 선언

② 제1항 제3호에 따른 신탁의 설정은 「공익신탁법」에 따른 공익신탁을 제외하고는 공정증서(公正證書)를 작성하는 방법으로 하여야 하며, 신탁을 해지할 수 있는 권한을 유보(留保)할 수 없다. 〈개정 2014.3.18.〉

③ 위탁자가 집행의 면탈이나 그 밖의 부정한 목적으로 제1항 제3호에 따라 신탁을 설정한 경우 이해관계인은 법원에 신탁의 종료를 청구할 수 있다.

④ 위탁자는 신탁행위로 수탁자나 수익자에게 신탁재산을 지정할 수 있는 권한을 부여하는 방법으로 신탁재산을 특정할 수 있다.

⑤ 수탁자는 신탁행위로 달리 정한 바가 없으면 신탁 목적의 달성을 위하여 필요한 경우에는 수익자의 동의를 받아 타인에게 신탁재산에 대하여 신탁을 설정할 수 있다.

제4조 【신탁의 공시와 대항】 ① 등기 또는 등록할 수 있는 재산권에 관하여는 신탁의 등기 또는 등록을 함으로써 그 재산이 신탁재산에 속한 것임을 제3자에게 대항할 수 있다.

② 등기 또는 등록할 수 없는 재산권에 관하여는 다른 재산과 분별하여 관리하는 등의 방법으로 신탁재산임을 표시함으로써 그 재산이 신탁재산에 속한 것임을 제3자에게 대항할 수 있다.

③ 제1항의 재산권에 대한 등기부 또는 등록부가 아직 없을 때에는 그 재산권은 등기 또는 등록할 수 없는 재산권으로 본다.

④ 제2항에 따라 신탁재산임을 표시할 때에는 대통령령으로 정하는 장부에 신탁재산임을 표시하는 방법으로도 할 수 있다.

제5조 【목적의 제한】 ① 선량한 풍속이나 그 밖의 사회질서에 위반하는 사항을 목적으로 하는 신탁은 무효로 한다.

② 목적이 위법하거나 불능인 신탁은 무효로 한다.

③ 신탁 목적의 일부가 제1항 또는 제2항에 해당하는 경우 그 신탁은 제1항 또는 제2항에 해당하지 아니한 나머지 목적을 위하여 유효하게 성립한다. 다만, 제1항 또는 제2항에 해당하는 목적과 그렇지 아니한 목적을 분리하는 것이 불가능하거나 분리할 수 있더라도 제1항 또는 제2항에 해당하지 아니한 나머지 목적만을 위하여 신탁을 유지하는 것이 위탁자의 의사에 명백히 반하는 경우에는 그 전부를 무효로 한다.

제6조 【소송을 목적으로 하는 신탁의 금지】 수탁자로 하여금 소송행위를 하게 하는 것을 주된 목적으로 하는 신탁은 무효로 한다.

제7조【탈법을 목적으로 하는 신탁의 금지】 법령에 따라 일정한 재산권을 향유할 수 없는 자는 수익자로서 그 권리를 가지는 것과 동일한 이익을 누릴 수 없다.

제8조【사해신탁】 ① 채무자가 채권자를 해함을 알면서 신탁을 설정한 경우 채권자는 수탁자가 선의일지라도 수탁자나 수익자에게 「민법」 제406조 제1항의 취소 및 원상회복을 청구할 수 있다. 다만, 수익자가 수익권을 취득할 당시 채권자를 해함을 알지 못한 경우에는 그러하지 아니하다.

② 제1항 단서의 경우에 여러 명의 수익자 중 일부가 수익권을 취득할 당시 채권자를 해함을 알지 못한 경우에는 악의의 수익자만을 상대로 제1항 본문의 취소 및 원상회복을 청구할 수 있다.

③ 제1항 본문의 경우에 채권자는 선의의 수탁자에게 현존하는 신탁재산의 범위 내에서 원상회복을 청구할 수 있다.

④ 신탁이 취소되어 신탁재산이 원상회복된 경우 위탁자는 취소된 신탁과 관련하여 그 신탁의 수탁자와 거래한 선의의 제3자에 대하여 원상회복된 신탁재산의 한도 내에서 책임을 진다.

⑤ 채권자는 악의의 수익자에게 그가 취득한 수익권을 위탁자에게 양도할 것을 청구할 수 있다. 이때 「민법」 제406조 제2항을 준용한다.

⑥ 제1항의 경우 위탁자와 사해신탁(詐害信託)의 설정을 공모하거나 위탁자에게 사해신탁의 설정을 교사·방조한 수익자 또는 수탁자는 위탁자와 연대하여 이로 인하여 채권자가 받은 손해를 배상할 책임을 진다.

제2장 신탁관계인

제9조【위탁자의 권리】 ① 신탁행위로 위탁자의 전부 또는 일부가 이 법에 따른 위탁자의 권리의 전부 또는 일부를 갖지 아니한다는 뜻을 정할 수 있다.

② 제1항에도 불구하고 목적신탁의 경우에는 신탁행위로 이 법에 따른 위탁자의 권리를 제한할 수 없다.

제10조【위탁자 지위의 이전】 ① 위탁자의 지위는 신탁행위로 정한 방법에 따라 제3자에게 이전할 수 있다.

② 제1항에 따른 이전 방법이 정하여지지 아니한 경우 위탁자의 지위는 수탁자와 수익자의 동의를 받아 제3자에게 이전할 수 있다. 이 경우 위탁자가 여럿일 때에는 다른 위탁자의 동의도 받아야 한다.

③ 제3조 제1항 제2호에 따라 신탁이 설정된 경우 위탁자의 상속인은 위탁자의 지위를 승계하지 아니한다. 다만, 신탁행위로 달리 정한 경우에는 그에 따른다.

제11조【수탁능력】 미성년자, 금치산자, 한정치산자 및 파산선고를 받은 자는 수탁자가 될 수 없다.

제12조【수탁자의 임무 종료】 ① 다음 각 호의 어느 하나에 해당하는 경우 수탁자의 임무는 종료된다.

　1. 수탁자가 사망한 경우

　2. 수탁자가 금치산선고 또는 한정치산선고를 받은 경우

　3. 수탁자가 파산선고를 받은 경우

　4. 법인인 수탁자가 합병 외의 사유로 해산한 경우

② 제1항 제1호, 제2호 또는 제4호에 따라 수탁자의 임무가 종료된 경우 수탁자의 상속인, 법정대리인 또는 청산인은 즉시 수익자에게 그 사실을 통지하여야 한다.

③ 제1항 제3호에 따라 수탁자의 임무가 종료된 경우 수탁자는 다음 각 호의 구분에 따라 해당 사실을 통지하여야 한다.

　1. 수익자에게 수탁자의 임무가 종료된 사실

　2. 파산관재인에게 신탁재산에 관한 사항

④ 제1항 제1호, 제2호 또는 제4호에 따라 수탁자의 임무가 종료된 경우 수탁자의 상속인, 법정대리인 또는 청산인은 신수탁자(新受託者)나 신탁재산관리인이 신탁사무를 처리할 수 있을 때까지 신탁재산을 보관하고 신탁사무 인계에 필요한 행위를 하여야 하며, 즉시 수익자에게 그 사실을 통지하여야 한다.

⑤ 수탁자인 법인이 합병하는 경우 합병으로 설립된 법인이나 합병 후 존속하는 법인은 계속 수탁자로서의 권리·의무를 가진다. 수탁자인 법인이 분할하는 경우 분할에 의하여 수탁자로 정하여진 법인도 또한 같다.

제13조【신탁행위로 정한 수탁자의 임무 종료】 ① 신탁행위로 정한 수탁자의 임무 종료 사유가 발생하거나 수탁자가 신탁행위로 정한 특정한 자격을 상실한 경우 수탁자의 임무는 종료된다.

② 제1항에 따라 임무가 종료된 수탁자는 즉시 수익자에게 그 사실을 통지하여야 한다.

제14조【수탁자의 사임에 의한 임무 종료】 ① 수탁자는 신탁행위로 달리 정한 바가 없으면 수익자와 위탁자의 승낙 없이 사임할 수 없다.

② 제1항에도 불구하고 수탁자는 정당한 이유가 있는 경우 법원의 허가를 받아 사임할 수 있다.

③ 사임한 수탁자는 즉시 수익자에게 그 사실을 통지하여야 한다.

제15조【임무가 종료된 수탁자의 지위】 제13조 제1항 또는 제14조 제1항에 따라 임무가 종료된 수탁자는 신수탁자나 신탁재산관리인이 신탁사무를 처리할 수 있을 때까지 수탁자의 권리·의무를 가진다.

제16조【수탁자의 해임에 의한 임무 종료】 ① 위탁자와 수익자는 합의하여 또는 위탁자가 없으면 수익자 단독으로 언제든지 수탁자를 해임할 수 있다. 다만, 신탁행위로 달리 정한 경우에는 그에 따른다.

② 정당한 이유 없이 수탁자에게 불리한 시기에 제1항에 따라 수탁자를 해임한 자는 그 손해를 배상하여야 한다.

③ 수탁자가 그 임무에 위반된 행위를 하거나 그 밖에 중요한 사유가 있는 경우 위탁자나 수익자는 법원에 수탁자의 해임을 청구할 수 있다.

④ 제3항의 청구에 의하여 해임된 수탁자는 즉시 수익자에게 그 사실을 통지하여야 한다.

⑤ 해임된 수탁자는 신수탁자나 신탁재산관리인이 신탁사무를 처리할 수 있을 때까지 신탁재산을 보관하고 신탁사무 인계에 필요한 행위를 하여야 한다. 다만, 임무 위반으로 해임된 수탁자는 그러하지 아니하다.

제17조【신탁재산관리인 선임 등의 처분】 ① 수탁자의 임무가 종료되거나 수탁자와 수익자 간의 이해가 상반되어 수탁자가 신탁사무를 수행하는 것이 적절하지 아니한 경우 법원은 이해관계인의 청구에 의하여 신탁재산관리인의 선임이나 그 밖의 필요한 처분을 명할 수 있다. 다른 수탁자가 있는 경우에도 또한 같다.

② 제1항에 따라 신탁재산관리인을 선임하는 경우 법원은 신탁재산관리인이 법원의 허가를 받아야 하는 사항을 정할 수 있다.

③ 제1항에 따라 선임된 신탁재산관리인은 즉시 수익자에게 그 사실을 통지하여야 한다.

④ 신탁재산관리인은 선임된 목적범위 내에서 수탁자와 동일한 권리·의무가 있다. 다만, 제2항에 따라 법원의 허가를 받아야 하는 사항에 대하여는 그러하지 아니하다.

⑤ 제1항에 따라 신탁재산관리인이 선임된 경우 신탁재산에 관한 소송에서는 신탁재산관리인이 당사자가 된다.

⑥ 법원은 제1항에 따라 선임한 신탁재산관리인에게 필요한 경우 신탁재산에서 적당한 보수를 줄 수 있다.

제18조【필수적 신탁재산관리인의 선임】 ① 법원은 다음 각 호의 어느 하나에 해당하는 경우로서 신수탁자가 선임되지 아니하거나 다른 수탁자가 존재하지 아니할 때에는 신탁재산을 보관하고 신탁사무 인계에 필요한 행위를 하여야 할 신탁재산관리인을 선임한다.

  1. 수탁자가 사망하여 「민법」 제1053조 제1항에 따라 상속재산관리인이 선임되는 경우

  2. 수탁자가 파산선고를 받은 경우

  3. 수탁자가 법원의 허가를 받아 사임하거나 임무 위반으로 법원에 의하여 해임된 경우

② 법원은 제1항 각 호의 어느 하나에 해당하여 수탁자에 대하여 상속재산관리인의 선임결정, 파산선고, 수탁자의 사임허가결정 또는 해임결정을 하는 경우 그 결정과 동시에 신탁재산관리인을 선임하여야 한다.

③ 선임된 신탁재산관리인의 통지의무, 당사자 적격 및 보수에 관하여는 제17조 제3항, 제5항 및 제6항을 준용한다.

제19조【신탁재산관리인의 임무 종료】 ① 신수탁자가 선임되거나 더 이상 수탁자와 수익자 간의 이해가 상반되지 아니하는 경우 신탁재산관리인의 임무는 종료된다.

② 신탁재산관리인은 법원의 허가를 받아 사임할 수 있다.

③ 법원은 이해관계인의 청구에 의하여 신탁재산관리인을 해임할 수 있다.

④ 법원은 제2항 또는 제3항의 결정을 함과 동시에 새로운 신탁재산관리인을 선임하여야 한다.

제20조【신탁재산관리인의 공고, 등기 또는 등록】 ① 법원은 다음 각 호의 어느 하나에 해당하는 경우 그 취지를 공고하고, 등기 또는 등록된 신탁재산에 대하여 직권으로 지체 없이 그 취지의 등기 또는 등록을 촉탁하여야 한다.

  1. 제17조 제1항에 따라 신탁재산관리인을 선임하거나 그 밖의 필요한 처분을 명한 경우

  2. 제18조 제1항에 따라 신탁재산관리인을 선임한 경우

3. 제19조 제2항에 따라 신탁재산관리인의 사임결정을 한 경우

4. 제19조 제3항에 따라 신탁재산관리인의 해임결정을 한 경우

② 제19조 제1항에 따라 신탁재산관리인의 임무가 종료된 경우 법원은 신수탁자 또는 이해가 상반되지 아니하게 된 수탁자의 신청에 의하여 제1항에 따른 등기 또는 등록의 말소를 촉탁하여야 한다.

③ 신탁재산관리인이나 수탁자는 고의나 과실로 제1항 또는 제2항에 따른 등기 또는 등록이 사실과 다르게 된 경우 그 등기 또는 등록과 다른 사실로써 선의의 제3자에게 대항하지 못한다.

제21조 【신수탁자의 선임】 ① 수탁자의 임무가 종료된 경우 위탁자와 수익자는 합의하여 또는 위탁자가 없으면 수익자 단독으로 신수탁자를 선임할 수 있다. 다만, 신탁행위로 달리 정한 경우에는 그에 따른다.

② 위탁자와 수익자 간에 신수탁자 선임에 대한 합의가 이루어지지 아니한 경우 이해관계인은 법원에 신수탁자의 선임을 청구할 수 있다.

③ 유언에 의하여 수탁자로 지정된 자가 신탁을 인수하지 아니하거나 인수할 수 없는 경우에는 제1항 및 제2항을 준용한다.

④ 법원은 제2항(제3항에 따라 준용되는 경우를 포함한다)에 따라 선임한 수탁자에게 필요한 경우 신탁재산에서 적당한 보수를 줄 수 있다.

제3장 신탁재산

제22조 【강제집행 등의 금지】 ① 신탁재산에 대하여는 강제집행, 담보권 실행 등을 위한 경매, 보전처분(이하 "강제집행등"이라 한다) 또는 국세 등 체납처분을 할 수 없다. 다만, 신탁 전의 원인으로 발생한 권리 또는 신탁사무의 처리상 발생한 권리에 기한 경우에는 그러하지 아니하다.

② 위탁자, 수익자나 수탁자는 제1항을 위반한 강제집행등에 대하여 이의를 제기할 수 있다. 이 경우 「민사집행법」 제48조를 준용한다.

③ 위탁자, 수익자나 수탁자는 제1항을 위반한 국세 등 체납처분에 대하여 이의를 제기할 수 있다. 이 경우 국세 등 체납처분에 대한 불복절차를 준용한다.

제23조【수탁자의 사망 등과 신탁재산】 신탁재산은 수탁자의 상속재산에 속하지 아니하며, 수탁자의 이혼에 따른 재산분할의 대상이 되지 아니한다.

제24조【수탁자의 파산 등과 신탁재산】 신탁재산은 수탁자의 파산재단, 회생절차의 관리인이 관리 및 처분 권한을 갖고 있는 채무자의 재산이나 개인회생재단을 구성하지 아니한다.

제25조【상계 금지】 ① 신탁재산에 속하는 채권과 신탁재산에 속하지 아니하는 채무는 상계(相計)하지 못한다. 다만, 양 채권·채무가 동일한 재산에 속하지 아니함에 대하여 제3자가 선의이며 과실이 없을 때에는 그러하지 아니하다.

② 신탁재산에 속하는 채무에 대한 책임이 신탁재산만으로 한정되는 경우에는 신탁재산에 속하지 아니하는 채권과 신탁재산에 속하는 채무는 상계하지 못한다. 다만, 양 채권·채무가 동일한 재산에 속하지 아니함에 대하여 제3자가 선의이며 과실이 없을 때에는 그러하지 아니하다.

제26조【신탁재산에 대한 혼동의 특칙】 다음 각 호의 경우 혼동(混同)으로 인하여 권리가 소멸하지 아니한다.

1. 동일한 물건에 대한 소유권과 그 밖의 물권이 각각 신탁재산과 고유재산 또는 서로 다른 신탁재산에 귀속하는 경우
2. 소유권 외의 물권과 이를 목적으로 하는 권리가 각각 신탁재산과 고유재산 또는 서로 다른 신탁재산에 귀속하는 경우
3. 신탁재산에 대한 채무가 수탁자에게 귀속하거나 수탁자에 대한 채권이 신탁재산에 귀속하는 경우

제27조【신탁재산의 범위】 신탁재산의 관리, 처분, 운용, 개발, 멸실, 훼손, 그 밖의 사유로 수탁자가 얻은 재산은 신탁재산에 속한다.

제28조【신탁재산의 첨부】 신탁재산과 고유재산 또는 서로 다른 신탁재산에 속한 물건 간의 부합(附合), 혼화(混和) 또는 가공(加工)에 관하여는 각각 다른 소유자에게 속하는 것으로 보아 「민법」 제256조부터 제261조까지의 규정을 준용한다. 다만, 가공자가 악의인 경우에는 가공으로 인한 가액의 증가가 원재료의 가액보다 많을 때에도 법원은 가공으로 인하여 생긴 물건을 원재료 소유자에게 귀속시킬 수 있다.

제29조【신탁재산의 귀속 추정】 ① 신탁재산과 고유재산 간에 귀속관계를 구분할 수 없는 경우 그 재산은 신탁재산에 속한 것으로 추정한다.

② 서로 다른 신탁재산 간에 귀속관계를 구분할 수 없는 경우 그 재산은 각 신탁재산 간에 균등하게 귀속된 것으로 추정한다.

제30조【점유하자의 승계】 수탁자는 신탁재산의 점유에 관하여 위탁자의 점유의 하자를 승계한다.

제4장 수탁자의 권리·의무

제31조【수탁자의 권한】 수탁자는 신탁재산에 대한 권리와 의무의 귀속주체로서 신탁재산의 관리, 처분 등을 하고 신탁 목적의 달성을 위하여 필요한 모든 행위를 할 권한이 있다. 다만, 신탁행위로 이를 제한할 수 있다.

제32조【수탁자의 선관의무】 수탁자는 선량한 관리자의 주의(注意)로 신탁사무를 처리하여야 한다. 다만, 신탁행위로 달리 정한 경우에는 그에 따른다.

제33조【충실의무】 수탁자는 수익자의 이익을 위하여 신탁사무를 처리하여야 한다.

제34조【이익에 반하는 행위의 금지】 ① 수탁자는 누구의 명의(名義)로도 다음 각 호의 행위를 하지 못한다.

1. 신탁재산을 고유재산으로 하거나 신탁재산에 관한 권리를 고유재산에 귀속시키는 행위
2. 고유재산을 신탁재산으로 하거나 고유재산에 관한 권리를 신탁재산에 귀속시키는 행위
3. 여러 개의 신탁을 인수한 경우 하나의 신탁재산 또는 그에 관한 권리를 다른 신탁의 신탁재산에 귀속시키는 행위
4. 제3자의 신탁재산에 대한 행위에서 제3자를 대리하는 행위
5. 그 밖에 수익자의 이익에 반하는 행위

② 제1항에도 불구하고 수탁자는 다음 각 호의 어느 하나에 해당하는 경우 제1항 각 호의 행위를 할 수 있다. 다만, 제3호의 경우 수탁자는 법원에 허가를 신청함과 동시에 수익자에게 그 사실을 통지하여야 한다.

1. 신탁행위로 허용한 경우
2. 수익자에게 그 행위에 관련된 사실을 고지하고 수익자의 승인을 받은 경우

　3. 법원의 허가를 받은 경우

③ 제1항에도 불구하고 수탁자는 상속 등 수탁자의 의사에 기하지 아니한 경우에는 신탁재산에 관한 권리를 포괄적으로 승계할 수 있다. 이 경우 해당 재산의 혼동에 관하여는 제26조를 준용한다.

제35조【공평의무】 수익자가 여럿인 경우 수탁자는 각 수익자를 위하여 공평하게 신탁사무를 처리하여야 한다. 다만, 신탁행위로 달리 정한 경우에는 그에 따른다.

제36조【수탁자의 이익향수금지】 수탁자는 누구의 명의로도 신탁의 이익을 누리지 못한다. 다만, 수탁자가 공동수익자의 1인인 경우에는 그러하지 아니하다.

제37조【수탁자의 분별관리의무】 ① 수탁자는 신탁재산을 수탁자의 고유재산과 분별하여 관리하고 신탁재산임을 표시하여야 한다.

② 여러 개의 신탁을 인수한 수탁자는 각 신탁재산을 분별하여 관리하고 서로 다른 신탁재산임을 표시하여야 한다.

③ 제1항 및 제2항의 신탁재산이 금전이나 그 밖의 대체물인 경우에는 그 계산을 명확히 하는 방법으로 분별하여 관리할 수 있다.

제38조【유한책임】 수탁자는 신탁행위로 인하여 수익자에게 부담하는 채무에 대하여는 신탁재산만으로 책임을 진다.

제39조【장부 등 서류의 작성·보존 및 비치 의무】 ① 수탁자는 신탁사무와 관련된 장부 및 그 밖의 서류를 갖추어 두고 각 신탁에 관하여 그 사무의 처리와 계산을 명백히 하여야 한다.

② 수탁자는 신탁을 인수한 때와 매년 1회 일정한 시기에 각 신탁의 재산목록을 작성하여야 한다. 다만, 재산목록의 작성 시기에 관하여 신탁행위로 달리 정한 경우에는 그에 따른다.

③ 수탁자는 제1항 및 제2항의 장부, 재산목록 및 그 밖의 서류를 대통령령으로 정하는 기간 동안 보존하여야 한다.

④ 제3항에 따라 장부, 재산목록 및 그 밖의 서류를 보존하는 경우 그 보존방법과 그 밖에 필요한 사항은 대통령령으로 정한다.

제40조【서류의 열람 등】 ① 위탁자나 수익자는 수탁자나 신탁재산관리인에게 신탁사무의 처리와 계산에 관한 장부 및 그 밖의 서류의 열람 또는 복사를 청구하거나 신탁사무의 처리와 계산에 관하여 설명을 요구할 수 있다.

② 위탁자와 수익자를 제외한 이해관계인은 수탁자나 신탁재산관리인에게 신탁의 재산목록 등 신탁사무의 계산에 관한 장부 및 그 밖의 서류의 열람 또는 복사를 청구할 수 있다.

제41조【금전의 관리방법】 신탁재산에 속하는 금전의 관리는 신탁행위로 달리 정한 바가 없으면 다음 각 호의 방법으로 하여야 한다.

  1. 국채, 지방채 및 특별법에 따라 설립된 법인의 사채의 응모·인수 또는 매입

  2. 국채나 그 밖에 제1호의 유가증권을 담보로 하는 대부

  3. 은행예금 또는 우체국예금

제42조【신탁사무의 위임】 ① 수탁자는 정당한 사유가 있으면 수익자의 동의를 받아 타인으로 하여금 자기를 갈음하여 신탁사무를 처리하게 할 수 있다. 다만, 신탁행위로 달리 정한 경우에는 그에 따른다.

② 제1항 본문의 경우 수탁자는 그 선임·감독에 관하여만 책임을 진다. 신탁행위로 타인으로 하여금 신탁사무를 처리하게 한 경우에도 또한 같다.

③ 수탁자를 갈음하여 신탁사무를 처리하는 자는 수탁자와 동일한 책임을 진다.

제43조【수탁자의 원상회복의무 등】 ① 수탁자가 그 의무를 위반하여 신탁재산에 손해가 생긴 경우 위탁자, 수익자 또는 수탁자가 여럿인 경우의 다른 수탁자는 그 수탁자에게 신탁재산의 원상회복을 청구할 수 있다. 다만, 원상회복이 불가능하거나 현저하게 곤란한 경우, 원상회복에 과다한 비용이 드는 경우, 그 밖에 원상회복이 적절하지 아니한 특별한 사정이 있는 경우에는 손해배상을 청구할 수 있다.

② 수탁자가 그 의무를 위반하여 신탁재산이 변경된 경우에도 제1항과 같다.

③ 수탁자가 제33조부터 제37조까지의 규정에서 정한 의무를 위반한 경우에는 신탁재산에 손해가 생기지 아니하였더라도 수탁자는 그로 인하여 수탁자나 제3자가 얻은 이득 전부를 신탁재산에 반환하여야 한다.

제44조【분별관리의무 위반에 관한 특례】 수탁자가 제37조에 따른 분별관리의무를 위반하여 신탁재산에 손실이 생긴 경우 수탁자는 분별하여 관리하였더라도 손실이 생겼으리라는 것을 증명하지 아니하면 그 책임을 면하지 못한다.

제45조【수탁법인의 이사의 책임】 수탁자인 법인이 제43조 및 제44조에 따라 책임을 지는 경우 그 책임의 원인이 된 의무위반행위에 관여한 이사와 그에 준하는 자는 법인과 연대하여 책임을 진다.

제46조【비용상환청구권】 ① 수탁자는 신탁사무의 처리에 관하여 필요한 비용을 신탁재산에서 지출할 수 있다.

② 수탁자가 신탁사무의 처리에 관하여 필요한 비용을 고유재산에서 지출한 경우에는 지출한 비용과 지출한 날 이후의 이자를 신탁재산에서 상환(償還)받을 수 있다.

③ 수탁자가 신탁사무의 처리를 위하여 자기의 과실 없이 채무를 부담하거나 손해를 입은 경우에도 제1항 및 제2항과 같다.

④ 수탁자는 신탁재산이 신탁사무의 처리에 관하여 필요한 비용을 충당하기에 부족하게 될 우려가 있을 때에는 수익자에게 그가 얻은 이익의 범위에서 그 비용을 청구하거나 그에 상당하는 담보의 제공을 요구할 수 있다. 다만, 수익자가 특정되어 있지 아니하거나 존재하지 아니하는 경우 또는 수익자가 수익권을 포기한 경우에는 그러하지 아니하다.

⑤ 수탁자가 신탁사무의 처리를 위하여 자기의 과실 없이 입은 손해를 전보(塡補)하기에 신탁재산이 부족할 때에도 제4항과 같다.

⑥ 제1항부터 제5항까지의 규정에서 정한 사항에 대하여 신탁행위로 달리 정한 사항이 있으면 그에 따른다.

제47조【보수청구권】 ① 수탁자는 신탁행위에 정함이 있는 경우에만 보수를 받을 수 있다. 다만, 신탁을 영업으로 하는 수탁자의 경우에는 신탁행위에 정함이 없는 경우에도 보수를 받을 수 있다.

② 보수의 금액 또는 산정방법을 정하지 아니한 경우 수탁자는 신탁사무의 성질과 내용에 비추어 적당한 금액의 보수를 지급받을 수 있다.

③ 제1항의 보수가 사정의 변경으로 신탁사무의 성질 및 내용에 비추어 적당하지 아니하게 된 경우 법원은 위탁자, 수익자 또는 수탁자의 청구에 의하여 수탁자의 보수를 증액하거나 감액할 수 있다.

④ 수탁자의 보수에 관하여는 제46조 제4항을 준용한다. 다만, 신탁행위로 달리 정한 사항이 있으면 그에 따른다.

제48조【비용상환청구권의 우선변제권 등】 ① 수탁자는 신탁재산에 대한 민사집행절차 또는 「국세징수법」에 따른 공매절차에서 수익자나 그 밖의 채권자보다 우선하여 신탁의 목적에 따라 신탁재산의 보존, 개량을 위하여 지출한 필요비 또는 유익비(有益費)의 우선변제를 받을 권리가 있다.

② 수탁자는 신탁재산을 매각하여 제46조에 따른 비용상환청구권 또는 제47조에 따른 보수청구권에 기한 채권의 변제에 충당할 수 있다. 다만, 그 신탁재산의 매각으로 신탁의 목적을 달성할 수 없게 되거나 그 밖의 상당한 이유가 있는 경우에는 그러하지 아니하다.

제49조【권리행사요건】 수탁자는 제43조 및 제44조에 따른 원상회복의무 등을 이행한 후가 아니면 제46조 또는 제47조에 따른 권리를 행사할 수 없다.

제50조【공동수탁자】 ① 수탁자가 여럿인 경우 신탁재산은 수탁자들의 합유(合有)로 한다.

② 제1항의 경우 수탁자 중 1인의 임무가 종료하면 신탁재산은 당연히 다른 수탁자에게 귀속된다.

③ 제1항의 경우 신탁행위로 달리 정한 바가 없으면 신탁사무의 처리는 수탁자가 공동으로 하여야 한다. 다만, 보존행위는 각자 할 수 있다.

④ 수탁자가 여럿인 경우 수탁자 1인에 대한 의사표시는 다른 수탁자에게도 효력이 있다.

⑤ 수탁자가 여럿인 경우 신탁행위로 다른 수탁자의 업무집행을 대리할 업무집행수탁자를 정할 수 있다.

제51조【공동수탁자의 연대책임】 ① 수탁자가 여럿인 경우 수탁자들은 신탁사무의 처리에 관하여 제3자에게 부담한 채무에 대하여 연대하여 변제할 책임이 있다.

② 수탁자가 여럿인 경우 그중 일부가 수탁자로서의 의무를 위반하여 부담한 채무에 대하여 그 행위에 관여하지 아니한 다른 수탁자는 책임이 없다. 다만, 다른 수탁자의 의무위반행위를 저지하기 위하여 합리적인 조치를 취하지 아니한 경우에는 그러하지 아니하다.

제52조【신수탁자 등의 원상회복청구권 등】 신수탁자나 신탁재산관리인도 제43조에 따른 권리를 행사할 수 있다.

제53조【신수탁자의 의무의 승계】 ① 수탁자가 변경된 경우 신수탁자는 전수탁자(前受託者)가 신탁행위로 인하여 수익자에게 부담하는 채무를 승계한다. 수탁자가 여럿인 경우 일부의 수탁자가 변경된 경우에도 또한 같다.

② 신탁사무의 처리에 관하여 발생한 채권은 신탁재산의 한도 내에서 신수탁자에게도 행사할 수 있다.

③ 제22조 제1항 단서에 따른 신탁재산에 대한 강제집행등의 절차 또는 국세 등 체납처분의 절차는 신수탁자에 대하여 속행(續行)할 수 있다.

제54조 【전수탁자의 우선변제권 등】 ① 전수탁자의 비용상환청구권에 관하여는 제48조 제1항 및 제49조를 준용한다.

② 전수탁자는 제46조의 청구권에 기한 채권을 변제받을 때까지 신탁재산을 유치(留置)할 수 있다.

제55조 【사무의 인계】 ① 수탁자가 변경된 경우 전수탁자와 그 밖의 관계자는 신탁사무의 계산을 하고, 수익자의 입회하에 신수탁자에게 사무를 인계하여야 한다.

② 수익자가 제1항의 계산을 승인한 경우에는 전수탁자나 그 밖의 관계자의 수익자에 대한 인계에 관한 책임은 면제된 것으로 본다. 다만, 부정행위가 있었던 경우에는 그러하지 아니하다.

제5장 수익자의 권리·의무

제1절 수익권의 취득과 포기

제56조 【수익권의 취득】 ① 신탁행위로 정한 바에 따라 수익자로 지정된 자(제58조 제1항 및 제2항에 따라 수익자로 지정된 자를 포함한다)는 당연히 수익권을 취득한다. 다만, 신탁행위로 달리 정한 경우에는 그에 따른다.

② 수탁자는 지체 없이 제1항에 따라 수익자로 지정된 자에게 그 사실을 통지하여야 한다. 다만, 수익권에 부담이 있는 경우를 제외하고는 신탁행위로 통지시기를 달리 정할 수 있다.

제57조 【수익권의 포기】 ① 수익자는 수탁자에게 수익권을 포기하는 취지의 의사표시를 할 수 있다.

② 수익자가 제1항에 따른 포기의 의사표시를 한 경우에는 처음부터 수익권을 가지지 아니하였던 것으로 본다. 다만, 제3자의 권리를 해치지 못한다.

제58조 【수익자지정권등】 ① 신탁행위로 수익자를 지정하거나 변경할 수 있는 권한(이하 "수익자지정권등"이라 한다)을 갖는 자를 정할 수 있다.

② 수익자지정권등을 갖는 자는 수탁자에 대한 의사표시 또는 유언으로 그 권한을 행사할 수 있다.

③ 수익자지정권등이 유언으로 행사되어 수탁자가 그 사실을 알지 못한 경우 이로 인하여 수익자로 된 자는 그 사실로써 수탁자에게 대항하지 못한다.

④ 수익자를 변경하는 권한이 행사되어 수익자가 그 수익권을 상실한 경우 수탁자는 지체 없이 수익권을 상실한 자에게 그 사실을 통지하여야 한다. 다만, 신탁행위로 달리 정한 경우에는 그에 따른다.

⑤ 수익자지정권등은 신탁행위로 달리 정한 바가 없으면 상속되지 아니한다.

제59조【유언대용신탁】 ① 다음 각 호의 어느 하나에 해당하는 신탁의 경우에는 위탁자가 수익자를 변경할 권리를 갖는다. 다만, 신탁행위로 달리 정한 경우에는 그에 따른다.

　1. 수익자가 될 자로 지정된 자가 위탁자의 사망 시에 수익권을 취득하는 신탁

　2. 수익자가 위탁자의 사망 이후에 신탁재산에 기한 급부를 받는 신탁

② 제1항 제2호의 수익자는 위탁자가 사망할 때까지 수익자로서의 권리를 행사하지 못한다. 다만, 신탁행위로 달리 정한 경우에는 그에 따른다.

제60조【수익자연속신탁】 신탁행위로 수익자가 사망한 경우 그 수익자가 갖는 수익권이 소멸하고 타인이 새로 수익권을 취득하도록 하는 뜻을 정할 수 있다. 이 경우 수익자의 사망에 의하여 차례로 타인이 수익권을 취득하는 경우를 포함한다.

제2절 수익권의 행사

제61조【수익권의 제한 금지】 다음 각 호에 해당하는 수익자의 권리는 신탁행위로도 제한할 수 없다.

　1. 이 법에 따라 법원에 청구할 수 있는 권리

　2. 제22조 제2항 또는 제3항에 따라 강제집행등 또는 국세 등 체납처분에 대하여 이의를 제기할 수 있는 권리

　3. 제40조 제1항에 따라 장부 등의 열람 또는 복사를 청구할 수 있는 권리

　4. 제43조 및 제45조에 따라 원상회복 또는 손해배상 등을 청구할 수 있는 권리

　5. 제57조 제1항에 따라 수익권을 포기할 수 있는 권리

　6. 제75조 제1항에 따라 신탁위반의 법률행위를 취소할 수 있는 권리

　7. 제77조에 따라 유지를 청구할 수 있는 권리

　8. 제89조, 제91조 제3항 및 제95조 제3항에 따라 수익권의 매수를 청구할 수 있는 권리

9. 그 밖에 신탁의 본질에 비추어 수익자 보호를 위하여 필요하다고 대통령령으로 정하는
   권리

제62조【수익채권과 신탁채권의 관계】 신탁채권은 수익자가 수탁자에게 신탁재산에 속한 재산의
인도와 그 밖에 신탁재산에 기한 급부를 요구하는 청구권(이하 "수익채권"이라 한다)보다 우선한다.

제63조【수익채권의 소멸시효】 ① 수익채권의 소멸시효는 채권의 예에 따른다.

② 제1항에도 불구하고 수익채권의 소멸시효는 수익자가 수익자로 된 사실을 알게 된 때부터
진행한다.

③ 제1항에도 불구하고 신탁이 종료한 때부터 6개월 내에는 수익채권의 소멸시효가 완성되
지 아니한다.

제3절 수익권의 양도

제64조【수익권의 양도성】 ① 수익자는 수익권을 양도할 수 있다. 다만, 수익권의 성질이 양도
를 허용하지 아니하는 경우에는 그러하지 아니하다.

② 제1항에도 불구하고 수익권의 양도에 대하여 신탁행위로 달리 정한 경우에는 그에 따른
다. 다만, 그 정함으로써 선의의 제3자에게 대항하지 못한다.

제65조【수익권 양도의 대항요건과 수탁자의 항변】 ① 수익권의 양도는 다음 각 호의 어느
하나에 해당하는 경우에만 수탁자와 제3자에게 대항할 수 있다.

1. 양도인이 수탁자에게 통지한 경우

2. 수탁자가 승낙한 경우

② 제1항 각 호의 통지 및 승낙은 확정일자가 있는 증서로 하지 아니하면 수탁자 외의 제3자
에게 대항할 수 없다.

③ 수탁자는 제1항 각 호의 통지 또는 승낙이 있는 때까지 양도인에 대하여 발생한 사유로
양수인에게 대항할 수 있다.

④ 수탁자가 이의를 보류하지 아니하고 제1항 제2호의 승낙을 한 경우에는 양도인에게 대항
할 수 있는 사유로써 양수인에게 대항하지 못한다. 다만, 수탁자가 채무를 소멸하게 하기
위하여 양도인에게 급여한 것이 있으면 이를 회수할 수 있고, 양도인에 대하여 부담한
채무가 있으면 그 성립되지 아니함을 주장할 수 있다.

제66조 【수익권에 대한 질권】 ① 수익자는 수익권을 질권의 목적으로 할 수 있다. 다만, 수익권의 성질이 질권의 설정을 허용하지 아니하는 경우에는 그러하지 아니하다.

② 제1항에도 불구하고 수익권을 목적으로 하는 질권의 설정에 대하여 신탁행위로 달리 정한 경우에는 그에 따른다. 다만, 그 정함으로써 선의의 제3자에게 대항하지 못한다.

③ 수익권을 목적으로 하는 질권의 설정에 관하여는 수익권 양도의 대항요건과 수탁자의 항변사유에 관한 제65조를 준용한다. 이 경우 제65조 중 "양도인"은 "수익자"로, "양수인"은 "질권자"로 보고, 같은 조 제1항 중 "수익권의 양수 사실"은 "수익권에 대하여 질권이 설정된 사실"로 본다.

④ 수익권을 목적으로 하는 질권은 그 수익권에 기한 수익채권과 이 법 또는 신탁행위에 따라 그 수익권을 갈음하여 수익자가 받을 금전이나 그 밖의 재산에도 존재한다.

⑤ 수익권의 질권자는 직접 수탁자로부터 금전을 지급받아 다른 채권자에 우선하여 자기 채권의 변제에 충당할 수 있다.

⑥ 질권자의 채권이 변제기에 이르지 아니한 경우 질권자는 수탁자에게 그 변제금액의 공탁을 청구할 수 있다. 이 경우 질권은 그 공탁금에 존재한다.

제4절 신탁관리인

제67조 【신탁관리인의 선임】 ① 수익자가 특정되어 있지 아니하거나 존재하지 아니하는 경우 법원은 위탁자나 그 밖의 이해관계인의 청구에 의하여 또는 직권으로 신탁관리인을 선임할 수 있다. 다만, 신탁행위로 신탁관리인을 지정한 경우에는 그에 따른다.

② 수익자가 미성년자, 한정치산자 또는 금치산자이거나 그 밖의 사유로 수탁자에 대한 감독을 적절히 할 수 없는 경우 법원은 이해관계인의 청구에 의하여 또는 직권으로 신탁관리인을 선임할 수 있다. 다만, 신탁행위로 달리 정한 경우에는 그에 따른다.

③ 수익자가 여럿인 경우 수익자는 제71조의 방법에 따른 의사결정으로 신탁관리인을 선임할 수 있다. 수익권의 내용이 다른 여러 종류의 수익권이 있고 같은 종류의 수익권을 가진 수익자(이하 "종류수익자"라 한다)가 여럿인 경우에도 또한 같다.

④ 법원은 제1항 또는 제2항에 따라 선임한 신탁관리인에게 필요한 경우 신탁재산에서 적당한 보수를 줄 수 있다.

제68조【신탁관리인의 권한】 ① 신탁관리인은 수익자의 이익이나 목적신탁의 목적 달성을 위하여 자기의 명의로 수익자의 권리에 관한 재판상 또는 재판 외의 모든 행위를 할 권한이 있다. 다만, 신탁관리인의 선임을 수탁자에게 통지하지 아니한 경우에는 수탁자에게 대항하지 못한다.

② 신탁관리인은 신탁에 관하여 수익자와 동일한 지위를 가지는 것으로 본다.

③ 제67조 제1항에 따라 선임된 신탁관리인이 여럿인 경우 신탁행위로 달리 정한 바가 없으면 공동으로 사무를 처리한다.

④ 신탁관리인이 개별 수익자를 위하여 제67조 제2항에 따라 각각 선임된 경우에는 각 신탁관리인은 해당 수익자를 위하여 단독으로 사무를 처리한다. 이 경우 개별 수익자를 위하여 선임된 여럿의 신탁관리인들은 해당 수익자를 위하여 공동으로 사무를 처리한다.

⑤ 제67조 제3항 전단에 따라 선임된 신탁관리인이 여럿인 경우에는 선임 시 달리 정하지 아니하면 공동으로 사무를 처리한다.

⑥ 제67조 제3항 후단에 따라 선임된 신탁관리인은 자신을 선임한 종류수익자만을 위하여 단독으로 사무를 처리한다. 이 경우 하나의 종류수익자를 위하여 선임된 여럿의 신탁관리인들은 그 종류수익자를 위하여 공동으로 사무를 처리한다.

⑦ 제67조 제3항에 따라 신탁관리인을 선임한 경우에도 수익자는 제71조의 방법에 따른 의사결정으로 사무를 처리할 수 있다.

제69조【신탁관리인의 임무 종료】 ① 제67조 제1항에 따라 선임된 신탁관리인은 수익자가 특정되거나 존재하게 되면 임무가 종료된다.

② 제67조 제2항에 따라 선임된 신탁관리인은 다음 각 호의 어느 하나에 해당하는 경우 임무가 종료된다.

1. 미성년자인 수익자가 성년에 도달한 경우

2. 수익자가 한정치산선고·금치산선고의 취소심판을 받은 경우

3. 그 밖에 수익자가 수탁자에 대한 감독능력을 회복한 경우

③ 제1항 또는 제2항에 따라 신탁관리인의 임무가 종료된 경우 수익자 또는 신탁관리인은 수탁자에게 신탁관리인의 임무 종료 사실을 통지하지 아니하면 수탁자에게 대항하지 못한다.

제70조【신탁관리인의 사임 또는 해임에 의한 임무 종료】 ① 신탁관리인은 선임 시에 달리 정하지 아니하면 신탁관리인을 선임한 법원 또는 수익자의 승낙 없이 사임하지 못한다.

② 제1항에도 불구하고 신탁관리인은 정당한 이유가 있는 경우 법원의 허가를 받아 사임할 수 있다.

③ 사임한 신탁관리인의 통지의무 및 계속적 사무의 관리에 관하여는 제14조 제3항 및 제15
조를 준용한다.

④ 신탁관리인을 선임한 법원 또는 수익자는 언제든지 그 신탁관리인을 해임할 수 있다.
다만, 수익자가 정당한 이유 없이 신탁관리인에게 불리한 시기에 해임한 경우 수익자는
그 손해를 배상하여야 한다.

⑤ 해임된 신탁관리인의 통지의무 및 계속적 사무의 관리에 관하여는 제16조 제4항 및 제5항
을 준용한다.

⑥ 법원은 신탁관리인의 사임허가결정이나 임무 위반을 이유로 해임결정을 함과 동시에 새
로운 신탁관리인을 선임하여야 한다. 이 경우 새로 선임된 신탁관리인은 즉시 수익자에게
그 사실을 통지하여야 한다.

⑦ 제1항, 제2항, 제4항 및 제6항의 경우 수익자, 신탁관리인, 그 밖의 이해관계인은 기존
신탁관리인의 사임 또는 해임, 새로운 신탁관리인의 선임 사실을 수탁자에게 통지하지
아니하면 그 사실로써 수탁자에게 대항하지 못한다.

제5절 수익자가 여럿인 경우 의사결정

제71조 【수익자가 여럿인 경우 의사결정 방법】 ① 수익자가 여럿인 신탁에서 수익자의 의사는
수익자 전원의 동의로 결정한다. 다만, 제61조 각 호의 권리는 각 수익자가 개별적으로 행사
할 수 있다.

② 신탁행위로 수익자집회를 두기로 정한 경우에는 제72조부터 제74조까지의 규정에 따른다.

③ 제1항 본문 및 제2항에도 불구하고 신탁행위로 달리 정한 경우에는 그에 따른다.

제72조 【수익자집회의 소집】 ① 수익자집회는 필요가 있을 때 수시로 개최할 수 있다.

② 수익자집회는 수탁자가 소집한다.

③ 수익자는 수탁자에게 수익자집회의 목적사항과 소집이유를 적은 서면 또는 전자문서로
수익자집회의 소집을 청구할 수 있다.

④ 제3항의 청구를 받은 후 수탁자가 지체 없이 수익자집회의 소집절차를 밟지 아니하는
경우 수익자집회의 소집을 청구한 수익자는 법원의 허가를 받아 수익자집회를 소집할
수 있다.

⑤ 수익자집회를 소집하는 자(이하 "소집자"라 한다)는 집회일 2주 전에 알고 있는 수익자 및

수탁자에게 서면이나 전자문서(수익자의 경우 전자문서로 통지를 받는 것에 동의한 자만 해당한다)
로 회의의 일시·장소 및 목적사항을 통지하여야 한다.

⑥ 소집자는 의결권 행사에 참고할 수 있도록 수익자에게 대통령령으로 정하는 서류를 서면
이나 전자문서(전자문서로 제공받는 것에 동의한 수익자의 경우만 해당한다)로 제공하여야 한다.

제73조【수익자집회의 의결권 등】 ① 수익자는 수익자집회에서 다음 각 호의 구분에 따른 의결
권을 갖는다.

　1. 각 수익권의 내용이 동일한 경우 : 수익권의 수

　2. 각 수익권의 내용이 동일하지 아니한 경우 : 수익자집회의 소집이 결정된 때의 수익권
　　가액

② 수익권이 그 수익권에 관한 신탁의 신탁재산에 속한 경우 수탁자는 그 수익권에 대하여
의결권을 행사하지 못한다.

③ 수익자는 수익자집회에 출석하지 아니하고 서면이나 전자문서(소집자가 전자문서로 행사하는
것을 승낙한 경우만 해당한다)로 의결권을 행사할 수 있다. 이 경우 수익자 확인절차 등 전자
문서에 의한 의결권행사의 절차와 그 밖에 필요한 사항은 대통령령으로 정한다.

④ 수익자가 둘 이상의 의결권을 가지고 있을 때에는 이를 통일하지 아니하고 행사할 수
있다. 이 경우 수익자집회일 3일 전에 소집자에게 서면 또는 전자문서로 그 뜻과 이유를
통지하여야 한다.

⑤ 의결권을 통일하지 아니하고 행사하는 수익자가 타인을 위하여 수익권을 가지고 있는
경우가 아니면 소집자는 수익자의 의결권 불통일행사를 거부할 수 있다.

⑥ 수익자는 대리인으로 하여금 의결권을 행사하게 할 수 있다. 이 경우 해당 수익자나 대리
인은 대리권을 증명하는 서면을 소집자에게 제출하여야 한다.

⑦ 수탁자는 수익자집회에 출석하거나 서면으로 의견을 진술할 수 있고, 수익자집회는 필요
하다고 인정하는 경우 수익자집회의 결의로 수탁자에게 출석을 요구할 수 있다.

⑧ 수익자집회의 의장은 수익자 중에서 수익자집회의 결의로 선임한다.

제74조【수익자집회의 결의】 ① 수익자집회의 결의는 행사할 수 있는 의결권의 과반수에 해당
하는 수익자가 출석하고 출석한 수익자의 의결권의 과반수로써 하여야 한다.

② 제1항에도 불구하고 다음 각 호의 사항에 관한 수익자집회의 결의는 의결권의 과반수에
해당하는 수익자가 출석하고 출석한 수익자의 의결권의 3분의 2 이상으로써 하여야 한다.

　1. 제16조 제1항에 따른 수탁자 해임의 합의

2. 제88조 제1항에 따른 신탁의 변경 중 신탁목적의 변경, 수익채권 내용의 변경, 그 밖에 중요한 신탁의 변경의 합의

3. 제91조 제2항 및 제95조 제2항에 따른 신탁의 합병·분할·분할합병 계획서의 승인

4. 제99조 제1항에 따른 신탁의 종료 합의

5. 제103조 제1항에 따른 신탁의 종료 시 계산의 승인

③ 수익자집회의 소집자는 의사의 경과에 관한 주요한 내용과 그 결과를 적은 의사록을 작성하고 기명날인 또는 서명하여야 한다.

④ 수익자집회의 결의는 해당 신탁의 모든 수익자에 대하여 효력이 있다.

⑤ 수익자집회와 관련하여 필요한 비용을 지출한 자는 수탁자에게 상환을 청구할 수 있다. 이 경우 수탁자는 신탁재산만으로 책임을 진다.

제6절 수익자의 취소권 및 유지청구권

제75조【신탁위반 법률행위의 취소】 ① 수탁자가 신탁의 목적을 위반하여 신탁재산에 관한 법률행위를 한 경우 수익자는 상대방이나 전득자(轉得者)가 그 법률행위 당시 수탁자의 신탁목적의 위반 사실을 알았거나 중대한 과실로 알지 못하였을 때에만 그 법률행위를 취소할 수 있다.

② 수익자가 여럿인 경우 그 1인이 제1항에 따라 한 취소는 다른 수익자를 위하여도 효력이 있다.

제76조【취소권의 제척기간】 제75조 제1항에 따른 취소권은 수익자가 취소의 원인이 있음을 안 날부터 3개월, 법률행위가 있은 날부터 1년 내에 행사하여야 한다.

제77조【수탁자에 대한 유지청구권】 ① 수탁자가 법령 또는 신탁행위로 정한 사항을 위반하거나 위반할 우려가 있고 해당 행위로 신탁재산에 회복할 수 없는 손해가 발생할 우려가 있는 경우 수익자는 그 수탁자에게 그 행위를 유지(留止)할 것을 청구할 수 있다.

② 수익자가 여럿인 신탁에서 수탁자가 법령 또는 신탁행위로 정한 사항을 위반하거나 위반할 우려가 있고 해당 행위로 일부 수익자에게 회복할 수 없는 손해가 발생할 우려가 있는 경우에도 제1항과 같다.

제7절 수익증권

제78조【수익증권의 발행】 ① 신탁행위로 수익권을 표시하는 수익증권을 발행하는 뜻을 정할 수 있다. 이 경우 각 수익권의 내용이 동일하지 아니할 때에는 특정 내용의 수익권에 대하여 수익증권을 발행하지 아니한다는 뜻을 정할 수 있다.

② 제1항의 정함이 있는 신탁(이하 "수익증권발행신탁"이라 한다)의 수탁자는 신탁행위로 정한 바에 따라 지체 없이 해당 수익권에 관한 수익증권을 발행하여야 한다.

③ 수익증권은 기명식(記名式) 또는 무기명식(無記名式)으로 한다. 다만, 담보권을 신탁재산으로 하여 설정된 신탁의 경우에는 기명식으로만 하여야 한다.

④ 신탁행위로 달리 정한 바가 없으면 수익증권이 발행된 수익권의 수익자는 수탁자에게 기명수익증권을 무기명식으로 하거나 무기명수익증권을 기명식으로 할 것을 청구할 수 있다.

⑤ 수익증권에는 다음 각 호의 사항과 번호를 적고 수탁자(수탁자가 법인인 경우에는 그 대표자를 말한다)가 기명날인 또는 서명하여야 한다.

1. 수익증권발행신탁의 수익증권이라는 뜻
2. 위탁자 및 수탁자의 성명 또는 명칭 및 주소
3. 기명수익증권의 경우에는 해당 수익자의 성명 또는 명칭
4. 각 수익권에 관한 수익채권의 내용 및 그 밖의 다른 수익권의 내용
5. 제46조 제6항 및 제47조 제4항에 따라 수익자의 수탁자에 대한 보수지급의무 또는 비용 등의 상환의무 및 손해배상의무에 관하여 신탁행위의 정함이 있는 경우에는 그 뜻 및 내용
6. 수익자의 권리행사에 관하여 신탁행위의 정함(신탁관리인에 관한 사항을 포함한다)이 있는 경우에는 그 뜻 및 내용
7. 제114조 제1항에 따른 유한책임신탁인 경우에는 그 뜻 및 신탁의 명칭
8. 제87조에 따라 신탁사채 발행에 관하여 신탁행위의 정함이 있는 경우에는 그 뜻 및 내용
9. 그 밖에 수익권에 관한 중요한 사항으로서 대통령령으로 정하는 사항

⑥ 수탁자는 신탁행위로 정한 바에 따라 수익증권을 발행하는 대신 전자등록기관(유가증권 등의 전자등록 업무를 취급하는 것으로 지정된 기관을 말한다)의 전자등록부에 수익증권을 등록할 수 있다. 이 경우 전자등록의 절차·방법 및 효과, 전자등록기관의 지정·감독 등 수익증권의 전자등록 등에 관하여 필요한 사항은 따로 법률로 정한다.

⑦ 제88조 제1항에도 불구하고 수익증권발행신탁에서 수익증권발행신탁이 아닌 신탁으로, 수익증권발행신탁이 아닌 신탁에서 수익증권발행신탁으로 변경할 수 없다.

제79조 【수익자명부】 ① 수익증권발행신탁의 수탁자는 지체 없이 수익자명부를 작성하고 다음 각 호의 사항을 적어야 한다.

  1. 각 수익권에 관한 수익채권의 내용과 그 밖의 수익권의 내용

  2. 각 수익권에 관한 수익증권의 번호 및 발행일

  3. 각 수익권에 관한 수익증권이 기명식인지 무기명식인지의 구별

  4. 기명수익증권의 경우에는 해당 수익자의 성명 또는 명칭 및 주소

  5. 무기명수익증권의 경우에는 수익증권의 수

  6. 기명수익증권의 수익자의 각 수익권 취득일

  7. 그 밖에 대통령령으로 정하는 사항

② 수익증권발행신탁의 수탁자가 수익자나 질권자에게 하는 통지 또는 최고(催告)는 수익자명부에 적혀 있는 주소나 그 자로부터 수탁자에게 통지된 주소로 하면 된다. 다만, 무기명수익증권의 수익자나 그 질권자에게는 다음 각 호의 방법 모두를 이행하여 통지하거나 최고하여야 한다.

  1. 「신문 등의 진흥에 관한 법률」에 따른 일반일간신문 중 전국을 보급지역으로 하는 신문(이하 "일반일간신문"이라 한다)에의 공고(수탁자가 법인인 경우에는 그 법인의 공고방법에 따른 공고를 말한다)

  2. 수탁자가 알고 있는 자에 대한 개별적인 통지 또는 최고

③ 제2항 본문에 따른 통지 또는 최고는 보통 그 도달할 시기에 도달한 것으로 본다.

④ 수익증권발행신탁의 수탁자는 신탁행위로 정한 바에 따라 수익자명부관리인을 정하여 수익자명부의 작성, 비치 및 그 밖에 수익자명부에 관한 사무를 위탁할 수 있다.

⑤ 수익증권발행신탁의 수탁자는 수익자명부를 그 주된 사무소(제4항의 수익자명부관리인이 있는 경우에는 그 사무소를 말한다)에 갖추어 두어야 한다.

⑥ 수익증권발행신탁의 위탁자, 수익자 또는 그 밖의 이해관계인은 영업시간 내에 언제든지 수익자명부의 열람 또는 복사를 청구할 수 있다. 이 경우 수탁자나 수익자명부관리인은 정당한 사유가 없다면 청구에 따라야 한다.

제80조 【수익증권의 불소지】 ① 수익권에 대하여 기명수익증권을 발행하기로 한 경우 해당 수익자는 그 기명수익증권에 대하여 증권을 소지하지 아니하겠다는 뜻을 수탁자에게 신고할 수 있다. 다만, 신탁행위로 달리 정한 경우에는 그에 따른다.

② 제1항의 신고가 있는 경우 수탁자는 지체 없이 수익증권을 발행하지 아니한다는 뜻을

수익자명부에 적고, 수익자에게 그 사실을 통지하여야 한다. 이 경우 수탁자는 수익증권을 발행할 수 없다.

③ 제1항의 경우 이미 발행된 수익증권이 있으면 수탁자에게 제출하여야 하고, 수탁자에게 제출된 수익증권은 제2항의 기재를 한 때에 무효가 된다.

④ 제1항의 신고를 한 수익자라도 언제든지 수탁자에게 수익증권의 발행을 청구할 수 있다.

제81조【수익증권발행신탁 수익권의 양도】 ① 수익증권발행신탁의 경우 수익권을 표시하는 수익증권을 발행하는 정함이 있는 수익권을 양도할 때에는 해당 수익권을 표시하는 수익증권을 교부하여야 한다.

② 기명수익증권으로 표시되는 수익권의 이전은 취득자의 성명 또는 명칭과 주소를 수익자명부에 적지 아니하면 수탁자에게 대항하지 못한다.

③ 제78조 제1항 후단에 따라 특정 수익권에 대하여 수익증권을 발행하지 아니한다는 뜻을 정한 수익증권발행신탁의 경우 해당 수익권의 이전은 취득자의 성명 또는 명칭과 주소를 수익자명부에 적지 아니하면 수탁자 및 제3자에게 대항하지 못한다.

④ 수익증권발행신탁에서 수익권을 표시하는 수익증권을 발행하는 정함이 있는 수익권의 경우 수익증권의 발행 전에 한 수익권의 양도는 수탁자에 대하여 효력이 없다. 다만, 수익증권을 발행하여야 하는 날부터 6개월이 경과한 경우에는 그러하지 아니하다.

제82조【수익증권의 권리추정력 및 선의취득】 ① 수익증권의 점유자는 적법한 소지인으로 추정한다.

② 수익증권에 관하여는 「수표법」 제21조를 준용한다.

제83조【수익증권발행신탁 수익권에 대한 질권】 ① 수익증권발행신탁의 경우 수익권을 질권의 목적으로 할 때에는 그 수익권을 표시하는 수익증권을 질권자에게 교부하여야 한다.

② 제1항에 따라 수익증권을 교부받은 질권자는 계속하여 수익증권을 점유하지 아니하면 그 질권으로써 수탁자 및 제3자에게 대항하지 못한다.

③ 제78조 제1항 후단에 따라 특정 수익권에 대하여 수익증권을 발행하지 아니한다는 뜻을 정한 수익증권발행신탁의 경우 해당 수익권에 대한 질권은 그 질권자의 성명 또는 명칭과 주소를 수익자명부에 적지 아니하면 수탁자 및 제3자에게 대항하지 못한다.

④ 수익증권발행신탁에서 수익권을 표시하는 수익증권을 발행하는 정함이 있는 수익권의 경우 수익증권 발행 전에 한 수익권에 대한 질권의 설정은 수탁자에 대하여 효력이 없다. 다만, 수익증권을 발행하여야 하는 날부터 6개월이 경과한 경우에는 그러하지 아니하다.

제84조【기준일】 ① 수익증권발행신탁의 수탁자는 기명수익증권에 대한 수익자로서 일정한 권리를 행사할 자를 정하기 위하여 일정한 날(이하 "기준일"이라 한다)에 수익자명부에 적혀 있는 수익자를 그 권리를 행사할 수익자로 볼 수 있다.

② 기준일은 수익자로서 권리를 행사할 날에 앞선 3개월 내의 날로 정하여야 한다.

③ 기준일을 정한 수탁자는 그날의 2주 전에 이를 일반일간신문에 공고하여야 한다. 다만, 수탁자가 법인인 경우에는 그 법인의 공고방법에 따른다.

④ 신탁행위로 달리 정한 경우에는 제1항부터 제3항까지의 규정을 적용하지 아니한다.

제85조【수익증권 발행 시 권리행사 등】 ① 무기명수익증권을 가진 자는 그 수익증권을 제시하지 아니하면 수탁자 및 제3자에게 수익자의 권리를 행사하지 못한다.

② 수익증권발행신탁의 수익권을 여러 명이 공유하는 경우 공유자는 그 수익권에 대하여 권리(수탁자로부터 통지 또는 최고를 받을 권한을 포함한다)를 행사할 1인을 정하여 수탁자에게 통지하여야 한다.

③ 제2항의 통지가 없는 경우 공유자는 수탁자가 동의하지 아니하면 해당 수익권에 대한 권리를 행사할 수 없고, 공유자에 대한 수탁자의 통지나 최고는 공유자 중 1인에게 하면 된다.

④ 수익증권발행신탁의 수익자가 여럿인 경우 수익자의 의사결정(제61조 각 호에 따른 권리의 행사에 관한 사항은 제외한다)은 제72조부터 제74조까지의 규정에 따른 수익자집회에서 결정한다. 다만, 신탁행위로 달리 정한 경우에는 그에 따른다.

⑤ 수익증권발행신탁의 경우 위탁자는 다음 각 호의 권리를 행사할 수 없다.

1. 제16조 제1항 및 제21조 제1항에 따른 해임권 또는 선임권

2. 제16조 제3항, 제67조 제1항, 제88조 제3항 및 제100조에 따른 청구권

3. 제40조 제1항에 따른 열람·복사 청구권 또는 설명요구권

4. 제79조 제6항에 따른 열람 또는 복사 청구권

⑥ 제71조 제1항 단서에도 불구하고 수익증권발행신탁의 경우 신탁행위로 다음 각 호의 어느 하나에 해당하는 뜻을 정할 수 있다.

1. 다음 각 목의 권리의 전부 또는 일부에 대하여 총수익자 의결권의 100분의 3(신탁행위로 100분의 3보다 낮은 비율을 정한 경우에는 그 비율을 말한다) 이상 비율의 수익권을 가진 수익자만 해당 권리를 행사할 수 있다는 뜻

   가. 제40조 제1항에 따른 열람·복사 청구권 또는 설명요구권

   나. 제75조 제1항에 따른 취소권

　　다. 제88조 제3항에 따른 신탁의 변경청구권

　　라. 제100조에 따른 신탁의 종료명령청구권

　2. 6개월(신탁행위로 이보다 짧은 기간을 정한 경우에는 그 기간을 말한다) 전부터 계속하여 수익권을 가진 수익자만 제77조 제1항에 따른 유지청구권을 행사할 수 있다는 뜻

⑦ 수익증권발행신탁의 경우 제46조 제4항부터 제6항까지 및 제47조 제4항을 적용하지 아니한다. 다만, 신탁행위로 달리 정한 경우에는 그에 따른다.

제86조 【수익증권의 상실】 ① 수익증권은 공시최고(公示催告)의 절차를 거쳐 무효로 할 수 있다.

② 수익증권을 상실한 자는 제권판결(除權判決)을 받지 아니하면 수탁자에게 수익증권의 재발행을 청구하지 못한다.

제6장 신탁사채

제87조 【신탁사채】 ① 다음 각 호의 요건을 모두 충족하는 경우 신탁행위로 수탁자가 신탁을 위하여 사채(社債)를 발행할 수 있도록 정할 수 있다.

　1. 수익증권발행신탁일 것

　2. 제114조 제1항에 따른 유한책임신탁일 것

　3. 수탁자가 「상법」상 주식회사나 그 밖의 법률에 따라 사채를 발행할 수 있는 자일 것

② 제1항에 따라 사채를 발행하는 수탁자는 사채청약서, 채권(債券) 및 사채원부에 다음 각 호의 사항을 적어야 한다.

　1. 해당 사채가 신탁을 위하여 발행되는 것이라는 뜻

　2. 제1호의 신탁을 특정하는 데에 필요한 사항

　3. 해당 사채에 대하여는 신탁재산만으로 이행책임을 진다는 뜻

③ 사채 총액 한도에 관하여는 대통령령으로 정한다.

④ 제1항에 따른 사채의 발행에 관하여 이 법에서 달리 정하지 아니하는 사항에 대하여는 「상법」 제396조 및 제3편 제4장 제8절(「상법」 제469조는 제외한다)을 준용한다.

제7장 신탁의 변경

제188조【신탁당사자의 합의 등에 의한 신탁변경】 ① 신탁은 위탁자, 수탁자 및 수익자의 합의로 변경할 수 있다. 다만, 신탁행위로 달리 정한 경우에는 그에 따른다.

② 제1항에 따른 신탁의 변경은 제3자의 정당한 이익을 해치지 못한다.

③ 신탁행위 당시에 예견하지 못한 특별한 사정이 발생한 경우 위탁자, 수익자 또는 수탁자는 신탁의 변경을 법원에 청구할 수 있다.

④ 목적신탁에서 수익자의 이익을 위한 신탁으로, 수익자의 이익을 위한 신탁에서 목적신탁으로 변경할 수 없다.

제189조【반대수익자의 수익권매수청구권】 ① 다음 각 호의 어느 하나에 해당하는 사항에 관한 변경에 반대하는 수익자는 신탁변경이 있은 날부터 20일 내에 수탁자에게 수익권의 매수를 서면으로 청구할 수 있다.

1. 신탁의 목적
2. 수익채권의 내용
3. 신탁행위로 수익권매수청구권을 인정한 사항

② 수탁자는 제1항의 청구를 받은 날부터 2개월 내에 매수한 수익권의 대금을 지급하여야 한다.

③ 제2항에 따른 수익권의 매수가액은 수탁자와 수익자 간의 협의로 결정한다.

④ 제1항의 청구를 받은 날부터 30일 내에 제3항에 따른 협의가 이루어지지 아니한 경우 수탁자나 수익권의 매수를 청구한 수익자는 법원에 매수가액의 결정을 청구할 수 있다.

⑤ 법원이 제4항에 따라 수익권의 매수가액을 결정하는 경우에는 신탁의 재산상태나 그 밖의 사정을 고려하여 공정한 가액으로 산정하여야 한다.

⑥ 수탁자는 법원이 결정한 매수가액에 대한 이자를 제2항의 기간만료일 다음 날부터 지급하여야 한다.

⑦ 수탁자는 수익권매수청구에 대한 채무의 경우 신탁재산만으로 책임을 진다. 다만, 신탁행위 또는 신탁변경의 합의로 달리 정한 경우에는 그에 따른다.

⑧ 제1항의 청구에 의하여 수탁자가 수익권을 취득한 경우 그 수익권은 소멸한다. 다만, 신탁행위 또는 신탁변경의 합의로 달리 정한 경우에는 그에 따른다.

제190조【신탁의 합병】 수탁자가 동일한 여러 개의 신탁은 1개의 신탁으로 할 수 있다.

제91조【신탁의 합병계획서】 ① 신탁을 합병하려는 경우 수탁자는 다음 각 호의 사항을 적은 합병계획서를 작성하여야 한다.

1. 신탁합병의 취지
2. 신탁합병 후의 신탁행위의 내용
3. 신탁행위로 정한 수익권의 내용에 변경이 있는 경우에는 그 내용 및 변경이유
4. 신탁합병 시 수익자에게 금전과 그 밖의 재산을 교부하는 경우에는 그 재산의 내용과 가액
5. 신탁합병의 효력발생일
6. 그 밖에 대통령령으로 정하는 사항

② 수탁자는 각 신탁별로 위탁자와 수익자로부터 제1항의 합병계획서의 승인을 받아야 한다. 다만, 신탁행위로 달리 정한 경우에는 그에 따른다.

③ 제1항의 합병계획서를 승인하지 아니하는 수익자는 합병계획서의 승인이 있은 날부터 20일 내에 수탁자에게 수익권의 매수를 서면으로 청구할 수 있다. 이 경우 제89조 제2항부터 제8항까지의 규정을 준용한다.

제92조【합병계획서의 공고 및 채권자보호】 ① 수탁자는 신탁의 합병계획서의 승인을 받은 날부터 2주 내에 다음 각 호의 사항을 일반일간신문에 공고하고(수탁자가 법인인 경우에는 해당 법인의 공고방법에 따른다) 알고 있는 신탁재산의 채권자에게는 개별적으로 이를 최고하여야 한다. 제2호의 경우 일정한 기간은 1개월 이상이어야 한다.

1. 합병계획서
2. 채권자가 일정한 기간 내에 이의를 제출할 수 있다는 취지
3. 그 밖에 대통령령으로 정하는 사항

② 채권자가 제1항의 기간 내에 이의를 제출하지 아니한 경우에는 합병을 승인한 것으로 본다.

③ 이의를 제출한 채권자가 있는 경우 수탁자는 그 채권자에게 변제하거나 적당한 담보를 제공하거나 이를 목적으로 하여 적당한 담보를 신탁회사에 신탁하여야 한다. 다만, 신탁의 합병으로 채권자를 해칠 우려가 없는 경우에는 그러하지 아니하다.

제93조【합병의 효과】 합병 전의 신탁재산에 속한 권리·의무는 합병 후의 신탁재산에 존속한다.

제94조【신탁의 분할 및 분할합병】 ① 신탁재산 중 일부를 분할하여 수탁자가 동일한 새로운 신탁의 신탁재산으로 할 수 있다.

② 신탁재산 중 일부를 분할하여 수탁자가 동일한 다른 신탁과 합병(이하 "분할합병"이라 한다)할 수 있다.

제95조【신탁의 분할계획서 및 분할합병계획서】 ① 제94조에 따라 신탁을 분할하거나 분할합병하려는 경우 수탁자는 다음 각 호의 사항을 적은 분할계획서 또는 분할합병계획서를 작성하여야 한다.

1. 신탁을 분할하거나 분할합병한다는 취지
2. 분할하거나 분할합병한 후의 신탁행위의 내용
3. 신탁행위로 정한 수익권의 내용에 변경이 있는 경우에는 그 내용 및 변경이유
4. 분할하거나 분할합병할 때 수익자에게 금전과 그 밖의 재산을 교부하는 경우에는 그 재산의 내용과 가액
5. 분할 또는 분할합병의 효력발생일
6. 분할되는 신탁재산 및 신탁채무의 내용과 그 가액
7. 제123조에 따라 유한책임신탁의 채무를 승계하는 분할 후 신설신탁 또는 분할합병신탁이 있는 경우 그러한 취지와 특정된 채무의 내용
8. 그 밖에 대통령령으로 정하는 사항

② 수탁자는 각 신탁별로 위탁자와 수익자로부터 제1항의 분할계획서 또는 분할합병계획서의 승인을 받아야 한다. 다만, 신탁행위로 달리 정한 경우에는 그에 따른다.

③ 제1항의 분할계획서 또는 분할합병계획서를 승인하지 아니한 수익자는 분할계획서 또는 분할합병계획서의 승인이 있은 날부터 20일 내에 수탁자에게 수익권의 매수를 서면으로 청구할 수 있다. 이 경우 제89조 제2항부터 제8항까지의 규정을 준용한다.

제96조【분할계획서 등의 공고 및 채권자보호】 ① 수탁자는 신탁의 분할계획서 또는 분할합병계획서의 승인을 받은 날부터 2주 내에 다음 각 호의 사항을 일반일간신문에 공고하고(수탁자가 법인인 경우에는 그 법인의 공고방법에 따른다) 알고 있는 신탁재산의 채권자에게는 개별적으로 최고하여야 한다. 제2호의 경우 일정한 기간은 1개월 이상이어야 한다.

1. 분할계획서 또는 분할합병계획서
2. 채권자가 일정한 기간 내에 이의를 제출할 수 있다는 취지
3. 그 밖에 대통령령으로 정하는 사항

② 채권자가 제1항의 기간 내에 이의를 제출하지 아니한 경우에는 신탁의 분할 또는 분할합병을 승인한 것으로 본다.

③ 이의를 제출한 채권자가 있는 경우 수탁자는 그 채권자에게 변제하거나 적당한 담보를 제공하거나 이를 목적으로 하여 적당한 담보를 신탁회사에 신탁하여야 한다. 다만, 신탁을

분할하거나 분할합병하는 것이 채권자를 해칠 우려가 없는 경우에는 그러하지 아니하다.

제97조【분할의 효과】 ① 제94조에 따라 분할되는 신탁재산에 속한 권리·의무는 분할계획서 또는 분할합병계획서가 정하는 바에 따라 분할 후 신설신탁 또는 분할합병신탁에 존속한다.

② 수탁자는 분할하는 신탁재산의 채권자에게 분할된 신탁과 분할 후의 신설신탁 또는 분할합병신탁의 신탁재산으로 변제할 책임이 있다.

제8장 신탁의 종료

제98조【신탁의 종료사유】 신탁은 다음 각 호의 어느 하나에 해당하는 경우 종료한다.

1. 신탁의 목적을 달성하였거나 달성할 수 없게 된 경우
2. 신탁이 합병된 경우
3. 제138조에 따라 유한책임신탁에서 신탁재산에 대한 파산선고가 있은 경우
4. 수탁자의 임무가 종료된 후 신수탁자가 취임하지 아니한 상태가 1년간 계속된 경우
5. 목적신탁에서 신탁관리인이 취임하지 아니한 상태가 1년간 계속된 경우
6. 신탁행위로 정한 종료사유가 발생한 경우

제99조【합의에 의한 신탁의 종료】 ① 위탁자와 수익자는 합의하여 언제든지 신탁을 종료할 수 있다. 다만, 위탁자가 존재하지 아니하는 경우에는 그러하지 아니하다.

② 위탁자가 신탁이익의 전부를 누리는 신탁은 위탁자나 그 상속인이 언제든지 종료할 수 있다.

③ 위탁자, 수익자 또는 위탁자의 상속인이 정당한 이유 없이 수탁자에게 불리한 시기에 신탁을 종료한 경우 위탁자, 수익자 또는 위탁자의 상속인은 그 손해를 배상하여야 한다.

④ 제1항부터 제3항까지의 규정에도 불구하고 신탁행위로 달리 정한 경우에는 그에 따른다.

제100조【법원의 명령에 의한 신탁의 종료】 신탁행위 당시에 예측하지 못한 특별한 사정으로 신탁을 종료하는 것이 수익자의 이익에 적합함이 명백한 경우에는 위탁자, 수탁자 또는 수익자는 법원에 신탁의 종료를 청구할 수 있다.

제101조【신탁종료 후의 신탁재산의 귀속】 ① 제98조 제1호, 제4호부터 제6호까지, 제99조 또는 제100조에 따라 신탁이 종료된 경우 신탁재산은 수익자(잔여재산수익자를 정한 경우에는 그 잔여재산수익자를 말한다)에게 귀속한다. 다만, 신탁행위로 신탁재산의 잔여재산이 귀속될 자(이하 "귀속권리자"라 한다)를 정한 경우에는 그 귀속권리자에게 귀속한다.

② 수익자와 귀속권리자로 지정된 자가 신탁의 잔여재산에 대한 권리를 포기한 경우 잔여재산은 위탁자와 그 상속인에게 귀속한다.

③ 제3조 제3항에 따라 신탁이 종료된 경우 신탁재산은 위탁자에게 귀속한다.

④ 신탁이 종료된 경우 신탁재산이 제1항부터 제3항까지의 규정에 따라 귀속될 자에게 이전될 때까지 그 신탁은 존속하는 것으로 본다. 이 경우 신탁재산이 귀속될 자를 수익자로 본다.

⑤ 제1항 및 제2항에 따라 잔여재산의 귀속이 정하여지지 아니하는 경우 잔여재산은 국가에 귀속된다.

제102조【준용규정】 신탁의 종료로 인하여 신탁재산이 수익자나 그 밖의 자에게 귀속한 경우에는 제53조 제3항 및 제54조를 준용한다.

제103조【신탁종료에 의한 계산】 ① 신탁이 종료한 경우 수탁자는 지체 없이 신탁사무에 관한 최종의 계산을 하고, 수익자 및 귀속권리자의 승인을 받아야 한다.

② 수익자와 귀속권리자가 제1항의 계산을 승인한 경우 수탁자의 수익자와 귀속권리자에 대한 책임은 면제된 것으로 본다. 다만, 수탁자의 직무수행에 부정행위가 있었던 경우에는 그러하지 아니하다.

③ 수익자와 귀속권리자가 수탁자로부터 제1항의 계산승인을 요구받은 때부터 1개월 내에 이의를 제기하지 아니한 경우 수익자와 귀속권리자는 제1항의 계산을 승인한 것으로 본다.

제104조【신탁의 청산】 신탁행위 또는 위탁자와 수익자의 합의로 청산절차에 따라 신탁을 종료 하기로 한 경우의 청산절차에 관하여는 제132조 제2항, 제133조 제1항부터 제6항까지 및 제134조부터 제137조까지의 규정을 준용한다.

제9장 신탁의 감독

제105조【법원의 감독】 ① 신탁사무는 법원이 감독한다. 다만, 신탁의 인수를 업으로 하는 경우는 그러하지 아니하다.

② 법원은 이해관계인의 청구에 의하여 또는 직권으로 신탁사무 처리의 검사, 검사인의 선임, 그 밖에 필요한 처분을 명할 수 있다.

제10장 삭 제 〈2014.3.18.〉

제106조 삭 제 〈2014.3.18.〉

제107조 삭 제 〈2014.3.18.〉

제108조 삭 제 〈2014.3.18.〉

제109조 삭 제 〈2014.3.18.〉

제110조 삭 제 〈2014.3.18.〉

제111조 삭 제 〈2014.3.18.〉

제112조 삭 제 〈2014.3.18.〉

제113조 삭 제 〈2014.3.18.〉

제11장 유한책임신탁

제1절 유한책임신탁의 설정

제114조【유한책임신탁의 설정】 ① 신탁행위로 수탁자가 신탁재산에 속하는 채무에 대하여 신탁재산만으로 책임지는 신탁(이하 "유한책임신탁"이라 한다)을 설정할 수 있다. 이 경우 제126

조에 따라 유한책임신탁의 등기를 하여야 그 효력이 발생한다.

② 유한책임신탁을 설정하려는 경우에는 신탁행위로 다음 각 호의 사항을 정하여야 한다.

1. 유한책임신탁의 목적
2. 유한책임신탁의 명칭
3. 위탁자 및 수탁자의 성명 또는 명칭 및 주소
4. 유한책임신탁의 신탁사무를 처리하는 주된 사무소(이하 "신탁사무처리지"라 한다)
5. 신탁재산의 관리 또는 처분 등의 방법
6. 그 밖에 필요한 사항으로서 대통령령으로 정하는 사항

제115조【유한책임신탁의 명칭】 ① 유한책임신탁의 명칭에는 "유한책임신탁"이라는 문자를 사용하여야 한다.

② 유한책임신탁이 아닌 신탁은 명칭에 유한책임신탁 및 그 밖에 이와 유사한 문자를 사용하지 못한다.

③ 누구든지 부정한 목적으로 다른 유한책임신탁으로 오인(誤認)할 수 있는 명칭을 사용하지 못한다.

④ 제3항을 위반하여 명칭을 사용하는 자가 있는 경우 그로 인하여 이익이 침해되거나 침해될 우려가 있는 유한책임신탁의 수탁자는 그 명칭 사용의 정지 또는 예방을 청구할 수 있다.

제116조【명시·교부 의무】 ① 수탁자는 거래상대방에게 유한책임신탁이라는 뜻을 명시하고 그 내용을 서면으로 교부하여야 한다.

② 수탁자가 제1항을 위반한 경우 거래상대방은 그 법률행위를 한 날부터 3개월 내에 이를 취소할 수 있다.

제117조【회계서류 작성의무】 ① 유한책임신탁의 경우 수탁자는 다음 각 호의 서류를 작성하여야 한다.

1. 대차대조표
2. 손익계산서
3. 이익잉여금처분계산서나 결손금처리계산서
4. 그 밖에 대통령령으로 정하는 회계서류

② 다음 각 호의 요건을 모두 갖춘 유한책임신탁은 「주식회사 등의 외부감사에 관한 법률」의 예에 따라 감사를 받아야 한다. 〈개정 2017.10.31.〉

1. 수익증권발행신탁일 것

2. 직전 사업연도 말의 신탁재산의 자산총액 또는 부채규모가 대통령령으로 정하는 기준
   이상일 것

제118조【수탁자의 제3자에 대한 책임】① 유한책임신탁의 수탁자가 다음 각 호의 어느 하나에
해당하는 행위를 한 경우 그 수탁자는 유한책임신탁임에도 불구하고 제3자에게 그로 인하여
입은 손해를 배상할 책임이 있다. 다만, 제3호 및 제4호의 경우 수탁자가 주의를 게을리하지
아니하였음을 증명하였을 때에는 그러하지 아니하다.

1. 고의 또는 중대한 과실로 그 임무를 게을리한 경우
2. 고의 또는 과실로 위법행위를 한 경우
3. 대차대조표 등 회계서류에 기재 또는 기록하여야 할 중요한 사항에 관한 사실과 다른
   기재 또는 기록을 한 경우
4. 사실과 다른 등기 또는 공고를 한 경우

② 제1항에 따라 제3자에게 손해를 배상할 책임이 있는 수탁자가 여럿인 경우 연대하여
   그 책임을 진다.

제119조【고유재산에 대한 강제집행 등의 금지】① 유한책임신탁의 경우 신탁채권에 기하여
수탁자의 고유재산에 대하여 강제집행등이나 국세 등 체납처분을 할 수 없다. 다만, 제118조
에 따른 수탁자의 손해배상채무에 대하여는 그러하지 아니하다.

② 수탁자는 제1항을 위반한 강제집행등에 대하여 이의를 제기할 수 있다. 이 경우 「민사집행
   법」 제48조를 준용한다.

③ 수탁자는 제1항을 위반한 국세 등 체납처분에 대하여 이의를 제기할 수 있다. 이 경우
   국세 등 체납처분에 대한 불복절차를 준용한다.

제120조【수익자에 대한 급부의 제한】① 유한책임신탁의 수탁자는 수익자에게 신탁재산에서
급부가 가능한 한도를 초과하여 급부할 수 없다.

② 제1항에 따른 급부가 가능한 한도는 순자산액의 한도 내에서 대통령령으로 정하는 방법에
   따라 산정한다.

제121조【초과급부에 대한 전보책임】① 수탁자가 수익자에게 제120조 제1항의 급부가 가능한
한도를 초과하여 급부한 경우 수탁자와 이를 받은 수익자는 연대하여 초과된 부분을 신탁재
산에 전보할 책임이 있다. 다만, 수탁자가 주의를 게을리하지 아니하였음을 증명한 경우에는
그러하지 아니하다.

② 제1항의 초과부분을 전보한 수탁자는 선의의 수익자에게 구상권(求償權)을 행사할 수 없다.

제122조【합병의 효과에 대한 특칙】 유한책임신탁에 속하는 채무에 대하여는 합병 후에도 합병 후 신탁의 신탁재산만으로 책임을 진다.

제123조【분할의 효과에 대한 특칙】 유한책임신탁에 속하는 채무에 대하여 분할 후의 신설신탁 또는 분할합병신탁에 이전하는 것으로 정한 경우 그 채무에 대하여는 분할 후의 신설신탁 또는 분할합병신탁의 신탁재산만으로 책임을 진다.

제2절 유한책임신탁의 등기

제124조【관할 등기소】 ① 유한책임신탁의 등기에 관한 사무는 신탁사무처리지를 관할하는 지방법원, 그 지원 또는 등기소를 관할 등기소로 한다.

② 등기소는 유한책임신탁등기부를 편성하여 관리한다.

제125조【등기의 신청】 ① 등기는 법령에 다른 규정이 있는 경우를 제외하고는 수탁자의 신청 또는 관공서의 촉탁이 없으면 하지 못한다.

② 제17조 제1항 및 제18조 제1항에 따라 신탁재산관리인이 선임되면 법령에 다른 규정이 있는 경우를 제외하고는 신탁재산관리인이 등기를 신청하여야 한다.

제126조【유한책임신탁등기】 ① 유한책임신탁등기는 다음 각 호의 사항을 등기하여야 한다.
　1. 유한책임신탁의 목적
　2. 유한책임신탁의 명칭
　3. 수탁자의 성명 또는 명칭 및 주소
　4. 신탁재산관리인이 있는 경우 신탁재산관리인의 성명 또는 명칭 및 주소
　5. 신탁사무처리지
　6. 그 밖에 대통령령으로 정하는 사항

② 제1항의 등기는 유한책임신탁을 설정한 때부터 2주 내에 하여야 한다.

③ 유한책임신탁의 등기를 신청하기 위한 서면(전자문서를 포함한다. 이하 "신청서"라 한다)에는 다음 각 호의 서면을 첨부하여야 한다. 〈개정 2014.5.20.〉
　1. 유한책임신탁을 설정한 신탁행위를 증명하는 서면
　2. 수탁자가 법인인 경우에는 그 법인의 「상업등기법」 제15조에 따른 등기사항증명서
　3. 제117조 제2항에 따라 외부의 감사인을 두어야 하는 경우에는 그 선임 및 취임승낙을 증명하는 서면

4. 제3호의 감사인이 법인인 경우에는 그 법인의 「상업등기법」 제15조에 따른 등기사항증명서

제127조【유한책임신탁의 변경등기】 ① 제126조 제1항 각 호의 사항(제5호는 제외한다)에 변경이 있는 경우에는 2주 내에 변경등기를 하여야 한다.

② 신탁사무처리지에 변경이 있는 경우에는 2주 내에 종전 신탁사무처리지에서는 변경등기를 하고 새로운 신탁사무처리지에서는 제126조 제1항 각 호의 사항을 등기하여야 한다. 다만, 같은 등기소의 관할구역 내에서 신탁사무처리지를 변경한 경우에는 신탁사무처리지의 변경등기만 하면 된다.

③ 제126조 제1항 각 호의 사항의 변경은 제1항 또는 제2항에 따라 등기하지 아니하면 선의의 제3자에게 대항하지 못한다. 등기한 후라도 제3자가 정당한 사유로 이를 알지 못한 경우에도 또한 같다.

④ 제1항 또는 제2항에 따라 변경등기를 신청할 때에는 신청서에 해당 등기사항의 변경을 증명하는 서면을 첨부하여야 한다.

제128조【유한책임신탁의 종료등기】 ① 유한책임신탁이 종료되거나 제114조 제1항의 취지를 폐지하는 변경이 있는 경우에는 2주 내에 종료등기를 하여야 한다.

② 제1항에 따라 유한책임신탁의 종료등기를 신청할 때에는 신청서에 종료 사유의 발생을 증명하는 서면을 첨부하여야 한다.

제129조【유한책임신탁의 합병등기 또는 분할등기】 유한책임신탁이 합병하거나 분할한 후에도 유한책임신탁을 유지하는 경우 그 등기에 관하여는 제126조부터 제128조까지의 규정을 준용한다.

제130조【부실의 등기】 수탁자는 고의나 과실로 유한책임신탁의 등기가 사실과 다르게 된 경우 그 등기와 다른 사실로 선의의 제3자에게 대항하지 못한다.

제131조【등기절차 및 사무】 이 장에 규정된 등기의 등기절차 및 사무에 관하여는 이 법 및 다른 법령에서 규정한 것을 제외하고 「상업등기법」의 예에 따른다.

제3절 유한책임신탁의 청산

제132조【유한책임신탁의 청산】 ① 유한책임신탁이 종료한 경우에는 신탁을 청산하여야 한다. 다만, 제98조 제2호 및 제3호의 사유로 종료한 경우에는 그러하지 아니하다.

② 제1항에 따른 청산이 완료될 때까지 유한책임신탁은 청산의 목적범위 내에서 존속하는
  것으로 본다.

제133조【청산수탁자】① 유한책임신탁이 종료된 경우에는 신탁행위로 달리 정한 바가 없으면
  종료 당시의 수탁자 또는 신탁재산관리인이 청산인(이하 "청산수탁자"라 한다)이 된다. 다만,
  제3조 제3항에 따라 유한책임신탁이 종료된 경우에는 법원이 수익자, 신탁채권자 또는 검사
  의 청구에 의하거나 직권으로 해당 신탁의 청산을 위하여 청산수탁자를 선임하여야 한다.
  ② 제1항 단서에 따라 청산수탁자가 선임된 경우 전수탁자의 임무는 종료한다.
  ③ 제1항 단서에 따라 선임된 청산수탁자에 대한 보수에 관하여는 제21조 제4항을 준용한다.
  ④ 청산수탁자는 다음 각 호의 직무를 수행한다.
   1. 현존사무의 종결
   2. 신탁재산에 속한 채권의 추심 및 신탁채권에 대한 변제
   3. 수익채권(잔여재산의 급부를 내용으로 한 것은 제외한다)에 대한 변제
   4. 잔여재산의 급부
   5. 재산의 환가처분(換價處分)
  ⑤ 청산수탁자는 제4항 제2호 및 제3호의 채무를 변제하지 아니하면 제4항 제4호의 직무를
  수행할 수 없다.
  ⑥ 청산수탁자는 제4항 각 호의 직무를 수행하기 위하여 필요한 모든 행위를 할 수 있다.
  다만, 신탁행위로 달리 정한 경우에는 그에 따른다.
  ⑦ 청산수탁자는 청산수탁자가 된 때부터 2주 내에 청산수탁자의 성명 또는 명칭 및 주소를
  등기하여야 한다.

제134조【채권자의 보호】① 청산수탁자는 취임한 후 지체 없이 신탁채권자에게 일정한 기간
  내에 그 채권을 신고할 것과 그 기간 내에 신고하지 아니하면 청산에서 제외된다는 뜻을
  일반일간신문에 공고하는 방법(수탁자가 법인인 경우에는 그 법인의 공고방법을 말한다)으로 최고하
  여야 한다. 이 경우 그 기간은 2개월 이상이어야 한다.
  ② 청산수탁자는 그가 알고 있는 채권자에게는 개별적으로 그 채권의 신고를 최고하여야
  하며, 그 채권자가 신고하지 아니한 경우에도 청산에서 제외하지 못한다.

제135조【채권신고기간 내의 변제】① 청산수탁자는 제134조 제1항의 신고기간 내에는 신탁채
  권자에게 변제하지 못한다. 다만, 변제의 지연으로 인한 손해배상의 책임을 면하지 못한다.
  ② 청산수탁자는 제1항에도 불구하고 소액의 채권, 담보가 있는 신탁채권, 그 밖에 변제로

인하여 다른 채권자를 해칠 우려가 없는 채권의 경우 법원의 허가를 받아 변제할 수 있다.

③ 제2항에 따른 허가신청을 각하하는 재판에는 반드시 이유를 붙여야 한다.

④ 변제를 허가하는 재판에 대하여는 불복할 수 없다.

제136조【청산절차에서 채무의 변제】① 청산수탁자는 변제기에 이르지 아니한 신탁채권에 대하여도 변제할 수 있다.

② 제1항에 따라 신탁채권에 대한 변제를 하는 경우 이자 없는 채권에 대하여는 변제기에 이르기까지의 법정이자를 가산하여 그 채권액이 될 금액을 변제하여야 한다.

③ 이자 있는 채권으로서 그 이율이 법정이율에 이르지 못하는 경우에는 제2항을 준용한다.

④ 제1항의 경우 조건부채권, 존속기간이 불확정한 채권, 그 밖에 가액이 불확정한 채권에 대하여는 법원이 선임한 감정인의 평가에 따라 변제하여야 한다.

제137조【제외된 채권자에 대한 변제】 청산 중인 유한책임신탁의 신탁채권자가 제134조 제1항의 신고기간 내에 그 채권을 신고하지 아니한 경우에는 그 채권은 청산에서 제외된다. 이 경우 청산에서 제외된 채권자는 분배되지 아니한 잔여재산에 대하여만 변제를 청구할 수 있다.

제138조【청산 중의 파산신청】 청산 중인 유한책임신탁의 신탁재산이 그 채무를 모두 변제하기에 부족한 것이 분명하게 된 경우 청산수탁자는 즉시 신탁재산에 대하여 파산신청을 하여야 한다.

제139조【청산종결의 등기】 유한책임신탁의 청산이 종결된 경우 청산수탁자는 제103조에 따라 최종의 계산을 하여 수익자 및 귀속권리자의 승인을 받아야 하며, 승인을 받은 때부터 2주 내에 종결의 등기를 하여야 한다.

제12장 벌 칙

제140조【신탁사채권자집회의 대표자 등의 특별배임죄】 신탁사채권자집회의 대표자 또는 그 결의를 집행하는 사람이 그 임무에 위배한 행위로써 재산상의 이익을 취하거나 제3자로 하여금 이를 취득하게 하여 신탁사채권자에게 손해를 가한 경우에는 7년 이하의 징역 또는 2천만 원 이하의 벌금에 처한다.

제141조【특별배임죄의 미수】 제140조의 미수범은 처벌한다.

제142조【부실문서행사죄】 ① 수익증권을 발행하는 자가 수익증권을 발행하거나 신탁사채의 모집의 위탁을 받은 자가 신탁사채를 모집할 때 중요한 사항에 관하여 부실한 기재가 있는 수익증권 또는 사채청약서, 수익증권 또는 신탁사채의 모집에 관한 광고, 그 밖의 문서를 행사한 경우에는 5년 이하의 징역 또는 1천500만 원 이하의 벌금에 처한다.

② 수익증권 또는 신탁사채를 매출하는 자가 그 매출에 관한 문서로서 중요한 사항에 관하여 부실한 기재가 있는 것을 행사한 경우에도 제1항과 같다.

제143조【권리행사방해 등에 관한 증뢰·수뢰죄】 ① 신탁사채권자집회에서의 발언 또는 의결권의 행사에 관하여 부정한 청탁을 받고 재산상의 이익을 수수(收受), 요구 또는 약속한 사람은 1년 이하의 징역 또는 1천만 원 이하의 벌금에 처한다. 〈개정 2014.1.7.〉

② 제1항의 이익을 약속, 공여 또는 공여의 의사를 표시한 사람도 제1항과 같다.

제144조【징역과 벌금의 병과】 제140조부터 제143조까지의 징역과 벌금은 병과할 수 있다.

제145조【몰수·추징】 제143조 제1항의 경우 범인이 수수한 이익은 몰수한다. 그 전부 또는 일부를 몰수하기 불가능한 경우에는 그 가액을 추징한다.

제146조【과태료】 ① 다음 각 호의 어느 하나에 해당하는 자 또는 그 대표자에게는 500만 원 이하의 과태료를 부과한다.

1. 제12조 제2항·제3항 및 제13조 제2항을 위반하여 수익자에게 임무 종료 사실을 통지하지 아니한 수탁자, 수탁자의 상속인, 법정대리인 또는 청산인

2. 제12조 제3항을 위반하여 파산관재인에게 신탁재산에 관한 사항을 통지하지 아니한 수탁자

3. 제12조 제4항을 위반하여 수익자에게 신탁재산의 보관 및 신탁사무 인계에 관한 사실을 통지하지 아니한 수탁자의 상속인, 법정대리인 또는 청산인

4. 제14조 제3항을 위반하여 수익자에게 사임한 사실을 통지하지 아니한 수탁자

5. 제16조 제4항을 위반하여 수익자에게 해임된 사실을 통지하지 아니한 수탁자

6. 제17조 제3항 및 제18조 제3항을 위반하여 수익자에게 선임된 사실을 통지하지 아니한 신탁재산관리인

7. 제34조 제2항 단서를 위반하여 수익자에게 법원의 허가를 신청한 사실을 통지하지 아니한 수탁자

8. 제39조에 따른 장부, 재산목록, 그 밖의 서류의 작성·보존 및 비치 의무를 게을리한 수탁자

9. 이 법을 위반하여 정당한 사유 없이 장부 등 서류, 수익자명부, 신탁사채권자집회 의사록
또는 재무제표 등의 열람·복사를 거부한 수탁자, 수익자명부관리인 또는 신탁사채를
발행한 자

10. 제40조 제1항에 따른 설명요구를 정당한 사유 없이 거부한 수탁자

11. 제78조 제2항을 위반하여 정당한 사유 없이 수익증권 발행을 지체한 수탁자

12. 제78조 제5항 또는 제87조 제2항을 위반하여 수익증권 또는 채권에 적어야 할 사항을
적지 아니하거나 부실한 기재를 한 수탁자

13. 이 법에 따른 수익자명부 또는 신탁사채권자집회 의사록을 작성하지 아니하거나 이를
갖추어 두지 아니한 수익증권발행신탁의 수탁자, 수익자명부관리인 또는 신탁사채를
발행한 자

14. 제79조 제5항을 위반하여 수익자명부를 갖추어 두지 아니한 수탁자

15. 제80조 제2항을 위반하여 수익자에게 신고를 받은 사실을 통지하지 아니한 수탁자

16. 제81조 제2항에 따른 수익자명부에 기명수익증권으로 표시된 수익권을 취득한 자의
성명 또는 명칭과 주소의 기재를 거부한 수탁자

17. 제87조 제2항을 위반하여 사채청약서를 작성하지 아니하거나 이에 적어야 할 사항을
적지 아니하거나 또는 부실한 기재를 한 수탁자

18. 수익자명부·신탁사채원부 또는 그 복본, 이 법에 따라 작성하여야 하는 신탁사채권자집
회 의사록, 재산목록, 대차대조표, 손익계산서, 이익잉여금처분계산서, 결손금처리계산
서, 그 밖의 회계서류에 적어야 할 사항을 적지 아니하거나 또는 부실한 기재를 한 수탁자

19. 제87조 제4항에서 준용하는 「상법」 제396조 제1항을 위반하여 신탁사채원부를 갖추어
두지 아니한 수탁자

20. 제87조 제4항에서 준용하는 「상법」 제478조 제1항을 위반하여 사채전액의 납입이 완
료하지 아니한 채 사채를 발행한 수탁자 또는 사채모집의 위탁을 받은 회사

21. 제87조 제4항에서 준용하는 「상법」 제484조 제2항을 위반하여 사채의 변제를 받고
지체 없이 그 뜻을 공고하지 아니한 사채모집의 위탁을 받은 회사

22. 제87조 제4항에서 준용하는 「상법」 제499조를 위반하여 사채권자집회의 결의에 대하
여 인가 또는 불인가의 결정이 있다는 사실을 지체 없이 공고하지 아니한 수탁자

23. 사채권자집회에 부실한 보고를 하거나 사실을 은폐한 수탁자 또는 사채모집의 위탁을
받은 회사

24. 제92조 제1항을 위반하여 합병에 대한 이의를 제출할 수 있다는 사실을 공고하지 아니

한 수탁자

25. 제92조 또는 제96조를 위반하여 신탁을 합병하거나 분할하거나 분할합병한 경우 수탁자

26. 이 법에 따른 유한책임신탁의 설정, 변경, 종결 또는 청산의 등기를 게을리한 수탁자

27. 제133조 제5항을 위반하여(제104조에 따라 준용되는 경우를 포함한다) 잔여재산을 급부한 청산수탁자

28. 제138조를 위반하여 파산신청을 게을리한 청산수탁자

② 제115조 제1항을 위반하여 유한책임신탁의 명칭 중에 "유한책임신탁"이라는 문자를 사용하지 아니한 자에게는 300만원 이하의 과태료를 부과한다.

③ 다음 각 호의 어느 하나에 해당하는 자에게는 100만원 이하의 과태료를 부과한다.

1. 제115조 제2항을 위반하여 유한책임신탁 및 그 밖에 이와 유사한 명칭을 사용한 자

2. 제115조 제3항을 위반하여 다른 유한책임신탁으로 오인할 수 있는 명칭을 사용한 자

④ 제1항부터 제3항까지의 규정에 따른 과태료(제1항 제26호에 따른 과태료는 제외한다)는 대통령령으로 정하는 바에 따라 법무부장관이 부과·징수한다.

제147조 【외부의 감사인 등의 의무위반행위】 제117조 제2항에 따라 외부의 감사인을 선임한 경우 감사인 등의 의무위반행위에 대한 벌칙 및 과태료에 관하여는 「주식회사 등의 외부감사에 관한 법률」을 준용한다. 이 경우 "회사"는 "신탁"으로 본다. 〈개정 2017.10.31.〉

부 칙 〈법률 제15022호, 2017.10.31.〉 (주식회사 등의 외부감사에 관한 법률)

제1조 【시행일】 이 법은 공포 후 1년이 경과한 날부터 시행한다.

제2조부터 제13조까지 생략

제14조 【다른 법률의 개정】 ①부터 ㉒까지 생략

㉓ 신탁법 일부를 다음과 같이 개정한다.

제117조 제2항 각 호 외의 부분 및 제147조 전단 중 「주식회사의 외부감사에 관한 법률」을 각각 「주식회사 등의 외부감사에 관한 법률」로 한다.

㉔부터 ㊲까지 생략

제15조 생 략

자본시장과 금융투자업에 관한 법률(약칭 : 자본시장법, 발췌)

[시행 2020.8.5.] [법률 제16958호, 2020.2.4., 일부개정]

금융위원회(자본시장과–투자매매중개업, 증권발행, 상장회사특례, 유관기관) 02-2100-2652, 2643
금융위원회(자본시장과–파생상품) 02-2100-2655
금융위원회(자산운용과–집합투자, 신탁, 투자일임, 투자자문) 02-2100-2661
금융위원회(공정시장과–사업보고서, 불공정거래) 02-2100-2681, 2682

제1조【목적】 이 법은 자본시장에서의 금융혁신과 공정한 경쟁을 촉진하고 투자자를 보호하며 금융투자업을 건전하게 육성함으로써 자본시장의 공정성·신뢰성 및 효율성을 높여 국민경제의 발전에 이바지함을 목적으로 한다.

제3조【금융투자상품】 ① 이 법에서 "금융투자상품"이란 이익을 얻거나 손실을 회피할 목적으로 현재 또는 장래의 특정(特定) 시점에 금전, 그 밖의 재산적 가치가 있는 것(이하 "금전등"이라 한다)을 지급하기로 약정함으로써 취득하는 권리로서, 그 권리를 취득하기 위하여 지급하였거나 지급하여야 할 금전등의 총액(판매수수료 등 대통령령으로 정하는 금액을 제외한다)이 그 권리로부터 회수하였거나 회수할 수 있는 금전등의 총액(해지수수료 등 대통령령으로 정하는 금액을 포함한다)을 초과하게 될 위험(이하 "투자성"이라 한다)이 있는 것을 말한다. 다만, 다음 각 호의 어느 하나에 해당하는 것을 제외한다. 〈개정 2011.7.25., 2013.5.28.〉

 1. 원화로 표시된 양도성 예금증서

 2. 「신탁법」 제78조 제1항에 따른 수익증권발행신탁이 아닌 신탁으로서 다음 각 목의 어느 하나에 해당하는 신탁(제103조 제1항 제1호의 재산을 신탁받는 경우는 제외하고 수탁자가 「신탁법」 제46조부터 제48조까지의 규정에 따라 처분 권한을 행사하는 경우는 포함한다. 이하 "관리형신탁"이라 한다)의 수익권

　　가. 위탁자(신탁계약에 따라 처분권한을 가지고 있는 수익자를 포함한다)의 지시에 따라서만 신탁재산의 처분이 이루어지는 신탁

　　나. 신탁계약에 따라 신탁재산에 대하여 보존행위 또는 그 신탁재산의 성질을 변경하지 아니하는 범위에서 이용·개량 행위만을 하는 신탁

 3. 그 밖에 해당 금융투자상품의 특성 등을 고려하여 금융투자상품에서 제외하더라도 투자

자 보호 및 건전한 거래질서를 해할 우려가 없는 것으로서 대통령령으로 정하는 금융투
자상품

② 제1항의 금융투자상품은 다음 각 호와 같이 구분한다.

1. 증권

2. 파생상품

　　가. 장내파생상품

　　나. 장외파생상품

제4조 【증권】 ① 이 법에서 "증권"이란 내국인 또는 외국인이 발행한 금융투자상품으로서 투자자가 취득과 동시에 지급한 금전등 외에 어떠한 명목으로든지 추가로 지급의무(투자자가 기초자산에 대한 매매를 성립시킬 수 있는 권리를 행사하게 됨으로써 부담하게 되는 지급의무를 제외한다)를 부담하지 아니하는 것을 말한다. 다만, 다음 각 호의 어느 하나에 해당하는 증권은 제2편 제5장, 제3편 제1장(제8편부터 제10편까지의 규정 중 제2편 제5장, 제3편 제1장의 규정에 따른 의무 위반행위에 대한 부분을 포함한다) 및 제178조·제179조를 적용하는 경우에만 증권으로 본다. 〈개정 2013.5.28., 2015.7.24.〉

1. 투자계약증권

2. 지분증권, 수익증권 또는 증권예탁증권 중 해당 증권의 유통 가능성, 이 법 또는 금융관련 법령에서의 규제 여부 등을 종합적으로 고려하여 대통령령으로 정하는 증권

② 제1항의 증권은 다음 각 호와 같이 구분한다.

1. 채무증권

2. 지분증권

3. 수익증권

4. 투자계약증권

5. 파생결합증권

6. 증권예탁증권

③ 이 법에서 "채무증권"이란 국채증권, 지방채증권, 특수채증권(법률에 의하여 직접 설립된 법인이 발행한 채권을 말한다. 이하 같다), 사채권(「상법」 제469조 제2항 제3호에 따른 사채의 경우에는 제7항 제1호에 해당하는 것으로 한정한다. 이하 같다), 기업어음증권(기업이 사업에 필요한 자금을 조달하기 위하여 발행한 약속어음으로서 대통령령으로 정하는 요건을 갖춘 것을 말한다. 이하 같다), 그 밖에 이와 유사(類似)한 것으로서 지급청구권이 표시된 것을 말한다. 〈개정 2013.5.28.〉

④ 이 법에서 "지분증권"이란 주권, 신주인수권이 표시된 것, 법률에 의하여 직접 설립된 법인이 발행한 출자증권, 「상법」에 따른 합자회사·유한책임회사·유한회사·합자조합·익명조합의 출자지분, 그 밖에 이와 유사한 것으로서 출자지분 또는 출자지분을 취득할 권리가 표시된 것을 말한다. 〈개정 2013.5.28.〉

⑤ 이 법에서 "수익증권"이란 제110조의 수익증권, 제189조의 수익증권, 그 밖에 이와 유사한 것으로서 신탁의 수익권이 표시된 것을 말한다.

⑥ 이 법에서 "투자계약증권"이란 특정 투자자가 그 투자자와 타인(다른 투자자를 포함한다. 이하 이 항에서 같다) 간의 공동사업에 금전등을 투자하고 주로 타인이 수행한 공동사업의 결과에 따른 손익을 귀속받는 계약상의 권리가 표시된 것을 말한다.

⑦ 이 법에서 "파생결합증권"이란 기초자산의 가격·이자율·지표·단위 또는 이를 기초로 하는 지수 등의 변동과 연계하여 미리 정하여진 방법에 따라 지급하거나 회수하는 금전등이 결정되는 권리가 표시된 것을 말한다. 다만, 다음 각 호의 어느 하나에 해당하는 것은 제외한다. 〈개정 2013.5.28., 2016.3.29., 2017.4.18.〉

1. 발행과 동시에 투자자가 지급한 금전등에 대한 이자, 그 밖의 과실(果實)에 대하여만 해당 기초자산의 가격·이자율·지표·단위 또는 이를 기초로 하는 지수 등의 변동과 연계된 증권

2. 제5조 제1항 제2호에 따른 계약상의 권리(제5조 제1항 각 호 외의 부분 단서에서 정하는 금융투자상품은 제외한다)

3. 해당 사채의 발행 당시 객관적이고 합리적인 기준에 따라 미리 정하는 사유가 발생하는 경우 주식으로 전환되거나 그 사채의 상환과 이자지급 의무가 감면된다는 조건이 붙은 것으로서 제165조의 11 제1항에 따라 주권상장법인이 발행하는 사채

3의 2. 「은행법」 제33조 제1항 제2호부터 제4호까지의 규정에 따른 상각형 조건부자본증권, 은행주식 전환형 조건부자본증권 및 은행지주회사주식 전환형 조건부자본증권

3의 3. 「금융지주회사법」 제15조의 2 제1항 제2호 또는 제3호에 따른 상각형 조건부자본증권 또는 전환형 조건부자본증권

4. 「상법」 제469조 제2항 제2호, 제513조 및 제516조의 2에 따른 사채

5. 그 밖에 제1호부터 제3호까지, 제3호의 2, 제3호의 3 및 제4호에 따른 금융투자상품과 유사한 것으로서 대통령령으로 정하는 금융투자상품

⑧ 이 법에서 "증권예탁증권"이란 제2항 제1호부터 제5호까지의 증권을 예탁받은 자가 그

증권이 발행된 국가 외의 국가에서 발행한 것으로서 그 예탁받은 증권에 관련된 권리가 표시된 것을 말한다.

⑨ 제2항 각 호의 어느 하나에 해당하는 증권에 표시될 수 있거나 표시되어야 할 권리는 그 증권이 발행되지 아니한 경우에도 그 증권으로 본다.

⑩ 이 법에서 "기초자산"이란 다음 각 호의 어느 하나에 해당하는 것을 말한다.

1. 금융투자상품

2. 통화(외국의 통화를 포함한다)

3. 일반상품(농산물·축산물·수산물·임산물·광산물·에너지에 속하는 물품 및 이 물품을 원료로 하여 제조하거나 가공한 물품, 그 밖에 이와 유사한 것을 말한다)

4. 신용위험(당사자 또는 제삼자의 신용등급의 변동, 파산 또는 채무재조정 등으로 인한 신용의 변동을 말한다)

5. 그 밖에 자연적·환경적·경제적 현상 등에 속하는 위험으로서 합리적이고 적정한 방법에 의하여 가격·이자율·지표·단위의 산출이나 평가가 가능한 것

제6조 【금융투자업】 ① 이 법에서 "금융투자업"이란 이익을 얻을 목적으로 계속적이거나 반복적인 방법으로 행하는 행위로서 다음 각 호의 어느 하나에 해당하는 업(業)을 말한다.

1. 투자매매업

2. 투자중개업

3. 집합투자업

4. 투자자문업

5. 투자일임업

6. 신탁업

② 이 법에서 "투자매매업"이란 누구의 명의로 하든지 자기의 계산으로 금융투자상품의 매도·매수, 증권의 발행·인수 또는 그 청약의 권유, 청약, 청약의 승낙을 영업으로 하는 것을 말한다.

③ 이 법에서 "투자중개업"이란 누구의 명의로 하든지 타인의 계산으로 금융투자상품의 매도·매수, 그 중개나 청약의 권유, 청약, 청약의 승낙 또는 증권의 발행·인수에 대한 청약의 권유, 청약, 청약의 승낙을 영업으로 하는 것을 말한다. 〈개정 2013.5.28.〉

④ 이 법에서 "집합투자업"이란 집합투자를 영업으로 하는 것을 말한다.

⑤ 제4항에서 "집합투자"란 2인 이상의 투자자로부터 모은 금전등을 투자자로부터 일상적인

운용지시를 받지 아니하면서 재산적 가치가 있는 투자대상자산을 취득·처분, 그 밖의 방법으로 운용하고 그 결과를 투자자에게 배분하여 귀속시키는 것을 말한다. 다만, 다음 각 호의 어느 하나에 해당하는 경우를 제외한다. 〈개정 2013.5.28., 2018.3.27.〉

1. 대통령령으로 정하는 법률에 따라 사모(私募)의 방법으로 금전등을 모아 운용·배분하는 것으로서 대통령령으로 정하는 투자자의 총수가 대통령령으로 정하는 수 이하인 경우

2. 「자산유동화에 관한 법률」 제3조의 자산유동화계획에 따라 금전등을 모아 운용·배분하는 경우

3. 그 밖에 행위의 성격 및 투자자 보호의 필요성 등을 고려하여 대통령령으로 정하는 경우

⑥ 제5항 각 호 외의 부분 본문에도 불구하고 다음 각 호의 어느 하나에 해당하는 자로부터 위탁받은 금전등을 그 자로부터 일상적인 운용지시를 받지 아니하면서 재산적 가치가 있는 투자대상자산을 취득·처분, 그 밖의 방법으로 운용하고 그 결과를 그 자에게 귀속시키는 행위는 집합투자로 본다. 〈신설 2018.3.27.〉

1. 「국가재정법」 제8조 제1항에 따른 기금관리주체(이에 준하는 외국기관으로서 대통령령으로 정하는 자를 포함한다)

2. 「농업협동조합법」에 따른 농업협동조합중앙회

3. 「수산업협동조합법」에 따른 수산업협동조합중앙회

4. 「신용협동조합법」에 따른 신용협동조합중앙회

5. 「상호저축은행법」에 따른 상호저축은행중앙회

6. 「산림조합법」에 따른 산림조합

7. 「새마을금고법」에 따른 새마을금고중앙회

8. 「우체국예금·보험에 관한 법률」에 따른 체신관서

9. 제251조 제1항 전단에 따라 보험회사가 설정한 투자신탁

10. 법률에 따라 설립된 법인 또는 단체로서 다음 각 목의 어느 하나에 해당하는 자 중에서 대통령령으로 정하는 자

　　가. 공제조합

　　나. 공제회

　　다. 그 밖에 이와 비슷한 법인 또는 단체로서 같은 직장·직종에 종사하거나 같은 지역에 거주하는 구성원의 상호부조, 복리증진 등을 목적으로 구성되어 공제사업을 하는 법인 또는 단체

11. 그 밖에 제7항에 따른 금융투자상품등에 대한 투자를 목적으로 2인 이상의 자로부터 금전등을 모아 설립한 기구 또는 법인 등으로서 효율적이고 투명한 투자구조, 관리주체 등 대통령령으로 정하는 요건을 갖춘 자

⑦ 이 법에서 "투자자문업"이란 금융투자상품, 그 밖에 대통령령으로 정하는 투자대상자산(이하 "금융투자상품등"이라 한다)의 가치 또는 금융투자상품등에 대한 투자판단(종류, 종목, 취득·처분, 취득·처분의 방법·수량·가격 및 시기 등에 대한 판단을 말한다. 이하 같다)에 관한 자문에 응하는 것을 영업으로 하는 것을 말한다. 〈개정 2013.5.28., 2018.3.27.〉

⑧ 이 법에서 "투자일임업"이란 투자자로부터 금융투자상품등에 대한 투자판단의 전부 또는 일부를 일임받아 투자자별로 구분하여 그 투자자의 재산상태나 투자목적 등을 고려하여 금융투자상품등을 취득·처분, 그 밖의 방법으로 운용하는 것을 영업으로 하는 것을 말한다. 〈개정 2013.5.28., 2018.3.27.〉

⑨ 이 법에서 "신탁업"이란 신탁을 영업으로 하는 것을 말한다. 〈개정 2018.3.27.〉

⑩ 이 법에서 "전담중개업무"란 제9조 제19항 제2호에 따른 전문투자형 사모집합투자기구, 그 밖에 대통령령으로 정하는 투자자(이하 이 조 및 제77조의 3에서 "전문투자형 사모집합투자기구 등"이라 한다)에 대하여 다음 각 호의 어느 하나에 해당하는 업무를 효율적인 신용공여와 담보관리 등을 위하여 대통령령으로 정하는 방법에 따라 연계하여 제공하는 업무를 말한다. 〈신설 2013.5.28., 2015.7.24., 2018.3.27.〉

1. 증권의 대여 또는 그 중개·주선이나 대리업무

2. 금전의 융자, 그 밖의 신용공여

3. 전문투자형 사모집합투자기구등의 재산의 보관 및 관리

4. 그 밖에 전문투자형 사모집합투자기구등의 효율적인 업무 수행을 지원하기 위하여 필요한 업무로서 대통령령으로 정하는 업무

제9조【그 밖의 용어의 정의】 ① 이 법에서 "대주주"란 「금융회사의 지배구조에 관한 법률」 제2조 제6호에 따른 주주를 말한다. 이 경우 "금융회사"는 "법인"으로 본다. 〈개정 2015.7.31.〉

② 이 법에서 "임원"이란 이사 및 감사를 말한다.

③ 이 법에서 "사외이사"란 상시적인 업무에 종사하지 아니하는 사람으로서 「금융회사의 지배구조에 관한 법률」 제17조에 따라 선임되는 이사를 말한다. 〈개정 2015.7.31.〉

④ 이 법에서 "투자권유"란 특정 투자자를 상대로 금융투자상품의 매매 또는 투자자문계약·투자일임계약·신탁계약(관리형신탁계약 및 투자성 없는 신탁계약을 제외한다)의 체결을 권유하

는 것을 말한다. 〈개정 2013.5.28.〉

⑤ 이 법에서 "전문투자자"란 금융투자상품에 관한 전문성 구비 여부, 소유자산규모 등에 비추어 투자에 따른 위험감수능력이 있는 투자자로서 다음 각 호의 어느 하나에 해당하는 자를 말한다. 다만, 전문투자자 중 대통령령으로 정하는 자가 일반투자자와 같은 대우를 받겠다는 의사를 금융투자업자에게 서면으로 통지하는 경우 금융투자업자는 정당한 사유가 있는 경우를 제외하고는 이에 동의하여야 하며, 금융투자업자가 동의한 경우에는 해당 투자자는 일반투자자로 본다. 〈개정 2009.2.3.〉

1. 국가

2. 한국은행

3. 대통령령으로 정하는 금융기관

4. 주권상장법인. 다만, 금융투자업자와 장외파생상품 거래를 하는 경우에는 전문투자자와 같은 대우를 받겠다는 의사를 금융투자업자에게 서면으로 통지하는 경우에 한한다.

5. 그 밖에 대통령령으로 정하는 자

⑥ 이 법에서 "일반투자자"란 전문투자자가 아닌 투자자를 말한다.

⑦ 이 법에서 "모집"이란 대통령령으로 정하는 방법에 따라 산출한 50인 이상의 투자자에게 새로 발행되는 증권의 취득의 청약을 권유하는 것을 말한다.

⑧ 이 법에서 "사모"란 새로 발행되는 증권의 취득의 청약을 권유하는 것으로서 모집에 해당하지 아니하는 것을 말한다.

⑨ 이 법에서 "매출"이란 대통령령으로 정하는 방법에 따라 산출한 50인 이상의 투자자에게 이미 발행된 증권의 매도의 청약을 하거나 매수의 청약을 권유하는 것을 말한다.

⑩ 이 법에서 "발행인"이란 증권을 발행하였거나 발행하고자 하는 자를 말한다. 다만, 증권예탁증권을 발행함에 있어서는 그 기초가 되는 증권을 발행하였거나 발행하고자 하는 자를 말한다.

⑪ 이 법에서 "인수"란 제삼자에게 증권을 취득시킬 목적으로 다음 각 호의 어느 하나에 해당하는 행위를 하거나 그 행위를 전제로 발행인 또는 매출인을 위하여 증권의 모집·사모·매출을 하는 것을 말한다. 〈개정 2013.5.28.〉

1. 그 증권의 전부 또는 일부를 취득하거나 취득하는 것을 내용으로 하는 계약을 체결하는 것

2. 그 증권의 전부 또는 일부에 대하여 이를 취득하는 자가 없는 때에 그 나머지를 취득하는 것을 내용으로 하는 계약을 체결하는 것

⑫ 이 법에서 "인수인"이란 증권을 모집·사모·매출하는 경우 인수를 하는 자를 말한다. 〈개정 2013.5.28.〉

⑬ 이 법에서 "주선인"이란 제11항에 따른 행위 외에 발행인 또는 매출인을 위하여 해당 증권의 모집·사모·매출을 하거나 그 밖에 직접 또는 간접으로 증권의 모집·사모·매출을 분담하는 자를 말한다. 〈개정 2013.5.28.〉

⑭ 이 법에서 "매출인"이란 증권의 소유자로서 스스로 또는 인수인이나 주선인을 통하여 그 증권을 매출하였거나 매출하려는 자를 말한다. 〈개정 2013.5.28.〉

⑮ 이 법에서 "상장법인", "비상장법인", "주권상장법인" 및 "주권비상장법인"이란 각각 다음 각 호의 자를 말한다. 〈개정 2009.2.3.〉

1. 상장법인 : 증권시장에 상장된 증권(이하 "상장증권"이라 한다)을 발행한 법인

2. 비상장법인 : 상장법인을 제외한 법인

3. 주권상장법인 : 다음 각 목의 어느 하나에 해당하는 법인

   가. 증권시장에 상장된 주권을 발행한 법인

   나. 주권과 관련된 증권예탁증권이 증권시장에 상장된 경우에는 그 주권을 발행한 법인

4. 주권비상장법인 : 주권상장법인을 제외한 법인

⑯ 이 법에서 "외국법인등"이란 다음 각 호의 어느 하나에 해당하는 자를 말한다.

1. 외국 정부

2. 외국 지방자치단체

3. 외국 공공단체

4. 외국 법령에 따라 설립된 외국 기업

5. 대통령령으로 정하는 국제기구

6. 그 밖에 외국에 있는 법인 등으로서 대통령령으로 정하는 자

⑰ 이 법에서 "금융투자업관계기관"이란 다음 각 호의 자를 말한다. 〈개정 2013.4.5., 2013.5.28.〉

1. 제283조에 따라 설립된 한국금융투자협회(이하 "협회"라 한다)

2. 제294조에 따라 설립된 한국예탁결제원(이하 "예탁결제원"이라 한다)

2의 2. 제323조의 3에 따라 인가를 받은 자(이하 "금융투자상품거래청산회사"라 한다)

3. 제324조 제1항에 따라 인가를 받은 자(이하 "증권금융회사"라 한다)

3의 2. 제335조의 3에 따라 인가를 받은 자(이하 "신용평가회사"라 한다)

4. 제336조에 따른 종합금융회사

5. 제355조 제1항에 따라 인가를 받은 자(이하 "자금중개회사"라 한다)

6. 제360조 제1항에 따라 인가를 받은 자(이하 "단기금융회사"라 한다)

7. 제365조 제1항에 따라 등록한 자(이하 "명의개서대행회사"라 한다)

8. 제370조에 따라 설립된 금융투자 관계 단체

⑱ 이 법에서 "집합투자기구"란 집합투자를 수행하기 위한 기구로서 다음 각 호의 것을 말한다. 〈개정 2013.5.28.〉

1. 집합투자업자인 위탁자가 신탁업자에게 신탁한 재산을 신탁업자로 하여금 그 집합투자업자의 지시에 따라 투자·운용하게 하는 신탁 형태의 집합투자기구(이하 "투자신탁"이라 한다)

2. 「상법」에 따른 주식회사 형태의 집합투자기구(이하 "투자회사"라 한다)

3. 「상법」에 따른 유한회사 형태의 집합투자기구(이하 "투자유한회사"라 한다)

4. 「상법」에 따른 합자회사 형태의 집합투자기구(이하 "투자합자회사"라 한다)

4의 2. 「상법」에 따른 유한책임회사 형태의 집합투자기구(이하 "투자유한책임회사"라 한다)

5. 「상법」에 따른 합자조합 형태의 집합투자기구(이하 "투자합자조합"이라 한다)

6. 「상법」에 따른 익명조합 형태의 집합투자기구(이하 "투자익명조합"이라 한다)

7. 삭 제 〈2015.7.24.〉

⑲ 이 법에서 "사모집합투자기구"란 집합투자증권을 사모로만 발행하는 집합투자기구로서 대통령령으로 정하는 투자자의 총수가 대통령령으로 정하는 수 이하인 것을 말하며, 다음 각 호와 같이 구분한다. 〈개정 2015.7.24.〉

1. 경영권 참여, 사업구조 또는 지배구조의 개선 등을 위하여 지분증권 등에 투자·운용하는 투자합자회사인 사모집합투자기구(이하 "경영참여형 사모집합투자기구"라 한다)

2. 경영참여형 사모집합투자기구를 제외한 사모집합투자기구(이하 "전문투자형 사모집합투자기구"라 한다)

⑳ 이 법에서 "집합투자재산"이란 집합투자기구의 재산으로서 투자신탁재산, 투자회사재산, 투자유한회사재산, 투자합자회사재산, 투자유한책임회사재산, 투자합자조합재산 및 투자익명조합재산을 말한다. 〈개정 2013.5.28.〉

㉑ 이 법에서 "집합투자증권"이란 집합투자기구에 대한 출자지분(투자신탁의 경우에는 수익권을 말한다)이 표시된 것을 말한다.

㉒ 이 법에서 "집합투자규약"이란 집합투자기구의 조직, 운영 및 투자자의 권리·의무를 정한 것으로서 투자신탁의 신탁계약, 투자회사·투자유한회사·투자합자회사·투자유한책임회

사의 정관 및 투자합자조합·투자익명조합의 조합계약을 말한다. 〈개정 2013.5.28.〉

㉓ 이 법에서 "집합투자자총회"란 집합투자기구의 투자자 전원으로 구성된 의사결정기관으로서 수익자총회, 주주총회, 사원총회, 조합원총회 및 익명조합원총회를 말한다.

㉔ 이 법에서 "신탁"이란 「신탁법」 제2조의 신탁을 말한다. 〈개정 2011.7.25.〉

㉕ 이 법에서 "금융투자상품거래청산업"이란 금융투자업자 및 대통령령으로 정하는 자(이하 "청산대상업자"라 한다)를 상대방으로 하여 청산대상업자가 대통령령으로 정하는 금융투자상품의 거래(이하 "청산대상거래"라 한다)를 함에 따라 발생하는 채무를 채무인수, 경개(更改), 그 밖의 방법으로 부담하는 것을 영업으로 하는 것을 말한다. 〈신설 2013.4.5.〉

㉖ 이 법에서 "신용평가업"이란 다음 각 호의 어느 하나에 해당하는 것에 대한 신용상태를 평가(이하 "신용평가"라 한다)하여 그 결과에 대하여 기호, 숫자 등을 사용하여 표시한 등급(이하 "신용등급"이라 한다)을 부여하고 그 신용등급을 발행인, 인수인, 투자자, 그 밖의 이해관계자에게 제공하거나 열람하게 하는 행위를 영업으로 하는 것을 말한다. 〈신설 2013.5.28.〉

1. 금융투자상품

2. 기업·집합투자기구, 그 밖에 대통령령으로 정하는 자

㉗ 이 법에서 "온라인소액투자중개업자"란 온라인상에서 누구의 명의로 하든지 타인의 계산으로 다음 각 호의 자가, 대통령령으로 정하는 방법으로 발행하는 채무증권, 지분증권, 투자계약증권의 모집 또는 사모에 관한 중개(이하 "온라인소액투자중개"라 한다)를 영업으로 하는 투자중개업자를 말한다. 〈신설 2015.7.24.〉

1. 「중소기업창업 지원법」 제2조 제2호에 따른 창업자 중 대통령령으로 정하는 자

2. 그 밖에 대통령령으로 정하는 요건에 부합하는 자

㉘ 이 법에서 "전문사모집합투자업"이란 집합투자업 중 전문투자형 사모집합투자기구를 통한 집합투자를 영업으로 하는 것을 말한다. 〈신설 2015.7.24.〉

㉙ 이 법에서 "전문사모집합투자업자"란 집합투자업자 중 전문사모집합투자업을 영위하는 자를 말한다. 〈신설 2015.7.24.〉

제11조【무인가 영업행위 금지】 누구든지 이 법에 따른 금융투자업인가(변경인가를 포함한다)를 받지 아니하고는 금융투자업(투자자문업, 투자일임업 및 전문사모집합투자업은 제외한다. 이하 이 절에서 같다)을 영위하여서는 아니 된다. 〈개정 2015.7.24.〉

제4관 신탁업자의 영업행위 규칙

제102조【선관의무 및 충실의무】 ① 신탁업자는 수익자에 대하여 선량한 관리자의 주의로써 신탁재산을 운용하여야 한다.

② 신탁업자는 수익자의 이익을 보호하기 위하여 해당 업무를 충실하게 수행하여야 한다.

제103조【신탁재산의 제한 등】 ① 신탁업자는 다음 각 호의 재산 외의 재산을 수탁할 수 없다. 〈개정 2011.5.19.〉

1. 금전
2. 증권
3. 금전채권
4. 동산
5. 부동산
6. 지상권, 전세권, 부동산임차권, 부동산소유권 이전등기청구권, 그 밖의 부동산 관련 권리
7. 무체재산권(지식재산권을 포함한다)

② 신탁업자는 하나의 신탁계약에 의하여 위탁자로부터 제1항 각 호의 재산 중 둘 이상의 재산을 종합하여 수탁할 수 있다.

③ 제1항 각 호의 재산의 신탁 및 제2항의 종합재산신탁의 수탁과 관련한 신탁의 종류, 손실의 보전 또는 이익의 보장, 그 밖의 신탁거래조건 등에 관하여 필요한 사항은 대통령령으로 정한다.

④ 신탁업자는 부동산개발사업을 목적으로 하는 신탁계약을 체결한 경우에는 그 신탁계약에 의한 부동산개발사업별로 제1항 제1호의 재산을 대통령령으로 정하는 사업비의 100분의 15 이내에서 수탁할 수 있다.

제104조【신탁재산과 고유재산의 구분】 ① 「신탁법」 제34조 제2항은 신탁업자에게는 적용하지 아니한다. 〈개정 2011.7.25., 2018.3.27.〉

② 신탁업자는 다음 각 호의 어느 하나에 해당하는 경우 신탁계약이 정하는 바에 따라 신탁재산을 고유재산으로 취득할 수 있다. 〈개정 2013.5.28.〉

1. 신탁행위에 따라 수익자에 대하여 부담하는 채무를 이행하기 위하여 필요한 경우(금전신탁재산의 운용으로 취득한 자산이 거래소시장(다자간매매체결회사에서의 거래를 포함한다) 또는 이와 유사한 시장으로서 해외에 있는 시장에서 시세(제176조 제2항 제1호의 시세를 말한다)가 있는 경우에 한한다)

2. 신탁계약의 해지, 그 밖에 수익자 보호를 위하여 불가피한 경우로서 대통령령으로 정하는 경우(제103조 제3항에 따라 손실이 보전되거나 이익이 보장되는 신탁계약에 한한다)

제105조【신탁재산 등 운용의 제한】 ① 신탁업자는 신탁재산에 속하는 금전을 다음 각 호의 방법으로 운용하여야 한다.

1. 증권(대통령령으로 정하는 증권에 한한다)의 매수
2. 장내파생상품 또는 장외파생상품의 매수
3. 대통령령으로 정하는 금융기관에의 예치
4. 금전채권의 매수
5. 대출
6. 어음의 매수
7. 실물자산의 매수
8. 무체재산권의 매수
9. 부동산의 매수 또는 개발
10. 그 밖에 신탁재산의 안전성·수익성 등을 고려하여 대통령령으로 정하는 방법

② 신탁업자는 제103조 제1항 제5호 및 제6호의 재산만을 신탁받는 경우, 그 밖에 대통령령으로 정하는 경우를 제외하고는 신탁의 계산으로 그 신탁업자의 고유재산으로부터 금전을 차입할 수 없다.

③ 제1항 및 제2항에 따른 신탁재산 운용의 구체적 범위·조건·한도, 그 밖의 신탁재산의 운용방법 및 제한에 관하여 필요한 사항은 대통령령으로 정한다.

제106조【여유자금의 운용】 신탁업자는 제103조 제1항 제5호 및 제6호의 재산만을 신탁받는 경우 그 신탁재산을 운용함에 따라 발생한 여유자금을 다음 각 호의 방법으로 운용하여야 한다.

1. 대통령령으로 정하는 금융기관에의 예치
2. 국채증권, 지방채증권 또는 특수채증권의 매수
3. 정부 또는 대통령령으로 정하는 금융기관이 지급을 보증한 증권의 매수
4. 그 밖에 제103조 제1항 제5호 및 제6호에 따른 신탁재산의 안정성·수익성 등을 저해하지 아니하는 방법으로서 대통령령으로 정하는 방법

제107조 삭 제 〈2009.2.3.〉

제108조 【불건전 영업행위의 금지】 신탁업자는 다음 각 호의 어느 하나에 해당하는 행위를 하여서는 아니 된다. 다만, 수익자 보호 및 건전한 거래질서를 해할 우려가 없는 경우로서 대통령령으로 정하는 경우에는 이를 할 수 있다.

1. 신탁재산을 운용함에 있어서 금융투자상품, 그 밖의 투자대상자산의 가격에 중대한 영향을 미칠 수 있는 매수 또는 매도 의사를 결정한 후 이를 실행하기 전에 그 금융투자상품, 그 밖의 투자대상자산을 자기의 계산으로 매수 또는 매도하거나 제삼자에게 매수 또는 매도를 권유하는 행위

2. 자기 또는 관계인수인이 인수한 증권을 신탁재산으로 매수하는 행위

3. 자기 또는 관계인수인이 대통령령으로 정하는 인수업무를 담당한 법인의 특정증권등(제172조 제1항의 특정증권등을 말한다. 이하 이 호에서 같다)에 대하여 인위적인 시세(제176조 제2항 제1호의 시세를 말한다)를 형성시키기 위하여 신탁재산으로 그 특정증권등을 매매하는 행위

4. 특정 신탁재산의 이익을 해하면서 자기 또는 제삼자의 이익을 도모하는 행위

5. 신탁재산으로 그 신탁업자가 운용하는 다른 신탁재산, 집합투자재산 또는 투자일임재산과 거래하는 행위

6. 신탁재산으로 신탁업자 또는 그 이해관계인의 고유재산과 거래하는 행위

7. 수익자의 동의 없이 신탁재산으로 신탁업자 또는 그 이해관계인이 발행한 증권에 투자하는 행위

8. 투자운용인력이 아닌 자에게 신탁재산을 운용하게 하는 행위

9. 그 밖에 수익자 보호 또는 건전한 거래질서를 해할 우려가 있는 행위로서 대통령령으로 정하는 행위

제109조 【신탁계약】 신탁업자는 위탁자와 신탁계약을 체결하는 경우 「금융소비자 보호에 관한 법률」 제23조 제1항에 따라 위탁자에게 교부하는 계약서류에 다음 각 호의 사항을 기재하여야 한다. 〈개정 2020.3.24.〉

1. 위탁자, 수익자 및 신탁업자의 성명 또는 명칭

2. 수익자의 지정 및 변경에 관한 사항

3. 신탁재산의 종류·수량과 가격

4. 신탁의 목적

5. 계약기간

6. 신탁재산의 운용에 의하여 취득할 재산을 특정한 경우에는 그 내용

7. 손실의 보전 또는 이익의 보장을 하는 경우 그 보전·보장 비율 등에 관한 사항

8. 신탁업자가 받을 보수에 관한 사항

9. 신탁계약의 해지에 관한 사항

10. 그 밖에 수익자 보호 또는 건전한 거래질서를 위하여 필요한 사항으로서 대통령령으로
    정하는 사항

[시행일 : 2021.3.25.] 제109조

제110조【수익증권】 ① 신탁업자는 금전신탁계약에 의한 수익권이 표시된 수익증권을 발행할
수 있다.

② 신탁업자는 제1항에 따라 수익증권을 발행하고자 하는 경우에는 대통령령으로 정하는
서류를 첨부하여 금융위원회에 미리 신고하여야 한다. 〈개정 2008.2.29.〉

③ 수익증권은 무기명식으로 한다. 다만, 수익자의 청구가 있는 경우에는 기명식으로 할
수 있다.

④ 기명식 수익증권은 수익자의 청구에 의하여 무기명식으로 할 수 있다.

⑤ 수익증권에는 다음 각 호의 사항을 기재하고 신탁업자의 대표자가 이에 기명날인 또는
서명하여야 한다.

1. 신탁업자의 상호

2. 기명식의 경우에는 수익자의 성명 또는 명칭

3. 액면액

4. 운용방법을 정한 경우 그 내용

5. 제103조 제3항에 따른 손실의 보전 또는 이익의 보장에 관한 계약을 체결한 경우에는
   그 내용

6. 신탁계약기간

7. 신탁의 원금의 상환과 수익분배의 기간 및 장소

8. 신탁보수의 계산방법

9. 그 밖에 대통령령으로 정하는 사항

⑥ 수익증권이 발행된 경우에는 해당 신탁계약에 의한 수익권의 양도 및 행사는 그 수익증권
으로 하여야 한다. 다만, 기명식 수익증권의 경우에는 수익증권으로 하지 아니할 수 있다.

제111조【수익증권의 매수】 신탁업자는 대통령령으로 정하는 방법에 따라 수익증권을 그 고유재산으로 매수할 수 있다. 이 경우 「신탁법」 제36조를 적용하지 아니한다. 〈개정 2011.7.25.〉

제112조【의결권 등】 ① 신탁재산으로 취득한 주식에 대한 권리는 신탁업자가 행사한다. 이 경우 신탁업자는 수익자의 이익을 보호하기 위하여 신탁재산에 속하는 주식의 의결권을 충실하게 행사하여야 한다. 〈개정 2013.5.28.〉

② 신탁업자는 신탁재산에 속하는 주식의 의결권을 행사함에 있어서 다음 각 호의 어느 하나에 해당하는 경우에는 제1항에 불구하고 신탁재산에 속하는 주식을 발행한 법인의 주주총회의 참석 주식수에서 신탁재산에 속하는 주식수를 뺀 주식수의 결의내용에 영향을 미치지 아니하도록 의결권을 행사하여야 한다. 다만, 신탁재산에 속하는 주식을 발행한 법인의 합병, 영업의 양도·양수, 임원의 선임, 그 밖에 이에 준하는 사항으로서 신탁재산에 손실을 초래할 것이 명백하게 예상되는 경우에는 그러하지 아니하다.

1. 다음 각 목의 어느 하나에 해당하는 자가 그 신탁재산에 속하는 주식을 발행한 법인을 계열회사로 편입하기 위한 경우

   가. 신탁업자 또는 그와 대통령령으로 정하는 특수관계에 있는 자

   나. 신탁업자에 대하여 사실상의 지배력을 행사하는 자로서 대통령령으로 정하는 자

2. 신탁재산에 속하는 주식을 발행한 법인이 그 신탁업자와 다음 각 목의 어느 하나에 해당하는 관계에 있는 경우

   가. 계열회사의 관계에 있는 경우

   나. 신탁업자에 대하여 사실상의 지배력을 행사하는 관계로서 대통령령으로 정하는 관계에 있는 경우

3. 그 밖에 수익자의 보호 또는 신탁재산의 적정한 운용을 해할 우려가 있는 경우로서 대통령령으로 정하는 경우

③ 신탁업자는 신탁재산에 속하는 주식이 다음 각 호의 어느 하나에 해당하는 경우에는 그 주식의 의결권을 행사할 수 없다.

1. 동일법인이 발행한 주식 총수의 100분의 15를 초과하여 주식을 취득한 경우 그 초과하는 주식

2. 신탁재산에 속하는 주식을 발행한 법인이 자기주식을 확보하기 위하여 신탁계약에 따라 신탁업자에게 취득하게 한 그 법인의 주식

④ 신탁업자는 제삼자와의 계약 등에 의하여 의결권을 교차하여 행사하는 등 제2항 및 제3항

의 적용을 면하기 위한 행위를 하여서는 아니 된다.

⑤ 제2항 각 호 외의 부분 단서는 상호출자제한기업집단에 속하는 신탁업자에게는 적용하지 아니한다.

⑥ 금융위원회는 신탁업자가 제2항부터 제5항까지의 규정을 위반하여 신탁재산에 속하는 주식의 의결권을 행사한 경우에는 6개월 이내의 기간을 정하여 그 주식의 처분을 명할 수 있다. 〈개정 2008.2.29.〉

⑦ 신탁업자는 합병, 영업의 양도·양수, 임원의 선임 등 경영권의 변경과 관련된 사항에 대하여 제2항에 따라 의결권을 행사하는 경우에는 대통령령으로 정하는 방법에 따라 인터넷 홈페이지 등을 이용하여 공시하여야 한다.

제113조【장부·서류의 열람 및 공시 등】 ① 수익자는 신탁업자에게 영업시간 중에 이유를 기재한 서면으로 그 수익자에 관련된 신탁재산에 관한 장부·서류의 열람이나 등본 또는 초본의 교부를 청구할 수 있다. 이 경우 그 신탁업자는 대통령령으로 정하는 정당한 사유가 없는 한 이를 거절하여서는 아니 된다.

② 제1항에 따른 열람이나 등본 또는 초본의 교부 청구의 대상이 되는 장부·서류의 범위 등에 관하여 필요한 사항은 대통령령으로 정한다.

제114조【신탁재산의 회계처리 등】 ① 신탁업자는 신탁재산에 관하여 회계처리를 하는 경우 금융위원회가 증권선물위원회의 심의를 거쳐 정하여 고시한 회계처리기준에 따라야 한다. 〈개정 2008.2.29.〉

② 금융위원회는 제1항에 따른 회계처리기준의 제정 또는 개정을 전문성을 갖춘 민간법인 또는 단체로서 대통령령으로 정하는 자에게 위탁할 수 있다. 이 경우 그 민간법인 또는 단체는 회계처리기준을 제정 또는 개정한 때에는 이를 금융위원회에 지체 없이 보고하여야 한다. 〈개정 2008.2.29.〉

③ 신탁업자는 신탁재산에 대하여 그 신탁업자의 매 회계연도 종료 후 2개월 이내에 「주식회사 등의 외부감사에 관한 법률」 제2조 제7호에 따른 감사인(이하 "회계감사인"이라 한다)의 회계감사를 받아야 한다. 다만, 수익자의 이익을 해할 우려가 없는 경우로서 대통령령으로 정하는 경우에는 회계감사를 받지 아니할 수 있다. 〈개정 2017.10.31.〉

④ 신탁업자는 신탁재산의 회계감사인을 선임하거나 교체하는 경우에는 그 선임일 또는 교체일부터 1주 이내에 금융위원회에 그 사실을 보고하여야 한다. 〈개정 2008.2.29.〉

⑤ 회계감사인은 신탁업자가 행하는 수익증권의 기준가격 산정업무 및 신탁재산의 회계처리

업무를 감사할 때 관련 법령을 준수하였는지 여부를 감사하고 그 결과를 신탁업자의 감사(감사위원회가 설치된 경우에는 감사위원회를 말한다)에게 통보하여야 한다.

⑥ 회계감사인은 제9항에 따른 감사기준 및 「주식회사 등의 외부감사에 관한 법률」 제16조에 따른 회계감사기준에 따라 회계감사를 실시하여야 한다. 〈개정 2009.2.3., 2017.10.31.〉

⑦ 회계감사인은 신탁업자에게 신탁재산의 회계장부 등 관계 자료의 열람·복사를 요청하거나 회계감사에 필요한 자료의 제출을 요구할 수 있다. 이 경우 신탁업자는 지체 없이 이에 응하여야 한다.

⑧ 「주식회사 등의 외부감사에 관한 법률」 제20조는 제3항에 따른 신탁재산의 회계감사에 관하여 준용한다. 〈개정 2017.10.31.〉

⑨ 회계감사인의 선임기준, 감사기준, 회계감사인의 권한, 회계감사보고서의 제출 및 공시 등에 관하여 필요한 사항은 대통령령으로 정한다. 〈개정 2009.2.3.〉

제115조 【회계감사인의 손해배상책임】 ① 회계감사인은 제114조 제3항에 따른 회계감사의 결과 회계감사보고서 중 중요사항에 관하여 거짓의 기재 또는 표시가 있거나 중요사항이 기재 또는 표시되지 아니함으로써 이를 이용한 수익자에게 손해를 끼친 경우에는 그 수익자에 대하여 손해를 배상할 책임을 진다. 이 경우 「주식회사 등의 외부감사에 관한 법률」 제2조 제7호 나목에 따른 감사반이 회계감사인인 때에는 그 신탁재산에 대한 감사에 참여한 자가 연대하여 손해를 배상할 책임을 진다. 〈개정 2017.10.31.〉

② 회계감사인이 수익자에 대하여 손해를 배상할 책임이 있는 경우로서 그 신탁업자의 이사·감사(감사위원회가 설치된 경우에는 감사위원회의 위원을 말한다. 이하 이 항에서 같다)에게도 귀책사유가 있는 경우에는 그 회계감사인과 신탁업자의 이사·감사는 연대하여 손해를 배상할 책임을 진다. 다만, 손해를 배상할 책임이 있는 자가 고의가 없는 경우에 그자는 법원이 귀책사유에 따라 정하는 책임비율에 따라 손해를 배상할 책임이 있다. 〈개정 2014.1.28.〉

③ 제2항 단서에도 불구하고 손해배상을 청구하는 자의 소득인정액(「국민기초생활 보장법」 제2조 제8호에 따른 소득인정액을 말한다)이 대통령령으로 정하는 금액 이하에 해당되는 경우에는 회계감사인과 신탁업자의 이사·감사는 연대하여 손해를 배상할 책임이 있다. 〈신설 2014.1.28.〉

④ 「주식회사 등의 외부감사에 관한 법률」 제31조 제6항부터 제9항까지의 규정은 제1항 및 제2항의 경우에 준용한다. 〈개정 2014.1.28., 2017.10.31.〉

제116조 【합병 등】 ① 신탁업자가 합병하는 경우 합병 후 존속하는 신탁업자 또는 합병으로 인하여 설립된 신탁업자는 합병으로 인하여 소멸된 신탁업자의 신탁에 관한 권리의무를 승계한다.

② 「신탁법」 제12조, 제21조 제2항 및 제3항은 신탁업자의 합병에 관하여 이의를 제기한 수익자가 있는 경우 그 신탁업자의 임무 종료 및 새로운 신탁업자의 선임 등에 관하여 준용한다. 〈개정 2011.7.25.〉

③ 금융위원회는 신탁업자가 그 목적을 변경하여 다른 업무를 행하는 회사로서 존속하는 경우에는 그 회사가 신탁에 관한 채무 전부를 변제하기에 이르기까지 재산의 공탁을 명하거나, 그 밖에 필요한 명령을 할 수 있다. 합병으로 인하여 신탁업자가 아닌 회사가 신탁업자의 임무 종료를 위하여 필요한 사무를 처리하는 동안에도 또한 같다. 〈개정 2008.2.29.〉

제117조 【청산】 제95조는 신탁업을 영위하는 금융투자업자의 청산에 관하여 준용한다.

제117조의 2 【관리형신탁에 관한 특례】 ① 제103조 제1항 제4호부터 제6호까지의 어느 하나에 규정된 재산만을 수탁받는 신탁업자가 관리형신탁계약을 체결하는 경우 그 신탁재산에 수반되는 금전채권을 수탁할 수 있다.

② 제1항에 따른 신탁재산의 운용방법 및 제한에 관하여 필요한 사항은 대통령령으로 정한다. [본조신설 2013.5.28.]

부 칙 〈법률 제16958호, 2020.2.4.〉

제1조 【시행일】 이 법은 공포 후 6개월이 경과한 날부터 시행한다.

제2조 【이사회의 성별 구성에 관한 경과조치】 이 법 시행 당시 제165조의 20의 개정규정에 적합하지 아니한 주권상장법인은 이 법 시행일부터 2년 이내에 제165조의 20의 개정규정에 적합하도록 하여야 한다.

민 법(발췌)

[시행 2018.2.1.] [법률 제14965호, 2017.10.31., 일부개정]

법무부(법무심의관실 : 재산) 02-2110-3730, 3166, 3799
법무부(법무심의관실 : 가족) 02-2110-3735, 4264
법무부(법무심의관실 : 법인) 02-2110-3798, 3736

제1조 【법원】 민사에 관하여 법률에 규정이 없으면 관습법에 의하고 관습법이 없으면 조리에 의한다.

제2조 【신의성실】 ① 권리의 행사와 의무의 이행은 신의에 좇아 성실히 하여야 한다.
② 권리는 남용하지 못한다.

제1절 능 력

제3조 【권리능력의 존속기간】 사람은 생존한 동안 권리와 의무의 주체가 된다.

제4조 【성년】 사람은 19세로 성년에 이르게 된다.
[전문개정 2011.3.7.]

제5조 【미성년자의 능력】 ① 미성년자가 법률행위를 함에는 법정대리인의 동의를 얻어야 한다. 그러나 권리만을 얻거나 의무만을 면하는 행위는 그러하지 아니하다.
② 전항의 규정에 위반한 행위는 취소할 수 있다.

제6조 【처분을 허락한 재산】 법정대리인이 범위를 정하여 처분을 허락한 재산은 미성년자가 임의로 처분할 수 있다.

제7조 【동의와 허락의 취소】 법정대리인은 미성년자가 아직 법률행위를 하기 전에는 전2조의 동의와 허락을 취소할 수 있다.

제8조 【영업의 허락】 ① 미성년자가 법정대리인으로부터 허락을 얻은 특정한 영업에 관하여는 성년자와 동일한 행위능력이 있다.

② 법정대리인은 전항의 허락을 취소 또는 제한할 수 있다. 그러나 선의의 제삼자에게 대항하지 못한다.

제9조【성년후견개시의 심판】 ① 가정법원은 질병, 장애, 노령, 그 밖의 사유로 인한 정신적 제약으로 사무를 처리할 능력이 지속적으로 결여된 사람에 대하여 본인, 배우자, 4촌 이내의 친족, 미성년후견인, 미성년후견감독인, 한정후견인, 한정후견감독인, 특정후견인, 특정후견감독인, 검사 또는 지방자치단체의 장의 청구에 의하여 성년후견개시의 심판을 한다.
② 가정법원은 성년후견개시의 심판을 할 때 본인의 의사를 고려하여야 한다.
[전문개정 2011.3.7.]

제10조【피성년후견인의 행위와 취소】 ① 피성년후견인의 법률행위는 취소할 수 있다.
② 제1항에도 불구하고 가정법원은 취소할 수 없는 피성년후견인의 법률행위의 범위를 정할 수 있다.
③ 가정법원은 본인, 배우자, 4촌 이내의 친족, 성년후견인, 성년후견감독인, 검사 또는 지방자치단체의 장의 청구에 의하여 제2항의 범위를 변경할 수 있다.
④ 제1항에도 불구하고 일용품의 구입 등 일상생활에 필요하고 그 대가가 과도하지 아니한 법률행위는 성년후견인이 취소할 수 없다.
[전문개정 2011.3.7.]

제11조【성년후견종료의 심판】 성년후견개시의 원인이 소멸된 경우에는 가정법원은 본인, 배우자, 4촌 이내의 친족, 성년후견인, 성년후견감독인, 검사 또는 지방자치단체의 장의 청구에 의하여 성년후견종료의 심판을 한다.
[전문개정 2011.3.7.]

제12조【한정후견개시의 심판】 ① 가정법원은 질병, 장애, 노령, 그 밖의 사유로 인한 정신적 제약으로 사무를 처리할 능력이 부족한 사람에 대하여 본인, 배우자, 4촌 이내의 친족, 미성년후견인, 미성년후견감독인, 성년후견인, 성년후견감독인, 특정후견인, 특정후견감독인, 검사 또는 지방자치단체의 장의 청구에 의하여 한정후견개시의 심판을 한다.
② 한정후견개시의 경우에 제9조 제2항을 준용한다.
[전문개정 2011.3.7.]

제13조【피한정후견인의 행위와 동의】 ① 가정법원은 피한정후견인이 한정후견인의 동의를 받아야 하는 행위의 범위를 정할 수 있다.

② 가정법원은 본인, 배우자, 4촌 이내의 친족, 한정후견인, 한정후견감독인, 검사 또는 지방자치단체의 장의 청구에 의하여 제1항에 따른 한정후견인의 동의를 받아야만 할 수 있는 행위의 범위를 변경할 수 있다.

③ 한정후견인의 동의를 필요로 하는 행위에 대하여 한정후견인이 피한정후견인의 이익이 침해될 염려가 있음에도 그 동의를 하지 아니하는 때에는 가정법원은 피한정후견인의 청구에 의하여 한정후견인의 동의를 갈음하는 허가를 할 수 있다.

④ 한정후견인의 동의가 필요한 법률행위를 피한정후견인이 한정후견인의 동의 없이 하였을 때에는 그 법률행위를 취소할 수 있다. 다만, 일용품의 구입 등 일상생활에 필요하고 그 대가가 과도하지 아니한 법률행위에 대하여는 그러하지 아니하다.

[전문개정 2011.3.7.]

제14조 【한정후견종료의 심판】 한정후견개시의 원인이 소멸된 경우에는 가정법원은 본인, 배우자, 4촌 이내의 친족, 한정후견인, 한정후견감독인, 검사 또는 지방자치단체의 장의 청구에 의하여 한정후견종료의 심판을 한다.

[전문개정 2011.3.7.]

제14조의 2 【특정후견의 심판】 ① 가정법원은 질병, 장애, 노령, 그 밖의 사유로 인한 정신적 제약으로 일시적 후원 또는 특정한 사무에 관한 후원이 필요한 사람에 대하여 본인, 배우자, 4촌 이내의 친족, 미성년후견인, 미성년후견감독인, 검사 또는 지방자치단체의 장의 청구에 의하여 특정후견의 심판을 한다.

② 특정후견은 본인의 의사에 반하여 할 수 없다.

③ 특정후견의 심판을 하는 경우에는 특정후견의 기간 또는 사무의 범위를 정하여야 한다.

[본조신설 2011.3.7.]

제14조의 3 【심판 사이의 관계】 ① 가정법원이 피한정후견인 또는 피특정후견인에 대하여 성년후견개시의 심판을 할 때에는 종전의 한정후견 또는 특정후견의 종료 심판을 한다.

② 가정법원이 피성년후견인 또는 피특정후견인에 대하여 한정후견개시의 심판을 할 때에는 종전의 성년후견 또는 특정후견의 종료 심판을 한다.

[본조신설 2011.3.7.]

제15조 【제한능력자의 상대방의 확답을 촉구할 권리】 ① 제한능력자의 상대방은 제한능력자가 능력자가 된 후에 그에게 1개월 이상의 기간을 정하여 그 취소할 수 있는 행위를 추인할 것인지 여부의 확답을 촉구할 수 있다. 능력자로 된 사람이 그 기간 내에 확답을 발송하지

아니하면 그 행위를 추인한 것으로 본다.

② 제한능력자가 아직 능력자가 되지 못한 경우에는 그의 법정대리인에게 제1항의 촉구를 할 수 있고, 법정대리인이 그 정하여진 기간 내에 확답을 발송하지 아니한 경우에는 그 행위를 추인한 것으로 본다.

③ 특별한 절차가 필요한 행위는 그 정하여진 기간 내에 그 절차를 밟은 확답을 발송하지 아니하면 취소한 것으로 본다.

[전문개정 2011.3.7.]

제16조【제한능력자의 상대방의 철회권과 거절권】 ① 제한능력자가 맺은 계약은 추인이 있을 때까지 상대방이 그 의사표시를 철회할 수 있다. 다만, 상대방이 계약 당시에 제한능력자임을 알았을 경우에는 그러하지 아니하다.

② 제한능력자의 단독행위는 추인이 있을 때까지 상대방이 거절할 수 있다.

③ 제1항의 철회나 제2항의 거절의 의사표시는 제한능력자에게도 할 수 있다.

[전문개정 2011.3.7.]

제17조【제한능력자의 속임수】 ① 제한능력자가 속임수로써 자기를 능력자로 믿게 한 경우에는 그 행위를 취소할 수 없다.

② 미성년자나 피한정후견인이 속임수로써 법정대리인의 동의가 있는 것으로 믿게 한 경우에도 제1항과 같다.

[전문개정 2011.3.7.]

제2절 증 여

제554조【증여의 의의】 증여는 당사자 일방이 무상으로 재산을 상대방에 수여하는 의사를 표시하고 상대방이 이를 승낙함으로써 그 효력이 생긴다.

제555조【서면에 의하지 아니한 증여와 해제】 증여의 의사가 서면으로 표시되지 아니한 경우에는 각 당사자는 이를 해제할 수 있다.

제556조【수증자의 행위와 증여의 해제】 ① 수증자가 증여자에 대하여 다음 각 호의 사유가 있는 때에는 증여자는 그 증여를 해제할 수 있다.

1. 증여자 또는 그 배우자나 직계혈족에 대한 범죄행위가 있는 때
2. 증여자에 대하여 부양의무있는 경우에 이를 이행하지 아니하는 때

② 전항의 해제권은 해제원인 있음을 안 날로부터 6월을 경과하거나 증여자가 수증자에 대하여 용서의 의사를 표시한 때에는 소멸한다.

제557조【증여자의 재산상태변경과 증여의 해제】 증여계약 후에 증여자의 재산상태가 현저히 변경되고 그 이행으로 인하여 생계에 중대한 영향을 미칠 경우에는 증여자는 증여를 해제할 수 있다.

제558조【해제와 이행완료부분】 전3조의 규정에 의한 계약의 해제는 이미 이행한 부분에 대하여는 영향을 미치지 아니한다.

제559조【증여자의 담보책임】 ① 증여자는 증여의 목적인 물건 또는 권리의 하자나 흠결에 대하여 책임을 지지 아니한다. 그러나 증여자가 그 하자나 흠결을 알고 수증자에게 고지하지 아니한 때에는 그러하지 아니하다.

② 상대부담있는 증여에 대하여는 증여자는 그 부담의 한도에서 매도인과 같은 담보의 책임이 있다.

제560조【정기증여와 사망으로 인한 실효】 정기의 급여를 목적으로 한 증여는 증여자 또는 수증자의 사망으로 인하여 그 효력을 잃는다.

제561조【부담부증여】 상대부담있는 증여에 대하여는 본절의 규정 외에 쌍무계약에 관한 규정을 적용한다.

제562조【사인증여】 증여자의 사망으로 인하여 효력이 생길 증여에는 유증에 관한 규정을 준용한다.

제5장 후 견

제1절 미성년후견과 성년후견 〈개정 2011.3.7.〉

제1관 후견인 〈신설 2011.3.7.〉

제928조【미성년자에 대한 후견의 개시】 미성년자에게 친권자가 없거나 친권자가 제924조, 제924조의 2, 제925조 또는 제927조 제1항에 따라 친권의 전부 또는 일부를 행사할 수 없는 경우에는 미성년후견인을 두어야 한다. 〈개정 2014.10.15.〉

[전문개정 2011.3.7.]

제929조【성년후견심판에 의한 후견의 개시】 가정법원의 성년후견개시심판이 있는 경우에는 그 심판을 받은 사람의 성년후견인을 두어야 한다.

[전문개정 2011.3.7.]

제930조【후견인의 수와 자격】 ① 미성년후견인의 수(數)는 한 명으로 한다.

② 성년후견인은 피성년후견인의 신상과 재산에 관한 모든 사정을 고려하여 여러 명을 둘 수 있다.

③ 법인도 성년후견인이 될 수 있다.

[전문개정 2011.3.7.]

제931조【유언에 의한 미성년후견인의 지정 등】 ① 미성년자에게 친권을 행사하는 부모는 유언으로 미성년후견인을 지정할 수 있다. 다만, 법률행위의 대리권과 재산관리권이 없는 친권자는 그러하지 아니하다.

② 가정법원은 제1항에 따라 미성년후견인이 지정된 경우라도 미성년자의 복리를 위하여 필요하면 생존하는 부 또는 모, 미성년자의 청구에 의하여 후견을 종료하고 생존하는 부 또는 모를 친권자로 지정할 수 있다.

[전문개정 2011.5.19.]

제932조【미성년후견인의 선임】 ① 가정법원은 제931조에 따라 지정된 미성년후견인이 없는 경우에는 직권으로 또는 미성년자, 친족, 이해관계인, 검사, 지방자치단체의 장의 청구에 의하여 미성년후견인을 선임한다. 미성년후견인이 없게 된 경우에도 또한 같다.

② 가정법원은 제924조, 제924조의 2 및 제925조에 따른 친권의 상실, 일시 정지, 일부 제한의 선고 또는 법률행위의 대리권이나 재산관리권 상실의 선고에 따라 미성년후견인을 선임할 필요가 있는 경우에는 직권으로 미성년후견인을 선임한다. 〈개정 2014.10.15.〉

③ 친권자가 대리권 및 재산관리권을 사퇴한 경우에는 지체 없이 가정법원에 미성년후견인의 선임을 청구하여야 한다.

[전문개정 2011.3.7.]

제933조 삭 제 〈2011.3.7.〉

제934조 삭 제 〈2011.3.7.〉

제935조 삭 제 〈2011.3.7.〉

제936조【성년후견인의 선임】 ① 제929조에 따른 성년후견인은 가정법원이 직권으로 선임한다.

② 가정법원은 성년후견인이 사망, 결격, 그 밖의 사유로 없게 된 경우에도 직권으로 또는 피성년후견인, 친족, 이해관계인, 검사, 지방자치단체의 장의 청구에 의하여 성년후견인을 선임한다.

③ 가정법원은 성년후견인이 선임된 경우에도 필요하다고 인정하면 직권으로 또는 제2항의 청구권자나 성년후견인의 청구에 의하여 추가로 성년후견인을 선임할 수 있다.

④ 가정법원이 성년후견인을 선임할 때에는 피성년후견인의 의사를 존중하여야 하며, 그 밖에 피성년후견인의 건강, 생활관계, 재산상황, 성년후견인이 될 사람의 직업과 경험, 피성년후견인과의 이해관계의 유무(법인이 성년후견인이 될 때에는 사업의 종류와 내용, 법인이나 그 대표자와 피성년후견인 사이의 이해관계의 유무를 말한다) 등의 사정도 고려하여야 한다.

[전문개정 2011.3.7.]

제937조 【후견인의 결격사유】 다음 각 호의 어느 하나에 해당하는 자는 후견인이 되지 못한다. 〈개정 2016.12.20.〉

1. 미성년자
2. 피성년후견인, 피한정후견인, 피특정후견인, 피임의후견인
3. 회생절차개시결정 또는 파산선고를 받은 자
4. 자격정지 이상의 형의 선고를 받고 그 형기(刑期) 중에 있는 사람
5. 법원에서 해임된 법정대리인
6. 법원에서 해임된 성년후견인, 한정후견인, 특정후견인, 임의후견인과 그 감독인
7. 행방이 불분명한 사람
8. 피후견인을 상대로 소송을 하였거나 하고 있는 사람
9. 제8호에서 정한 사람의 배우자와 직계혈족. 다만, 피후견인의 직계비속은 제외한다.

[전문개정 2011.3.7.]

제938조 【후견인의 대리권 등】 ① 후견인은 피후견인의 법정대리인이 된다.

② 가정법원은 성년후견인이 제1항에 따라 가지는 법정대리권의 범위를 정할 수 있다.

③ 가정법원은 성년후견인이 피성년후견인의 신상에 관하여 결정할 수 있는 권한의 범위를 정할 수 있다.

④ 제2항 및 제3항에 따른 법정대리인의 권한의 범위가 적절하지 아니하게 된 경우에 가정법원은 본인, 배우자, 4촌 이내의 친족, 성년후견인, 성년후견감독인, 검사 또는 지방자치단체의 장의 청구에 의하여 그 범위를 변경할 수 있다.

[전문개정 2011.3.7.]

제939조 【후견인의 사임】 후견인은 정당한 사유가 있는 경우에는 가정법원의 허가를 받아 사임할 수 있다. 이 경우 그 후견인은 사임청구와 동시에 가정법원에 새로운 후견인의 선임을 청구하여야 한다.

[전문개정 2011.3.7.]

제940조 【후견인의 변경】 가정법원은 피후견인의 복리를 위하여 후견인을 변경할 필요가 있다고 인정하면 직권으로 또는 피후견인, 친족, 후견감독인, 검사, 지방자치단체의 장의 청구에 의하여 후견인을 변경할 수 있다.

[전문개정 2011.3.7.]

제2관 후견감독인 〈신설 2011.3.7.〉

제940조의 2 【미성년후견감독인의 지정】 미성년후견인을 지정할 수 있는 사람은 유언으로 미성년후견감독인을 지정할 수 있다.

[본조신설 2011.3.7.]

제940조의 3 【미성년후견감독인의 선임】 ① 가정법원은 제940조의 2에 따라 지정된 미성년후견감독인이 없는 경우에 필요하다고 인정하면 직권으로 또는 미성년자, 친족, 미성년후견인, 검사, 지방자치단체의 장의 청구에 의하여 미성년후견감독인을 선임할 수 있다.

② 가정법원은 미성년후견감독인이 사망, 결격, 그 밖의 사유로 없게 된 경우에는 직권으로 또는 미성년자, 친족, 미성년후견인, 검사, 지방자치단체의 장의 청구에 의하여 미성년후견감독인을 선임한다.

[본조신설 2011.3.7.]

제940조의 4 【성년후견감독인의 선임】 ① 가정법원은 필요하다고 인정하면 직권으로 또는 피성년후견인, 친족, 성년후견인, 검사, 지방자치단체의 장의 청구에 의하여 성년후견감독인을 선임할 수 있다.

② 가정법원은 성년후견감독인이 사망, 결격, 그 밖의 사유로 없게 된 경우에는 직권으로 또는 피성년후견인, 친족, 성년후견인, 검사, 지방자치단체의 장의 청구에 의하여 성년후견감독인을 선임한다.

[본조신설 2011.3.7.]

제940조의 5 【후견감독인의 결격사유】 제779조에 따른 후견인의 가족은 후견감독인이 될 수 없다.

[본조신설 2011.3.7.]

제940조의 6 【후견감독인의 직무】 ① 후견감독인은 후견인의 사무를 감독하며, 후견인이 없는 경우 지체 없이 가정법원에 후견인의 선임을 청구하여야 한다.

② 후견감독인은 피후견인의 신상이나 재산에 대하여 급박한 사정이 있는 경우 그의 보호를 위하여 필요한 행위 또는 처분을 할 수 있다.

③ 후견인과 피후견인 사이에 이해가 상반되는 행위에 관하여는 후견감독인이 피후견인을 대리한다.

[본조신설 2011.3.7.]

제940조의 7 【위임 및 후견인 규정의 준용】 후견감독인에 대하여는 제681조, 제691조, 제692조, 제930조 제2항·제3항, 제936조 제3항·제4항, 제937조, 제939조, 제940조, 제947조의 2 제3항부터 제5항까지, 제949조의 2, 제955조 및 제955조의 2를 준용한다.

[본조신설 2011.3.7.]

제3관 후견인의 임무 〈신설 2011.3.7.〉

제941조 【재산조사와 목록작성】 ① 후견인은 지체 없이 피후견인의 재산을 조사하여 2개월 내에 그 목록을 작성하여야 한다. 다만, 정당한 사유가 있는 경우에는 법원의 허가를 받아 그 기간을 연장할 수 있다.

② 후견감독인이 있는 경우 제1항에 따른 재산조사와 목록작성은 후견감독인의 참여가 없으면 효력이 없다.

[전문개정 2011.3.7.]

제942조 【후견인의 채권·채무의 제시】 ① 후견인과 피후견인 사이에 채권·채무의 관계가 있고 후견감독인이 있는 경우에는 후견인은 재산목록의 작성을 완료하기 전에 그 내용을 후견감독인에게 제시하여야 한다.

② 후견인이 피후견인에 대한 채권이 있음을 알고도 제1항에 따른 제시를 게을리한 경우에는 그 채권을 포기한 것으로 본다.

[전문개정 2011.3.7.]

제943조 【목록작성전의 권한】 후견인은 재산조사와 목록작성을 완료하기까지는 긴급 필요한 경우가 아니면 그 재산에 관한 권한을 행사하지 못한다. 그러나 이로써 선의의 제삼자에게 대항하지 못한다.

제944조【피후견인이 취득한 포괄적 재산의 조사 등】 전3조의 규정은 후견인의 취임후에 피후 견인이 포괄적 재산을 취득한 경우에 준용한다.

제945조【미성년자의 신분에 관한 후견인의 권리·의무】 미성년후견인은 제913조부터 제915 조까지에 규정한 사항에 관하여는 친권자와 동일한 권리와 의무가 있다. 다만, 다음 각 호의 어느 하나에 해당하는 경우에는 미성년후견감독인이 있으면 그의 동의를 받아야 한다.

  1. 친권자가 정한 교육방법, 양육방법 또는 거소를 변경하는 경우

  2. 미성년자를 감화기관이나 교정기관에 위탁하는 경우

  3. 친권자가 허락한 영업을 취소하거나 제한하는 경우

[전문개정 2011.3.7.]

제946조【친권 중 일부에 한정된 후견】 미성년자의 친권자가 제924조의 2, 제925조 또는 제 927조 제1항에 따라 친권 중 일부에 한정하여 행사할 수 없는 경우에 미성년후견인의 임무는 제한된 친권의 범위에 속하는 행위에 한정된다.

[전문개정 2014.10.15.]

제947조【피성년후견인의 복리와 의사존중】 성년후견인은 피성년후견인의 재산관리와 신상보 호를 할 때 여러 사정을 고려하여 그의 복리에 부합하는 방법으로 사무를 처리하여야 한다. 이 경우 성년후견인은 피성년후견인의 복리에 반하지 아니하면 피성년후견인의 의사를 존중 하여야 한다.

[전문개정 2011.3.7.]

제947조의 2【피성년후견인의 신상결정 등】 ① 피성년후견인은 자신의 신상에 관하여 그의 상태가 허락하는 범위에서 단독으로 결정한다.

② 성년후견인이 피성년후견인을 치료 등의 목적으로 정신병원이나 그 밖의 다른 장소에 격리하려는 경우에는 가정법원의 허가를 받아야 한다.

③ 피성년후견인의 신체를 침해하는 의료행위에 대하여 피성년후견인이 동의할 수 없는 경 우에는 성년후견인이 그를 대신하여 동의할 수 있다.

④ 제3항의 경우 피성년후견인이 의료행위의 직접적인 결과로 사망하거나 상당한 장애를 입을 위험이 있을 때에는 가정법원의 허가를 받아야 한다. 다만, 허가절차로 의료행위가 지체되어 피성년후견인의 생명에 위험을 초래하거나 심신상의 중대한 장애를 초래할 때 에는 사후에 허가를 청구할 수 있다.

⑤ 성년후견인이 피성년후견인을 대리하여 피성년후견인이 거주하고 있는 건물 또는 그 대지에 대하여 매도, 임대, 전세권 설정, 저당권 설정, 임대차의 해지, 전세권의 소멸, 그 밖에 이에 준하는 행위를 하는 경우에는 가정법원의 허가를 받아야 한다.

[본조신설 2011.3.7.]

제948조【미성년자의 친권의 대행】① 미성년후견인은 미성년자를 갈음하여 미성년자의 자녀에 대한 친권을 행사한다.

② 제1항의 친권행사에는 미성년후견인의 임무에 관한 규정을 준용한다.

[전문개정 2011.3.7.]

제949조【재산관리권과 대리권】① 후견인은 피후견인의 재산을 관리하고 그 재산에 관한 법률행위에 대하여 피후견인을 대리한다.

② 제920조 단서의 규정은 전항의 법률행위에 준용한다.

제949조의 2【성년후견인이 여러 명인 경우 권한의 행사 등】① 가정법원은 직권으로 여러 명의 성년후견인이 공동으로 또는 사무를 분장하여 그 권한을 행사하도록 정할 수 있다.

② 가정법원은 직권으로 제1항에 따른 결정을 변경하거나 취소할 수 있다.

③ 여러 명의 성년후견인이 공동으로 권한을 행사하여야 하는 경우에 어느 성년후견인이 피성년후견인의 이익이 침해될 우려가 있음에도 법률행위의 대리 등 필요한 권한행사에 협력하지 아니할 때에는 가정법원은 피성년후견인, 성년후견인, 후견감독인 또는 이해관계인의 청구에 의하여 그 성년후견인의 의사표시를 갈음하는 재판을 할 수 있다.

[본조신설 2011.3.7.]

제949조의 3【이해상반행위】후견인에 대하여는 제921조를 준용한다. 다만, 후견감독인이 있는 경우에는 그러하지 아니하다.

[본조신설 2011.3.7.]

제950조【후견감독인의 동의를 필요로 하는 행위】① 후견인이 피후견인을 대리하여 다음 각 호의 어느 하나에 해당하는 행위를 하거나 미성년자의 다음 각 호의 어느 하나에 해당하는 행위에 동의를 할 때는 후견감독인이 있으면 그의 동의를 받아야 한다.

1. 영업에 관한 행위
2. 금전을 빌리는 행위
3. 의무만을 부담하는 행위

4. 부동산 또는 중요한 재산에 관한 권리의 득실변경을 목적으로 하는 행위

5. 소송행위

6. 상속의 승인, 한정승인 또는 포기 및 상속재산의 분할에 관한 협의

② 후견감독인의 동의가 필요한 행위에 대하여 후견감독인이 피후견인의 이익이 침해될 우려가 있음에도 동의를 하지 아니하는 경우에는 가정법원은 후견인의 청구에 의하여 후견감독인의 동의를 갈음하는 허가를 할 수 있다.

③ 후견감독인의 동의가 필요한 법률행위를 후견인이 후견감독인의 동의 없이 하였을 때에는 피후견인 또는 후견감독인이 그 행위를 취소할 수 있다.

[전문개정 2011.3.7.]

제951조 【피후견인의 재산 등의 양수에 대한 취소】 ① 후견인이 피후견인에 대한 제3자의 권리를 양수(讓受)하는 경우에는 피후견인은 이를 취소할 수 있다.

② 제1항에 따른 권리의 양수의 경우 후견감독인이 있으면 후견인은 후견감독인의 동의를 받아야 하고, 후견감독인의 동의가 없는 경우에는 피후견인 또는 후견감독인이 이를 취소할 수 있다.

[전문개정 2011.3.7.]

제952조 【상대방의 추인 여부 최고】 제950조 및 제951조의 경우에는 제15조를 준용한다.

[전문개정 2011.3.7.]

제953조 【후견감독인의 후견사무의 감독】 후견감독인은 언제든지 후견인에게 그의 임무 수행에 관한 보고와 재산목록의 제출을 요구할 수 있고 피후견인의 재산상황을 조사할 수 있다.

[전문개정 2011.3.7.]

제954조 【가정법원의 후견사무에 관한 처분】 가정법원은 직권으로 또는 피후견인, 후견감독인, 제777조에 따른 친족, 그 밖의 이해관계인, 검사, 지방자치단체의 장의 청구에 의하여 피후견인의 재산상황을 조사하고, 후견인에게 재산관리 등 후견임무 수행에 관하여 필요한 처분을 명할 수 있다.

[전문개정 2011.3.7.]

제955조 【후견인에 대한 보수】 법원은 후견인의 청구에 의하여 피후견인의 재산상태 기타 사정을 참작하여 피후견인의 재산 중에서 상당한 보수를 후견인에게 수여할 수 있다.

제955조의 2 【지출금액의 예정과 사무비용】 후견인이 후견사무를 수행하는 데 필요한 비용은 피후견인의 재산 중에서 지출한다.

[본조신설 2011.3.7.]

제956조 【위임과 친권의 규정의 준용】 제681조 및 제918조의 규정은 후견인에게 이를 준용한다.

제4관 후견의 종료 〈신설 2011.3.7.〉

제957조 【후견사무의 종료와 관리의 계산】 ① 후견인의 임무가 종료된 때에는 후견인 또는 그 상속인은 1개월 내에 피후견인의 재산에 관한 계산을 하여야 한다. 다만, 정당한 사유가 있는 경우에는 법원의 허가를 받아 그 기간을 연장할 수 있다.

② 제1항의 계산은 후견감독인이 있는 경우에는 그가 참여하지 아니하면 효력이 없다.

[전문개정 2011.3.7.]

제958조 【이자의 부가와 금전소비에 대한 책임】 ① 후견인이 피후견인에게 지급할 금액이나 피후견인이 후견인에게 지급할 금액에는 계산종료의 날로부터 이자를 부가하여야 한다.

② 후견인이 자기를 위하여 피후견인의 금전을 소비한 때에는 그 소비한 날로부터 이자를 부가하고 피후견인에게 손해가 있으면 이를 배상하여야 한다.

제959조 【위임규정의 준용】 제691조, 제692조의 규정은 후견의 종료에 이를 준용한다.

제2절 한정후견과 특정후견 〈신설 2011.3.7.〉

제959조의 2 【한정후견의 개시】 가정법원의 한정후견개시의 심판이 있는 경우에는 그 심판을 받은 사람의 한정후견인을 두어야 한다.

[본조신설 2011.3.7.]

제959조의 3 【한정후견인의 선임 등】 ① 제959조의 2에 따른 한정후견인은 가정법원이 직권으로 선임한다.

② 한정후견인에 대하여는 제930조 제2항·제3항, 제936조 제2항부터 제4항까지, 제937조, 제939조, 제940조 및 제949조의 3을 준용한다.

[본조신설 2011.3.7.]

제959조의 4 【한정후견인의 대리권 등】 ① 가정법원은 한정후견인에게 대리권을 수여하는 심판을 할 수 있다.

② 한정후견인의 대리권 등에 관하여는 제938조 제3항 및 제4항을 준용한다.

[본조신설 2011.3.7.]

제959조의 5【한정후견감독인】 ① 가정법원은 필요하다고 인정하면 직권으로 또는 피한정후견인,
친족, 한정후견인, 검사, 지방자치단체의 장의 청구에 의하여 한정후견감독인을 선임할 수 있다.

② 한정후견감독인에 대하여는 제681조, 제691조, 제692조, 제930조 제2항·제3항, 제936
조 제3항·제4항, 제937조, 제939조, 제940조, 제940조의 3 제2항, 제940조의 5, 제
940조의 6, 제947조의 2 제3항부터 제5항까지, 제949조의 2, 제955조 및 제955조의
2를 준용한다. 이 경우 제940조의 6 제3항 중 "피후견인을 대리한다"는 "피한정후견인을
대리하거나 피한정후견인이 그 행위를 하는 데 동의한다"로 본다.

[본조신설 2011.3.7.]

제959조의 6【한정후견사무】 한정후견의 사무에 관하여는 제681조, 제920조 단서, 제947조,
제947조의 2, 제949조, 제949조의 2, 제949조의 3, 제950조부터 제955조까지 및 제955조
의 2를 준용한다.

[본조신설 2011.3.7.]

제959조의 7【한정후견인의 임무의 종료 등】 한정후견인의 임무가 종료한 경우에 관하여는
제691조, 제692조, 제957조 및 제958조를 준용한다.

[본조신설 2011.3.7.]

제959조의 8【특정후견에 따른 보호조치】 가정법원은 피특정후견인의 후원을 위하여 필요한
처분을 명할 수 있다.

[본조신설 2011.3.7.]

제959조의 9【특정후견인의 선임 등】 ① 가정법원은 제959조의 8에 따른 처분으로 피특정후견
인을 후원하거나 대리하기 위한 특정후견인을 선임할 수 있다.

② 특정후견인에 대하여는 제930조 제2항·제3항, 제936조 제2항부터 제4항까지, 제937
조, 제939조 및 제940조를 준용한다.

[본조신설 2011.3.7.]

제959조의 10【특정후견감독인】 ① 가정법원은 필요하다고 인정하면 직권으로 또는 피특정후
견인, 친족, 특정후견인, 검사, 지방자치단체의 장의 청구에 의하여 특정후견감독인을 선임
할 수 있다.

② 특정후견감독인에 대하여는 제681조, 제691조, 제692조, 제930조 제2항·제3항, 제936조 제3항·제4항, 제937조, 제939조, 제940조, 제940조의 5, 제940조의 6, 제949조의 2, 제955조 및 제955조의 2를 준용한다.

[본조신설 2011.3.7.]

제959조의 11【특정후견인의 대리권】 ① 피특정후견인의 후원을 위하여 필요하다고 인정하면 가정법원은 기간이나 범위를 정하여 특정후견인에게 대리권을 수여하는 심판을 할 수 있다.

② 제1항의 경우 가정법원은 특정후견인의 대리권 행사에 가정법원이나 특정후견감독인의 동의를 받도록 명할 수 있다.

[본조신설 2011.3.7.]

제959조의 12【특정후견사무】 특정후견의 사무에 관하여는 제681조, 제920조 단서, 제947조, 제949조의 2, 제953조부터 제955조까지 및 제955조의 2를 준용한다.

[본조신설 2011.3.7.]

제959조의 13【특정후견인의 임무의 종료 등】 특정후견인의 임무가 종료한 경우에 관하여는 제691조, 제692조, 제957조 및 제958조를 준용한다.

[본조신설 2011.3.7.]

제3절 후견계약 〈신설 2011.3.7.〉

제959조의 14【후견계약의 의의와 체결방법 등】 ① 후견계약은 질병, 장애, 노령, 그 밖의 사유로 인한 정신적 제약으로 사무를 처리할 능력이 부족한 상황에 있거나 부족하게 될 상황에 대비하여 자신의 재산관리 및 신상보호에 관한 사무의 전부 또는 일부를 다른 자에게 위탁하고 그 위탁사무에 관하여 대리권을 수여하는 것을 내용으로 한다.

② 후견계약은 공정증서로 체결하여야 한다.

③ 후견계약은 가정법원이 임의후견감독인을 선임한 때부터 효력이 발생한다.

④ 가정법원, 임의후견인, 임의후견감독인 등은 후견계약을 이행·운영할 때 본인의 의사를 최대한 존중하여야 한다.

[본조신설 2011.3.7.]

제959조의 15【임의후견감독인의 선임】 ① 가정법원은 후견계약이 등기되어 있고, 본인이 사무를 처리할 능력이 부족한 상황에 있다고 인정할 때에는 본인, 배우자, 4촌 이내의 친족,

임의후견인, 검사 또는 지방자치단체의 장의 청구에 의하여 임의후견감독인을 선임한다.

② 제1항의 경우 본인이 아닌 자의 청구에 의하여 가정법원이 임의후견감독인을 선임할 때에는 미리 본인의 동의를 받아야 한다. 다만, 본인이 의사를 표시할 수 없는 때에는 그러하지 아니하다.

③ 가정법원은 임의후견감독인이 없게 된 경우에는 직권으로 또는 본인, 친족, 임의후견인, 검사 또는 지방자치단체의 장의 청구에 의하여 임의후견감독인을 선임한다.

④ 가정법원은 임의후견임감독인이 선임된 경우에도 필요하다고 인정하면 직권으로 또는 제3항의 청구권자의 청구에 의하여 임의후견감독인을 추가로 선임할 수 있다.

⑤ 임의후견감독인에 대하여는 제940조의 5를 준용한다.

[본조신설 2011.3.7.]

제959조의 16【임의후견감독인의 직무 등】 ① 임의후견감독인은 임의후견인의 사무를 감독하며 그 사무에 관하여 가정법원에 정기적으로 보고하여야 한다.

② 가정법원은 필요하다고 인정하면 임의후견감독인에게 감독사무에 관한 보고를 요구할 수 있고 임의후견인의 사무 또는 본인의 재산상황에 대한 조사를 명하거나 그 밖에 임의후견감독인의 직무에 관하여 필요한 처분을 명할 수 있다.

③ 임의후견감독인에 대하여는 제940조의 6 제2항·제3항, 제940조의 7 및 제953조를 준용한다.

[본조신설 2011.3.7.]

제959조의 17【임의후견개시의 제한 등】 ① 임의후견인이 제937조 각 호에 해당하는 자 또는 그 밖에 현저한 비행을 하거나 후견계약에서 정한 임무에 적합하지 아니한 사유가 있는 자인 경우에는 가정법원은 임의후견감독인을 선임하지 아니한다.

② 임의후견감독인을 선임한 이후 임의후견인이 현저한 비행을 하거나 그 밖에 그 임무에 적합하지 아니한 사유가 있게 된 경우에는 가정법원은 임의후견감독인, 본인, 친족, 검사 또는 지방자치단체의 장의 청구에 의하여 임의후견인을 해임할 수 있다.

[본조신설 2011.3.7.]

제959조의 18【후견계약의 종료】 ① 임의후견감독인의 선임 전에는 본인 또는 임의후견인은 언제든지 공증인의 인증을 받은 서면으로 후견계약의 의사표시를 철회할 수 있다.

② 임의후견감독인의 선임 이후에는 본인 또는 임의후견인은 정당한 사유가 있는 때에만 가정법원의 허가를 받아 후견계약을 종료할 수 있다.

[본조신설 2011.3.7.]

제959조의 19 【임의후견인의 대리권 소멸과 제3자와의 관계】 임의후견인의 대리권 소멸은 등 기하지 아니하면 선의의 제3자에게 대항할 수 없다.

[본조신설 2011.3.7.]

제959조의 20 【후견계약과 성년후견·한정후견·특정후견의 관계】 ① 후견계약이 등기되어 있 는 경우에는 가정법원은 본인의 이익을 위하여 특별히 필요할 때에만 임의후견인 또는 임의 후견감독인의 청구에 의하여 성년후견, 한정후견 또는 특정후견의 심판을 할 수 있다. 이 경우 후견계약은 본인이 성년후견 또는 한정후견 개시의 심판을 받은 때 종료된다.
② 본인이 피성년후견인, 피한정후견인 또는 피특정후견인인 경우에 가정법원은 임의후견감 독인을 선임함에 있어서 종전의 성년후견, 한정후견 또는 특정후견의 종료 심판을 하여야 한다. 다만, 성년후견 또는 한정후견 조치의 계속이 본인의 이익을 위하여 특별히 필요하 다고 인정하면 가정법원은 임의후견감독인을 선임하지 아니한다.

[본조신설 2011.3.7.]

<h2 align="center">제5편 상 속 〈개정 1990.1.13.〉</h2>
<h2 align="center">제1장 상 속 〈신설 1990.1.13.〉</h2>

제1절 총 칙 〈개정 1990.1.13.〉

제997조 【상속개시의 원인】 상속은 사망으로 인하여 개시된다. 〈개정 1990.1.13.〉
[제목개정 1990.1.13.]

제998조 【상속개시의 장소】 상속은 피상속인의 주소지에서 개시한다.
[전문개정 1990.1.13.]

제998조의 2 【상속비용】 상속에 관한 비용은 상속재산 중에서 지급한다.
[본조신설 1990.1.13.]

제999조 【상속회복청구권】 ① 상속권이 참칭상속권자로 인하여 침해된 때에는 상속권자 또는 그 법정대리인은 상속회복의 소를 제기할 수 있다.

② 제1항의 상속회복청구권은 그 침해를 안 날부터 3년, 상속권의 침해행위가 있은 날부터 10년을 경과하면 소멸된다. 〈개정 2002.1.14.〉

[전문개정 1990.1.13.]

제2절 상속인 〈개정 1990.1.13.〉

제1000조【상속의 순위】 ① 상속에 있어서는 다음 순위로 상속인이 된다. 〈개정 1990.1.13.〉

1. 피상속인의 직계비속
2. 피상속인의 직계존속
3. 피상속인의 형제자매
4. 피상속인의 4촌 이내의 방계혈족

② 전항의 경우에 동순위의 상속인이 수인인 때에는 최근친을 선순위로 하고 동친등의 상속인이 수인인 때에는 공동상속인이 된다.

③ 태아는 상속순위에 관하여는 이미 출생한 것으로 본다. 〈개정 1990.1.13.〉

[제목개정 1990.1.13.]

제1001조【대습상속】 전조 제1항 제1호와 제3호의 규정에 의하여 상속인이 될 직계비속 또는 형제자매가 상속개시전에 사망하거나 결격자가 된 경우에 그 직계비속이 있는 때에는 그 직계비속이 사망하거나 결격된 자의 순위에 갈음하여 상속인이 된다. 〈개정 2014.12.30.〉

제1002조 삭 제 〈1990.1.13.〉

제1003조【배우자의 상속순위】 ① 피상속인의 배우자는 제1000조 제1항 제1호와 제2호의 규정에 의한 상속인이 있는 경우에는 그 상속인과 동순위로 공동상속인이 되고 그 상속인이 없는 때에는 단독상속인이 된다. 〈개정 1990.1.13.〉

② 제1001조의 경우에 상속개시 전에 사망 또는 결격된 자의 배우자는 동조의 규정에 의한 상속인과 동순위로 공동상속인이 되고 그 상속인이 없는 때에는 단독상속인이 된다. 〈개정 1990.1.13.〉

[제목개정 1990.1.13.]

제1004조【상속인의 결격사유】 다음 각 호의 어느 하나에 해당한 자는 상속인이 되지 못한다. 〈개정 1990.1.13., 2005.3.31.〉

1. 고의로 직계존속, 피상속인, 그 배우자 또는 상속의 선순위나 동순위에 있는 자를 살해하
   거나 살해하려한 자
2. 고의로 직계존속, 피상속인과 그 배우자에게 상해를 가하여 사망에 이르게 한 자
3. 사기 또는 강박으로 피상속인의 상속에 관한 유언 또는 유언의 철회를 방해한 자
4. 사기 또는 강박으로 피상속인의 상속에 관한 유언을 하게 한 자
5. 피상속인의 상속에 관한 유언서를 위조·변조·파기 또는 은닉한 자

제3절 상속의 효력 〈개정 1990.1.13.〉

제1관 일반적 효력

제1005조【상속과 포괄적 권리의무의 승계】 상속인은 상속개시된 때로부터 피상속인의 재산에 관한 포괄적 권리의무를 승계한다. 그러나 피상속인의 일신에 전속한 것은 그러하지 아니하다. 〈개정 1990.1.13.〉

제1006조【공동상속과 재산의 공유】 상속인이 수인인 때에는 상속재산은 그 공유로 한다. 〈개정 1990.1.13.〉

제1007조【공동상속인의 권리의무승계】 공동상속인은 각자의 상속분에 응하여 피상속인의 권리의무를 승계한다.

제1008조【특별수익자의 상속분】 공동상속인 중에 피상속인으로부터 재산의 증여 또는 유증을 받은 자가 있는 경우에 그 수증재산이 자기의 상속분에 달하지 못한 때에는 그 부족한 부분의 한도에서 상속분이 있다. 〈개정 1977.12.31.〉

제1008조의 2【기여분】 ① 공동상속인 중에 상당한 기간 동거·간호 그 밖의 방법으로 피상속인을 특별히 부양하거나 피상속인의 재산의 유지 또는 증가에 특별히 기여한 자가 있을 때에는 상속개시 당시의 피상속인의 재산가액에서 공동상속인의 협의로 정한 그 자의 기여분을 공제한 것을 상속재산으로 보고 제1009조 및 제1010조에 의하여 산정한 상속분에 기여분을 가산한 액으로써 그 자의 상속분으로 한다. 〈개정 2005.3.31.〉

② 제1항의 협의가 되지 아니하거나 협의할 수 없는 때에는 가정법원은 제1항에 규정된 기여자의 청구에 의하여 기여의 시기·방법 및 정도와 상속재산의 액 기타의 사정을 참작하여 기여분을 정한다.

③ 기여분은 상속이 개시된 때의 피상속인의 재산가액에서 유증의 가액을 공제한 액을 넘지 못한다.

④ 제2항의 규정에 의한 청구는 제1013조 제2항의 규정에 의한 청구가 있을 경우 또는 제 1014조에 규정하는 경우에 할 수 있다.

[본조신설 1990.1.13.]

제1008조의 3【분묘 등의 승계】 분묘에 속한 1정보 이내의 금양임야와 600평 이내의 묘토인 농지, 족보와 제구의 소유권은 제사를 주재하는 자가 이를 승계한다.

[본조신설 1990.1.13.]

제2관 상속분

제1009조【법정상속분】 ① 동순위의 상속인이 수인인 때에는 그 상속분은 균분으로 한다. 〈개정 1977.12.31., 1990.1.13.〉

② 피상속인의 배우자의 상속분은 직계비속과 공동으로 상속하는 때에는 직계비속의 상속분의 5할을 가산하고, 직계존속과 공동으로 상속하는 때에는 직계존속의 상속분의 5할을 가산한다. 〈개정 1990.1.13.〉

③ 삭 제 〈1990.1.13.〉

제1010조【대습상속분】 ① 제1001조의 규정에 의하여 사망 또는 결격된 자에 갈음하여 상속인이 된 자의 상속분은 사망 또는 결격된 자의 상속분에 의한다. 〈개정 2014.12.30.〉

② 전항의 경우에 사망 또는 결격된 자의 직계비속이 수인인 때에는 그 상속분은 사망 또는 결격된 자의 상속분의 한도에서 제1009조의 규정에 의하여 이를 정한다. 제1003조 제2항의 경우에도 또한 같다.

제1011조【공동상속분의 양수】 ① 공동상속인 중에 그 상속분을 제삼자에게 양도한 자가 있는 때에는 다른 공동상속인은 그 가액과 양도비용을 상환하고 그 상속분을 양수할 수 있다.

② 전항의 권리는 그 사유를 안 날로부터 3월, 그 사유있은 날로부터 1년 내에 행사하여야 한다.

제3관 상속재산의 분할

제1012조【유언에 의한 분할방법의 지정, 분할금지】 피상속인은 유언으로 상속재산의 분할방법을 정하거나 이를 정할 것을 제삼자에게 위탁할 수 있고 상속개시의 날로부터 5년을 초과하지 아니하는 기간 내의 그 분할을 금지할 수 있다.

제1013조【협의에 의한 분할】① 전조의 경우외에는 공동상속인은 언제든지 그 협의에 의하여 상속재산을 분할할 수 있다.

② 제269조의 규정은 전항의 상속재산의 분할에 준용한다.

제1014조【분할 후의 피인지자 등의 청구권】상속개시 후의 인지 또는 재판의 확정에 의하여 공동상속인이 된 자가 상속재산의 분할을 청구할 경우에 다른 공동상속인이 이미 분할 기타 처분을 한 때에는 그 상속분에 상당한 가액의 지급을 청구할 권리가 있다.

제1015조【분할의 소급효】상속재산의 분할은 상속개시된 때에 소급하여 그 효력이 있다. 그러나 제삼자의 권리를 해하지 못한다.

제1016조【공동상속인의 담보책임】공동상속인은 다른 공동상속인이 분할로 인하여 취득한 재산에 대하여 그 상속분에 응하여 매도인과 같은 담보책임이 있다.

제1017조【상속채무자의 자력에 대한 담보책임】① 공동상속인은 다른 상속인이 분할로 인하여 취득한 채권에 대하여 분할당시의 채무자의 자력을 담보한다.

② 변제기에 달하지 아니한 채권이나 정지조건있는 채권에 대하여는 변제를 청구할 수 있는 때의 채무자의 자력을 담보한다.

제1018조【무자력공동상속인의 담보책임의 분담】담보책임있는 공동상속인 중에 상환의 자력이 없는 자가 있는 때에는 그 부담부분은 구상권자와 자력있는 다른 공동상속인이 그 상속분에 응하여 분담한다. 그러나 구상권자의 과실로 인하여 상환을 받지 못한 때에는 다른 공동상속인에게 분담을 청구하지 못한다.

제4절 상속의 승인 및 포기 〈개정 1990.1.13.〉

제1관 총 칙

제1019조【승인, 포기의 기간】① 상속인은 상속개시있음을 안 날로부터 3월 내에 단순승인이나 한정승인 또는 포기를 할 수 있다. 그러나 그 기간은 이해관계인 또는 검사의 청구에 의하여 가정법원이 이를 연장할 수 있다. 〈개정 1990.1.13.〉

② 상속인은 제1항의 승인 또는 포기를 하기 전에 상속재산을 조사할 수 있다. 〈개정 2002.1.14.〉

③ 제1항의 규정에 불구하고 상속인은 상속채무가 상속재산을 초과하는 사실을 중대한 과실 없이 제1항의 기간 내에 알지 못하고 단순승인(제1026조 제1호 및 제2호의 규정에 의하여 단순

승인한 것으로 보는 경우를 포함한다)을 한 경우에는 그 사실을 안 날부터 3월 내에 한정승인을 할 수 있다. 〈신설 2002.1.14.〉

제1020조【제한능력자의 승인·포기의 기간】 상속인이 제한능력자인 경우에는 제1019조 제1항의 기간은 그의 친권자 또는 후견인이 상속이 개시된 것을 안 날부터 기산(起算)한다. [전문개정 2011.3.7.]

제1021조【승인, 포기기간의 계산에 관한 특칙】 상속인이 승인이나 포기를 하지 아니하고 제1019조 제1항의 기간 내에 사망한 때에는 그의 상속인이 그 자기의 상속개시있음을 안 날로부터 제1019조 제1항의 기간을 기산한다.

제1022조【상속재산의 관리】 상속인은 그 고유재산에 대하는 것과 동일한 주의로 상속재산을 관리하여야 한다. 그러나 단순승인 또는 포기한 때에는 그러하지 아니하다.

제1023조【상속재산보존에 필요한 처분】 ① 법원은 이해관계인 또는 검사의 청구에 의하여 상속재산의 보존에 필요한 처분을 명할 수 있다.

② 법원이 재산관리인을 선임한 경우에는 제24조 내지 제26조의 규정을 준용한다.

제1024조【승인, 포기의 취소금지】 ① 상속의 승인이나 포기는 제1019조 제1항의 기간내에도 이를 취소하지 못한다. 〈개정 1990.1.13.〉

② 전항의 규정은 총칙편의 규정에 의한 취소에 영향을 미치지 아니한다. 그러나 그 취소권은 추인할 수 있는 날로부터 3월, 승인 또는 포기한 날로부터 1년 내에 행사하지 아니하면 시효로 인하여 소멸된다.

제2관 단순승인

제1025조【단순승인의 효과】 상속인이 단순승인을 한 때에는 제한없이 피상속인의 권리의무를 승계한다. 〈개정 1990.1.13.〉

제1026조【법정단순승인】 다음 각 호의 사유가 있는 경우에는 상속인이 단순승인을 한 것으로 본다. 〈개정 2002.1.14.〉

1. 상속인이 상속재산에 대한 처분행위를 한 때
2. 상속인이 제1019조 제1항의 기간 내에 한정승인 또는 포기를 하지 아니한 때
3. 상속인이 한정승인 또는 포기를 한 후에 상속재산을 은닉하거나 부정소비하거나 고의로 재산목록에 기입하지 아니한 때

[2002.1.14. 법률 제6591호에 의하여 1998.8.27. 헌법재판소에서 헌법불합치 결정된 제2호를 신설함]

제1027조【법정단순승인의 예외】 상속인이 상속을 포기함으로 인하여 차순위 상속인이 상속을 승인한 때에는 전조 제3호의 사유는 상속의 승인으로 보지 아니한다.

제3관 한정승인

제1028조【한정승인의 효과】 상속인은 상속으로 인하여 취득할 재산의 한도에서 피상속인의 채무와 유증을 변제할 것을 조건으로 상속을 승인할 수 있다. 〈개정 1990.1.13.〉

제1029조【공동상속의 한정승인】 상속인이 수인인 때에는 각 상속인은 그 상속분에 응하여 취득할 재산의 한도에서 그 상속분에 의한 피상속인의 채무와 유증을 변제할 것을 조건으로 상속을 승인할 수 있다.

제1030조【한정승인의 방식】 ① 상속인이 한정승인을 함에는 제1019조 제1항 또는 제3항의 기간 내에 상속재산의 목록을 첨부하여 법원에 한정승인의 신고를 하여야 한다. 〈개정 2005.3.31.〉

② 제1019조 제3항의 규정에 의하여 한정승인을 한 경우 상속재산 중 이미 처분한 재산이 있는 때에는 그 목록과 가액을 함께 제출하여야 한다. 〈신설 2005.3.31.〉

제1031조【한정승인과 재산상 권리의무의 불소멸】 상속인이 한정승인을 한 때에는 피상속인에 대한 상속인의 재산상 권리의무는 소멸하지 아니한다.

제1032조【채권자에 대한 공고, 최고】 ① 한정승인자는 한정승인을 한 날로부터 5일 내에 일반 상속채권자와 유증받은 자에 대하여 한정승인의 사실과 일정한 기간 내에 그 채권 또는 수증을 신고할 것을 공고하여야 한다. 그 기간은 2월 이상이어야 한다.

② 제88조 제2항, 제3항과 제89조의 규정은 전항의 경우에 준용한다.

제1033조【최고기간 중의 변제거절】 한정승인자는 전조 제1항의 기간만료 전에는 상속채권의 변제를 거절할 수 있다.

제1034조【배당변제】 ① 한정승인자는 제1032조 제1항의 기간만료 후에 상속재산으로서 그 기간 내에 신고한 채권자와 한정승인자가 알고 있는 채권자에 대하여 각 채권액의 비율로 변제하여야 한다. 그러나 우선권 있는 채권자의 권리를 해하지 못한다.

② 제1019조 제3항의 규정에 의하여 한정승인을 한 경우에는 그 상속인은 상속재산 중에서 남아있는 상속재산과 함께 이미 처분한 재산의 가액을 합하여 제1항의 변제를 하여야

한다. 다만, 한정승인을 하기 전에 상속채권자나 유증받은 자에 대하여 변제한 가액은 이미 처분한 재산의 가액에서 제외한다. 〈신설 2005.3.31.〉

제1035조【변제기전의 채무 등의 변제】 ① 한정승인자는 변제기에 이르지 아니한 채권에 대하여도 전조의 규정에 의하여 변제하여야 한다.

② 조건있는 채권이나 존속기간의 불확정한 채권은 법원의 선임한 감정인의 평가에 의하여 변제하여야 한다.

제1036조【수증자에의 변제】 한정승인자는 전2조의 규정에 의하여 상속채권자에 대한 변제를 완료한 후가 아니면 유증받은 자에게 변제하지 못한다.

제1037조【상속재산의 경매】 전3조의 규정에 의한 변제를 하기 위하여 상속재산의 전부나 일부를 매각할 필요가 있는 때에는 민사집행법에 의하여 경매하여야 한다. 〈개정 1997.12.13., 2001.12.29.〉

제1038조【부당변제 등으로 인한 책임】 ① 한정승인자가 제1032조의 규정에 의한 공고나 최고를 해태하거나 제1033조 내지 제1036조의 규정에 위반하여 어느 상속채권자나 유증받은 자에게 변제함으로 인하여 다른 상속채권자나 유증받은 자에 대하여 변제할 수 없게 된 때에는 한정승인자는 그 손해를 배상하여야 한다. 제1019조 제3항의 규정에 의하여 한정승인을 한 경우 그 이전에 상속채무가 상속재산을 초과함을 알지 못한 데 과실이 있는 상속인이 상속채권자나 유증받은 자에게 변제한 때에도 또한 같다. 〈개정 2005.3.31.〉

② 제1항 전단의 경우에 변제를 받지 못한 상속채권자나 유증받은 자는 그 사정을 알고 변제를 받은 상속채권자나 유증받은 자에 대하여 구상권을 행사할 수 있다. 제1019조 제3항의 규정에 의하여 한정승인을 한 경우 그 이전에 상속채무가 상속재산을 초과함을 알고 변제받은 상속채권자나 유증받은 자가 있는 때에도 또한 같다. 〈개정 2005.3.31.〉

③ 제766조의 규정은 제1항 및 제2항의 경우에 준용한다. 〈개정 2005.3.31.〉

[제목개정 2005.3.31.]

제1039조【신고하지 않은 채권자 등】 제1032조 제1항의 기간 내에 신고하지 아니한 상속채권자 및 유증받은 자로서 한정승인자가 알지 못한 자는 상속재산의 잔여가 있는 경우에 한하여 그 변제를 받을 수 있다. 그러나 상속재산에 대하여 특별담보권있는 때에는 그러하지 아니하다.

제1040조 【공동상속재산과 그 관리인의 선임】 ① 상속인이 수인인 경우에는 법원은 각 상속인 기타 이해관계인의 청구에 의하여 공동상속인 중에서 상속재산관리인을 선임할 수 있다.

② 법원이 선임한 관리인은 공동상속인을 대표하여 상속재산의 관리와 채무의 변제에 관한 모든 행위를 할 권리의무가 있다.

③ 제1022조, 제1032조 내지 전조의 규정은 전항의 관리인에 준용한다. 그러나 제1032조의 규정에 의하여 공고할 5일의 기간은 관리인이 그 선임을 안 날로부터 기산한다.

제4관 포 기

제1041조 【포기의 방식】 상속인이 상속을 포기할 때에는 제1019조 제1항의 기간 내에 가정법원에 포기의 신고를 하여야 한다. 〈개정 1990.1.13.〉

제1042조 【포기의 소급효】 상속의 포기는 상속개시된 때에 소급하여 그 효력이 있다.

제1043조 【포기한 상속재산의 귀속】 상속인이 수인인 경우에 어느 상속인이 상속을 포기한 때에는 그 상속분은 다른 상속인의 상속분의 비율로 그 상속인에게 귀속된다.

제1044조 【포기한 상속재산의 관리계속의무】 ① 상속을 포기한 자는 그 포기로 인하여 상속인이 된 자가 상속재산을 관리할 수 있을 때까지 그 재산의 관리를 계속하여야 한다.

② 제1022조와 제1023조의 규정은 전항의 재산관리에 준용한다.

제5절 재산의 분리

제1045조 【상속재산의 분리청구권】 ① 상속채권자나 유증받은 자 또는 상속인의 채권자는 상속개시된 날로부터 3월 내에 상속재산과 상속인의 고유재산의 분리를 법원에 청구할 수 있다.

② 상속인이 상속의 승인이나 포기를 하지 아니한 동안은 전항의 기간경과 후에도 재산의 분리를 청구할 수 있다. 〈개정 1990.1.13.〉

제1046조 【분리명령과 채권자 등에 대한 공고, 최고】 ① 법원이 전조의 청구에 의하여 재산의 분리를 명한 때에는 그 청구자는 5일 내에 일반상속채권자와 유증받은 자에 대하여 재산분리의 명령있은 사실과 일정한 기간 내에 그 채권 또는 수증을 신고할 것을 공고하여야 한다. 그 기간은 2월 이상이어야 한다.

② 제88조 제2항, 제3항과 제89조의 규정은 전항의 경우에 준용한다.

제1047조【분리 후의 상속재산의 관리】① 법원이 재산의 분리를 명한 때에는 상속재산의 관리에 관하여 필요한 처분을 명할 수 있다.

② 법원이 재산관리인을 선임한 경우에는 제24조 내지 제26조의 규정을 준용한다.

제1048조【분리 후의 상속인의 관리의무】① 상속인이 단순승인을 한 후에도 재산분리의 명령이 있는 때에는 상속재산에 대하여 자기의 고유재산과 동일한 주의로 관리하여야 한다.

② 제683조 내지 제685조 및 제688조 제1항, 제2항의 규정은 전항의 재산관리에 준용한다.

제1049조【재산분리의 대항요건】 재산의 분리는 상속재산인 부동산에 관하여는 이를 등기하지 아니하면 제삼자에게 대항하지 못한다.

제1050조【재산분리와 권리의무의 불소멸】 재산분리의 명령이 있는 때에는 피상속인에 대한 상속인의 재산상 권리의무는 소멸하지 아니한다.

제1051조【변제의 거절과 배당변제】① 상속인은 제1045조 및 제1046조의 기간만료전에는 상속채권자와 유증받은 자에 대하여 변제를 거절할 수 있다.

② 전항의 기간만료 후에 상속인은 상속재산으로써 재산분리의 청구 또는 그 기간내에 신고한 상속채권자, 유증받은 자와 상속인이 알고 있는 상속채권자, 유증받은 자에 대하여 각 채권액 또는 수증액의 비율로 변제하여야 한다. 그러나 우선권있는 채권자의 권리를 해하지 못한다.

③ 제1035조 내지 제1038조의 규정은 전항의 경우에 준용한다.

제1052조【고유재산으로부터의 변제】① 전조의 규정에 의한 상속채권자와 유증받은 자는 상속재산으로써 전액의 변제를 받을 수 없는 경우에 한하여 상속인의 고유재산으로부터 그 변제를 받을 수 있다.

② 전항의 경우에 상속인의 채권자는 상속인의 고유재산으로부터 우선변제를 받을 권리가 있다.

제6절 상속인의 부존재 〈개정 1990.1.13.〉

제1053조【상속인없는 재산의 관리인】① 상속인의 존부가 분명하지 아니한 때에는 법원은 제777조의 규정에 의한 피상속인의 친족 기타 이해관계인 또는 검사의 청구에 의하여 상속재산관리인을 선임하고 지체 없이 이를 공고하여야 한다. 〈개정 1990.1.13.〉

② 제24조 내지 제26조의 규정은 전항의 재산관리인에 준용한다.

제1054조 【재산목록제시와 상황보고】 관리인은 상속채권자나 유증받은 자의 청구가 있는 때에는 언제든지 상속재산의 목록을 제시하고 그 상황을 보고하여야 한다.

제1055조 【상속인의 존재가 분명하여진 경우】 ① 관리인의 임무는 그 상속인이 상속의 승인을 한 때에 종료한다.

② 전항의 경우에는 관리인은 지체 없이 그 상속인에 대하여 관리의 계산을 하여야 한다.

제1056조 【상속인없는 재산의 청산】 ① 제1053조 제1항의 공고있은 날로부터 3월 내에 상속인의 존부를 알 수 없는 때에는 관리인은 지체 없이 일반상속채권자와 유증받은 자에 대하여 일정한 기간 내에 그 채권 또는 수증을 신고할 것을 공고하여야 한다. 그 기간은 2월 이상이어야 한다.

② 제88조 제2항, 제3항, 제89조, 제1033조 내지 제1039조의 규정은 전항의 경우에 준용한다.

제1057조 【상속인수색의 공고】 제1056조 제1항의 기간이 경과하여도 상속인의 존부를 알 수 없는 때에는 법원은 관리인의 청구에 의하여 상속인이 있으면 일정한 기간 내에 그 권리를 주장할 것을 공고하여야 한다. 그 기간은 1년 이상이어야 한다. 〈개정 2005.3.31.〉

제1057조의 2 【특별연고자에 대한 분여】 ① 제1057조의 기간 내에 상속권을 주장하는 자가 없는 때에는 가정법원은 피상속인과 생계를 같이 하고 있던 자, 피상속인의 요양간호를 한 자 기타 피상속인과 특별한 연고가 있던 자의 청구에 의하여 상속재산의 전부 또는 일부를 분여할 수 있다. 〈개정 2005.3.31.〉

② 제1항의 청구는 제1057조의 기간의 만료 후 2월 이내에 하여야 한다. 〈개정 2005.3.31.〉
[본조신설 1990.1.13.]

제1058조 【상속재산의 국가귀속】 ① 제1057조의 2의 규정에 의하여 분여(分與)되지 아니한 때에는 상속재산은 국가에 귀속한다. 〈개정 2005.3.31.〉

② 제1055조 제2항의 규정은 제1항의 경우에 준용한다. 〈개정 2005.3.31.〉

제1059조 【국가귀속재산에 대한 변제청구의 금지】 전조 제1항의 경우에는 상속재산으로 변제를 받지 못한 상속채권자나 유증을 받은 자가 있는 때에도 국가에 대하여 그 변제를 청구하지 못한다.

제2장 유 언

제1절 총 칙

제1060조【유언의 요식성】 유언은 본법의 정한 방식에 의하지 아니하면 효력이 생하지 아니한다.

제1061조【유언적령】 만17세에 달하지 못한 자는 유언을 하지 못한다.

제1062조【제한능력자의 유언】 유언에 관하여는 제5조, 제10조 및 제13조를 적용하지 아니한다.
  [전문개정 2011.3.7.]

제1063조【피성년후견인의 유언능력】 ① 피성년후견인은 의사능력이 회복된 때에만 유언을
  할 수 있다.
  ② 제1항의 경우에는 의사가 심신 회복의 상태를 유언서에 부기(附記)하고 서명날인하여야
  한다.
  [전문개정 2011.3.7.]

제1064조【유언과 태아, 상속결격자】 제1000조 제3항, 제1004조의 규정은 수증자에 준용한
  다. 〈개정 1990.1.13.〉

제2절 유언의 방식

제1065조【유언의 보통방식】 유언의 방식은 자필증서, 녹음, 공정증서, 비밀증서와 구수증서
  의 5종으로 한다.

제1066조【자필증서에 의한 유언】 ① 자필증서에 의한 유언은 유언자가 그 전문과 연월일,
  주소, 성명을 자서하고 날인하여야 한다.
  ② 전항의 증서에 문자의 삽입, 삭제 또는 변경을 함에는 유언자가 이를 자서하고 날인하여야
  한다.

제1067조【녹음에 의한 유언】 녹음에 의한 유언은 유언자가 유언의 취지, 그 성명과 연월일을
  구술하고 이에 참여한 증인이 유언의 정확함과 그 성명을 구술하여야 한다.

제1068조【공정증서에 의한 유언】 공정증서에 의한 유언은 유언자가 증인 2인이 참여한 공증
  인의 면전에서 유언의 취지를 구수하고 공증인이 이를 필기낭독하여 유언자와 증인이 그

정확함을 승인한 후 각자 서명 또는 기명날인하여야 한다.

제1069조【비밀증서에 의한 유언】 ① 비밀증서에 의한 유언은 유언자가 필자의 성명을 기입한 증서를 엄봉날인하고 이를 2인 이상의 증인의 면전에 제출하여 자기의 유언서임을 표시한 후 그 봉서표면에 제출연월일을 기재하고 유언자와 증인이 각자 서명 또는 기명날인하여야 한다.

② 전항의 방식에 의한 유언봉서는 그 표면에 기재된 날로부터 5일 내에 공증인 또는 법원서기에게 제출하여 그 봉인상에 확정일자인을 받아야 한다.

제1070조【구수증서에 의한 유언】 ① 구수증서에 의한 유언은 질병 기타 급박한 사유로 인하여 전4조의 방식에 의할 수 없는 경우에 유언자가 2인 이상의 증인의 참여로 그 1인에게 유언의 취지를 구수하고 그 구수를 받은 자가 이를 필기낭독하여 유언자의 증인이 그 정확함을 승인한 후 각자 서명 또는 기명날인하여야 한다.

② 전항의 방식에 의한 유언은 그 증인 또는 이해관계인이 급박한 사유의 종료한 날로부터 7일 내에 법원에 그 검인을 신청하여야 한다.

③ 제1063조 제2항의 규정은 구수증서에 의한 유언에 적용하지 아니한다.

제1071조【비밀증서에 의한 유언의 전환】 비밀증서에 의한 유언이 그 방식에 흠결이 있는 경우에 그 증서가 자필증서의 방식에 적합한 때에는 자필증서에 의한 유언으로 본다.

제1072조【증인의 결격사유】 ① 다음 각 호의 어느 하나에 해당하는 사람은 유언에 참여하는 증인이 되지 못한다.

1. 미성년자
2. 피성년후견인과 피한정후견인
3. 유언으로 이익을 받을 사람, 그의 배우자와 직계혈족

② 공정증서에 의한 유언에는 「공증인법」에 따른 결격자는 증인이 되지 못한다.

[전문개정 2011.3.7.]

제3절 유언의 효력

제1073조【유언의 효력발생시기】 ① 유언은 유언자가 사망한 때로부터 그 효력이 생긴다.

② 유언에 정지조건이 있는 경우에 그 조건이 유언자의 사망 후에 성취한 때에는 그 조건성취한 때로부터 유언의 효력이 생긴다.

제1074조【유증의 승인, 포기】① 유증을 받을 자는 유언자의 사망 후에 언제든지 유증을 승인 또는 포기할 수 있다.

② 전항의 승인이나 포기는 유언자의 사망한 때에 소급하여 그 효력이 있다.

제1075조【유증의 승인, 포기의 취소금지】① 유증의 승인이나 포기는 취소하지 못한다.

② 제1024조 제2항의 규정은 유증의 승인과 포기에 준용한다.

제1076조【수증자의 상속인의 승인, 포기】수증자가 승인이나 포기를 하지 아니하고 사망한 때에는 그 상속인은 상속분의 한도에서 승인 또는 포기할 수 있다. 그러나 유언자가 유언으로 다른 의사를 표시한 때에는 그 의사에 의한다.

제1077조【유증의무자의 최고권】① 유증의무자나 이해관계인은 상당한 기간을 정하여 그 기간 내에 승인 또는 포기를 확답할 것을 수증자 또는 그 상속인에게 최고할 수 있다.

② 전항의 기간 내에 수증자 또는 상속인이 유증의무자에 대하여 최고에 대한 확답을 하지 아니한 때에는 유증을 승인한 것으로 본다.

제1078조【포괄적 수증자의 권리의무】포괄적 유증을 받은 자는 상속인과 동일한 권리의무가 있다. 〈개정 1990.1.13.〉

제1079조【수증자의 과실취득권】수증자는 유증의 이행을 청구할 수 있는 때로부터 그 목적물의 과실을 취득한다. 그러나 유언자가 유언으로 다른 의사를 표시한 때에는 그 의사에 의한다.

제1080조【과실수취비용의 상환청구권】유증의무자가 유언자의 사망 후에 그 목적물의 과실을 수취하기 위하여 필요비를 지출한 때에는 그 과실의 가액의 한도에서 과실을 취득한 수증자에게 상환을 청구할 수 있다.

제1081조【유증의무자의 비용상환청구권】유증의무자가 유증자의 사망 후에 그 목적물에 대하여 비용을 지출한 때에는 제325조의 규정을 준용한다.

제1082조【불특정물유증의무자의 담보책임】① 불특정물을 유증의 목적으로 한 경우에는 유증의무자는 그 목적물에 대하여 매도인과 같은 담보책임이 있다.

② 전항의 경우에 목적물에 하자가 있는 때에는 유증의무자는 하자없는 물건으로 인도하여야 한다.

제1083조【유증의 물상대위성】유증자가 유증목적물의 멸실, 훼손 또는 점유의 침해로 인하여 제삼자에게 손해배상을 청구할 권리가 있는 때에는 그 권리를 유증의 목적으로 한 것으로 본다.

제1084조 【채권의 유증의 물상대위성】 ① 채권을 유증의 목적으로 한 경우에 유언자가 그 변제를 받은 물건이 상속재산 중에 있는 때에는 그 물건을 유증의 목적으로 한 것으로 본다.

② 전항의 채권이 금전을 목적으로 한 경우에는 그 변제받은 채권액에 상당한 금전이 상속재산 중에 없는 때에도 그 금액을 유증의 목적으로 한 것으로 본다.

제1085조 【제삼자의 권리의 목적인 물건 또는 권리의 유증】 유증의 목적인 물건이나 권리가 유언자의 사망 당시에 제삼자의 권리의 목적인 경우에는 수증자는 유증의무자에 대하여 그 제삼자의 권리를 소멸시킬 것을 청구하지 못한다.

제1086조 【유언자가 다른 의사표시를 한 경우】 전3조의 경우에 유언자가 유언으로 다른 의사를 표시한 때에는 그 의사에 의한다.

제1087조 【상속재산에 속하지 아니한 권리의 유증】 ① 유언의 목적이 된 권리가 유언자의 사망 당시에 상속재산에 속하지 아니한 때에는 유언은 그 효력이 없다. 그러나 유언자가 자기의 사망당시에 그 목적물이 상속재산에 속하지 아니한 경우에도 유언의 효력이 있게 할 의사인 때에는 유증의무자는 그 권리를 취득하여 수증자에게 이전할 의무가 있다.

② 전항 단서의 경우에 그 권리를 취득할 수 없거나 그 취득에 과다한 비용을 요할 때에는 그 가액으로 변상할 수 있다.

제1088조 【부담있는 유증과 수증자의 책임】 ① 부담있는 유증을 받은 자는 유증의 목적의 가액을 초과하지 아니한 한도에서 부담한 의무를 이행할 책임이 있다.

② 유증의 목적의 가액이 한정승인 또는 재산분리로 인하여 감소된 때에는 수증자는 그 감소된 한도에서 부담할 의무를 면한다.

제1089조 【유증효력발생 전의 수증자의 사망】 ① 유증은 유언자의 사망 전에 수증자가 사망한 때에는 그 효력이 생기지 아니한다.

② 정지조건있는 유증은 수증자가 그 조건성취전에 사망한 때에는 그 효력이 생기지 아니한다.

제1090조 【유증의 무효, 실효의 경우와 목적재산의 귀속】 유증이 그 효력이 생기지 아니하거나 수증자가 이를 포기한 때에는 유증의 목적인 재산은 상속인에게 귀속한다. 그러나 유언자가 유언으로 다른 의사를 표시한 때에는 그 의사에 의한다.

제4절 유언의 집행

제1091조【유언증서, 녹음의 검인】 ① 유언의 증서나 녹음을 보관한 자 또는 이를 발견한 자는 유언자의 사망 후 지체 없이 법원에 제출하여 그 검인을 청구하여야 한다.

② 전항의 규정은 공정증서나 구수증서에 의한 유언에 적용하지 아니한다.

제1092조【유언증서의 개봉】 법원이 봉인된 유언증서를 개봉할 때에는 유언자의 상속인, 그 대리인 기타 이해관계인의 참여가 있어야 한다.

제1093조【유언집행자의 지정】 유언자는 유언으로 유언집행자를 지정할 수 있고 그 지정을 제삼자에게 위탁할 수 있다.

제1094조【위탁에 의한 유언집행자의 지정】 ① 전조의 위탁을 받은 제삼자는 그 위탁있음을 안 후 지체 없이 유언집행자를 지정하여 상속인에게 통지하여야 하며 그 위탁을 사퇴할 때에는 이를 상속인에게 통지하여야 한다.

② 상속인 기타 이해관계인은 상당한 기간을 정하여 그 기간 내에 유언집행자를 지정할 것을 위탁받은 자에게 최고할 수 있다. 그 기간 내에 지정의 통지를 받지 못한 때에는 그 지정의 위탁을 사퇴한 것으로 본다.

제1095조【지정유언집행자가 없는 경우】 전2조의 규정에 의하여 지정된 유언집행자가 없는 때에는 상속인이 유언집행자가 된다.

제1096조【법원에 의한 유언집행자의 선임】 ① 유언집행자가 없거나 사망, 결격 기타 사유로 인하여 없게 된 때에는 법원은 이해관계인의 청구에 의하여 유언집행자를 선임하여야 한다.

② 법원이 유언집행자를 선임한 경우에는 그 임무에 관하여 필요한 처분을 명할 수 있다.

제1097조【유언집행자의 승낙, 사퇴】 ① 지정에 의한 유언집행자는 유언자의 사망 후 지체 없이 이를 승낙하거나 사퇴할 것을 상속인에게 통지하여야 한다.

② 선임에 의한 유언집행자는 선임의 통지를 받은 후 지체 없이 이를 승낙하거나 사퇴할 것을 법원에 통지하여야 한다.

③ 상속인 기타 이해관계인은 상당한 기간을 정하여 그 기간 내에 승낙 여부를 확답할 것을 지정 또는 선임에 의한 유언집행자에게 최고할 수 있다. 그 기간 내에 최고에 대한 확답을 받지 못한 때에는 유언집행자가 그 취임을 승낙한 것으로 본다.

제1098조【유언집행자의 결격사유】제한능력자와 파산선고를 받은 자는 유언집행자가 되지 못한다.

[전문개정 2011.3.7.]

제1099조【유언집행자의 임무착수】유언집행자가 그 취임을 승낙한 때에는 지체 없이 그 임무를 이행하여야 한다.

제1100조【재산목록작성】① 유언이 재산에 관한 것인 때에는 지정 또는 선임에 의한 유언집행자는 지체 없이 그 재산목록을 작성하여 상속인에게 교부하여야 한다.

② 상속인의 청구가 있는 때에는 전항의 재산목록작성에 상속인을 참여하게 하여야 한다.

제1101조【유언집행자의 권리의무】유언집행자는 유증의 목적인 재산의 관리 기타 유언의 집행에 필요한 행위를 할 권리의무가 있다.

제1102조【공동유언집행】유언집행자가 수인인 경우에는 임무의 집행은 그 과반수의 찬성으로써 결정한다. 그러나 보존행위는 각자가 이를 할 수 있다.

제1103조【유언집행자의 지위】① 지정 또는 선임에 의한 유언집행자는 상속인의 대리인으로 본다.

② 제681조 내지 제685조, 제687조, 제691조와 제692조의 규정은 유언집행자에 준용한다.

제1104조【유언집행자의 보수】① 유언자가 유언으로 그 집행자의 보수를 정하지 아니한 경우에는 법원은 상속재산의 상황 기타 사정을 참작하여 지정 또는 선임에 의한 유언집행자의 보수를 정할 수 있다.

② 유언집행자가 보수를 받는 경우에는 제686조 제2항, 제3항의 규정을 준용한다.

제1105조【유언집행자의 사퇴】지정 또는 선임에 의한 유언집행자는 정당한 사유있는 때에는 법원의 허가를 얻어 그 임무를 사퇴할 수 있다.

제1106조【유언집행자의 해임】지정 또는 선임에 의한 유언집행자에 그 임무를 해태하거나 적당하지 아니한 사유가 있는 때에는 법원은 상속인 기타 이해관계인의 청구에 의하여 유언집행자를 해임할 수 있다.

제1107조【유언집행의 비용】유언의 집행에 관한 비용은 상속재산 중에서 이를 지급한다.

제5절 유언의 철회

제1108조【유언의 철회】① 유언자는 언제든지 유언 또는 생전행위로써 유언의 전부나 일부를 철회할 수 있다.

② 유언자는 그 유언을 철회할 권리를 포기하지 못한다.

제1109조【유언의 저촉】전후의 유언이 저촉되거나 유언 후의 생전행위가 유언과 저촉되는 경우에는 그 저촉된 부분의 전유언은 이를 철회한 것으로 본다.

제1110조【파훼로 인한 유언의 철회】유언자가 고의로 유언증서 또는 유증의 목적물을 파훼한 때에는 그 파훼한 부분에 관한 유언은 이를 철회한 것으로 본다.

제1111조【부담있는 유언의 취소】부담있는 유증을 받은 자가 그 부담의무를 이행하지 아니한 때에는 상속인 또는 유언집행자는 상당한 기간을 정하여 이행할 것을 최고하고 그 기간 내에 이행하지 아니한 때에는 법원에 유언의 취소를 청구할 수 있다. 그러나 제삼자의 이익을 해하지 못한다.

제3장 유류분 〈개정 1990.1.13.〉

제1112조【유류분의 권리자와 유류분】상속인의 유류분은 다음 각 호에 의한다.
  1. 피상속인의 직계비속은 그 법정상속분의 2분의 1
  2. 피상속인의 배우자는 그 법정상속분의 2분의 1
  3. 피상속인의 직계존속은 그 법정상속분의 3분의 1
  4. 피상속인의 형제자매는 그 법정상속분의 3분의 1
  [본조신설 1977.12.31.]

제1113조【유류분의 산정】① 유류분은 피상속인의 상속개시 시에 있어서 가진 재산의 가액에 증여재산의 가액을 가산하고 채무의 전액을 공제하여 이를 산정한다.

② 조건부의 권리 또는 존속기간이 불확정한 권리는 가정법원이 선임한 감정인의 평가에 의하여 그 가격을 정한다.
  [본조신설 1977.12.31.]

제1114조【산입될 증여】 증여는 상속개시 전의 1년간에 행한 것에 한하여 제1113조의 규정에 의하여 그 가액을 산정한다. 당사자 쌍방이 유류분권리자에 손해를 가할 것을 알고 증여를 한 때에는 1년 전에 한 것도 같다.

[본조신설 1977.12.31.]

제1115조【유류분의 보전】 ① 유류분권리자가 피상속인의 제1114조에 규정된 증여 및 유증으로 인하여 그 유류분에 부족이 생긴 때에는 부족한 한도에서 그 재산의 반환을 청구할 수 있다.

② 제1항의 경우에 증여 및 유증을 받은 자가 수인인 때에는 각자가 얻은 유증가액의 비례로 반환하여야 한다.

[본조신설 1977.12.31.]

제1116조【반환의 순서】 증여에 대하여는 유증을 반환받은 후가 아니면 이것을 청구할 수 없다.

[본조신설 1977.12.31.]

제1117조【소멸시효】 반환의 청구권은 유류분권리자가 상속의 개시와 반환하여야 할 증여 또는 유증을 한 사실을 안 때로부터 1년 내에 하지 아니하면 시효에 의하여 소멸한다. 상속이 개시한 때로부터 10년을 경과한 때도 같다.

[본조신설 1977.12.31.]

제1118조【준용규정】 제1001조, 제1008조, 제1010조의 규정은 유류분에 이를 준용한다.

[본조신설 1977.12.31.]

부 칙 〈제14965호, 2017.10.31.〉

제1조【시행일】 이 법은 공포 후 3개월이 경과한 날부터 시행한다.

제2조【남편의 친생자의 추정에 관한 적용례】 제854조의 2 및 제855조의 2의 개정규정은 이 법 시행 전에 발생한 부모와 자녀의 관계에 대해서도 적용한다. 다만, 이 법 시행 전에 판결에 따라 생긴 효력에는 영향을 미치지 아니한다.

부동산등기법(발췌)

[시행 2017.10.13.] [법률 제14901호, 2017.10.13., 일부개정]

법무부(법무심의관실) 02-2110-3731, 3515

제5관 신탁에 관한 등기

제81조【신탁등기의 등기사항】 ① 등기관이 신탁등기를 할 때에는 다음 각 호의 사항을 기록한 신탁원부(信託原簿)를 작성하고, 등기기록에는 제48조에서 규정한 사항 외에 그 신탁원부의 번호를 기록하여야 한다. 〈개정 2014.3.18.〉

1. 위탁자(委託者), 수탁자 및 수익자(受益者)의 성명 및 주소(법인인 경우에는 그 명칭 및 사무소 소재지를 말한다)
2. 수익자를 지정하거나 변경할 수 있는 권한을 갖는 자를 정한 경우에는 그 자의 성명 및 주소(법인인 경우에는 그 명칭 및 사무소 소재지를 말한다)
3. 수익자를 지정하거나 변경할 방법을 정한 경우에는 그 방법
4. 수익권의 발생 또는 소멸에 관한 조건이 있는 경우에는 그 조건
5. 신탁관리인이 선임된 경우에는 신탁관리인의 성명 및 주소(법인인 경우에는 그 명칭 및 사무소 소재지를 말한다)
6. 수익자가 없는 특정의 목적을 위한 신탁인 경우에는 그 뜻
7. 「신탁법」 제3조 제5항에 따라 수탁자가 타인에게 신탁을 설정하는 경우에는 그 뜻
8. 「신탁법」 제59조 제1항에 따른 유언대용신탁인 경우에는 그 뜻
9. 「신탁법」 제60조에 따른 수익자연속신탁인 경우에는 그 뜻
10. 「신탁법」 제78조에 따른 수익증권발행신탁인 경우에는 그 뜻
11. 「공익신탁법」에 따른 공익신탁인 경우에는 그 뜻
12. 「신탁법」 제114조 제1항에 따른 유한책임신탁인 경우에는 그 뜻
13. 신탁의 목적
14. 신탁재산의 관리, 처분, 운용, 개발, 그 밖에 신탁 목적의 달성을 위하여 필요한 방법
15. 신탁종료의 사유
16. 그 밖의 신탁 조항

② 제1항 제5호, 제6호, 제10호 및 제11호의 사항에 관하여 등기를 할 때에는 수익자의
　성명 및 주소를 기재하지 아니할 수 있다.

③ 제1항의 신탁원부는 등기기록의 일부로 본다.

[전문개정 2013.5.28.]

제82조【신탁등기의 신청방법】 ① 신탁등기의 신청은 해당 부동산에 관한 권리의 설정등기,
보존등기, 이전등기 또는 변경등기의 신청과 동시에 하여야 한다.

② 수익자나 위탁자는 수탁자를 대위하여 신탁등기를 신청할 수 있다. 이 경우 제1항은 적용
　하지 아니한다.

③ 제2항에 따른 대위등기의 신청에 관하여는 제28조 제2항을 준용한다.

[전문개정 2013.5.28.]

제82조의 2【신탁의 합병·분할 등에 따른 신탁등기의 신청】 ① 신탁의 합병 또는 분할로 인하여
하나의 신탁재산에 속하는 부동산에 관한 권리가 다른 신탁의 신탁재산에 귀속되는 경우
신탁등기의 말소등기 및 새로운 신탁등기의 신청은 신탁의 합병 또는 분할로 인한 권리변경
등기의 신청과 동시에 하여야 한다.

②「신탁법」제34조 제1항 제3호 및 같은 조 제2항에 따라 여러 개의 신탁을 인수한 수탁자가
　하나의 신탁재산에 속하는 부동산에 관한 권리를 다른 신탁의 신탁재산에 귀속시키는
　경우 신탁등기의 신청방법에 관하여는 제1항을 준용한다.

[본조신설 2013.5.28.]

제83조【수탁자의 임무 종료에 의한 등기】 다음 각 호의 어느 하나에 해당하여 수탁자의 임무가
종료된 경우 신수탁자는 단독으로 신탁재산에 속하는 부동산에 관한 권리이전등기를 신청할
수 있다. 〈개정 2014.3.18.〉

　1.「신탁법」제12조 제1항 각 호의 어느 하나에 해당하여 수탁자의 임무가 종료된 경우

　2.「신탁법」제16조 제1항에 따라 수탁자를 해임한 경우

　3.「신탁법」제16조 제3항에 따라 법원이 수탁자를 해임한 경우

　4.「공익신탁법」제27조에 따라 법무부장관이 직권으로 공익신탁의 수탁자를 해임한 경우

[전문개정 2013.5.28.]

제84조【수탁자가 여러 명인 경우】 ① 수탁자가 여러 명인 경우 등기관은 신탁재산이 합유인
뜻을 기록하여야 한다.

② 여러 명의 수탁자 중 1인이 제83조 각 호의 어느 하나의 사유로 그 임무가 종료된 경우 다른 수탁자는 단독으로 권리변경등기를 신청할 수 있다. 이 경우 다른 수탁자가 여러 명일 때에는 그 전원이 공동으로 신청하여야 한다.

[전문개정 2013.5.28.]

제84조의 2【신탁재산에 관한 등기신청의 특례】 다음 각 호의 어느 하나에 해당하는 경우 수탁자는 단독으로 해당 신탁재산에 속하는 부동산에 관한 권리변경등기를 신청할 수 있다.

1. 「신탁법」 제3조 제1항 제3호에 따라 신탁을 설정하는 경우
2. 「신탁법」 제34조 제2항 각 호의 어느 하나에 해당하여 다음 각 목의 어느 하나의 행위를 하는 것이 허용된 경우

    가. 수탁자가 신탁재산에 속하는 부동산에 관한 권리를 고유재산에 귀속시키는 행위

    나. 수탁자가 고유재산에 속하는 부동산에 관한 권리를 신탁재산에 귀속시키는 행위

    다. 여러 개의 신탁을 인수한 수탁자가 하나의 신탁재산에 속하는 부동산에 관한 권리를 다른 신탁의 신탁재산에 귀속시키는 행위

3. 「신탁법」 제90조 또는 제94조에 따라 수탁자가 신탁을 합병, 분할 또는 분할합병하는 경우

[본조신설 2013.5.28.]

제85조【촉탁에 의한 신탁변경등기】 ① 법원은 다음 각 호의 어느 하나에 해당하는 재판을 한 경우 지체 없이 신탁원부 기록의 변경등기를 등기소에 촉탁하여야 한다.

1. 수탁자 해임의 재판
2. 신탁관리인의 선임 또는 해임의 재판
3. 신탁 변경의 재판

② 법무부장관은 다음 각 호의 어느 하나에 해당하는 경우 지체 없이 신탁원부 기록의 변경등기를 등기소에 촉탁하여야 한다. 〈개정 2014.3.18.〉

1. 수탁자를 직권으로 해임한 경우
2. 신탁관리인을 직권으로 선임하거나 해임한 경우
3. 신탁내용의 변경을 명한 경우

③ 등기관이 제1항 제1호 및 제2항 제1호에 따라 법원 또는 주무관청의 촉탁에 의하여 수탁자 해임에 관한 신탁원부 기록의 변경등기를 하였을 때에는 직권으로 등기기록에 수탁자 해임의 뜻을 부기하여야 한다.

[전문개정 2013.5.28.]

제85조의 2【직권에 의한 신탁변경등기】 등기관이 신탁재산에 속하는 부동산에 관한 권리에 대하여 다음 각 호의 어느 하나에 해당하는 등기를 할 경우 직권으로 그 부동산에 관한 신탁원부 기록의 변경등기를 하여야 한다.

  1. 수탁자의 변경으로 인한 이전등기

  2. 여러 명의 수탁자 중 1인의 임무 종료로 인한 변경등기

  3. 수탁자인 등기명의인의 성명 및 주소(법인인 경우에는 그 명칭 및 사무소 소재지를 말한다)에 관한 변경등기 또는 경정등기

[본조신설 2013.5.28.]

제86조【신탁변경등기의 신청】 수탁자는 제85조 및 제85조의 2에 해당하는 경우를 제외하고 제81조 제1항 각 호의 사항이 변경되었을 때에는 지체 없이 신탁원부 기록의 변경등기를 신청하여야 한다. 〈개정 2013.5.28.〉

제87조【신탁등기의 말소】 ① 신탁재산에 속한 권리가 이전, 변경 또는 소멸됨에 따라 신탁재산에 속하지 아니하게 된 경우 신탁등기의 말소신청은 신탁된 권리의 이전등기, 변경등기 또는 말소등기의 신청과 동시에 하여야 한다.

② 신탁종료로 인하여 신탁재산에 속한 권리가 이전 또는 소멸된 경우에는 제1항을 준용한다.

③ 신탁등기의 말소등기는 수탁자가 단독으로 신청할 수 있다.

④ 신탁등기의 말소등기의 신청에 관하여는 제82조 제2항 및 제3항을 준용한다.

[전문개정 2013.5.28.]

제87조의 2【담보권신탁에 관한 특례】 ① 위탁자가 자기 또는 제3자 소유의 부동산에 채권자가 아닌 수탁자를 저당권자로 하여 설정한 저당권을 신탁재산으로 하고 채권자를 수익자로 지정한 신탁의 경우 등기관은 그 저당권에 의하여 담보되는 피담보채권이 여럿이고 각 피담보채권별로 제75조에 따른 등기사항이 다를 때에는 제75조에 따른 등기사항을 각 채권별로 구분하여 기록하여야 한다.

② 제1항에 따른 신탁의 신탁재산에 속하는 저당권에 의하여 담보되는 피담보채권이 이전되는 경우 수탁자는 신탁원부 기록의 변경등기를 신청하여야 한다.

③ 제1항에 따른 신탁의 신탁재산에 속하는 저당권의 이전등기를 하는 경우에는 제79조를 적용하지 아니한다.

[본조신설 2013.5.28.]

제87조의 3【신탁재산관리인이 선임된 신탁의 등기】「신탁법」제17조 제1항 또는 제18조 제1
항에 따라 신탁재산관리인이 선임된 신탁의 경우 제23조 제7항·제8항, 제81조, 제82조,
제82조의 2, 제84조 제1항, 제84조의 2, 제85조 제1항·제2항, 제85조의 2 제3호, 제86조,
제87조 및 제87조의 2를 적용할 때에는 "수탁자"는 "신탁재산관리인"으로 본다.
[본조신설 2013.5.28.]

부 칙 〈제14901호, 2017.10.13.〉

제1조【시행일】이 법은 공포한 날부터 시행한다.

제2조【과태료에 관한 경과조치】이 법 시행 전의 행위에 대한 과태료의 적용에 있어서는 종전
의 규정에 따른다.

부동산등기규칙(발췌)

[시행 2019.1.1.] [대법원규칙 제2801호, 2018.8.31., 일부개정]

법원행정처(부동산등기과) 02-3480-1394

제5관 신탁에 관한 등기

제139조【신탁등기】 ① 신탁등기의 신청은 해당 신탁으로 인한 권리의 이전 또는 보존이나 설정등기의 신청과 함께 1건의 신청정보로 일괄하여 하여야 한다.

② 「신탁법」 제27조에 따라 신탁재산에 속하는 부동산 또는 같은 법 제43조에 따라 신탁재산으로 회복 또는 반환되는 부동산의 취득등기와 신탁등기를 동시에 신청하는 경우에는 제1항을 준용한다. 〈개정 2013.8.12.〉

③ 신탁등기를 신청하는 경우에는 법 제81조 제1항 각 호의 사항을 첨부정보로서 등기소에 제공하여야 한다.

④ 제3항의 첨부정보를 등기소에 제공할 때에는 방문신청을 하는 경우라도 이를 전자문서로 작성하여 전산정보처리조직을 이용하여 등기소에 송신하는 방법으로 하여야 한다. 다만, 제63조 각 호의 어느 하나에 해당하는 경우에는 이를 서면으로 작성하여 등기소에 제출할 수 있다.

⑤ 제4항 본문의 경우에는 신청인 또는 그 대리인의 공인인증서등을 함께 송신하여야 한다.

⑥ 제4항 단서에 따른 서면에는 신청인 또는 그 대리인이 기명날인하거나 서명하여야 한다.

⑦ 등기관이 제1항 및 제2항에 따라 권리의 이전 또는 보존이나 설정등기와 함께 신탁등기를 할 때에는 하나의 순위번호를 사용하여야 한다.

제139조의 2【위탁자의 신탁선언에 의한 신탁 등의 등기신청】 ① 「신탁법」 제3조 제1항 제3호에 따른 신탁등기를 신청하는 경우에는 공익신탁을 제외하고는 신탁설정에 관한 공정증서를 첨부정보로서 등기소에 제공하여야 한다.

② 「신탁법」 제3조 제5항에 따른 신탁등기를 신청하는 경우에는 수익자의 동의가 있음을 증명하는 정보를 첨부정보로서 등기소에 제공하여야 한다.

③ 「신탁법」 제114조 제1항에 따른 유한책임신탁의 목적인 부동산에 대하여 신탁등기를 신청하는 경우에는 유한책임신탁등기가 되었음을 증명하는 정보를 첨부정보로서 등기소에 제공하여야 한다.

[본조신설 2013.8.12.]

제139조의 3【위탁자의 지위이전에 따른 신탁변경등기의 신청】 위탁자의 지위이전에 따른 신탁
원부 기록의 변경등기를 신청하는 경우에 위탁자의 지위이전의 방법이 신탁행위로 정하여진
때에는 이를 증명하는 정보, 신탁행위로 정하여지지 아니한 때에는 수탁자와 수익자의 동의
가 있음을 증명하는 정보를 첨부정보로서 등기소에 제공하여야 한다. 이 경우 위탁자가 여럿
일 때에는 다른 위탁자의 동의를 증명하는 정보도 첨부정보로서 제공하여야 한다.
[본조신설 2013.8.12.]

제140조【신탁원부의 작성】 ① 등기관은 제139조 제4항 본문에 따라 등기소에 제공된 전자문
서에 번호를 부여하고 이를 신탁원부로서 전산정보처리조직에 등록하여야 한다.

② 등기관은 제139조 제4항 단서에 따라 서면이 제출된 경우에는 그 서면을 전자적 이미지정
보로 변환하여 그 이미지정보에 번호를 부여하고 이를 신탁원부로서 전산정보처리조직에
등록하여야 한다.

③ 제1항 및 제2항의 신탁원부에는 1년마다 그 번호를 새로 부여하여야 한다.

제140조의 2【신탁의 합병·분할 등에 따른 신탁등기의 신청】 ① 신탁의 합병등기를 신청하는
경우에는 위탁자와 수익자로부터 합병계획서의 승인을 받았음을 증명하는 정보(다만, 합병계획
서 승인에 관하여 신탁행위로 달리 정한 경우에는 그에 따른 것임을 증명하는 정보), 합병계획서의 공고
및 채권자보호절차를 거쳤음을 증명하는 정보를 첨부정보로서 등기소에 제공하여야 한다.

② 신탁의 분할등기를 신청하는 경우에는 위탁자와 수익자로부터 분할계획서의 승인을 받았
음을 증명하는 정보(다만, 분할계획서 승인에 관하여 신탁행위로 달리 정한 경우에는 그에 따른
것임을 증명하는 정보), 분할계획서의 공고 및 채권자보호절차를 거쳤음을 증명하는 정보를
첨부정보로서 등기소에 제공하여야 한다.

[본조신설 2013.8.12.]

제140조의 3【신탁의 합병·분할 등에 따른 등기】 ① 법 제82조의 2의 신탁의 합병·분할 등에
따른 신탁등기를 하는 경우에는 합병 또는 분할 전의 신탁등기를 말소하고, 신탁의 합병
또는 분할 등의 신청에 따른 신탁등기를 하여야 한다.

신탁등기사무처리에 관한 예규

개정 2019.5.27. [등기예규 제1673호, 시행 2019.5.27.]

1. 신탁등기

가. 신청인

(1) 신탁재산에 속하는 부동산의 신탁등기는 수탁자가 단독으로 신청한다.

(2) 수탁자가 「신탁법」 제3조 제5항에 따라 타인에게 신탁재산에 대하여 신탁을 설정하는 경우에는 해당 신탁재산에 속하는 부동산의 신탁등기는 새로운 신탁의 수탁자가 단독으로 신청한다.

(3) 수익자나 위탁자는 수탁자를 대위하여 신탁등기를 단독으로 신청할 수 있다.

나. 신청방법

(1) 신탁등기의 신청은 해당 신탁으로 인한 권리의 이전 또는 보존이나 설정등기의 신청과 함께 1건의 신청정보로 일괄하여 하여야 한다. 다만 수익자나 위탁자가 수탁자를 대위하여 신탁등기를 신청하는 경우에는 그러하지 아니하다.

(2) 신탁행위에 의한 신탁등기

신탁행위에 의하여 소유권을 이전하는 경우에는 신탁등기의 신청은 신탁을 원인으로 하는 소유권이전등기의 신청과 함께 1건의 신청정보로 일괄하여 하여야 한다. 등기원인이 신탁임에도 신탁등기만을 신청하거나 소유권이전등기만을 신청하는 경우에는 「부동산등기법」 제29조 제5호에 의하여 신청을 각하하여야 한다. 등기의 목적은 "소유권이전 및 신탁", 등기원인과 그 연월일은 "○년 ○월 ○일 신탁"으로 하여 신청정보의 내용으로 제공한다.

(3) 「신탁법」 제3조 제1항 제3호의 위탁자의 선언에 의한 신탁등기

(가) 「신탁법」 제3조 제1항 제3호에 따라 신탁의 목적, 신탁재산, 수익자 등을 특정하고 자신을 수탁자로 정한 위탁자의 선언에 의한 신탁의 경우에는 신탁등기와 신탁재산으로 된 뜻의 권리변경등기를 1건의 신청정보로 일괄하여 수탁자가 단독으로 신청한다. 등기의 목적은 "신탁재산으로 된 뜻의 등기 및 신탁", 등기원인과 그 연월일은 "○년 ○월 ○일 신탁"으로 하여 신청정보의 내용으로 제공한다.

(나) 위탁자의 선언에 의한 신탁등기의 기록례는 별지 등기기록례 1과 같다.

(4) 「신탁법」 제3조 제5항의 재신탁등기

(가) 「신탁법」 제3조 제5항에 따라 타인에게 신탁재산에 대하여 설정하는 신탁(이하 '재신탁'이라 한다)에 의한 신탁등기는 재신탁을 원인으로 하는 소유권이전등기와 함께 1건의 신청정보로 일괄하여 신청하여야 한다. 등기의 목적은 "소유권이전 및 신탁", 등기원인과 그 연월일은 "○년 ○월 ○일 재신탁"으로 하여 신청정보의 내용으로 제공한다.

(나) 재신탁등기의 기록례는 별지 등기기록례 2와 같다.

(5) 「신탁법」 제27조에 따라 신탁재산에 속하게 되는 경우

(가) 「신탁법」 제27조에 따라 신탁재산에 속하게 되는 경우, 예컨대 신탁재산(금전 등)의 처분에 의하여 제3자로부터 부동산에 관한 소유권을 취득하는 경우에는 신탁등기의 신청은 해당 부동산에 관한 소유권이전등기의 신청과 함께 1건의 신청정보로 일괄하여 하여야 한다. 등기의 목적은 "소유권이전 및 신탁재산처분에 의한 신탁"으로, 등기권리자란은 "등기권리자 및 수탁자"로 표시하여 신청정보의 내용으로 제공한다.

(나) 다만 위 제3자와 공동으로 소유권이전등기만을 먼저 신청하여 수탁자 앞으로 소유권이전등기가 이미 마쳐진 경우에는 수탁자는 그 후 단독으로 신탁등기만을 신청할 수 있고, 수익자나 위탁자도 수탁자를 대위하여 단독으로 신탁등기만을 신청할 수 있다. 이 경우 등기의 목적은 "신탁재산처분에 의한 신탁"으로 하여 신청정보의 내용으로 제공한다.

(6) 「신탁법」 제43조에 따라 신탁재산으로 회복 또는 반환되는 경우

위 (5)항에 준하여 신청하되, 소유권이전등기와 함께 1건의 신청정보로 일괄하여 신청하는 경우에는 등기의 목적을 "소유권이전 및 신탁재산회복(반환)으로 인한 신탁"으로 하고, 소유권이전등기가 이미 마쳐진 후 신탁등기만을 신청하는 경우에는 등기의 목적을 "신탁재산회복(반환)으로 인한 신탁"으로 하여 신청정보의 내용으로 제공한다.

(7) 담보권신탁등기

(가) 수탁자는 위탁자가 자기 또는 제3자 소유의 부동산에 채권자가 아닌 수탁자를 (근)저당권자로 하여 설정한 (근)저당권을 신탁재산으로 하고 채권자를 수익자로 지정한 담보권신탁등기를 신청할 수 있다.

(나) 담보권신탁등기는 신탁을 원인으로 하는 근저당권설정등기와 함께 1건의 신청정보
로 일괄하여 신청한다. 등기의 목적은 "(근)저당권설정 및 신탁", 등기원인과 그
연월일은 "○년 ○월 ○일 신탁"으로 하여 신청정보의 내용으로 제공한다.

(다) 신탁재산에 속하는 (근)저당권에 의하여 담보되는 피담보채권이 여럿이고 각 피담보
채권별로 「부동산등기법」 제75조에 따른 등기사항이 다른 경우에는 동조에 따른
등기사항을 각 채권별로 구분하여 신청정보의 내용으로 제공하여야 한다.

(라) 신탁재산에 속하는 (근)저당권에 의하여 담보되는 피담보채권이 이전되는 경우에는
수탁자는 신탁원부 기록의 변경등기를 신청하여야 하고, 이 경우 부동산등기법 제
79조는 적용하지 아니한다.

(마) 담보권신탁등기의 기록례는 별지 등기기록례 3과 같다.

다. 첨부정보

(1) 신탁원부 작성을 위한 정보

신탁등기를 신청하는 경우에는 부동산등기법 제81조 제1항 각 호의 사항을 신탁원부
작성을 위한 정보로서 제공하여야 한다. 여러 개의 부동산에 관하여 1건의 신청정보로
일괄하여 신탁등기를 신청하는 경우에는 각 부동산별로 신탁원부 작성을 위한 정보를
제공하여야 한다.

(2) 등기원인을 증명하는 정보

(가) 신탁행위에 의한 신탁등기를 신청하는 경우에는 당해 부동산에 대하여 신탁행위가
있었음을 증명하는 정보(신탁계약서 등)를 등기원인을 증명하는 정보로서 제공하여
야 하고, 특히 신탁계약에 의하여 소유권을 이전하는 경우에는 등기원인을 증명하
는 정보에 검인을 받아 제공하여야 한다.

(나) 신탁법 제27조에 따라 신탁재산에 속하게 되는 경우 및 동법 제43조에 따라 신탁재
산으로 회복 또는 반환되는 경우에 대하여 신탁등기를 신청하는 경우에도 신탁행위
가 있었음을 증명하는 정보를 첨부정보로서 제공하여야 한다.

(3) 법무부장관의 인가를 증명하는 정보

「공익신탁법」에 따른 공익신탁에 대하여 신탁등기를 신청하는 경우에는 법무부장관의
인가를 증명하는 정보를 첨부정보로서 제공하여야 한다.

(4) 대위원인을 증명하는 정보 및 신탁재산임을 증명하는 정보

위탁자 또는 수익자가 신탁등기를 대위신청하는 경우에는 대위원인을 증명하는 정보 및 해당 부동산이 신탁재산임을 증명하는 정보를 첨부정보로서 제공하여야 한다.

(5) 신탁설정에 관한 공정증서

「신탁법」 제3조 제1항 제3호 에 따라 신탁의 목적, 신탁재산, 수익자 등을 특정하고 자신을 수탁자로 정한 위탁자의 선언에 의한 신탁등기를 신청하는 경우에는「공익신탁법」에 따른 공익신탁을 제외하고는 신탁설정에 관한 공정증서를 첨부정보로서 제공하여야 한다.

(6) 수익자의 동의가 있음을 증명하는 정보

「신탁법」 제3조 제5항에 따른 재신탁등기를 신청하는 경우에는 수익자의 동의가 있음을 증명하는 정보(인감증명 포함)를 첨부정보로서 제공하여야 한다.

(7) 유한책임신탁 등 등기사항증명서

「신탁법」 제114조 제1항에 따른 유한책임신탁 또는「공익신탁법」에 따른 공익유한책임신탁의 목적인 부동산에 대하여 신탁등기를 신청하는 경우에는 유한책임신탁 또는 공익유한책임신탁의 등기가 되었음을 증명하는 등기사항증명서를 첨부정보로서 제공하여야 한다.

(8) 지방세 납세증명서

「신탁법」 제3조 제1항 제1호(위탁자와 수탁자 간의 계약) 및 제2호(위탁자의 유언)에 따라 신탁을 원인으로 소유권이전등기 및 신탁등기를 신청하는 경우와「신탁법」 제3조 제5항 (수탁자가 타인에게 신탁재산에 대하여 설정하는 신탁)에 따라 재신탁을 원인으로 소유권이전등기 및 신탁등기를 신청하는 경우에는「지방세징수법」 제5조 제1항 제4호에 따라 지방세 납세증명서를 첨부정보로서 제공하여야 한다. 다만, 등기원인을 증명하는 정보로서 확정판결, 그 밖에 이에 준하는 집행권원(집행권원)을 제공하는 경우에는 지방세 납세증명서를 제공할 필요가 없다.

라. 수탁자가 여러 명인 경우 등

(1) 수탁자가 여러 명인 경우에는 그 공동수탁자가 합유관계라는 뜻을 신청정보의 내용으로 제공하여야 한다.

(2) 위탁자가 여러 명이라 하더라도 수탁자와 신탁재산인 부동산 및 신탁목적이 동일한 경우에는 1건의 신청정보로 일괄하여 신탁등기를 신청할 수 있다.

마. 신탁가등기

신탁가등기는 소유권이전청구권보전을 위한 가등기와 동일한 방식으로 신청하되, 신탁원부 작성을 위한 정보도 첨부정보로서 제공하여야 한다. 신탁가등기의 기록례는 별지 등기기록례 4와 같다.

바. 영리회사가 수탁자인 경우

신탁업의 인가를 받은 신탁회사 이외의 영리회사를 수탁자로 하는 신탁등기의 신청은 이를 수리하여서는 아니 된다.

사. 신탁등기의 등기명의인의 표시방법

(1) 신탁행위에 의하여 신탁재산에 속하게 되는 부동산에 대하여 수탁자가 소유권이전등기와 함께 신탁등기를 1건의 신청정보로 일괄하여 신청하는 경우에는 소유권이전등기의 등기명의인은 "수탁자 또는 수탁자(합유)"로 표시하여 등기기록에 기록한다.

(2) 「신탁법」 제27조에 따라 신탁재산에 속하게 되거나 「신탁법」 제43조에 따라 신탁재산으로 회복 또는 반환되는 부동산에 대하여 수탁자가 소유권이전등기와 함께 신탁등기를 1건의 신청정보로 일괄하여 신청하는 경우에는 소유권이전등기의 등기명의인은 "소유자 또는 공유자"로 표시하여 등기기록에 기록하고, 공유자인 경우에는 그 공유지분도 등기기록에 기록한다.

(3) 「신탁법」 제27조에 따라 신탁재산에 속하게 되거나 「신탁법」 제43조에 따라 신탁재산으로 회복 또는 반환되는 부동산에 대하여 수탁자가 소유권이전등기만을 먼저 신청하여 소유권이전등기의 등기명의인이 "소유자 또는 공유자"로 표시된 후 수탁자가 단독으로 또는 위탁자나 수익자가 수탁자를 대위하여 단독으로 신탁등기를 신청하는 경우에는 이미 마쳐진 소유권이전등기의 등기명의인의 표시는 이를 변경하지 아니하고 그대로 둔다.

(4) 위 (2), (3)항의 경우 등기명의인으로 표시된 "소유자 또는 공유자"는 신탁관계에서는 수탁자의 지위를 겸하게 되므로, 그 "소유자 또는 공유자"의 등기신청이 신탁목적에 반하는 것이면 이를 수리하여서는 아니 된다.

2. 신탁의 합병·분할 등에 따른 신탁등기

가. 신청인

신탁의 합병·분할('분할합병'을 포함한다. 이하 같다)에 따른 신탁등기는 수탁자가 같은 경우에만 신청할 수 있으며, 수탁자는 해당 신탁재산에 속하는 부동산에 관한 권리변경등기를 단독으로 신청한다.

나. 신청방법

(1) 신탁의 합병·분할로 인하여 하나의 신탁재산에 속하는 부동산에 관한 권리가 다른 신탁의 신탁재산에 귀속되는 경우에는 신탁등기의 말소등기 및 새로운 신탁등기의 신청은 신탁의 합병·분할로 인한 권리변경등기의 신청과 함께 1건의 신청정보로 일괄하여 하여야 한다.

(2) 「신탁법」 제34조 제1항 제3호 및 동조 제2항에 따라 여러 개의 신탁을 인수한 수탁자가 하나의 신탁재산에 속하는 부동산에 관한 권리를 다른 신탁의 신탁재산에 귀속시키는 경우 그 신탁등기의 신청방법에 관하여는 위 (1)항을 준용한다.

다. 첨부정보

(1) 신탁의 합병등기를 신청하는 경우에는 위탁자와 수익자로부터 합병계획서의 승인을 받았음을 증명하는 정보(인감증명 포함), 합병계획서의 공고 및 채권자보호절차를 거쳤음을 증명하는 정보를 첨부정보로서 제공하여야 한다.

(2) 신탁의 분할등기를 신청하는 경우에는 위탁자와 수익자로부터 분할계획서의 승인을 받았음을 증명하는 정보(인감증명 포함), 분할계획서의 공고 및 채권자보호절차를 거쳤음을 증명하는 정보를 첨부정보로서 제공하여야 한다.

(3) 「공익신탁법」 제20조 제1항에 따른 공익신탁 합병의 경우 법무부장관의 인가를 증명하는 정보를 첨부정보로 제공하여야 한다.

(4) 등기기록례

신탁의 합병·분할등기의 기록례는 별지 등기기록례 5와 같다.

라. 「공익신탁법」에 따른 공익신탁의 경우

등기관은 공익신탁에 대한 분할 또는 분할합병의 등기신청이 있는 경우에는 「공익신탁법」 제21조에 따라 이를 수리하여서는 아니된다.

3. 수탁자의 변경

가. 수탁자의 경질로 인한 권리이전등기

(1) 신청인

(가) 공동신청

신탁행위로 정한 바에 의하여 수탁자의 임무가 종료하고 새로운 수탁자가 취임한 경우 및 수탁자가 사임, 자격상실로 임무가 종료되고 새로운 수탁자가 선임된 경우에는 새로운 수탁자와 종전 수탁자가 공동으로 권리이전등기를 신청한다.

(나) 단독신청

① 사망, 금치산, 한정치산, 파산, 해산의 사유로 수탁자의 임무가 종료되고 새로운 수탁자가 선임된 경우에는 새로운 수탁자가 단독으로 권리이전등기를 신청한다.

② 수탁자인 신탁회사가 합병으로 소멸되고 합병 후 존속 또는 설립되는 회사가 신탁회사인 경우에는 그 존속 또는 설립된 신탁회사가 단독으로 권리이전등기를 신청한다.

③ 수탁자가 법원 또는 법무부장관(「공익신탁법」에 따른 공익신탁)에 의하여 해임된 경우에는 등기관은 법원 또는 법무부장관의 촉탁에 의하여 신탁원부 기록을 변경한 후 직권으로 등기기록에 해임의 뜻을 기록하여야 하고(이 경우 수탁자를 말소하는 표시를 하지 아니한다), 권리이전등기는 나중에 새로운 수탁자가 선임되면 그 수탁자가 단독으로 신청하여야 한다.

(2) 등기원인일자 및 등기원인

위의 경우 등기원인일자는 "새로운 수탁자가 취임 또는 선임된 일자", 등기원인은 "수탁자 경질"로 하여 신청정보의 내용으로 제공한다.

(3) 첨부정보

① 등기신청인은 종전 수탁자의 임무종료 및 새로운 수탁자의 선임을 증명하는 정보를 첨부정보로서 제공하여야 하고, 위 (1) (가)항의 경우에는 종전 수탁자의 인감증명도 함께 제공하여야 한다.

② 「공익신탁법」에 따른 공익신탁의 경우 수탁자가 변경된 경우에는 법무부장관의 인가를 증명하는 정보를 첨부정보로 제공하여야 한다.

나. 여러 명의 수탁자 중 1인의 임무종료로 인한 합유명의인 변경등기

(1) 신청인

(가) 공동신청

여러 명의 수탁자 중 1인이 신탁행위로 정한 임무종료사유, 사임, 자격상실의 사유로 임무가 종료된 경우에는 나머지 수탁자와 임무가 종료된 수탁자가 공동으로 합유명의인 변경등기를 신청한다. 수탁자 중 1인인 신탁회사가 합병으로 인하여 소멸되고 신설 또는 존속하는 회사가 신탁회사인 경우에는 나머지 수탁자와 합병 후 신설 또는 존속하는 신탁회사가 공동으로 합유명의인 변경등기를 신청한다.

(나) 단독신청

여러 명의 수탁자 중 1인이 사망, 금치산, 한정치산, 파산, 해산의 사유로 임무가 종료된 경우에는 나머지 수탁자가 단독으로 합유명의인 변경등기를 신청한다. 이 경우 나머지 수탁자가 여러 명이면 그 전원이 공동으로 신청하여야 한다.

(다) 법원 또는 법무부장관의 촉탁

여러 명의 수탁자 중 1인이 법원 또는 법무부장관에 의하여 해임된 경우에는 등기관은 법원 또는 법무부장관의 촉탁에 의하여 신탁원부 기록을 변경한 후 직권으로 등기기록에 해임의 뜻을 기록하여야 한다. 이 경우 종전 수탁자를 모두 말소하고 해임된 수탁자를 제외한 나머지 수탁자만을 다시 기록하는 합유명의인 변경등기를 하여야 한다.

(2) 등기원인일자 및 등기원인

위의 경우 등기원인일자는 "수탁자의 임무종료일", 등기원인은 "임무가 종료된 수탁자의 임무종료원인"으로 하여 신청정보의 내용으로 제공한다("ㅇ년 ㅇ월 ㅇ일 수탁자 ㅇㅇㅇ 사망" 등).

(3) 첨부정보

① 등기신청인은 임무가 종료된 수탁자의 임무종료를 증명하는 정보를 첨부정보로서 제공하여야 하고, 위 (1) (가)항의 전단부의 경우에는 임무가 종료된 수탁자의 인감증명도 함께 제공하여야 한다.

②「공익신탁법」에 따른 공익신탁의 경우 수탁자가 변경된 경우에는 법무부장관의 인가를 증명하는 정보를 첨부정보로 제공하여야 한다.

4. 신탁원부 기록의 변경

가. 수탁자의 신청에 의한 경우

(1) 수익자 또는 신탁관리인이 변경된 경우나 위탁자, 수익자 및 신탁관리인의 성명(명칭), 주소(사무소 소재지)가 변경된 경우에는 수탁자는 지체 없이 신탁원부 기록의 변경등기를 신청하여야 한다.

(2) 수익자를 지정하거나 변경할 수 있는 권한을 갖는 자의 성명(명칭) 및 주소(사무소 소재지), 수익자를 지정하거나 변경할 방법, 수익권의 발생 또는 소멸에 관한 조건, 「부동산등기법」 제81조 제1항 제6호에서 제12호까지의 신탁인 뜻, 신탁의 목적, 신탁재산의 관리방법, 신탁종료의 사유, 그 밖의 신탁조항을 변경한 경우에도 위 (1)항과 같다.

(3) 위탁자 지위의 이전에 따른 신탁원부 기록의 변경

    (가) 「신탁법」 제10조에 따라 위탁자 지위의 이전이 있는 경우에는 수탁자는 신탁원부 기록의 변경등기를 신청하여야 한다.

    (나) 이 경우 등기원인은 "위탁자 지위의 이전"으로 하여 신청정보의 내용으로 제공한다.

    (다) 위탁자 지위의 이전이 신탁행위로 정한 방법에 의한 경우에는 이를 증명하는 정보를 첨부정보로서 제공하여야 하고, 신탁행위로 그 방법이 정하여지지 아니한 경우에는 수탁자와 수익자의 동의가 있음을 증명하는 정보(인감증명 포함)를 첨부정보로서 제공하여야 한다. 이 경우 위탁자가 여러 명일 때에는 다른 위탁자의 동의를 증명하는 정보(인감증명 포함)도 함께 제공하여야 한다.

    (라) 위탁자 지위의 이전에 따른 등기의 기록례는 별지 등기기록례 6과 같다.

(4) 「공익신탁법」에 따른 신탁원부 기록의 변경

    (가) 유한책임신탁을 공익유한책임신탁으로 변경하거나 공익유한책임신탁을 유한책임신탁으로 변경하는 경우에는 변경이 되었음을 증명하는 등기사항증명서를 첨부정보로 제공하여야 한다.

    (나) 공익신탁을 유한책임신탁으로 변경하는 경우에는 법무부장관의 인가를 증명하는 정보 및 변경이 되었음을 증명하는 등기사항증명서를 첨부정보로 제공하여야 한다.

    (다) 신탁관리인의 변경이 있는 경우(법원 또는 법무부장관의 촉탁에 의한 경우는 제외)에는 법무부장관의 인가를 증명하는 정보를 첨부정보로 제공하여야 한다.

나. 법원 또는 법무부장관의 촉탁에 의한 경우

(1) 법원의 촉탁에 의한 경우

(가) 법원이 수탁자를 해임하는 재판을 한 경우, 신탁관리인을 선임하거나 해임하는 재판을 한 경우, 신탁 변경의 재판을 한 경우에는 등기관은 법원의 촉탁에 의하여 신탁원부 기록을 변경하여야 한다.

(나) 법원이 「신탁법」 제20조 제1항에 따라 신탁재산관리인을 선임하거나 그 밖의 필요한 처분을 명한 경우, 신탁재산관리인의 사임결정 또는 해임결정을 한 경우, 신탁재산관리인의 임무가 동조 제2항에 따라 종료된 경우에도 위 (가)항과 같다.

(2) 법무부장관의 촉탁에 의한 경우

「공익신탁법」에 따른 공익신탁에 대하여 법무부장관이 수탁자를 직권으로 해임한 경우, 신탁관리인을 직권으로 선임하거나 해임한 경우, 신탁내용의 변경을 명한 경우에는 등기관은 법무부장관의 촉탁에 의하여 신탁원부 기록을 변경하여야 한다.

(3) 등기기록의 직권 기록

수탁자를 해임한 법원 또는 법무부장관의 촉탁에 의하여 신탁원부 기록을 변경한 경우에는 등기관은 직권으로 등기기록에 그 뜻을 기록하여야 한다.

(4) 첨부정보

법원 또는 법무부장관의 촉탁에 의한 해임 등의 경우 법원의 재판서 또는 법무부장관의 해임 등을 증명하는 정보를 첨부정보로 제공하여야 한다.

다. 직권에 의한 경우

수탁자의 경질로 인한 권리이전등기 또는 여러 명의 수탁자 중 1인의 임무종료로 인한 합유명의인 변경등기를 한 경우에는 등기관은 직권으로 신탁원부 기록을 변경하여야 한다.

5. 신탁등기의 말소

가. 신탁재산의 처분 또는 귀속

(1) 수탁자가 신탁재산을 제3자에게 처분하거나 신탁이 종료되어(「공익신탁법」에 따른 공익신탁의 인가가 취소되어 종료된 경우 포함) 신탁재산이 위탁자 또는 수익자(「공익신탁법」에 따른 공익신탁의 경우 다른 공익신탁 등이나 국가 또는 지방자치단체)에게 귀속되는 경우에는 그에

따른 권리이전등기와 신탁등기의 말소등기는 1건의 신청정보로 일괄하여 신청하여야 한다. 등기원인이 신탁재산의 처분 또는 신탁재산의 귀속임에도 신탁등기의 말소등기 또는 권리이전등기 중 어느 하나만을 신청하는 경우에는 등기관은 이를 수리하여서는 아니 된다.

(2) 신탁재산의 일부를 처분하거나 신탁의 일부가 종료되는 경우에는 권리이전등기와 신탁등기의 변경등기를 1건의 신청정보로 일괄하여 신청하여야 한다. 이 경우의 기록례는 별지 등기기록례 7과 같다.

나. 신탁재산이 수탁자의 고유재산으로 되는 경우

「신탁법」 제34조 제2항에 따라 신탁재산이 수탁자의 고유재산으로 되는 경우에는 신탁행위로 이를 허용하였거나 수익자의 승인을 받았음을 증명하는 정보(인감증명 포함) 또는 법원의 허가 및 수익자에게 통지한 사실을 증명하는 정보를 첨부정보로서 제공하여 "수탁자의 고유재산으로 된 뜻의 등기 및 신탁등기의 말소등기"를 신청할 수 있다. 이 경우의 기록례는 별지 등기기록례 8과 같다.

다. 「공익신탁법」에 따른 공익신탁의 경우

(1) 「공익신탁법」 제24조 제3항에 따라 선임된 보관수탁관리인이 신탁재산을 증여하거나 무상 대부하는 경우에는 위 가.의 예에 의한다. 이 경우 보관수탁관리인의 선임을 증명하는 정보 및 법무부장관의 승인을 증명하는 정보를 첨부정보로 제공하여야 한다.

(2) 「공익신탁법」 제11조 제6항에 따라 신탁재산을 처분하는 경우에는 법무부장관의 승인을 증명하는 정보를 첨부정보로 제공하여야 한다. 다만, 공익사업 수행을 위한 필수적인 재산이 아님을 소명한 경우에는 그러하지 아니하다.

6. 신탁등기와 타등기와의 관계

가. 신탁목적에 반하는 등기의 신청

신탁등기가 경료된 부동산에 대하여 수탁자를 등기의무자로 하는 등기의 신청이 있을 경우에는 등기관은 그 등기신청이 신탁목적에 반하지 아니하는가를 심사하여 신탁목적에 반하는 등기신청은 이를 수리하여서는 아니 된다.

나. 처분제한의 등기 등

등기관은 수탁자를 등기의무자로 하는 처분제한의 등기, 강제경매등기, 임의경매등기 등의
촉탁이 있는 경우에는 이를 수리하고, 위탁자를 등기의무자로 하는 위 등기의 촉탁이 있는
경우에는 이를 수리하여서는 아니 된다. 다만 신탁 전에 설정된 담보물권에 기한 임의경매
등기 또는 신탁 전의 가압류등기에 기한 강제경매등기의 촉탁이 있는 경우에는 위탁자를
등기의무자로 한 경우에도 이를 수리하여야 한다.

다. 합필등기

(1) 신탁등기가 경료된 토지에 대하여는 합필등기를 할 수 없다. 다만 다음 각 호에 해당하는
    경우로서 신탁목적이 동일한 경우에는 신탁토지 상호 간의 합필등기를 할 수 있다. 합필
    등기가 허용되는 경우로서 위탁자가 상이한 경우의 등기절차는 아래 (2)항에 따른다.
    (가) 「주택법」 제15조에 따라 주택건설사업계획의 승인을 얻어 공동주택을 건설하는 경
        우(2003년 7월 1일 이전에 구「주택건설촉진법」에 따라 승인을 받은 주택재건축사업을 포함한다)
    (나) 「건축법」 제11조에 따른 건축허가를 받아 주택 외의 시설과 주택을 동일 건축물로
        하여 「주택법」 제15조 제1항에서 정한 호수(공동주택 30세대, 같은 법 시행령 제27조
        제1항 제2호 각 목의 어느 하나에 해당하는 경우에는 50세대) 이상을 건설·공급하는 경우
        로서 같은 법 제54조 제1항 제1호에 따른 입주자모집공고의 승인을 받은 경우
(2) 위탁자가 상이한 경우의 합필등기
    (가) 첨부정보
        ① 토지대장등본
        ② 위탁자의 합필승낙서 및 인감증명
            합필승낙서에는 위탁자 전원이 성명, 주민등록번호, 주소, 신탁원부번호, 합필
            전 토지의 소재지번, 지목 및 면적(또는 지분), 합필 후의 지분을 표시하고 그 인감
            을 날인하여야 한다. 법무사나 변호사가 위탁자 전원이 합필승낙서에 직접 서명
            또는 날인하였다는 것을 확인한 경우에는 인감증명 대신에 법무사나 변호사의 확
            인서를 첨부정보로서 제공할 수 있다.
        ③ 2003년 7월 1일 이전에 구「주택건설촉진법」에 따라 주택건설사업계획의 승인을
            받았음을 소명하는 자료(주택재건축사업인 경우에 한한다)

(나) 합필등기절차

　① 수탁자는 단독으로 합필등기를 신청할 수 있다. 이 경우 신청정보에는 합필 후의 지분을 표시하여야 하고, 위 (가)항의 각 정보를 첨부정보로서 제공하여야 한다.

　② 등기관은 신청정보에 표시된 합필 후의 공유지분에 따라 별지 등기기록례 9와 같이 변경등기를 하여야 한다.

라. 분필등기

신탁등기가 마쳐진 토지가 분할되어 그에 따른 분필등기의 신청이 있는 경우에는 등기관은 분필된 토지에 대하여 분필 전 토지의 신탁원부와 같은 내용의 신탁원부를 작성하여야 한다. 다만 분필된 토지에 대하여 신탁등기의 말소등기가 동시에 신청되는 경우에는 신탁원부를 따로 작성하지 아니하여도 무방하다.

부 칙

이 예규는 2012.7.26.부터 시행한다.

부 칙(2013.7.23. 제1501호)

1. 이 예규는 2013년 8월 29일부터 시행한다.
2. 개정 신탁법(법률 제10924호, 2011.7.25. 공포, 2012.7.26. 시행)에 따른 신탁등기에 관한 업무처리지침(등기예규 제1472호)은 이를 폐지한다.

부 칙(2015.3.13. 제1575호)

이 예규는 2015년 3월 19일부터 시행한다.

부 칙(2017.3.20. 제1618호)

이 예규는 즉시 시행한다.

부 칙(2019.5.27. 제1673호)

이 예규는 즉시 시행한다. 다만, 별지 등기기록례의 개정 규정은 2019년 5월 31일부터 시행한다.

후견등기에 관한 법률(약칭 : 후견등기법)

[시행 2019.1.1] [법률 제14976호, 2017.10.31, 일부개정]

법무부(법무심의관실) 02-2110-3509, 3166, 3730

제1장 총 칙

제1조 【목적】 이 법은 「민법」에서 규정한 성년후견, 한정후견, 특정후견 및 후견계약의 등기에 관한 사항을 규정함을 목적으로 한다.

제2조 【정의】 이 법에서 사용하는 용어의 뜻은 다음과 같다.

1. "후견등기부"란 전산정보처리조직에 의하여 입력·처리된 다음 각 목의 등기(이하 "후견등기"라 한다)에 관한 정보자료를 대법원규칙으로 정하는 바에 따라 편성한 것을 말한다.

   가. 성년후견에 관한 등기

   나. 한정후견에 관한 등기

   다. 특정후견에 관한 등기

   라. 후견계약에 관한 등기

2. "후견등기부 부본자료"란 후견등기부와 같은 내용으로 보조기억장치에 기록된 자료를 말한다.

3. "후견등기기록"이란 한 사람의 피성년후견인, 피한정후견인, 피특정후견인(이하 "피성년후견인등"이라 한다) 또는 후견계약의 위임인(이하 "후견계약의 본인"이라 한다)에 관한 등기정보자료를 말한다.

4. "후견등기관"이란 후견등기사무를 처리하는 사람으로서, 가정법원에 근무하는 법원서기관, 법원사무관, 법원주사 또는 법원주사보 중에서 가정법원장이 지정하는 사람을 말한다.

제3조 【등기신청의 접수 시기 및 효력발생 시기】 ① 등기신청은 대법원규칙으로 정하는 등기신청정보가 전산정보처리조직에 저장된 때 접수된 것으로 본다. 이 경우 접수번호는 그 저장된 순서에 따라 부여된다.

② 후견등기관이 등기를 마친 경우 그 등기는 접수한 때부터 효력을 발생한다.

제2장 관할 법원과 후견등기관

제4조【후견등기의 관할】 후견등기사무는 대법원규칙으로 정하는 가정법원에서 담당한다.

제5조【관할의 위임】 대법원장은 천재지변, 화재로 인한 소실, 그 밖에 이에 준하는 사유가 있을 경우 어느 가정법원의 관할에 속하는 사무를 다른 가정법원에 위임하게 할 수 있다.

제6조【관할의 변경】 후견등기사무의 관할 법원이 다른 법원으로 바뀌었을 때에는 종전의 관할 법원은 전산정보처리조직을 이용하여 그 피성년후견인등 또는 후견계약의 본인에 관한 후견등기기록의 처리권한을 다른 법원으로 넘겨주는 조치를 하여야 한다.

제7조【후견등기사무의 정지】 대법원장은 천재지변, 화재로 인한 소실, 그 밖에 이에 준하는 사유로 가정법원에서 후견등기사무를 정지하여야 하는 사유가 발생하면 기간을 정하여 후견등기사무의 정지를 명령할 수 있다.

제8조【후견등기사무의 처리】 ① 후견등기사무는 관할 가정법원에 근무하는 후견등기관이 처리한다.

② 후견등기관은 후견등기사무를 전산정보처리조직을 이용하여 후견등기부에 등기사항을 기록하는 방식으로 처리하여야 한다.

③ 후견등기관이 전산정보처리조직에 의하여 후견등기사무를 처리하였을 때에는 대법원규칙으로 정하는 바에 따라 후견등기관의 식별부호를 기록하는 등 후견등기사무를 처리한 후견등기관을 확인할 수 있는 조치를 하여야 한다.

④ 후견등기관, 후견등기부 등을 관리하는 사람 또는 그 직에 있었던 사람은 정당한 이유 없이 그 직무 수행 중 알게 된 후견등기에 관한 비밀을 누설하여서는 아니 된다.

⑤ 후견등기관은 접수번호의 순서에 따라 등기를 하여야 한다.

제9조【후견등기관의 업무처리의 제한】 ① 후견등기관은 자신이나 그의 배우자 또는 4촌 이내의 친족이 피성년후견인등 또는 후견계약의 본인인 경우에는 그의 배우자 또는 4촌 이내의 친족이 아닌 성년자 2명 이상의 참여가 없으면 등기를 할 수 없다. 그 친족관계가 끝난 후에도 또한 같다.

② 제1항의 경우에 후견등기관은 조서를 작성하여 그 등기에 참여한 사람과 함께 기명날인 또는 서명을 하여야 한다.

제10조【재정보증】법원행정처장은 후견등기관의 재정보증에 관한 사항을 정하여 운용할 수
있다.

제3장 후견등기부 등

제11조【후견등기부】① 후견등기부는 전산정보처리조직에 의하여 입력·처리된 전산정보자료
를 피성년후견인등 또는 후견계약의 본인 개인별로 구분하여 작성한다.

② 후견등기부는 영구히 보존하여야 한다.

③ 후견등기부는 대법원규칙으로 정하는 장소에 보관·관리하여야 하며, 전쟁·천재지변이나
그 밖에 이에 준하는 사태를 피하기 위한 경우 외에는 그 장소 밖으로 옮기지 못한다.

④ 등기신청서, 등기촉탁서 또는 그 밖의 부속서류(이하 "등기신청서등"이라 한다)는 전쟁·천재
지변이나 그 밖에 이에 준하는 사태를 피하기 위한 경우 외에는 가정법원 밖으로 옮기지
못한다. 다만, 법원의 명령 또는 촉탁이 있거나 법관이 발부한 영장에 의하여 압수하는
경우에는 그러하지 아니하다.

제12조【후견등기부 부본자료의 작성】후견등기관은 등기를 마쳤을 때에는 후견등기부 부본자
료를 작성하여야 한다.

제13조【후견등기부의 손상과 복구】① 후견등기부의 전부 또는 일부가 손상되거나 손상될
우려가 있을 때에는 대법원장은 대법원규칙으로 정하는 바에 따라 후견등기부의 복구·손상
방지 등 필요한 처분을 명령할 수 있다.

② 대법원장은 대법원규칙으로 정하는 바에 따라 제1항의 처분명령에 관한 권한을 법원행정
처장 또는 가정법원장에게 위임할 수 있다.

제14조【등기신청서등의 손상 등의 방지】① 등기신청서등이 손상되거나 멸실(滅失)될 우려가
있을 때에는 대법원장은 이를 방지하기 위하여 필요한 처분을 명령할 수 있다.

② 제1항에 따른 처분명령에 관하여는 제13조 제2항을 준용한다.

제15조【등기사항증명서의 발급 등】① 다음 각 호에 규정된 자는 후견등기관에게 사용 목적을
지정하여 후견등기부에 기록되어 있는 사항의 전부 또는 일부를 증명하는 서면(기록이 없는 경우에
는 그러한 취지를 증명하는 서면을 포함하며, 이하 "등기사항증명서"라 한다)의 발급을 청구할 수 있다.

  1. 피성년후견인등 또는 후견계약의 본인

  2. 제1호에 규정된 사람의 배우자 또는 4촌 이내의 친족(이하 "배우자등"이라 한다)

  3. 성년후견인, 한정후견인 또는 특정후견인(이하 "성년후견인등"이라 한다)

  4. 성년후견감독인, 한정후견감독인 또는 특정후견감독인(이하 "성년후견감독인등"이라 한다)

  5. 임의후견인, 임의후견감독인, 미성년후견인 또는 미성년후견감독인

  6. 제3호부터 제5호까지의 규정에 따른 각 직(職)에서 퇴임한 자(자기와 관련된 기록사항으로
     한정한다)

  7. 유언집행자, 상속재산관리인 등 제1호에 규정된 사람의 「민법」상 법정대리인

  8. 국가 또는 지방자치단체(그 직무수행을 위하여 필요한 경우로 한정한다)

  9. 소송·비송사건·민사집행의 각 절차에서 등기사항증명서를 제출할 필요가 있는 자(법원
     의 보정명령서, 사실조회서 등 등기사항증명서를 제출하도록 하는 취지의 법원 문서가 있는 경우로
     한정한다)

  10. 다른 법령의 규정에 따라 등기사항증명서를 제출할 필요가 있는 자

  11. 그 밖에 대법원규칙으로 정하는 정당한 이해관계가 있는 자

② 제27조에 따른 사전처분에 관한 등기사항증명서에 대한 발급청구권자는 대법원규칙으로
   정한다.

③ 후견등기관은 제1항 및 제2항의 청구가 후견등기부에 기록된 자에 대한 사생활의 비밀을
   침해하는 등 부당한 목적에 의한 것이 분명하다고 인정할 때에는 등기사항증명서의 발급
   을 거부할 수 있다.

④ 등기사항증명서를 발급받거나 제출받은 자는 이를 그 사용 목적 외의 용도로 사용하여서
   는 아니 된다.

⑤ 등기사항증명서의 발급청구는 관할 가정법원이 아닌 가정법원에 대하여도 할 수 있다.

제15조의 2【인터넷에 의한 등기사항부존재증명서 발급】 ① 등기사항부존재증명서("후견등기부
에 현재 효력이 있는 후견등기사항이 없다는 취지를 증명하는 서면"을 말한다)의 발급업무는 인터넷을
이용하여 처리할 수 있다.

② 제1항에 따른 발급은 본인만 신청할 수 있다.

③ 제1항에 따른 발급의 절차 및 방법 등 필요한 사항은 대법원규칙으로 정한다.

[본조신설 2017.10.31.]

제16조【등기사항증명서의 기재사항】 ① 등기사항증명서에는 제25조부터 제27조까지의 규정에서 정하는 사항을 적는다.

② 등기사항증명서의 종류와 구체적인 기재사항은 대법원규칙으로 정한다.

제17조【등기신청서등의 열람】 등기사항증명서의 발급을 청구할 수 있는 자는 특별한 사유가 있는 경우 대법원규칙으로 정하는 바에 따라 등기신청서등의 열람을 청구할 수 있다.

제18조【수수료】 등기사항증명서의 발급 또는 등기신청서등의 열람을 청구하는 자는 대법원규칙으로 정하는 수수료를 내야 한다.

제19조【후견등기기록의 폐쇄】 ① 후견등기관은 종료등기를 마쳤을 때 또는 그 밖에 대법원규칙으로 정하는 사유가 발생하였을 때에는 그 해당 부분의 후견등기기록을 폐쇄하고, 법령에 다른 규정이 있는 경우를 제외하고는 이를 보조기억장치에 따로 기록하여 보관한다.

② 폐쇄한 후견등기기록은 영구히 보존하여야 한다.

③ 폐쇄한 후견등기기록에 관하여는 제15조부터 제18조까지의 규정을 준용한다.

제4장 등기절차 및 후견등기부 기록사항

제20조【촉탁 또는 신청에 의한 등기】 ① 후견등기는 법률에 다른 규정이 있는 경우를 제외하고는 촉탁 또는 신청이 없으면 하지 못한다.

② 이 법 또는 다른 법률에 다른 규정이 있는 경우를 제외하고는 성년후견, 한정후견 또는 특정후견(이하 "성년후견등"이라 한다)에 관한 등기는 성년후견인등이 신청하고, 후견계약에 관한 등기는 임의후견인이 신청한다.

③ 촉탁에 따른 등기절차에 관하여는 법률에 다른 규정이 있는 경우를 제외하고는 신청에 의한 등기에 관한 규정을 준용한다.

제21조【등기신청 방법】 ① 등기의 신청은 대법원규칙으로 정하는 바에 따라 서면 또는 전산정보처리조직을 이용한 전자문서로 할 수 있다.

② 신청인이 제공하여야 하는 신청정보 및 첨부정보는 대법원규칙으로 정한다.

제22조【신청의 각하】 후견등기관은 다음 각 호의 어느 하나에 해당하는 경우에는 이유를 적은 결정으로 신청을 각하하여야 한다. 다만, 후견등기관이 기간을 정하여 보정(補正)을 명한 경

우에 신청인이 그 기간 내에 잘못된 부분을 보정하였을 때에는 그러하지 아니하다.

1. 사건이 그 가정법원의 관할이 아닌 경우
2. 사건이 등기할 것이 아닌 경우
3. 사건이 이미 등기되어 있는 경우
4. 신청할 권한이 없는 자가 신청한 경우
5. 신청정보의 제공이 대법원규칙이나 그 밖의 법령으로 정한 방식에 맞지 아니한 경우
6. 신청정보와 등기원인을 증명하는 정보가 일치하지 아니한 경우
7. 등기에 필요한 첨부정보를 제공하지 아니한 경우
8. 신청정보와 후견등기부에 기록된 사항이 일치하지 아니한 경우

제23조【행정구역의 변경】 행정구역 또는 그 명칭이 변경되었을 때에는 후견등기기록에 기록된 행정구역 또는 그 명칭에 대하여 변경등기를 한 것으로 본다.

제24조【새 후견등기기록으로의 이기】 후견등기기록에 기록된 사항이 많아 취급하기가 불편해지는 등 합리적 사유로 후견등기기록을 옮겨 기록할 필요가 있는 경우에는 후견등기관은 현재 효력이 있는 등기만을 새로운 후견등기기록에 옮겨 기록할 수 있다.

제25조【성년후견등에 관한 기록사항】 ① 성년후견등에 관하여는 다음 사항을 기록한다.

1. 후견의 종류, 심판을 한 가정법원, 사건의 표시 및 재판 확정일
2. 피성년후견인등의 성명, 성별, 출생 연월일, 주민등록번호 및 등록기준지(외국인인 경우에는 주민등록번호 및 등록기준지를 갈음하여 국적 및 외국인등록번호를 기록한다)
3. 성년후견인등의 성명, 주민등록번호 및 주소 또는 사무소(법인인 경우에는 명칭, 법인등록번호 및 주된 사무소를 기록하고, 외국인인 경우에는 주민등록번호를 갈음하여 국적 및 외국인등록번호를 기록한다)
4. 성년후견감독인등이 선임된 경우에는 그 성명, 주민등록번호 및 주소 또는 사무소(법인인 경우에는 명칭, 법인등록번호 및 주된 사무소를 기록하고, 외국인인 경우에는 주민등록번호를 갈음하여 국적 및 외국인등록번호를 기록한다)
5. 가정법원이 성년후견과 관련하여 정한 다음 각 목의 사항
   가. 취소할 수 없는 피성년후견인의 법률행위의 범위를 정한 경우에는 그 범위, 그 범위를 변경한 경우에는 그 변경된 범위
   나. 성년후견인의 법정대리권의 범위를 정한 경우에는 그 범위, 그 범위를 변경한 경우에는 그 변경된 범위

다. 성년후견인이 피성년후견인의 신상에 관하여 결정할 수 있는 권한의 범위를 정한 경우에는 그 범위, 그 범위를 변경한 경우에는 그 변경된 범위

6. 가정법원이 한정후견과 관련하여 정한 다음 각 목의 사항

가. 한정후견인의 동의를 받아야 하는 행위의 범위를 정한 경우에는 그 행위의 범위, 그 범위를 변경한 경우에는 그 변경된 범위

나. 한정후견인에게 대리권을 수여한 경우에는 그 대리권의 범위, 그 범위를 변경한 경우에는 그 변경된 범위

다. 한정후견인이 피한정후견인의 신상에 관하여 결정할 수 있는 권한의 범위를 정한 경우에는 그 범위, 그 범위를 변경한 경우에는 그 변경된 범위

7. 가정법원이 특정후견과 관련하여 정한 다음 각 목의 사항

가. 특정후견의 기간 또는 사무의 범위

나. 피특정후견인의 후원을 위하여 필요한 처분을 명한 경우에는 그 내용

다. 특정후견인에게 대리권을 수여하는 심판을 한 경우에는 그 기간이나 범위

라. 특정후견인의 대리권 행사에 가정법원이나 특정후견감독인의 동의를 받도록 명한 경우에는 그 내용

8. 가정법원이 여러 명의 성년후견인등 또는 성년후견감독인등이 공동으로 또는 사무를 분장하여 그 권한을 행사하도록 정한 경우에는 그 취지

9. 성년후견등이 종료한 경우에는 그 사유 및 연월일

10. 그 밖에 대법원규칙으로 정하는 사항

② 후견등기관은 제1항 제5호부터 제8호까지의 기록사항이 있을 때에는 목록을 작성하여야 한다.

③ 제2항의 목록은 후견등기기록의 일부로 본다.

제26조【후견계약에 관한 기록사항】 ① 후견계약에 관하여는 다음 사항을 기록한다.

1. 후견계약과 관련된 공정증서를 작성한 공증인의 성명, 소속, 그 증서의 번호 및 작성 연월일

2. 후견계약의 본인의 성명, 성별, 생년월일, 주민등록번호 및 등록기준지(외국인인 경우에는 주민등록번호 및 등록기준지를 갈음하여 국적 및 외국인등록번호를 기록한다)

3. 임의후견인의 성명, 주민등록번호 및 주소 또는 사무소(법인인 경우에는 명칭, 법인등록번호 및 주된 사무소를 기록하고, 외국인인 경우에는 주민등록번호를 갈음하여 국적 및 외국인등록번호를 기록한다)

4. 후견계약의 본인의 재산관리 및 신상보호에 관하여 임의후견인의 권한의 범위를 정한 경우에는 그 범위

5. 임의후견감독인이 선임된 경우에는 그 성명, 주민등록번호 및 주소 또는 사무소(법인인 경우에는 명칭, 법인등록번호 및 주된 사무소를 기록하고, 외국인인 경우에는 주민등록번호를 갈음하여 국적 및 외국인등록번호를 기록한다) 및 심판을 한 가정법원, 사건의 표시, 재판 확정일

6. 수인의 임의후견인 또는 임의후견감독인이 공동으로 또는 사무를 분장하여 권한을 행사하도록 정한 경우에는 그 취지

7. 후견계약이 종료한 경우에는 그 사유 및 연월일

8. 그 밖에 대법원규칙으로 정하는 사항

② 후견등기관은 제1항 제4호 및 제6호의 기록사항이 있을 때에는 목록을 작성하여야 한다.

③ 제2항의 목록은 후견등기기록의 일부로 본다.

제27조【사전처분에 관한 기록사항】 성년후견등 또는 후견계약에 관하여「가사소송법」제62조에 따른 사전처분이 있는 경우에는 대법원규칙으로 정하는 바에 따라 그에 관한 사항을 기록한다.

제28조【변경등기의 신청】 ① 성년후견인등 또는 임의후견인은 제25조 제1항 각 호 또는 제26조 제1항 각 호에서 정한 사항이 변경된 것을 알았을 때에는 이를 안 날부터 3개월 이내에 변경등기를 신청하여야 한다. 다만, 촉탁에 의하여 등기가 이루어지는 경우에는 그러하지 아니하다.

② 피성년후견인등 또는 후견계약의 본인, 배우자등, 성년후견감독인등 또는 임의후견감독인은 제1항의 변경등기를 신청할 수 있다.

③ 제27조에 따른 사전처분에 관한 기록사항의 변경등기절차는 대법원규칙으로 정한다.

제29조【종료등기의 신청】 ① 성년후견인등 또는 임의후견인은 피성년후견인등 또는 후견계약의 본인의 사망이나 그 밖의 사유로 성년후견등 또는 후견계약이 종료되었음을 알았을 때에는 이를 안 날부터 3개월 이내에 종료등기를 신청하여야 한다. 다만, 촉탁에 의하여 등기가 이루어지는 경우에는 그러하지 아니하다.

② 피성년후견인등 또는 후견계약의 본인, 배우자등, 성년후견감독인등 또는 임의후견감독인은 제1항의 종료등기를 신청할 수 있다.

③ 제27조에 따라 사전처분에 관하여 기록이 되어 있는 경우 종료등기의 절차는 대법원규칙으로 정한다.

제30조【등기의 경정】① 제28조 제1항 및 제2항에 규정된 자 또는 등기를 촉탁한 자는 등기에 착오가 있거나 빠진 부분이 있을 때에는 그 등기의 경정(更正)을 신청 또는 촉탁할 수 있다.

② 후견등기관은 등기를 마친 후 그 등기에 착오가 있거나 빠진 부분이 있음을 발견한 경우에는 지체 없이 등기를 신청한 자 또는 촉탁한 자에게 알려야 한다. 다만, 제4항의 경우에는 그러하지 아니하다.

③ 제2항에 따른 통지에도 불구하고 경정등기를 신청하는 자가 없고, 등기에 착오나 빠진 부분이 있음이 등기신청서등에 비추어 명백한 경우에는 후견등기관이 직권으로 이를 경정하고, 등기를 신청한 자 또는 촉탁한 자에게 그 뜻을 알려야 한다.

④ 후견등기관이 등기의 착오나 빠진 부분이 후견등기관의 잘못으로 인한 것임을 발견한 경우에는 지체 없이 그 등기를 직권으로 경정하고, 등기를 신청한 자 또는 촉탁한 자에게 그 뜻을 알려야 한다.

제31조【등기의 말소】① 제28조 제1항 본문 및 같은 조 제2항에 규정된 자는 다음 각 호의 어느 하나에 해당하는 사유가 있을 때에는 그 등기의 말소를 신청할 수 있다.

　1. 제22조 제2호 또는 제3호에 해당하는 사유가 있을 때

　2. 법원의 판결 등에 의하여 등기된 사항에 관하여 무효의 원인이 있음이 증명되었을 때

② 후견등기관이 등기를 마친 후 그 등기가 제22조 제2호 또는 제3호에 해당하는 것임을 발견한 경우에는 제28조 제1항 본문에 규정된 자에게 1개월 이내의 기간을 정하여 그 기간 이내에 서면으로 이의를 진술하지 아니하면 등기를 말소한다는 뜻을 통지하여야 한다.

③ 후견등기관은 제2항에 규정된 자의 주소 또는 거소를 알 수 없는 경우에는 제2항의 통지를 갈음하여 제2항에서 규정한 기간 동안 관할 가정법원 게시장에 이를 게시하거나 대법원규칙으로 정하는 바에 따라 공고하여야 한다.

④ 후견등기관은 제2항의 말소에 관하여 이의를 진술한 자가 있는 경우에는 그 이의에 대하여 결정을 하여야 한다. 이 경우 후견등기관은 그 이의가 이유 없다고 인정하면 그 등기를 직권으로 말소하여야 한다.

⑤ 후견등기관은 제2항에 따라 정한 기간 내에 이의를 진술한 자가 없는 경우에는 그 등기를 직권으로 말소하여야 한다.

제5장 이 의

제32조【이의신청과 그 관할】 후견등기관의 결정 또는 처분에 이의가 있는 자는 관할 가정법원에 이의신청을 할 수 있다.

제33조【이의절차】 이의신청은 대법원규칙으로 정하는 바에 따라 후견등기관에게 이의신청서를 제출하는 방법으로 한다.

제34조【새로운 사실에 의한 이의 금지】 누구든지 새로운 사실이나 새로운 증거방법을 근거로 이의신청을 할 수 없다.

제35조【후견등기관의 조치】 ① 후견등기관은 이의가 이유 있다고 인정하면 그에 해당하는 처분을 하여야 한다.

② 후견등기관은 이의가 이유 없다고 인정하면 이의신청일부터 3일 이내에 의견을 붙여 이의신청서를 관할 가정법원에 보내야 한다.

③ 등기를 마친 후에 이의신청이 있는 경우 후견등기관은 3일 이내에 의견을 붙여 이의신청서를 관할 가정법원에 보내고 제28조 제1항 본문에 규정된 자에게 이의신청이 있다는 사실을 알려야 한다.

제36조【집행 부정지】 이의신청에는 집행정지의 효력이 없다.

제37조【이의에 대한 결정과 항고】 ① 관할 가정법원은 이의에 대하여 이유를 붙여 결정을 하여야 한다. 이 경우 이의가 이유 있다고 인정하면 후견등기관에게 그에 해당하는 처분을 명령하고, 그 뜻을 이의신청인과 제28조 제1항 본문에 규정된 자에게 알려야 한다.

② 제1항의 결정에 대하여는 「비송사건절차법」에 따라 항고할 수 있다.

제38조【처분 전 부기등기의 명령】 관할 가정법원은 이의신청에 대하여 결정하기 전에 후견등기관에게 이의신청이 있다는 뜻의 부기등기를 명령할 수 있다.

제39조【관할 가정법원의 명령에 따른 등기】 후견등기관이 관할 가정법원의 명령에 따라 등기를 할 때에는 명령을 한 가정법원, 명령 연월일, 명령에 따라 등기를 한다는 뜻과 등기 연월일을 기록하여야 한다.

제40조【송달 등】 송달에 관하여는 「민사소송법」을 준용하고, 이의의 비용에 관하여는 「비송사건절차법」을 준용한다.

제6장 보 칙

제41조【등기전산정보자료의 이용 등】 ① 법원행정처장은 국가기관 또는 지방자치단체로부터 후견등기사무 처리와 관련된 전산정보자료를 제공받을 수 있다.

② 후견등기부에 기록된 사항에 관한 전산정보자료(이하 "등기전산정보자료"라 한다)를 이용 또는 활용하려는 자는 관계 중앙행정기관의 장의 심사를 거쳐 법원행정처장의 승인을 받아야 한다. 다만, 등기전산정보자료를 이용 또는 활용하려는 자가 중앙행정기관의 장인 경우에는 법원행정처장과 협의를 거쳐 등기전산정보를 이용하거나 활용할 수 있다.

③ 제2항에 따라 등기전산정보자료를 이용 또는 활용하려는 자는 승인받은 목적 외의 용도로 이용하거나 활용하여서는 아니 된다.

④ 등기전산정보자료의 이용 또는 활용과 그 사용료 등에 관하여 필요한 사항은 대법원규칙으로 정한다.

제42조【벌칙】 다음 각 호의 어느 하나에 해당하는 사람은 3년 이하의 징역 또는 2천만 원 이하의 벌금에 처한다.

1. 제8조 제4항을 위반하여 비밀을 누설한 사람
2. 거짓이나 그 밖의 부정한 방법으로 다른 사람의 등기사항증명서를 발급받거나 등기신청서등을 열람한 사람
3. 제41조 제3항을 위반한 사람
4. 이 법에 따라 후견등기사무를 처리할 권한 없이 전산정보처리조직에 후견등기정보를 입력·변경하여 정보처리를 하거나 기술적 수단을 이용하여 후견등기정보를 알아낸 사람

제43조【양벌규정】 법인의 대표자나 법인 또는 개인의 대리인, 사용인, 그 밖의 종업원이 그 법인 또는 개인의 업무에 관하여 제42조 각 호의 위반행위를 하면 그 행위자를 벌하는 외에 그 법인 또는 개인에게도 제42조의 벌금형을 과(科)한다. 다만, 법인 또는 개인이 그 위반행위를 방지하기 위하여 해당 업무에 관하여 상당한 주의와 감독을 게을리하지 아니한 경우에는 그러하지 아니하다.

제44조【과태료】 ① 제28조 제1항 본문 및 제29조 제1항 본문에 따라 등기를 신청할 의무가 있는 자가 정당한 사유 없이 기간 내에 등기신청을 하지 아니하면 50만 원 이하의 과태료를 부과한다.

② 제1항에 따른 과태료 재판은 과태료를 부과받을 자의 주소 또는 거소(법인의 경우 주된 사무소의 소재지를 말한다)를 관할하는 가정법원이 「비송사건절차법」에 따라 행한다.

제45조【대법원규칙에의 위임】 이 법 시행에 필요한 사항은 대법원규칙으로 정한다.

부 칙 〈제14976호, 2017.10.31.〉

이 법은 2019년 1월 1일부터 시행한다.

후견등기에 관한 규칙

[시행 2019.1.1.] [대법원규칙 제2813호, 2018.12.4., 일부개정]

법원행정처(가족관계등록과) 02-3480-1327

제1장 총 칙

제1조【목적】 이 규칙은 「후견등기에 관한 법률」(이하 "법"이라 한다)에서 위임한 사항과 그 시행에 필요한 사항을 규정함을 목적으로 한다.

제2조【정의】 이 규칙에서 사용하는 용어의 뜻은 다음과 같다. 〈개정 2016.4.8.〉

1. "특정사항"이란 피성년후견인등(피성년후견인, 피한정후견인, 피특정후견인을 말한다. 이하 같다), 후견계약의 본인(후견계약의 위임인을 말한다. 이하 같다) 또는 사전처분의 본인(임시후견인으로부터 성년후견, 한정후견, 특정후견을 받아야 할 사람을 말한다. 이하 같다)의 성명, 성별, 출생연월일, 주민등록번호 및 등록기준지에 관한 기록사항을 말한다. 다만, 피성년후견인등·후견계약의 본인·사전처분의 본인(이하 "사건본인"이라 한다)이 외국인인 경우에는 성명, 성별, 출생연월일, 외국인등록번호(외국인등록을 하지 아니한 외국국적동포의 경우에는 국내거소신고번호를 말한다. 이하 같다) 및 국적에 관한 기록사항을 말한다.
2. "후견사항"이란 특정사항 및 특정사항의 변경·경정에 관한 사항 외의 후견에 관한 모든 기록사항을 말한다.

제3조【부기로 하는 등기】 후견등기관이 다음 각 호의 등기를 할 때에는 부기로 하여야 한다.

1. 제51조 제1항에 따른 직무집행정지 및 그 직무대행자 선임에 관한 사전처분의 등기
2. 제56조 제1항에 따른 특정사항을 변경하거나 경정한 등기사항에 대한 경정등기와 후견사항의 변경이나 경정의 등기
3. 제59조 제3항 단서에 따른 말소회복등기
4. 법 제38조에 따른 처분 전 부기등기의 명령에 의한 등기

제4조【부기등기의 번호 기록】 후견등기관이 부기등기를 할 때에는 그 부기등기가 어느 등기에 기초한 것인지 알 수 있도록 주등기 또는 부기등기의 사항번호에 가지번호를 붙여서 하여야 한다.

제5조【등기신청의 접수 시기】 ① 법 제3조 제1항의 "등기신청정보"란 사건본인의 성명, 주민등록번호 및 등록기준지와 등기의 목적에 관한 정보를 말한다.

② 제1항의 정보가 전산정보처리조직에 저장된 때 등기신청이 접수된 것으로 본다.

제6조【후견등기관이 등기를 마친 시기】 법 제3조 제2항의 "후견등기관이 등기를 마친 경우"란 법 제8조 제3항에 따라 등기사무를 처리한 후견등기관이 누구인지 확인할 수 있는 조치를 하였을 때를 말한다.

제7조【후견등기부 등에 사용할 문자】 ① 후견등기를 하거나 등기신청서, 그 밖의 등기에 관한 서면(「전자서명법」 제2조 제1호의 전자문서를 포함한다)을 작성할 때에는 한글과 아라비아숫자를 사용하여야 한다.

② 제1항에도 불구하고 외국인의 성명 또는 외국법인의 명칭, 대리권등목록, 주소 등의 표기에는 대법원예규로 정하는 바에 따라 로마자나 부호를 사용할 수 있다.

제8조【문서의 양식】 법 및 이 규칙의 시행에 필요한 문서의 양식은 대법원예규로 정한다.

제2장 관할 법원과 후견등기관

제9조【관할 법원】 ① 후견등기사무는 사건본인의 주소지를 관할하는 가정법원에서 처리한다. 다만, 사건본인의 주소가 대한민국에 없거나 그 주소를 알 수 없을 때에는 거소지를 관할하는 가정법원에서 처리하고, 거소가 없거나 거소를 알 수 없을 때에는 마지막 주소지를 관할하는 가정법원에서 처리한다.

② 제1항에도 불구하고 법원의 심판에 따른 후견등기사무는 그 사건의 제1심 가정법원에서 처리한다.

③ 사건본인의 마지막 주소가 대한민국에 없거나 그 주소를 알 수 없을 때에는 대법원 소재지를 관할하는 가정법원에서 처리한다.

제10조【관할의 변경】 행정구역의 변경 등으로 인하여 후견등기사무가 다른 법원의 관할로 바뀌었을 때에는 종전의 관할 법원은 전산정보처리조직을 이용하여 그 사건본인에 관한 후견등기기록과 법 제25조 제2항, 법 제26조 제2항 및 이 규칙 제51조 제3항에 따른 목록(이하 "대리권등목록"이라 한다)의 처리권한을 다른 법원으로 넘겨주는 조치를 하여야 한다.

제11조【후견등기관의 식별부호의 기록】법 제8조 제3항의 후견등기사무를 처리한 후견등기관을 확인할 수 있는 조치는 각 후견등기관이 미리 부여받은 식별부호를 기록하는 방법으로 한다.

제12조【참여조서의 작성방법】후견등기관이 법 제9조 제2항의 조서(이하 "참여조서"라 한다)를 작성할 때에는 그 조서에 다음 각 호의 사항을 적어야 한다.

1. 신청인의 성명과 주소
2. 업무처리가 제한되는 사유
3. 등기할 사건본인의 표시와 등기의 목적
4. 신청정보의 접수연월일과 접수번호
5. 참여인의 성명, 주소 및 주민등록번호

제13조【등기정보중앙관리소와 전산운영책임관】① 전산정보처리조직에 의한 후견등기사무처리의 지원, 후견등기부의 보관·관리 및 등기정보의 효율적인 활용을 위하여 법원행정처에 등기정보중앙관리소(이하 "중앙관리소"라 한다)를 둔다.

② 법원행정처장은 중앙관리소에 전산운영책임관을 두어 전산정보처리조직을 종합적으로 관리·운영하여야 한다.

③ 법원행정처장은 중앙관리소의 출입자 및 전산정보처리조직 사용자의 신원을 관리하는 등 필요한 보안조치를 하여야 한다.

제3장 후견등기부등

제1절 후견등기부 및 등기신청서등

제14조【후견등기부의 보관·관리】① 법 제11조 제3항에서 규정한 후견등기부의 보관·관리 장소는 중앙관리소로 한다.

② 폐쇄등기부에 대하여도 제1항을 준용한다.

제15조【등기신청서등의 이동 등】① 후견등기관이 전쟁·천재지변 그 밖에 이에 준하는 사태를 피하기 위하여 등기신청서등(등기신청서, 등기촉탁서 또는 그 밖의 부속서류를 말한다. 이하 같다)을 가정법원 밖으로 옮긴 경우에는 지체 없이 그 사실을 가정법원장(가정법원의 사무를 지원장이

관장하는 경우에는 지원장을 말한다. 이하 같다)에게 보고하여야 한다.

② 후견등기관이 법원으로부터 등기신청서등의 송부명령 또는 촉탁을 받았을 때에는 그 명령 또는 촉탁과 관계가 있는 부분만 법원에 송부하여야 한다.

③ 제2항의 서류가 전자문서(「전자서명법」 제2조의 전자문서를 말한다. 이하 같다)로 작성된 경우에는 해당 문서를 출력한 후 인증하여 송부하거나 전자문서로 송부한다.

제16조【등기고유번호 등】 ① 후견등기기록을 작성할 때에는 사건본인마다 등기고유번호를 부여하고 이를 등기기록에 기록하여야 한다.

② 성년후견개시·한정후견개시·특정후견·임시후견인 선임에 따른 사전처분의 심판과 후견계약마다 각각 등기일련번호를 부여하고 이를 등기기록에 기록하여야 한다.

제17조【후견등기기록의 양식】 ① 후견등기기록에는 사건본인부와 후견사항부를 둔다.

② 사건본인부에는 사건본인에 관한 사항을 기록한다.

③ 후견사항부에는 후견개시 및 종료에 관한 사항, 후견인에 관한 사항, 후견감독인에 관한 사항을 기록한다.

④ 후견등기기록은 별지 양식에 따른다.

제18조【후견등기부 부본자료의 보관 등】 ① 법 제12조의 후견등기부 부본자료는 전산정보처리조직으로 작성하여야 한다.

② 후견등기부 부본자료는 법원행정처장이 지정하는 장소에 보관하여야 한다.

③ 후견등기부 부본자료는 후견등기부와 동일하게 관리하여야 한다.

제19조【후견등기부 복구 등의 처분명령에 관한 권한 위임】 ① 대법원장은 법 제13조 제2항에 따라 후견등기부(폐쇄등기부를 포함한다. 이하 이 절에서 같다)의 손상방지 또는 손상된 후견등기부의 복구 등의 처분명령에 관한 권한을 법원행정처장에게 위임한다.

② 대법원장은 법 제14조 제2항에 따라 전자문서로 작성된 등기신청서등의 손상방지 등의 처분명령에 관한 권한은 법원행정처장에게, 서면으로 작성된 등기신청서등의 멸실방지 등의 처분명령에 관한 권한은 가정법원장에게 위임한다.

제20조【후견등기부의 손상과 복구】 ① 후견등기부의 전부 또는 일부가 손상되거나 손상될 염려가 있을 때에는 전산운영책임관은 지체 없이 그 상황을 조사한 후 처리방법을 법원행정처장에게 보고하여야 한다.

② 후견등기부의 전부 또는 일부가 손상된 경우에 전산운영책임관은 제18조의 후견등기부

부본자료에 의하여 그 후견등기부를 복구하여야 한다.

③ 제2항에 따라 후견등기부를 복구한 경우에 전산운영책임관은 지체 없이 그 경과를 법원행정처장에게 보고하여야 한다.

제21조【대리권등목록의 작성】 ① 후견등기관은 대리권등목록이 전자문서로 작성되어 제공된 경우에는 그 전자문서에 번호를 부여하고 이를 대리권등목록으로서 전산정보처리조직에 등록하여야 한다.

② 후견등기관은 대리권등목록이 서면으로 작성되어 제출된 경우에는 그 서면을 전자정보 또는 전자적 이미지정보로 변환하여 그 정보에 번호를 부여하고 이를 대리권등목록으로서 전산정보처리조직에 등록하여야 한다.

③ 대리권등목록의 번호는 서기연수의 네 자리 아라비아숫자, 후견유형별 부호문자와 진행번호인 아라비아숫자로 표시한다.

제22조【대리권등목록의 보존】 대리권등목록은 보조기억장치(자기디스크, 자기테이프 그 밖에 이와 유사한 방법으로 일정한 등기사항을 기록·보관할 수 있는 전자적 정보저장매체를 말한다. 이하 같다)에 저장하여 보존하여야 한다.

제23조【신청정보 등의 보존】 ① 법 제21조 제1항에 따라 전자문서에 의한 등기신청으로 후견등기가 이루어진 경우 그 신청정보 및 첨부정보는 보조기억장치에 저장하여 보존하여야 한다.

② 제1항에 따른 등기신청이 취하된 경우 그 취하정보는 보조기억장치에 저장하여 보존하여야 한다.

제24조【대리권등목록 등의 보존기간】 ① 제22조 및 제23조에 따라 보조기억장치에 저장한 정보는 다음 각 호의 구분에 따른 기간 동안 보존하여야 한다.

 1. 대리권등목록 : 영구

 2. 신청정보, 첨부정보 및 취하정보 : 10년

② 제1항 제2호의 보존기간은 해당 연도의 다음 연도부터 기산한다.

③ 보존기간이 만료된 제1항 제2호의 정보는 법원행정처장의 인가를 받아 보존기간이 만료되는 연도의 다음 연도 3월말까지 삭제하는 방법으로 폐기한다.

제2절 후견등기에 관한 장부

제25조【장부의 비치】 ① 가정법원에는 다음 각 호의 장부를 갖추어 두어야 한다.

1. 후견등기신청서 접수장

2. 열람 및 증명 신청서 접수장

3. 기타 문서 접수장

4. 결정원본 편철장

5. 이의신청서류 편철장

6. 등기신청서등 편철장

7. 등기신청서등 송부부

8. 각종 통지부

9. 열람신청서류 편철장

10. 제증명신청서류 편철장

11. 그 밖에 대법원예규로 정하는 장부

② 제1항의 장부는 매년 별책으로 하여야 한다. 다만, 필요에 따라 분책 또는 합책할 수 있다.

③ 제1항의 장부는 전자적으로 작성할 수 있다.

제26조【접수장】 ① 후견등기신청서 접수장에는 다음 각 호의 사항을 적어야 한다.

1. 접수연월일과 접수번호

2. 등기의 목적

3. 신청인의 성명 또는 명칭

4. 사건본인의 성명

② 제1항 제1호의 접수번호는 1년마다 새로 부여하여야 한다.

③ 등기신청서와 열람 및 증명 신청서 외의 후견등기사무에 관한 문서를 접수할 때에는 기타 문서 접수장에 등재한다.

제27조【등기신청서등 편철장】 등기신청서, 등기촉탁서, 통지서, 참여조서, 취하서 및 그 밖의 부속서류는 접수번호의 순서에 따라 등기신청서등 편철장에 편철하여야 한다.

제28조【각종 통지부】 각종 통지부에는 법 및 이 규칙에서 정하고 있는 통지사항, 통지를 받을 자 및 통지서를 발송하는 연월일을 적어야 한다.

제29조【장부의 보존기간】 ① 가정법원에 갖추어 두어야 할 장부의 보존기간은 다음 각 호와 같다.

  1. 후견등기신청서 접수장 : 10년

  2. 열람 및 증명 신청서 접수장 : 10년

  3. 기타 문서 접수장 : 10년

  4. 결정원본 편철장 : 10년

  5. 이의신청서류 편철장 : 10년

  6. 등기신청서등 편철장 : 10년

  7. 등기신청서등 송부부 : 등기신청서등이 반환된 날부터 10년

  8. 각종 통지부 : 2년

  9. 열람신청서류 편철장 : 2년

  10. 제증명신청서류 편철장 : 2년

② 장부의 보존기간은 해당 연도의 다음 연도부터 기산한다.

③ 보존기간이 만료된 장부 또는 서류는 가정법원장의 인가를 받아 보존기간이 만료되는 연도의 다음 연도 3월말까지 폐기한다.

제30조【전자적으로 작성한 장부 등의 보존】 ① 법 및 이 규칙에서 정하고 있는 장부와 서류를 전자적으로 작성한 경우에는 그 전산기록을 보존하는 것으로 장부와 서류의 보존을 갈음할 수 있다.

② 제1항에 따라 장부와 서류를 보존하는 경우에는 제24조 제3항을 준용한다.

제3절 등기사항의 증명과 등기신청서등 열람

제31조【등기사항증명서 등의 신청】 ① 등기사항부존재증명서의 발급 청구에 있어서는 신청대상자를 법 제15조 제1항 제1호의 자로 본다.

② 법 제15조 제1항 및 제17조에 따라 등기사항증명서를 발급받거나 등기신청서등을 열람하고자 하는 자는 등기사항증명서의 사용목적 또는 열람하는 특별한 사유를 기재한 신청서를 제출하여야 한다. 다만, 등기신청서등은 이해관계가 있는 부분만 열람할 수 있다.

③ 법 제15조 제1항 제11호의 "정당한 이해관계가 있는 자"란 다음 각 호의 어느 하나에 해당하는 자를 말한다.

1. 법 제15조 제1항 제1호, 제3호부터 제6호까지 규정된 자의 상속인 또는 포괄승계인으로서 사건본인의 과거 어느 시점의 행위능력이나 피상속인 권한 등의 확인을 위하여 등기사항증명서의 발급이 필요한 자

2. 그 밖에 공익목적상 합리적 이유가 있는 경우로서 대법원예규가 정하는 자

④ 제2항의 신청서에는 대법원예규가 특별히 규정하고 있는 경우를 제외하고는 사건본인의 성명과 주민등록번호를 기재하여야 하고 다음 각 호에 해당하는 서류를 제출하여야 한다.

1. 법 제15조 제1항 제2호 및 제7호의 경우에는 이를 소명하는 가족관계등록사항별증명서 등

2. 법 제15조 제1항 제8호의 경우에는 그 근거법령과 사유를 기재한 신청기관의 공문 및 관계공무원의 신분증명서

3. 법 제15조 제1항 제9호의 경우에는 법원의 보정명령서, 사실조회서, 촉탁서 등 이를 소명하는 자료

4. 법 제15조 제1항 제10호의 경우에는 이를 소명하는 자료 및 관계법령에 의한 정당한 권한이 있는 사람임을 확인할 수 있는 자료

5. 법 제15조 제1항 제11호의 경우에는 그 근거와 사유를 기재한 신청서 및 정당한 이해관계를 소명하는 자료와 신청인의 신분증명서

⑤ 제1항부터 제4항까지에 관하여 필요한 사항은 대법원예규로 정한다.

⑥ 대리인이 등기사항증명서의 발급이나 등기신청서등의 열람을 신청할 때에는 신청서에 그 권한을 증명하는 서면과 위임자의 주민등록증·운전면허증·여권·외국인등록증·국내거소신고증 등의 신분증명서 사본을 첨부하여야 한다.

⑦ 전자문서로 작성된 등기신청서등의 열람 신청은 관할 가정법원이 아닌 다른 가정법원에서도 할 수 있다.

제32조【사전처분이 있는 경우 등기사항증명서의 발급】 법 제15조 제2항에 따른 사전처분이 있는 경우에는 법 제15조 제1항에 규정된 자와 다음 각 호에 규정된 자가 등기사항증명서의 발급을 청구할 수 있다.

1. 사전처분의 본인 또는 배우자등(배우자 또는 4촌 이내의 친족을 말한다. 이하 같다)

2. 성년후견인등(성년후견인, 한정후견인 또는 특정후견인을 말한다. 이하 같다)·성년후견감독인등(성년후견감독인, 한정후견감독인 또는 특정후견감독인을 말한다. 이하 같다)·임의후견인·임의후견감독인의 직무대행자

3. 임시후견인

4. 제2호, 제3호의 각 직(職)에서 퇴임한 자(자기와 관련된 기록사항에 한정한다)

5. 사전처분의 본인이나 제2호부터 제4호까지 규정된 자의 상속인 또는 포괄승계인으로서 사전처분의 본인의 과거 어느 시점의 권한이나 피상속인 권한 등의 확인을 위하여 등기사항증명서의 발급이 필요한 자

제32조의 2【인터넷에 의한 등기사항부존재증명서 발급】 ① 등기사항부존재증명서("후견등기부에 현재 효력이 있는 후견등기사항이 없다는 취지를 증명하는 서면"을 말한다)의 발급업무는 인터넷을 이용하여 처리할 수 있다.

② 제1항에 따른 업무는 중앙관리소에서 처리하고, 전산운영책임관이 이를 담당한다.

③ 제1항에 따른 발급은 본인만 신청할 수 있다.

④ 제1항에 따른 발급의 범위, 절차 및 방법 등 필요한 사항은 대법원예규로 정한다.

[본조신설 2018.12.4.]

제33조【등기사항증명서의 종류】 등기사항증명서의 종류는 다음 각 호로 한다.

1. 등기사항증명서(말소 및 폐쇄사항 포함)

2. 등기사항증명서(말소사항 포함)

3. 등기사항증명서(현재 유효사항)

4. 등기사항증명서(후견별)

5. 등기사항증명서(사전처분)

6. 등기사항증명서(퇴임 전 사항)

7. 등기사항부존재증명서

제34조【등기사항증명서의 발급방법】 ① 등기사항증명서를 발급할 때에는 등기사항증명서의 종류를 명시하고, 후견등기기록의 내용과 다름이 없음을 증명하는 내용의 증명문을 기록하며, 발급연월일과 중앙관리소 전산운영책임관의 직명을 적은 후 전자이미지관인을 기록하여야 한다. 이 경우 등기사항증명서가 여러 장으로 이루어진 경우에는 연속성을 확인할 수 있는 조치를 하여 발급하고, 후견계약 등기기록 중 후견감독인에 관한 사항이 없을 때에는 그 뜻을 기록하여야 한다.

② 현재 유효한 대리권등목록은 그 사항의 증명을 제외하는 뜻의 표시가 없는 경우에는 등기사항증명서에 이를 포함하여 발급하고, 말소된 대리권등목록은 그 사항의 증명도 함께 신청하는 뜻의 표시가 있는 경우에만 등기사항증명서에 이를 포함하여 발급한다.

③ 등기신청이 접수된 후견등기기록에 관하여는 후견등기관이 그 등기를 마칠 때까지 등기

사항증명서를 발급하지 못한다. 다만, 그 후견등기기록에 등기신청사건이 접수되어 처리 중에 있다는 뜻을 등기사항증명서에 표시하여 발급할 수 있다.

제35조【열람의 방법】 등기신청서등의 열람은 후견등기관이 보는 앞에서 하여야 한다. 다만, 등기신청서등이 전자문서로 작성된 경우에는 전자적 방법에 의하여 그 내용을 보게 하거나 그 내용을 기록한 서면을 교부하는 방법으로 한다.

제36조【등기사항 등의 공시제한】 등기사항증명서를 발급할 때에는 주민등록번호 또는 외국인 등록번호의 일부를 공시하지 아니할 수 있으며, 그 범위와 방법 및 절차는 대법원예규로 정한다.

제37조【중복 후견등기의 정리】 동일한 사람에 대하여 2개 이상의 후견등기기록이 있음이 명백히 밝혀진 경우에는 후견등기관은 각 후견등기기록의 최종 관할 가정법원에 그 사실을 통지하여야 한다. 다만, 임의후견감독인이 선임되기 이전의 후견계약 등기의 경우에는 임의후견인에게 그 사실을 통지하여야 한다.

제38조【후견등기기록의 폐쇄와 부활】 ① 후견등기관이 어느 후견사항부에 대하여 종료등기를 하거나 그 전부를 말소하였을 때에는 해당 부분의 후견등기기록을 폐쇄하고, 후견사항부의 후견개시 및 종료에 관한 사항 부분에 폐쇄의 뜻과 그 연월일을 기록하여야 한다.

② 제1항의 등기로 인하여 사건본인의 후견사항부가 모두 폐쇄된 경우에는 사건본인부에도 폐쇄의 뜻과 그 연월일을 기록하여야 한다. 다만, 어느 후견의 종료등기와 개시등기가 동시에 이루어진 경우에는 그러하지 아니하다.

③ 폐쇄한 후견등기기록에 다시 등기할 필요가 있는 때에는 그와 관련된 부분의 후견등기기록을 부활하여야 한다. 이 경우 부활하는 부분에 그 뜻과 연월일을 기록하고, 후견등기기록을 폐쇄한 뜻과 그 연월일을 말소하는 표시를 하여야 한다.

제39조【등기사항증명서 등의 수수료】 등기사항증명서의 발급 및 등기신청서등의 열람 수수료·등기전산정보자료 사용료의 금액, 수수료의 납부 및 면제에 관한 사항은 그 성질에 반하지 아니하는 범위에서 「등기사항증명서 등 수수료규칙」을 준용한다. 다만, 인터넷에 의한 등기사항부존재증명서의 발급수수료는 무료로 한다. 〈개정 2018.12.4.〉

제4장 등기절차 및 후견등기부 기록사항

제40조【신청정보】 ① 등기를 신청하는 경우에는 다음 각 호의 사항을 신청정보의 내용으로 가정법원에 제공하여야 한다.

　1. 사건본인의 성명, 성별, 출생연월일, 주민등록번호, 등록기준지 및 주소(외국인의 경우에는 주민등록번호 및 등록기준지를 갈음하여 국적 및 외국인등록번호)

　2. 신청인의 성명, 주소 및 주민등록번호(법인의 경우에는 명칭, 법인등록번호 및 주된 사무소, 외국인의 경우에는 주민등록번호를 갈음하여 국적 및 외국인등록번호)

　3. 신청인이 법인인 경우에는 그 대표자의 성명과 주소

　4. 대리인에 의하여 등기를 신청하는 경우에는 그 성명과 주소

　5. 등기원인과 그 연월일

　6. 등기의 목적

　7. 등기할 사항

　8. 관할 가정법원의 표시

　9. 신청연월일

② 등기의 신청은 1건당 하나의 후견등기기록에 관한 신청정보를 제공하는 방법으로 하여야 한다. 다만, 등기목적과 등기원인이 동일하거나 그 밖에 대법원예규로 정하는 경우에는 같은 관할 내에 있는 여러 후견등기기록에 관한 신청정보를 일괄하여 제공하는 방법으로 할 수 있다.

제41조【첨부정보】 ① 등기를 신청하는 경우에는 다음 각 호의 정보를 그 신청정보와 함께 첨부정보로서 관할 가정법원에 제공하여야 한다.

　1. 관할 가정법원을 증명하는 정보

　2. 등기원인 및 법 제25조부터 제27조까지의 기록사항을 증명하는 정보

　3. 「민법」 제959조의 18 제1항에 따라 후견계약의 의사표시를 철회하는 경우에는 공증인의 인증을 받은 서면과 그 의사표시가 상대방에게 도달하였음을 증명하는 정보

　4. 신청인이 법인인 경우에는 그 대표자의 자격을 증명하는 정보

　5. 대리인에 의하여 등기를 신청하는 경우에는 그 권한을 증명하는 정보

② 제1항 및 그 밖의 법령에 따라 가정법원에 제공하여야 하는 첨부정보 중 법원행정처장이 지정하는 첨부정보는 「전자정부법」 제36조 제1항에 따른 행정정보 공동이용을 통하여

후견등기관이 확인하고 신청인에게는 그 제공을 면제한다. 다만, 첨부정보가 개인정보를 포함하고 있어 이용에 그 정보주체의 동의가 필요한 경우에는 그 동의가 있음을 증명하는 정보를 가정법원에 제공한 경우에만 그 제공을 면제한다.

③ 첨부정보가 외국어로 작성된 경우에는 그 번역문을 붙여야 한다.

제42조【등기신청의 취하】 ① 등기신청의 취하는 후견등기관이 등기를 마치기 전까지 할 수 있다.

② 제1항의 취하는 신청인 또는 그 대리인이 가정법원에 취하서를 제출하는 방법으로 하여야 한다.

제43조【행정구역 등 변경의 직권등기】 ① 후견등기부에 기록된 행정구역 또는 그 명칭이 변경된 때에는 후견등기관은 직권으로 변경사항을 등기할 수 있다.

② 법령의 변경이나 그 밖의 사유로 제1항 이외의 후견등기부의 기록을 경정하는 경우에는 제1항을 준용한다.

③ 제1항과 제2항에 따라 후견등기부의 기록을 경정하는 경우에는 제56조를 준용한다.

제44조【새 후견등기기록으로의 이기】 ① 법 제28조 제1항 및 제2항에 규정된 자가 법 제24조에 규정된 이기를 신청한 경우에 후견등기관은 가정법원장의 허가를 받아 새로운 후견등기기록에 옮겨 기록한다.

② 후견등기관이 법 제24조에 따라 등기를 새로운 후견등기기록에 옮겨 기록한 경우에는 옮겨 기록한 등기의 사건본인부에 같은 규정에 따라 등기를 옮겨 기록한 뜻과 그 연월일을 기록하고, 종전 후견등기기록을 폐쇄하여야 한다.

제45조【등기신청의 방법】 ① 등기신청을 하는 경우에는 등기신청서에 제40조 및 그 밖의 법령에 따라 신청정보의 내용으로 관할 가정법원에 제공하여야 하는 정보를 적고 신청인 또는 그 대리인이 기명날인하거나 서명하여야 한다.

② 등기신청서가 여러 장일 때에는 신청인 또는 그 대리인이 간인을 하여야 하고, 등기신청인이 여러 명일 때에는 그중 1명이 간인하는 방법으로 한다. 다만, 등기신청서에 서명을 하였을 때에는 각 장마다 연결되는 서명을 함으로써 간인을 대신한다.

③ 제1항의 등기신청서에는 제41조 및 그 밖의 법령에 따라 첨부정보로서 관할 가정법원에 제공하여야 하는 정보를 담고 있는 서면을 첨부하여야 한다.

④ 촉탁에 의하여 등기가 이루어지는 경우에는 전산정보처리조직을 이용한 전자문서를 가정법원에 송신하는 방법으로 할 수 있다.

제46조【첨부서면의 원본 환부의 청구】 신청인이 신청서에 첨부한 서류의 원본에 대하여 환부를 청구하는 경우에 그 원본과 같다는 뜻을 적은 사본을 첨부하여야 하고, 후견등기관이 서류의 원본을 환부할 때에는 그 사본에 원본 환부의 뜻을 적고 기명날인하여야 한다. 다만, 다음 각 호의 서류에 대하여는 환부를 청구할 수 없다.

  1. 등기신청 위임장 등 해당 등기신청만을 위하여 작성한 서류

  2. 인감증명, 법인등기사항증명서, 주민등록표등본·초본, 가족관계등록사항별증명서 및 재판서등본 등 별도의 방법으로 다시 취득할 수 있는 서류

제47조【인감증명의 제출】 ① 다음 각 호의 어느 하나에 해당하는 경우에는 인감증명을 제출하여야 한다. 이 경우 해당 등기신청서(위임에 의한 대리인이 신청하는 경우에는 위임장을 말한다)나 첨부서면에는 그 인감을 날인하여야 한다.

  1. 우편 또는 대리로 등기를 신청하는 경우 신청인 또는 위임인의 인감증명

  2. 취하서를 제출하는 경우 신청인의 인감증명

  3. 그 밖에 제출되는 서면에 대한 작성자의 의사를 확인하기 위하여 대법원예규로 정하는 경우 그 작성자의 인감증명

② 법정대리인이 제1항의 서면을 작성하는 경우에는 법정대리인의 인감증명을 제출하여야 한다.

③ 제1항 각 호의 어느 하나의 서면에 한 서명에 관하여 본인이 직접 작성하였다는 뜻을 공증하는 서면으로 제1항 또는 제2항의 인감증명을 갈음할 수 있다.

④ 인감증명을 제출하여야 하는 자가 외국인인 경우에는 본국의 관공서가 발행한 인감증명을 제출할 수 있다.

⑤ 제3항에도 불구하고 인감증명을 제출하여야 하는 자가 법인(국내에 영업소나 사무소의 설치등기를 하지 않은 외국법인을 제외한다)인 경우에는 「상업등기법」 제11조에 따른 인감증명을 제출하여야 한다.

제48조【인감증명 등의 유효기간】 등기신청서에 첨부하는 인감증명, 법인등기사항증명서, 주민등록표등본·초본, 가족관계등록사항별증명서 및 재판서등본 등은 발행일부터 3개월 이내의 것이어야 한다.

제49조【등기신청서의 접수】 ① 등기신청서를 받은 후견등기관은 전산정보처리조직에 접수연월일, 접수번호, 등기의 목적, 신청인의 성명, 사건본인의 표시 및 그 밖에 대법원예규로 정하는 사항을 입력한 후 등기신청서에 접수연월일과 접수번호를 적어야 한다.

② 후견등기관이 등기신청서를 접수하였을 때에는 신청인의 청구에 따라 그 등기신청서의
접수증을 발급하여야 한다.

제50조【후견등기부의 기록사항】 후견등기부에는 법 제25조부터 제27조까지 규정한 사항 외
에 다음 사항도 기록하여야 한다.

　1. 사항번호

　2. 접수연월일 및 접수번호

　3. 등기원인 및 그 연월일

　4. 등기사건을 처리한 가정법원 및 등기연월일

제51조【사전처분에 관한 기록사항】 ① 직무집행정지 및 직무대행자 선임에 관한 사전처분의
기록사항은 다음 각 호로 한다.

　1. 성년후견인등·임의후견인·성년후견감독인등·임의후견감독인의 직무집행의 전부 또는
　　일부를 정지하는 사전처분이 된 때는 그 내용

　2. 성년후견인등·임의후견인·성년후견감독인등·임의후견감독인의 직무대행자를 선임하
　　는 사전처분이 된 때는 그 직무대행자의 성명, 주민등록번호 및 주소 또는 사무소(법인인
　　경우에는 명칭, 법인등록번호 및 주된 사무소, 외국인인 경우에는 주민등록번호를 갈음하여 국적 및
　　외국인등록번호)

　3. 직무대행자의 권한의 범위를 정한 경우에는 그 범위 및 제1호에 규정된 자 또는 직무대
　　행자의 권한의 범위를 변경한 경우에는 그 변경된 범위(1호에 규정된 자의 직무집행의 일부를
　　정지하는 사전처분이 된 경우 그 범위를 포함)

　4. 여러 명의 직무대행자가 공동으로 또는 사무를 분장하여 그 권한을 행사하도록 정한
　　경우에는 그 취지

　5. 사전처분이 효력을 상실한 때에는 그 사유 및 연월일

② 임시후견인 선임에 관한 사전처분의 기록사항은 다음 각 호로 한다.

　1. 사전처분의 종류, 심판을 한 가정법원, 사건의 표시 및 재판확정일

　2. 사전처분 본인의 성명, 성별, 출생연월일, 주민등록번호 및 등록기준지(외국인의 경우에는
　　주민등록번호 및 등록기준지를 갈음하여 국적 및 외국인등록번호)

　3. 임시후견인의 성명, 주민등록번호 및 주소 또는 사무소(법인의 경우에는 명칭, 법인등록번호
　　및 주된 사무소, 외국인인 경우에는 주민등록번호를 갈음하여 국적 및 외국인등록번호)

　4. 임시후견인의 권한의 범위를 정한 경우에는 그 범위, 범위를 변경한 경우에는 그 변경된 범위

5. 여러 명의 임시후견인이 공동으로 또는 사무를 분장하여 그 권한을 행사하도록 정한 경우에는 그 취지

6. 사전처분이 효력을 상실한 때에는 그 사유 및 연월일

③ 후견등기관은 제1항 제3호, 제4호, 제2항 제4호 및 제5호의 기록사항이 있는 때에는 목록을 작성하여야 한다.

④ 제3항의 목록은 후견등기기록의 일부로 본다.

제52조【사전처분에 관한 변경등기】① 성년후견인등·임의후견인의 직무대행자 또는 임시후견인은 법 제25조, 법 제26조 또는 이 규칙 제51조에서 정한 사항이 변경된 것을 알았을 때에는 지체 없이 변경등기를 신청하여야 한다. 다만, 촉탁에 의하여 등기가 이루어지는 경우에는 그러하지 아니하다.

② 사전처분의 본인 또는 배우자등은 제1항의 변경등기를 신청할 수 있다.

제53조【사전처분에 관한 종료등기】① 성년후견인등·임의후견인의 직무대행자 또는 임시후견인은 사망이나 그 밖의 사유에 의하여 사전처분의 효력이 상실되었음을 알았을 때에는 지체 없이 종료등기를 신청하여야 한다. 다만, 촉탁에 의하여 등기가 이루어지는 경우에는 그러하지 아니하다.

② 사전처분의 본인 또는 배우자등은 제1항의 종료등기를 신청할 수 있다.

제54조【신청이 경합된 경우의 기록방법】① 동일한 등기를 목적으로 하는 수개의 신청이 접수된 경우에는 먼저 접수된 신청에 따라 후견등기부에 기록하여야 한다.

② 제1항의 경우에 뒤에 접수된 신청에 따라 기록한 때에는 먼저 접수된 신청에 맞추어 후견등기기록을 경정하여야 한다.

제55조【후견등기관의 조사】① 등기신청서가 접수된 때에는 후견등기관은 지체 없이 신청에 관한 모든 사항을 조사하여야 한다.

② 법 제22조 단서의 보정명령은 등기신청인에게 말로 하거나, 전화, 팩시밀리를 이용하여 할 수 있다.

제56조【후견등기기록의 변경 등의 등기】① 후견등기관이 후견등기기록의 변경이나 경정의 등기를 할 때에는 변경이나 경정 전의 등기사항을 말소하는 표시를 하여야 한다.

② 등기를 말소할 때에는 말소의 등기를 한 후 해당 등기를 말소하는 표시를 하여야 한다.

제57조【등기신청의 최고】 후견등기관은 등기신청을 게을리 한 사실을 안 때에는 상당한 기간을 정하여 성년후견인등 또는 임의후견인에 대하여 그 기간 내에 신청할 것을 최고할 수 있다.

제58조【직권에 의한 등기의 말소】 ① 법 제31조 제2항의 통지는 등기를 마친 사건의 표시와 사건이 등기할 것이 아닌 사실 또는 이미 등기되어 있는 사실을 적은 통지서로 한다.

② 법 제31조 제3항에 따른 공고는 법원 홈페이지에 게시하는 방법에 의한다.

③ 법 제31조 제5항에 따라 말소등기를 할 때에는 그 사유와 등기연월일을 기록하여야 한다.

제59조【말소회복등기】 ① 법 제28조 제1항 및 제2항에 규정된 자는 부적법하게 말소된 등기의 회복을 신청할 수 있다. 다만, 촉탁에 의하여 등기가 이루어진 경우에는 그 말소회복등기도 촉탁에 의한다.

② 후견등기관의 잘못으로 등기가 부적법하게 말소된 경우에는 지체 없이 그 등기를 직권으로 회복하고, 등기를 신청 또는 촉탁한 자에게 그 뜻을 알려야 한다.

③ 후견등기관이 등기를 회복할 때에는 회복의 등기를 한 후 다시 말소된 등기와 같은 등기를 하여야 한다. 다만, 등기 전부가 아닌 일부 등기사항만 말소된 것일 때에는 부기에 의하여 말소된 등기사항만 다시 등기한다.

제5장 이 의

제60조【이의신청서의 제출】 법 제33조에 따라 후견등기관에게 제출하는 이의신청서에는 이의신청인의 성명과 주소, 이의신청의 대상인 후견등기관의 결정 또는 처분, 이의신청의 취지와 이유, 그 밖에 대법원예규로 정하는 사항을 적고 신청인이 기명날인 또는 서명하여야 한다.

제61조【이미 마쳐진 등기에 대한 이의】 ① 이미 마쳐진 등기에 대하여 법 제22조 제2호 또는 제3호의 사유로 이의한 경우 후견등기관은 그 이의가 이유 있다고 인정하면 법 제31조 제2항부터 제5항까지의 절차를 거쳐 그 등기를 직권으로 말소한다.

② 후견등기관은 제1항의 이의가 이유 없다고 인정하면 이의신청서를 관할 가정법원에 보내야 한다.

③ 이미 마쳐진 등기에 대하여 법 제22조 제2호 또는 제3호 외의 사유로 이의한 경우 후견등기관은 이의신청서를 관할 가정법원에 보내야 한다.

제62조【등본에 의한 통지】 법 제37조 제1항의 통지는 결정서 등본에 의하여 한다.

제63조【기록명령에 따른 등기를 할 수 없는 경우】 ① 등기신청의 각하결정에 대한 이의신청에 따라 관할 가정법원이 그 등기의 기록명령을 하였더라도 다음 각 호의 어느 하나에 해당하는 경우에는 그 기록명령에 따른 등기를 할 수 없다.

  1. 기록명령이 있었으나 그 기록명령에 따른 등기 전에 양립할 수 없는 다른 등기가 되어 있는 경우
  2. 후견등기관이 기록명령에 따른 등기를 하기 위하여 신청인에게 첨부정보를 다시 제공할 것을 명령하였으나 신청인이 이에 응하지 아니한 경우

② 제1항과 같이 기록명령에 따른 등기를 할 수 없는 경우에는 그 뜻을 관할 가정법원과 이의신청인에게 통지하여야 한다.

제64조【부기등기의 말소】 법 제38조에 따른 부기등기는 후견등기관이 관할 가정법원으로부터 이의신청에 대한 기각결정(각하결정, 취하를 포함한다)의 통지를 받았을 때에 말소한다.

제6장 보 칙

제65조【등기전산정보자료의 이용 등】 ① 법 제41조에 따라 등기전산정보자료를 이용 또는 활용하려고 하는 자는 관계 중앙행정기관의 장에게 다음 각 호의 사항을 적은 서면을 제출하고 그 심사를 신청하여야 한다. 이 경우 신청할 수 있는 등기전산정보자료는 필요한 최소한의 범위로 한정하여야 한다.

  1. 자료의 이용 또는 활용 목적 및 법률의 근거
  2. 자료의 범위
  3. 자료의 제공방식·보관기관·보관기간 및 안전관리대책

② 제1항에 따른 신청을 받은 관계 중앙행정기관의 장은 다음 각 호의 사항을 심사한 후 그 심사결과를 신청인에게 통보하여야 한다.

  1. 신청 내용의 타당성·적합성·공익성
  2. 개인의 사생활 침해의 가능성 또는 위험성 여부
  3. 자료의 목적 외 사용방지 및 안전관리대책

③ 등기전산정보자료를 이용 또는 활용하려고 하는 자는 제2항에 따른 심사결과를 첨부하여
법원행정처장에게 승인신청을 하여야 한다. 다만, 중앙행정기관의 장이 등기전산정보자
료를 이용 또는 활용하려고 하는 경우에는 법원행정처장에게 제1항 각 호의 사항을 적은
서면을 제출하고 협의를 요청하여야 한다.

④ 법원행정처장이 제3항에 따른 승인신청 또는 협의요청을 받았을 때에는 다음 각 호의
사항을 심사하여야 한다.

1. 제2항 각 호의 사항

2. 신청한 사항의 처리가 전산정보처리조직으로 가능한지 여부

3. 신청한 사항의 처리가 등기사무처리에 지장이 없는지 여부

⑤ 제4항에 따른 심사결과 신청이 승인되었거나 협의가 성립되었을 때에는 법원행정처장은
등기전산정보자료제공대장에 그 내용을 기록·관리하여야 한다.

제66조【과태료의 통지】 후견등기관은 법 제44조에 따른 과태료에 처할 사유가 있다고 인정하
면 지체 없이 과태료에 처할 사람의 주소 또는 거소를 관할하는 가정법원에 통지하여야 한다.

제67조【통지의 방법】 법 또는 이 규칙에 따른 통지는 우편이나 그 밖의 편리한 방법으로
한다. 다만, 별도의 규정이 있는 경우에는 그러하지 아니하다.

제68조【대법원예규에의 위임】 후견등기절차와 관련하여 필요한 사항 중 이 규칙에서 정하고
있지 아니한 사항은 대법원예규로 정할 수 있다.

부 칙 〈제2813호, 2018.12.4.〉

이 규칙은 2019년 1월 1일부터 시행한다.

▌저자 약력

오영표 변호사

사법시험 43회 합격, 사법연수원 33기 수료, 법학박사
現 신영증권(주) 패밀리헤리티지본부 본부장
現 한국신탁학회 기획이사
現 한국증권법학회 기획이사
前 푸본라이프생명보험(주) 준법지원팀
前 현대차증권(주) 리스크관리팀
前 미래에셋대우증권(주) 법무실

지식은 소유하는 것이 아니라 공유하는 것이다!
저자는 '신탁고수'라는 이름으로 가족신탁 활성화를 위해 유튜브와 블로그를 통해서 가족신탁 경험을 공유하고 있습니다. 그리고 신탁전문가를 육성하기 위한 교육프로그램도 기획하고 있습니다. 사소한 질문에서 상담, 강의요청 및 협업까지 모든 문은 열려 있으니, 편하게 저자에게 연락 바랍니다(e-mail : iamtrustmaster@gmail.com).

유튜브 채널 "신탁고수"
Blog "신탁고수 가족신탁"

현명한 자산승계와 가업승계를 위한 **가족신탁 이론과 실무**

저　　　자	오영표
발 행 인	서동혁
편 집 인	김주원
편집·교정	정우식, 김영분, 박가온
편집디자인	라미경, 이수빈, 신혜연, 송계영
발 행 처	㈜조세통람
펴 낸 날	2020년 6월 25일 초판 인쇄
	2020년 7월　3일 초판 발행
주　　　소	서울특별시 중구 동호로 14길 5-6(신당동)
등　　　록	1976. 11. 5. 제9-81호
대 표 전 화	02) 2231-7027
F　A　X	02) 2234-1754
구 입 문 의	02) 2231-7027~9
I S B N	979-11-6064-174-5　13320
정　　　가	**60,000원**

저자와의
협의하에
인지생략

(주)조세통람은 좋은 책을 만들기 위해 독자 여러분의 의견을 기다립니다.
E·mail(josetop@inaus.co.kr)과 홈페이지(www.taxnet.co.kr)의 고객지원센터 "고객의 소리" 코너

　(주)조세통람 발행도서는 정확하고 권위 있는 해설 및 정보의 제공을 목적으로 하고 있습니다. 그러나 항상 그 완전성이 보장되는 것은 아니기 때문에 적용결과에 대하여 당사가 책임지지 아니합니다. 따라서 실제 적용할 경우에는 충분히 검토하시고 저자 또는 전문가와 상의하시기 바랍니다.